庆祝改革开放40周年
"百城百县百企"调研丛书



# 改革开放与中国县域发展

（下　卷）

本书编写组

社会科学文献出版社
SOCIAL SCIENCES ACADEMIC PRESS (CHINA)

# 目录

CONTENTS

## 上卷

## 中　卷

## 下 卷

改革开放与中国县域发展

GAIGEKAIFANG

# 广东顺德

GUANGDONG SHUNDE

# 改革创新、敢为人先精神催生的发展奇迹及启示

中国社会科学院近代史研究所

## 一、基本情况与成就

顺德地处广东珠江三角洲平原中部，面积806平方公里；地势西北略高，东南稍低。境内土壤肥沃，植被茂密，河流纵横，水网交织，利于通航、灌溉、养殖；属南亚热带海洋性季风气候，温暖多雨，冬无严寒，夏无酷暑。

顺德的历史谈不上悠久，迄今有500余年。1452年（明景泰三年），明王朝在镇压黄萧养率领的农民起义后，在此地设置顺德县，取“顺天明德”之意。顺德建县虽晚，发展势头却比较猛。

作为省会广州的附邑，顺德得风气之先和地理之便，逐渐成为“民勤生而士务学”的“岭南壮县”，书院社学散布，文风鼎盛，人才辈出。截至清末，顺德共出过2088名举人，318名进士（其中2名状元、1名探花），形成崇尚知识、重视教育的文化传统和商儒并重的社会氛围。

作为水乡泽国，顺德人多地少、资源贫乏，可谓先天不足。要突破这一局限、寻求温饱乃至富裕，就不得不因地制宜、另辟蹊径。早在建县之前的宋代，当地人就开始大规模围垦造田，逐步将一片灌木丛生、鳄鱼横行的蛮荒之地打造成良田和鱼塘，修筑了珠江三角洲历史上最早的“桑园围”。后来创建了“桑基鱼塘”这一生态循环耕作模式——在基面种桑喂蚕，将蚕粪

倒进塘内喂鱼，把鱼粪等形成的塘底淤泥戽上基面给桑树施肥。桑基鱼塘模式的形成与发展，尤其是蚕桑业、养鱼业的兴起，提高了顺德农业商品化、专业化的程度，使顺德经济呈后来居上之势。

清季，广州是重要的对外通商口岸，蚕丝是出口商品大宗。这给顺德发展带来了机遇。1873 年，南海人陈启源创办近代中国第一家机械缫丝厂。次年，顺德第一家机械缫丝厂在龙山开办，揭开顺德从手工缫丝向机械缫丝过渡的序幕。至 1887 年，全县机械缫丝厂已有 42 家，占广东全省的 90% 以上。清末，顺德缫丝业构成广东商业之命脉，每年专项税捐 200 多万两白银，占广东财政收入的 1/10。为方便资金流通周转，顺德境内钱庄、银号众多，顺德因而被誉为“南国丝都”、“广东银行”。“一船蚕丝去，一船白银回”的说法虽过于夸张，但多少反映了顺德当时的盛况。清末民初，顺德机械缫丝厂多达 100 家，拥有 6 万多工人。第一次世界大战后，顺德蚕丝业进入鼎盛时期，规模较大的缫丝厂超过 200 家，缫丝工人有 20 余万。在广东早期现代化的过程中，顺德扮演了重要角色，做出了特殊贡献。

然而，在半殖民地半封建社会的背景下，顺德和全国其他地方一样，发展受到内外因素的干扰和阻滞，举步维艰。抗日战争结束时，顺德人口从战前的 83 万锐减到 38 万。另一方面，作为广东首富之地，顺德以“富甲一方”著称，但表面的繁盛背后，掩盖不了贫富差距拉大、多数民众陷入贫困的严峻事实。

1949 年新中国成立，人民当家做主站了起来，顺德的发展随之掀开新篇章。通过土地改革，实现了“耕者有其田”，翻身农民的生产积极性得到极大的提高，给顺德农村带来了新气象。1952 年，全县农业总产值由 1949 年的 1.05 亿元（旧币，1 万元旧币折合 1 元新币）增加到 1.48 亿元，增长 41.0%；工业总产值从 0.4456 亿元增加到 0.7509 亿元，增长 68.5%。① 此后，

① 招汝基等：《先行者的 30 年——追寻中国改革的顺德足迹》，北京：新华出版社，2008，第 11 页。

顺德与全国同命运，取得显著发展成就，朝着共同富裕方向阔步迈进，但随着“左”的错误指导思想的发展，政治运动不断，违背经济发展规律，也在探索前进中走了弯路、遭受挫折。1960 年，顺德发生饥荒，青壮年农民偷渡香港。顺德当时流行一句话：农村无出路，出路靠偷渡。这种现象一直持续到 1978 年。

1978 年是顺德历史上的一个转折点。这一年，中共十一届三中全会做出把党和国家的工作重心转移到经济建设上来、实行改革开放的重大决策。乘着改革开放的浩荡东风，顺德人压抑已久的创造力与积极性被极大地激发出来，大胆解放思想，锐意改革创新，不懈砥砺前行，至今恰好 40 年。

40 年来，顺德发生沧桑巨变，创造出令人惊叹的发展奇迹。

1992 年 3 月 26 日，国务院批准顺德撤县建市（县级）。顺德建县 540 年的历史就此终结，揭开了新的一页。2002 年 12 月 8 日，国务院批准调整佛山市行政区划，顺德撤市设区，成为广东省佛山市五个行政辖区之一。行政区划不是想变就变的，城镇人口规模、经济总量等必须达到要求。而在发展经济上，顺德的成绩单是十分出色的。

顺德 1978 年 GDP 为 4.75 亿元，2017 年 GDP 达到 3080 亿元，增长 648 倍，年均增长率约为 18%。1991 年，顺德全县财政收入 4.97 亿元，居全国县级首位；综合实力连续六年蝉联全国市辖区百强第一位，九次获评“中国全面小康十大示范县市”。在这一过程中，顺德实现了从农业经济向工业经济的跨越，目前会聚了各类企业近 10 万家，拥有家用电器、机械装备两大超 2000 亿元级的产业集群，发展为产业化、城市化、国际化程度都比较高的地区。在《财富》发布的世界 500 强排行榜中，顺德两家企业（美的集团、碧桂园集团）连续数年赫然在列。这在全国 2800 多个县（市、区）中是绝无仅有的现象。

广东是我国改革开放的前沿和窗口，而顺德在珠三角县域经济发展上走在前面，居“广东四小虎”之首，故而引起全国乃至党和国家领导人的关注。邓小平、江泽民、胡锦涛、习近平等同志都曾经亲赴顺德调研考察。这在全国 2800 多个县（市、区）中同样是绝无仅有的现象。

顺德的发展进步是全方位的，除经济方面外，还体现在政治、文化、社会、生态文明建设等方面。值改革开放 40 周年之际，我们于 2018 年 6 月、7 月两度到顺德调研，走一路、看一路、思考一路；顺德传统与现代交融，环境优美，民风淳朴，社会和谐，到处洋溢着生机活力，令人流连忘返、感慨良多。我们的一个强烈感受是：综合来看，这里与欧美发达国家的基层社会相比毫不逊色，在某些方面还具有显著优势——在 806 平方公里行政区划创造 GDP 3080 亿元，用几十年时间走完西方发达国家一两百年才走过的发展历程，这种奇迹是西方从未有过、无法复制的。

回顾顺德 40 年的发展历程，我们的一个基本结论是：顺德奇迹，离不开顺德精神作为支撑。

## 二、顺德精神的具体体现、由来及影响

顺德实现发展和腾飞的原因是多方面的，而顺德精神在这一过程中发挥了不可替代、至关重要的作用。1992 年 5 月 10 日，《经济日报》在头版刊发题为《“可怕”的顺德人》的报道。“可怕”二字，正是喻指顺德人在攻坚克难、砥砺前行中所焕发出的磅礴精神力量——一种一往无前的进取精神和创新意识。顺德精神，其精髓可大体概括为“改革创新，敢为人先”八个字。改革开放 40 年来，顺德总是勇立时代潮头，尤其是在三大重要时间节点和发展关头上，率先在全国进行探索与实践，生动演绎、深刻诠释了顺德精神。顺德精神的生成和发展是多方面因素决定的，归根结底得益于改革开放这个大环境、大背景，是伟大时代的产物。顺德精神的影响不仅体现在顺德，还超越地理局限，具有全国层面的意义。

## （一）顺德精神的三次集中体现

### 1.率先解放思想、大胆改革，实现乡镇企业异军突起，形成“三个为主”的顺德模式

1978年中国揭开改革开放的序幕。顺德人顺应历史潮流，在重大历史机遇面前迅速转移工作重心，着力发展经济。正是其敢为人先，把握机遇，锐意进取，为后来经济的飞速发展奠定了物质基础。

顺德领导班子率先解放思想，大力纠正“左”的影响，顺德的改革开放因而起步较早。1978年中央还没有出台具体政策，顺德一些群众就已悄然实行包产到户，并得到县委书记黎子流的默许。但包产到户涉及“私”字，当时仍然是敏感话题，受到不少非议和责难。黎子流顶住压力，默默地坚持推行包产到户，极大地调动了农民的积极性。实行包产到户后，农民有了搞副业、办工业的时间和空间，顺德乡镇企业的发展也占得先机。

顺德人具有经商办企业的禀赋，早在“文革”末期就认识到“无工不富，无农不稳，无商不活”的道理，响应中央大办社队企业的号召，兴办农机厂、电机厂，掘到第一桶金。当时，上级提出发展社队企业要“三就地”（就地取材、就地加工、就地销售），主要服务于国家大型企业。顺德敢于跳出条条框框，鼓励成立骨干企业，以社队两级为主的乡镇企业得到迅速发展。

顺德突破禁区，先行探索、大胆实践，因而也就处在风口浪尖，招致质疑批评，乡镇企业被指斥为“资本主义的温床”。顺德县委坚决保护改革者，县委书记黎子流提出“以袋为界”，只要不是中饱私囊就给予保护。有人列出乡镇企业的所谓“十大罪状”，为做好和对方辩论的准备，顺德针锋相对，总结出乡镇企业的“十大优越性”。

1983年，欧广源接任顺德县委书记，继续大力倡导解放思想、改革创新。他力主工业立县，提出“五子登科”：找准发展的“路子”，选好领导“班子”，吸引和重用“才子”，招商引资找“票子”，用足用活政策靠“点子”。这“五子登科”，让顺德人在新旧交替的历史时期迅速摆脱思想束缚，驶入发展的快车道。1983～1988年，顺德大量招商引资，一大批乡镇企业如雨

后春笋般涌现，其发展势头之猛令人瞠目结舌。

从 1983 年开始，顺德逐渐成为广东县域经济发展的一面旗帜，声誉日隆。1990 年，顺德成为全国出口创汇第一县，乡镇企业成为发展外向型经济的主角。1991 年，全县乡镇企业发展到 3711 家，总产值 74.69 亿元，是 1978 年的 26 倍；产值超亿元的企业达到 25 家。同年，全县工农业总产值达 119.44 亿元，国民收入 39.5 亿元，财政收入 4.97 亿元。此后连续 6 年，顺德财政收入均位居全国县级首位。

1992 年 1 月 29 日，邓小平同志到南方视察，专程来到顺德，在珠江冰箱厂（今海信科龙电器股份有限公司，以下简称海信科龙）听取了汇报。当听说这个乡镇企业小厂在 7 年间产量增加了 16 倍、排名全国第一时，他高兴地说："我们的国家一定要发展，不发展就会受人欺负，发展才是硬道理。"①"发展才是硬道理"这句话振聋发聩，成为邓小平理论的著名论断，极大地鼓舞了顺德人民，也鼓舞了全国人民。调研中，我们特意来到海信科龙，参观当年邓小平同志与大家座谈的会客室。在公司大厦一楼大厅，矗立着一尊邓小平自信地凝望远方的铜像，"发展才是硬道理"几个大字镌刻在一面汉白玉背景墙上。抚今追昔，声犹在耳，我们感受着伟人的风采，有一种抑制不住的激动。

顺德作为珠三角地区的发展典型，勇于改革创新，形成以"工业为主、集体为主、骨干企业为主"的顺德模式，与苏南模式、温州模式鼎足而三，揭开了中国农村改革、经济领域改革的序幕。作为一种发展战略，顺德模式从顺德经济社会发展的实际条件出发，顺应了社会经济发展规律，顺应了群众的愿望和利益诉求。在 20 世纪 80 年代波澜壮阔的改革开放中，顺德争当"排头兵"，故而成为举国关注的焦点。

### 2. 居安思危、主动求变，率先进行企业产权制度改革，牢牢把握发展主动权

顺德乡镇企业的发展极为迅猛。1991 年农业部评出的全国十大乡镇企

① 钟文主编《改革开放的总设计师邓小平》，人民出版社，2008，第 386 页。

业中，顺德一县就占了5家，风头之劲可谓一时无两。顺德模式为人津津乐道，被经济学界称为成功的模式。

但基于危机意识和务实精神，顺德人敏锐地意识到，这种辉煌的光环下暗藏着危机，原有发展模式逐渐走进了死胡同。在原有“三个为主”模式中，政企不分，产权不明晰，企业领导对经营行为的责任不明晰。有人归纳说，“有些企业没钱就贷款，有钱就分红，欠下债务就跑了。有一些企业的负责人大手大脚，项目还没奠基就坐奔驰了。”[①] 由于政府行为代替了企业行为，企业风险往往转变为政府风险。“厂长负盈，企业负亏，银行负债，政府负责”，是当时顺德不少企业的写照。这个时期，超过1000家公有制、集体所有制企业基本上是由县、镇两级政府提供担保、向银行贷款搞起来的。这种由政府贷款投资的企业一旦亏损或倒闭，银行贷款收不回，便有可能导致金融风险或社会动荡，后果不堪设想。

1993年3月，顺德农业银行和信用社对全市乡镇企业进行调查后，提交了一份题为《瞩目的成就，惊心的包袱》的报告：全市有经济包袱的企业达259家（当时顺德市属企业和乡、镇办企业共978家），积欠银行贷款21亿元。其中，有103家企业资不抵债，所占比例为39.8%，债务大于资产4.6亿元，欠下贷款8.2亿元，其生产经营已难以为继，濒临破产边缘。这份报告如同一把手术刀，切开了顺德经济发展中可能致命的“毒瘤”，令人触目惊心。

顺德领导对当时企业的弊端有切肤之痛。时任顺德市委书记陈用志、市长冯润胜等人，认准产权制度改革是大方向，决心正视矛盾，知难而上，触碰产权制度改革这一“雷区”，杀出一条“血路”。这一态度得到广东省委书记谢非的支持，确定将顺德作为广东省综合改革试验市。

顺德的综合改革以企业产权制度改革为核心。这是顺德人的自我加压、

---

① 中共顺德区委宣传部、珠江商报社编《见证与突破——顺德改革开放三十年回眸与前瞻》，广州：广东人民出版社，2008，第26页。

主动改革，没有前人的模式可以借鉴。

1993 年 6 月，顺德市委、市政府下发《关于转换企业机制，发展混合型经济的试行办法》，决定通过政府独资、控股、参股经营等方式，对全市公有、集体所有制企业进行产权制度改革，建立股份制、股份合作制和混合型经济，实现产权主体多样化。这一改革事关成千上万人的命运，可谓“一石激起千层浪”，面临很大的压力和风险。有人认为这是搞资本主义，削弱了社会主义基础，葬送了公有制。

顺德市委决定对转制企业“抓住一批，转换一批，放掉一批”，将效益好、规模大的企业先进行部分产权转让，以盘活公有资产。市长冯润胜形容这是“靓女先嫁”。顺德电机厂、顺德柴油机厂等均作为“靓女”成功转制，被认为“嫁”得很好。华宝集团的外嫁则酿成一场风波，成为产权制度改革闯越“雷区”时踩响的最大的一颗地雷。

华宝集团的崛起曾是顺德奇迹。1993 年，华宝集团旗下有 12 家企业，仅空调厂的产值就达 20 亿元，成为那个年代当之无愧的空调第一品牌。同年 6 月，华宝集团完成股份制改造，顺德市政府间接占股 74.96%。在“靓女先嫁”策略下，顺德市政府多方物色，相中了香港蚬壳电器，促成华宝集团与其“联姻”。1993 年 11 月 22 日，双方正式签约，顺德市政府用 6.44 亿股权换来人民币 12.88 亿元。但很快就有股东、职工担心港商控股后企业“说话不算数”，开始为“争取权利”四处告状；港商的一些措施触动了原来的利益格局，波折频生。1994 年 11 月 10 日，港商迫于压力，主动提出解除与华宝集团的合约。

改革不可能一片坦途，必定伴随失败的风险。透过“华宝转制”风波，可以管窥产权制度改革之艰难。为“华宝转制”，顺德市领导承受了难以想象的压力，相关会议多次开到深夜。时任市委书记陈用志连续一个多月失眠，3 个月接受调查。而华宝集团经此一番折腾，元气大伤，后来又几经波折，曾经的第一空调品牌与市场渐行渐远，如今早已不见踪影。

顺德的产权制度改革一开始就阻力重重，姓“公”还是姓“私”的质疑带来巨大的舆论压力。据时任省委书记秘书的陈建华回忆，“当时告状信已经告到中央了”，有人惊呼“又一个没有国有企业的县”，有人说“上面领导带头搞资本主义”，也有人提出“对顺德现象不能掉以轻心”。顺德党政干部以大无畏的精神面对改革风险。为避免引起非议，时任广东省委书记谢非指示，“要多做少说，有的先做不说”；“要尽量减少社会震动，减少阻力”。[①]

顺德的产权制度改革即便极为低调，也仍然受到了广泛关注，并引起了激烈的争论和思想碰撞。顺德领导班子坚持不争论、不埋怨，抢抓机遇，积极应对，牢牢把握改革发展的大方向和主动权，使改革航船最终驶向胜利的彼岸，实现从计划经济向市场经济的体制跨越，为此后顺德的经济发展奠定了坚实的体制基础。到 1995 年 1 月，顺德共有 896 家企业建成混合产权制度，占企业总数的 82.7%。如今的碧桂园集团、美的集团，若非当年成功转制赢得先机，断无可能获得如此快速的发展，甚至很可能如华宝集团一样湮灭无闻。

此后，关于顺德产权制度改革的争论并未停歇，直到党的十五大胜利闭幕。1997 年 11 月，《人民日报》连续刊发 3 篇报道，向全国推广顺德产权制度改革的经验，充分肯定顺德走出了一条非特区的改革探索之路，算是给顺德产权制度改革的争论画上了句号。

### 3. 主动“拆庙减员”，率先深化县级综合体制改革，创新工作机制

1999 年 1 月印发的《中共中央、国务院关于地方政府机构改革的意见》指出：“政府部门管理体制不适应社会主义市场经济的要求，部门权力利益化的倾向，造成一些部门、地区、行业之间的分割和封锁，加剧了部门、行业和地方的保护主义，阻碍了公平竞争和市场体系的培育、发展。”如何理顺部门关系，使各个部门协同合作而非相互推诿、卸责争利，成为中国综合体制改革的首要着力点。

① 中共顺德区委宣传部、珠江商报社编《见证与突破——顺德改革开放三十年回眸与前瞻》，广州：广东人民出版社，2008，第 35 页。

顺德是中国县级综合体制改革的先行者。早在1992年，顺德就已经进行机构改革，将56个党政机构减到29个，撤掉了27个部、办、委、局；各部门的内设机构精简125个。改革前在编人员1235人，改革后减为897人，精简338人。精简力度之大，在全国都是少见的。

2009年9月被广东省确定为深化行政体制改革的试点地区后，顺德启动党政机构改革，将41个党政部门、群团组织和双管单位精简到16个，直接减去近2/3。实行党政合署，区领导兼任部门行政首长，并将省、市垂直管理的部门一并纳入机构调整范围，实行属地管理。顺德此次改革着力打破体制障碍，其“瘦身”的幅度和改革的力度都是空前的，因而再次引起国内外高度关注，被媒体称为“石破天惊”。

比较而言，1992年的改革是粗放的，是部门之间的撤并，直接触及部门利益，概括为“拆庙减员”，准确而又形象。而2009年启动的改革，在撤并部门上与前一轮改革相似，但又迥然有别，重在转变政府职能，重在合并同类职能，重在“化学反应”。由于部门归并幅度大，顺德改革后出现与上级部门如何协调和衔接的问题。例如，顺德区社会工作部整合了统战部、农村工作部、区工会、共青团区委、妇联、工商联、残联等，其对应省、市部门达35个，其中省级19个，市级16个，存在“一个儿子”对应“几个老子”的尴尬问题。

这一改革牵涉诸多方面，关乎巨大的资源、利益分配，也遇到相当大的阻力。一些上级部门“上下对口”观念较强，认为顺德的综合体制改革断了他们的“腿”，在一些专项资金、项目上不再支持；有的部门在达标评比方面有意掣肘。

早在1992年改革中，顺德党政机构名为分立、实则合一的趋势已颇为明显。2009年的改革在此基础上进一步突破“党政分开”的传统观念，党委部门与政府部门合署办公，形成以党统政、党政联运的模式。虽然面对“党政不分”的质疑，其具体实践却使顺德党政的职能职责得到优化，资源得到整合，窗口服务水平得到提升，做到政府管理不缺位、不越位、不错位。顺德综合体制改革的核心，是政府由原来样样都抓的“大老板”，变为公共服务型政府，为发展社会主义市场经济提供保障和支持。这一改革符合“党委领导、协调各方”的精神，也得到绝大多数顺德民众的支持和肯定。①

在以上三个关键节点，顺德都走在全国前列，彰显了改革创新、敢为人先的精神，体现出非凡的胆识和超前的眼光。先行一步固然能够抢得先机、赢得优势，但同时也意味着必须直面更多的风险、更大的挑战。“沧海横流，方显英雄本色”。顺德锐意改革，认准了就义无反顾地向前走，一路风雨兼程，一路高歌猛进，不断实现突破，故而能够不断创造辉煌。

### （二）顺德精神之渊源

在我国近三千个县级行政单位中，顺德始终站在改革开放前沿，充当改革先驱，这种现象很耐人寻味。改革创新、敢为人先的顺德精神何以能够生成和发展？通过调研与思考，我们认为，其主要原因可概括为以下四个方面。

#### 1. 顺德精神鲜明地体现了以改革创新为核心的时代精神，说到底是改革开放这一伟大时代的产物

改革开放是我们党在新的时代背景下带领人民进行的新的伟大革命，是决定当代中国命运的关键抉择。没有改革开放这个大环境、大前提，就不会孕育出以改革创新为核心的时代精神，也就不会有顺德精神。顺德之所以敢为人先，归根结底是时代大气候使然，是时代精神的体现，是这个伟大时代的产物。我们回顾顺德改革开放的历程，必须将其置于改革开放的大背景之下。中央的大政策是前提，顺德则在具体的方案路径上有先行探索之功。

1978 年 12 月召开的党的十一届三中全会彻底否定了“以阶级斗争为纲”的错误理论和实践，做出实行改革开放的重大决策，将党和国家的工作中心转移到经济建设上来，这是具有深远意义的伟大转折。顺德大力发展乡镇企

① 黄冬娅、陈川慜：《地方大部制改革运行成效跟踪调查——来自广东省佛山市顺德区的经验》，《公共行政评论》2012 年第 6 期。

业在本质上符合中央“以经济建设为中心”的决策，看似超前一步，实则顺势而为。时任顺德县委书记黎子流对此深有感慨地说：“如果没有党的正确的政治路线，你一出头就会被卡死！顺德敢于实践，能够先走一步，当然是因为当时的领导班子和全县人民敢于探索、敢于创新，有经验就大面积推广，没有经验的就先搞试点。但更主要的是，顺德的探索得到了中央的支持。”①

顺德1993年剑指企业产权制度改革，被视为惊世骇俗。事实上，这一改革以邓小平“三个有利于”作为指导方针，产生于党的十四大提出的建立社会主义市场经济体制这一大背景之下。顺德率先把握住这一历史机遇，推进以产权制度改革为核心的综合改革，建立起社会主义市场经济框架。概括地说，顺德通过发展混合经济，实现投资主体多元化，寻求效率与公平之间的均衡，让改革发展成果惠及更多人群，让更多的群众拥有财产性收入。这与“共同富裕”这一中国特色社会主义的根本原则是相吻合的。

顺德的县级综合体制改革被称为“最大胆”的改革。此项改革抓住了加强党的执政能力建设这个根本要义，着眼于转变政府职能，使政府“有所为有所不为”，避免直接干预微观经济。这显然有利于市场经济的完善和发展，无疑符合中央的基本精神。

概言之，顺德的三次重大改革是涉险滩、闯难关，风险、压力是不言而喻的。正是得益于中央改革开放的大政方针，得益于党解放思想、实事求是的思想路线，顺德的改革才不至于夭折，并进而抓住机遇，取得改革发展的先行优势。顺德用生动丰富的创新实践，深刻说明改革开放符合党心民心、顺应时代潮流，其方向和道路是完全正确的。

### 2. 顺德精神的倡立，关键在于有一批有远见、无私无畏、敢于担当的优秀党员干部

中央倡导改革创新，老百姓渴望新变化、对未来充满憧憬，这两者要

① 中共顺德区委宣传部、珠江商报社编《见证与突破——顺德改革开放三十年回眸与前瞻》，广州：广东人民出版社，2008，第12页。

形成合力，需要地方干部作为中间环节。40 年来，顺德党员干部前后接续，一以贯之地紧跟中央理论创新的步伐，一如既往地以广大人民利益作为工作的出发点，勇于探索，敢于担当，深刻领会中央精神，因势利导民间干事创业的劲头。没有这些优秀的党员干部，顺德精神就难以生成和发展。

黎子流被称为“顺德改革开放鸣枪人”，1975～1983 年担任顺德县委书记期间，最早在多个领域推行改革并实现突破。他有担当意识和开拓精神，对中央的改革精神有深刻领会，了解世界发展大势，善于学习新事物——曾经六赴江苏参观考察，多次到香港及国外学习，从中受到强烈冲击，开阔了视野。

顺德于 1992 年被确定为广东省综合改革试验市。由于企业产权制度改革过于敏感，顺德干部承受着巨大压力。省委书记谢非在关键时刻鼓励大家：“混合经济非常符合我们的国情，这条路要坚定不移地走下去。”他被人们视为顺德产权制度改革试验的倡导者、指导者和推广者。时至今日，顺德群众谈起这场改革，总会提及谢非同志给予的支持。

时任顺德市委书记陈用志坦然面对产权改革招致的各种责难，不惧怕承担风险。他回忆说：“当时有人提出一定要把我搞臭，要让我在全市作检讨。我觉得问心无愧，没什么好怕的。”[①] 按照顺德关于产权制度改革的明确规定，“公务员不能参与企业股改，不能占有企业股份。特别是市委市政府的家属，更不能搞特殊”。陈用志坚决拒绝有人提出的对他妻子“好好安排”。他说：“要是一安排就完了。很多人都下岗，就我太太调岗，以后还怎么改革？”“心底无私天地宽”。唯其无私，当面对种种非议、误解时，领导干部才能够无所畏惧。

“火车跑得快，全靠车头带”，地方党政领导干部在改革开放中承担着起承转换的千斤重担，发挥着举足轻重的作用。“要你改”与“你要改”是两码事，

---

① 中共顺德区委宣传部、珠江商报社编《见证与突破——顺德改革开放三十年回眸与前瞻》，广州：广东人民出版社，2008，第 28 页。

效果大不一样。倘若党员干部在历史机遇面前反应迟钝、懵然不觉，没有改革的积极性、主动性，没有过硬的工作作风，改革很难进行下去，当地就会错失良机，发展滞后；反之，就会步步领先，不断打开新局面。顺德的发展实践正印证了这一点，干部有好作风、好状态，社会有好风气、好环境，久而久之也就形成了一种精神。

### 3. 人民群众对脱贫致富的向往是改革开放的原动力，也是改革的深厚民意基础

人民群众是历史的创造者，是建设与改革的主体力量。他们在顺德改革开放的过程中，绝非消极被动，而是体现了相当的主动性和创造性。

新中国成立后，我国在社会主义建设的探索中有欢欣，也走过弯路，老百姓普遍日子过得比较紧。所谓“穷则思变”，顺德人民急切盼着能改变现状，脱贫致富。碧桂园集团(以下简称碧桂园）如今已成为顺德的一张名片，其事业开拓到海外，在新加坡、马来西亚开发多个楼盘。可谁能想到，碧桂园的董事局主席杨国强，18 岁之前穷得没有鞋子穿。他的创业历程与顺德的改革发展同步，是从最初的包工队、集体企业一步一步做大的。

顺德毗邻港澳。1978 年，顺德陆续有港澳同胞带回电视机，只需要一根带有放大器的鱼骨形天线，就能收看香港电视节目。当时，收看香港电视节目被明令禁止，有人甚至认为，“鱼骨天线”上天，五星红旗就要落地。但人民群众喜欢看香港电视节目，以了解外面的世界。顺德县委领导意识到，“群众想干的事你制止，要每家派一个警察才能够做到。问题是警察都想看，你该怎么办?”于是决定顺应民意，放开禁令。顺德与港澳地区的差距是显而易见的，这更加激发了顺德人奋起直追、建设美好家园的意识。

顺德之所以敢为天下先、勇闯改革风险区，关键在于其有强大的改革能动性，顺德群众从实际出发提出“我要改”的要求，改革开放成为民心所向。顺德的改革坚持从广大人民的根本利益出发，珍惜群众从实际出发的首创精神，重视总结群众的新鲜经验；人民群众的支持拥护，则成为顺德党政领导敢于顶住压力、锐意改革创新的底气。

### 4. 独特的文化土壤和文化基因，为顺德精神的生成与发展提供了资源和养料

顺德精神的形成不是偶然的，与顺德独特的文化土壤和文化基因有着紧密关联。

海洋文化涵育出顺德人敢想敢做、包容多元、勇于开拓的精神。顺德先民南越族是一个以捕鱼为主要生活来源的海洋民族，出海谋生，操舟善斗，不畏艰险。秦汉以来，中原人口不断迁入，移民及其后裔在宋元时期已居多数，故而包容多元，易于接受新生事物。因地处沿海，顺德很早便开展对外贸易，当地汉代墓葬中便发现了非洲陶俑。

与相邻的南海县相比，顺德距离港澳更近，对外面世界的感知更为敏锐。目前，顺德的旅外华侨和港澳同胞超过 40 万人。作为著名的侨乡，顺德一直与海外有密切的联系和沟通。这使得顺德人眼界比较开阔，心态开放而不保守。顺德在 1874 年就引入机器缫丝，近代中国第一台柴油机船也出现在顺德。文化基因中的开放因素，使顺德人易于接受外来先进事物，并且善于对好东西加以引进改造，推陈出新。这一点在顺德改革创新的几个关键节点上都有鲜明的体现。

顺德有尚利重商的传统。当地文化学者李健明在接受我们采访时说，与其他地方相比，顺德的文化负担要少一些，“这里的人对自身需求、社会需求的欲望，没有受到儒家文化的太大压抑”[①]。经商在顺德被视为比科举更为现实的一条出路。改革开放之前的人民公社时期，即便搞“一大二公”、斗私批修，顺德的社队小作坊仍未销声匿迹，这是 20 世纪 80 年代顺德乡镇企业如雨后春笋般涌现的土壤。名满天下的美的集团（以下简称美的）就是从 1968 年的生产队作坊发展起来的。

重商传统使顺德人十分务实，注重实干，不囿于教条，而从实际情况出发，着眼于解决实际问题。因此，顺德能够先行一步，敢于突破既有的条条

---

① 2018 年 6 月 10 日课题组对李健明的访谈记录。

框框，具有改革创新的胆识和锐气。

顺德人重商，同时也重视从优秀传统文化中汲取营养，重视守住文化之根。各地祠堂都得到很好的保护，反映了民间慎终追远的情结。顺德人尤其注重守护传统文化中的优秀成分，如崇尚知识、爱护环境、追求卓越等。这些优秀文化传统助推了顺德精神。我们到顺德调研时，正值民间抓紧筹办端午节的龙舟竞赛。把龙舟从河床淤泥中"请"出来，要举行祖上传下来的仪式，一点也不走样。龙舟竞赛，你追我赶，不正是敢为人先精神的一种体现吗？

### （三）顺德精神的深远影响

改革创新、敢为人先能够蔚然成风，升华为一种精神，这很了不起，注定了顺德会是一个卓越不凡之地。改革创新意味着破除旧阻碍、打开新天地，敢为人先意味着抓住机遇、抢占先机。从发展历程看，正是在这种精神的激励和支撑下，顺德推行了三次重大改革，实现了三次大的发展飞跃。

#### 1. 乡镇企业遍地开花，顺德从农业县转为工业县

以党的十一届三中全会为标志，中国进入改革开放和社会主义现代化建设的新时期，这为顺德经济发展提供了宽松的环境、注入了强大的动力。1978 年，顺德容奇镇与香港"牛仔大王"签订来料加工补偿贸易合同，成立中国第一家"三来一补"企业。此后，顺德乡镇企业突破就地取材、就地加工、就地销售的"三就地"原则，以集体经济、骨干企业、外向型经济为主，奠定了顺德乡镇企业发展的良好基础。原顺德县委书记、后来担任广东省人大常委会主任的欧广源回忆说，"从 1983 年到 1988 年的五年间，顺德是天天放鞭炮，搞庆典、搞开工仪式，几乎每天都有企业开张，五年时间，一大批乡镇企业兴起"[①]，形成了家电、家具、花卉、机械制造等系列产业群。据统计，1978～1991 年，顺德乡镇企业从原有的 320 家增至 3711 家，工业

① 中共顺德区委宣传部、珠江商报社编《见证与突破——顺德改革开放三十年回眸与前瞻》，广州：广东人民出版社，2008，第 18 页。

产值从1.56亿元增至274.69亿元。1992年，顺德以全国万分之一的面积，创出全国家电行业16%的名牌。同年，顺德工农业产值之比从1978年的49∶51转变为92∶8，实现从农业县向工业县、从地域小县向经济大县的转变。这是顺德经济社会发展的首次飞跃。

一时间，“顺德经验”在国内广为流传，对全国乡镇企业的发展产生了积极的示范效应。我国在新时期的改革是从农村开始的。农村实行家庭联产承包责任制，极大地调动了农民的生产积极性，提高了生产效率。不过，农村人口基数大、剩余劳动力增多，而人均农业资源相对不足，成为亟待破解的问题。“顺德经验”值得借鉴。无农不稳，但无工不富，顺德人整合社队企业，集资筹款，聘请“周末工程师”，兴办乡镇企业，取得了显著成效——乡镇企业既可以就地接纳和吸收农村剩余劳动力，调整农村产业结构、提高农民收入，又有助于推动农村城镇化发展，为更高层次的城乡一体化创造条件。20世纪八九十年代，全国乡镇企业异军突起，冲破旧观念、旧体制的束缚，极大地解放和发展了农村生产力，其中“顺德经验”功不可没。

### 2. 产权制度改革石破天惊，顺德从计划经济转向市场经济

在邓小平同志南方谈话的激励下，顺德人解放思想，率先实施企业产权制度改革，转变计划经济时期的经营模式，建立社会主义市场经济框架，为顺德经济发展赢得了宝贵的“时间差”。原顺德市委书记、后来担任广东省人大常委会副主任的陈用志回忆说，“率先改革赢得了发展的时间差，掌握了发展的主动权，一步领先，步步领先”[①]，由此再次形成了顺德经济的先发优势。1993年11月，德胜电机厂作为顺德首批转制的企业，以市场为导向，自主经营、自负盈亏，经过短短3年，到1996年底，不仅还清集体股东“赎买自身”的6600万元，员工还有分红，企业自身也积累了3000多万元，并准备投资7000多万元建设新厂。1993年底转制的顺德酒厂，已成为广东最

① 中共顺德区委宣传部、珠江商报社编《见证与突破——顺德改革开放三十年回眸与前瞻》，广州：广东人民出版社，2008，第28～29页。

大的白酒生产企业，而曾经与之同样规模的中山酒厂因为没有转制，早已关闭停产。事实证明，早转制早发展，晚转制受损失，不转制就倒闭。1996年，顺德全市工农业总产值达471.13亿元，与1992年相比，增长169%。同年底，顺德城乡居民储蓄余额244.96亿元，是1992年的近3倍。顺德产权制度改革顺应了社会主义市场经济的发展，促成了顺德经济社会发展的第二次飞跃。

通过产权制度改革，顺德不仅实现了从计划经济向社会主义市场经济的华丽转身，而且为珠三角乃至全国的企业产权制度改革提供了借鉴。一位省部级老干部在考察顺德产权制度改革后，高度肯定其积极意义，认为“在顺德看到了中国改革的明天”，“顺德改革的成功经验是国际共产主义运动的宝贵财富”。[①]1997年党的十五大召开前夕，《人民日报》、《南方日报》、中央电视台等媒体全面报道顺德建立社会主义市场经济体制的成功经验，称赞顺德产权制度改革是“转得快，好世界”，“股份制，3年等于30年”。有媒体甚至把1997年说成是中国改革的“顺德年”。1998年4月，辽宁省政府决定借鉴顺德改革经验，以海城、兴城为试点进行产权制度改革，后来还邀请时任顺德市市长冯润胜专赴沈阳介绍经验。因此，顺德经验也被誉为具有广泛借鉴意义的“顺德模式”。

### 3. 综合体制改革迎难而上，为顺德发展持续释放活力

发展社会主义市场经济，单单进行经济体制改革是不够的，还必须进行综合体制改革，转变政府职能，提高办事效率。顺德从1992年5月5日开始，以壮士断腕的决心和勇气“自我改革”，瘦身减员。进入21世纪后，顺德继续探索，改革行政审批制度、商事登记制度和企业投资管理体制，不断优化营商环境，实施总部经济战略。截至2018年2月，顺德已拥有场内交易市场上市公司24家，新三板上市公司37家，顺德区内企业控股上市公司

① 中共顺德区委宣传部、珠江商报社编《见证与突破——顺德改革开放三十年回眸与前瞻》，广州：广东人民出版社，2008，第29～30页。

4 家；高新技术企业增至 942 家。[①] 这些上市公司和高新技术企业落户顺德，与顺德综合体制改革后良好的政企关系、营商环境有直接关联，既实现了自身的转型升级和快速发展，又助推了顺德总部经济战略的实施。目前，顺德拥有美的、碧桂园两家世界 500 强企业，产值超 10 亿元的民营骨干企业多达 39 家，获得了“中国家电之都”、“中国厨师之乡”等 28 个国家级称号，还涌现出一批在全国乃至全世界都有影响力的“隐形冠军”企业，特别是从“顺德制造”向“顺德创造”、从“顺德创造”向“顺德智造”的升级，实现了顺德经济社会发展的第三次飞跃，延续了“顺德奇迹”。

顺德通过综合体制改革，为经济社会发展释放了活力，同时对全国的类似改革提供了有益借鉴。譬如，当年以“拆庙减员”为主要特征的综合体制改革，跳出了人员编制精简—膨胀—再精简—再膨胀的怪圈，至今未再“反弹”。这为其他地方的改革提供了有益参考。原中央机构编制委员会办公室主任张志坚称赞说：“20 世纪 90 年代初，人家提机构改革，你们就提出了行政管理体制改革；人家提政企分开，你们的政企分开已经完成；人家提政事分开，你们已着手进行事业单位改革。这说明你们站位高、定位准，所以总能想在前、做在前。”[②] 正是基于改革创新、敢为人先的精神，顺德迎难而上，进行综合体制改革，1999 年被广东省委、省政府确定为率先基本实现现代化的试点市，继续担当改革发展的“排头兵”和“试验田”。

总之，改革创新、敢为人先的顺德精神，使顺德人始终保持解放思想、开拓进取、与时俱进的精神状态，始终走在时代前列，先行探索，形成先发优势。改革开放 40 年，风雨兼程 40 载，顺德改革不停息，创新无止境，实现顺德经济社会发展三次大的飞跃，取得举世瞩目的建设成就。改革开放伟大时代孕育了以改革创新为核心的伟大的时代精神，伟大的时代精神催生了中国经济发展奇迹。顺德的发展实践正说明了这一点。

---

① 这组数据引自 2018 年 7 月顺德方面提供的资料。

② 中共顺德区委宣传部、珠江商报社编《见证与突破——顺德改革开放三十年回眸与前瞻》，广州：广东人民出版社，2008，第 43 页。

## 三、关于顺德发展的思考与展望

40 年来，顺德改革力度大，经济发展快，社会变化大，加之毗邻港澳，有人因此多少有点疑虑或困惑：顺德经济姓“资”还是姓“社”？顺德搞的是不是社会主义？事实上，答案是明确的、显而易见的：顺德走的是中国特色社会主义道路；顺德的发展成就，是中国改革开放 40 年伟大成就的一个缩影。走进新时代，顺德机遇与挑战并存、机遇大于挑战。展望未来，顺德的明天一定会更美好。

### （一）顺德 40 年来的探索实践与中国道路

在改革开放 40 周年这一特殊年份，我们两度到顺德调研。回望 40 年，今昔对比，我们感慨万千。顺德是红色顺德，走的是中国特色社会主义道路。在调研中，我们印象和感受最深的有以下几点。

#### 1. 共同富裕是顺德念兹在兹的一大发展理念

共同富裕是中国特色社会主义的根本原则，“共享”是党的十八届五中全会提出的五大新发展理念之一。顺德人一心摆脱贫困、发家致富，同时又重视避免两极分化，通过先富帮后富，逐步实现共同富裕。通过企业产权制度改革，顺德有 1001 家公有企业转制，主要转制为股份公司，股东共同占有财产，实现投资主体多元化。1993 年顺德酒厂改制时，全体员工 571 名，按照领导三、中层三、员工四的比例认股，即每人都是股东，一直坚持至今。顺德酒厂的经营机制虽然转变，但工人们并非两手空空的“无产者”，而是拥有财产性收入的股东，是企业真正的主人。顺德农村股份制改革，以改革之时户籍人数为准，“固化股权、量化资产”，至今享有股份合作社的利润与分红。我们在“中国鳗鱼之村”勒流街道稔海村、“中国最美乡村”勒流街道江义村调研时，充分感受到这两个村在医疗、教育、养老、娱乐等方面有很好的安排，可以说是提前进入了全面小康社会。改革创新、敢为人先的顺德人，在实现共同富裕方面也是先行一步，进行了可贵的探索。

### 2. 甘于奉献是顺德干部群众共有的精神

从大胆尝试包产到户，到“只做不说”推进产权改革，再到简政放权、“拆庙减员”的综合体制改革，顺德涌现出一批又一批不计荣辱、不怕牺牲、大公无私、甘于奉献的改革者，包括敢于担当的黎子流、欧广源、陈用志、冯润胜等原顺德党政领导干部，以及许多默默无闻的普通群众。现年76岁的顺德柴油机厂技术部原部长黄康民就是其中一位。他通过勤奋好学成为公司技术骨干后，开发出不少新技术，在顺德业界颇有名气，以至于不少工厂技术出现问题时都愿意请他。他利用业余时间到其他工厂帮助解决技术难题，经常工作到晚上12点以后。即使如此，黄康民从不收取报酬，最多只是加班后吃个夜宵。他的工匠精神、崇尚知识和刻苦钻研的态度，与我们党倡导的全民学习、建立学习型政党和学习型社会的思路不谋而合。当问及为何不用技术为自己赚钱时，他淡淡地说：“一个人富裕有什么意义呢？”“只有大家都富起来才好嘛”。看似简单、朴素的几句话，不仅道出了共同富裕的大道理，而且体现了不计报酬、无私奉献的高尚品格。这种甘于奉献的精神与改革创新、敢为人先的顺德精神是相通的，都体现了社会主义精神文明。

### 3. 担起社会责任构成顺德企业的共同信念

在社会主义中国，人民当家作主，是国家和社会的主人。顺德那么多企业的老板，原先大多是普通、贫穷的农民，赶上党的好政策、赶上伟大的改革开放事业富起来了。因此，他们以主人翁的姿态，总想着要回报社会，不忘担负起社会责任。惠美庄集团常务副总经理韦丽花女士在接受我们访谈时表示，其旗下公司生产的味极鲜酱油，坚持晒足180天，如此虽导致产量不高、利润较低，但这是对人民负责、对社会负责。再如，碧桂园创始人杨国强及女儿杨惠妍，不仅设立“仲明大学生助学金”捐资助学，而且斥资创办慈善学校——“国华纪念中学”，每年从全国招收200名贫困的优秀初中毕业生，由学校负责其所有费用，直至大学乃至研究生毕业。2008年5月汶川地震，杨国强主动提出接收汶川受灾的1500多名中学生异地搬迁广东就学。杨氏父女还积极参与国家扶贫攻坚计划。这些实际行动，集中体现了顺德企业家的社会责任心。

#### 4. 精神文明建设在顺德有着生动展示

社会主义精神文明是社会主义社会的重要特征，是社会主义制度优越性的重要表现。顺德精神不单纯体现在发展经济等层面。在精神文明建设上，顺德同样有着不俗的表现，在某种程度上也走在了全国前列。例如，顺德改变传统宣传方式，通过“顺德好人”、“好学顺德”和德胜读书会，弘扬修身养性、崇尚知识等优秀传统，传播正能量。富起来的顺德人从总体上讲，没有纸醉金迷、过度消费，而是勤俭持家、低调务实、乐善好施。再如，顺德人在婚庆嫁娶时，大多不讲排场、不搞攀比，甚至改在祠堂举办，注重乡情、亲情、友情；除血缘至亲外，一概不收取红包，认为亲朋乡邻参加婚礼已是对新人最大的祝福，已给足了面子。这种简约、有浓浓人情味的婚礼习俗，净化了社会风气，有助于人们形成正确的人生观、世界观、价值观。凡此种种，都与社会主义核心价值观相吻合。

总之，40 年来，沿着中国特色社会主义道路，在改革创新、敢为人先精神的激励和支撑下，顺德所取得的发展进步是全方位的。20 世纪六七十年代，顺德人为摆脱贫困偷渡港澳，而今不少港澳同胞“回流”顺德定居。今昔对比，说明中国特色社会主义是实现中华民族伟大复兴的必由之路。顺德 40 年的发展成就，说明中国特色社会主义道路越走越宽广。由顺德看全国，我们要更加坚定中国特色社会主义道路自信、理论自信、制度自信、文化自信。我们有充足的理由和底气自信。

### （二）新时代·新机遇·新挑战·新气象

回顾总结顺德 40 年来的发展成就，有一个重要的时间段值得单列出来加以考察，即党的十八大以来顺德的探索实践。

党的十八大以来，以习近平同志为核心的党中央带领全党全体人民积极进行具有许多新的历史特点的伟大斗争，攻坚克难、砥砺前行，统筹推进

“五位一体”总体布局，协调推进“四个全面”战略布局，使党和国家事业发生了根本性变革，取得了历史性成就，中国特色社会主义进入新时代。顺德顺势而为，乘势而上，大力推进供给侧结构性改革，实施创新驱动发展战略，构建开放型经济体制，坚持以科技力量对传统产业进行优化升级，推动制造智能化、创新全球化、发展绿色化，促进顺德经济高质量发展。近几年来，这种变化是巨大的，令人振奋。例如，随着顺德智能制造企业迅速发展，全区上市企业比十八大之前增加两倍多；美的、碧桂园在世界500强企业的排位，分别从2017年的第450名、第467名上升至2018年的第320名、第353名。顺德拥有规模以上的家电生产企业暨配件类企业3000多家，2016年家电行业规模以上工业总产值达2624.8亿元。顺德还是全球最大的空调压缩机生产基地，是华南地区机器人集成系统解决方案集聚地，部分装备企业技术水准国际、国内领先，如广东科达洁能股份有限公司在陶瓷机械行业排名亚洲第一、世界第二。2016年，顺德机械装备业规模达2346.9亿元，占全区工业总产值比重超34%。在建的广州地铁7号线西延顺德，顺德城乡生态环境质量稳定向好。以上这些发展变化，是顺德积极践行“创新、协调、绿色、开放、共享”五大新发展理念的结果，为顺德经济的再次腾飞奠定了坚实基础。此外，粤港澳大湾区建设作为国家战略，也给顺德带来了发展机遇。

“日出江花红胜火，春来江水绿如蓝”。置身新时代，顺德人对未来充满信心。我们分别对顺德机关干部、企业职工、农民群众进行随机问卷调查，问题之一为：“你对十八大以来以习近平同志为核心的党中央的领导感到……”回答“非常满意”和“满意”的比例高达98%，说明顺德广大干部群众充分肯定和衷心拥护以习近平同志为核心的党中央的正确领导。关于“中国特色社会主义进入新时代，你对未来……”选择“很有信心”和“有信心”的比例达97.5%，说明顺德广大干部群众踌躇满志，充满道路自信。

不过，在新的历史起点上寻求新的更大的发展，顺德是机遇与挑战并存，希望和困难同在。顺德经济社会发展也存在一些亟待解决的问题。譬如，人多地少，土地资源紧缺，产业发展空间受限。在采访中，广东万家乐股份有限公司创新与科技管理部部长王超对我们说，江浙地区供应建设用地每平方米约525元，而顺德是每平方米1500元，用地成本是前者的近3倍。顺德的淡水养殖业和花卉产业即使挤占其余农用地，仍难以满足发展需求，以至于不得不“借地生财”，跨境承包鱼塘或进行花卉种植，时下已发展到邻近的高明、番禺、南海等地，甚至远至北京、福建。顺德经营实业的成本增加，正在抵消顺德其他方面的发展优势。这个矛盾值得重视。再如，村级工业园占地多而产值低，且环境问题和安全隐患突出，成为制约顺德产业升级、乡村振兴和生态建设的主要问题。村级工业园因而被顺德列为进行整治改造和“腾笼换鸟”的“头号工程”。调研中，我们在容桂街道参观了改造升级后的恒鼎工业园：通过“工厂上楼”、立体发展、集中排污处理和废水循环利用等，不仅美化了生态和办公环境，而且节约了用地。这种新思路很有启发意义。

说到底，顺德制造业“大而不强”，缺乏核心技术，亟待优化升级，即从资源密集型、劳动密集型产业向科技型产业转变。这是顺德发展中遇到的瓶颈问题，也是目前全国县域经济发展中带有普遍性的一个问题。顺德制造业从改革开放初期手工打制的传统家电、家具行业，发展到拥有家用电器、机械制造两个年产值超过2000亿元的产业群，成为顺德经济的两大支柱产业，可以说已取得巨大成绩。但是，在规模和数量庞大的顺德制造业背后，还有相当部分中小企业从事传统制造业，处于产业价值链中低端，科技附加值相对较低。即使一些高新技术企业和骨干企业，也存在缺乏核心技术的问题。譬如，广东科达洁能股份有限公司虽在陶瓷机械行业排名亚洲第一、世界第二，但在核心技术方面仍不如意大利。广东嘉腾机器人自动化有限公司虽在国内外取得不少技术专利，但仍有30%左右的关键技术依赖外国。如何推动顺德制造业转型升级、提升智能化水平，进一步掌握关键领域的核心技术，仍是今后顺德制造业努力的方向。

2018年3月，习近平总书记在参加十三届全国人大一次会议广东代表团审议时发表重要讲话，要求广东做到“四个走在全国前列”。[①]顺德志存高远，明确提出要一如既往地深化改革、推进创新，通过“三轮驱动”[②]，推动顺德高质量发展，努力在落实“四个走在全国前列”方面实现领跑。2018年7月末，中共顺德区委十三届五次全会号召全区干群以改革创新的锐气，具体抓好六个方面的工作：(1) 启动新一轮行政审批制度改革，在营造一流营商环境上实现领跑；(2) 建设以“科技顺德”为核心的现代化经济体系，在经济高质量发展上实现领跑；(3) 发挥顺德对外合作优势，在形成全面开放新格局上实现领跑；(4) 加强城市规划建设和管理，在城市现代化建设上实现领跑；(5) 全力推动农业高质量发展，在加强基层治理、推动乡村振兴上实现领跑；(6) 全力补短板、树标杆，在教育卫生事业发展上实现领跑。

蓝图已绘就，号角已吹响，顺德人满怀豪情地迈上新征程。譬如，2018年顺德以“大美顺德、水乡家园”为主题，开展村居绿化公园和绿道建设，要求每个行政村居至少建成一个绿化公园。我们在杏坛镇逢简村调研时，不仅被该村深厚的历史文化底蕴震动，而且为其红火的旅游经济、美丽的村容村貌惊叹，油然而生“不妨长作岭南人”之情。

在新一轮建设热潮中，顺德开局良好，形势喜人。2018年上半年，全区经济发展稳中向好，实现地区生产总值1462.3亿元，增长7.1%；完成全社会固定资产投资475.4亿元，增长17.6%；规模以上工业产值3250.7亿元，增长11.4%；实现一般公共预算收入123亿元，增长11.5%。

40年来，在顺德精神的激励和支撑下，顺德人一路涉险滩、闯难关，取得辉煌的发展成就。机遇总比挑战大，办法总比困难多，相信顺德一定会在新时代有新气象、新作为，赋予顺德精神新的时代内涵，催生新的发展奇迹。

---

① 刘磊、邓圩：《改革开放　开创广东新局面》，《人民日报》2018年3月13日第13版。“四个走在全国前列”指在构建推动经济高质量发展的体制机制上走在全国前列，在建设现代化经济体系上走在全国前列，在形成全面开放新格局上走在全国前列，在营造共建共治共享社会治理格局上走在全国前列。

② 所谓“三轮驱动”，指通过体制机制改革，迸发强大活力；通过建设“科技顺德”，强根本、强动力；通过村级工业园改造，造空间、造环境。

改革开放与中国县域发展
GAIGEKAIFANG

# 广西东兴

GUANGXI DONGXING

# 跨境经济助力兴边富民

中国社会科学院科研局

我国陆地边界线全长2.2万公里，共与14个国家接壤。边境地区具有地缘特殊重要性，既是我国边防的最前线，又是沿边开放的最前沿，在全国改革发展稳定大局中具有重要战略地位。加快边境地区经济社会发展，提高边民生活水平，对于巩固祖国边防、维护国家统一、加强民族团结、增进中外睦邻友好，具有特殊重要意义。

党和国家历来十分重视边境民族地区发展问题，在不同时期都采取了特殊的政策加以扶持。改革开放以来，边境民族地区成为开发开放的前沿阵地，驶入了建设与发展的快车道。1992年，国家实施了沿边开放战略，国务院陆续批准14个边境城市为沿边开放城市，设立了14个国家级边境经济合作区。1996年，国务院发布《关于边境贸易有关问题的通知》，积极支持边境贸易和边境地区对外经济合作的发展。1999年，由国家民委联合国家发展改革委、财政部等部门倡议发起了以“振兴边境、富裕边民”为宗旨的“兴边富民行动”。在这些优惠政策的支持下，边境民族地区的对外开放步伐明显加快，边境贸易迅速发展，周边区域经济合作趋于活跃，逐步成为我国对外开放的前沿阵地。

改革开放40年，东兴这个战争硝烟最后散去的边陲小镇，充分发挥沿海沿边区位优势和边民首创精神，大胆探索沿边落后地区跨越式发展路子，积极构建跨境经济发展模式，形成六大跨境产业，实现安边稳边固边富边，成为富裕繁荣文明和谐的国门名城，为沿边地区探索“五位一体”全面发展新路径，为增强国家影响力、开辟睦邻安邻富邻新路子，提供了可复制可推广的经验。

## 一、东兴概况

东兴市位于广西壮族自治区南部，地处中国大陆海岸线的西南端，东南濒临北部湾，西南与越南社会主义共和国接壤。1996 年设立县级东兴市（属防城港市管辖），下辖 3 个镇 31 个行政村 10 个社区。陆地边境线长 39 公里，海岸线长 50 公里，行政区域面积 590.21 平方公里，常住人口 15 万人，暂住及流动人口 15 万人。东兴市有汉、壮、京、瑶等 26 个民族，其中少数民族 5.81 万人，占常住人口的 37.6%。东兴市是中国人口较少民族京族唯一的聚居地，有京族人口 1.87 万，约占全国京族人口的 70%。

东兴历史悠久。东兴古为百越之地，汉代属西于县、封溪县。南北朝梁大同元年（535 年），州、郡、治所同设境域，东兴属安平县。光绪十三年（1887 年）起，现东兴市境域始属防城县管辖。1949 年 12 月 8 日，东兴镇解放。1957 年，十万山僮族瑶族自治县在东兴镇设立。1958 年，更名东兴各族自治县，今东兴市境域属其管辖。1978 年，境域属防城各族自治县管辖。1992 年 9 月，国务院特区办批准设立东兴镇边境合作区。1993 年 3 月，境域属防城港市防城区辖区。1993 年 7 月，防城港市东兴经济开发区成立，辖两个镇；同年，东兴镇边境合作区改为东兴边境合作区。1996 年 4 月，东兴设县级市，辖三个镇，市人民政府驻东兴镇。近现代以来，东兴经历了四次易属：新中国成立前隶属广东省，1951 年后归广西省管辖，1955 年划广东省管辖，1965 年 6 月随钦州专区改属广西壮族自治区。

东兴区位优势明显。东兴市是中国海岸线与陆地边境线交汇的城市，处于华南与西南经济圈接合部，是中国唯一沿边、沿海又沿江的边关、滨海、国门城市，是中国 – 东盟重要的连接点、桥梁、门户、通道，拥有大港口、大物流和临港大产业的强大腹地依托。东兴既与珠江三角洲地区有紧密的经济文化联系，具有承接东部产业转移等得天独厚的优势，又处在西南出海出边大通道上，具有独特的比较优势。东兴市与越南口岸经济区、具有“越南深圳”之称的芒街市隔河相望，是名副其实的“两国一城”。东兴是中国对东盟开放的重要门户和国际交通重要枢纽，是中国西部地区乃至全国与越南等东盟国家开放合作的便捷、理想陆海大通道，是南下东盟的第一城，拥有国内国际“两个市场、两种资源”。

东兴资源丰富。全市森林覆盖率超过 55%，空气优良率达到 100%。东兴是中国著名的海产品产地，鱿鱼、青蟹、对虾、大蚝、海蜇、沙虫、石斑鱼等年产量超过 10 万吨；是国家地理标志认证产品“红姑娘”红薯、植物界“大熊猫”金花茶的产地；有全国乃至世界上面积最大的跨国连片红树林。东兴距离世界著名风景区、有“海上桂林”之称的越南下龙湾仅有 180 公里（是距离下龙湾最近的中国城市），拥有“上山下海又出国”的旅游品牌，已跻身中国最佳生态旅游城市之列。

东兴商贸传统悠久。东兴贸易历史长达 400 多年，是中国唯一兼有陆路、水路、海路与东南亚通商的口岸，明清以来一直作为安南、占城、暹罗等国通往中国的朝贡贡道，有“百年商埠”之誉。清末以来，特别是进入 20 世纪以来，东兴与越南芒街联建“国际铁桥”后，边境贸易盛极一时，成为中国与东南亚及美、英、法等国重要的通商口岸，有“小香港”之称。

新中国成立后，东兴成为对越南交往与合作的重要通道。1955 年 5 月，东兴口岸与越南芒街口岸同时开放。1958 年，国务院将东兴口岸列为国家一类口岸。1958 年 5 月，北仑河友谊大桥竣工通车。70 年代援越抗美时期，东兴成为国家重要战略物资的进出口岸。1978 年 6 月，中越关系恶化，越方炸毁北仑河友谊大桥，东兴与芒街联系中断。80 年代末 90 年代初，中越关系实现正常化，东兴正式进入改革开放和经济建设的新时代。1992 年，国家将东兴列为 14 个沿海开放城市（镇）之一，享受沿海沿边开放 11 条优惠政策，并设立了 4.07 平方公里的边境经济合作区，东兴首次进入了大开发大发展时期。

20 世纪 90 年代以来，在国家和广西壮族自治区的大力支持下，东兴紧紧抓住沿边开发开放的机遇，利用毗邻越南和东盟的区位优势，充分发挥“两种资源、两个市场”的作用，大胆探索、加快发展跨境经济，逐步形成跨境贸易、跨境加工、跨境旅游、跨境金融、跨境电商、跨境物流六大产业，开创了沿边民族地区开放型经济发展新模式。改革开放 40 年来，东兴经济社会面貌发生翻天覆地的变化，从昔日一个默默无闻的边陲小镇，发展成一座年轻、充满活力、初具规模的边关国门城市。2017 年，东兴市地区生产总值 103.96 亿元，相比建市之初的 1996 年增长 20.35 倍，高于同期全国增量（11.18 倍）；人均国内生产总值 65738 元，相比 1996 年增长 10.07 倍，高于同期全国增量（9.76 倍）；财政收入 13.16 亿元，相比 1996 年增长 17.14 倍，低于同期全国增量（22.29 倍）。

东兴市取得的历史性变革和发展成就，得到有关部门和社会各界的普遍认可，先后获得“中国最佳生态旅游城市”“中国长寿之乡”“中国十大养老胜地”“中国最具海外影响力城市”“中国最具竞争力百强县”“全国电子商务百佳县”“中国红木文化城”“全国双拥模范城”“广西首批特色旅游名县”等多个荣誉称号。今日之东兴，经济蓬勃发展，社会充满活力，各项事业蒸蒸日上，初步形成发展前景良好的大开放、大市场、大流通、大发展格局。

**表 1　东兴市 1996 年、2017 年主要经济指标**

| 序号 | 指标名称 | 计量单位 | 1996 年 | 2017 年 | 增长倍数 |
|---|---|---|---|---|---|
| 1 | GDP（当年价） | 万元 | 48706 | 1039648 | 20.35 |
| 2 | 第一产业 | 万元 | 20313 | 187582 | 8.23 |
| 3 | 第二产业 | 万元 | 11637 | 449829 | 37.66 |
| 4 | # 工业 | 万元 | 9332 | 357473 | 37.31 |
| 5 | # 建筑业 | 万元 | 2305 | 92356 | 39.07 |
| 6 | 第三产业 | 万元 | 16756 | 402236 | 23.01 |

续表

| 序号 | 指标名称 | 计量单位 | 1996年 | 2017年 | 增长倍数 |
|---|---|---|---|---|---|
| 7 | 人均GDP | 元 | 5938 | 65738 | 10.07 |
| 8 | 农林牧渔业总产值 | 万元 | 30627 | 306679 | 9.01 |
| 9 | 全部工业总产值 | 万元 | 31608 | 1613578 | 50.05 |
| 10 | 规模以上工业产值 | 万元 | 5334 | 1580859 | 295.37 |
| 11 | 规上工业增加值 | 万元 | 1272 | 345040 | 270.26 |
| 12 | 建筑业总产值 | 万元 | 3268 | 241078 | 72.77 |
| 13 | 固定资产投资 | 万元 |  | 1295014 |  |
| 14 | 社会消费品零售总额 | 万元 | 21303 | 275453 | 11.93 |
| 15 | 外贸进出口总额 | 万美元 |  | 360272 |  |
| 16 | 财政收入 | 万元 | 7254 | 131575 | 17.14 |
| 17 | 税收收入 | 万元 |  | 91464 |  |
| 18 | 金融机构人民币存款余额 | 万元 | 60443 | 1461186 | 23.17 |
| 19 | 金融机构人民币贷款余额 | 万元 | 33742 | 945688 | 27.03 |
| 20 | 城镇居民人均可支配收入 | 元 |  | 37652 |  |
| 21 | 农民人均纯收入 | 元 |  | 16471 |  |

资料来源：东兴市统计局。

## 二、东兴跨境经济发展情况及成就

20世纪90年代以来，东兴立足区位优势，积极争取国家特殊政策支持，从主要由边民参与推动的互市贸易起家，大力发展跨境经济，形成跨境贸易、跨境加工、跨境旅游、跨境金融、跨境电商、跨境物流六大跨境产业，实现了经济社会全面发展与进步，较好地履行了国家赋予东兴对接“一带一路”倡议、巩固中越传统友谊、安边稳边固边富边的“三大政治使命”。课题组此次重点考察了东兴市跨境贸易、跨境加工、跨境旅游、跨境金融、跨境电商五大产业以及跨境劳务发展情况。

### （一）跨境贸易

东兴与越南芒街山水相连，两地历史上就有紧密的经贸往来。新中国成立之后，两国边境贸易进入一个新时代。1989 年 2 月，受战争影响一度中断的中越边贸得以恢复。1996年，东兴边民互市贸易区设立。2009年6月16日，东兴边民互市贸易区一期工程建成开市，中越边民互市贸易“三无”（无交易、无仓储、无分装场所）状态宣告结束。2012 年，东兴成为中国首批 3 个国家级沿边开发开放试验区之一，在跨境金融、跨境物流、跨境务工等方面先行先试，有力地推动了边民互市贸易发展壮大，使其成为我国与越南乃至东盟最直接的一个开放合作平台。为满足互市贸易发展需要，2016 年东兴扩建了边民互市贸易区，其占地面积由原来的 260 亩增加到 1500 亩。2018 年 3 月，中越互市便民浮桥建成运行。

东兴边贸的形式分三种类型：一是边民互市贸易；二是边境小额贸易；三是一般贸易。边贸有两个通道：一是东兴口岸，主要是一般贸易及边境小额贸易进出口通道；二是东兴边民互市贸易区，主要是边民互市进出口通道。目前互市贸易进出口总额占跨境贸易进出口总额的六成以上。在边民互市贸易区，越南主要进口中国的小家电、五金器材、日用品、玩具等，其中小家电和五金产品特别受越南顾客青睐。而中国进口的越南的商品有花生、芝麻、茶叶、木薯淀粉等农副产品，椰子糖、菠萝干、综合果蔬、咖啡等副食，还有鱼、虾、蟹等海产品。

东兴市边民互市贸易从 1991 年 4 月 19 日“每人每天交易 300 元货物免征进口关税和进口环节税”起步，从肩挑手提开始，一路走来，经过不断探索、创新，闯出了一条适合东兴边民互市贸易发展的“东兴模式”。具体而言，国家对于互市贸易政策经历了三轮调整：1996 年 1 月 2 日，国发〔1996〕2 号文将交易额从 300 元提升至 1000 元；1998 年 11 月 19 日，外经贸政发〔1998〕844 号文将交易额从 1000 元提升至 3000 元；2008 年 10 月 30 日，财关税〔2008〕90 号文将交易额从 3000 元提升至 8000 元。每一轮互市政策的调整，对东兴贸易发展都有巨大推进作用。20 世纪 90 年代以来，东兴逐步发展成为中国与东盟国家经贸往来的黄金地带、广西最重要边境贸易口岸，被誉为“中国迈向东盟的第一城”。

得益于国家给予边民逐步放开的优惠政策与日益完善的互市平台，跨境贸易对东兴经济拉动的作用日益加强，互市贸易在跨境贸易中的地位日益凸显。如图 1 所示，外贸进出口总额与 GDP 占比自 1998 年的 5.57% 上升至 2017 年的 34.65%。外贸进出口总额绝对数值亦呈百倍增长态势，自 1998 年的 0.37 亿美元增至 2017 年的 36.03 亿美元。2017 年东兴互市贸易进出口总额为 21.97 亿美元，占外贸进出口总额的 60.98%。

2017 年 8 月，互市贸易区启用边检、海关、检验检疫三家报检系统信息整合的“三合一”综合服务平台，实行“三检合一”，一次申报，所有信息可由三家口岸联检单位即时共享，同时在网上完成审批。通过此平台进行交易，只用十几分钟就能完成审批手续，大大节省了货主的申报时间，最大限度地提升了东兴边民互市贸易区的通关效率。随着跨境电子商务的发展，互市贸易的方式也发生了重大变化，从最初手提肩挑发展到网络平台交易。“八找网”是东兴当地的中越跨境电商平台，由马路镇回乡创业青年戚友生创办，通过整合地方优势资源，充分利用“互市＋边民”的新模式，多业态、

图 1　东兴市三大产业与外贸进出口总额变化趋势（1996～2017 年）

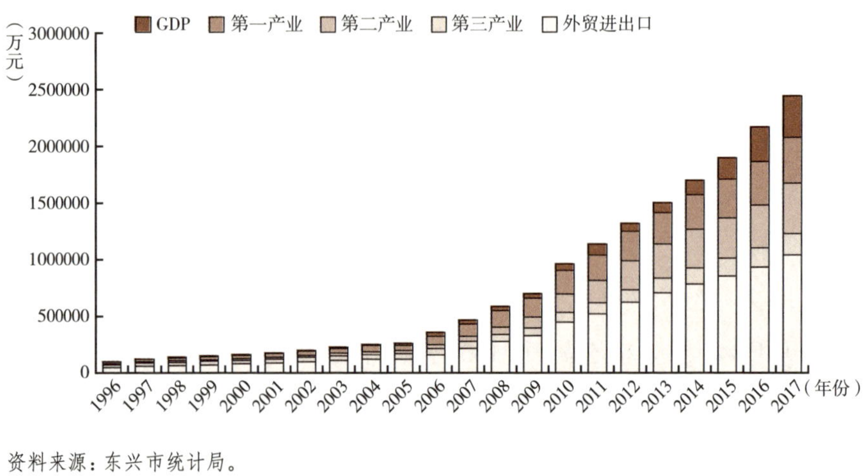


资料来源：东兴市统计局。

多模式、全渠道销售中越商品。[①]“八找网”互市交易大数据中心可以显示通过该跨境电商平台历年累计的进出口额，互市交易边民资料、交易时间、商品名称、交易金额均可在数据中心实时显示。

表 2　东兴边民互市市场交易情况（2012～2017 年）

| 项目 | 2012 年 6～12 月 | 2013 年 1～12 月 | 2014 年 1～12 月 | 2015 年 1～12 月 | 2016 年 1～12 月 | 2017 年 1～12 月 |
|---|---|---|---|---|---|---|
| 市场交易额（万元） | 64970.09 | 284175.62 | 340840.23 | 503119.25 | 754044.06 | 1137950.08 |
| 交易人数（人次） | 90946.00 | 376320.00 | 451910.00 | 669943.00 | 988315 | 1512628 |
| 人均交易额（元） | 7143.81 | 7551.44 | 7542.21 | 7509.88 | 7629.59 | 7523.00 |
| 市场交易量（吨） | 68292.17 | 578590.54 | 806963.58 | 1312416.30 | 1158491.61 | 1706941.93 |
| 木薯淀粉（吨） | 53073.56 | 522348.69 | 732951.06 | 1192557.23 | 943773.33 | 831323.73 |
| 杂货（吨） | 5218.61 | 56241.85 | 74012.52 | 119859.08 | 214718.28 | 383437.54 |
| 海产品（吨） | — | — | — | — | — | 471447.31 |

资料来源：“八找网”互市交易大数据中心。

为充分利用国家赋予边境地区的特殊政策，通过发展边贸带动边民致富，实现产业转型升级，东兴市还创立了“边境贸易 + 互助组”扶贫模式。据介绍，这种称之为“1+n20+1”的边民脱贫新模式的核心是充分利用国家给予的边民优惠政策，组建以 1 个党支部领航，由 n 个边民互助组（每组成员 20 人以上）组成，每组吸纳 1 名以上贫困户人员的边民互助组，从指定互市区（点）进口商品，销售给边境地区的加工企业，帮助边民特别是贫困户增加经营性收益，推动边境贸易兴边富民。东兴镇河洲村是成功运用互市

① 该项目 2015 年 9 月获得由共青团中央、中央网信办、浙江省人民政府主办的“互联青春　创梦未来”中国青年互联网创业大赛铜奖。

扶贫模式的典型代表，据村党支部书记项建程介绍，目前河洲村共组建了20个边民互助组，420人参与，占全村人数的15.6%，其中贫困人员67人，占全村贫困人数的66%。组建边民互助组经营以来，每年每组平均参与边境贸易成交额达3800多万元，实现利润72万元，直接参与每天经营的贫困户获得分红3.6万元，委托经营的贫困户获得分红7600元，实现了脱贫。截至2017年12月底，全市共成立72个边民互助组，吸收2100位边民参与边民互市贸易，年人均增收超3000元。

自2013年12月开始探索组建边民互助合作社（组）参与互市贸易以来，东兴市逐步形成以海关监管的互市市场为依托，国内收购市场为桥梁，国内加工市场为升华的“东兴模式”（见图2）。三级市场前后呼应：收购市场和集散市场的需求决定互市市场的繁荣，互市市场的繁荣保障了收购市场和加工市场的供给。三级市场里面的各主体，各司其职、各负其责、各享其成。边民互市贸易职能正逐步从“自产、自销、自用”升华至“贸易兴边、守疆固土”。

图2 “东兴模式”—— 边民互助组互市、交易、加工流程

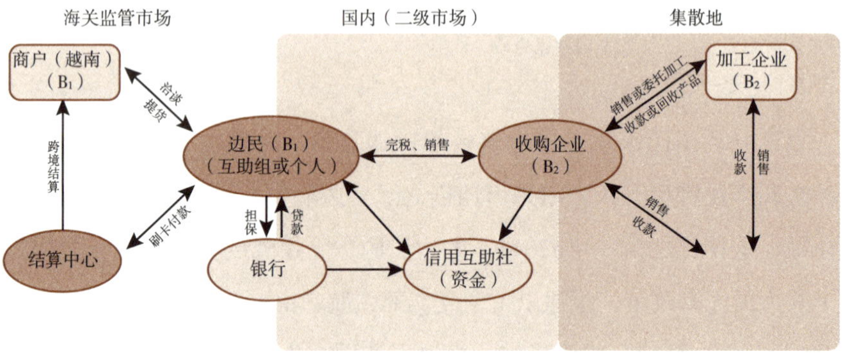


总体而言，通过组成互助合作社（组）参与互市贸易带来诸多经济效应：增加了边民就业岗位与边民收入，促进了两国边民的商业交流，降低了联检部门执法风险，从多个角度促进了边境经济持续发展，实现了互市贸易发展新突破。东兴市大力发展跨境贸易经验的做法，被国务院督察组推荐为广西

贯彻国务院和商务部关于外贸稳增长、转方式、调结构和加快培育外贸竞争新优势决策部署的典型，被认为创造了独特的“东兴经验”。

### （二）跨境加工

长期以来，东兴经济在很大程度上需要依赖中越货物流通带来的“通道经济”。然而这种经济模式存在一种很大的弊端——没有实现商品附加价值的提升，也就没有太多剩余价值可以留在当地。为了改变这种状况，实现“通道经济”向“口岸经济”的转型，东兴市近年来实施了“贸工互动”战略，围绕边贸上下游产业做文章，大力发展跨境加工业，取得了显著成效。

2010 年以来，东兴市加强了工业园区的规划力度，建设了“1+5”工业园区，即跨境经济合作区加工园、江平工业园、东盟商品加工贸易中心、冲榄工业园、北投海产品（水果）加工园和东盟特色加工园，为打造跨境加工制造产业集群提供了空间场域。东兴市将跨境加工制造产业作为招商引资的重点，近年来先后赴广东、福建、浙江、上海等地开展工业招商，邀请国内外企业到“1+5”工业园区实地考察，加强与东部沿海地区企业的交流合作，吸引了一大批跨境加工制造企业落户东兴。2013～2017 年，进驻园区的跨境加工企业有 80 家，建成投产 50 家，在建 20 多家，推动园区实现年产值 105 亿元，实现年税收 1.3 亿元。

为充分利用跨境贸易优势发展工业，2015 年 9 月，东兴市启动互市商品落地加工的先行先试，先后出台了《东兴市推进互市商品落地加工发展东兴跨境加工产业工作方案》《东兴市边民互助组登记管理暂行办法》《东兴市推进发展十大类（年产值 10 亿元以上）跨境加工制造业工作方案》，引导跨境加工产业发展。同时，加大政策扶持力度，在财政扶持方面，出台上规模工业企业奖励政策、中小企业发展扶持政策；在税收优惠方面，用好用足边民互市贸易税收抵扣政策；在劳动用工方面，允许企业依规使用境外劳工，简化审批程序，降低用工成本。东兴市怡诚、保通、长瀛等 28 家试点企业充分把握政策，与本地 72 个边民互助组合作，获取相对廉价的东盟海鲜、坚果、农副产品等，精加工后，销往国内和日本、韩国及中东、非洲等国家和地区，获得了较为丰厚的利润。如东兴市保通冷冻食品有限公司主要从事鱼虾类水产品的收购、加工、仓储、销售等业务，已取得互市贸易农产品收购资格，缴纳增值税 3.5%，可以取得 13% 的进项抵扣。该公司在越南芒街设有保税冷库，另有成达加工基地，位于芒街保税港内，具备保税功能。2017 年，东兴互市商品落地加工实现工业总产值 40 亿元，占全市工业总产值的 25%。

中国东兴 – 越南芒街跨境经济合作区是东兴市由“通道经济”向“口岸经济”转型的标志性项目。中方园区规划总面积 84 平方公里，包括一个核心区和七个配套园区。跨境合作区按照“前店后厂”模式布局规划，以 9.63 平方公里的核心区为“店”，实行“两国一区、境内关外、自由贸易、封关运作”的管理方式，实现“一线放开、二线管住、区内自由、人货分离”，主要发展跨境金融、跨境商贸、跨境旅游等跨境特色产业集群和国际会展、保税加工、总部经济、现代物流、大宗商品交易市场等产业；以 74 平方公里的 7 个配套园区为“厂”，主要布局进出口加工、现代物流等产业。目前，跨境经济合作区加工园的 9 栋标准厂房已被全部预定，香港南益集团、广利通集团等近 50 家境内外企业意向入驻；江平工业园入园项目 49 个，建成投产项目 30 个；东盟商品加工贸易中心申请入园企业达 30 多家；东盟特色加工园区建成厂房 25 栋 3.9 万平方米，已交付使用，18 家企业入驻。

东兴“贸工互动”战略推动了工业经济大幅增长，加快了产业转型升级步伐。2013 年至 2017 年，东兴市工业总产值从 98 亿元增长到 161 亿元。其中规上工业总产值从 95.3 亿元增长到 157 亿元，拉动 GDP 增长 4.8 个百分点，规上企业从 18 家发展到 30 家。

### （三）跨境旅游

东兴市具有发展跨境旅游的得天独厚的优势。一方面，东兴市地处祖国“南大门”，与越南芒街一河之隔，距离世界风景名胜下龙湾仅 180 公里；另一方面，东兴市位于中国海陆边境线的交点，山、林、河、海等生态资源多样，独特的京族文化源远流长，具有丰富多样的旅游资源。依托区位优势，整合多种资源，近20年来东兴跨境旅游蓬勃发展，吸引了大量国内外游客，成为中国知名旅游度假胜地，先后荣获“广西首批特色旅游名县”“中国最佳生态旅游城市”等荣誉称号。

中越跨境游是东兴旅游业的最大特色。越南的风景名胜、异域风情，吸引着全国各地游客来到东兴，从这里进入越南。21世纪以来，两国共同开发的“芒街一日游”“下龙湾四日游”等旅游项目深受国内游客欢迎。目前，这两条传统旅游线路热度不减，又开发了中越边关特色界河游、海上观光游、跨境自驾游、“两国四地”黄金旅游线路（中国东兴、桂林和越南芒街、下龙）四个新的跨境旅游产品。与此同时，中国东盟自驾游总部（东兴）基地、东盟房车露营（东兴）基地等大型旅游项目入驻东兴。为满足游客旅游购物的需求，形成吃、住、行、游、购、娱融为一体的跨境旅游特色品牌，东兴市还兴建了边贸中心、商贸街区和京街等一批特色街区。

跨境自驾游是东兴市跨境旅游的新兴品牌，近年来发展迅速。2016年11月，中国东兴－越南芒街跨境自驾游线路常态化开通，成为两国新的热门旅游项目。2017年6月，跨境自驾旅游线路扩展延伸至广西防城港、南宁、桂林等市和越南广宁省下龙市，完成了从“陆上桂林”到“海上桂林”的特色自驾游路线贯通。

为保证跨境旅游顺利开展，保障游客权益，东兴市与芒街市加强合作，实行“六联合”：联合打造跨境旅游精品线路，联合打造跨境旅游拳头产品，联合开展跨境旅游宣传推广，联合开展跨境旅游领域市场执法，联合做好跨境旅游演艺交流，联合开展跨境旅游培训。同时，东兴市还强化旅游服务管理，提供更便捷的人性化服务，在口岸出境排队长廊增设了旅客排号机和旅客指引牌，健全旅客通关联动应急保障机制，对出入境团队实行错峰验放管理模式，并加强对旅行团领队及导游的管理。

除了跨境游，民族文化游和生态游也成为东兴跨境游的新增长点。东兴市是中国海洋民族——京族的唯一聚居地，拥有国家级非物质文化遗产——京族哈节及京族独弦琴艺术。近年来，东兴市注重挖掘和提升京族文化特色品牌，建成了集展示、教育、科研等功能于一体的京族博物馆暨东兴京族生态博物馆，编演了反映京族人民生活与命运的民族舞剧《京岛人家》。以“京族三岛”（万尾村、巫头村、山心村）为代表的京族聚居地，大力发展民族文化旅游项目，建成了一批各具特色的农家乐，并加快打造集生态、休闲、观光、科普及京族特色表演于一身的京族海洋生态休闲区。北仑河口景区、金滩旅游岛、京岛 4A 级风景名胜区等旅游项目，受到国内外游客欢迎。

据统计，东兴市 2017 年共接待旅客总人数 941.22 万人次，比上年增长 25%；旅游总消费 84.75 亿元，比上年增长 29.9%。东兴口岸出入境人数达到 996.5 万人次，比上年增长 39.26%。2018 年第一季度，全市共接待游客 217.92 万人次，同比增长 17.1%，旅游消费 18.13 亿元，同比增长 32.3%；东兴口岸出入境人数达到 288.1 万人次，同比增长 32.87%。

表 3　近年来东兴市旅游接待人数变化情况

| 年份 | 全市接待旅游人数 | | 旅游总消费 | | 东兴口岸出入境人数 | |
|---|---|---|---|---|---|---|
| | 人次（万） | 增长率 | 总额（亿元） | 增长率 | 人次（万） | 增长率 |
| 2016 年 | 750.96 | 10.9% | 64.85 | 30.85% | 715.58 | 17.47% |
| 2017 年 | 941.22 | 25% | 84.75 | 29.9% | 996.5 | 39.26% |
| 2018 年第一季度 | 217.92 | 17.1% | 18.13 | 32.3% | 288.1 | 32.87% |

资料来源：东兴市发改局。

### （四）跨境金融

跨境金融是随着互市贸易的发展而发展起来的。过去中越边民做互市交易像逛菜市场，钱货面交，人多嘈杂，不仅费时费力，且易忙中出错。由于跨境贸易不能用人民币直接结算、正规渠道手续烦琐，因此成本低而且便捷的街头“地摊银行”一度盛行。

为规范边贸、促进结算便利化，东兴市以建设沿边金融综合改革试验区为契机，于2012年5月创建了东兴边民互市贸易结算中心，探索形成了边民互市商品交易结算、边民互市商品经营户结算和边民互市商品游客结算三种运作模式，实现两国边民互市商品的现场交易和交易结算规范管理。如今，在互市贸易区做生意，已见不到手持大把钞票的边民，取而代之的是手持单据东奔西跑的身影。结算中心还优化移动支付平台，已实现边民使用手机和指纹交易功能，使边民互市贸易更为便利。

结算中心的初衷是方便交易，却在打击走私、洗钱方面收到意外的效果。经过6年发展，结算中心使用的订单系统不断升级，与海关边贸申报系统、外汇管理局兑换系统实现了信息对接，只要边民之间发生了交易，海关和外汇管理部门都能监控到，有效防止了利用贸易进行洗钱、走私等违法行为。

随着两国贸易规模不断扩大，为解决两国结算问题，跨境金融随之发展起来。2013年7月10日，经人民银行南宁中心支行批准，广西东兴国家重点开发开放试验区（以下称“东兴试验区”）开展个人跨境贸易人民币结算业务试点，这是继浙江义乌市之后，全国第二个试点开展个人跨境贸易人民币结算的地区，跨境人民币业务主体由企业拓展到个人，境内外自然人凭个人身份证即可办理个人边境贸易人民币结算。2014年4月26日，中国农业银行中国（东兴试验区）东盟货币业务中心正式揭牌成立，成为目前云南、广西两省区唯一一家专门为推进沿边金融综合改革试验区而在边境一线设立的银行业务中心，并探索形成了可复制的人民币对越南盾“抱团定价”（一周一次）、“轮值定价”（工、农、中、建四大行）的“东兴模式”，实现人民币对越南盾的直接报价兑换，在当地被称为“东兴汇率”。这意味着企业与个人此后不再需要通过“地摊银行”进行中越货币的不稳定兑换。2014年12月，上海外汇交易中心挂牌建立越南盾交易子系统，正式把该平台形成的汇率作为上海外汇交易中心的官方汇率。2014年5月23日，国家外管局正式批复东兴试验区扩大个人本外币兑换特许业务试点。目前本外币特许兑换机构已有 4 家。

据中国农业银行东兴支行负责人介绍，2016 年上半年，农业银行东兴支行向总行申请并获批开展跨境现钞调运工作，实现了开办人民币、越南盾双向跨境调运业务，解决双方金融机构、兑换公司资金现钞头寸需求问题。2017 年中越人民币 / 越南盾现钞跨境双向调运业务正式启动，东兴成为中国第一个真正意义上实现两国银行点对点完成双币现钞跨境双向调运的城市。

东盟货币服务平台与个人跨境贸易人民币结算业务增加了银行跨境结算业务利润，节约了企业和个人换汇成本，跨境结算业务也从“地摊银行”回归正轨银行体系，便于对中越跨境资金流动进行风险监测和管控，推动了跨境金融迅猛发展。2017 年全市跨境人民币结算量达 362.39 亿元，增长了 28.2%，其中个人结算量 264.75 亿元，增长了 94.3%。2018 年第一季度，全市人民币结算金额 95.85 亿元，其中个人跨境人民币结算金额达 89.03 亿元，增长了 46.51%。

跨境金融的快速发展，加快了边境贸易转型升级步伐。东兴创新边民互市贸易结算模式，大力发展跨境贸易的典型经验在全区复制推广，成为全区唯一荣获国务院办公厅通报表扬的全国 32 条地方典型经验做法之一。

### （五）跨境电商

2010 年以来，东兴市利用区位优势、边民互市贸易政策优势，以及东盟等品牌优势，积极发展跨境电商，取得明显成效，对经济发展起到了巨大的推动作用。

随着东兴市与越南芒街市边境贸易往来日益密切，传统边贸模式已难以满足双方需求。2015 年以来，东兴市借鉴南宁市等试点城市开展跨境电商的经验，探索建立了“互联网 + 互市”跨境电商新模式，大力发展具有东兴特色的跨境电商产业。在各方努力下，先后建成了“百岸网”、“八找网”及“两国 e 城”等跨境电商平台。“百岸网”于 2015 年 8 月完成交易网站上线运营，主要将越南食品进口到中国，将中国小商品出口到越南。“八找网”

的主要目标是打造“互市 + 边民 + 全网营销”进口模式和“互市 + 边民 + 电商企业（落地加工企业）+ 线上线下分销”进口模式，目前通过该平台实现交易额日均 1000 万元左右。“两国 e 城”跨境电商平台以“两馆一平台”（即东兴馆、越南馆与边贸正品货源采销平台）为载体，搭建边贸正品货源采销平台，着力完善电子商务产业链，探索边贸共享经济模式。

除以上规模较大的跨境电商平台外，东兴市还活跃着大量中小型电商企业，是青年人互联网创业的热土。卢增琛来自广西宾阳，2010 年来东兴做电商，一开始在网上销售越南食品和红木工艺品，2014 年开始做沉香及其附属产品，货源主要来自越南，通过边贸渠道成本比其他地方低一些。截至 2017 年底，东兴的网店总数已从 2008 年的 100 多家发展到 2000 多家。

东兴市还大力推动电商进农村，促进了边民致富和乡村振兴。依托滨海和长寿之乡的优势，东兴市深入挖掘本地特色农产品，进行品牌打造与包装，培育了“红姑娘”红薯、“万诚”海鸭蛋、“哈哥哈妹”绿茶、“良佳优”柠檬香茅等一批农产品网销品牌。推广“电商 + 互助组”模式，以电商引导边民互助，通过互市区购进越南农产品，经过互助组初级加工后，借助电商渠道销售。以东兴市河州村某边民互助组为例，该互助组通过互联网订单销售越南进口腰果，经过互助组边民简单加工包装后销售，月均销量可到 2000 公斤以上，实现互助组边民人均增收 1000 元 / 月以上。东兴市还探索农村旅游电商模式，鼓励本地民间资本投资旅游业，挖掘乡村旅游农业电商发展业态，打造了京岛海洋渔业（核心）示范区、那漏村格桑花庄园、马路百果香农家乐等一批乡村旅游项目。

为支持跨境电商发展，2015 年初东兴市电子商务协会成立。协会以打造广西电商龙头为目的，加速东兴市电子商务交流平台建设和电子商务专业人才队伍培养，协助政府改善电子商务政策环境。目前协会共有会员 1203 名，其中青年人占 90% 以上。2015 年 9 月，协会成为东兴市创业孵化基地，两年多来，已成功孵化出电商企业 14 家，带动近 120 人就业。

2017 年东兴市新增电商企业（含个体、个人网店）190 家，电子商务企业（含个体、微商）总数突破2500家，实现电子商务交易额29亿元。2018年第一季度，新增电商企业（含个体、个人网店）25家，电子商务企业达2536家，新增就业人员126人，全市实现电子商务交易额约10亿元，同比增长约46.4%。根据2017年阿里研究院发布的2016年中国县域电子商务发展指数，东兴市为全国县域第20位，位居西部第一，连续4年排名广西县域电商第一位。

### （六）跨境劳务

改革开放以来，特别是20世纪90年代以来，东兴经济发展迅猛，城市建设、居民生活发生了翻天覆地的变化，总体上领先越南20年左右。一方面，东兴的发展提供了较多的商机，对劳动力也产生了巨大需求；另一方面，东兴相对较高的生活水平和收入水平，对边境另一侧的越南人产生了很大吸引力。进入21世纪以来，不少越南人选择到东兴务工、经商，跨境劳务成为东兴经济的一个鲜亮特色。据不完全统计，2017年长期在东兴就业、生活的越南人员达22000余人。

越南人在东兴从事的工作，涉及互市贸易、红木加工、海产品加工、特产贩卖、旅游观光、钱币兑换、餐饮零食、旅馆住宿等领域。海产品加工是东兴市吸纳越南劳动力较多的行业。东兴市怡诚食品公司雇用300多名越南劳工，东兴市保通冷冻食品公司雇用500多名越南劳工。冯氏爱是越南芒街周边的农村人，2015年5月，她在东兴口岸附近看到招聘信息后，找了辆摩托车，直接到保通公司求职，后被录用，目前全村有20多人在保通打工。

吃苦耐劳、纪律性强、工资要求低，是东兴企业愿意雇用越南劳工的主要原因。以红木加工为例，越南具有很长的红木加工历史，工人较为专业，同时对工资待遇要求比国内工人低。据调查，一个熟练的越南红木工人月薪在8500元人民币左右，而中国工人则要价10000元左右，因此红木家具加工企业争相聘请越南籍工人。据不完全统计，目前有近3000名越南工人在东兴从事红木加工。工资收入高、生活条件好，则是越南边民愿意到东兴务工的主要原因。以在东兴保通公司打工的冯氏爱为例，她在越南时，先后种过地、卖过海鲜、进过服装厂，每月赚 1000 元左右，最高拿过 1500 元；来到东兴保通后，每月赚近 3000 元。因此不少越南人以能成为东兴保通公司员工为荣。

为加强对越南人在东兴市就业的管理，2011 年 3 月，东兴市制定了《越南籍自然人在东兴市就业管理暂行办法》，规范了企业聘用越南人的行为，明确规定了可聘用越南人就业的企业为工业园区内、互市贸易区内以及从事红木加工、海产品加工的私营企业。用工单位聘用越南籍员工，需向东兴市人社局提出申请，审核通过后，向用工单位颁发用工资格证；由用人单位引导越南务工人员办理体检合格证明后，向市人社局提出申请，办理务工证和外国人停留证件等。根据相关政策，在东兴工作的越南籍务工人员可以申请最长半年审批一次的通行证，并且最多可以延期两次。也就是说，一名越南籍务工人员在东兴最长可以待上一年半的时间。据统计，目前东兴 31 家试点企业聘用境外劳工超过 6800 人。为方便企业和越南劳工，东兴市中越跨境劳务管理服务中心于 2017 年 8 月投入使用，为入境务工人员提供办理用工资格证、务工证、劳务服务经营证、外国人停留证件、临时住宿登记和用工备案登记等一站式服务，实现了“一站办证，全城用工”的模式，也从客观上减少了黑工的情况。

除了务工，还有不少越南人在东兴经商。截至 2017 年底，越南方面在东兴从事边境贸易的企业有 1686 家，个体工商户 6816 户；从事旅游服务、旅游产品销售的企业 458 家，个体工商户 1086 家。为规范越南人在东兴的经营行为，2012 年 7 月，东兴市通过了《越南籍自然人在东兴市经营登记管理暂行办法》，实现了对越南籍自然人经营活动的“可控、可管、可发展”。越南人可在东兴市像当地个体工商户一样从事经营活动，裴氏杨就是其中之一。2014 年 4 月，裴氏杨获得了东兴市工商局颁发的越南籍自然人经营登记证，在东兴边民互市贸易区租赁了 200 多平方米的店铺，批发零售越南农副产品、土特产品和海产品。

除跨境劳务，中越两国边民一直有通婚史。自 20 世纪 90 年代末中越关系正常化以来，约有 1300 名越南妇女嫁入东兴，她们生儿育女，从事农业生产劳动或个体商业，为地方经济社会发展做出独特的贡献。

## 三、东兴经济社会发展的特点和经验

过去 40 年里，东兴经济社会发展特别是跨境经济之所以取得巨大成就，归根结底得益于国家改革开放的政策。正如防城港市委常委、宣传部部长黄强余在座谈时强调的，东兴 40 年来方方面面的变化得益于“改革开放”这四个字，可谓“改革浪潮涌边城”。这也是过去 40 年整个国家发生翻天覆地变化的根本原因。但具体到每个地方、部门、单位、行业，在 40 年改革开放的进程中，又有着各自独特的做法、特点和经验。就东兴而言，我们总结该市改革开放 40 年来经济社会发展有六个方面的鲜明特点，或者说是经验。

### （一）立足区位优势，打造支柱产业

东兴的最大特点和优势，是它与越南接壤，是中国通往越南和东盟的最便捷的陆上通道，也是最便捷的海上通道。东兴的对面是越南北方经济活跃的芒街市，两市隔河相望，可谓“两国一市”，这在中国的口岸城市中是非常少见的。历史上，中越两国就有较为密切的经贸往来，东兴人有经商的悠久传统。越南自 20 世纪 80 年代末实行革新开放以来，积极发展与周边国家的经济关系。中越两国经济发展水平相差 20 年左右，越南有丰富的海产品、水果、肉类、木材、劳动力等资源，中国则有相对价廉物美的日用工业品，两国经济结构有着较强的互补性，相互需要。以上条件，使得东兴成为中越经济交往与合作的前沿。

国家和广西壮族自治区对东兴的发展高度重视，大力支持，给予了一系列特殊政策，努力将其打造成改革开放的前沿和兴边富民的典范。1992 年 6 月，国家把东兴列为边境开放城镇。2008 年，在国务院批准的广西北部湾

经济区发展规划中，专门设立东兴组团。2012 年，国务院批复东兴试验区建设实施方案。同年 12 月，广西壮族自治区出台了加快推进东兴试验区建设的 34 条先行先试政策。2013 年，东兴成为沿海金融综合改革试验区先行区。2014 年 3 月，东兴试验区总体发展规划获得批复，再次拉开了大开发、大开放、大合作的序幕。2015 年 12 月，国务院印发了《关于支持沿边重点地区开发开放若干政策措施的意见》，将东兴列入沿边重点地区名录。目前，东兴拥有五个国家级平台：东兴试验区、跨境经济合作区、沿边金融综合改革试验区、构建开放型经济新体制综合试点试验城市、防城港边境旅游试验区。同时拥有这么多的国家级平台，这在沿边开放城市中是不多见的。

东兴利用独特的区位优势，用足用活国家和自治区赋予的特殊政策，在过去的 40 年里大力发展跨境经济，形成了六大跨境支柱产业，在实现边民脱贫奔小康发家致富的同时，也实现了边境地区的睦邻安邻富邻目标。

### （二）注重开放包容，彰显发展优势

开放包容，是东兴经济与社会发展的一个显著特征。历史上，中国经济最繁荣的朝代，如汉代、唐代、宋代，都是非常开放包容的时期，著名的“丝绸之路”和“海上丝绸之路”，就是古代中国与外国交通贸易和文化交往的产物。当今中国经济最发达的地区，如长三角、珠三角等，也都是最开放包容的地区。东兴的开放包容，体现在对外来务工人员的开放包容，对外来客商的开放包容，对越南商人的开放包容，对越南务工人员的开放包容，以及对新生事物的开放包容等方面。

外来人口的数量和比重，在一定程度上反映了一个地区经济活跃的程度。东兴的户籍人口是 15 万，流动人口也是 15 万，流动人口与本地人口相当，这是东兴经济充满活力的体现，也是东兴经济蓬勃发展的重要因素。北上广深等一线城市，都是人口大量流入的地区，外来人口多，年轻人多，是一个地方经济兴旺发达的重要标志。我们在东兴走访的几家企业，都是外来客商在东兴投资开办的。如江源水产公司，成立于 2013 年，利用海水从事

对虾等水产养殖，法人代表黄勇华来自浙江，目前已是防城港市人大代表；东兴市怡诚食品开发有限公司由福建商人投资，于2008年成立，是一家集水产品及农副土特产研发、生产、销售为一体的综合性现代科技型企业。

最能体现东兴特点的开放包容，是它对越南边民、商人和劳工的开放。目前，长期在东兴就业、生活的越南人员达到22000余人，分布在十多个行业。在互市贸易区，能看到上百家越南人开设的各类贸易公司，大量雇用中国边民。在东兴口岸附近，随处可见沿街售卖小商品的越南边民。同样有大量的中国边民在芒街市开公司、做生意。

最能体现东兴时代精神的开放包容，是它对现代科技和经营方式的开放包容。作为人口仅有15万的边陲小城，东兴并不具备发展电子商务的先天条件，但东兴人凭着对新生事物的敏锐和执着，将电子商务与跨境产业和特色种养殖结合起来，实现了电商产业的异军突起，一跃进入全国县域电商20强，成为广西县域电商第一名，创造了沿边民族地区电子商务发展的奇迹。

### （三）勇于改革创新，激发市场活力

创新是一个民族进步的灵魂，是国家兴旺发达的不竭动力。改革开放40年东兴的发展史，就是一部勇于改革创新、不断推动生产关系适应生产力发展的历史。从易货贸易到网上交易，从当面结账到跨境金融，从门店经营到电子商务，从互市贸易区到跨境经济合作区，都是东兴经济领域勇于创新的体现。同样，在政府管理和社会治理领域，东兴也进行了一系列大胆的改革创新，不少改革走在全国前列。

实施综合行政执法体制改革。2015年4月，东兴成为全国138个开展综合行政执法体制改革试点的城市。2016年7月，东兴市将工商行政管理局、质量技术监督局、食品药品监督管理局及物价局合并，组建为东兴市市场监督管理局，将四顶“大盖帽”切换成一顶“服务生帽”，实行“一个窗口办理办结”的办法，精简了办事流程，有效解决了分头受理等问题。改革后，企业设立办理时限由原来的15个工作日缩减至3个工作日，企业变更、注

销登记办理时限由原来的 6 个工作日缩减至 1 个工作日，行政审批效率提升了 70%，极大地方便了市场主体，确保了监管到位，激发了市场活力。

开展通关便利化改革。推行无纸化通关作业模式，率先在全国启用边民互市“一指通”系统，边民申报时间由原来的 30 分钟提速到 10 分钟以内；实行“一个窗口”收费服务，建成使用统一收费大厅，减少交费环节；推行分类通关改革，设立“一站式”服务窗口，平均每辆货车可节约通关时间近 20 分钟。

推进跨境金融改革。利用好沿边金融综合改革试验区平台不断进行探索与创新，东兴创造了人民币和越南盾特许兑换、东盟货币服务平台、跨境保险、人民币和越南盾现钞跨境调运、跨境反假货币合作机制 5 项“全国第一”，中国东盟货币服务平台“东兴模式”在全自治区乃至全国推广。

东兴以上领域的改革，破除了阻碍发展的体制机制障碍，激发了广大群众投身跨境产业的积极性，实现了让一切劳动、知识、技术、管理、资本的活力竞相迸发，让一切创造社会财富的源泉充分涌流。

### （四）围绕兴边富民，实现安边稳边

东兴处于边境地区，又是少数民族地区，保持边境稳定，维护民族团结，始终是东兴面临的重要政治任务。历史上，封建统治者往往重视边境地区的军事功能，虽然也采取了移民、屯垦等带有开发性质的举措，但都是为军事目的服务的。在经济全球化的今天，仅仅通过军事手段已经很难实现稳边安边的目标了，必须重视边境地区的经济发展和社会进步，实现好、维护好、发展好边民的根本利益，只有边境兴旺发达、边民安居乐业，边疆才能真正长治久安。

加强基础设施建设，改善边境地区生产生活条件。2000 年 8 月，广西壮族自治区党委、自治区人民政府在沿边 8 个县市开展了历时 3 年的边境建设大会战，总投资 21 亿元，其中标志性工程就是修筑沿边公路。该公路按三级公路标准设计，起点为东兴市东兴镇竹山村，终点为那坡县弄合村，途

经8个县（市、区），全长725公里，于2002年9月全线贯通。广西沿边公路的修建，不仅对巩固国防具有重要的战略价值，而且对促进边境地区发展、带动边民致富发挥了重要的促进作用。

提高社会保障水平，切实维护边民利益。为鼓励群众到边境一线居住生活，广西壮族自治区财政对边境线0～3公里范围内农村居民按照每人每月130元标准，足额发放生活补助。边境线0～20公里范围内农村居民，全部纳入新农合制度保障范围，由自治区各级财政代缴个人参合费用。城市居民最低生活保障标准从原来的每人每月480元提高到510元，农村居民最低生活保障标准从原来的每人每年3100元提高到3350元。

因地制宜开展精准扶贫，解决边民致富问题。东兴创造了“边境贸易+”的扶贫模式，如“边境贸易+互助组”“边境贸易+金融服务”“边境贸易+落地加工”“边境贸易+专业市场”“边境贸易+电子商务”等，取得明显成效。“边境贸易+”的扶贫模式，将扶贫与扶志、扶智结合起来，通过解决边民就业问题、支持边民创业，增加了边民收入，有效推进了脱贫攻坚。

以上政策促进了边境地区的经济发展，改善了边民的基本生活水平，增强了边境地区对党和国家的认同感、向心力，进而成为巩固国防、稳定边境的积极力量。

### （五）加强社会治理，确保安全稳定

东兴市沿边、沿海、沿江，特殊的地理位置给东兴带来经济繁荣的同时，走私以及涉恐、贩毒、偷越国（边）境、流窜作案等犯罪成为长期困扰当地海关、边防和公安机关的难题。东兴市结合边境实际情况，创新社会治理机制，严打各类走私活动，同时积极运用现代科技手段加强社会治安和边境管控，有效维护了跨境经济秩序和边境地区的安全稳定。

由于中越边境缺乏天然屏障，2010之前，走私活动曾一度十分猖獗。近年来，东兴市深入开展打击走私专项联合行动，创新大协同多锁链综合治理长效机制，反走私综合治理工作成效显著。东兴市构建大协同多锁链反走

私综合防控体系，并以此经验在2018年4月的全国打私办主任会议上作典型发言，其中三项措施为全国首创，获得全国推广。多锁链反走私，就是建设边境物理隔离设施。目前该市建成边境物理隔离设施12公里、缉私哨塔3个、建巡逻道7公里。同时，整合公安、海关、边防等部门资源，实现“三网合一”，对北仑河重点区域、重点地段、重点目标进行24小时监控。“三项首创”，一是首创边境打私段长负责制。将边境一线分成若干个管段，实行反走私联合管控段长负责制，其中东兴总段分成4个管段，海关、公安、边防、海警各管一段。二是建立全国首个反走私联合指挥中心，海关、公安、边防、海警、烟草和打私办、边海防办“五方两办”统一进驻，一旦边境沿线发现可疑情况，指挥大厅可在1分钟内进行确认，并下达查缉指令。三是建立全国首家处理走私入境动物及其制品无害化处理厂，解决冻品传统销毁造成的二次环境污染问题。2017年6月9日，国务院副总理汪洋同志到东兴市调研反走私工作，对运用情报信息化与人力相结合打击走私活动取得的成效给予了充分肯定。

在社会治安管理方面，东兴市积极利用现代科技手段，再造侦办流程，形成“情指行”一体化工作模式。该模式实现情报指令闭环运行，主要做法为以下几点。一是主动拥抱大数据，实现信息采录在线化。东兴公安充分发挥情报大队长李永锋的技术优势，自主研发22个具备东兴特色的信息系统，每日采集有效信息440万余条，构筑了国门情报网。其中，自主研发的车辆信息采集系统“扫地机”，每小时自动采集车辆信息1000余条。通过该系统，破获了一系列重大案件。二是运用人工智能技术，在边境一线建设具备自动识别、自动报警的“智慧国防栏”，将多批企图外逃的涉恐人员成功拦截在国境内，实现边境管控智能化。三是创新侦办流程，实现“情报－指挥－行动”一体化，赋予情报大队侦查权、行动权，利用情报系统的人车布控功能，实现精确抓捕。“情指行”一体化模式建立以来，基本实现案件“朝发夕破、案不过夜”。2018年第一季度，东兴市群众安全感和满意度从2016年的全自治区末位跃升到全自治区第2名。2017年3月26日，时任国务委员郭声琨同志到东兴市公安局调研时，对东兴市公安改革和四项建设及“情指行”一体化工作给予了充分肯定。

### （六）密切对越交流，巩固传统友谊

东兴市与越南芒街市在历史上有着十分密切的交流。20世纪90年代以来，随着两国经济发展和边贸兴盛，两市在各个领域的交流与合作全面展开，深入发展，成效显著。东兴已从过去一段时间只有京族与越南简单的交往，发展为我国对外文化交流的重要窗口，成为中越地方之间合作与交流的一个典型。

两市政务合作实现了制度化。为服务两市跨境产业，东兴与芒街两市政府建立了全方位的交流合作机制，包括市政府领导定期工作会晤机制、市边境贸易主管部门的定期会晤工作机制、举办边境商品博览会等，为跨境贸易提供制度便利。为共同打击边境违法犯罪活动，中越边防部门早在2013年就签署协议，双方每季度举行定期会谈，建立热线电话和联络员制度，每季度通报交流跨境犯罪案件信息，共同研究加强防范打击工作措施，共同打击中越边境地区非法出入境活动。在东兴与芒街两市的外办之间，也开通了24小时热线电话，做到了中越边境线两侧之间“随时可以会晤”的良好沟通状态。

两市党际交流实现了常态化。东兴市与芒街市签订了《建立友好地方组织交流机制协议》，明确每年双方党委主要领导举行会晤，统一协商该年的具体业务和合作事宜；每年组织双方党委、政府主要领导专题互访、交流；双方以组织部门牵头组织各党委部门、政府部门、祖国阵线委员会及社会政治群体、各边境乡镇（社坊）党委每年定期举行会晤，双方轮流承办，商定当年具体合作项目；双方建立党际交流热线，定期通报双方举行的重大活动、节庆活动和纪念日活动等，形成了两地党际和友好地方组织交流的常态化机制。

创新交流形式，逐步拓宽两市交流合作领域。从2016年起，双方共同举办中国东兴－越南芒街中青年干部交流培训班，并分别深入两市进行现场

考察，增进彼此之间的友谊，深化交流合作。村镇之间交往也日益频繁，东兴镇与芒街市海东乡每年轮流派出考察团，就新农村建设、现代农业技术等方面进行考察学习。

在与越南的文化交流中，东兴打造了一批文化品牌活动，通过品牌影响力增强中越文化交流的深度和广度。例如，每年定期举办中越国际商贸旅游博览会、中国－东盟国际青少年足球邀请赛、红木文化节、中越元宵节足球友谊赛、界河对歌等活动。江平镇万尾村与越南芒街市茶古坊长尾区借助双方举办的京族“哈节”开展民俗文化传承交流，每年互派代表、艺术团队参加对方的“哈节”活动。为更好服务两市文化交流，东兴新建了一个集中越（东兴－芒街）党委、政府交流会晤、民间文化交流合作、交流成果展示等功能于一体的中越文化交流中心、中越党际交流中心。

除了政务和文化交流，东兴与芒街还在社会治安、法律服务、医疗救助等多方面开展合作，为两国公民提供便捷高效的社会服务。双方公安、法院等部门积极开展跨境警务合作、涉外法律援助，开通警务合作“绿色通道”，成立中越（东兴－芒街）商事纠纷特别巡回法庭，及时为中越边民提供警务支持和法律服务；深入开展两市医疗合作，开通了中国东兴－越南芒街危重病人国际医疗救助绿色通道“1369 生命直通车”，此为中国首个跨国医疗救助品牌，仅 2017 年便救助了中越边民及游客 112 人次。2018 年 4 月，芒街市一家中资企业突发火灾，应芒街市政府请求，东兴市先后派出 15 车 62 名官兵赶赴火灾现场跨国救援，极大地减轻了火灾损失。

东兴市与芒街市的密切交流与合作，是中越地方之间交流的一个典型，对于维护边境地区和平稳定，巩固中越传统友谊，产生了十分积极的影响。2014 年 5 月，越南多地发生大规模民众反华暴乱事件，波及胡志明市、平阳省、河静省、同奈省的中国企业。邻近中国的北方四省（河内、广宁、高平、河江）则没有发生任何反华骚乱。2018 年 6 月，越南多地再次发生反华游行，北方四省同样没有卷入。越南北方四省的友好态度，与两国地方之间的密切交流、合作有着很大的关系。

## 四、进一步发展东兴跨境经济的建议与展望

改革开放以来，特别是20世纪90年代以来，东兴市在发展跨境经济、改革政府管理、加强社会治理、维护边境稳定、开展对越交往等方面，都取得了巨大成就，创造了沿边民族地区实现赶超发展的典型经验，值得认真总结和继续发扬。在改革开放40周年之际，也应当认真分析东兴发展存在的问题和不足，研究当前的形势和面临的挑战，明确下一步的发展思路和政策措施。

东兴市构建开放型经济新体制有不可替代的区位优势，有比较良好的发展基础，但制约因素也不容忽视，具体表现在以下几个方面。①产业结构有待优化。东兴市传统的商贸、旅游、加工“三大支柱产业”经济总量不大。跨境加工、金融、电商、物流等产业刚刚起步，开放型经济发展水平不高，新的经济增长点尚待形成。②基础设施有待加强。基础设施是发展经济和稳定边境的重要条件，单靠防城港市和东兴市的财政很难支撑起来，这与东兴市需要承担国家的“三大政治使命”不相匹配。③营商环境有待改善。政策配套不够完善，用地、用水、用电生产要素成本高，融资难、融资贵问题比较突出，企业发展面临一些困难。④边境管控压力大。中越边境缺乏天然屏障，两国经贸与人员来往频繁，边境基础设施和技术设备相对滞后，人员短缺问题突出，给边境管控和打击走私带来较大压力。⑤人才相对缺乏。东兴市作为边境后发展地区，教育比较落后，吸引人才的能力不强，构建开放型经济新体制急需的国际贸易、国际金融、国际物流、电子商务等开放型高层次人才十分短缺。

东兴市取得巨大成就的根本原因在于改革开放，东兴市未来发展的根本依靠在于进一步深化改革、扩大开放。党的十九大报告明确提出，“推动形成全面开放新格局”，“拓展对外贸易，培育贸易新业态新模式，推进贸易强国建设”。东兴市要以习近平新时代中国特色社会主义思想为指导，深入学习贯彻党的十九大精神，统筹推进“五位一体”总体布局，协调推进“四个

全面”战略布局，进一步发挥区位优势，积极参与“一带一路”建设，用好国内国外“两个市场、两种资源”，努力构建边海开放型经济新体制，全面建成沿边开发开放引领区、中国－东盟战略合作示范区，在履行好国家赋予东兴的“三大历史使命”中取得更大成绩，创造更多“东兴奇迹”。

### （一）进一步发挥优势，积极参与“一带一路”建设

2015 年全国“两会”期间，习近平总书记参加广西代表团审议并发表重要讲话，赋予广西发展“三大定位”新使命，强调广西要加快构建面向东盟的国际大通道，打造西南、中南地区开放发展新的战略支点，形成 21 世纪海上丝绸之路与丝绸之路经济带有机衔接的重要门户。党的十九大报告提出，“要以‘一带一路’建设为重点，坚持引进来和走出去并重，遵循共商共建共享原则，加强创新能力开放合作，形成陆海内外联动、东西双向互济的开放格局”。总书记的重要讲话和党的十九大报告给东兴市今后的建设与发展提供了根本思路，指明了前进方向。

广西既有“一带”又有“一路”建设任务，这在全国各省区中是唯一的。2016 年 6 月，广西公开印发《参与“一带一路”建设的思路与行动》，确定了建设的思路与重点：服务中国－东盟自贸区升级版，在继续深化与东盟国家合作的同时，拓展与丝路沿线其他国家的合作，重点打造“一廊两港两会四基地”，构建面向东盟的国际大通道，打造西南中南地区开放发展新的战略支点，形成“一带一路”有机衔接的重要门户。广西还明确提出，要以中新互联互通南向通道建设为载体，内聚外合、纵横联动，在南向、北联、东融、西拓上下功夫、取得更大实效。

东兴市处在“南向”的重要节点上，办好东博会，加快互联互通基础设施建设，构建贸易、物流、产业、金融、港口、信息、城市等多领域合作新平台，深化与海上东盟国家的合作，为东兴市的发展带来千载难逢的大好机遇。东兴市要充分发挥国家赋予的五大开放合作平台作用，积极融入“一带一路”和“南向通道”建设，加快构建全方位开放发展新格局。

为参与“南向通道”建设，东兴市提出了构建“海陆空铁桥”多式联运交通运输体系：“海路”重点整合潭吉港、京岛港、竹山港资源，规划建设东兴港；“陆路”主要推动规划建设东兴－凭祥、东兴－越南芒街－海防－河内高等级公路；“航空”主要推动东兴通用机场规划建设；“铁路”主要加快防东铁路建设和推动规划建设东兴铁路口岸以及东兴－越南芒街－下龙市－河内铁路；“桥”主要争取尽早开通互市便民临时浮桥和二桥口岸。加快推动五路并通，逐步形成外联东盟国家，内联中国西南、中南的出海出边大通道。这一目标的实现，既需要东兴市的努力，也离不开国家和自治区的大力支持。

### （二）进一步扩大开放，实现跨境产业转型升级

东兴市的最大特色是跨境经济，随着中国－东盟自由贸易区发展和“南向通道”建设，东兴市要进一步扩大开放，全面提升六大跨境产业，探索构建边海开放型经济新体制，实现“通道经济”向“口岸经济”的转型升级。

重点推进中越跨境经济合作区建设，将东兴打造成面向东盟全方位开放合作的重要平台。争取有关部门政策支持和业务指导，进一步明确建设范围、合作模式及建设目标，按照“一线放开、二线管住”的监管模式，实现人员、货物、交通工具在跨合区内自由通行和流动。启动跨合区基础设施和配套设施建设，早日实现东兴二桥口岸开放及启动跨合区封关试运行，争取将跨合区建设成中越友好合作的新高地、中国与东盟深化全面经济合作的示范区。

全面提升六大跨境产业。在跨境商贸方面，建设国家商贸集散地、大型边境贸易市场和储运中心；发展特色商品和专业交易市场，形成辐射周边的区域性商品集散中心；发展跨境加工，探索利用边境贸易促进加工制造业转型升级的新模式，重点发展农副产品、纺织服装、机械及装备、电子产品组配件、橡胶、木制家具、包装等加工制造业。跨境旅游方面，利用双边旅游资源联合开发跨境精品旅游线路，重点发展边境游、商务会游、观光购物

游、环北部湾和海上丝绸之路等特色旅游。跨境金融方面，推动双方共同推进跨合区内设立银行、保险等金融机构，发展国际证券、跨境保险等业务，实现两国货币间可兑换、自由流通。跨境电商方面，落实“互联网 +”行动计划，建设中国 – 东盟跨境电商交易中心等一批特色产品专业电商交易平台，争创国家级电子商务示范基地。发展跨境物流，建设区域物流总部基地、供应链物流基地、物流仓储基地、发展报税物流和第三方物流。

为改变经济结构相对单一问题，增强地方经济实力，要十分重视跨境加工业的发展，加快工业转型升级。坚持贸工互动，强化互市商品“落地加工合法化、通关便利化、成本最低化、落地加工企业优先化、贸工互动效益最大化”的“五化”措施，全面推动互市贸易进出口商品落地加工，激发贸工互动活力。重点打造跨合区产业园、海峡两岸产业合作示范区、江平工业园、冲榄工业园等一批具有鲜明特色、功能完善的百亿元产业园区。着力发展电子和新能源、轻纺制造、红木加工、果类加工、海产品加工、建材等一批产业链完善、规模效应明显、核心竞争力突出的百亿元产业。积极争取上级支持，创新财政支持方式，设立本级产业发展基金，加大企业科技创新扶持力度，培育一批创新型骨干龙头企业，培育支撑工业经济持续高速发展的新动力。

### （三）进一步深化改革，提高管理水平和服务效能

东兴市改革起步虽晚，但在一些领域走在了全国前列，创造了不少“东兴模式”。应继续保持改革创新的精神，敢闯敢创，以参与“一带一路”建设和服务六大跨境产业为中心，继续深化改革，营造良好的营商环境，探索出更多值得在全国推广的“东兴经验”“东兴模式”。

加快跨境贸易的升级改革。争取边境互市转型升级试点、中国 – 东盟边境贸易国检试验区等先行先试政策，加快互市贸易、边境小额贸易向综合性多元化贸易转变。加快互市贸易转型升级，在边民互市贸易区实行“一线放开、二线管住”的监管模式，实现“小跨合、大边贸”目标，建成北部湾

自由贸易区先行区。

推进通关便利化改革。深化关检管理协作，提升关检“三个一”（一次申报、一次查验、一次放行）协作水平，创新口岸监管模式，加快推进查验部门信息互通、监管互认、执法互助，推动口岸“合作查验、一次放行”。加强电子口岸公共信息服务平台建设，推动口岸国际贸易“单一窗口”和智慧口岸建设。争取获批建设中国－东盟边境贸易东兴国检试验区，探索推行“两国一检”监管模式，继续完善国际贸易“单一窗口”，不断提高贸易便利化水平。

深化贸易结算和跨境金融改革。深入推进互市贸易结算，推动互市贸易跨境资金流动监测服务平台常态化运营，助推边境贸易转型升级。加快沿边金融综合改革试验区建设，构建人民币国际化的重要支点。建立完善与东盟国家在金融行业定期会晤、信息交流及人民币兑换越南盾汇率等方面的合作机制，积极探索人民币回流机制，设立人民币回流通道（QFLP 基金），推动跨境人民币国际投贷基金落户东兴，打造沿边金融综合改革升级版。

### （四）进一步加强治理，维护边境安全与社会稳定

2017 年 4 月，习近平总书记亲临广西视察指导并发表重要讲话，提出了“五个扎实”新要求，强调要扎实推动经济持续健康发展、扎实推进现代特色农业建设、扎实推进民生建设和脱贫攻坚、扎实推进生态环境保护建设、扎实建设坚强有力的领导班子。习近平总书记重要讲话精神，对于搞好广西和东兴的社会治理、维护边境民族地区和谐稳定具有十分重要的指导意义。

东兴作为边境民族地区，应当十分重视做好民族团结工作。加强民族团结进步宣传教育，提高各级干部的民族理论政策水平。抓好民族团结进步创建活动实施工作，推动创建活动进农村、社区、学校等。加大对京族独弦琴和京族喃字等文化遗产的保护、抢救、发掘、整理、宣传力度，实施京族文化品牌打造工程，扩大京族“哈节”影响力，促进京族传统文化的传承与发展。

扎实推进民生建设和生态环境保护。实施“全民参保”，打造农民工创业园，增加城镇就业和农村劳动力转移就业。实施乡村振兴战略，推进生态美丽富裕的乡村建设，加快农业农村现代化建设。注重发展成果共享，以更大力度保障和改善民生。大力开展精准脱贫工作，深入实施互市贸易、乡村旅游、电商等产业扶贫工程，培育专业合作社、家庭农场，发展壮大村集体经济，带动贫困人口早日脱贫奔小康。树立和践行“绿水青山就是金山银山”理念，推动人与自然和谐共生。强化环境综合治理，打好大气、水、土壤污染防治“三大战役”。加大生态保护力度，解决京岛风景名胜区污水处理问题。

抓好打击走私工作和社会治理。始终保持反走私高压态势，注重协同作战，持续开展打击走私联合专项行动。完善陆地、海上反走私协调保障机制，初步形成陆海无缝管控的反走私格局。充分利用国家资金，加快边境国防围栏建设，完善边境管控设施，为守边固边提供保障。在边境一线重点地段，增建缉私哨塔，改善执法条件，提高打击管控能力。加强社会治安防控体系建设，严厉打击违法犯罪活动，推动平安东兴建设再上新台阶。

### （五）进一步深化合作，增强对越南和东盟的影响力

边境地区的发展，既关系着边境稳定和国防巩固，还直接影响着与邻近国家的关系，在一定程度上决定了中国的地区影响力。目前，东盟国家对“一带一路”倡议、中国－东盟自由贸易区的认同感尚不足，需要我们努力加快文化和贸易的发展，以文化和贸易为切入口，提升软实力，增加东盟国家对“一带一路”、中国－东盟自由贸易区的认同感。

继续加强中越两国地方交往和合作。深化东兴与越南芒街的沟通合作，强化规划衔接，共同制定有利于双方长远发展的跨国发展规划，在城市建设、产业布局、基础设施等方面实现互联互通融合发展，为构建开放型经济新体系奠定良好基础。深化两市在跨境贸易、跨境旅游、跨境金融等方面的合作体制机制创新，共同规划建设中国东兴－越南芒街跨境经济合作区、中

国东兴－越南芒街跨境旅游合作区。强化两市在口岸通关、商贸发展、警务执法、禁毒反恐、跨境缉私等方面的交流合作，探索将地方治理转变为区域治理，加快两市治理一体化进程，形成共商、共建、共管、共享的开放型经济管理制度。加快跨境劳务合作模式创新，加强越南经商务工人员管理，适当简化办证程序，延长证件有效期，为越南务工人员和用工单位提供便利。加强两国跨境婚姻管理，解决长期居留越南新娘的入籍问题。为更好开展东兴与越南芒街的合作，东兴相关领导干部可加强越南语学习和使用。

在与越南和东盟交往过程中，应体现出大国风范，重义薄利，让中国的发展成果更广泛惠及邻近国家，增加邻近国家对中国经济上的依赖，增强在文化和情感上对中国的认同，打造地区命运共同体。

### （六）进一步加大支持，实行更多有利于边疆发展的政策

党的十九大报告明确提出，“加快边疆发展，确保边疆巩固、边境安全”。从国家层面来说，要进一步重视边境地区在整个国家发展战略中的地位和作用，实行更加有利于边疆发展的政策。特别是要从巩固中越友谊、打造面向东盟“桥头堡”的高度，来看待广西和东兴的建设与发展，给予必要的政策倾斜和项目支持。

一是加强基础设施建设。东兴市财力有限，在基础设施建设方面力不从心，需要有关部门大力支持。在“南向通道”建设方面，建议有关部门将东兴试验区通用机场纳入国家、自治区规划，支持规划建设东兴铁路口岸，加快推进防东铁路建设和中国东兴至越南芒街－下龙－河内高铁项目规划建设，构建北部湾高铁经济带。

二是加快政策落实。东兴现有的国家级平台很多，政策也不少，但部分政策尚未落实到位，主要原因是一些领域需要协调国家有关部委，而东兴市无力协调。希望上级部门加大支持和协调的力度，确保政策落地。

三是协调越南政府。东兴与芒街合作中一些问题，需要得到两国更高层次政府的支持和协调，如东兴－芒街跨境经济合作区建设、东兴至越南芒

街－下龙－河内高铁项目规划建设等。希望国家有关部门加强与越方对应部门的协调力度，促进相关政策和项目的落实。

四是关心干部和人才。边境地区条件相对艰苦，为稳定干部队伍，吸引更多人才，建议在经济发展的基础上，适当提高边境地区干部和人才的待遇，改善其工作和生活条件，以吸引和留住更多的干部和人才。

2018 年是改革开放 40 周年。以党的十一届三中全会为标志，从农村到城市，从沿海到内地，从试点到推广，从经济体制到全面深化改革，中国人民用双手书写了国家和民族发展的壮丽史诗。没有改革开放，就没有中国的今天，也就没有中国的明天。东兴正是我国改革开放波澜壮阔历史进程中的一个缩影。在新的历史条件下，以习近平同志为核心的党中央将继续带领全国人民进行改革开放这场新的伟大革命。我们要坚定不移地走改革开放这条正确之路、强国之路、富民之路，进一步解放思想，进一步解放和发展社会生产力，进一步激发和增强社会活力，为实现两个一百年奋斗目标，实现中华民族伟大复兴而努力奋斗！

改革开放与中国县域发展

GAIGEKAIFANG

# 海南琼海

HAINAN QIONGHAI

# 机遇之下的先行

中国社会科学院语言研究所

2018年6月中国社会科学院语言研究所琼海课题组赴海南省琼海市进行调研，总结改革开放40年来琼海市的发展经验，发现琼海市的发展模式是值得进一步总结，乃至推广至全国的，特别是在充分把握住政策机遇的情况下，能够勇于先行先试，发展出医疗旅游先行区和特色风情小镇等全国先进典范。课题组针对这个特点，集中主要精力调研了琼海市医疗旅游先行区和特色风情小镇的发展，并对旅游、会展、生态、文化教育等方面的发展做了一定的调研和了解。为了人民能够过上更加美好的生活，在40年的改革开放过程中，琼海市勇于改革、勇于开放、敢为天下先，始终一贯。相对于过往，每一年都是改革开放，未来也将持续不断深化改革。

琼海市是一个县级市，获得过国家卫生城市、全国文明城市、全国水生态文明城市、国家生态文明先行示范区等称号，“琼海效应”在全国范围内已经成为引人注目的成就。这些成就的取得，一方面为政策上的机遇所孕育，另一方面得益于当地各级党委和政府部门勇于先行的不懈努力。

## 一、政策机遇

### 1. 博鳌亚洲论坛

1998 年，菲律宾前总统拉莫斯、澳大利亚前总理霍克及日本前首相细川护熙倡议成立一个类似达沃斯“世界经济论坛”的“亚洲论坛”。2001 年 2 月 27 日，亚洲论坛正式宣告成立，琼海博鳌成为论坛总部的永久地所在。从 2002 年开始，论坛每年定期在博鳌召开年会。

### 2. 乡村振兴战略

2017 年 10 月 18 日，习近平总书记在《决胜全面建成小康社会　夺取新时代中国特色社会主义伟大胜利——在中国共产党第十九次全国代表大会上的报告》中，把“实施乡村振兴战略”作为“贯彻新发展理念，建设现代化经济体系”的重要一环。

2018 年 2 月 4 日，新华社授权发布《中共中央　国务院关于实施乡村振兴战略的意见》。为贯彻落实此意见，2018 年 2 月 5 日，中共海南省委、海南省人民政府发布的《中共海南省委海南省人民政府关于乡村振兴战略的实施意见》提出了 9 方面 17 项任务，各项任务均落实到责任单位。

### 3. 医疗旅游先行区特殊政策

2018 年 4 月，国务院发布《国务院关于在海南博鳌乐城国际医疗旅游先行区暂停实施〈医疗器械监督管理条例〉有关规定的决定》，决定“在海南博鳌乐城国际医疗旅游先行区暂停实施《医疗器械监督管理条例》第十一条第二款的规定，对先行区内医疗机构临床急需且在我国尚无同品种产品获准注册的医疗器械，由海南省人民政府实施进口批准，在指定医疗机构使用”。

### 4. 全岛自贸区、自贸港

2018 年 4 月 11 日发布的《中共中央　国务院关于支持海南全面深化改革开放的指导意见》，提出要“推动形成全面开放新格局”，“坚持全方位对外开放，按照先行先试、风险可控、分步推进、突出特色的原则，第一步，在海南全境建设自由贸易试验区，赋予其现行自由贸易试验区试点政策；第二步，探索实行符合海南发展定位的自由贸易港政策”。

## 二、医疗旅游先行区

“经济要发展，健康要上去”“人民群众的获得感、幸福感、安全感都离不开健康”“要大力发展健康事业，要做身体健康的民族”，这些是习近平总书记于 2018 年 4 月 11 日在位于琼海的博鳌乐城国际医疗旅游先行区（以下简称“先行区”）规划馆考察时的谆谆嘱托，也是先行区未来的发展方向。

海南博鳌乐城国际医疗旅游先行区于 2013 年 2 月 28 日经国务院批准设立，是我国第一家以国际医疗旅游服务、低碳生态社区和国际组织聚集为主要内容的国家级开发园区，李克强总理誉之为“博鳌亚洲论坛第二乐章”。课题组把对医疗先行区的考察列在了重要位置。

琼海乐城国际医疗旅游先行区位于琼海市嘉积镇城区和博鳌论坛核心区之间的万泉河两岸，规划范围为 20.14 平方公里（其中建设用地规模为 9.96 平方公里）。国务院批准设立海南博鳌乐城国际医疗旅游先行区，同时赋予先行区九大优惠政策。优惠政策可以概括为四个“特许”，即特许医疗：医疗技术、医疗器械和药品特许准入；特许研究：开展干细胞临床运用等前沿医疗技术研究项目；特许经营：放宽部分医疗审批权，允许境外资本进入和经营；特许国际交流：允许引入和创建国际组织，承办国际会议。

先行区的四个“特许”和在园区内探索实现全球商业医疗保险结算等改革措施，为我国医疗体制改革做出积极探索，并促使园区实现从以治疗为主的传统医疗成功转向医养结合、以高端疗养为主的新型医疗。

2018 年 4 月发布的《国务院关于在海南博鳌乐城国际医疗旅游先行区暂停实施〈医疗器械监督管理条例〉有关规定的决定》（以下简称《决定》）指出，对先行区内医疗机构临床急需且在我国尚无同品种产品获准注册的医疗器械，由海南省政府实施进口批准，在指定医疗机构使用。这是首度试点进口医疗器械审批权由国家下放到地方。

《决定》加快了先进医疗器械进入我国境内的步伐，有助于重特大疾病患者及时获得有效治疗，同时减少不必要的支出。伴随着医疗旅游市场的逐步扩容，结合海南省区位和自然资源优势，《决定》中的优惠政策能够进一步促进本土医疗旅游的发展，填补区域产业的缺失，拉动当地经济迅速发展。

先行区基础设施总投资约为 140 亿元，占地面积 5148 亩，分三期开发建设。包括各类市政道路约 82 公里，河岸整治工程 1 个，排涝泵站 5 个，跨河大桥 2 座，水系治理 3 处，污水处理厂 2 座，垃圾运转站 6 座，公园绿地 112 公顷等公共配套设施。目前已完成投资 12.2 亿元，通车里程 14.6 公里。

### 1. 乐城国际医疗旅游先行区已建和在建项目的情况

根据先行区规划馆展示区的介绍，目前先行区共计有对接高端医疗健康项目 101 个，正式得到受理的 71 个，通过医疗技术评估的 39 个，举行动工仪式项目的 27 个，开工建设项目的 15 个，总投资 210 亿元，涉及肿瘤防治、生殖备孕、整形美容、抗衰老、干细胞应用、健康管理、康复疗养等医疗产业，已完成投资约 60.9 亿元。博鳌超级医院、博鳌一龄生命养护中心、博鳌恒大国际医院、海南博鳌瑞达麦迪赛尔国际医疗中心、海南新生泉国际细胞治疗医院、博鳌·银丰康养国际医院六个项目已开业运营或试运营。下面介绍其中几个重要的已运营项目以及一个在建项目。

（1）博鳌超级医院。博鳌超级医院（以下简称超级医院）是先行区第一家开工建设并建成试运营、第一家拿到国外最新上市药品在国内使用国家批文的医疗机构。医院通过多元投资、市场化运作方式打造而成，是集医疗、美容、康养、体检于一体，享受“国九条”优惠政策，软硬件符合一流医院要求的营利性专业化管理医疗平台。超级医院由共享医院平台和临床医学中心组成，由共享医院平台提供影像诊断、手术室、门诊、药房、实验诊断等专业医疗设施和服务，采取租赁等形式吸引国内外一流专科入驻临床医学中心。

超级医院目前已经建成的一期部分，共设置床位 150 张、手术室 5 间，其中一间杂交手术室，重症监护床位 7 张。超级医院配备了医学影像中心，配备了 64 排 CT、128 排 CT、3.0T 磁共振等高端设备，设置了区域医学检验中心、区域病理中心、区域内镜中心、区域静配中心和区域消毒供应中心，供先行区园区内及周围医疗机构共享高端技术平台。

超级医院良好的共享平台和开放的办医理念，吸引了大批高端医学专家。超级医院目前引进了感染病专科李兰娟院士、泌尿外科孙颖浩院士、口腔颌面部专科张志愿院士、肝胆外科郑树森院士、内分泌专科宁光院士、呼吸科王辰院士、耳鼻咽喉专科韩德民院士等院士团队，以及眼科瞿佳教授、心血管专科张澍教授、整形美容专科李青峰与王丹茹教授等专家团队。这些团队以医生集团的名义在超级医院建设全国最强医院；同时，医院与国际知名品牌和睦家、北京肿瘤医院、海南省肿瘤医院合作，共建肿瘤平台。

开业以来，超级医院已经陆续开始各项诊治工作。比如从 2018 年 5 月底起，超级医院和睦家医疗中心进行了九价 HPV 疫苗的预约，这次共申请了 6000 支疫苗，满足了 2000 人每人共三针的接种。

超级医院自开业以来，全力开展和推进耳蜗植入微创手术。以中国医疗保健国际交流促进会会长韩德民院士为技术核心的博鳌耳鼻咽喉科诊治中心成功地完成了 5 例患者的人工耳蜗植入。这 5 个孩子所植入的人工耳蜗都是进口的产品，目前恢复良好，过一段时间就可以出院回家再观察休养，而植入的人工耳蜗也很快就可以开机使用了。

2018 年 6 月 1 日，66 岁的于先生在超级医院国际眼视光眼科中心接受了三焦点人工晶体植入手术，这是海南省首例三焦点人工晶体植入手术。超级医院国际眼视光眼科中心负责人陈蔚主任已在国内率先开展了 50 余例三焦点人工晶体植入手术，此次手术非常成功，术后反应轻微，晶体的位置精确。

2018 年 6 月 6 日是第 23 个全国爱眼日，超级医院国际眼视光眼科中心为了迎接全国爱眼日，凸显儿童青少年近视防控的重要性，特邀温州医科大学附属眼视光医院眼视光博士徐菁菁主任坐诊，为广大儿童提供高水平的专家意见和专业服务。6月6日在超级医院开展针对海南省儿童及家长的近视防控免费咨询和门诊公益活动，符合适应证的前三名近视儿童将各获赠市值约1万元的角膜塑形镜一副。此次宣传主题为“科学防控近视 关注孩子眼健康”，这也是2016年以来连续3年将爱眼日主题聚焦在儿童近视防控方面。

博鳌超级医院的建设和发展受到了党和国家领导人及海南省委、省政府的高度重视。2016年3月25日，中共中央政治局常委、国务院总理李克强在参加博鳌亚洲论坛期间，视察了超级医院。2018年1月12日刘延东副总理考察了超级医院。

博鳌超级医院的总体设想如下。①充分利用“国九条”的政策优势。推进“国九条”优惠政策细化和固化，力争最大化享受政策红利。②硬件达到国际一流医院的标准。同步使用国内外顶尖医疗设备，加快信息化平台建设，确保硬件设施具备国际超一流水平。③建成营利性医院。以政府引导、市场运作、国际标准为指导，立足国内、面向全球病人，快速实现超级医院盈利目标。④门诊私营转诊制。不提供急诊服务，简化管理，集中医疗力量诊疗预约、转诊病人。⑤邀请中国顶级医疗团队参加。医疗技术是医疗质量的内在核心，医疗质量是病人选择医院最根本因素，引进顶级医疗团队，确保超级医院在医疗市场具备足够竞争力。⑥多元投资，市场化运作，专业化管理。推动超级医院投资主体多元化、资金来源多渠道、投资方式多样化、项目建设市场化、运营管理专业化，成为先行区未来项目建设和发展的试点医院，为先行区未来注入新的活力。⑦共享医院模式。统一配备共享影像诊断中心、手术中心、门诊中心、实验诊断中心、药剂中心和消毒中心等部门，同时建成洗衣房等后勤设施。利用共享理念，集约节约物理空间，打造全新共享医院模式。

（2）博鳌一龄生命养护中心。博鳌一龄生命养护中心位于博鳌乐城国际医疗旅游区，是首家集新型医疗技术、特色治疗、生物医学、再生医学、综合抗衰老和旅游医疗度假、心灵疗养于一体的高端旅游医疗中心，打造“私人定制度假型医院”。在使用人群定位上，聚焦休闲、度假、疗养及医美群体，满足他们憧憬自由、轻松、舒适、健康的生活氛围。

（3）博鳌恒大国际医院。博鳌恒大国际医院由恒大健康集团投资，在美国布莱根和妇女医院合作指导下，按照国际专业标准建设的肿瘤专科医院。医院第一期总建筑面积 11 万平方米，总投资为 50 亿，包括医疗楼和康养楼两大区域。其中，医疗楼病房均为高标准单人间，共设床位 223 张；配套 190 套康养公寓，共设康养床位 424 张。医院二期还会投入科研楼的建设。

博鳌恒大国际医院是一所大专科、小综合的肿瘤专科医院，医院以肿瘤专科为重点，提供门诊、住院及康复治疗。一楼有肿瘤和肝炎门诊、影像中心（CT、磁共振、DR 和钼靶）、先行区公共保税药仓。二楼是检验科、病理科、分子诊断、心电图等功能科室。三楼是手术室、麻醉和复苏室。四楼至六楼都是符合国际标准的单人间病房。负一楼是放射肿瘤科，有医院引进的最新一代智能化直线加速器 TrueBeam 系统，为开展肿瘤精准放射治疗提供重要保障。医院后方还有与美国 Proton 公司合作的质子治疗中心，于 2017 年 10 月落地启动，将为国内患者引进国际先进的质子刀肿瘤治疗手段。

博鳌恒大国际医院是布莱根和妇女医院在中国的首家也是唯一一家附属医院，已经签署了附属医院合作协议。布莱根和妇女医院为医院设置了特别的专项组进行共同建设，每年布莱根和妇女医院会派 7～9 批次的专家到医院坐诊 3～6 个月不等。

（4）中国干细胞医院博鳌分院。为把先进干细胞技术带到海南，造福万千地中海贫血和白血病患者，在海南省卫计委支持下，该集团在海南博鳌已建成国内首家干细胞医院——博鳌分院，它是目前国内规模最大、技术最强的干细胞医院。

作为干细胞医院配套项目，该集团正在筹建的三亚市干细胞库，也是助力海南医疗旅游产业的重要组成部分。在缓解国内白血病患者移植资源紧张困境的同时，有效提升了我国干细胞产业的专业医疗水平和硬件配备，从而造福更多国内外患者。

### 2. 园区综合效应明显

（1）产业初步聚集。通过医疗技术评估的39个项目已在干细胞临床研究、肿瘤治疗、医美抗衰、辅助生殖四个方面形成产业聚集。

（2）国际合作和交流得到强化。共24个项目引进了美国、日本、德国、瑞士等国家技术合作方，6个项目涉及港澳台资。外资总投资60亿元，累计完成投资约10亿元。2017年博鳌亚洲论坛年会期间，召开了博鳌健康论坛、博鳌健康产业论坛，2位诺贝尔奖获得者、8位院士等多位国际医学专家学者莅临先行区考察指导。

（3）园区影响力日益提高。2017年5月，先行区成为首批国家“健康医疗旅游示范基地”。《人民日报》、新华社、彭博新闻社等国内外知名媒体在显要位置对先行区进行了宣传报道。

### 3. 先行区的设立对于周边经济发展的影响

（1）提升海南国际旅游岛的国际化水平。琼海发展医疗健康养生旅游正逢其时，海南的特区品牌，发挥“三大优势”，来琼海的国内外游客的疾病治疗和预防、养生康复等需求日益增长，在先行区政策指引和品牌效应推动下，海南医疗旅游势将撬动国内外庞大的医疗旅游需求市场，进一步提升海南国际旅游岛的国际化水平。

（2）增加就业机会，促进经济发展。先行区计划用7～10年时间建成硬件设施和服务水平一流、服务理念国际化的国际医疗旅游示范基地，建成后常住人口约5.6万，解决就业岗位4.1万个，实现年接待医疗旅游人次约500万，核心产业实现年总产值1000亿元以上，年税收100亿元以上。

先行区影响力的逐步提高，带动了博鳌机场包机客流，在一定程度上带动了博鳌地区会展业和周边餐饮服务业的发展。目前，博鳌地区酒店甚至出现了“淡季不淡，旺季一房难求”现象。同时，园区落地项目增加了近2000个就业岗位。2017年以来，先行区接待客商、游客已达1.8万人次。

目前，海南医学院已经与先行区实现了对接，为先行区建设和发展源源不断地输送人才，园区内医疗机构成为海南医学院学生就业基地。它们共同推进项目建设，为医疗特区的大发展和促进大学生高质量就业共同努力。

（3）带动周边美丽乡村特色旅游业发展。为发展好先行区、打造国际一流的医疗健康产业标杆和医疗旅游度假天堂，琼海充分利用生态优势、政策优势、区位优势三大优势，积极搞好服务对接，在服务好国人的同时，吸引“一带一路”沿线国家和世界其他各国人民来到琼海博鳌，到先行区体验和享受高端医疗健康服务，带动周边美丽乡村特色旅游产业发展，让改革发展成果惠及当地民众。

## 三、特色风情小镇

党的十八大以来，中央和各级政府部门相继就美丽乡村建设和乡村振兴战略提出了不少全局性的规划意见。琼海市抓住机遇，勇为人先，积极探索，着重建设全域特色风情小镇，走出了一条符合自身综合条件的美丽、振兴之路。

党的十八大报告提出，要把生态文明建设放在突出位置，努力建设美丽中国。2013 年，中央一号文件提出要推进农村生态文明建设，努力建设美丽乡村。2014 年中央一号文件再次提出“通过美丽乡村建设，建设农民美好生活的家园”。从全国范围来看，琼海在这一轮美丽乡村建设中无疑起到率先垂范的作用。2012 年 12 月底，党的十八大甫一闭幕，琼海市委十二届二次全体会议就审议通过了《中共琼海市委、琼海市人民政府关于打造田园城市、构建幸福琼海的实施意见》（以下简称《意见》）。《意见》提出，到 2020 年，把琼海市建设成为经济社会协调发展、文化魅力独特、社会文明祥和的生态文明、城乡统筹、家园幸福的示范区。

党的十九大报告明确提出实施“乡村振兴战略”，2018 年印发的《中共中央　国务院关于实施乡村振兴战略的意见》指出，全面部署乡村振兴大战略。琼海市在党的十九大之前已经在积极探索如何从美丽乡村建设升级为产业振兴。2016 年 11 月，琼海市第十三次党代会报告提出，未来 5 年，琼海将加快壮大新兴产业，凝心聚力建设“产业强、城乡美、百姓富、社会和”的海南东部中心城市；以旅游、健康、会展等现代服务业为主导产业，推动一、二、三产业深度融合。

### 1. 特色风情小镇建设的实际成效

（1）先期探索。早在 2006 年，琼海市委就提出琼海城市发展概念雏形。2012 年，为迎接亚洲论坛 2013 年年会，在新型城镇化的大背景下，琼海市投入 2500 多万元，对博鳌进行风情小镇的改造，将毗邻博鳌的朝烈、美雅、岭头、南强、大路坡五个自然村的民居、田野、河溪、椰林等乡村特色资源进行整合规划、连片开发。

2013 年琼海市投入 1200 万元（其中省财政专项资金 800 万元，市财政配套 400 万元），着力打造以塔洋镇瓦灶塘为中心的“荷塘月色、生态村庄”、以潭门镇三公里水路为重点的“渔乡风情、休闲渔村”和以大路镇大路洋为中心的“农耕文化、醉美大路”三个主题特色风情小镇重点项目示范点，以达到以点带面的效果。

（2）全域推进。2013 年以来，琼海大力打造特色风情小镇建设，坚持“不砍树、不占田、不拆房，就地城镇化”的原则，对农村的基础设施进行升级改造和完善提升，在此基础上提出推进全域 5A 景区建设，打造田园城市升级版。

（3）硕果累累。2016 年 11 月 30 日，海南省第一批美丽乡村示范村名单公布，琼海市共有 5 个村庄入选，其中会山镇沐塘村被评为“海南省五星级美丽乡村”，塔洋镇鱼良村、博鳌镇朝烈村、嘉积镇官塘村、大路镇大路村被评为“海南省三星级美丽乡村”。

2017 年 11 月 22 日，海南省第二批美丽乡村示范村名单公布，琼海市共有 7 个村庄入选，其中嘉积镇礼都村被评为“海南省五星级美丽乡村”，万泉镇大雅村、石壁镇石壁村、龙江镇深造村、大路镇新村被评为“海南省三星级美丽乡村”，石壁镇下朗村、龙江镇博文村被评为“海南省一星级美丽乡村”。

近些年来，琼海市先后被评为“全国文明城市”“国家卫生城市”“国家首批农业对外开放合作试验区”“国家农产品质量安全县（市）”“国家新型城镇化综合试点地区”“全国生态文明示范区”“全国休闲农业与乡村旅游示范县”“‘美丽中国’十佳旅游县”。琼海市共有 8 个镇入选海南省百大特色产业小镇，潭门镇、博鳌镇和中原镇被评为“全国特色旅游景观名镇”，博鳌镇和万泉镇成为“全国美丽宜居示范小镇”。

（4）经验推广。2015 年 8 月 13～14 日举行的全国农村精神文明建设工作经验交流会上，时任琼海市委书记符宣朝代表琼海市在会上发言，交流介绍琼海市建设美丽乡村、构建幸福家园的经验。这是全国唯一来自县级市的会议发言代表。2016 年在海口召开的全国旅游工作会议上，琼海全域旅游建设经验得到国家旅游局高度肯定，并向全国推广。几年来，中央、地方各级党政部门先后来琼海调研考察，学习经验。

### 2. 琼海特色风情小镇

（1）北仍村。北仍村位于琼海市嘉积镇官塘组团核心区，距离市区仅 8 公里，毗邻官塘温泉、万泉河和白石岭景区，先后被评为“中国乡村旅游模范村”“中国最美休闲乡村”“中国优秀国际乡村旅游目的地”“全国文明村”。该村通过完善基础设施建设、提升自然景观、挖掘民俗风情，迅速成为远近闻名的美丽乡村。村内道路全部实现了硬板化和亮化，污水实现管道化排污，免费 Wi-Fi 实现全覆盖。2015 年 3 月 28 日，彭丽媛邀请出席博鳌亚洲论坛年会的部分外方领导夫人来此参观，称赞北仍村“是社会主义新农村建设的一个缩影”。在政策扶持引导下，北仍村大力发展旅游服务业，村民先后成立 7 个农民专业合作社，合伙经营乡愁农家乐、草寮咖啡屋等旅游项目，带动本村和周边村庄数百人就地就业，成为琼海实践“农业更强、农民更富、农村更美”的成功典范。

（2）沙美村。沙美村位于琼海市博鳌镇南面，距离博鳌机场 11 公里，集“山水林田湖海”的生态景观为一体，自然环境得天独厚。2017 年 10 月，沙美村启动美丽乡村建设，村容村貌大幅提升，基础设施配套迅速完善，实现了路网、水网、电网、光网、排污管网“五网贯通”，精心打造了六处生态景观。沙美村成立农民专业合作社，引进社会资本，以“农户 + 合作社 + 公司”的模式统一经营管理，发展热带高效农业、休闲渔业、民俗、电商等农村特色产业，让农民就地就业致富。

（3）南强村。南强村是博鳌镇朝烈村委会的一个自然村，毗邻博鳌亚洲论坛成立会址，是著名的侨乡。该村生态环境独特，拥有融南洋建筑风格与海南传统民居风格于一体的中西合璧的侨乡民居。早在 2002 年，村民先后以合股的形式成立了南强竹排漂流、花梨人家农家庄园等小规模乡村旅游项目。2017 年，南强村与相邻的大陆坡村连片打造美丽乡村，竭力打造成为国际著名的生态“艺术 +”村。

（4）椰子寨村。椰子寨村位于琼海市嘉积镇官塘白石岭旅游开发区，距离市区 15 公里，拥有 4A 级红色文化景区——红色娘子军纪念馆、白石岭景区以及官塘温泉旅游度假区、长岭旅游度假区。该村将红色历史主题与美丽乡村打造相结合，投入 1500 万元资金，分两期建设“椰子寨红色美丽乡村”，目前已完成一期建设。

（5）潭门中心渔港。潭门中心渔港位于海南省东部，距离嘉积镇约 20 公里，是海南省东部重要渔船避风、渔货交易与中转、渔业休闲旅游、水产品精深加工等功能配套的渔业后勤服务保障基地。潭门中心渔港形成于明永乐年间，2003 年被农业部列入国家中心级渔港建设项目，2010 年被农业部评定为“全国文明渔港”。

（6）加脑村。加脑村是会山镇的一个苗族村落，距离镇墟约 2 公里。凭借独特的自然景观、浓郁的苗族风情和万泉河漂流等资源，打造成苗族特色村寨。苗绣、山兰酒、养生茶等特色农产品，通过“公交会”、旅游节等展销活动和农村淘宝等渠道，远销全国各地。近几年，加脑村先后被评为“中国乡村旅游模范村”“五星级美丽乡村”“中国少数民族特色村寨”。

（7）鱼良村。鱼良村位于琼海市塔洋镇，距离市区 5 公里，是“七星伴月景区”的所在地。近年来鱼良村以“七星伴月景区”为依托，完善基础设施配套建设，对进入景区的沿途巷道、民居外墙施以中国风彩色壁画，统一设施风格，先后被评为“中国乡村旅游模范村”“2015中国最美休闲乡村”“2016全国美丽宜居村庄示范”，2017年入选住建部公布的第一批绿色村庄。

（8）美雅村。美雅村是博鳌镇朝烈村委会的一个自然村，毗邻博鳌亚洲论坛会址。该村依托原有的自然环境，乡村景观改造未做任何拆迁，古色古香的青砖老屋，配上老椰树干制成的凳子，体现了独特的乡土文化元素。

### 3. 琼海模式

2015年8月13～14日，全国农村精神文明建设工作经验交流会在浙江省湖州市召开，时任琼海市委书记符宣朝代表琼海市在会上发言，交流介绍琼海市建设美丽乡村、构建幸福家园的经验。符宣朝书记对“琼海经验”总体概括是：认真贯彻落实习近平总书记的重要指示精神，牢牢把握培育和践行社会主义核心价值观这个根本，按照省委“科学发展、绿色崛起”总体部署，全力实施“打造田园城市、构建幸福琼海”发展战略，以群众的期待和认同为准绳，以“农村美、农业强、农民富”为目标，以美丽乡村建设为主题，坚持文化为先、生态为先、民生为先，推动精神文明建设与经济社会发展协调规划、同步迈进，构筑起“城在园中、村在景中、人在画中”的美丽家园。

随着琼海市美丽乡村建设和乡村振兴战略的不断推进，“琼海经验”在全国逐渐得到推广，“琼海经验”现在已经成为“琼海模式”。结合符宣朝书记的发言、其他相关材料和课题组最新的实地调研考察，我们将“琼海模式”概括为五个方面的内容。

（1）统筹规划，多规合一。近几年来，为了推进“打造田园城市、构建幸福琼海”发展战略，为促进经济社会发展和生态文明建设提供科学的、可操作的并具有法律强制性的决策指导，根据中央、海南省的部署，琼海市结合自身的优越自然环境和政策红利，合理规划，多规合一，协调推进。2015

年，琼海市委、市政府成立了由市委书记符宣朝牵头的“多规合一”工作领导小组，并组成了多个职能部门参加的领导小组办公室，负责全面统筹“多规合一”的各项工作；同时还委托专门设计机构负责城市总体规划编制工作。琼海市的“多规合一”改革以博鳌乐城国际医疗先行区先行先试为突破口，随后《琼海市总体规划（空间类 2015–2030）》于 2015 年 5 月在海南省加快推进“多规合一”工作领导小组第九次会议上审议并原则通过。

（2）监管验收，真抓实干。在琼海市美丽乡村建设的整个过程中，市委、市政府和相关监管部门的领导始终深入各镇、村进行调研，参与指导，实地监管。各级政府部门对各村点实行包干，这些真抓实干带动了群众的积极性，确保了美丽乡村建设在执行环节的有序性。2014 年国家批准琼海市实施国家级美丽乡村建设标准化试点项目，此后琼海市举办了《美丽乡村建设指南》国家标准宣贯培训班，各镇、农场的分管领导及各职能部门、部分村委会负责人参加，这些举措确保了美丽乡村建设严格按照标准进行规划和建设。交通、水、电、通信、垃圾处理、废水处理等基础设施和配套设施的改造升级基本完成后，相关部门组织人员提前验收。

（3）点线带面，全域创建。几年来，琼海市十分重视点线面统筹布局、协调推进。“点”就是重点抓好各个景区、经典、小镇的打造，形成示范带动效应；“线”就是注重漫步绿道和旅游公路建设，将点与点连接起来，将道路沿线建成景观带；“面”就是把全市作为一个景区来打造，实现全域之内处处是风景。这一思路便于在早期探索阶段集中力量办大事，积累经验，为全域景区化的铺开创造条件。

2012 年 12 月，琼海市委、市政府提出“打造田园城市、构建幸福琼海”发展思路，对农村基础设施进行改造升级、完善提升，把城市的公共服务引入农村，实现城乡一体化发展；同时，把风情小镇建设作为实现琼海特色城镇化的支点和平台，成为“以城带村”发展的主要纽带。经过一年多的努力，琼海基础设施不断完善，遂于2014年4月进一步提出推进全域5A景区建设，打造田园城市升级版。2014 年 6 月，龙寿洋万亩田野公园、塔洋七星伴月景区正式揭牌迎客，标志着琼海全域5A级景区打造翻开了新的篇章。2016年3月，在首届琼海田园集市旅游文化节上，琼海全域5A级景区品牌正式发布，全域13个镇区独特的风情定位、标志和宣传语向外界展示，每个镇都有自己独特的LOGO和宣传语。

（4）保留本色，打造特色。美丽乡村建设始终坚持“不砍树、不占田、不拆房，就地城镇化”的原则，不砍树就是保护生态的红线，不占田就是敬畏自然的红线，不拆房就是和谐发展的红线，最大限度地保护乡村的自然、历史和文化风貌。同时打造特色小镇，挖掘各镇的资源禀赋，将12个镇全部打造成传承文化、历史记忆和地域特色的美丽小镇。例如潭门镇挖掘千百年来深耕南海的渔业文化、博鳌镇突出融合琼海民居文化与亚洲论坛所体现的时尚文化、中原镇挖掘侨乡的“下南洋”文化等，形成“一镇一特色、一镇一风情、一镇一产业”。

（5）价值渗透，以文化人。琼海市坚持大处着眼、细处入手、基础抓起，将核心价值观渗透到日常生活中。景区灵活展示核心价值元素，“产业强、城乡美、百姓富、社会和”的目标宣传随处可见，村规民约、卫生公约、文明规范等醒目得体。

#### 4. 从美丽乡村建设到乡村振兴战略

琼海的农村具有得天独厚的自然禀赋和丰厚的文化底蕴，全市13个镇（区）创建特色小镇和建设美丽乡村已经打下了坚实的基础，琼海实施乡村振兴战略已经具备了一定的先发优势。海南省委书记刘赐贵要求琼海“努力把博鳌打造成全省实施乡村振兴的样板”，要“打造海南实施乡村振兴战略的琼海样板”。

近年来，为落实中央的决策部署和省委赋予的光荣使命，琼海市结合乡村发展实际，认真研究制定《关于乡村振兴战略的实施意见》《琼海市促进农民增收工作实施方案》《琼海市打造农产品品牌实施方案》，注重充分利用社会化投资，努力形成多元投入格局，用好的生产生活环境留住农民，促进就业，享受红利，打造出海南实施乡村振兴战略的琼海样板，在利用社会化投资、让农民增收受益等方面创造了“琼海经验”。2018 年 4 月博鳌田园小镇沙美乡村振兴示范村和博鳌南强“艺术 +”村落成启用，标志着琼海向乡村振兴目标迈出坚实一步。

## 四、生态文明、旅游会展等其他成就

### 1. 生态文明主要成就

从 2010 年开始，琼海致力于生态文明建设，短短几年内先后获得过国家卫生城市、全国文明城市、全国水生态文明城市和国家生态文明先行示范区称号。

2015 年 3 月，琼海市获得“国家卫生城市”称号，是海南省继三亚之后第二个获此称号的城市。琼海市的“创卫”工作于 2010 年启动。至 2015 年，全市累计投入城市建设资金近 15 亿元，改造城区主干道和城市街道，新增市政路灯和国家二类或二类以上标准的公厕；投建垃圾焚烧处理厂和污水处理厂，建立城乡生活垃圾一体化处置模式，全市生活垃圾无害化处理率 100%，城市生活污水集中处理率 84.94%；结合创卫规划，打造特色商业街、田野公园和骑行绿道；城区实现绿化覆盖率 39.2%，人均公共绿地面积 14.95 平方米；城区环卫设施齐全，污水排放通畅，垃圾日产日清，生活垃圾收集清运密闭化，路面、绿地无暴露垃圾、无卫生死角。

2014 年，琼海市获中央文明委提名，成为第一批全国县级文明城市创建单位。从 2015 年开始，琼海启动创建全国文明城市工作，从提倡交通文明、治理农贸市场、改造老旧小区等能让百姓实实在在受益的事情做起，宣传了文明校园、道德模范、最美医生、最美市民、最美乡村教师等市民身边的榜样，城乡配套功能得以完善，城市品位得到提升，交通、卫生、市场秩序更加规范，为琼海市扩大开放招商、吸引游客旅游观光创造了有利条件。2017 年 11 月，琼海市和海口市获得了第五届全国文明城市称号。

2018 年 3 月，琼海市获得水利部颁发的首批“全国水生态文明城市”称号，是海南省唯一获得该项称号的城市。从 2014 年开始，琼海市按照水利部“全国水生态文明城市”建设试点实施方案要求，完成了 4 项示范性工程和 20 项考核指标，并把水生态文明城市建设试点和美丽乡村建设相结合，显著提升了水资源管理、水生态修复、水资源保护、水安全保障、水节约推进和水文化提升六大体系建设，集中式饮用水水源地和水功能区水质达标率 100%。

2014 年 6 月，琼海市和万宁市成为全国第一批生态文明先行示范区建设地区。琼海市提出“田园城市·幸福琼海”的发展道路和“以人为本”的核心，重点创新探索建立生态补偿机制和建立生态环境损害责任终身追究制两个制度。近年来，在保护和整治生态环境方面，琼海深入推进整治违法建筑等“六大专项整治”；持续开展河道采砂、内河排污等治理行动；加大万泉河流域和牛路岭水库库区水源涵养林保护；推广农村污水人工湿地处理模式；推进乐城等地污水处理厂和管网工程、城乡垃圾卫生填埋场工程、市生活垃圾焚烧发电厂二期工程；开展蓝色海湾整治行动，目标是实现全域海岸线保护全覆盖。在建立生态文明长效保障机制方面，琼海大力实施绿色、清洁、节能减排低碳、防灾减灾“四大工程”，倡导低碳环保的生产和生活方式；层层落实节能减排和生态文明建设责任制；着力发展低能耗、低排放的新兴产业；积极推动光伏发电、太阳能等节能减排技术和产品的应用；加快新能源汽车推广应用，推广绿色建筑；规划建设公墓项目，深化殡葬改革；提高生态核心区保护生态的积极性，实施山水林湖田生态保护和修复功能构成；保护分布在田野中的林盘，推进绿化宝岛大行动。预计到 2021 年，琼海全市城镇污水集中处理率和垃圾无害化处理率将分别达到 90% 和 100%，规模化畜禽养殖场废弃物综合利用率将达到 100%，森林覆盖率将稳定在 69% 以上，城镇人均公园绿地面积将达到 25 平方米，生态乡镇和文明生态村分别达到 100% 和 90%，生态环境质量持续保持全国领先水平。

### 2. 旅游会展成就

2015 年，会展业被海南省委、省政府列入“十三五”期间重点培育的十二个产业之一；琼海则与海口、三亚一起，被列为会展业重点发展城市；博鳌被列为海南省会展业重点发展的目的地之一，欲打造亚洲知名会议之都。在博鳌亚洲论坛的品牌带动下，特别是医疗旅游先行区特殊政策落地后，琼海市会展经济发展迅速。

琼海市努力创建“企业主体、市场运作、政府推动”的会展发展模式。2016 年 8 月成立的琼海市会议展览业协会，是继海口、三亚之后海南省成立的第三大市级会展业协会。2017 年 2 月成立的琼海市会展局，进一步完善了会展业管理体制。2017 年 8 月，琼海市政府出台《琼海市会展业发展专项资金管理暂行办法》。专项资金主要用于会议、展览项目的补贴或奖励、会展业重要活动、宣传推介、项目申办、基础性工作等费用支出以及市政府批准的其他支出，为把琼海市会展业培育成现代服务业的重要产业和新的经济增长点提供有力的财政支持，提高办会办展的竞争力。

目前琼海市拥有 500 平方米以上会展设施的酒店有 10 家，总面积超过 6 万平方米；能举办 1000 人以上的大型会议的场馆有两家；能举办 500 人以上的会议的酒店有 7 家，大多是依托博鳌亚洲论坛而建。

琼海市会展业以办会为主。近年来，海南中远海运（博鳌）有限公司重点培育自有品牌的定期定址的有博鳌企业家论坛、美丽乡村博鳌国际峰会、中康西普会、博鳌农业论坛、博鳌健康产业论坛、世界医疗旅游与全球健康大会六个大会；成功举办的大型品牌活动有博鳌新年音乐会、博鳌鼓风打击乐节、博鳌钢琴音乐节、博鳌国际华人艺术节等。

据统计，琼海市 2017 年成功举办 100 人以上会议 280 个，同比增长 4%，参会人数 119500 人；同比增长 51%，完成年计划 119.5%。其中 500 人以上会议 68 个，同比增长 126%，参会人数 72650 人，同比增长 160%。会展业收入达 1 亿元以上。

琼海市会展业存在的问题主要是，会展设施配套不完善，缺乏专业的展览中心，尚不具备举办大型商业展会的条件，展览业并没有占到应有的市场份额。此外，会展人才匮乏、会展企业竞争力较弱、自主品牌会展和国际会展项目较少也是琼海市会展业发展面临的困难。

目前，琼海市会展局已认识到琼海市会展业发展的不足和瓶颈，也意识到医疗旅游先行区特殊政策将会为会展业持续发展提供重要动力，提出要主动争取，尽快把海南国际医疗交流中心落户琼海，引进国内外高端医学会议和论坛，培育有竞争力的会议品牌；科学定位海口、三亚、琼海（博鳌）和儋州的差异化发展路径，在发展会议、展览的功能上有所侧重，避免场馆和配套设施重复建设；建设好会议活动的配套设施，解决好商务客人的吃、住、行、游、购、娱等问题，并建议海南省向国务院申请在博鳌亚洲论坛建设离岛免税店，方便国际友人和省外参加会议人员购买离岛商品，促进旅游消费，带动地区经济发展；整合全市会展资源，将旅游和会展参加人员合理分流。

琼海市会展业快速发展的同时，也为服务业发展搭建了平台，为旅游业开拓市场、促进消费提供了动力，带动了琼海经济增长，为琼海构建集旅游、会展、商贸、餐饮、文体于一体的多元产业体系提供助力。

### 3. 基础设施建设成就

自博鳌亚洲论坛成立以来，琼海的基础设施建设飞速发展。

（1）交通基础建设方面，机场、高铁、高速公路、港口齐备。

机场——2016 年 3 月，琼海博鳌机场正式通航；2017 年 3 月，博鳌机场二期扩建工程竣工验收。机场拥有国内和国际两个航站楼、一条 3200 米跑道、52 个机位，可供波音 B747、空客 A340 等大型客机起降。2017 年 12 月，博鳌机场年度旅客吞吐量首次突破 30 万人次。2018 年以来，博鳌机场先后开通了 26 条航线，航点覆盖北京、上海、广州等 27 个城市。截至 7 月，已超过 2017 年年度旅客吞吐量。博鳌机场的建设有助于构建海南东北地区的立体交通体系，扩大区域产业发展空间。

高铁——海南东环高速铁路于 2010 年 11 月试运营。北起海口市，途经文昌市、琼海市、万宁市、陵水黎族自治县，南至三亚市，全长 308 公里，共设 15 个车站。在琼海市经停琼海、博鳌两个站。

高速公路——琼海市北距省会海口市 78 公里，南距三亚市 163 公里，是海南东部的交通枢纽，海榆东线和岛东高速公路贯穿全境，琼文高速公路正在建设中。

港口——龙湾港位于琼海市长坡镇，自然水深15米至20米，可供建设万吨级至20万吨级深水泊位200多个，是海南东部唯一的深水良港。潭门渔港是国家级中心渔港，计划建成渔业交易中心，带动海产品加工、冷冻、储藏、运输业发展，成为海南东部渔业后勤服务基地。

道路建设——2014年潭门大桥建成通车，连接潭门和博鳌的滨海大道南北全线贯通，实现沿线乡镇人流、物流快速流通；嘉积城区启动登仙岭路改造市政工程项目建设，城区交通得以疏通。

公共交通——琼海市全力推动农村公路建设和城乡公交一体化建设，到2016年年底，实现全市204个行政村村村通公交。尽管目前公交车频次不高，村民大多靠电动车出行，但环保部门已意识到，快速发展的自驾游使琼海的空气质量在旅游旺季明显下降。若要建设国家生态文明先行示范区，保持自然环境的领先水平，应该提倡公交出行。

（2）农村基础设施建设发展迅速，村民居住环境大幅改善。

生活污水处理——结合“美丽乡村”建设，农村生活污水生态化处理进展顺利。据环保局介绍，从2007年开始，琼海在万泉镇开始试点“人工湿地”模式，海南省环境科学研究院和琼海市合作治理污水。虽然进展较为缓慢，但已见成效。处理过的污水或流入美丽的池塘，或用来灌溉农田；循环农业基地形成了从养猪到沼气供电供燃料、沼液灌溉蔬菜瓜果的良性循环，解决了以往农民灌溉费水费电问题。而近年来，随着“美丽乡村”建设的开展，农村污水管网和化粪池改造工作进展顺利——尽管改造费用不低，每个自然村需要100万元左右（主要是因为旧的改造工作不彻底，引发粪水渗漏问题）。目前，几乎家家户户都有卫生间，每户人家都有一个化粪池。此项工作进展顺利，也和村民环保意识提高有关。以前村民觉得化粪池直接渗出不影响生活，现在觉得不建化粪池有异味，因此支持并积极参与化粪池改造工作。

生活垃圾处理——在农村推行全量收集模式，将全市乡镇和所有自然村垃圾全部纳入收运范围，实现全市“户分类、村收集、镇转运、市处理”的生活垃圾收集转运模式全覆盖，城乡环境卫生质量明显提高，村民卫生意识大大提高。

邮电通信——琼海市实现了城乡电话传输数字化和程控化。全市实现移动电话覆盖无盲区。调查发现，许多村落都覆盖免费无线网络。

农村生活环境改造与环保结合问题——前几年建设“文明生态村”（主要是乡村道路硬板化、建设乡村球场等），存在部门间缺乏联动配合问题。近年来建设“美丽乡村”，以统筹管理模式，上下统一规划，先铺设地下管网，再进行道路硬板化建设，整体改造有序、有效。

#### 4. 调查见闻——课题组成员以普通游客身份感受琼海

（1）医疗高端会议在旅游淡季带来的客流。课题组到达琼海时，海南已进入旅游淡季，又逢今年第 4 号台风从海南东南沿海地区登陆，游客数量不多，所住酒店房间充足。而从周五到周日，博鳌一龄生命养护中心和飞利浦医疗科技同时在博鳌亚洲论坛国际会议中心召开大型会议，酒店标准间售罄；自助早餐客流大增，餐厅临时加设露天餐桌以保证接待能力；晚间酒店开办晚会，为住客提供免费食物和饮料。

（2）“美丽乡村”建设中，细节可见环保精神。朝烈村的阿叔农家乐，是槟榔树下的农家乐，看上去像是一根一根大棚的支架，实际上是活着的槟榔树。大棚挡雨，大树蔽日，在槟榔树下加盖棚顶，利用天然树荫遮蔽烈日驱散炎热，也保护了自然环境，一举两得。

（3）“美丽乡村”改善了村民居住环境，也给市民休闲提供了好去处。尽管天气炎热，我们在塔洋镇鱼良村，遇见琼海市实验小学“七色彩虹中队”——二（9）班举办“健康生活　快乐成长”的主题队日活动。傍晚在博鳌风情小镇“海的故事”，本地人和游客徜徉海边。

（4）语言资源尤其是方言资源环境良好。在走访过程中，课题组成员发现，琼海方言的使用场合多、频率高，孩子在家也能熟练地用方言和老人交流。无论是政府工作人员、服务场所工作人员还是邻里熟人之间，只要双方能说琼海话，就用琼海话交流。外来居民生活时间长了，也慢慢融入，能听能说简单的琼海话——我们遇到的几位大学生村干部和中远集团的工作人员就是如此。

琼海是传统侨乡。随着琼海居民远下南洋，琼海方言传播到马来西亚、新加坡、印度尼西亚等东南亚国家，在东南亚有一定影响力。2017 年，在菲律宾琼海华侨要求下，琼海教育局派 2 名琼海籍小学教师赴菲，教授在菲华侨后裔琼海方言。

## 五、问题与思考

琼海市近些年来的发展成就有目共睹，课题组对此印象深刻，同时也发现一些有待进一步思考的问题。

琼海效应或琼海模式的示范作用及其推广意义。琼海在工业、农业等第一、二产业方面并没有突出的长处，但是当地党委和政府部门本着为人民服务的宗旨，本着努力为人民创造美好生活环境的激情，能够勇于改革，大胆尝试，取得了不凡的成绩，堪为全国农村地区进一步发展的楷模，是理论自信、道路自信的充分体现。琼海的发展成果丰硕，琼海模式富有启发意义，值得在全国其他地区进一步推广。

另外，在发展的过程中遇到的若干新问题也有待进一步思考和解决。比如建设旅游医疗先行区，由于目前有优惠政策的助推，因此提高了当地高端医疗服务的可及性，吸引了国内其他地区患者前往就医，可能会使该地区内医疗机构的就诊量快速上升，医疗服务压力增大。将来医疗管理方面的专享优惠政策在其他地区乃至全国普及之后，先行区的发展可能会失去一部分竞争优势，如何能够进一步可持续发展？在调研过程中，我们发现农村基层党建问题刻不容缓，如何加强党的领导，兼顾村民自治与基层党的坚强领导相结合的问题，也是目前农村发展及管理中迫在眉睫的问题。调研发现，当地农村地区中小学基础教育资源相对不足，导致农村地区的学校关停或被并转到乡镇所在地，偏远乡村的孩子每天奔波于乡镇路途之间，有的甚至长途跋涉，给接送孩子上学的家长增添了很多额外负担。同时，由于家长争相把孩子送往教育资源占有优势的镇上或县城学校，也间接导致农村中小学生源不足、办学困难的问题。这些教育上的系统问题也有待进一步改善。在调研过程中，我们也发现农村养老所牵涉的公平正义问题以及乡村振兴过程中能否全面致富的问题。城镇户口的居民在养老方面逐渐得到政策性的支撑，而农村地区老龄化日趋严重的情况下，养老保障相对不足，导致农村老人对于未来前景日趋担忧。城乡不平衡的问题在乡村振兴的过程中如何完善、如何解决，也都值得关注。在建设特色风情小镇的过程中，由政府引导，市场主导进行培育和发展，能不能做到农民全面致富，而不是导致贫富差距拉大，也是一些农民所忧虑的问题。另外，在调研过程中也发现有的惠农措施受到农民欢迎，而有的倾斜农村的政策或利农项目可能存在监管不利的问题。比如农村淘宝或农产品网上商城虽然有一些优惠措施，但可能会导致让利给了项目承包人而普通农民并未从中受益等。以上这些问题，有的并不是琼海所独有的现象。解决面临的这些新问题，或许是琼海未来进一步深化改革开放、取得新成绩的突破口。

琼海的飞速发展，离不开40年来持续不懈的改革开放，离不开党和国家的政策机遇，离不开各级政府勇于先行的实践精神。特别是党的十九大以来在党和政府的大力支持下，琼海全面发展、成绩斐然，一举成为全国各地市县改革开放的先锋模范，这些发展经验值得总结和推广。及时发现和解决发展中遇到的一些新问题，探索未来可能的改进之处和突破之道，对于琼海乃至全国各县市的发展，都有可预期的促进作用。改革开放的政策，应该继续坚持并深化；改革开放的经验，应该及时总结并弘扬。

GAIGEKAIFANG

**改革开放**

与中国县域发展

# 海南澄迈

HAINAN CHENGMAI

# 践行绿色发展理念，做强做优特色产业

中国社会科学院美国研究所

## 导言

党的十九大报告深刻总结人类文明发展规律，进一步明确了建设生态文明、美丽中国的总体要求。建设生态文明是中华民族永续发展的千年大计。必须树立和践行绿水青山就是金山银山的理念，坚持节约资源和保护环境的基本国策，像对待生命一样对待生态环境，统筹山水林田湖草系统治理，实行最严格的生态环境保护制度，形成绿色发展方式和生活方式，坚定走生产发展、生活富裕、生态良好的文明发展道路，建设美丽中国，为人民创造良好生产生活环境，为全球生态安全做出贡献。

生态文明建设不仅指狭义上的环境保护、污染防治、生态维系进程，也描绘出一幅新文明观指导下从经济生产方式、社会发展模式到文化科技范式的系统性改革蓝图。2018 年 4 月 13 日庆祝海南省办经济特区 30 周年大会上，习近平总书记高度肯定了海南省在全国率先建设生态省的先进做法，同时鼓励其充分把握和践行绿水青山就是金山银山的理念，为全国生态文明体制改革和建设做出表率。[①] 践行生态文明理念的关键是形成绿色发展方式，实现

① 习近平:《在庆祝海南建省办经济特区 30 周年大会上的讲话》，《人民日报》2018 年 4 月 14 日。

环境保护生态化，资源利用集约化，生产过程低碳化，产出回报最大化，实现人与自然和谐共生。

澄迈县作为“海澄文”一体化综合经济圈的重要组成部分、环北部湾城市群中的关键点以及“海上丝绸之路”的重要驿站，具备得天独厚的生态环境。在改革开放进程中，澄迈坚持以科学发展观为指导，坚定贯彻新发展理念，与时俱进地提出“生态现代化”发展战略。努力探索实践生态理念主导下绿色发展方式与生活方式的有机结合，坚定走生产发展、生活富裕、生态良好的文明发展道路，建设美丽乡村。依据基本县情，把“独辟创新发展模式、优选资源整合途径、紧随时代潮流”三步走战略融汇贯通于具有县域特色的热作农业、高新技术产业和现代服务业的发展之中，进而高效整合、提升产业结构，有效地促进了当地经济社会的快速发展，使澄迈县实现了从积贫积弱到巧妙挖掘后发优势的锐意转型，开创了经济社会发展的新局面，实现绿色崛起。

值此改革开放 40 周年之际，回顾澄迈树立和践行绿色发展理念，围绕“生态立县”形成的特色发展模式、独到经验及所取得的斐然成就，特别是在举国上下加快生态文明建设大棋局部署之时，切实考察“澄迈样本”，具有极为突出的标杆意义。

## 一、县情概况

海南省澄迈县的发展道路可谓筚路蓝缕、艰辛多舛。历史遗留问题多、特区政策惠及较晚、人才资源匮乏等因素都曾经制约该地区步入改革开放快车道。澄迈县干部群众发扬敢为人先、大胆创新的特区精神，以生态现代化建设为总抓手，不断调整优化经济社会发展战略，从“一县一点一地”到“三县一地”，再到“三县两地”，经过 30 年的发展，澄迈从传统以农业为主导的经济弱县发展成以工业为主导的经济强县，成为全省第三大投资体和第三大经济体，仅次于海口、三亚，生产总值（GDP）增速连续 6 年排名全省第一，创下了海南市县经济发展的“澄迈奇迹”。

澄迈自西汉元封元年置县，因辖内古有“澄江”“迈岭”而得其名，至今已有 2127 年的历史。该县物产丰富，气侯宜人，史脉久远，人文炽盛，地处要冲而长期安定。近代以来，英勇不屈的澄迈人民投身琼崖抗战并培养了大批革命骨干，他们也为海南岛的解放做出了卓越的贡献。1950 年海南解放后，澄迈县人民紧跟党中央步伐迅速恢复和着力工农业生产，建立社会主义国营经济，为人民政权的巩固和国民经济的恢复奠定了基础。改革开放后全县发展水平飞速跃迁，多数民众脱贫致富，温饱之余开始向提升生活品质、重视生态文明、追求人与自然和谐等更高层次的目标迈进。

地理位置优势突出。地处琼岛西北，因东毗海口而充分享受省会的辐射与带动效应；因西接临高、儋州而具备开发优势旅游资源和独特民俗文化的集群优势；因南临屯昌、琼中而获得打“生态牌”的战略纵深与协同伙伴；因北望琼州海峡且有良港而成为交通枢纽和物流贸易前沿。

典型的滨海县。澄迈全县陆地面积约为 2076 平方公里，多属平原台地，土壤以红土壤、沙土壤为主，种类丰富（详见图 1），加之光、热、水条件充足，配比优良，宜种植热带作物、冬季瓜菜和发展牧业。另有海域面积 477 平方公里，海岸线长 122.25 公里（含内湾线），内外港湾 15 处，水温温和，海水深度大，盐度适中，具有发展港口贸易，进行海洋捕捞业、养殖业等条件优越。

图 1　澄迈县土地利用情况

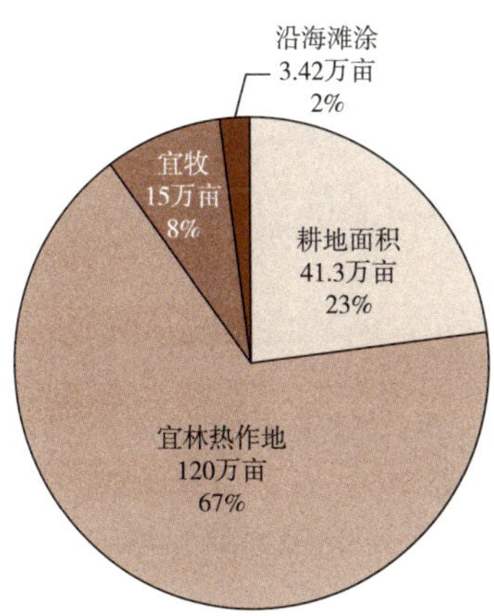

全县目前下设 11 个镇、191 个村（居）委会、1054 个村（居）民小组。辖内有 1 个国家级综合保税区（海口综合保税区）、1 个国家枢纽港（马村港）和 1 个省级开发区（老城经济开发区）。县内户籍人口 56.14 万人，人口自然增长率 9.09%。[①]2016 年数据显示，此地人口老少比约为 42%，年龄构成趋于老年型。[②]其中农业人口约占 65%，非农业人口 35%。

图 2　澄迈县人口年龄结构

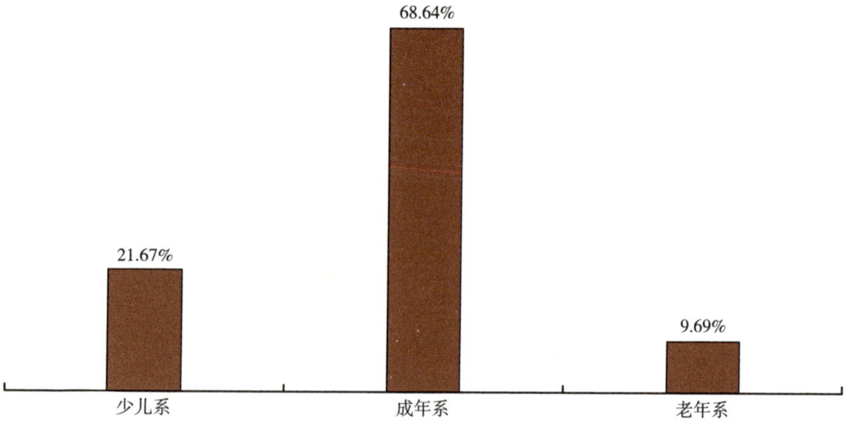


说明：数据来源于《澄迈县 2010 年第六次全国人口普查主要数据公报》。

历史文化积淀深厚。父慈子孝、兄友弟恭、家庭和睦、崇文重教等淳朴民风代代相传。民间传统文化既包括八音、琼剧、花瑰等艺术表现形式，也有军坡节、龙水节等节庆风俗。近几年，为丰富人民群众文化生活，建立了县、镇、村三级公共文化场馆。建成金江绿地广场、县图书馆、县文化馆、县展览馆、县青少年文化活动中心、广播电视演播中心、金江影剧院等县级文化基础设施。

① 此数据为 2017 年统计结果，详情见《澄迈县年鉴（2018）》。

② 一般情况下，老少比超过 30%，或 65 岁以上老年人口比例超过 7% 或 60 岁及以上老年人比例超过 10%，0～14 岁少年儿童比例低于 30%，则可认为该地区已经进入老年型社会。

## 二、重大成就与突出表现

澄迈县在改革开放进程中，坚持以科学发展观为指导，全面贯彻五大发展新理念，实施生态现代化建设，以加快转变经济发展方式为主线，立足本地优势资源，贯彻绿色发展理念，开创了生态现代化建设的新局面。实施高效农业，发展高新技术产业等新态势，采取服务业与第一、二产业巧妙融合的新思路等，展现出后发优势，实现绿色崛起。经济实力不断壮大、产业结构日趋合理、民生保障逐步完善。

### （一）生态理念引领全县发展，彰显“澄迈速度”

#### 1. 经济总量不断增长，居民收入水平显著提高

改革开放伊始，澄迈经济基础较为薄弱且产能低下。经过不懈奋斗，澄迈经济社会取得了巨大的成就，城乡面貌发生了翻天覆地的变化，人民生活水平得到了大幅提高。经济实现跨越式发展。成为全省第三大经济体和第三大投资体。相较于1987年，2017年全县GDP为30年前的96.9倍；人均GDP为30年前的80.1倍；全社会固定资产投资为30年前的877.5倍；一般公共预算收入为30年前的238.2倍；社会消费品零售总额为30年前的50.1倍。特别是2010～2015年，全县生产总值（GDP）增速连续6年排名海南

图3 澄迈县主要经济指标增长情况

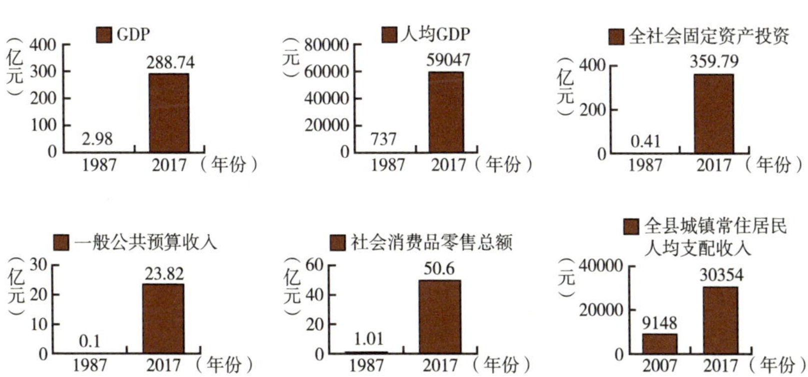

第一，创造了海南市县经济发展的奇迹。2017 年城镇常住居民人均可支配收入为 30354 元，同比增长 8.1%，比 2007 年增长 2.32 倍。农村居民人均可支配收入为 13862 元，同比增长 8.6%，比 2007 年增长 3.35 倍。各项经济指标增速惊人，释放出超乎寻常的后发优势。

#### 2. 统筹各项社会事业发展，倾力打造“生态人生”

澄迈县全方位推进教育、医疗卫生、社会保障、就业、住房等惠民工程的举措。实施以文明生态村建设、“美丽乡村”建设为载体的社会主义新农村建设，实现了“十个率先”：一是 2009 年率先全省实施“商标富农工程”；二是 2009 年率先全国实行国家级、省级、县级三级骨干教师和骨干医务人员岗位津贴；三是 2010 年率先全省实施十二年义务教育“三免四补”（免除中小学和职校、中技学生的学杂费、课本费、住宿费；补助学生作业本费、职校和中技学生生活费、住宿贫困生生活费、贫困生助学金）政策；四是 2011 年率先全省实现村村有标准卫生室目标；五是 2011 年率先全省全面启动农村土坯房改造工程；六是 2012 年 9 月率先全国实现金融便民服务延伸到所有行政村；七是 2013 年率先创建并获评国家公共文化服务体系示范区；八是 2013 年率先全省实现所有行政村通宽带；九是率先全省实行分散供养和社会供养相结合的养老体制机制；十是分别于 2009 年、2012 年率先全省成为“中国长寿之乡”和“世界长寿之乡”。实施“全民参保计划”，社会保障覆盖范围进一步扩大，城乡居民基本养老保险缴费率达 96%。建立贫困帮扶长效机制，仅以 2017 年为例，全县标识脱贫 1618 户 7919 人，脱贫人数占省下达任务的 121.8%；5 个贫困村脱贫出列，占省下达任务的 100%。脱贫人口年人均纯收入 6563.58 元，是全省脱贫标准的 1.98 倍。[①]

### （二）加快转变增长方式，三大产业齐头并进

澄迈县贯彻国家和省“深化产业结构调整，加快构建现代产业发展新体

① 参见《澄迈县脱贫攻坚工作总结》，2018 年 4 月 2 日。

系”的要求，供给侧结构性改革取得重要进展。

### 1. 调整优化产业结构，加快提升产业层次

按照“做特一产、做优二产、做活三产”的思路推进产业结构调整，在三大产业的升级换代中，“生态 +”的理念起到“高效黏合剂”与“转型风向标”的作用。

2017 年三次产业结构由 2007 年的 30.5 : 51.3 : 18.2，调整为 26.4 : 39.7 : 33.9，2015 年第三产业摆脱弱势地位并超过第一产业。2017 年现代物流业发展迅速，实现增加值 8 亿元，同比增长 21.8%；旅游业持续提升，全年接待国内外游客 190.6 万人次，旅游收入 11.44 亿元，成为海南旅游八强的市县之一。

图 4　澄迈县产业结构变化趋势

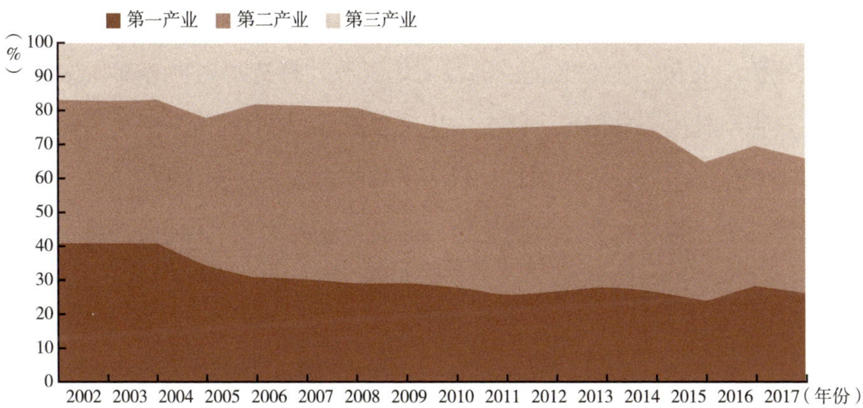


### 2. 实施生态农业工程，做精做特现代农业

澄迈县是世界长寿之乡、世界富硒福地、中国绿色名县，发展热带高效农业条件得天独厚，土地资源丰富。澄迈依托资源优势，创新发展思路，用工业的理念发展农业，扎实推进农业“四化四县”（农业标准化、产业化、品牌化、国际化；农业生态现代化示范县、有标识可追溯农产品示范县、无公害农业科技示范县、中国富硒农产品示范县）建设，大力发展高效农业，做精特色品牌农业。被评为国家现代农业示范区、国家商标战略实施示范

县、国家级出口食品农产品质量安全示范区、中国福橙之乡、中国无核荔枝之乡。

#### 3. 实施生态工业工程，做大做优新型工业

大力发展低能耗、低排放、无污染的“两低一无”产业，加快打造以海南生态软件园和海南生态智慧新城为代表的新型工业。海南生态软件园已吸引华为 、巴别时代、腾讯等知名 IT 企业入驻。特别是作为“互联网 +”战略的前沿实践，海南生态软件园业绩骄人，其年亩产值在全省各园区中排名第一，获评全国十大领军软件园、国家新型工业化产业示范基地、国家级科技企业孵化器，被李克强总理誉为“海南调整经济结构的重要实践”，是海南科学发展、绿色崛起的最大亮点。2014 年老城经济开发区入选首批国家低碳工业园区。

#### 4. 实施生态旅游业工程，做新做活休闲低碳旅游业

依托历史文化、生态文化、佛教文化资源，打造永庆生态文化旅游区、加笼坪热带雨林生态旅游区、济公山生态旅游区、4 个风情小镇及“农家乐”乡村游等特色休闲低碳旅游项目，形成了咖啡之旅、历史文化之旅、福寿之旅、海洋之旅、森林之旅、红色之旅、美食之旅七大系列绿色旅游品牌，促进了休闲低碳旅游业的发展。

### （三）重视环境保护和生态建设，促进人地和谐共生

#### 1. 加强生态环境保护，建设美丽乡村

积极落实建设美丽中国重大部署。完成编制和实施生态县规划（2013～2020 年），全面完成生态现代化建设中期目标。深入开展“绿化宝岛”大行动，建设美丽澄迈，全县森林面积 180.1 万亩，森林覆盖率高达 54% 以上。空气质量优良率为 99.7%，达到国家一级标准。[①] 成立了全国第二个县级碳汇专项基金。澄迈县、老城经济开发区分别被确定为第一批、第

① 参见《澄迈县经济社会发展情况》。

二批循环经济示范试点单位，被评为全国生态保护与建设示范区。

### 2. 大力推进节能减排，创造绿色 GDP

澄迈县 2009 年制定的《澄迈县生态现代化建设规划指标》，设置了各项产业的环保生态指标，绿色发展倒逼企业转型升级，对重点用能单位进行节能目标评价考核，对不达标企业责令限期整改。为大力推进企业节能减排，还关闭了工艺、设备落后的工厂。如，2014 年绿色 GDP 占全县 GDP 的比例超 70%，单位 GDP 能耗为 0.5133 吨标准煤 / 万元，同比下降 0.9%。[①]同时，大力推广清洁能源，中电国际、神州车用沼气等可再生能源利用示范工程建成投入使用。2015 年被评为全国减排先进集体，节能工作考核连年位居全省前列。

### 3. 强化生态环境治理，确保环境质量安全

大力开展生态环境“六大”专项整治，拆除违法建筑，整改完成海岸带违法违规问题。加快园区经济发展，促进土地集约节约利用，海南生态软件园土地产出率居全省园区之首；开展林区生态修复和湿地保护专项行动；大力推进水环境污染治理，加强南渡江生态环境保护。大气、水体、近海海域等生态环境质量保持全国一流。

### 4. 不断改善人居环境，提升老百姓的幸福感

截至目前，共有 157 个交通扶贫六大工程项目投产，建成通车 161.8 公里，农村道路网基本成型。加快电网升级改造和气网主体工程建设。特别是信息基础设施方面，城区、行政村 4G 信号覆盖率达 99%，光纤宽带 100% 覆盖行政村，公共 Wi-Fi 覆盖一类和二类公益性场所。[②]截至 2016 年，建成金江和老城污水处理厂，城镇污水处理率达 70.5%。建成 6 座垃圾中转站，12 座垃圾收集站投入使用，[③]形成村收集、镇转运、县处理三级管理体系。

---

① 参见《澄迈县 2015 年政府工作报告》。

② 参见《澄迈县 2018 年政府工作报告》。

③ 参见《澄迈县生态现代化建设情况汇报》。

城乡生活垃圾无害化处理率达 86.5%。[①]

### 5. 夯实民生基础，共建幸福家园

良好的生态环境具有公共物品属性，是普惠的民生福祉，是生产力，是稀缺资源。其公共属性要求更多地发挥政府作用，以资源、生态环境承载为基础，以可持续发展为目标，建设生产发展、生活富裕、生态良好的文明社会。基于此番认识，改革开放 40 年来，澄迈县委县政府扎实推进教育、医疗卫生、社会保障、就业、住房、文体、电信、金融 8 个方面基本公共服务均等化以及富民增收和以文明生态村建设、“美丽乡村”建设为载体的社会主义新农村建设 2 项工程。

特别是对县内尚在贫困线边缘挣扎的个人和村庄，澄迈县独创了融入“党建”元素的“特色产业 + 乡村旅游 + 电子商务 + 劳务输出”复合型精准扶贫模式。即把脱贫攻坚纳入党员学习教育，借助基层党组织带动、帮扶贫苦户时熟悉民情、有的放矢的天然优势，协调贫苦户以恰当的方式参与到当地“以生态促发展”的进程中：或在龙头企业的带动下进行种植、养殖，实现家门口打工增收；或设立旅游扶贫重点村，帮助贫苦户依托当地特色旅游资源获得生机；或依托澄迈县电子商务公共服务中心展厅的“扶贫小集市”和村级电商服务站，实现贫困户生产的商品直接对接广域大市场，让农产品卖出好价钱，打造精准扶贫 3.0 版；或通过就业培训、开发岗位、职业介绍和创业指导等措施，帮助贫困劳动力实现转移就业。大力打造就业品牌，着力发展打工经济，形成“澄迈保安员”“澄迈服务员”“澄迈咖啡师”等就业品牌。客观而言，澄迈县的扶贫方式成功实现了三步转换：一是把生态优势转化为扶贫资源；二是把贫困人口转化为有生力量；三是把党建工作转化为保障阀。

总体上，澄迈县在确立和落实“生态立县”的过程中，以政策、产业、社会事业为支点，业已搭建起统合城乡、兼顾贫富、扶老携幼的稳态发展机制。澄迈的生态现代化建设取得了较大成功。在生态现代化的助推下，澄迈

① 参见《澄迈县 2018 年政府工作报告》。

开创了历史上发展最好最快的时期，经济社会各项事业不断取得新成就，连续五届被评为“全国双拥模范县”，先后获得世界长寿之乡、国家可持续发展实验区、国家现代农业示范区、国家级食品安全示范县、国家商标战略实施示范县、国家农产品质量安全县、全国生态保护与建设示范区、全国电子商务进农村综合示范县、中国美丽乡村建设示范县、全国生态文明先进县、全国国土资源节约集约模范县、全国绿化模范县、全国生态保护与建设示范县、中国长寿之乡、中国绿色名县、中国低碳旅游示范区、中国果菜无公害十强县等全国性或世界性殊荣。

## 三、经验和做法

### （一）确立生态现代化的发展思路和机制

#### 1. 绿色发展的总体布局

为了适应全球大趋势，落实国家战略，配合区域规划，澄迈县结合本地实际，2008 年起，确立了以生态理念引导绿色发展的整体思路。以“生产力高度发展，人们享受高度的现代文明；现代化建设与资源合理利用、生态有效保护密切结合，经济社会发展与环境退化脱钩，人类与自然和谐共生；人的全面发展得到保障，生态家园建设和生态人生打造富有成效，居民幸福感强，社会和谐度高”为主要内涵，以生态工业、生态农业、生态旅游业、生态林业、生态海洋业、生态物流服务业、生态文化、生态家园、生态人生“九大工程”为重点，大力实施生态现代化，走绿色发展之路，促进经济社会发展与生态破坏尽早“脱钩”。

澄迈县的生态现代化之路内涵有三：首先，县委县政府颇具全景视野和前瞻思维的战略规划。当地企业通过产品升级、额外投资、自我提高环保强度等方式积极参与生态现代化建设。其次，把“生态 +”的核心理念全方位地融入产业发展和供给侧结构改革。最后，在生态环境建设的语境下激活党建、扶贫、人才引进等改革要点。

澄迈陆续推出阶段性发展规划。短期规划力求对生态文明建设中的具体事项和主要难点条分缕析、各个击破。例如县委县政府出台《澄迈县2017年文明生态村建设实施方案》，涵盖了选拔新村名单及沿西线高铁和公路干线、旅游景点、重点项目（园区）、美丽乡村建设等任务。中远期则着眼于未来五年到十年。如，编制《澄迈生态县建设规划（2013～2020）》，力争到2019年，实现将澄迈打造为生态现代化建设县等发展目标。

### 2. 建立绿色发展保障机制，推进生态现代化建设

澄迈县2008年在全国率先成立了由县委书记担任主任的生态现代化建设委员会，高举绿色“指挥棒”；同年，在全国率先挂牌成立生态现代化建设办公室，实现机构编制、人员、经费、职责“四到位”，狠抓生态农业、生态林业、生态工业、生态旅游等产业发展，加快发展绿色低碳经济。进行生态现代化建设的顶层设计，督促检查、考核和验收，重点项目的指导、协调和监督。2015年又专门成立县生态环境保护局，进一步强化了环境保护工作。

把生态文明建设纳入制度化，出台了《澄迈县生态现代化建设规划指标》《关于建立健全环境保护执法监管共同责任机制的意见》《关于进一步全面推进生态现代化建设的意见》等。针对实际情况，设置了各项产业的环保生态指标，并进行动态调整和修正。科学规范绩效考核制度，明确“生态分”比重，不再“一把GDP尺子量到底”，倒逼产业发展转型升级，奔向“绿色经济”。加快构建以政府为主导、企业为主体、社会组织和公众共同参与的环境治理体系，将生态文明建设贯穿到经济社会各领域、全过程；调动企业管理者的积极性，履行生态建设责任。

海南生态软件园以“生态”大做文章，将一片杂草丛生、污染严重、臭气熏天的撂荒地，打造成宜居宜业宜游的美丽天地，成为吸引企业入园的重要资源。又如，金马物流园区通过打造高铁高速绿化等精品生态工程，实现了园区生态文明建设与林木经济的融合发展，与园区发展空间有机统一，与人民幸福生活和谐共进。再如，作为澄迈龙头产业的海南陆桥农牧开发有限

公司地处鸟类保护区附近，其兼顾生态平衡和经济效益的需要，该企业在营销荔枝的同时还种植大片花梨木。

总体来看，调研组走访的当地企业管理者，都展现出较强的环保意识，有着围绕绿色理念兴办企业的愿望，且在生产中对防污治理有高度自觉和相应知识储备。政企联手、从县域治理到企业管理同时部署生态一盘棋的做法显然是澄迈有动力、有能力、有决心持续挖掘生态文明建设积极效应的关键。

### （二）依托资源优势，主攻特色高效农业

#### 1. 农业农村工作基本情况

澄迈县是海南省农业大县，以种粮食为主，也是发展热带经济作物的重要生产基地。改革开放后，工业化、城镇化步伐加快，农业在经济活动中的重要性开始下降。1998 年至 2002 年，澄迈县国内生产总值连续五年高于全国和全省增长幅度，取得重大发展成就。2002 年三次产业构成的比重分别为 41.4 : 42.1 : 16.5，第二产业比重首次超过第一产业，这使澄迈县向工业强县迈出了坚实的一步。[①]

图 5　澄迈县农业产出占比的发展趋势

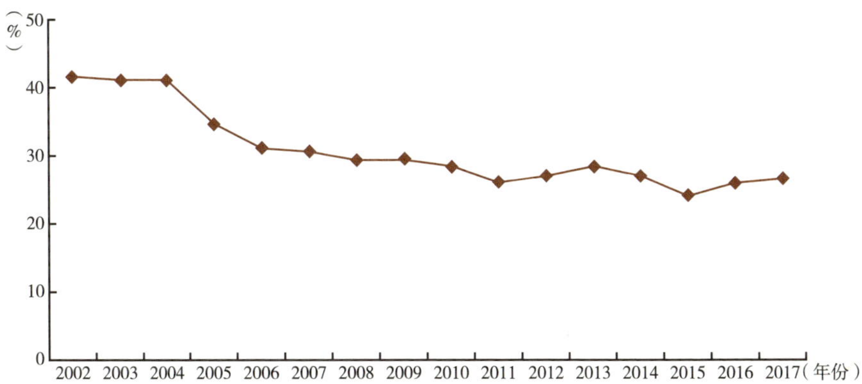


说明：数据来源于《澄迈县政府工作报告》。

① 吴九丰：《在澄迈县第十二届人民代表大会第一次会议上的政府工作报告》，2003 年 3 月 27 日。

2002年至2017年，澄迈县的农业经济占比不断下降。海南建省时，澄迈县的农业产值占据全县经济产值的半壁江山。现在，农业在经济活动中的比重下降到了四分之一左右。10多年来，农业产值占比基本稳定。一方面，全县依然有幅员广阔的农村地区，全县依然有较高比重的农村人口。农村依然是经济活动的重要场所，农村人口依然是经济活动的重要力量。另一方面，在新型工业迅猛发展、第三产业快速涌现的浪潮中，农业依然占据一席之地，这表明农业经济的效率在不断提高，正努力跟上新兴产业的增长步伐。

澄迈县致力于“使现代农业成为全县农村经济的主体，城镇化水平大幅度提高，人民生活质量居全省前列”。全县形成了沿海、北部、中部和南部各具特色的四大经济区域，建起了粮食、甘蔗、瓜菜、名优水果等10大农业生产基地和一批生态农业、立体农业、旅游观光农业基地。

全县瓜菜种植面积、总产量、总产值、外销量均居全省前列。农业综合开发连续多年排名全省第一。香蕉、冬季瓜菜、热带水果、丰产林、养殖业、畜牧业已成为农业经济增长的主要因素。农业增加值不断攀升新高峰，农民人均可支配收入不断增加。截至2017年，农村居民的人均收入实现了13862元，同比增长8.6%，不仅高于11969元的全国平均水平，也高

图6　2002～2017年澄迈县农村居民人均收入

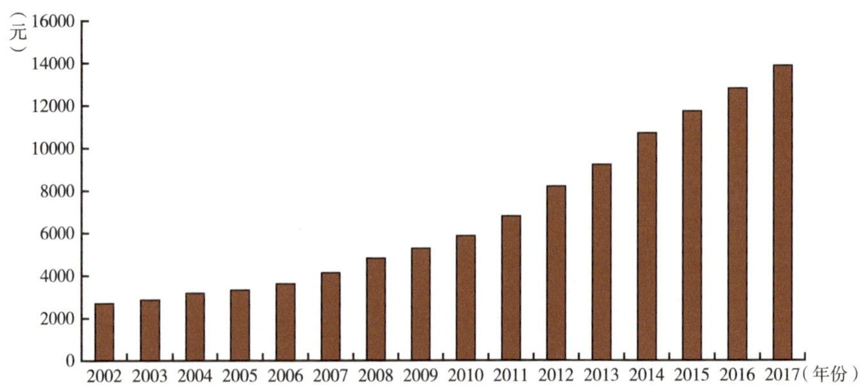


说明：数据来源于《澄迈县政府工作报告》。

图 7　2002～2017 年澄迈城乡居民收入比例

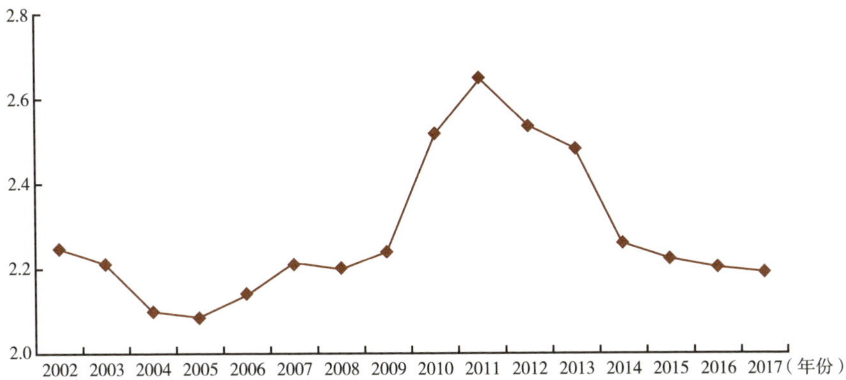


说明：资料根据《澄迈县政府工作报告》数据计算得出。

于 12902 元的海南平均水平。[①] 农民收入稳步提高，城乡差距显著缩小。

从全国范围看，城镇居民收入普遍高于农村居民收入。2017 年，全国城乡居民收入之比约为 2.8 倍，海南省城乡居民收入之比约为 2.4 倍。同期，澄迈县的城乡居民收入之比约为 2.2 倍。城乡居民收入差距不仅大幅度低于全国平均水平，也大幅度低于海南省平均水平。

近年来，澄迈县获得了包括国家现代农业示范区、国家级食品安全示范县、国家商标战略实施示范县、国家农产品质量安全县、中国果菜十强县、中国福橙之乡、中国优质地瓜之乡在内的 20 多项国家级殊荣……一个个含金量十足的闪亮招牌是澄迈农业发展最有力的证明。

### 2. 以工业理念发展农业，做强做优热带高效特色农业品牌

作为海南的农业大县，澄迈在发展农业过程中，立足“长寿、富硒、绿色”的资源优势，以促进农民增收为目标，以建设国家现代农业示范区为抓手，坚持以发展工业的理念发展特色现代农业，大力实施农业“四化四县”

① 参见 http://www.stats.gov.cn/tjsj/zxfb/201802/t20180228_1585631.html；http://hi.people.com.cn/n2/2018/0125/c231190-31183290.html。

发展战略，从粗放式管理向精细化质量管理转变，不断增加农产品附加值，农业和农村经济发展质量和效益明显提高，把澄迈县建成了琼岛北部的瓜果园。2017 年全县农业总产值达 119.23 亿元，比同期增长 5.6%。

第一，率先实施"商标富农"工程，打造特色品牌。澄迈县全力打造农产品品牌，2009～2011 年县财政投入 7000 万元专项经费实施商标富农工程，[①]以品种品质结构和区域结构调整为重点，积极引导农民做精澄迈瓜菜产业，加快产品品种更新换代，强化精品和品牌意识，使得农产品畅销国内外，有效促进了农业增效和农民增收。积极扶持农产品企业注册、培育和发展商标，积极组织申报和维护国家地理保护产品、地标产品、著名商标和国际商标，提高了地区农产品核心竞争能力。2010 年 5 月澄迈县被国家工商总局授予全国唯一的国家商标战略实施示范县。截至 2017 年底，累计注册农业商标 955 件，其中驰名商标 1 件，海南著名商标 12 件，国际商标 2 件，马德里国际注册 2 件，地理标志证明商标 2 件，[②]成功打造了一系列享誉省内外的优势特色农业品牌，走出了一条产业兴农的康庄大道。目前，澄迈福橙、福山咖啡、无核荔枝被列为国宴果品；瓜菜直供中国港澳和出口中亚五国，水产品加工出口日韩欧美；成为全省打造特色农产品知名品牌最多、效益最好的市县。[③]优势特色种植业效益显现，如无核荔枝最高售价达 688 元/公斤，无籽蜜柚最高售价 388 元/件（约 3 公斤）。桥头地瓜种植面积达 2.8 万亩，平均亩产达到 3500 斤，产值突破 3 亿元。[④]

第二，推行生产标准化，推进农业高质量发展。建立了澄迈县福橙研究所、福山咖啡研究所、桥头地瓜研究所等，并与中国农科院等科研单位加强合作，强化科技支撑，制定了农产品地方标准，并按标准生产。加强标准化

① 参见《澄迈县农业品牌创建工作情况》。

② 《澄迈县发展和改革委员会工作报告》，2018 年 2 月 4 日。

③ 陈笑波：《在澄迈县第十三届人民代表大会第七次会议上的政府工作报告》，2010 年 3 月 10 日。

④ 数据来自《澄迈县农业局 2017 年工作总结及 2018 年工作思路》。

基地建设，建设福橙、瓜菜、香蕉、无核荔枝、桥头地瓜等标准化生产基地185个。建设从源头到餐桌的全产业链，建立了食品安全可追溯系统。到"十二五"期末，澄迈县的种植产品、畜牧产品、水产品三大类农产品可追溯率为88%。为建立健全农药质量追溯流程，澄迈县于2011年10月在全省率先推行农药"一卡通"，配置流动检测车，把好农产品质量关。2017年全县瓜果菜、水产品检测合格率达99.94%，畜牧产品合格率达100%。[①]2017年获评国家级出口食品农产品质量安全示范区。目前，澄迈县已获生态原产地产品保护认证1个，"三品一标"认证产品48个。[②]如，"澄迈福橙"是一个经农业农村部登记备案的农业品牌，严格按照《福橙生产技术规程》，统一种苗、统一种植、统一施肥、统一管理、统一包装、统一销售，形成品牌合力，提高市场竞争力。

再如，2018年春末夏初时节，"水果丰产不丰收，价低卖难"成为中央电视台的新闻。但几乎相同的水果，澄迈凤梨在春季市场显得异常火爆：上百万公斤的大宗订单一单接着一单，地头收购价从每公斤4元飙升至每公斤8元。澄迈县农业局同志介绍说，澄迈凤梨销售火爆的原因：首先，凤梨较之其他果品上市时间早，打了"时间差"；其次，协会强力推介澄迈凤梨，大幅提升了品牌知名度。另一个关键在于标准化生产。凤梨产业建立了统一标准的种植、管理技术和分拣标准，这都很对外来客商的"胃口"。

第三，不断壮大产业规模，推动实现乡村振兴。澄迈县大力培育龙头企业、合作社等新型经营主体，不断地提升农业产业化、规模化水平。目前全县省级以上农业龙头企业17家，其中国家级2家，省级15家，累计带动农户近2.1万户。鼓励龙头企业、合作社与农民建立紧密型利益联结机制，采取"公司+合作社+农户"的模式。加强农民专业合作社示范社建设，树立了澄迈桥头沙土甘薯专业合作社等一批可学可比的示范社典型，有效发

① 《澄迈县发展和改革委员会工作报告》，2018年2月4日。

② 无公害农产品、绿色食品、有机农产品和农产品地理标志统称"三品一标"。来自澄迈县《2018年海南年鉴》供稿材料。

挥了示范引路作用。目前，全县已成立农民专业合作社1216家，入股资金13870.38万元，产值1.6亿元，辐射带动农户5.4万户，为农业产业化发展奠定了基础。[①]

调研中，澄迈县桥头镇陈承道说，他家有6个孩子，分别正在念高中和大学，光是孩子念书的费用一年就需要近10万元，家庭经济负担重。过去全家人住在20世纪70年代建的旧房里，常常连温饱都顾不上。后来在当地公司和合作社的带领下，种植了地瓜，年收入逐年递增。现在他是澄迈北山沙田番薯种植专业合作社的理事长，家中盖了二层小楼，还自建了130平方米的地瓜田头冷库，他的地瓜与市场销售有效对接，收入一年比一年可观，2017年，他仅地瓜种植收入就达到16万元，再加上其他种苗、市场销售等，年收入达到了25万元。

第四，强化品牌推介，拓宽市场销售渠道。县委县政府高度重视农产品的销路问题，以农产品出岛出口为方向，大力开拓国内外市场。充分利用报纸、电视、推介会等多种形式，积极推广优质农产品。迄今已连续10多年由县主要领导率队北上到一线城市推销瓜果。同时以“冬交会”为契机，积极邀请外地客商到澄迈进行考察和洽谈，扩大澄迈农业销售市场，有效促进了农民增收致富。近年来，澄迈大力发展农产品电子商务，利用“互联网+农业”的产供销模式，培养农民“打掉中介”的互联网思维，网络营销力度不断加大，通过淘宝网、微信等平台推广销售农产品，农产品线上线下销售额增长率不断刷新纪录。2015年，全县有农产品电商326家，年销售额达6.3亿元，同比增长3.5倍。[②]2016年，全县40%的凤梨、50%的桥头地瓜、80%的无核荔枝和无籽蜜柚实现网上销售。[③]2017年全县发展地瓜电商、微商307家，年销售额2.6亿元，占全部地瓜销售额的72%左右，产品销往

① 参见《2018年2月4日澄迈县发展和改革委员会工作报告》。

② 参见《澄迈县2016年政府工作报告》。

③ 参见《澄迈县2016年农业工作总结》。

国内外。[①]电商成为澄迈县农产品销售的一个重要渠道，被财政部、商务部评为“全国电子商务进农村综合示范县”。

从“以工业理念发展农业”到熟练运用“互联网 +”推介特色农业，澄迈对农业王牌的理念不断深化，让农民增收不断迈上新台阶，让农业经济的发展持续创造新辉煌。

### （三）瞄准高新技术产业，做强特色新型工业

#### 1. 认真贯彻“生态立县”的战略部署，积极调整工业结构

澄迈县加快构建新型工业体系，高起点、高水平编制老城开发区产业调整升级规划，加快发展低碳制造业、高新技术产业。澄迈遵循“生态 + 新型工业”模式，大力发展“一高两低一无”产业，将“招商引资”变为“择商选资”，促进工业转型升级。大力发展园区的先进制造业和高新技术产业，培植一批支柱产业、一批大型企业集团。目前，全县规模以上工业企业达 44 家，[②]初步形成以中航特玻高品质玻璃、欣龙无纺非织造布为代表的新材料产业；以中电国际新能源海口环保电厂、神州车用沼气为代表的新能源产业；以翔泰渔业、通威水产等为代表的农副产品加工产业等新型工业。高新技术企业共 24 家，在全省各市县中排名第二。低碳制造业产值占全县规模以上工业总产值 4 成以上。[③]

拓展互联网产业，实施创新驱动和“互联网 +”战略，以多种优惠政策吸引客商落户，加快打造以海南生态软件园为代表的高新信息技术产业，推动了新兴产业集群发展。同时，实施老城开发区“腾笼换鸟”战略，科学定位金马物流园区，着眼于提高土地利用率和产出效益，抬高准入门槛，硬化各项考评指标，着力引进高科技、低排放、低能耗、无污染项目，加快卓越冷链物流、农产品国际物流等新型工业项目建设，推动新型工业集约、集群

① 澄迈县农业局最新统计。

② 参见《2018 年 2 月 4 日澄迈县发展和改革委员会工作报告》。

③ 参见《2018 年 2 月 4 日澄迈县发展和改革委员会工作报告》。

发展，完善工业主导产业链，增强市场竞争力。提高工业的质量和效益，推动工业经济数量和质量并进，协调发展。发展新型工业是澄迈实现跨越式发展的重要途径。

### 2. 创新政策推动绿色发展方式——以海南生态软件园为例

海南生态软件园位于海口西侧澄迈县老城开发区盈滨半岛、美仑河畔。2008 年海南省政府与中国电子信息产业集团有限公司签署战略合作协议，共建海南生态软件园。根据“三生态”（自然生态、人文生态、产业生态）理念，重点发展互联网、文化创意等低碳绿色产业。澄迈县积极推动和参与海南生态软件园的建设，打破常规，优化发展环境，集中力量做大做强海南生态软件园，创造了“特区速度”。2009 年 10 月，软件园正式开工建设。一期努力造就宜居宜业宜游的美丽环境，实现“在公园里工作，在生活中创新”的愿景；二期规划按照“一里一聚落、一舍一方田、一水一公园、一隅一天地、一键一世界”理念，建设微城市，打造中高端人才聚集地和互联网经济示范区，园区已经成为海南省互联网产业发展的关键载体和重要平台。

第一，创新园区的管理方式。海南生态软件园采取“政府支持，市场化运作”的政企合作模式，成就斐然。政府提供产业政策、绿色政务服务等支持，园区平台公司负责园区规划、投资、建设、招商、运营和管理。既发挥了政府的资源优势，又发挥了企业的灵活运营优势。园区根据“引进龙头企业、搭建产业平台、建立孵化体系、培育标杆企业”的产业发展思路，一手抓龙头企业引进、一手抓中小企业培育。同时，不断完善人力资源平台、融资服务平台、公共技术服务平台和联合营销平台等“四平台”的建设，通过优质、高效的服务赢得客户认可与信任。随着产业和人才稳健快速地聚集，生态软件园超常规发展，彰显了敢为人先的“澄迈精神”，代表互联网产业发展的“海南速度”。[①]

① 吉兆民：《在澄迈县第十五届人民代表大会第一次会议上的政府工作报告》，2016 年 11 月 23 日。

截至2018年6月底，入园企业2991家，腾讯、华为、百度、360等龙头企业先后布局。园区培育高新技术企业18家，园区工作人员1.5万人。同时，园区企业税收逐年快速递增。

从2010年税收不足1000万元，到2012年首次过亿元，再到2015年8.03亿元、2016年11.2亿元，2017年园区企业税收达到14.31亿元，同比增长27.71%（以上均不含附加税）。2017年园区企业税收贡献（含附加税）超过

图8　海南生态软件园2010～2018年园区企业数量

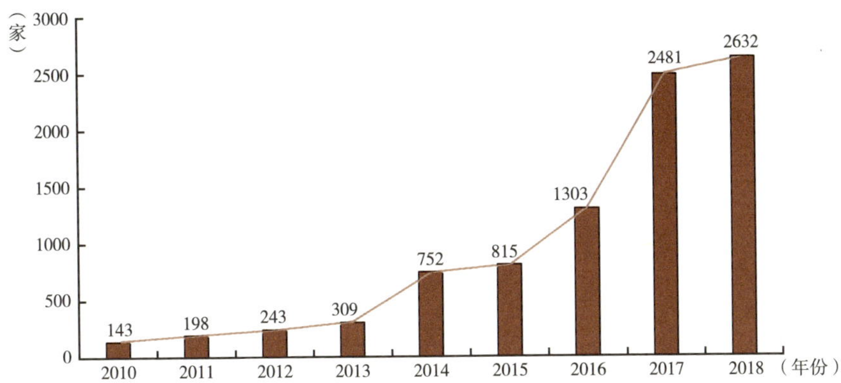


说明：数据来源于海南生态软件园统计。

图9　海南生态软件园2011～2018年税收贡献情况

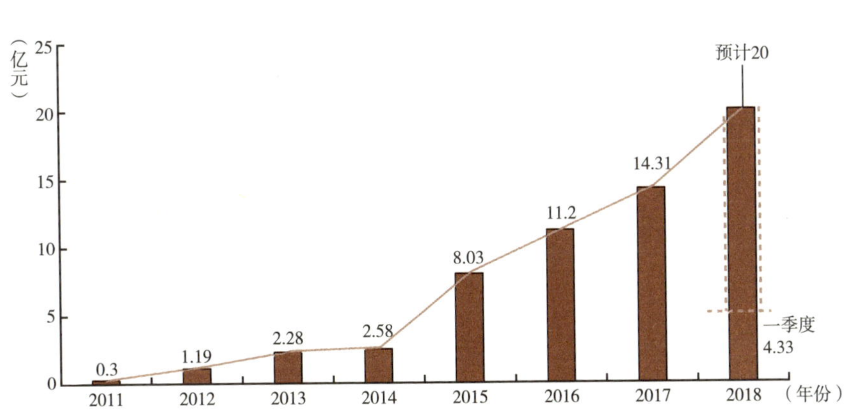


说明：数据来源于海南生态软件园统计。

16亿元，占澄迈县税收1/4强。2018年1～6月税收12.33亿元(不含附加税)，同比增长73.42%。[①]

海南生态软件园作为海南省级发展战略的重要组成部分，也是海南“十三五”期间把高新技术产业培育成支柱产业的重要平台。园区先后被科技部认定为海南唯一的“国家级科技企业孵化器”，被工信部认定为“国家级新型工业化产业示范基地”、“国家中小企业公共服务示范平台”、“国家微型小型企业创新创业示范基地”。软件园还被认定为海南省首批文化产业示范园区和文化产业重点项目，并先后获得“中国领军产业园区”、“中国电子青年文明号”等称号。

近年来海南互联网产业发展的增速保持在25%以上，领跑海南12个重点产业。落户澄迈的海南生态软件园区，更是实现了收入快速增长。目前，园区正在加快推进腾讯生态村、中国游戏数码港、中国智力运动产业基地等百亿级产业项目的建设。

图10　2011～2016年海南生态软件园收入

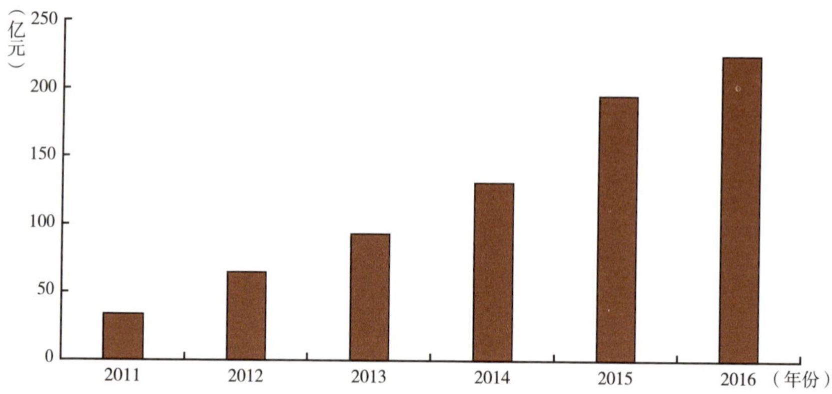


说明：数据来源于海南生态软件园统计。

## 2. 创新政务服务模式

在海南生态园区建设和运行中，澄迈县创新政府工作方式，努力创造

---

① 海南生态软件园提供材料。

一流营商环境，推进项目建设，为企业提供高效便捷的服务，助力绿色经济发展。

其一是“多规合一”促进企业项目落地。“多规合一”是软件园简化行政审批的基础。2015 年 8 月，澄迈县在海南生态软件园探索启动最大限度简化行政审批改革试点工作。2016 年 6 月，出台了《海南生态软件园最大限度简化行政审批改革试点工作实施细则》。其中，实行“两书一制度”为推行“多规合一”奠定了坚实的基础。“两书一制度”即“澄迈县企业、项目依法依规投资经营承诺书”、“澄迈县行政审批人员廉政审批保证书”和澄迈县行政审批人员免追责准入清单制度。通过建立容错免责机制，鼓励和支持行政审批制度改革创新。政府职能实现向制定规划、政策、标准、事中事后监管和服务转变。“多规合一”后，企业投资项目审批流程简化为提交项目报告、获取土地并签订承诺书、自主建设、竣工验收四个环节，项目审批提速 80% 以上。[①] 例如，海南生态软件园红黄蓝国际幼儿园项目，总建筑面积 1.8 万平方米，从开工到建成仅用时 5 个多月。

其二是企业服务超市提高服务效率。园区设立企业服务超市，解决服务企业“最后一公里”的问题。通过特色服务切实提高行政审批效率和服务效能。率先在全省设立园区企业服务超市，企业“足不出园”即可办理审批业务。[②] 在线下业务办理方面，建立单一服务窗口，统一受理企业各类申请。实行“零审批”制度，对不需供地的入驻型企业，只要符合准入清单和产业规划，就由企业服务超市直接办理企业设立等相关手续。企业服务超市通过精简材料，简化办理流程，企业设立办理工作时限由原先的 10 个工作日，缩短到半天以内。达内教育集团总经理助理傅宝莹说，“企业服务超市确实做到了极简审批，公司注册只用了几个小时”。

---

① 吉兆民:《在澄迈县第十五届人民代表大会第二次会议上的政府工作报告》，2017 年 2 月 26 日。

② 吉兆民:《在澄迈县第十五届人民代表大会第一次会议上的政府工作报告》，2016 年 11 月 23 日。

企业服务超市设立了文体厅政务服务工作站和会计服务站。在线上业务办理方面，正在试行线上审批工作。目前，园区已完成手机版 APP2.0 政务服务模块的开发工作，包含企业设立、企业报税、企业申请扶持资金三大业务功能。同时，软件园在逐步推进“线上园区”——“南海云（SSC-park）”一站式企业解决方案定制平台建设。该平台已于 2016 年 6 月 30 日上线试运行，为园区企业提供包括政务服务、人力资源、融资服务、公共技术等全流程、全生命周期的商务解决方案，大大降低了企业运营成本。

### 3. 创新资源整合新格局

混合所有制经济改革促进了软件园的发展。混合所有制经济结构有利于国有资本放大功能、保值增值、提高竞争力，有利于各种所有制资本取长补短、相互促进、共同发展。2008 年，在澄迈县委县政府和中国电子信息产业集团的充分沟通下，成立了海南生态软件园投资发展有限公司。成立之初，软件园平台公司注册资本 1.6 亿元，其中中国电子信息产业集团有限公司占 40% 的股份，为第一大股东，相对控股，其余三家民营投资人分别占 25%、20% 和 15%的股份。[①]

所有制结构的创新释放了公司的强大活力，推动园区快速发展。从 2009 年 2 月园区通过总体规划到 2011 年 4 月成功开园，用了不到 2 年时间。园区产值一直保持较高增长速度，为海南省培育出一个新产业。园区先后被认定为国家级科技企业孵化器、国家新型工业化产业示范基地等。2013 年，海南生态软件园混合所有制改革成功实践受到国务院国资委的表扬。

### 4. 创新园区建设模式

海南生态软件园在园区建设中，树立“以人为本”的理念，打造宜居宜业宜游微城市。软件园从创立之初就注重环境保护和资源节约，充分发挥生态环境优势，努力把产业生态环境打造到极致。针对行业特点，提出了“以人为本”的微城市理念。通过打造 15 分钟生活圈，实现了事业、家庭、健

① 海南生态软件园提供材料。

康三者的有机平衡。海南一村一品农业发展有限公司副总经理杨春国说，“在园区里工作、生活可以充分享受到大自然的气息，这是大城市所不能比拟的”。微城市的建设体现了“产城融合”思想，有利于将园区打造成中高端人才聚集地和互联网经济示范区。

园区沃克公园花园式办公区，绿树成荫、花果飘香。园区内众多非正式交流物理空间（如咖啡吧、凉亭、廊桥、企业会所、图书吧等）实现了 Wi-Fi 全覆盖，工作人员随时随地工作、交流、学习。实现了“在公园里工作，在生活中创新”的愿景。集佳知识产权公司人力资源部经理祁丹说：“软件园的办公环境很有吸引力，我们公司已经买了独栋办公楼，要招聘更多的人来这里发展业务。”

园区建设了高知社区，各项生活设施齐全，满足企业员工的生活需要。在园区内居住，从家到办公室步行只需 5～10 分钟。国内一流的 7×24 小时幼儿园就在园区，优质的启蒙教育，解决了员工后顾之忧。园区的食堂环境优雅、饭菜可口，成为“网红食堂”。软件园将打造基于技术驱动的未来城市生活新模式。在探索建设生态文明与产业融合、协调发展方面，软件园走在了时代的前列。在园区建设中，海南生态软件园采取“先引凤，再筑巢”的策略。项目确定后，再根据项目的需求规划、设计、建设。海南生态软件园招商在前、规划在中、建设在后的建园理念体现了对客户的高度负责态度，服务企业的执着精神成为园区平台公司的亮点。

#### 5. 创新吸引人才政策

海南省和澄迈县都非常重视园区的人才队伍建设。2015 年 3 月海南省印发了《关于开展园区人才服务管理改革试点工作的意见》，推出了《关于推进海南生态软件园人才服务管理改革试点工作的十六项政策》，为软件园量身定制了落户、住房、创业融资等十六项含金量极高的政策。2015 年底，澄迈首次提出全力推进人才驱动和创新驱动的“双驱”发展战略，强调以人才促创新，以创新促发展。设立 1 亿元“双驱”基金，强力推进“双驱”战略建设，同时加大软件园的人才引进和培养。澄迈县县长司逎超提出，要实施园区人才引进计划，与海南大学等高校合作建立海南创新创业学院，开展全国高校巡回招聘和琼籍人才、海外人才来琼创业招募活动。

园区通过系列招才引智计划，规模导入中高端人才。园区在评价体系、政策扶持及政务服务方面都进行了创新。首先，创新人才评价体系。打破唯学历、学术成果等评价高层次人才的传统方式，重新定义“人才”标准。新标准为对产业发展有直接贡献的企业“创始人”是急需人才，以企业规模、成长潜力、税收贡献等发展实际“论英雄”。其次，提出针对性强的政策赋能。围绕企业创始人等新锐人才的实际诉求，将制定“乐业奖”、“贡献奖”、“安居奖”、“安心奖”、“成长奖”、“伯乐奖”六类扶持政策。这些政策一方面从战略投资、上市帮扶、人才定制等层面扶持企业发展；另一方面从住房解决、子女教育、家人就医、配偶就业等层面打消企业员工的后顾之忧，让人才在园区真正实现安居乐业。最后，“一站式”人才服务平台提高办事效率。

一系列创新政策助力软件园区的快速发展，推动产业集聚。随着腾讯、百度、华为等一批龙头企业进驻，带动园区企业蓬勃发展。软件园二期引入的中国游戏数码港是唯一的国家级游戏产业平台，将打造中国乃至全球游戏企业公共服务平台、永不落幕的中国国际游戏交易大会和国际游戏进出口结算中心。中国智力运动产业基地也是中国唯一的国家级智力运动产业基地，凭借强有力的产业资源优势，迎接包括中祺惟业、联众、博雅等在内的12家企业集体入驻，快速形成产业集群。软件园区为澄迈经济结构调整以及经济发展建设做出了贡献。

### （四）结合地区实际，做大特色第三产业

世纪之交，澄迈县第三产业开始蓬勃发展，经济结构进一步深化调整，其发挥区位和资源优势，重点发展旅游、现代物流业等行业，以此拉长全县第三产业的短腿，改变经济结构，转变经济增长方式，为可持续发展奠定了坚实的基础。

图 11　澄迈县第三产业占经济总产值比重（1987～2017 年）

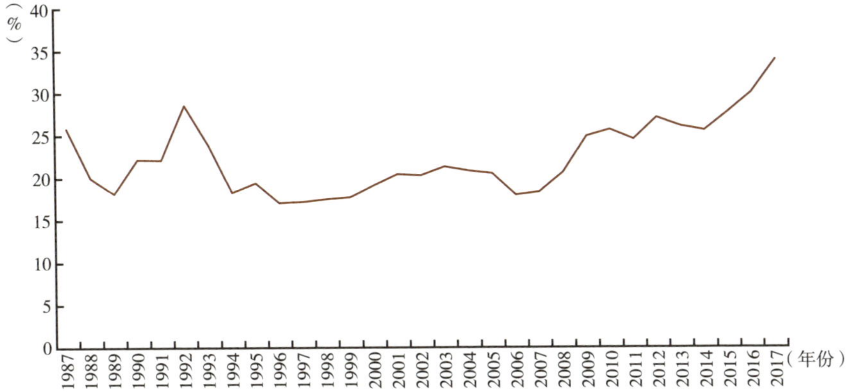


说明：资料来源于澄迈县统计局。

图 12　澄迈县 2017 年的三次产业结构

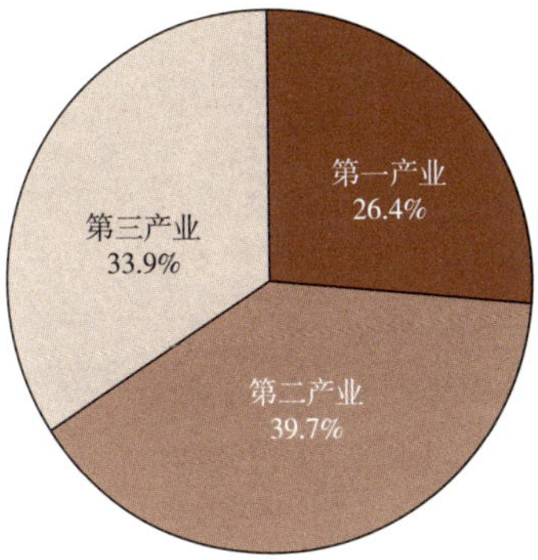


说明：资料来源于《澄迈县 2018 年政府工作报告》。

### 1. 低碳休闲旅游业快速发展

澄迈毗邻海口，从旅游资源、交通便捷、消费群体来说，在发展休闲旅游方面具有独特的优势。澄迈县立足于本地实际，把休闲旅游作为澄迈县旅游业发展的方向和重点，实施生态旅游业工程，做新做活休闲低碳旅游业。

以“富硒福地　长寿澄迈”为主题，以建设国际旅游岛为契机，依托历史文化、生态文化、佛教文化资源，从“点线面”发展全域旅游建设，加快特色产业小镇和县级美丽乡村建设，启动“共享农庄”建设，大力发展民宿产业等特色休闲低碳旅游项目。形成了咖啡之旅、历史文化之旅、福寿之旅、海洋之旅、森林之旅、红色之旅、美食之旅、观光农业八大系列绿色旅游品牌，被评为中国低碳旅游示范区。推进“农业+旅游”产业，结合美丽乡村建设，因地制宜地打造了一批沉香村、咖啡村等村庄，推动乡村旅游发展。

乡村游还带动了扶贫工作，如，洋道村美丽乡村游，2017年“十一”期间每天就有4个团300多人到该村进行一日游，直接带动5户贫困户20个村民增收，收入约21万元。[①]通过不断努力，澄迈县成为海南省旅游八强的市县之一。结合美丽海南百镇千村建设，成为琼北地区旅游新热点，全域旅游格局正在形成，每年的旅游人数和旅游收入不断提高，2017年全县接待游客190.6万人次，旅游收入11.4亿元。[②]

图13　澄迈县2010～2017年接待旅客和旅游收入情况

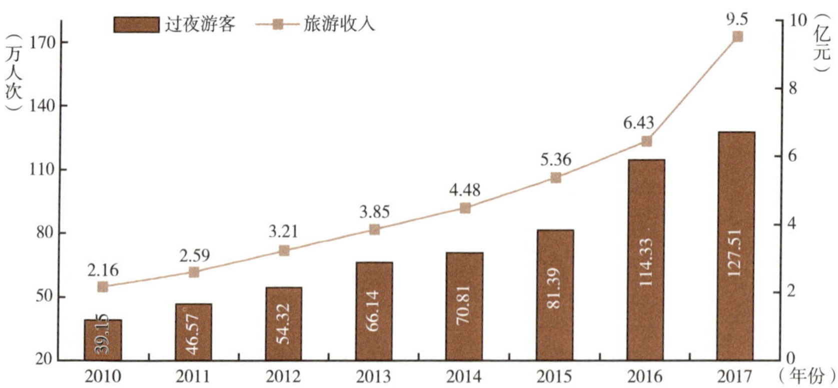


说明：数据来源于澄迈县旅游发展委员会。

## 2. 现代集约物流业生机蓬勃

澄迈县依托区位优势大力发展物流业总部经济，推动物流企业区域总部

① 参见《澄迈县2017年旅游工作总结及2018年工作计划》。

② 2018年2月4日澄迈县发展和改革委员会工作报告。

项目建设，加快打造海南物流集群高地。占地16平方公里的金马物流中心依托国家枢纽港——马村港，紧紧抓住海南建设自由贸易区（港）和国际旅游岛的发展机遇，坚持贯彻落实新发展理念，以党建为龙头、以建设国际供应链物流中心和金融中心为目标、以供给侧改革为主线、以制度建设为抓手、以生态文明建设为重点，大力引进了京东集团、苏宁集团和新加坡淡马锡旗下丰树集团、普洛斯物流、万科冷链物流和小松机械海南总部等世界500强企业，推动园区健康、快速、全面发展，2017年园区累计完成固定资产投资17.7亿元，同比增长7.9%；全年累计实现产值24.7亿元，同比增长16.1%。[①] 其中，京东公司在金马物流中心租用的仓库自2016年运营以来平均每月配运件数超百万件，累计配运件数超1.6亿件。[②]

## 四、建议与展望

2018年4月13日习近平总书记在庆祝海南建省办经济特区30周年大会上的重要讲话和《中共中央国务院关于支持海南全面深化改革开放的指导意见》，是当前和今后一段时期指导海南开展各项工作的根本遵循和行动纲领，海南自贸区（港）建设是习近平总书记谋划、部署、推动的重大国家战略，对进一步办好经济特区提出明确要求，赋予海南全面深化改革开放新的重大责任和使命。澄迈将迎来新的发展机遇，为生态文明建设工作提供新的动力。

第一，建议澄迈继续大力推动农业供给侧结构性改革，加快建立健全服务体系，优先扶持龙头企业做大做强，把龙头企业真正打造成推动农业“王牌产业”发展的“先锋旗手”，全面带动农民脱贫致富，为推动全县经济社会健康快速发展提供强力支撑。同时，强化农业科技支撑能力，推动农业科

① 澄迈老城经济开发区提供材料。

② 金马物流中心提供材料。

技的快速发展，大力推广农业新技术、新品种，把机械化、信息化、智能化贯穿到农业生产、管理、流通的全过程；发展生态循环农业，打造绿色、有机、安全的农产品名牌；着力培育新型职业农民，引进农业农村人才，培育和留住更多的人才。

第二，建议海南生态软件园在开发建设过程中，深度利用北上广等一线城市无法比拟的资源、空间优势，一则继续加大财政资金对园区在企业云办公环境、产业孵化、教育、医疗设施建设等方面的支持；二则借助互联网产业突破物理、空间限制，凭借优势生态对优势产业集聚的“魅力”，吸引多元化的外企进驻。目前，在海南生态软件园二期——智慧新城起步区内，规划保留水域用地 436 亩，为今后发展保留一定的空间。未来，海南生态软件园的建设将继续秉承生态环保的原则，进一步做好企业的配套设施。一座基于技术驱动的未来城市生活新模式的产业新城将快速呈现。

第三，以全域旅游创建推进旅游业升级。抢抓创建全域旅游的机遇，顺应大众旅游时代消费需求，结合产业小镇、美丽乡村、共享农庄、田园综合体等建设，充分挖掘乡村旅游资源。着力打造长寿文化以及长寿、富硒等富有澄迈特色的系列旅游纪念产品，吸引中高端消费游客。加强旅游与休闲农业、健康养生、文化体育等产业深度融合。进一步加强旅游的宣传与推介，提高澄迈旅游知名度，争取通过“国家全域旅游示范区”验收。

第四，通过发展特色农业，澄迈县在乡村振兴方面已取得重大成就。但是，在调研中发现，以省、县政府为投资主体的乡村基础设施建设成果斐然，但由于村级集体经济普遍薄弱，村内卫生设施的建设还有可提升的空间，这也是发展乡村旅游建设的重要内容。澄迈县委书记吉兆民表示，如何通过壮大村集体经济并进而形成县－村集体－农户共同投资的可持续的美丽乡村建设模式，是县委和县政府正在积极探索的问题。事实上，村集体经济的薄弱局面，应不只是澄迈县的独特问题，而是全国多数农村地区面临的共同问题。我们期望澄迈的积极探索能为解决这一问题提供有益的实践经验。

实践证明，生态现代化建设关键在领导干部，澄迈县生态现代化建设取得的巨大成绩，得益于领导班子坚决贯彻落实中央和省委的决策部署，充分发挥党总揽全局、协调各方的领导核心作用；解放思想谋发展，以新发展理念引领新发展实践，推动澄迈发展步入快车道、跑出加速度；坚持以人民为中心的发展思想，从人民群众的根本利益出发谋发展、促发展，不断满足人民群众日益增长的美好生活需要，一件事情接着一件事情办，一年接着一年干；敢于担当狠抓落实，保持战略定力和执行力，一任接着一任干，一张蓝图绘到底的精神。

我国改革开放 40 周年，也是海南建省办经济特区 30 周年。30 年来，澄迈干部群众发扬敢闯敢试敢为人先埋头苦干的特区精神，开拓创新、励精图治，澄迈经济社会取得了巨大的成就，城乡面貌发生了翻天覆地的变化，人民生活水平得到了大幅提高。近年来累计获得 70 多项国家级以上殊荣。

澄迈县生态现代化建设有效地促进了当地的绿色发展。澄迈县生态现代化的实践探索，创出了一条经济发展和环境保护双赢、人与自然和谐的绿色发展道路，这也昭示着中国人民必将走向社会主义生态文明新时代，实现美丽中国、健康中国的伟大愿景。

改革开放
与中国县域发展
GAIGEKAIFANG

# 重庆江北

CHONGQING JIANGBEI

# 从经济增长到社会发展

中国社会科学院社会发展战略研究院

江北区位于重庆市主城核心区，地处长江、嘉陵江两江之北，滨江临水、依山揽泉，自西向东呈带状分布，东西长42.90公里，南北宽1.49～14.38公里，江岸线104公里，面积221平方公里，其中陆地194.3平方千米，水域26.5平方千米。辖9街3镇，常住人口77.7万，其中户籍人口60.18万人。江北区属亚热带季风气候，多年平均气温18.4℃，特点是四季分明、气候温和、雨量充沛。

流经区境的河流除"两江"（长江、嘉陵江）外，还有"两河"（御临河、栋梁河）、"五溪"（盘溪、朝阳溪、双溪河、溉澜溪、茅溪）。各流经区境段全长分别为长江51.4公里、嘉陵江18.8公里、御临河13.2公里、栋梁河8.3公里、盘溪4.25公里、朝阳溪11.63公里、双溪河2.2公里、溉澜溪2.2公里、茅溪2.6公里。所有河流均为过境河流，年平均过境水资源量3463.3亿立方米，过境水资源量较为丰富，是江北区工业与城镇生活的主要水源。

江北区境，殷周时为巴国地。秦汉至东晋永和二年（346年），属巴郡之江州县地域，永和三年（347年）起属楚州巴郡枳县。《华阳国志》记载：汉世郡治江州，巴水北有柑橘宫，今北府城是也。南北朝时期，南朝齐末，改江州县为垫江县，为垫江县属地。北周武成三年（561年）起，区境为巴县所属。隋、唐、宋、元，属巴县。明代，为重庆府巴县之江北里、江北镇。清朝，乾隆十九年（1745年）为重庆府江北厅。民国，1913年改为江北县；1933年初，划入重庆市；1939年5月，县政府迁至两路镇；抗战时，区境设有第九、第十、第十六区三个区。中华人民共和国成立后，1950年6月，第九、第十区合并为重庆市第二区，第十六区改为重庆市第七区；1952年，第七区划入第二区；1955年10月，第二区更名为重庆市江北区。

江北区具有底蕴深厚的文化资源，包括以盘溪文物公园、徐悲鸿旧居为代表的历史文化，以长安第十兵工厂旧址为主体的工业文化，以鸿恩寺、三洞桥、寸滩老街等为载体的感恩文化，以及以巴文化为代表的民族民俗文化，以码头文化、滨江文化为核心的地域文化等。这些文化传承不仅拓展了城市公共文化空间，而且始终是江北区经济社会发展的动力之源。

## 一、江北区改革开放巨大成就

### （一）江北区经济发展取得巨大成就

回顾江北区近十几年的经济发展情况，地区生产总值稳步提升，从2007年GDP 225.9亿元到2017年879.4亿元，人均GDP突破10万元大关。三次产业结构比由2007年的1.0∶39.5∶59.5调整为2012年的0.3∶34.8∶64.9，再到2017年的0.1∶26.9∶73.0。随着改革开放的持续推进，产业结构更加合理。

2017年，城镇、农村常住居民人均可支配收入分别达36600元和18560元，同比增长8.8%和9.3%。

### （二）从经济增长到社会治理的整合治理模式

课题组的调查试图说明江北区协调发展的基本逻辑：为持续推动企业转型和产业升级，城市空间改造和环境生态治理需要及时启动；同时，为化解经济发展和城市空间改造带来的社会紧张，必须全面深化社会治理，推动区域协调发展，才能真正实现人民福祉的根本目标。

在经济高速发展的同时，江北区着力拓展城市空间，打造了自贸试验区、江北嘴中央商务区、观音桥商圈、寸滩保税港、内河“水铁公”联运枢纽果园港等新的经济发展空间，至课题组 2018 年 6 月调查之际已累计入驻世界 500 强企业 65 家、总部企业 290 余家。

江北区在饮用水源保护、工业水污染治理、次级河流环境治理、城镇水污染控制这几方面都取得了显著的成效，建设以 7 个绿园、7 条绿带为主体的城市绿景；构建“五河”走廊，治理栋梁、朝阳、双溪、盘溪、御临 5 条水系，沿流域建设湿地公园、河岸公园、绿色堤岸，打造特色内河生态走廊。

2017 年，江北区以测评总分直辖市序列全国第三、全市第一的成绩创成全国文明城区，同时夺得全国社会治安综合治理最高荣誉“长安杯”。

## 二、改革开放以后江北区以经济为中心的发展历程

### （一）改革开放后江北区经济治理的历程

#### 1. 第一阶段：政府主导，推动经济改革

从 1978 年到 1997 年的近 20 年里，面对历史留下的诸多障碍和经济发展的落后、不协调等诸多问题，江北区政府迎难而上，在经济转型的初期，扮演了经济转型发展的“主导者”。

党的十一届三中全会召开，改革开放在全中国逐步推开。1978 年 1 月，中共江北区委发出《关于组织学习党的十一届三中全会文件的通知》，全区党组织统一思想，提高认识，明确以经济建设为中心的发展路线。在随后的 5 年里，区委、区政府在改革蔬菜产销体制、加快农村经济发展、大力发展乡镇企业、建立党政机关岗位责任制等方面迈开步伐。

1984～1991 年，江北区政府将经济体制改革的方向由农场推向城市，并取得了快速进展。首先在区属商业系统试点，试行“经济负责制”。1987 年 5 月，区政府出台《关于进一步简政放权、搞活企业的若干意见》，公交、

财贸企业普遍推行风险承包制。计划、财政、税收征管的改革逐步推进。

1992～1996年，改革进入快速发展的重要时刻。1993年11月，经四川省政府批准，江北区被确定为“集体经济综合实验区”。以产权制度改革作为重点，推进企业股份合作制，在商业门店和供销社中推行公有民营，实行无行政主管改革，大力培育和完善资金、劳动力、人才、技术、信息、房地产等要素市场。1996年，江北区出台有关政策，引导中小企业、非公有制企业向规模化、集团化方向发展，5月组建了江北区第一个私企工业集团——重庆寸滩鞋业集团。

这一阶段，江北区的工业经济仍以国营和集体经济为主导。1985年，全区国有工业企业52家，其中市属独立核算的国有工业企业48家，区属国有工业企业仅有商办、粮食、民政的4家小企业，主要涉及制药和食品工业。至1995年，国有工业企业产值占全区工业总产值的70%，城镇集体工业企业也得到较好发展。在这一阶段主要是以扩大企业自主权、增强企业活力、开展承包和“五自主改革”为改革核心。对部分工业企业在生产经营、产品定价、劳动用工、内部分配和技术改造方面实行企业自主改革，逐步减少政府的直接干预，增强了企业生产积极性，创造了很好的收益。同时在产权制度改革上以建立现代企业制度为目标，推进企业资产重组与企业兼并，组建企业集团。

在商业领域，1986～1996年，国有商贸企业为商业主渠道，居民供应基本由其承担。随着市场放开，改革深入推进，城市建设加快，城区布局变化，全区商业市场、企业构成随之发生深刻变化。在1986年初，区境城乡集贸市场只有29个，占地面积仅22517平方米。当年区政府投资390万元，在观音桥渝北三村修建大型农副产品经营市场，1997年又投资9100万元在原址进行扩建。至1997年，江北区的商业网点已达15196个，总建筑面积70.61万平方米。

### 2. 第二阶段：政府瘦身，助推经济快速增长

从1997年到十八大召开之间的近15年的时间里，经济各主要部门的发

展迸发了更多活力。在经济发展的快速上升期，江北区政府通过“精简机构”、改革自身，主要扮演了“助推者”的角色，做好全区布局，协调各方资源，积极吸引外资，稳步经济增长。

1997～2005年，企业改革向纵深发展。以资产流动重组为核心，采取股份合作制、股份制、转让、兼并、租赁、拍卖等形式，使企业产权制度改革有了突破性进展。同时，继续组建企业集团，到1998年就组建了8家企业集团。此外，以市下放企业和区属国合商业企业产权制度改革为重点，围绕拓展培育市场和中介组织、转变政府职能等方式，整体推进改革向纵深发展。

为进一步发展区域工业，促进改革开放，江北区政府进行了多样的产权制度改革，主推企业股份合作制。2000年前，乡镇集体工业在江北区乡镇工业中一直占主导地位，但进入21世纪，江北区放手发展非公有制经济，乡镇集体工业开始减少。至2005年末，涉及工业行业26个，以交通运输设备制造业为榜首。从2006年到2011年，江北区产业结构从单一产业支撑向多支柱产业转变，从低级传统制造业向现代高新技术产业转变，有效促进了辖区工业集群发展。

在商业领域，2001年，设置江北区商业工作委员会，其是主管全区商贸流通业、餐饮服务业的区政府工作机构。到2005年，商业网点增至近2万个，面积扩大到约140万平方米，区境已形成观音桥区域商贸业态繁荣商圈，观音桥农贸市场年成交额实现75亿元，一批具有国际国内知名品牌的商贸企业入驻其间，社会消费零售额由1986年的1.92亿元，上升到63.69亿元。2006～2011年，江北区商业实现“重庆新兴商贸中心”从目标到现实的提升，完成社会消费品零售总额从83.2亿元到291.1亿元的飞跃。2011年末，江北区商业委员会有党政办公室、规划发展科、流通监管科、特种商品管理科、粮油管理科和监督管理科6个内设机构。

### 3. 第三阶段：政府创新，引领经济新的增长极

江北区政府积极打造创意产业，2008年出台《重庆市江北区创业产业

发展规划纲要》，确定了“工业设计之都、时尚生活之城、文化体验之区”三大定位。2007 年、2009 年，五里店工业设计中心、重庆工业服务港被命名为市级创业产业基地。此后又出台《江北区创意产业发展规划纲要》《江北区创业产业扶持政策暂行办法》等文件，为创意产业企业提供全方位服务。

江北区金融业也快速发展起来，至 2005 年，已有银行 15 家，经营网点 112 个，从业人员 1400 余人。2009 年，组建江北区金融工作办公室，负责协调、服务、联系国内外、区内外金融机构、金融中介机构，加强金融监管，规范金融秩序，提出金融决策参考意见及建议。江北区以离岸金融中心和商贸结算中心为定位，合理规划金融产业布局，形成“两点一带”为主、“五地”为辅的金融机构空间战略布局。“两点”即江北嘴 CBD、观音桥商圈；“一带”即北滨路沿线；“五地”即寸滩保税港区、港城工业园区、鱼复工业园、大湾地区、三湾地区。通过主辅两线打造，形成金融前台、中台、后台合理配置，离岸金融业务发达，加工贸易结算与电子商务结算良好发展的金融功能区。2011 年，驻区金融机构存贷款余额 4772 亿元，地区金融资产规模达 8000 亿元，拉动江北区经济增长 2.6 个百分点，占全区 GDP 比重的 15.1%。

### （二）城市改造与空间治理的做法

为应对全区经济增长和产业转型升级对空间扩张的需求，改革开放以来，江北区积极摸索新区开发和旧城改造的模式。江北区是重庆市主城的重要组成部分，有限的地表空间总有枯竭之时，城市改造和空间治理是必然之举。新区开发以及以观音桥为代表的多功能综合性城市副中心建设等空间改造的典型案例，都是应对经济增长与产业转型值得借鉴的经验。

#### 1. 1978～1997 年：生产为主的新区开发

1977 年江北区规划办公室就曾对全区进行过规划，1983 年国务院批准重庆市的城市总体规划后，又进行了部分地区的调整。总的来说，改革开放的前 20 年，江北区的空间规划基本思路是以产业发展为主。具体而言，一方面，在辖区内分片区搞好产业布局建设，包括大石坝地区的机械工业、观音桥地区的电子仪表工业、江北城地区的轻工业、溉澜溪地区的化工机械，以及唐家沱地区的造船工业。另一方面，搞好城市公共设施和配套建设，加快新区开发和旧城改造，创造良好的生活环境。

以江北城片区为例，该片区位于江北区中部，地处嘉陵江汇入长江口的北岸，历史悠久。根据《华阳国志·巴志》记载，东汉时即在此建有北府城，巴郡治和江州县治都曾一度驻地江北城。新中国成立后，江北区作为两江交汇的北岸，一直发挥着水路交通枢纽的作用，航运、商业兴旺发达。在1960年版的《重庆城市初步规划》中，共有9个片区和4个卫星城，其中江北地区的定位是“江北工业区”。

改革开放初时的1985年，江北地区只有3条公路、30条小街巷、40个居民点和383个商业服务网点。同时，该地区还有43家工厂企业，包括纺织、金属、塑料制品、缝纫、食品、医疗器械、船舶制造、印刷、化工等，其中除了重庆港务局、重庆织布厂和江北油脂储炼厂为中型企业外，其余均为小型企业，共有职工8565人。从下文中的地区规划可以看出，这一时期对于江北的空间发展规划，主要是以旧城造成、提升居住环境和市政服务水平为主。

而20世纪80年代初重庆市规划的四个城市副中心之一的观音桥片区，实际上是一个传统的农业地区。新中国成立前，观音桥的农民以粮食生产为主，解放后成立观音桥乡，1958年又成为中苏友好人民公社的观音桥管区，主要是为城市生产蔬菜和农副产品。改革开放初期（1985年），全乡仍然是一个以蔬菜生产为主的农业地区，拥有4554户农户，耕地287.80公顷，其中蔬菜地184.47公顷，可以生产30多种蔬菜，以及生猪、鲜鱼、牛奶等农产品。同时，观音桥地区也有337个小型企业，包括乡办、村办、组办、联办、户办等多种形式。在1983年成为重庆市的四个副中心之一后，市级机关迁建于此，观音桥地区逐渐成为江北区的政治、经济、文化、交通中心。在这一时期的规划建设中，观音桥地区的建设内容包括工厂、仓库、农贸批发中心、生活居住片区和生活服务中心。

### 2. 1997～2012 年：直辖之后的空间升级

1990 年至 2002 年，由于重庆市的发展重点为“北移东下”，江北区不是发展重点，辖区内各片区发展有限。1997 年成为直辖市之后，重庆市从一个地级市一跃成为西部唯一直辖市、国家中心城市之一。随着城市地位的提升，整个城市的规划和空间发展也出现了巨大飞跃。例如，江北地区就经历了“十年控规”。在这十余年间，江北没有进行新开发、大建设的任何规划，辖区内的房屋只能改造或原拆原建，不允许新建。20 世纪 90 年代的观音桥地区曾经历了相当一段时间的无序发展，出现了很多属于“四久工程”（久划不建、久划不拆、久拆不建、久建不完）的烂尾楼项目，成为当地居民口中的“71 条街，其实只有一条街”的混乱区域。

而江北区的飞跃发展主要体现在 2002 年之后。2002 年 5 月，市政府批准对江北城、溉澜溪片区的土地储备整治。2003 年 5 月，沉寂了半个世纪的江北旧城改造启动。截至 2005 年 8 月 15 日，共完成土地拆迁 200 公顷，房屋拆迁面积 175 万平方米，拆迁户 17800 户，迁走机关事业单位 131 家，拆迁人口 8.5 万人，成为新中国成立以来重庆主城最大规模的旧城改造项目。2003 年，重庆中央商务区规划方案获市政府常务会审议通过，江北嘴与解放碑共同构成重庆市中央商务区的“硬核”，总用地规模约 5 平方公里。解放碑作为传统意义上的金融中心和商贸中心，由于地理空间有限、交通拥挤等限制，需要被分流，江北区顺势而为，将江北嘴中央商务区打造为重庆新兴的金融中心，并明确其定位为“重庆未来高端商务的硬核”、“重庆走向国际化大都市的新地标”和“建设新兴金融中心和区域总部基地的重要载体”。

规划中的江北嘴中央商务区面积 3.5 平方公里，片区内包括商务和公益性项目约 40 个，市政设置项目 7 个，建成后将有 5 万常住人口，实现 15 万人就业，形成 4000 亿以上的产值。其空间发展规划包括双城绿环、景观主轴、半岛五区、滨水绿链、江北之冠、立体交通六个方面。

### 3. 单体空间改造：打造全国商圈转型样本

2003 年，定位为“金融保险、商务总部、信息科技、商贸物流、咨询服务、会展旅游等功能于一体的城市综合服务区”的观音桥商圈也开始全力建设，核心区面积为 1.5 平方千米。在建设过程中，观音桥地区进行了烂尾楼整治工程。通过“拆除一批、处置一批、改造一批、新建一批”等方式，对地区环境和基础设施进行优化，拆迁房屋近 50 万平方米，实施了 6 次大规模的爆破拆房，成功处置“烂尾楼”10 余幢。通过政府 30 亿元的基础设施建设投入，盘活商业设施 50 万平方米，新建、改建商业设施 200 万平方米。

清理历史包袱、轻装上阵之后的观音桥并没有急于求成，而是对整个地区的发展进行了整体规划，先后完成了《观音桥商圈综合整治规划》、《观音桥商圈功能定位和业态布局》、《观音桥商圈交通规划方案》和《观音桥商圈景观规划》四个重要规划，对商圈各大功能组团的空间分布、产业定位、功能业态布局、建筑形象、交通组织、换乘系统进行统一规划，确定了观音桥商圈基础设施及城市景观建设的主要原则和建设框架。至 2007 年时，观音桥作为新兴的商贸中心已经成为江北新一轮经济发展中的重要一环。观音桥商圈与观农贸、金源时代购物广场和北滨路构成“三点一线”的发展格局，并被评为“中国著名商业街”，晋身为百亿级商业圈。观音桥在推进商贸中心的建设过程中，十分重视“聚商选资”，不是简单的同类数量增加，而是有针对性地选择引入的企业类型。

2009 年之后，该地区的发展重点是对商圈品质的再提升，包括三个方面的重点工作。第一，抓好观音桥商圈 2 平方千米核心范围内的道路交通、业态布局、城市形象的回顾。尤其是作为商圈发展重要基础的交通设施建设，加强交通管理，大力推进“三环十射”建设。第二，坚持“双轮驱动”，一方面扶持存量企业，保持常规增长，另一方面大规模引进增量企业，实现超常规发展。第三，提升观农贸市场的发展定位，使其不再是一般意义上的农贸市场，而是高品质的现代农产品物流中心。至 2012 年时，观音桥商圈已经晋级为千亿级商圈，成功创建了西部首条“国家AAAA级都市旅游景区”商业步行街，荣获“中国最具竞争力商圈”称号，观农贸的股份制改造也全面完成。

### （三）环境与生态：先污染，后治理

经济的快速增长和城市改造的一个共同的外部负效应就是环境污染和生态退化。这不仅严重削弱了改革开放的成果，也损害了环境和生态自身的福祉效应。

#### 1. 1978～1996年：“先污染，后治理”的观念主导

早在20世纪80年代，我国便提出走可持续发展道路，坚决不重蹈发达国家“先污染，后治理”的覆辙。尽管这一道路设计极富前瞻性，但在“以经济发展为中心”的时期，经济指标成为一荣俱荣的政绩考量，环境、生态、社会等没有得到足够重视。江北区也难逃厄运，工业建设和城市扩张使得环境与各类生态系统遭到了较大程度的破坏。以水体污染为例，比较突出的问题包括：溪流水资源出现不同程度的污染和减少，有的溪流改道，有的断流；次级河流水体污染严重；饮用水源遭到不同程度的破坏。出现这样结果的思想根源在于错误的“先污染，后治理”观念的主导。当然，为了应付舆论压力，政府同时不得不做出“边污染，边治理”的姿态。但总的来看，江北区政府在这一时期对环境污染防治主要采取的还是末端治理的方式，往往事倍功半，效果不甚理想。

#### 2. 1997～2011年：局部推进生态治理

和前一个时期相比，江北区政府有比较明显的前端治理转向。2008年，经济高增长带来“水污染密集暴发阶段”，环境生态之痛成为两会的关注热点。在此背景下，江北区政府积极推进了一系列专项整治工作，以局部生态治理为工作要点，主要工作包括：饮用水源保障工程、城镇生活污染整治工程、工业污染防治工程、船舶污染防治、次级河流污染整治等，取得了局部效果。除此之外，在生态治理的基层工作上，江北区政府开始从全能型政府

向服务型政府转向，提出用社会化理念经营社区、动员社区居民参与式治理，试图通过社区共建的伙伴关系防治环境污染，推进生态维护。以大石坝街道为例，在这一阶段初步形成了社会参与、资源共享、志愿者加入、共同发挥作用的整体合力机制，在打造“蓝天、清水、绿地、美景”的生态建设工作中取得了较好的效果。

### （四）社会矛盾集中爆发及其初步应对

在经济社会发展进程中，各类发展中的矛盾集中爆发，因为制度设计原因，问题往往通过信访这个窗口处理。江北区改革开放、经济增长和城市改造带来的负向外部效应，催生了大量的社会矛盾，给地区社会稳定和人民生产、生活带来不小的冲击。应对社会矛盾的变化的社会治理初步开展起来。

#### 1. 社会矛盾转换期（1978～1996 年）

自党的十一届三中全会恢复“实事求是”的思想路线以来，要求平反冤假错案、解决历史遗留问题的人民信访日渐增多。江北区的社会矛盾主要集中在平反纠正冤假错案、协调解决历史遗留问题方面，包括经济退赔、恢复工作、住房安置、户口及受株连子女就业等。同时，从 20 世纪 80 年代后期开始，人民信访内容由以历史问题为主转向以现实问题为主，土地开发、企业经营机制转换等涉及人民群众经济利益的问题和矛盾日益增多。

#### 2. 社会矛盾凸显期（1997～2012 年）

这一时期，借着重庆升格为直辖市后的发展机遇，江北区经济社会快速发展，各类社会矛盾也日益凸显。信访数量逐年增加，人民信访方式由以来信为主向来访为主、由个体来访为主向以集体上访为主转化。信访者结构出现多层次变化，包括工人、农民、个体工商户、教师、机关干部等，但诉求多共性，由信访反映出来的社会矛盾涉及企业改制、土地征用、劳动力就业、住房拆迁安置、道路建设、车辆营运、水电气供应、商品房产权等领域。特别是 2000 年以后，随着江北区滨江路建设、观音桥商圈建设、工业园区建设、五桂路建设、铁山坪生态建设、江北城片区土地整治房屋整体拆迁等工作的推进，以及企业改制、事业单位人事制度改革，矛盾信访处于活跃时期，信访数量持续在高位运行，群体性矛盾突出，呈现出群众集体上访和群体性事件多且事态控制难、群众进京上访多且稳控和劝返难、复杂矛盾多且协调解决难的特点。

为此，江北区积极开展领导包案、干部下访群众等活动，协调解决人民来信来访反映的住房、就业、医疗、教育、社会保障等民生问题，预防和处理群众集体上访及群体性事件，依法处置群众非正常上访和违法信访行为。

## 三、十八大以来江北区区域治理的做法和经验

十八大以来，江北区政府积极响应中央号召，以习近平新时代中国特色社会主义思想为指导，推动经济增长方式和区域治理模式的全面转型，紧紧围绕资源的“集约化”、生产的“供给侧”、环境的“生态化”、产业的“智能化”，推动经济“高质量”发展。同时，为引领区域治理方式转型，政府加快自身改革，强化各类服务功能，做经济和社会发展的“服务者”，坚持源头治理的原则，推动地区经济、空间、环境和社会的协同治理。

### （一）企业转型及产业治理的过程

江北区紧紧围绕“高质量”“供给侧”“智能化”的发展方向，推动产业向绿色化、高端化、融合化迈进，工业经济提质发展。港城、鱼复两大园区双核共振效应增强；以长安智能汽车、海尔智能家居为龙头的传统企业智能化改造和应用深入推进；奥特斯、瑞驰新能源、鞍钢蒂森克虏伯等企业发展势头强劲，带动全区战略性新兴制造业增加值增长 25% 以上。金融业集聚发展，打造了传统与新型金融机构的双引擎，金融业态不断丰富，金融产业链条不断完整。商贸经济蓬勃发展。通过着力构建网上观音桥，推动观音桥商圈扩容提质，让重庆名片更加亮丽；集聚一批国际高端商业项目，着力将江北嘴打造成重庆高端购物目的地；加快聚集一批高端特色文化旅游休闲项

目，努力把北滨路经济带打造成重庆滨江商业新典范；引导各街镇区域性商业中心提档升级。着力培育一批全国性电子商务平台和网商龙头企业，积极引导传统商贸企业全面“触网”，促进商贸企业线上线下联动发展，积极打造重庆大九街等特色商业街区，提档升级天怡等文创园区，促进“商旅文”融合发展，持续扩大消费，加快建设国家消费中心城区。智能商圈建设使江北区商贸业实现了现代化。①

江北区政府在经济发展中充分尊重市场机制的作用，在产业升级与融合、区域规划与治理、政府服务与招商等方面皆取得了长足的发展，具有显著的代表性和可借鉴性。比如，被誉为重庆“陆家嘴”的江北嘴中央商务区、西南地区首个“中国著名商业街”观音桥商圈，都是江北区政府优化区域治理模式、处理好政府监管与市场机制之间关系的成功案例。

### 1. 科学开发，创新管理，创建中央商务区

新时代中国特色社会主义市场经济金融建设的方向就是深化金融体制改革，增强金融服务实体经济能力。江北嘴通过十多年的建设改造，形成了重庆市独一无二的先进城市功能区。围绕长江上游金融中心战略定位，建设开放金融平台，集聚全球金融要素，延伸金融链条，一手做大做优金融产业，一手服务实体经济，推动金融资本与产业资本融合，极大地推动了长江上游金融中心建设。如今的江北嘴已经基本形成了以银行、证券、保险等大型金融机构为主体，基金、小贷、租赁、保理、股权投资、资产管理等新型金融为辅助的现代金融产业体系。

江北区政府在建设江北嘴中央商务区的过程中，在政策层面积极引导。2010 年，两江新区获批成立，江北嘴成为其金融组团的核心地；2015 年，市政府明确了将江北嘴中央商务区打造成为全国重要功能性金融中心极核区的发展定位；2016 年，江北嘴被确定为中新（重庆）战略性互联互通示范项目的重要承载地；2017 年，重庆自贸试验区挂牌成立，江北嘴再次被确定为

① 参考重庆市江北区人民政府 2017 年度政府工作报告。

核心区。一系列规划的出台为中央商务区的打造提供了明确的方向和有力的支持。

在江北嘴的具体建设与开发上，形成了重庆市政府负责基础设施建设和土地批租，江北区政府负责拆迁，江北嘴投资集团负责金融、金控、资产经营等功能的“市、区、企业”三方合作模式，既保障了项目的资金需求，提高了项目协调的效率，又充分尊重市场机制，发挥市场活力，实现了土地的最好利用和项目之间的经济平衡。

此外，江北嘴实现了街道街面管理的创新，改变过去分散的管理，建立起集中的街面管理的综合服务队伍，整合城管、交通、治安等多项管理功能，集中各部门力量，统一使用，所有相关问题由指挥中心协调解决。而且用市场化的方式购买服务，实现效用最大化，有效提升了街道管理的水平。

### 2. 顺势而为，简政放权，推动供给侧改革

大九街街区为江北区重点片区项目之一，位于江北区观音桥街道，已经形成以“夜经济”为主，文化创意、科技体验等多种商业业态错位发展的都市文化旅游特色街区。大九街的发展是江北区政府推动供给侧改革、推动中高端消费，同时尊重市场规律、切实向服务型政府转型的具体体现。

在20世纪90年代，大九街所在区域因开发商运营失败，形成了大片的烂尾楼，2009年以后两家新开发商介入，在该区域探索新的发展思路，致力于打造重庆的高端“夜经济”。江北区政府顺势而为，积极为企业提供相关优惠和政策支持，创造良好的发展环境，但绝不直接干预街区发展、左右企业的经营行为。江北区政府在大九街发展中的作用主要在于维护市场秩序、优化街区环境、统筹品牌策划、加强治安监管、抓好消防安全、提升城管服务水平等方面，凡是市场的事情都让市场决定，使得大九街实现自我运行、自我发展，业态的选择、企业的优胜劣汰全部都交给市场。

江北区政府以市场需求为主体，充分尊重市场规律，以商家为主体，尊重商家发展意愿的做法，有效激发了市场活力和社会创造力。同时，以持续服务为职责，坚持寓管理于服务中，推进以简政放权、放管结合、优化服务

为核心的政府职能改革，为企业发展创造良好、公平的竞争环境。以共同协作为保障，注重协同有关各部门、重点业主单位及各商家，形成共识，推动大九街整体建设及发展。

### 3."行业协会 + 专业运营公司"，网商平台推进经济协同治理

课题组调查资料显示，重庆网商产业园是目前重庆最具电子商务园区属性、单位面积最大、集聚企业最多、配套设施最完善、单位面积产出最高、最具影响力和知名度的电子商务园区，获得商务部"国家电子商务示范基地"、工信部全国首批"国家小型微型企业创业创新示范基地"等称号。网商产业园走出了"行业协会 + 专业运营公司"、通过网商平台推动经济社会的系统治理之路。

重庆网商产业园的成功与其"行业协会 + 专业运营公司"的独特管理模式密不可分。传统的行业协会主要依靠收取会员会费生存，经常会存在资金紧张的问题，同时因为对市场的参与不够，协会也难以深入服务企业。特别是近年来，随着行业协会和政府脱钩，许多行业协会都面临着生存难题，服务能力便更加有限。而重庆网商产业园由重庆市网商协会控股的重庆网产园企业管理咨询有限公司运营，重庆市网商协会同时还承担牵头管理和服务统筹的职能，运营公司根据网商企业和市场的需求，打造了包括仓储、物流、配送、大数据、视频拍摄、律师事务所、人才培训等在内的多家专业公司，员工规模达到 200 余人，既为协会提供了充足的服务资金，又使得协会能以较低的会费为企业提供服务；同时，一系列专业公司的打造使得对园区企业的服务高度专业化，为重庆网商产业园的成功打下了坚实的地基。突出表现在园区建设持续推进，承载能力不断提升。一方面，基础设施不断完善，园区环境不断优化，园区入驻企业发展效益良好；另一方面，园区功能布局逐渐完善，产业融合发展快速推进。

调研中还发现，其实重庆市网商协会也并非由政府发起成立，最初是由互联网个体户联合媒体自发成立的"草根行业协会"。在国家大力发展互联网行业的大背景下，江北区政府扶持互联网企业发展，给予优惠政策和相关

资源支持，担当好服务型政府，促进行业协会、运营公司以及网商产业园的良性运转。比如，联合金融机构为企业发展提供资金支持，建立人才培育引进机制为企业提供人才，优化创业环境助力企业成功。此外，政府不断完善公共服务体系建设，全面优化信息服务体系，深层次改进管理制度，积极调整管理业务部门功能，规范部门职能，以服务企业为宗旨，切实保障企业发展。

从以上三个典型案例可以看到，十八大以来，江北区政府坚持市场先行、政府保障，推动经济社会协调发展。政府精准对标中央、市委及区委各项方针政策，按照全面深化改革决策部署，坚持把政府职能改革作为突破口，通过谋划全局、建设平台、放管结合、优化服务，营造了良好的区域经济发展环境，激发了市场活力和社会创造力。

### （二）城市改造与空间治理的做法

十八大以来，随着辖区内基础设施的基本完成，江北区按照“五位一体”的总体布局，在城市规划发展方面重点转向了民生导向的配套完善，不断推动各种公共服务设施的完善和城市景观的打造。

#### 1. 民生设施空间改造的加强

2012 年以来，江北区不断加强民生福祉的建构和支出，大力布局人人共享的基础设施投资，显著改善了地区的人文和生活环境。民生设施空间改造的加强从江北嘴地区建成的城市主要建设项目清单中可以窥见一斑。

**表 1　2012 年以来江北嘴地区主要城市建设项目**

| 类别 | 时间 | 项目 |
| --- | --- | --- |
| 交通设施 | 2014 年 | 轻轨 6 号线通车 |
| | 2015 年 | 千厮门大桥通车、轻轨 9 号线动工 |
| | 2017 年 | “三轨三桥六干道”立体交通体系完善，九横六纵交通网成熟 |
| 文化设施 | 2013 年 | 明玉珍皇帝陵开放 |
| | 2016 年 | 龙美术馆开馆 |

续表

| 类别 | 时间 | 项目 |
| --- | --- | --- |
| 景观设施 | 2015 年 | 财信广场运动公园建成、31 条道路整治和夜景工程完成 |
| | 2016 年 | 中央广场建成 |
| | 2017 年 | 塔子山公园建成 |
| 服务设施 | 2015 年 | 2 个便民服务中心建成 |
| | 2016 年 | 江北嘴睦邻生活馆建成 |
| | 2017 年 | 江北嘴实验学校建成使用 |
| 地标建筑 | 2014 年 | 东方国际广场（262 米） |
| | 2015 年 | 九龙仓国际金融中心（300 米） |
| | 2016 年 | 华城国际金融中心（470 米） |
| | 2017 年 | 俊豪国际商业金融中心（380 米） |

资料来源：根据江北区城市建设相关资料整理。

### 2. 适应产业转型升级和城市功能定位转化，重新打造都市商圈

在商业服务设施方面，十八大以来江北区也进一步升级发展理念，提出“商都”定位，打造高端综合体、改造老旧社区、完善基础设施的配套等，在有力地应对竞争激烈化局面的同时完成自身的品质提升。以观音桥商圈为代表，该片区已经大大拓展了 20 世纪 80 年代和 90 年代的商业与人流聚集的商圈时代，走向 21 世纪 10 年代的商都时代。在空间规划上，坚持高端综合体引领，太阳谷、龙湖新壹街、新华 · 协信中心、海洋公园等重大项目全面达成既定形象进度；加快特色街区打造，完成九街高屋、洋河老旧社区的升级改造；全面启动棚户区改造，提升区域品质；加快骨干道路建设，为商都发展做好配套服务。

### 3. 江北区空间转型的阶段经验

总的来说，江北区的空间转型发展经历了以下几个阶段。① 1978～1997 年：改革开放最初的 20 年，虽然也有一些新区开发和旧城改造的阶段，

但是对江北区的定位仍然是工业区。因此，相关的城市规划中有细致的产业片区规划，城市设施建设却相对薄弱。② 1997～2002 年：由于长期以来的工业导向为主，在加上城市总体规划的“控规”压力，重庆直辖之后的优势尚未体现，这一时期江北区的居住环境和市政服务水平一度相对较低。③ 2003～2012 年：找准定位和重新规划之后，整个地区的城市规划和建设集中发力，江北嘴商务区和观音桥商圈的建设成就突出。④ 2012 年以来：基础设施建设仍在持续，各种民生配套设施不断完善，成为国际化大都市和中西部地区唯一的国家级战略金融中心（见图 1）。

图 1　江北区的空间转型发展

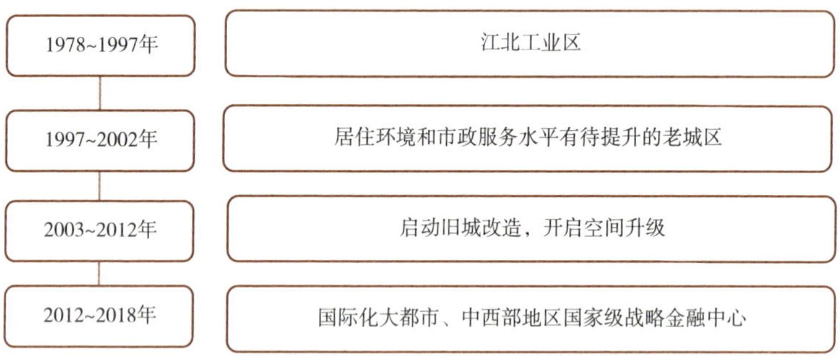


资料来源：《重庆江北嘴中央商务区 2013 年发展白皮书暨 2015 年展望》《重庆江北嘴中央商务区 2015 发展白皮书》《重庆江北嘴中央商务区 2016 发展白皮书》《重庆江北嘴中央商务区 2017 发展白皮书》。

经过改革开放 40 年来的开发建设，江北区真正实现了生产生活两平衡，不仅拥有中国中西部地区唯一的国家级战略金融中心江北嘴中央商务区，内陆地区首个副省级、国家级新区——“两江新区”的多个产业基地，而且有 1375 公顷城市公园，1828 公顷园林绿地，330 万平方米的车行道，100% 的生活垃圾无害化处理等优美的城市环境和良好的市政设施，成为既有经济活力，又美丽宜居的特大城市中心区之一。

### （三）环境治理与生态养成的实践和做法

为从根本上遏制工业化与城镇化带来的环境污染和生态退化，江北区努力践行绿色发展力量，将“美丽江北”建设目标提升到与经济发展同等重要的地位，一方面通过产业生态化，落实源头治理，杜绝新污染源的产生；另一方面通过生态产业化，从局部预防治理向全面的修复工作推进。

#### 1. 通过产业生态化，不断强化工业企业污染治理

在大力推进工业企业“退城入园”的基础上，江北区加强了工业污染源集中治理工作，对港城工业园区废水实行集中收集处理，从而有效降低了废水处理成本和超标排污风险。同时，对辖区重点企业推广“2+4”环保标准化管理模式，通过产业生态化，一方面开展实施企业环保标准化达标评估及环境信用评价两项评级工作，督促企业自觉履行环境保护法定义务和社会责任；另一方面推广清洁生产审核等四项环保管理方法试点，从而逐步实现企业环境管理的信息化、精细化、高效化。截至 2017 年，辖区重点工业企业污水排放达标率为 100%。

#### 2. 通过集中治理水污染，实现环境生态化

十八大以来，江北区积极推进水污染的防治工作，按照国家和市级相关配套文件要求，坚持“一河一策”“一段一策”，加大分段治理、分类施策力度，强化控源截污，持续推进水源保护、污水管网、雨污分流改造和污水处理厂等工程建设，扎实推进了水污染的政治工作。具体来说，其做法包括以下几个方面。①落实饮用水源保护。整合关停了多处不适宜取水源，对现有的 5 个集中式饮用水源地全部划定了保护区，迁移饮用水源地保护区内趸船 8 艘，每年对水质及环境管理状况进行全面评估。②开展次级河流整治。将江北区主要次级河流全部纳入定期监管范围，并通过制作次级河流监督牌，将河段负责领导、监督内容、投诉电话明确标示，使次级河流监管成为全民行为。③统筹推进生活污水分段式集中处理。完成了两江沿线 41 个市政排水口整治，建成沿江污水收集管网，建设生活污水集中处理设施 15 座。2017 年，全区城市生活污水处理率达 95%。

### 3. 建立排水 GIS 系统，实现排水管理智能化

自十八大以来，江北区加大了城市管理中的智能应用建设，其中一个重要举措是建立了排水 GIS 系统。2014 年，江北区在全市率先建立地下排水管网运行管理信息系统。该系统由四大模块组成，可实现对排水管网的系统管理、数据转换、空间信息和属性查询、统计、检索等。系统配备有管道机器人、声呐系统、探地雷达等专业设备，在管网探测运用中能彻底解决各种难题。

调查了解到，GIS 系统从 2014 年 8 月应用以来，共使用管道爬行器（机器人）检查排水管网 145137 米，使用探地雷达检测地质情况共 21309 平方米，使用管道潜望镜检查排水管网 89765 米，基本建立了全区地下管网体检档案。

### 4. 通过生态产业化，实现滨水空间景观化

河流的价值开发可分为两个阶段，一阶段是污染控制和水质提升；二阶段为滨河的景观、商业等产业性开发。其中，二阶段的产业生态化是实现河流价值激增的关键一步。十八大以来，江北区积极打造滨水空间，通过发展滨水空间提升民众获得感。其中比较有代表性的是栋梁河的水污染治理及其滨水空间的开发。

栋梁河北段河道全长 8.3 公里，治理前居民生活污水、企业生产废水、生活垃圾全部直接排入栋梁河内，对河水水质造成了严重污染。2015 年，栋梁河岸线整治工程被纳入全区首批美丽山水城区建设项目，截至 2017 年底，工程已经完工第一标段（两岔河口至大塘口桥）长 1.7 公里工程，建设内容主要包括水工、市政及生态护坡工程。整个项目预计于 2020 年完工后，不但能有效降低洪涝和水质问题等环境风险，还能建成一个全新的生态休闲之地，重现山青、水净、河畅、岸绿的美景。

栋梁河滨水景观带创建了市级旅游度假区，获得“中国森林氧吧”的称号。总而言之，在这一阶段，江北区政府逐渐将生态建设与产业发展、空间治理结合在一起，作为政府推动绿色发展的具体服务，努力打造宜居、宜

业、宜游的城市生态，做到生态、生活、生产的和谐发展。

### （四）多元共治与基层社会治理的做法

对于发展中出现的各类矛盾，江北区积极作为，在进行产业升级、空间转化、生态修复的同时，充分动员各方面社会力量，努力打造新时代的社会共同体，在社会治理领域积累了有效的创新经验。

#### 1. 推广“老马工作法”，化解各类矛盾纠纷

矛盾纠纷的调处化解是社会治理的重要内容。近年来，江北区大开发、大建设引发了大量复合型、深层次矛盾问题，“老马工作法”是在马善祥同志以及重庆市江北区观音桥街道“老马工作室”多年基层调解工作和群众思想政治工作实践基础上，经总结提炼和研究形成的一套行之有效的方法体系。马善祥同志作为“老马工作室”负责人，2014 年 11 月被中宣部授予“时代楷模”称号。“老马工作室”是以马善祥同志为首席调解员组建起来，是专门从事基层调解工作和群众思想政治工作的专业团队。

“老马工作法”产生于高速城市化进程中的观音桥地区，在这一进程中，社区发展、社区治理和社区文化都发生着巨大变化，高速城市化的进程带来的社会变迁、社会转型是对生活在这里的人们的巨大考验，在发展环境、生活条件不断改善的同时，拆迁问题、改制问题、就业问题、就医问题、社保问题、社区问题、城市建设问题……各种矛盾和问题也相伴相生。“老马工作法”包括“民为本、义致和”理念、“情、理、法、事”十三要则、“3441”保障制度、三十六策略四个层面内容。

#### 2. 实践“三三制”，推动街道社区协同治理

随着社会治理重心的下沉和群众权利意识的增强，传统以行政手段为主导的管理方式越来越难以适应社会治理的需求，亟须动员多元力量参与社会治理。近年来，江北区华新街街道将政府引导与居民自治有机结合，创新“三三制”社区协同治理体系，通过构建楼院、社区、街道“三级议事协调中心”，打造网格化管理、标准化办事、信息化服务“三大平台”，推行协商

议事、“三调”联动、敏捷服务“三大机制”，及时调解各类矛盾纠纷，实现了“小事不出门、大事进社区、难事找街道”。

“三三制”在协同治理、优化社区服务方面发挥了效果。2016年以来，通过“三调”联动累计妥善解决了建新社区征收拆迁、大兴片区违章拆建等问题800余件；“一键灵”便民呼叫服务中心围绕辖区居民需求，全面梳理辖区及周边区域家电维修、清洗保洁等生活服务的市场主体，累计收集了232家便民服务商家资料，整理制作成“社区黄页”，通过便民服务热线提供政府服务转接、服务商家对接、便民信息查询等灵活快捷的个性化服务，日服务量近120余件次，好评率达98.6%。

### 3. 创建综治特邀委员制度，做实公众参与

为在社会治理的“社会协同、公众参与”方面进行持续探索创新，从2013年开始，江北区突破体制障碍，探索创新了“综治特邀委员”工作制度。以这种“特邀”机制，让社会“精英”参与综治工作的决策调研、组织实施和考核评价等，实现了综治工作组织架构由体制内向体制外延伸，构建了社会协同共治工作格局，形成了公众参与社会治理的集群效应，促进了综治工作社会化。

2013年9月开始，江北区综治委决定选聘一批社会“精英”担任“综治特邀委员”，通过本人自荐、组织推荐、居民选举或部门定向选择等形式，从4000多名候选人中，选取了800多名具有专业知识和才能的特邀委员分别充实到区、街镇和村（社区）三级综治工作平台。综治特邀委员在物业纠纷、社会治安、戒毒与社区矫正、专业社工服务、社会矛盾调解等方面发挥了独特作用。

2015～2017年的三年中，40多名特邀委员对社区和公安派出所行使了挂牌权，700多名特邀委员参与治安巡逻，带动了18500多居民参与“红袖标”巡逻工程。全区呈现出刑事发案下降、安全感指数逐年上升的良好态势。2016～2017年的两年中，全区特邀委员协助党委政府解决群众诉求1800余件，排查化解较大矛盾纠纷60多起、群体性纠纷13起，促进了全区和谐稳定。

### 4. 创新应用领先科技，实现城市管理服务智能化

智能化治理是党的十九大报告提出的基于科技发展而来的新时代前沿治理思想，是各级政府亟待学习并掌握的现代治理路径。2016年，“智能江北”项目建设全面启动，江北区在全市率先成立了智能产业发展局，布局并具体推动全区智能化发展。

自2013年以来，江北区投入近9000万元，于2016年8月建成并上线了集业务应用、综合监管、惠民服务等功能于一体的“智慧城管”平台，至2017年10月运行一年多来，解决城市管理问题36.5万余件，全区市民对城市管理的满意率比运行前提升了13个百分点。

智慧城管平台包括业务应用、综合监督、惠民服务三个子平台。一是智能业务平台，已自动派遣环境卫生、市政设施、园林绿化等城市管理任务18.5万件；对100多个重点监控点进行实时监控，对辖区内35条干道的照明、井盖设施及树木试点实施监测；实现24小时对全区1555个化粪池等危险源实施监控；对城管执法进行现场实时监控，自动生成执法档案。二是智能综合监督平台，全区76.7万个市政设施设备部件的管理责任细化落实到包括12个街镇、24个区级部门、3个园区在内的296个责任主体，实现执法监督、环卫作业监督信息化和考核自动化。三是智能惠民服务平台，市民问题实现直接反映和任务自动派送，如此建成主要地区智能停车系统，缓解停车难问题；建成“江北百姓城管”微信公众平台，实现市民和相关责任单位实时面对面互动。“智慧城管”运行以来，市民通过微信公众平台反映的900余件诉求均得到妥善处理并在平台上反馈市民，群众满意率达93%。

江北区通过智慧城管综合信息平台，实现了城市管理中的作业、监督和服务智能化，全面提升了城市管理和服务信息化水平，也有效促进了基层社会治理。

## 四、调研结论和启示

江北区在改革开放特别是十八大以后取得了经济社会各方面发展的巨大成就，不但经济增长令人瞩目，而且遵循市场、空间、生态、社会发展规律，形成了人民福祉不断增强、人民对美好生活满意度不断提高的有效整合治理机制。其经验值得总结。

### （一）从经济增长到社会发展的整合治理经验

改革开放40年特别是十八大以来，江北区经济发展和城市治理取得巨大成就，而且其从经济增长到社会治理的逻辑过程，给新时代从经济增长到社会发展的城市治理提供了宝贵经验。经济快速增长带来空间治理和环境生态化的需求和动力，而由转型导致的各类社会紧张和矛盾则需通过社会治理来化解。江北区的经验表明，发展经济是改革开放的起点，但经济增长不是孤立的过程，而是与空间、环境、社会等维度构成逻辑性整体运动结构，其价值核心是人民福祉。

地方治理是“在一定的贴近公民生活的多层次的地理空间内，依托于政府组织、民营组织、社会组织和民间组织等各种组织化的网络体系，应对地方的公共问题，共同完成和实现公共服务和社会事务的改革与发展过程”。[①]江北区实践了经济、政治、文化、社会、生态全方位的发展和治理，而经济改革和转型升级是逻辑起点，与城市空间改造和经营、环境治理和生态恢复、社会矛盾化解与基层治理共同构成地方发展的整合性议题。

江北区的从经济到社会的有效整合治理的启示在于：首先，区域治理需要坚决执行新时代“五位一体”总体布局和“五大发展理念”，以创新驱动为内在动力机制；其次，区域治理要求扩大地方决策的范围并推动地方政府

① 孙柏瑛：《当代地方治理——面向21世纪的挑战》，北京：中国人民大学出版社，2004，第33页。

的职能转型；再次，面对新的挑战，地方政府需要掌握新的管理技能和先进科技生产力，不断提高执政效能；最后，地方治理需要走经济、空间、环境和社会整合治理的路径。

## （二）从经济增长到社会发展整合治理的具体经验

### 1. 坚持以人民为中心发展，推动政府职能转型；深化“放管服”改革，真正发挥市场资源配置效率

（1）推动政府职能转型，建设人民满意政府

十九大报告强调，要“转变政府职能，深化简政放权，创新监管方式，增强政府公信力和执行力，建设人民满意的服务型政府”。党的十八大以来，江北区政府加快机构改革，深化简政放权。截至 2015 年，全面清理了 1997 年重庆市直辖以来 226 件规范性文件，其中近四分之一被废止或宣布失效；同时，深入开展“治庸治懒治散”专项行动，扎实开展执法监察、效能监察等专项检查；规范简化行政审批程序，项目审批平均时限由法定 18.5 个工作日压缩为 6.5 个工作日。2017 年，江北区进一步加大简政放权力度，全面清理行政权责清单，取消、调整行政审批事项 15 项，全面取消非行政许可审批事项，推进行政许可标准化、规范化、智能化建设，全年审批办结事项 34 万件。

（2）全面落实“放管服”改革，发挥市场在配置资源中的决定性作用

“‘放管服’改革旨在推动政府职能深刻转变，使市场在资源配置中起决定性作用和更好发挥政府作用，这是一场重塑政府和市场关系、刀刃向内的政府自身革命”，[①] 江北区政府在经济建设中，在充分信任市场、企业的基础上建立新的经济理念、竞争理念、合作理念和服务理念，更好地执行公共管理职能，为江北市场经济构建了良好的外部条件。既保证了社会公共产品和

① 李克强：《在全国深化“放管服”改革，转变政府职能电视电话会议上的讲话》，新华网，http://www.xinhuanet.com/politics/2018-07/13/c_1123118771.htm。

服务的供给，又能满足经济稳定发展的需要，促进市场自由竞争。特别是十八大以来，江北区政府积极转化治理理念，积极配合地方市场和企业直接完成市场资源高效配置，确保市场竞争的公平性和有效性，确保市场配置资源的基础性作用得到有效发挥。

在区域治理过程中，作为主导者的政府效率事关改革发展的成败。江北区正是通过不断推动政府职能转型，始终站在经济社会发展的引领者、监督者、服务者地位。

### 2. 以创新为动力，促进经济、空间、环境高质量发展

（1）以创新驱动，促进产业转型升级

在社会主义市场经济中，政府将工作重心放在制定经济发展战略和规划上，进行市场监管，维护经济和市场秩序稳定，以企业为主体，充分尊重企业发展意愿，汇人力、聚财力、集物力，进一步激发市场活力和社会创造力，为个人和企业经济活动提供制度、环境和服务保障。政府与市场的“宏微观”配合，使经济运行朝着更加健康、快速、高效的方向迈进。创新发展要求培育发展新动力，优化劳动力、资本、土地、技术、管理等要素配置，江北区抓住产业转型升级的契机，在工业外迁的背景下，积极推动工厂搬迁和旧城改造，利用江北嘴地区的区位优势，从传统工业区转型升级为“长江上游的陆家嘴”和“中国金融第三区”（第一、第二分别为北京金融街、上海陆家嘴）。

（2）企业转型和产业升级的同时，不断塑造城市的亲和力与品质

江北区在空间改造、城市升级发展方面发挥了自己的特点，主要经验可以概括为坚持开放式发展，根据城市发展周期和阶段性特点进行规划升级，不断提升城市品质、工作和居住舒适度。积极利用传统优势，开放与重点选择并重，做大做强商贸商圈。要城乡区域协调发展，在协调发展中拓宽发展空间。如在城市化进程中，观音桥地区从原来的蔬菜基地、农贸交易区，逐渐升级为高端商贸交易区。而且这个过程并不是目标明确、一蹴而就的，在发展过程中，对于观音桥的定位也曾是涵盖多个领域的“城市综合服务

中心”，而随着其商贸发展优势的逐渐突出，地方政府也进一步推动了商业设施的扩张和完善，升级了商圈发展思路、完善相关政策支持。

改革开放40年来重庆市江北区的城市规划与空间改造的历程，正是政府角色从计划型向资源型、服务型转变的结果和生动体现。在改革开放的最初20年中，计划经济的影响仍然随处可见，譬如对五个片区的产业空间规划、将观音桥作为城市副中心等，都是政府主导的统一规划的结果。随着1997年重庆成为直辖市，整个城市的战略地位提升，江北区作为主城区之一，其城市空间规划和建设也要求更大规模的投入和更高层次的理念，因此，江北区政府积极引入市场的力量。在以政府为主体进行整体规划、项目平衡、绿色发展的同时，也注重利用手中的资源积极引导各种市场主体参与。一方面，政府积极进行交通、景观、服务等设施的规划建设，促进交通设施、市政服务和居住体验的全方位提升；另一方面，有选择地重点引入优势产业项目和顶级品牌，在迅速实现产业聚集的规模效应的同时，利用市场力量进行旧城改造、新区建设和整体城市形象提升。2012年以后，政府职能进一步向服务型政府转变，在城市规划方面注重商务项目、市政项目、居住项目和公益项目的相互配合。招商引资完成后，积极做好各种后台的服务支持工作，并进一步提升管理方式。例如，在观音桥商圈推进大数据智能化管理，按照“商圈＋互联网”的管理模式，搭建43台智能触摸屏终端并上线运行，公共区域实现Wi-Fi全覆盖，2000余个商家加入智慧商圈平台，建成“网上观音桥”，实现服务质量、消费环境、管理水平的提档升级。

（3）以空间改造为契机，坚持绿色发展，推动环境生态化和景观提升

生态环境具有公共物品的属性。江北区政府在从全能型政府到服务型政府的转型过程中，双管齐下地推进了产业生态化以及生态产业化，按照社会化大生产、市场化经营的方式提供生态产品和服务，推动生态要素向生产要素、生态财富向物质财富转变，促进生态与经济良性循环发展。课题组调研发现，江北区的水污染治理工作与企业的经营产生活动密不可分。十八大以来，江北区结合自身特点，积极建立了相关制度充分发挥市场机制在加强节

能减排、治理水污染中的作用。一方面，区政府通过对水厂的集中管理，整合了资源，使得企业有余力改进自身工业，提高效率；另一方面，区政府努力以港城工业园区为依托，积极发展了一批节水、节地、节材的绿色建筑产业，按照生态经济原理和生态规律构造高效、和谐的产业结构，实现经济优势与生态优势互相转化，打造了环境保护与转型升级、结构调整相辅相成的共赢局面。

科技是第一生产力，科技同样决定环保和生态修复的效率。江北区积极推进了城市排水官网 GIS 系统，借助这一科技手段，主管部门可以方便快捷地查询定位设施的分布情况，轻松实现日益复杂的排水管网设施各种档案资料的管理。除了水污染的治理之外，江北区还积极推进了节能减排，建立了江北嘴可再生能源示范点，夏季供冷方案采用“电制冷 + 将随缘热泵 + 冰制冷”多管齐下的方法，动机供热采用“江水源热泵”的形式，由于全面使用水空调，不仅外观更美，还能节能降噪，缓解了江北嘴 CBD 核心区的热岛效应。

发挥社会组织协同治理力量，集民心促生态养成。以保障环境民生为导向，切实加大公众参与力度，从三方面调动民众参与环保的积极性。一是丰富宣教形式，形成了由区委宣传部牵头，区环保局配合，部门参与，街镇联动的环保宣教体系，广泛开展环保宣传进社区、进企业等“十进”活动，创建了一系列环境友好型社区和学校，并在企业中设立环境教育社会实践基地。二是强化信息公开，通过微信、微博、官方网站和环保 APP 多渠道公开环保工作动态信息，每季度向区人大代表、政协委员书面致函，在区内 105 家重点排污企业张贴环保公示牌，同时公开企业环保信息和环境执法信息，做到信息透明。三是加强投诉处理。坚持环保投诉处理工作“三落实”，即落实包案人员、落实处理时限、落实回访跟踪，切实做到了群众环保投诉“件件有着落，事事有回音”。四是建立协调机制，促进政府内部的组织缔约和协作机制，形成了生态环保工作合力和联动效应。

### 3. 积极应对经济、空间、生态转型，发挥共建共治共享机制，促进共同体形成

（1）党建引领，发挥党政的主导作用是推进社会治理的核心

在基层社会治理中，江北区党委政府积极转变职能，从“划桨者”变成“掌舵者”，发挥主导作用。一是积极引导社区居民，通过提供各种政策支持来不断完善、鼓励社区居民自治，最终将基层社会治理创新的各项经验纳入到法治化、规范化的道路。社会治理需走向良性互动的多元治理，但不能脱离党的领导核心。二是在纠纷调解、信访维稳等工作上，需充分发挥基层党组织在服务群众、化解矛盾中的战斗堡垒作用，发挥好党员干部在维护稳定、促进和谐中的先锋模范作用，利用组织、阵地、活动等优势，动员社会各方面力量维护社会稳定，参与社会治理。

（2）动员居民，发挥居民的主体作用是推进社会治理的基础

江北区的基层社会治理，主要通过开展各种活动来增强居民的归属感和认同感，从而培养居民的主人翁意识，积极参与到社会治理中来。一是政府和社区应通过多种方式积极培育居民的主体意识，不断拓宽居民参与的渠道，为居民参与社区治理提供各种保障。“楼院—社区—街道”应进一步完善协商议事制度，各项工作主动接受居民代表的评议监督，充分调动居民参与社区事务的积极性，使居民真正成为社区的主人。二是做到民生优先、服务优先，把保障和改善民生作为基层社会治理的治本之策。将民生建设作为源头上预防和减少社会矛盾的根本措施来推动，为群众办实事、做好事、解难事，确保改革、发展成果真正让人民群众共享。

（3）多元主体，发挥各群体的共同参与是推进社会治理的关键

社会治理需要多元主体的共同参与和决策，各个主体也都有责任和义务参与到社会治理中来，在平等协商的基础上共同承担基层治理的责任。一是形成合作治理的乘数效应。不同主体（如社会组织、企业等）既具有不同的价值判断和利益需求，也拥有不同的社会资源，在合作共治的过程中，不仅能实现资源的有效整合利用，还可以通过互帮互助，弥补各自功能的欠缺。

因此，要为多元主体参与社会治理创造条件、提供保障，积极培育和发展各类社会组织特别是社区服务类组织，丰富公共服务产品，为基层社会治理提供组织动力和载体。二是构建多元化矛盾纠纷解决机制。江北区积极探索社会力量参与矛盾化解工作，在推广“老马工作法”基础上，充分发挥“两代表一委员”、老干部老同志直接联系群众的优势，以及律师、心理咨询师等相关人员的专业优势，引入专业社会组织参与化解矛盾，促进社会和谐。

（4）制度建设，机制的创新完善是推进社会治理的保障

随着改革开放的不断深入，面临的新问题层出不穷，社会治理在时间（如历史遗留问题）、空间（如互联网空间）等多个方面均面临新的挑战，制度建设具有支撑作用。一是以制度明确责权利。在多元主体参与社区治理的过程中，各个责任主体的责权利，参与的方式等都需要有相应的制度机制加以明确。一方面要加强治理各主体间平等协商、对话合作机制的建设；另一方面政府合理地放权分权，明确不同治理主体具有的治理权力。二是从长远来看，最根本、最可靠、最有效的还是要靠法治。在社会治理中，要强化法治思维的养成，自觉以法律定纷止争、断事评案，把解决各种利益矛盾纳入法治轨道。

改革开放

与中国县域发展

GAIGEKAIFANG

# 重庆渝北

CHONGQING YUBEI

# 以大数据智能化为引领的创新生态圈建设

中国社会科学院大学

重庆市渝北区改革开放 40 年来，经济社会发展取得了辉煌的成就，人民生产生活发生了翻天覆地的变化。目前，渝北区经济总量位于重庆市之首，已经成为全市创新资源集聚发展的高地。从其“农业县—工业区—国家级临空经济示范区”变迁历程来看，转变发展方式是事关全局的一场深刻变革。尤其是，近年来渝北区开展了以大数据、智能化为引领的创新生态圈建设的探索工作，产业转型较为成功、经济实现高质量发展，是西部具有较强代表性的经济强区、产业转型强区。

## 一、渝北区经济社会发展基本情况和 40 年来发展成就

### （一）渝北区概况

渝北区是集大城市、大农村、大山区、大库区为一体的重庆区情的典型缩影。渝北区位于主城北大门，目前是两江新区开发的主战场，国家首批临空经济示范区之一，全市最大的汽车制造业基地、重要的智能终端生产基地和进出口基地。渝北区位于长江北岸与嘉陵江东岸的扇形地带，地处北纬 29° 34′ 45″～30° 07′ 22″、东经 106° 27′ 00″～106° 57′ 58″。县域东西宽约 51.9 公里，南北长约 61 公里。全区面积 1452 平方公里，辖 11 个镇 19 个街

道（含两江新区直管区 8 个街道），城市建成区面积 170 平方公里，常住人口 160 万人，城镇化率达到 80%。渝北区地势北高南低，海拔为 155～1460 米。处于亚热带季风气候区，冬暖春早，雨热同季，年均气温 17.1 摄氏度，日照 1341.1 小时，降水量 1150.7 毫米，无霜期 319 天。

重庆市渝北区总体上有以下六大特点。

一是区位条件优。渝北区拥有江北国际机场、重庆火车北站两大交通枢纽，紧邻长江上游最大内河港寸滩码头，“渝新欧”铁路正在向机场延伸。境内有 4 条干线铁路、8 条高速公路、7 条轻轨，水陆空联运的现代交通体系发达。

二是产业基础好。渝北区拥有空港工业园区、前沿科技城、空港新城 3 个市级特色开发区，已形成汽车与摩托车、电子设备、通用装备、智能终端等优势产业，汽车、笔电产量约占全市的一半。渝北也是主城新兴的商贸大区、美食名区、会展新区，跨境电商交易量占全市一半，商务会展、总部金融、现代物流等新的产业集群正加速形成。

三是经济实力强。各主要经济指标均位居全市前列。2016 年，全区地区生产总值达到 1293 亿元，同比增长 10%。

四是创新氛围浓。渝北是全市创新资源集聚发展的高地，拥有院士工作站 5 个、博士后科研工作站 26 个，国家级研发中心 8 个，市级技术中心 158 个。率先在全市出台了研发经费支出奖励办法，鼓励科研和管理人员以技术创新参股；设立了科技“种子、天使、风险”投资基金，支持创新型企业发展。全社会 R & D（研发）经费支出占地区生产总值的比例达到 3.65%，重庆科技发展战略研究院发布的重庆区县“双创”指数排名中渝北位列第一。

五是发展潜力大。渝北在两江新区规划控制面积中占 70%，两江新区范围内 10 大城市功能组团有 7 个在渝北。市级平台全面发力的同时，仙桃国际大数据谷、前沿科技城、国际航空港等区级平台正在迅速崛起。

六是生态环境美。渝北是西部首个国家文明城区，空气质量优良天数年均超过 300 天，森林覆盖率、绿化覆盖率位列主城前列，先后荣获全国环境保护模范城区、国家卫生城区、国家园林城区等 30 多项国家级殊荣。

### （二）渝北区当前经济社会发展现状

近年来，渝北区坚持以习近平新时代中国特色社会主义思想为指导，认真贯彻落实党中央、国务院和市委、市政府决策部署，紧紧围绕“全面建成小康社会，加快建设国家级临空经济示范区”奋斗目标和创新生态圈、智能制造基地、国际航空港三大功能定位，扎实做好稳增长、促改革、调结构、惠民生、防风险各项工作，实现了经济社会平稳健康发展。

目前，渝北区经济增速较快，人民生活水平普遍提高，成功创建了国家生态文明示范区。生产方式和生活方式绿色、低碳水平明显提升，生态环境质量持续改善。2017 年空气质量优良天数达到 288 天，名列主城区前列，森林覆盖率和城市人均绿地面积稳步提高至 42% 和 18 平方米以上，长江干流和主要支流、水库水质保持稳定。能源利用效率不断提高，单位地区生产总值能耗、单位地区生产总值碳排放强度保持全市最低水平；主要污染物排放总量持续减少，完成市里减排任务。国民经济和社会发展主要指标普遍向好，主要情况如表 1 所示。

**表 1　2017 年渝北区国民经济和社会发展主要指标完成情况**

| 序号 | 指标名称 | 指标属性 | 计划目标 | 完成情况 |
| --- | --- | --- | --- | --- |
| 1 | 地区生产总值增速（%） | 预期性 | — | 7 |
| 2 | 工业增加值增速（%） | 预期性 | — | 3 |
| 3 | 固定资产投资增速（%） | 预期性 | 10 | 10.6 |
| 4 | 一般公共预算收入增速（%） | 预期性 | 11 | 11.1 |
| 5 | 常住居民人均可支配收入增速（%） | 预期性 | 与经济增长基本同步 | 与经济增长基本同步 |
| 6 | 空气质量优良天数（天） | 约束性 | 300 | 288 |
| 7 | 城镇新增就业人数（万人） | 预期性 | 4.5 | 7.1 |
| 8 | 城镇登记失业率（%） | 约束性 | ≤2.8 | 2.29 |

目前，渝北区经济总量位列重庆市之首，居民人均可支配收入、人均地区生产总值等多个指标位于各县市区第一方阵。相关经济指标及在重庆市的主要排名情况如表 2 所示。

表 2　2016 年渝北区各项经济指标及在重庆市排名情况

| 指标名称 | 数值 | 在重庆市所有区县排名 |
|---|---|---|
| 地区生产总值（亿元） | 1293.35 | 1 |
| 地区生产总值增速（%） | 10.0 | 34 |
| 人均地区生产总值（元） | 82029 | 5 |
| 年末常住人口（万人） | 160.25 | 2 |
| 城镇化率（%） | 80.24 | 8 |
| 城镇常住居民人均可支配收入（元） | 33546 | 3 |

总体看，渝北区经济总量最大、增速较快、城镇化率高、人均可支配收入较高，总体发展水平较高。相对于西部地区的县市而言，渝北区属于发展速度较快、经济质量较高、具有较强代表性的经济强县 / 区。

### （三）渝北区 40 年来发展成就

#### 1.“农业县—工业区—国家级临空经济示范区”变迁：经济高速发展，民生不断改善

历史上的江北县行政区划变化大，县府迁徙频繁，属于典型的以农业发展为支柱的县城，整体经济发展缓慢。1978 年以来，原江北县委、县政府响应党中央“改革开放”的重大决策，根据江北县实际情况，制定出“城郊型”经济的发展路子，在稳定粮食生产的基础上，紧紧抓住乡镇企业、农业商品基地建设，特别是狠抓开放开发、招商引资，实现了县域经济的飞跃。尤其是 1986～1994 年，更是江北县历史上高速发展的时期。

以 1994 年渝北区设立为节点，全县地区生产总值达到 20.2948 亿

元，较 1986 年增长 125.7%，其中第一、二、三产业依次为 5.6371 亿元、10.5645 亿元、4.0932 亿元，分别增长 87.7%、98.1%、522.8%，第二产业远远超过了第一产业；工农业总产值达到 57.9532 亿元，增长 1266.69%；社会消费品零售总额达到 6.3027 亿元，增长 223.56%；财政收入达到 1.6272 亿元，增长 352.5%。全县总体上实现了脱贫，向全面小康迈进。以建立大型经济开发园区尤其是特色工业园区为新起点，各类企业成片地兴建起来。二、三产业的蓬勃发展，使江北县从根本上改变了过去传统的农村经济结构，从农业县逐步向工业区转变。

1994 年 12 月 17 日经国务院批准，渝北区在撤销原江北县建制基础上设立。至 2017 年，渝北区经济总量已达到 1447.2 亿元，第一、第二、第三产业比例进一步调整，结构更加合理。建区以来，随着重庆市社会经济发展，坐拥重庆江北机场的渝北区紧抓这一经济抓手，江北机场对渝北区经济建设的拉动作用逐渐显现。目前，渝北区已经发展成为国家级临空经济示范区。

改革开放 40 年来，渝北区经济增速、人均收入不断提升，取得了辉煌的发展成就。其中，地区生产总值增长了 964 倍，简单年均增长 24 倍；农村人均收入增长了 175 倍，简单年均增长 4 倍，可以说发生了翻天覆地的变化。相关指标如表 3 所示。

**表 3　1978～2017 年渝北区主要指标变化情况**

| 主要年份 | 地区生产总值 | | 人均收入 | |
|---|---|---|---|---|
| | 总量（亿元） | 增速（%） | 城镇（元） | 农村（元） |
| 1978(原江北县) | 1.50 | 2.5 | — | 94 |
| 1988(原江北县) | 5.71 | 14.8 | — | 533 |
| 1998 | 47.91 | 13.0 | 4908 | 2232 |
| 2008 | 385.02 | 10.7 | 15708 | 5217 |
| 2017 | 1447.20 | 7.0 | 36414 | 16513 |

### 2. 渝北区作为全市总量最大的经济区，产业结构不断优化，发展潜力巨大

改革开放 40 年来，渝北区在经济建设过程中，不断提高供给体系质量与效率，从“拼速度”到“拼质量”，实现了产业结构、财税结构与投资结构的持续优化。当前，渝北区地区生产总值发展为重庆市第一名，完成了由农业县到工业强区的快速发展，产业结构不断升级。从 2017 年三次产业对经济增长的贡献程度看，第二产业对经济增长的贡献率为 23.7%，拉动全区经济增长 1.7 个百分点；第三产业对全区经济增长的贡献率和拉动力连续三年超过第二产业，分别达 76.7% 和 5.3 个百分点。财税体制改革稳步实施，税收占比达到 87%，较全市平均水平高 20 多个百分点。此外，投资结构持续优化，2017 年完成工业投资 191.3 亿元；民间投资占比达到 46%，增长 20 个百分点（见图 1）。

图 1　2015～2017 年渝北区投资结构对比

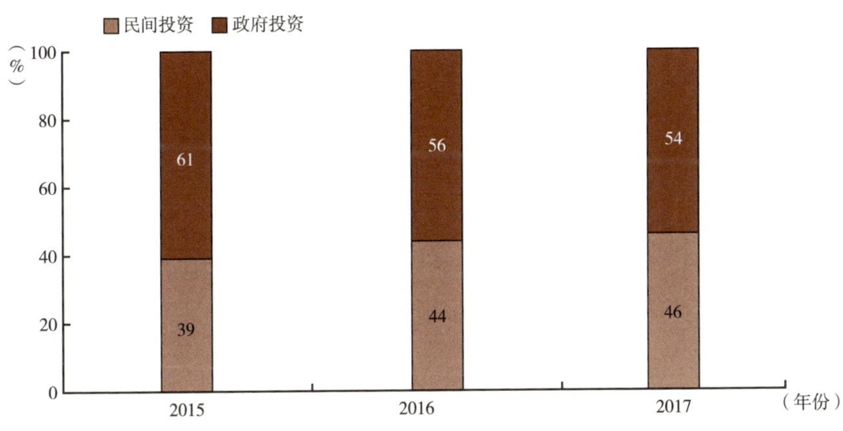


近年来，渝北区适时跟进世情、国情，将工业基础转变为产业优势，通过招商引资、技术引进等方式大力引进龙头企业，不断延伸上下游产业链条，培育壮大节能环保、新材料、物联网、精密仪器等战略性新兴产业，形成新的增长点。尤其是，智能终端产业加速集聚，金立、传音、深科技等重大项目成功落地，OPPO 智能生态科技园开工建设，中光电产业园一期正式

投产，成为工业经济新的增长点。其中，2017 年就成功引进产业新项目 456 个、合同投资 999 亿元，形成了智能终端、智能制造、创新金融的产业集群，战略性新兴制造业占工业总产值的比例达到 30%。

### 3. 统筹“五位一体”总体布局，推动经济社会双转型

改革开放，特别是党的十八大以来，渝北区围绕都市功能拓展区域创新、枢纽、高端制造和生态、宜居、平安六大功能定位，制定实施了临空都市区发展战略。统筹推进新型工业化、信息化、城镇化、农业现代化，全面加强经济建设、政治建设、文化建设、社会建设、生态文明建设和党的建设，改革发展稳定各项事业取得新成就，呈现经济结构逐步优化、发展动力转换加快的良好态势。同时，文化、卫生、体育、社保、住房等公共服务体系更加健全，初步实现城乡基本公共服务均等化，社会保障应保尽保。

渝北区大力深化供给侧结构性改革，推动经济效率变革。一是供给侧结构性改革成效突出。2017 年“三去一降一补”任务推进有力，引导停产企业退出市场，清除空壳公司、僵尸企业 8 家；清理空港工业园区闲置厂房 18 万平方米；全年消化存量商业服务用房 45 万平方米，销售商品房 500 万平方米，后者增长 22.5%；为企业减费 6 亿元以上，向实体经济新放贷 600 亿元，推动阿兴记等 10 家企业挂牌上市，综合融资成本下降 0.5 个百分点；稳妥化解处置企业债务风险 40 亿元，置换政府债务 14.7 亿元，各类金融风险总体可控。二是其他重点领域改革进展明显。投融资改革纵深推进，产业发展基金总数达到 10 支，规模扩大到 80 亿元；“放管服”改革深入推进，新增市场主体 2.1 万户，民营经济增加值达到 630 亿元，位居全市第一；国有企业“瘦身强体”，数量由 41 个缩减为 24 个；社会信用体系建设稳步推进，公共信用信息平台基本建成；公立医院改革顺利推进，圆满实现阶段性目标。

同时，对外开放体系更加完善。一是自由贸易试验区建设初见成效。出台自由贸易试验区渝北板块实施方案，明确“2+3+N”空间布局和发展目标，建立“一办五组”运行机制。工商联大厦、临空国际贸易示范园等楼宇载体加快建设，成功引进一大批开放性重大项目，保税港区获批金伯利口岸，实

现进出口总额1213.9亿元。

人民获得感、幸福感、安全感显著增强。就2017年而言，民生投入力度不断加大。社会民生支出达到67亿元，占财政支出的60%以上。渝北区委、区政府着力转作风、提效能，自身建设得到加强。按照"学懂弄通做实"的要求，全面深入学习贯彻党的十九大精神，巩固深化"两学一做"学习教育成果，以党的建设新成效促进政务服务水平新提升。自觉接受人大法律监督和工作监督、政协民主监督、社会舆论监督，认真办理人代会大会议案2件、代表建议342件、政协提案401件，满意和基本满意率达100%。严格落实中央八项规定精神，坚决整治"四风"突出问题，查处违纪案件53件72人，严肃追究履责不力的公务人员25人，廉政建设取得新成效。

改革开放40年来，渝北区经济社会发展取得了巨大成就，转型较为成功，发展潜力巨大。目前，渝北在重庆乃至西部的地位逐步凸显，拥有江北国际机场、保税港区、重庆国际博览中心等市级开放平台，是重庆自由贸易试验区、中新（重庆）战略性互联互通示范项目的重要承载地，是全市经济体量最大、开发平台最多、区位优势最明显的地区，整体发展态势良好。渝北区快速发展的主要经济支撑在于产业的持续创新、升级，尤其是近年来开展的以大数据智能化为引领的创新生态圈的探索工作较为突出。

## 二、渝北区产业转型发展的探索、攻坚工作：以大数据智能化为引领的创新生态圈建设

### （一）产业转型面临的挑战与思路

#### 1. 近年来产业概况与产业结构存在的问题

作为全市经济总量最大的重工业经济区，渝北区迎来转型升级、科学发展的黄金期，同时面临一系列挑战和压力。渝北区主导产业是汽车产业、电子信息产业、先进装备制造三大产业，总产值常年占全区工业总产值的80%以上。"十二五"期间，以长安系为代表的汽车产业持续保持领先优势，

尤其是2015年汽车工业总产值达到1943亿元、增长13.6%，占全区规模以上工业总产值的60.4%；电子信息产业占比提高到近20%。

渝北区工业产业结构中，对汽车产业过度依赖，造成产业结构单一，抗风险能力下降，这是造成渝北区经济发展稳定性较差的主要原因之一。另外，还有其他方面的原因：首先，战略性新兴制造业占比较低，创新驱动力较弱，各产业面临结构优化压力；其次，产能利用率偏低，很多厂房和设备存在闲置问题；再次，工业和信息化深度融合发展有待加强，信息化建设滞后于工业发展，智能制造、“互联网+”、新硬件时代、工业4.0、创新2.0等发展明显不足；最后，节能减排压力也日益增加，融资环境趋紧、市场竞争激烈等原因造成企业技术改造升级的内生动力不足。

但也应该看到，渝北区产业转型升级、智能化改造提升具有一定基础。虽然汽车产业下滑明显，但智能终端、创新金融等新兴产业蓬勃兴起，新的增长点正在加快形成，新的发展动能正在加速集聚。随着国家级临空经济示范区、重庆自由贸易试验区和中新合作项目建设的加快推进，叠加效应逐步释放，“三项攻坚战”和“十项行动计划”的深入实施，为经济发展注入源源不断的动力。

### 2. 超前谋划、错位发展，明确规划与行动计划

近年来，渝北区正视发展中存在的问题，坚决贯彻中央指示精神和区域发展战略，遵循客观经济规律，坚持“存量调结构、增量促转型”双管齐下，加快产业优化升级。当前，以互联网、大数据、人工智能为代表的新一代信息技术日新月异，给各国经济社会发展、国家管理、社会治理、人民生活等诸多方面都带来了重大而深远的影响。渝北区深刻剖析自身在发展中的优劣势，将建设创新生态圈作为渝北区的功能定位之首，利用大数据智能化作为引领，努力实现产业结构的转型升级，构建现代化产业新体系。

渝北区结合自身资源和能力，提出了相应的发展战略，重点推进质量强区和技术标准战略，打造渝北制造和渝北服务高端品牌。计划力争到2020年，全区先进制造业综合实力显著增强，在全国产业链和价值链中的地位

明显提升，基本建成引领区域发展的智能制造基地，相关规划与行动如表4所示。

**表4 “十三五”工业和信息化发展主要指标**

| 类别 | 指标名称 | 2015年 | 2020年 | 属性（预期性或约束性） |
|---|---|---|---|---|
| 工业经济 | 规上工业总产值（亿元） | 3219 | 5000 | 预期性 |
| | 工业增加值（亿元） | 612 | 1000 | 预期性 |
| | 规上工业利润（亿元） | 335 | 450 | 预期性 |
| | 工业就业人数（万人） | 18.9 | 25 | 预期性 |
| | 规上工业出口交货值（亿元） | 663 | 900 | 预期性 |
| | 五年工业累计投资（亿元） | 761 | 850 | 预期性 |
| | 规模以上工业企业（个） | 325 | 475 | 预期性 |
| | 主营收入上10亿元的大企业（个） | 31 | 50 | 预期性 |
| | 单位工业总产值能耗降低（%） | [15] | [15] | 约束性 |
| 创新驱动 | 战略性新兴产业投资占工业投资的比例（%） | 30 | 40 | 预期性 |
| | 战略性新兴产业产值占工业总产值的比例（%） | 22.7 | 35 | 预期性 |
| | 研发经费占全区地区生产总值的比例（%） | 3 | 3.5 | 预期性 |
| | 万人有效专利拥有量（件） | 8.3 | 10 | 预期性 |
| | 规模以上工业企业全员劳动生产率（万元/人·年） | 36 | 40 | 预期性 |
| 两化融合 | 两化融合发展指数 | — | 88 | 预期性 |
| | 重点行业装备数控化率（%） | — | 77 | 预期性 |

注：约束性指标以国家和重庆市下达的强制性计划为准；带[]表示“十二五”“十三五”期间五年累计数。

（1）总量目标。到 2020 年，力争规模以上工业总产值达到 5000 亿元，工业增加值达到 1000 亿元，“十三五”期间工业投资累计突破 850 亿元。

（2）结构目标。到 2020 年，产业结构进一步优化调整。努力推动汽车、电子、装备制造产值比值向 4∶3∶2 结构转变；力争推动 3～5 家企业在境内外证券交易所上市，10～15 家企业在“新三板”挂牌融资；规模以上工业出口交货值达到 900 亿元。

（3）效益目标。到 2020 年，规模以上工业企业实现利润 450 亿元；工业就业人数达到 25 万人，经济效益综合指数和全员劳动生产率保持全市领先地位；单位工业总产值能耗比“十二五”末降低 15%。

（4）两化融合目标。到 2020 年，两化融合发展指数达到 88%，规模以上企业两化融合水平逐级提升，处于集成提升阶段以上的企业达到 87%，重点行业装备数控化率达到 77%，集聚大数据和电商平台网上注册企业达到 7000 家，建成一批电子商务和中小企业信息化服务平台。

（5）创新目标。到 2020 年，渝北区战略性新兴产业投资占工业投资的比例达到 40%，战略性新兴产业产值占工业总产值的比例达到 35%，研发经费占全区地区生产总值的比例达到 3.5%，万人有效专利拥有量达到 10 件，规模以上工业企业全员劳动生产率达到 40 万元 / 人 · 年。

### （二）构建多层生态圈：多方联动、点面结合，共建有机联系的“创新生态圈”

#### 1. 规划引领、招商引智，打造专业园区生态圈

城市生态圈的建设离不开政府的科学规划和引导，渝北区精心开展了“3211”工业空间布局，不断强化招商引资和项目支撑。即以三大市级平台——原北部新区、保税港区空港功能区和龙兴工业开发区为依托，以两大创新平台——创新经济走廊、仙桃国际大数据谷为核心，以一大支柱产业平台——空港工业园为保障，一大拓展平台——南北大道沿线为突破的工业新格局。工业布局及园区定位及发展目标如表 5 所示。

**表 5 渝北区"十三五"工业空间布局规划**

（单位：平方千米，亿元）

| 序号 | 园区名称 | 园区产业定位 | 2015 年园区工业建成区面积 | 2020 年园区工业发展面积 | 2020 年产值目标 |
|---|---|---|---|---|---|
| 1 | 原北部新区 | 汽车及零部件、智能化仪器仪表、生物医药及器械、物联网装备、生产性服务业等 | 9.5 | 16.2 | 2000 |
| 2 | 保税港区空港功能区 | 空运为主的电子信息、智能终端、现代物流及出口导向的高端轻纺等国际采购和出口加工项目 | 2.37 | 9.37 | 800 |
| 3 | 龙兴工业开发区 | 汽车、电子信息、高端装备、新材料、节能环保 | 6.5 | 29.86 | 400 |
| 4 | 创新经济走廊 | 重点发展智能终端、智能装备（机器人、无人机）等战略性新兴产业，集聚发展服装产业 | 20 | 26 | 900 |
| 5 | 仙桃国际大数据谷 | "1+3+5+10+N" 产业体系，即以大数据产业为核心，依托物联网（IOT）、集成电路设计（IC）、人工智能（AI）技术，重点发展智能汽车、智能终端、生命健康、航空产业、数字城乡等 5 大产业 |  | 1.77 | 200 |
| 6 | 空港工业园 | 汽车制造，电气设备制造、通信设备、通用动力设备、节能环保、机器人加工制造和现代物流 | 13 | 16.79 | 900 |
| 7 | 南北大道沿线 | 空运为主的电子信息、家用电器、出口导向的高端轻纺、食品工业、电线电缆等 |  |  | – |
| 合计 |  |  | 51.37 | 109.99 | 5200 |

各大专业园区各具特色、有机联系，但分工各有侧重，重点围绕大数据、智能化引入项目和专业人才。渝北区重点打造了仙桃国际大数据谷和创

新经济走廊开发建设有限公司两大战略平台及重庆基金小镇。贯彻落实国家大数据战略，加快建设仙桃国际大数据谷，构建完善“1+3+5+10+N”创新体系。以大数据作为资源基础和创新内核，相关结构与逻辑如图2所示。在园区内注重产业间、企业间的互联互通，打通产业链、价值链，形成高效的产业集聚效应和闭环的良性循环。

图2　仙桃国际大数据谷“1+3+5+10+N”创新体系

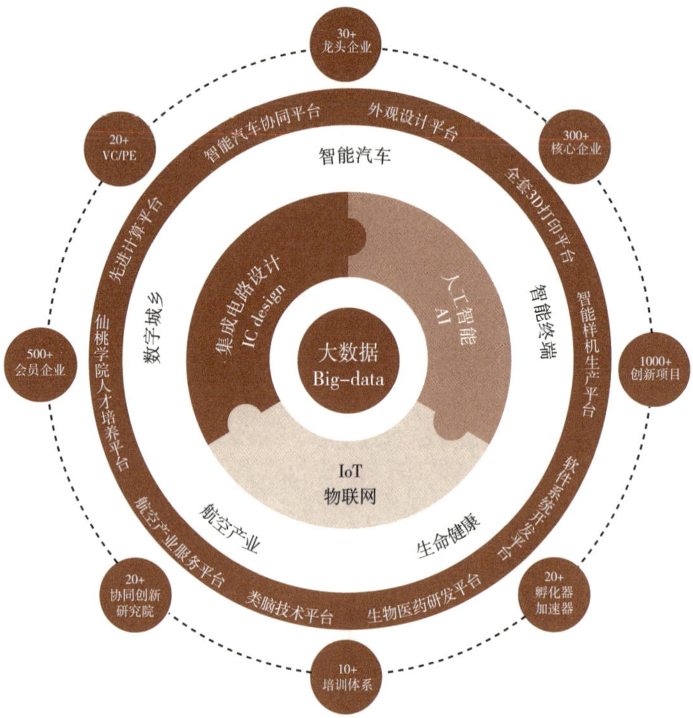


## 专栏1　仙桃国际大数据谷

渝北区为实施以大数据智能化为引领的创新驱动发展的行动计划，于2014年规划建设了仙桃国际大数据谷，计划于2020年全面建成并投入使用。

仙桃国际大数据谷占地2平方公里，已建成投用商务楼宇35万平方米，有140万平方米楼宇在建，已引进高通、华为、中科创达等科技企业90余家，实现产值90亿元。重庆仙桃国际大数据谷距国博中心1.5公里，距中央公园3公里，三者形成现代服务业“金三角”。

仙桃国际大数据谷提出以数据为资源基础及创新内核“1+3+5+10+N”的创新生态圈。“1”即大数据，“3”即物联网、集成电路设计、人工智能三个关键性技术，“5”即重点发展智能汽车、智能终端、生命健康、航空产业、数字城乡等5大核心产业，“10”即建成10个开放共享平台，“N”即形成N个企业集群。仙桃国际大数据谷联合国家信息中心落地西部大数据前沿应用研究院，构建大数据采集、研发、应用和“一带一路”区域性大数据综合服务体系，力争把“数字渝北”打造成“数字中国”的先行先试示范点，推动“数字中国”在重庆大地上落地生根。

仙桃国际大数据谷始终秉持为中小企业营造优质创新生态环境、提升创业服务水平的宗旨，打造孵化器机构10余家，同时与国家信息中心、北京协同创新研究院共建仙桃国际学院，联合微软等知名培训机构，有针对性地定制化培训专业人才，满足智能制造人才所需。同时，开展国际示范合作，仙桃国际大数据谷已成为中心项目合作通信信息领域的示范实体展示区，助力重庆建设成为创新驱动、国际合作开放高地。仙桃国际大数据谷目前也在筹建仙桃产业基金，面向高成长性的创新项目、独角兽项目进行投资。仙桃国际大数据谷坚持技术创新、模式创新、业态创新、协同创新，集中优势资源着力发展大数据产业，形成自主可控的大数据产业链、价值链和生态系统，“美国有硅谷，中国有仙桃”，仙桃国际大数据谷将成为具有国际影响力的中国大数据生态谷。

### 专栏 2 创新经济走廊前沿科技城

作为渝北区建设国家级临空经济示范区的重要战略平台，以及打造智能制造基地的主要阵地，前沿科技城在推动渝北区产业结构优化、实现重庆市战略部署方面起着重要作用。前沿科技城选择在拥有得天独厚区位优势的地段，其地处两江新区核心区，距离江北国际机场 1 公里、空港保税港区 7 公里、寸滩港 11 公里、重庆火车北站 13 公里，多条高速公路、铁路、轨道交通穿境而过，骨干路网四通八达，构建起内以“四横、四纵、两轨”纵贯园区、外借“铁空水”多港口联通全球的立体联运体系。依靠地域优势及渝北区政府的积极推进，目前，前沿科技城已经形成“3+1+20”的智能终端产业集群，“3”即以欧珀、传音、蓝岸通讯为主的三家品牌商，“1”即以深科技为主的 EMS 代工企业，“20”即中光电等 20 家核心零部件生产企业。生产企业签约落户项目 38 个，总用地面积 6347 亩，协议总投资 380.45 亿元，达产后年产值 781.2 亿元、年税收 24.03 亿元。除了知名高科技企业的驻扎，前沿科技城也注重对基础道路交通、绿化、学校、中心商务区等配套设施的打造，为建设智能制造基地打下坚实的基础。

#### 2. 借助外力、加强孵化，构建产业集群生态圈

渝北区政府充分重视产业集群所产生的范围经济效应，注重加强集群内的合作，并通过发挥“红娘”的作用，引导企业与研究机构等相关主体进行合作，同时依托企业孵化器运作，带动集群内的企业实现群体性进步，产生群体效能，实现共赢。推动感知科技等现有孵化载体利用大数据智能化技术提档升级，建成“线上有平台、线下有载体、投资有基金、培训有导师、入驻有创客”的高水平示范性众创空间 25 家以上。

## 专栏 3 渝北与美国孵化器合作

PLUG AND PLAY（PNP）是全球最顶尖、最大的创业投资孵化加速器，总部位于美国硅谷。自 1998 年起，已经为包括 PayPal、Logitech、Lending Club 等百亿市值企业在内的 2000 多家创业企业提供孵化、加速服务，为创业企业融资总额超过 35 亿美元。被美国《商业时报》评为 2014 年度、2016 年度最佳孵化和投资机构。PNP 每年初审 10000 多家创业公司，投资其中 200 多家，为 350 多家企业提供孵化及加速服务，并举办 100 多次项目投融资路演活动。PNP 于 2016 年 6 月正式入驻重庆，分别于渝北区新溉大道 99 号重庆基金小镇、仙桃国际大数据谷设立总面积约 10000 平方米的创新创业生态园区。PNP 重庆自开业以来，获得市级众创空间、市级创业孵化基地，投资本地创业团队 18 个，为创业团队直接及间接投资超过2000 万元。其中，“伏特猫”、“女性智能鞋”、“智能化妆镜”和“智能鞋垫”等多个符合当前消费者新需求的产品获得全国总决赛大奖并获得下一轮融资，实现了产品量产。PNP 在渝北区所提供的符合、加速服务注重与渝北区的发展目标相结合，通过行业细分，找准目标企业所属的行业类别，给予智能制造和大数据类企业以更多的帮助，并通过与大企业、政府机构、大学等展开深度合作，专注于开放式创新，通过专业的法律、财务及行业咨询等立体化的全方位服务，助力企业发展，助推渝北区产业创新和升级。

## 专栏 4 渝北与清华科技园合作

高校作为中国科技研发的前沿阵地，对中国科技的进步起着重要的支撑作用，清华大学作为中国高校的佼佼者，在研发领域一直起着引领作用。渝北区充分重视与高校的合作，尤其是与走在最前端的清华大学的合作。重庆感知科技孵化园是重庆市渝北区高新产业重点项目，由重庆仙桃数据谷投资管理有限公司与深圳清华大学研究院旗下深圳力合天使创业投资有限公司共同投资运营。园区以感知科技产业为主要发展方向，集产、学、研、资于一体，主要服务物联网、云计算、大数据等相关行业。园区总体量7000余平方米，所有房间均已装修，可同时容纳多家企业入驻办公。园区充分利用深圳清华大学研究院在创新孵化体系建设方面的丰富经验和综合实力，渝北区在区位、政策、人才等方面的优势，着力打造高水平的服务和应用平台，把园区建设成为以感知科技为主导的国内一流、国际先进的高科技园区。

### 3. 多元经营、智能提升，催生企业主体生态圈

鼓励企业将产业链条不断延伸，打造一个多主体共赢互利的生态圈。渝北区政府大力发展大数据、公共平台，助力大型企业、潜质企业重构各产业之间的全部环节，打破产业价值链之间的边界。实施产业发展“新、特、优”工程，突出优势和特色，大力实施品牌带动、龙头企业带动战略和特色产业提升计划，着力培育和发展一批特色明显、结构优化、体系完整和市场竞争力强的企业。生态圈构建能力则突出外部关系、资源的协调，体现共生、互生、再生特点。

### 专栏5 医疗大健康行业生态圈——金山科技

重庆金山科技（集团）有限公司在市场需求的强烈拉动和国家相关政策的驱动下，及时抓住行业未来发展契机，将互联网和人工智能充分地应用到医疗领域，颠覆传统就医模式，建立起“人工智能+医学影像+医疗互联网”的新型就医模式，成为全球最顶尖的数字医疗科技公司之一。该公司总部位于重庆，在中国北京、上海、广州和加拿大、荷兰、英国、意大利设有研发分支机构/办事处，建有国家级工程中心、国家认定企业技术中心。该公司是一家集

创新型高端数字医疗设备研发、生产、销售和服务于一体的民营高科技企业，以研发为核心，兼备设计、采购、生产、销售、营销、协助运营和服务等综合能力。该公司汇集了世界顶级的专家团队，同时拥有“院士、博士工作站”的高级人才库，先后承担了国家“863 计划”、国家科技攻关计划、国际合作计划等数十项国家级科研计划，获得专利千余项。该公司现已具备了“高精产品研发能力”、“全球市场营销能力”、“全球资源整合能力”和“快速成果转化能力”4大核心竞争力，并初步建成了“数字医学影像”、“无创诊断”、“精准智能手术及医疗机器人”、“医疗互联网”、“医疗大数据及人工智能”和“医疗微系统”6大产业技术支撑平台，是国内首家成功自主研发“胶囊内窥镜”的企业。其核心产品获得“国家科学技术进步奖”和“信息产业重大技术发明奖”，被科学技术部认定为“国家自主创新产品”和“国家重点新产品”等，共获得 20 余个奖项。其中多项全球首创，95% 以上产品在全球占领先地位。

重庆金山科技（集团）除了专注于创新产品的研发，更注重对互联网平台的打造和使用，重庆金山科技（集团）打造了中国首家健康智慧医疗协作平台——康猫网。该平台依托公司“智能胶囊消化道内窥镜系统”的相关医疗科技产品，以及互联网远程诊疗、物联网个性定制和精准到达、健康大数据和互联网云计算大数据、人工智能等相关技术进行快速、精准的分析，通过线上、线下的联动改变医疗行业尤其是胃肠道疾病检查的商业模式。该平台不但能够为客户提供远程医疗和健康分析，还以风险评估模型为基础，发展健康（医疗）服务交易和开发与互联网金融相关的产品，通过服务交易和服务执行，促进产品交易，从而实现互联网收入的增长。通过平台发现用户的疾病风险，促进医疗服务和健康服务的交易，进而实现医疗服务和健康服务相关产业的协同发展。该平台上市以来，注册用户达 2000 余万户，其中活跃用户占比超过 50%，公司以此为基础建立了“健康智慧医疗大数据中心”，不仅为解决客户的病情提供了有效的途径，也为公司获得了可观的利润。

重庆金山科技（集团）通过智能化平台的打造，实现了人工智能与消化内镜产业的深入融合，推动了国产消化内镜的普及，助推了国产消化内镜弯道超车，解决了消化医学影像诊断临床难题，促进了医疗资源均匀分布，改善了就医环境，保障了人民健康。

### （三）打造现代产业新体系：以大数据智能化为引领，大力促进产业转型升级

#### 1. 以消费升级为导向，以信息化为抓手，实施乡村振兴战略，积极发展现代农业、智慧农业

农业作为基础产业，在渝北区的经济发展中占有重要地位。渝北区面积为 1452 平方公里，辖 11 个镇 19 个街道（含两江新区直管街道 8 个），常住人口 160 万人，其中，农业人口 36.08 万人，耕地面积 60 余万亩。区政府一直高度重视农业的发展，并努力转变农业发展方式，以消费者需求为引导，利用现代化技术和手段，构建现代农业产业体系、生产体系和经营体系，多渠道提高农业质量、效益和竞争力。

近年来，大力实施“互联网 + 现代农业”，在重庆市率先建成渝北区智慧农业标准体系。截至 2017 年底，全区智慧农业建设面积达 4000 亩，涉及蓝莓、葡萄、石斛、食用菌、原种猪、休闲渔业、柑橘等产业，实现了全区特色产业智慧化建设全覆盖，被农业部评为全国农业农村信息化示范基地。渝北区智慧农业的建设主要集中于以下方面。

（1）创新突破，建立智慧农业标准体系。近年来，渝北区在传统农业转型的浪潮中，按照“高起点规划、大手笔投入、高标准建设”的工作思路，建成“1+10+n”的智慧农业标准体系。“1”即建立一个集现代农业物联网病情、灾情、墒情、决策、成果展示等功能为一体的总平台；“10”即在大盛中药材、印盒歪嘴李、放牛坪梨园等 10 大特色农业产业基地建立智慧农业决策系统；“n”即结合实际打造多家农业物联网企业。目前，已投入资金 2000 余万元，建成重庆首个以高清影像、传感器、手机、集成软件为载体，以特色经济作物长势、病虫害发生、土壤墒情、肥力为对象，以远程监控、监测和监管为手段的智慧农业综合服务云平台，顺利接入 10 大农业产业基地和

18 家农业物联网企业。建成高标准智慧大棚 50 余个，安装物联网传感器设备 400 个、高清摄像头 250 个，实时采集空气温湿度、土壤温湿度、光照强度、空气 $CO_2$ 浓度等多项环境数据，促使农业向科学化、智慧化、信息化转变。

（2）功能拓展，搭建智慧农业综合服务云平台及系统。面对农业新形势、新要求，渝北区在智慧农业综合服务云平台上积极拓展新功能，建成“一平台六系统”，即在渝北区智慧农业综合服务云平台上，建立智慧渔船、智慧种植、智慧监测灾情、智慧配方施肥、智慧养殖、智慧决策六个子系统。智慧渔船通过 GPS 定位系统，将全区渔业船舶停泊点、行动轨迹尽收眼底；智慧种植开通专家指挥决策功能服务，专家与农户实时互动，提供有力技术指导；智慧监测灾情可实时监测病虫害发生数据，一旦发生病情，即可采取有力举措防灾减灾；智慧配方施肥可根据经度、纬度以及土质状况的不同进行智慧配方，达到最佳施肥效果；智慧养殖接入动物屠宰监管、农产品质量安全追溯体系，农产品生产加工全程可控，实现智慧农业综合化发展。

以现代技术为支撑的渝北区农业，经过努力，建设成果显著，既实现了产量的提高、成本的节约，又节约了能源，实现了绿色生产和安全生产。

### 2. 创新驱动，改造提升传统产业，发展先进制造业

渝北区利用在工业领域多年的积累及在制造方面的基础优势，利用大数据驱动，培养了一系列骨干企业，推动了全区制造业综合实力水平的提升。智能终端产业重点工程主要包括以下几个方面。

（1）全面利用信息化提升传统制造业。2015～2017 年以来，累计申报国家和市级技术改造类扶持项目 18 个，共获得补助资金 2679 万元；申报区级技改扶持项目 67 个、“两化融合”项目 13 个，获得补助资金 7773 万元。其中，2017 年，实施了有史以来力度最大的、全市最优惠的工业企业技改扶持政策，最高补贴比例 40%。支持了 20 家企业实施 20 个重大技改项目，拉动社会投资约 5 亿元，达产后增加产值 10 亿元。如驰骋轻型汽车部件股份有限公司投入 5000 万元进行生产线智能化技改，工业机器人拥有量达到 119

台；天海雪城汽车电子（重庆）有限公司新建了较为先进的汽车线束数字化生产车间；万向钱潮部件有限公司建成汽车等速驱动轴自动化生产线；重庆光大产业有限公司、南方英特空调有限公司等正在逐步投入建设 MES 系统。

（2）打造智能制造产业基地。积极推进 OPPO、金立、传音、中光电、深科技、江粉磁材、捷荣等重点项目建设，加快落实“3+1+20”产业布局，如期投产释放产能。巩固和提升保税港区传统笔记本电脑产业，引入 VR、AR、高端平板、可穿戴设备、3D 打印机等新兴电子产品。到 2020 年，全区智能终端生态圈基本形成，年产智能终端突破 1.4 亿部，年产值超过 1600 亿元，成为国内最大的智能终端生产基地之一。

## 专栏 6　传统产业：段氏西服

作为传统产业，中国的纺织服装业一直都有着规模大、产量大、自主创新差、附加值低等特点，长期处于发展困境。

重庆段氏服饰实业有限公司（以下简称段氏西服）创始于 1980 年，主要从事中高档西服、休闲服、大衣、夹克、衬衫、西裤等系列服饰产品的研发、设计、生产、加工和销售，主营业务为集团制服的量身定制，以及个性化的私人订制。公司总部现坐落于重庆回兴服装城产业园区，总占地 32 余亩，现有员工 1000 余人。至今已服务超过 10 万家企业，定制服装超过 9000 万件，合格率高达 95% 以上。作为西南地区唯一功能最齐全的，且实现系统化、专业化、智能化生产的龙头企业，段氏西服已经成为中国服装行业矢志不渝的引领者。

为了将大数据与自己的定制化生产相结合，改变过去对客户信息搜集的低效率，段氏西服利用信息化网络的新思维，展开了对传统制衣业的改造。从客户的量体、服装面料的选取及采购、裁剪到整烫等约 720 道工序中，几乎每一步都进行了信息化改良，赋予传统服装业新的灵魂与生命。在段氏西服，看不到传统服装制造业由大量工人构成的缝纫机生产线。客户可以选择通过远程或者店面或者预约测量等方式进行信息的传输，远程方式客户只需要上传自己的胸围、腰围、臂长等关键数字，同时上传正面、侧面、背面等三张照片，即可得到与自己的体型完全贴合的服装。服装厂收到客户的数据后，立刻按照客户的特点在自己的服装数据库里进行搜索并进行匹配，如果客户是特殊身形，则修改数字进行生产；除了客户信息的搜集，面料的选择、剪裁等环节也都完全实现了智能化生产和管理。段氏西服自己定制的生产线，可由机器同时剪裁多件服装，一套西服从下单到产品问世，只需要 7 天的时间。目前，该公司共有六条生产线，年产量达 200 万套（件），年产值上亿元，产品除了在国内供应，也销往美国等发达国家，段氏西服的成功离不开大数据驱动的数字化改造。

### 3. 促进多产融合发展，推动服务业向专业化和价值链高端延伸

渝北区大力发展现代服务业，统筹发展生产性服务业和生活性服务业，提高第三产业的占比，进一步加强服务业对经济增长的支撑作用。为了提升服务业的水平，渝北区政府首先确定了将科技服务、信息服务和商贸流通等高端服务业作为发展的重点，同时采取切实有效的扶持措施来促进其成长，培养了如立信、物奇等龙头服务性企业，通过提供更高端的生产线服务来促进第一、第二产业的发展。尤其是，加快重点领域生产性服务业发展，促进制造业与服务业融合发展，推动生产性服务业向专业化和价值链高端延伸。

此外，鼓励企业主动发现需求、创造市场，通过技术创新、盈利模式创新来推动企业做强做大。例如，重庆兰空无人机技术有限公司的无人机安全防御项目，就是典范，即无人机市场有多大，反无人机的市场就有多大。在无人机技术迅速发展的时代，无人机产业和无人机反制技术产业链都在经历着重大的变革，产业链各环节的企业都面临着变革带来的挑战。企业只要能够洞悉时代的趋势，认清自身的条件，以此制定适合的战略方向并相应打造核心的能力，最终都有可能成为科技时代竞争中的胜出者。

## 专栏7 高端信息化产业——物奇科技

制造业的发展和振兴，离不开自主研发的高端制造业，尤其是以芯片等核心技术为主的高端信息制造业。重庆物奇科技有限公司（以下简称物奇科技）成立于2016年11月，位于重庆渝北区仙桃国际大数据谷。作为一家半导体芯片公司，物奇科技致力于提供物联网和人工智能领域高度整合的芯片解决方案，主攻物联网通信、安全、终端智能市场。分别在重庆、上海和美国拥有研发中心。物奇科技汇集了曾在全球顶尖企业任职的核心高管和研发人员。公司仅用了一年的时间就量产了第一块电力物联网的载波芯片，单芯片整合度业内领先。物奇科技目前着力进行人工智能、无线广域物联网芯片的自主研发，并已初步取得成效。以物奇科技为代表的高端芯片研发企业，将为重庆智慧网络的建设，以及“中国制造2025”的早日实现做出自己的贡献。

## 专栏8 重庆兰空无人机技术有限公司（无人机安全防御项目）

近年来，无人机快速发展和普及，在各个领域广泛应用。2015年，中国大疆创新公司、零度智控公司、Xaircraft公司、PowerViroment公司、北京航空航天大学研究所进入全球前十大无人机公司，其中大疆创新占领了世界77%的份额，位居第一。无人机安全防御市场至2020年将达11.41亿美元。同时，无人机的安全隐患也逐渐呈现出来：无人机被未接受过系统训练的、为满足个人兴趣的、无常识和飞行法规法律意识的用户，以及不法分子等利用，对众多行业及公众隐私、财产、生命安全造成巨大威胁。

无人机市场有多大，反无人机的市场就有多大。

重庆兰空无人机技术有限公司成立于2016年，是一家新兴的、专注于无人机安全防御系统，无人机应用技术研发、生产、销售及服务的科技公司。兰空无人机安全防御项目以创新科技、服务军民为理念，为用户提供以无人机安全防御系统为主的系统解决方案；为政府机关、军事单位、公安系统、国防边境、储油基地、危化企业、自来水厂、商业中心、高端楼盘等重点设施营造一个安全的公共环境。

兰空无人机项目，可为机场、监狱、政府机关、军事单位、公安系统、国防边境、储油基地、危化行业、自来水厂、商业中心、大型活动提供产品/服务（系统化解决方案、租赁服务）。

兰空无人机安全防御技术是一个极具市场前景的项目，亮点如下：反无人机市场潜力大，新行业、新机遇、新公司，是国内10家从事反无人机产品研发公司之一，公司未来发展前景不可限量。国内领先的、重庆唯一 一家无人机安全防御系统研发公司；技术团队成员研发能力强，瞄准用户需求，提供系统解决方案或科技含量高的产品。行业内领先的商业模式，为用户提供固定型号产品、安全防御系统解决方案及租赁服务，多元化盈利模式。

### （四）深化体制机制改革：以市场为导向、企业为主体，有效发挥政策扶持作用

#### 1. 采取差别化的财政、金融、土地政策

渝北区全面落实已有的扶持优惠政策，研究出台鼓励转型升级的新政策。对重点项目、行业领先项目等优先供应土地等要素资源。逐年增加工业发展专项资金总量，对重大招商引资项目、重大技术改造项目、技术开发及新产品产业化项目、战略性新兴产业项目、企业兼并重组项目、现代生产性服务项目等项目，采取奖励、无偿补助、贷款贴息等方式予以支持。通过上级专项资金和每年2亿元的区工业发展专项资金，引导和鼓励存量企业通过技术改造提升装备水平，通过“两化融合”提升信息化水平，增强企业竞争力。2015~2017年以来，累计申报国家和市级技术改造类扶持项目18个，

共获得补助资金 2679 万元；申报区级技改扶持项目 67 个、“两化融合”项目 13 个，获得补助资金 7773 万元。

支持企业上市和兼并重组，全面落实市政府有关营业税减免、资产评估增值部分所得税补贴、成功上市后财政奖励等政策。支持企业创建品牌，对获得国家级、市级技术中心，名牌产品、驰名商标的企业予以奖励，对通过国际标准和认证的企业予以奖励。每年在工业振兴专项资金中，单列两化融合专项资金，用于对两化融合共性技术开发、公共服务平台建设、试点示范项目进行支持。

推动财政资金“拨改投”“拨改贷”“拨改保”改革，发展壮大“种子、天使、风险”投资基金和产业发展基金，对科技型企业进行股权投资、无息贷款和融资担保，形成覆盖企业成长全过程的资金链条。加强与各政策银行和商业银行的合作，积极探索 PPP、公司债、项目收益债等新型投融资方式，鼓励各金融机构扩大贷款抵押范围，鼓励知识产权质押贷款，降低信贷门槛，扩大融资规模；积极探索建立工业产业投资基金，提高直接融资能力。引导创业资本进入工业和信息化领域，支持企业发行债券和上市融资，吸引更多社会资金，鼓励海外投资和民营资本进入渝北区能源领域。充分发挥财政资金引导和撬动作用，鼓励驻区金融机构加大对中小企业的信贷支持力度，搭建银企沟通合作平台，帮助协调解决企业融资困难。

### 专栏 9　重庆基金小镇

为加快建设创新金融基地，构建基金行业生态圈，促进各类基金集聚及基金业态创新，2016 年底以来，渝北区在嘉州商圈启动建设总面积 4 万平方米的重庆基金小镇，着力引进基金产业相关机构，构建基金业生态圈，打造中国西南地区的基金产业集聚区、基金创新示范区、基金文化引领区，服务先进制造业、战略性新兴产业、高技术服务业及其他实体经济。

成立一年多来，重庆基金小镇先后筹建基金小镇基金业信息交流平台、基金业研究创新平台、基金发行服务平台、股权交易平台、实体经济金融服务平台等五大平台；搭建交流服务平台、构建融资合作平台，筹建规划展示与项目路演中心，举办项目推介、路演活动，促进各类基金寻找到合适的项目投资；鼓励和引导入驻基金加大产品、业务创新力度，培育扶持实体产业，形成机构齐全、管理先进、市场运作的基金小镇“基金全产业链”发展模式。同时，强化入驻机构的设立审核和入驻机构的日常监管，防范金融风险，确保不发生区域性、系统性金融风险。目前，重庆基金小镇已签约及注册落户 71 家金融企业，其中基金类企业 36 家，基金规模超过 800 亿元，为扶持实体产业发展做出了相应的贡献。

### 2. 优化配套服务与营商环境，引资、引智

加大“引进来”力度，推行全价值链“垂直整合”等招商引资模式，继续实施专业化招商，按照“四率一力”要求，实行招商公司、经济职能部门和平台园区“三位一体”，瞄准世界 500 强、中国 500 强、行业 100 强开展招商选资，重点引进有潜力、有竞争力的优质企业、优质项目，形成新产能、新集群。完善园区载体功能，实行“一园多组团”“园中园”等发展模式，健全交通枢纽等软硬件设施，提高园区便捷性、承载能力。进一步放宽市场准入，支持工业企业通过委托开发、专利授权、众包众创等方式引进先进技术、设备和高端人才。建立产业专利联盟，强化知识产权保护和运用。

加大优惠政策支持力度，引进培育大数据智能化发展急需紧缺的高层次人才。强化人才培养和引进，强化人力资源培训和储备，形成高端研发管理人才、中端技术营销人才和产业工人 1∶2∶7 的宝塔型人力资源结构，建立高级研发人才和高技能人才储备库，指导企业有计划选派一批研发人才和管理干部到国内外定点学习培训，建立一支高素质的企业家队伍。

**专栏 10 创新人才队伍重点项目**

临空海外英才千人计划。区委人才办、区人力社保局牵头，聚焦产业发展需要，突出“高精尖缺”导向，通过搭建事业平台、创新体制机制、提供政策支持等方式，广纳海外优秀创新人才，开展临空海外英才认定。到 2020 年，计划引进大数据智能化方面的海外创新人才在内的海外英才 1000 名以上。

临空创新人才支持计划。区委人才办、区人力社保局牵头，开展临空创新人才认定，重点在大数据云计算、智能终端、人工智能等十大前沿科技，跨境电商、互联网金融、新型编程工具开发等知识密集型服务业等领域引进和培养一批国内高端人才。到 2020 年，引进具有国际影响力的国家级大数据智能化学术（技术）带头人 2 名以上，引进培育大数据智能化高层次人才 200 名以上。

仙桃大数据与物联网职业培训学院。仙桃数据谷公司牵头，依托国家信息中心、北京协同创新研究院，建设建筑面积超 14 万平方米的开放型人才教育基地，引入美国工程院院士张东晓等知名专家，培养一批大数据智能化应用型人才。到 2020 年，培养大数据智能化技能型人才 10000 名以上。

### （五）产业转型成绩显著，发展潜力大、前景看好

#### 1. 各类企业成功转型、产业升级成绩显著

目前，渝北区以坚持“存量调结构、增量促转型”发展，成绩显著，主要有以下几个方面。

（1）推动工业提质增效。实施以先进制造业为重点的智能制造基地建设行动计划，按照“4+7”产业发展格局，聚焦发展汽车及装备制造、智能终端、航空制造、生物医药等四大产业集群，打造智能制造基地。成功引进 OPPO、传音、中光电等大项目，构建起千亿级的“3+1+20”智能终端全产业链，战略性新兴制造业产值占比提高到 35%。大力推动传统产业智能化

改造，每年安排2亿元技改专项资金，推动企业实现智能蝶变。

（2）集聚发展现代服务业。实施以临空现代服务业集聚发展为支撑的消费能级提升行动计划，加快建设两江国际商务中心，规划打造高端消费走廊，着力提升嘉州、两路空港商圈品质，建设创新金融、跨境电商、现代物流、保税展示、会展经济等一批现代服务业基地，打造高端商务商贸集聚区。经过努力，渝北区的服务业对经济的增长贡献持续超过第二产业，成为经济增长的主要支撑。

（3）大力发展临空都市农业，实施乡村振兴战略行动计划，推动农旅深度融合，打造农业科技园区。初步形成了以“巴渝乡愁”田园综合体为核心的“三环十景”乡村精品旅游线路，并在2018年上半年实现旅游总收入58亿元，同比增长26%。

从2013～2017年的数据看，第二产业比例开始出现下降，第三产业比例不断上升。产业结构不断优化提升（见图3）。

图3　2013～2017年三次产业增加值占地区生产总值比例

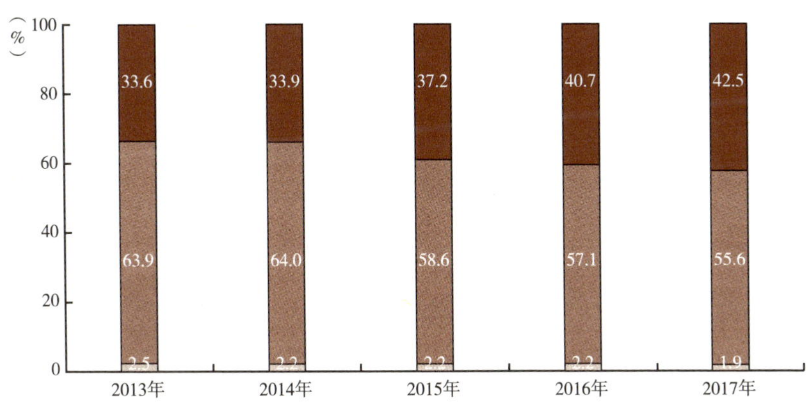


## 2. 创新生态圈初步建成，发展前景乐观

全区先进制造业综合实力显著增强，在全国产业链和价值链中的地位明显提升，基本建成引领区域发展的智能制造基地，创新生态圈初步建成。

一是创新平台不断完善。仙桃国际大数据谷建设加快，投用商务楼宇

35万平方米，在建135万平方米，仙桃大数据与物联网职业培训学院建成开院，注册科技企业达到380余家，ARM、科大讯飞等创新领军企业入驻办公，园区实现营业收入90亿元、税收2亿元。二是企业主体地位更加凸显。金山医疗科技研究院等3家机构获评全市新型高端研发机构，占全市总数的1/3。创新型和科技型企业加速成长，新增科技型企业365家、国家高新技术企业111家，全社会研发经费支出占地区生产总值比例达到3.86%，比上年高0.86个百分点。三是创新环境持续优化。出台"创新52条"，在全市率先开展科技创新券试点，兑现创新技术扶持资金5000万元。"种子、天使、风险"科技投资基金规模达到28.2亿元，成功辅导澳强工贸等7家企业在科创板上市，建成国家级众创空间4家、市级8家，"双创"指数排名全市前列。万人有效发明专利拥有量达到14.8件，较上年增加近4.8件。相关的研发及战略新兴产业情况如表6和图4所示。

**表6　2017年研发及产业指标情况**

（单位：%）

| 序号 | 指标名称 | 指标属性 | 计划目标 | 完成情况 |
|---|---|---|---|---|
| 1 | 全社会研发经费支出占地区生产总值比例 | 预期性 | 3.20 | 3.86 |
| 2 | 战略性新兴制造业产值占工业总产值比例 | 预期性 | 30 | 30 |

图4　2014～2017年渝北区全社会研发经费支出占比

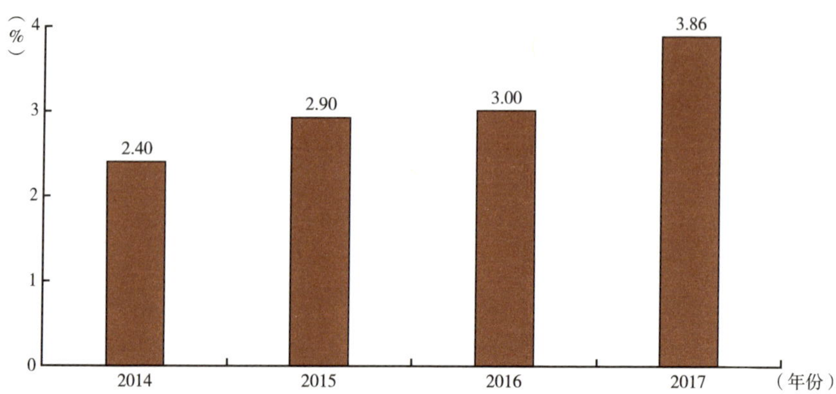

在创新驱动的战略引导下，渝北区各类企业纷纷转型，实现了高效生产，适应了时代要求，提前布局，为未来获得有利的竞争地位占据了先机。有望在 3～5 年实现培育独角兽企业 4～5 家，产业结构不断优化，整体产业发展潜力巨大。

## （六）对全国其他县市的借鉴意义：改革创新为引领，坚持因地制宜、高质量发展

客观上说，渝北区作为重庆的下辖区、西部县区，在经济总量、教育人才、科技创新、社会发展等方面，与东部沿海地区，尤其是北上广深一线城市以及杭州等城市相比，差距还是比较大的。但是，重庆渝北区以大数据、智能化为发力点，坚持以改革创新为引领，高质量发展，激发经济活力，取得了较大成功。这对于重庆其他地区或其他省市也有较强的借鉴意义。

### 1. 转变发展理念、因地制宜谋长远，科学规划、有序开发、从容建设

一是充分发挥后发优势、竞争优势，科学规划、错位发展、前瞻布局，抢占西部地区发展先机。在中央大力支持下，渝北区深入挖掘临空优势，以实现高质量发展为引领，以“质量变革、效率变革、动力变革”为主攻方向。渝北区政府针对产业结构单一、创新能力不足问题，基于现有的资源约束条件，坚持工业强区思路，尤其是利用信息化转型升级主导产业，大力发展战略新兴产业。推动产业结构向中高端转变，生产方式向柔性化、智能化、精细化转变，推动产品和装备智能化、生产过程智能化和服务智能化，加快战略性新兴产业发展。

二是构建现代化产业新体系，营造闭合的生态圈层。渝北区政府合理规划，打造了仙桃国际大数据谷、创新经济走廊等几大战略平台以及重庆基金小镇，形成闭环的良性循环，确保了整个创新生态圈的运作效率和稳定性。尤其是，在创新生态、智能制造基地、国际航空港建设上狠下功夫，逐步完成了以国际航空港为引擎，助推临空产业发展，从“无中生有”到“有中生

新”，加快建设智能制造基地，再到提出以大数据智能化为引领，创建创新生态圈战略。

### 2. 建平台、优环境、聚人才，促进产业集聚、产业融合、产城融合

一是以专业园区为载体，搭建各类创新支撑平台、开发共享平台、科技研发平台、创新孵化平台。渝北区 5 个工业园区总产值占全区工业的比例超过 95%。正在建设的仙桃国际大数据谷、创新经济走廊等战略平台，以园区为载体，不断为产业发展创造有利条件，构建起战略性新兴产业集群，以进一步支撑渝北区的工业产业发展。一是加快搭建创新支撑平台，为创新生态圈建设提供大数据智能化的技术供给。二是支持仙桃国际大数据谷建设智能样机生产平台、全套 3D 打印平台等十大开放共享平台，推广平台会员制度，为大数据智能化应用创新提供整体解决方案服务。三是围绕大数据智能化重点领域，引进、培育高水平研发机构。四是推动感知科技等现有孵化载体利用大数据智能化技术提档升级。

二是简政放权、改进服务，优化环境，提高效率。渝北区深入推进放管结合、优化服务改革，形成制度化、常态化的企业服务机制。推进部门协同监管，集合区工商、税务、质监、食药监、城乡建设、公安、城管、国土资源等部门，实现部门联动、一站式服务。通过各种措施减轻企业税费、成本压力，降低企业融资、用工、能源、交易等制度性成本。区分不同情况，积极探索和创新适合新技术、新产品、新业态、新模式发展的监管方式，既激发创新创造活力，又防范可能引发的风险。仙桃国际大数据谷与国家信息中心、北京协同创新研究院共建仙桃国际学院，联合微软等知名培训机构，提供定制化的专业培训，为技术创新与应用提供了实用人才保障。

### 3. 以市场为导向、企业为主体，坚持创新驱动、增强发展活力，形成“闭合”创新生态圈

一是坚持“存量调结构、增量促转型”，坚持创新驱动、坚持绿色发展。充分发挥市场在资源配置中的决定性作用和政府产业政策的引导作用，围绕

功能定位要求，拓展产业发展空间，构建产业创新体系，大力发展战略新兴产业，优化升级主导产业，探索新型孵化模式。以战略新型产业为先导，大力培育、壮大主导产业，形成三次产业的融合共进、产业联动发展的新格局。

二是支持企业创新能力建设，促进产业链、价值链升级。按照整机带动、系统集成的原则，针对核心基础零部件（元器件）、先进基础工艺、关键基础材料和产业技术基础（以下统称“四基”）等工业基础能力薄弱环节，明确重点方向、主要目标和实施路径，着力破解制约重点产业发展的瓶颈。鼓励企业加大研发投入，强化企业创新主体地位，支持企业采用“互联网 +”、“智能化”和“数字化”等新技术、新工艺提高技术水平和创新能力，发展成为科技型企业、高新技术企业、创新型企业。开展渝北区大数据智能化示范企业认定，鼓励企业运用“制造 + 服务”“产品 + 服务”等新模式，开发高新技术产品（服务），促进价值链延长和提升，提高全要素生产率。

#### 4. 创新财政、金融支持方式，有效发挥引领、杠杆作用

遵循奖勤罚懒、扶持不替代原则，差别化、创新发挥财税支持方式，重点支持传统企业技术改造、企业上市和兼并重组、战略新兴产业发展。采取“拨改投”、“拨改贷”和“拨改保”改革，发展壮大“种子、天使、风险”投资基金和产业发展基金等方式，提供市场化、专业化支持。

## 三、建议与展望

### （一）体会

#### 1. 必须牢固树立创新、协调、绿色、开放、共享发展理念，大力改善营商环境

党的十九大做出了我国经济发展也进入了新时代的重大论断，经济已由高速增长阶段转向高质量发展阶段。当前应全面贯彻落实党中央、国务院决策部署，牢固树立和贯彻落实创新、协调、绿色、开放、共享的发展理念，紧紧把握全球新一轮科技革命和产业变革重大机遇，培育发展新动能，推进

供给侧结构性改革，构建现代产业体系，提升创新能力，深化国际合作。我们必须秉持创新、协调、绿色、开放、共享的发展理念，围绕建设网络强国、数字中国、智慧社会，全面实施国家大数据战略，助力中国经济从高速增长转向高质量发展。渝北区改革开放 40 年来，从农业县、工业区到国家级临空经济示范区的不断变迁、演进，转变发展方式是事关全局的一场深刻变革。近年来的大数据、智能化取得了辉煌的成绩，充分说明要转变发展方式，提高经济发展质量与效率。

良好的营商环境，既是发展软实力，也是核心竞争力。“水深则鱼悦，城强则贾兴”，政府服务经济工作、抓发展，关键就是抓营商环境，归根结底是吸附和凝聚资源能力的竞争。渝北区不断改善营商环境，不是简单依靠土地、财税、环保等形成“政策洼地”进行招商。渝北区各部门注重倾听群众心声、企业呼声，不断营造良好的营商环境，进一步激发市场主体活力和社会创造潜力，为实现高质量发展打下坚实基础。优化营商环境是一个系统工程，既要改善基础设施等硬环境，更要在提高服务水平、营造法治环境等软环境建设上有新突破，更好发挥制度的支撑、保障、激励作用。

### 2. 坚定不移走改革开放、创新驱动发展之路

持续加大改革开放力度，坚定不移走创新发展之路。我国拥有全球门类最齐全的产业体系和配套网络，其中 220 多种工业品产量居世界第一。但许多产品仍处在价值链的中低端，部分关键技术环节仍然受制于人。产业调整结构、转型升级、提质增效刻不容缓。未来 5～10 年，是全球新一轮科技革命和产业变革从蓄势待发到群体迸发的关键时期。物联网、云计算、大数据、人工智能等技术广泛渗透于经济社会各个领域，信息经济繁荣程度成为国家实力的重要标志。要把战略性新兴产业摆在经济社会发展更加突出的位置，大力构建现代产业新体系，推动经济社会持续健康发展。

党的十九大指出：加快建设制造强国，加快发展先进制造业，推动互联网、大数据、人工智能和实体经济深度融合。渝北区政府及时进行产业布局的调整，合理进行区域定位和产业定位，以大数据为引领，打造以智能制造

为主的国家级临空经济示范区，取得重大突破，实现发展动力有效转换、经济内涵式发展。未来要进一步促进我国产业迈向全球价值链中高端，培育若干世界级先进产业集群。

### 3. 坚持六个原则，因地制宜实现高质量、可持续发展

（1）坚持供给创新。聚焦突破核心关键技术、提高自主创新能力，全面提升技术、人才、资金的供给水平，营造创新要素互动融合的生态环境。

（2）坚持需求引领。加快推进新产品、新服务的应用示范，将潜在需求转化为现实供给，以消费升级带动产业升级。

（3）坚持产业集聚。以产业链和创新链协同发展为途径，培育新业态、新模式，发展特色产业集群，带动区域经济转型，形成创新经济集聚发展新格局。

（4）坚持人才兴业。加快推进人才发展政策和体制创新，保障人才以知识、技能、管理等创新要素参与利益分配，以市场价值回报人才价值，全面激发人才创业创新动力和活力。

（5）坚持开放融合。要以更开放的理念、更包容的方式，搭建国际化创新合作平台，高效利用全球创新资源，加快推进产业链、创新链、价值链全球配置，全面提升战略性新兴产业发展能力。

（6）坚持体制改革。深入推进政府职能转变，持续深化重点领域和关键环节改革，强化制度建设，汇聚知识、技术、资金、人才等创新要素，全面营造有利于产业发展壮大的生态环境。

## （二）存在的问题

### 1. 产业结构相对单一、特色支柱产业不足

渝北区产业转型发展成绩显著，但仍存在较大压力。汽车一业独大，战略性新兴制造业占比不高，经济转型升级任务依然压力较大。其中，汽车工业总产值占比约 60%，产业结构相对单一，抗风险能力下降。其他产业集聚“小而散”，低层次、同质化竞争现象严重，缺乏特色产业、龙头企业支

撑。主导产业中高科技产业不突出，战略新兴产业占比依然较低，整体产业发展不均衡、水平不高。

### 2. 核心技术创新能力不足，缺乏“独角兽”企业

目前，渝北区多数企业仍是商业模式的创新与竞争或者一般性高新技术系统集成或一般性应用，缺乏原创性、关键核心技术。目前，渝北区还没有公认的“独角兽”企业。普遍存在研发转化能力不足，市场运营、造血能力有待加强等问题。

### 3. 部分企业改造升级意愿不强，仍存等待“政策红包”现象

一是对市场前景信心不足。大部分企业围绕长安系配套，在汽车产业疲软的大环境下，企业对投资智能制造后能否扩大销售、增加效益心存疑虑。二是对新技术是否适用信心不足。不少企业对机器人、数控机床等设备需要的资金投入、技术人才、可靠性、可维护性等心存疑虑，决心难下。三是案例示范效应不足。工业企业的主体是中小企业，其生产模式、技术水平和管理方式千差万别，发展智能制造不光需要资金，更需要结合实际量身定做投入适中、改造便捷、使用可靠且能统筹设计、生产、管理、服务等环节的一揽子解决方案，目前未见到类似的典型示范案例。目前，仍存在部分企业等待“政策红包”或财政补贴等消极现象。

### 4. 政府摊子铺得有些大、产业关联与协同较弱，体制机制改革仍需继续加强

目前，各地招商竞争大、同质化现象突出。渝北区各种园区、孵化器很多，存在产业布局条块分割、产业发展关联度较弱等问题。同时，各园区开展了大规模基础设施、公共配套建设，导致财政支出压力巨大。此外，政府干预、扶持过度一方面不利于企业竞争、自主研发，另一方面也加重了财政负担，易诱发风险。

此外，一些改革举措和政策措施落实不到位，新兴产业监管方式创新和法规体系建设相对滞后，还不适应经济发展新旧动能加快转换、产业结构加速升级的要求。

### （三）初步建议

#### 1. 加强战略研究和系统谋划，建立园区间的产业联动、协同发展机制，大力实施大数据战略、加快建设数字经济

一是坚持以专业园区为载体，以创新生态圈为导向，进一步完善整体规划与分区规划，形成协同发展的机制。智能制造仍是渝北区相当长时期内工业的主要发展方向，也是全区经济发展的重点任务。渝北区应继续坚持因地制宜、因业布局、因时施策，加快形成点面结合、优势互补、错位发展、协调共享的战略性新兴产业发展格局。园区开发要防止“地产化”“产业空心化”，应致力于新区产业导入、人口导入。

二是建立园区统筹、联动的工作机制，突出区域功能侧重、避免同质化发展，同时，推动协同发展、良性竞争。通过定期召开联席会议，共同商议和研究决策片区或园区联动发展有关规划融合、土地开发规划、招商共享、重大项目落地、环境提升、公共服务布局等重大事宜，优化区域空间结构、整合资源、共同发展。

三是加快发展数字经济，推动实体经济和数字经济融合发展，推动互联网、大数据、人工智能同实体经济深度融合，继续做好信息化和工业化深度融合这篇大文章，推动制造业加速向数字化、网络化、智能化发展。围绕大平台、大项目聚集新兴产业，加快建设智能制造基地，将产业链条不断延伸，构建产业集群生态圈，提高群体效能。

#### 2. 厘清政府与市场边界，通过体制机制创新激发市场活力，因地制宜促发展

一是加大本级融资平台、国有企业改制重组力度，走规范化、市场化的转型和融资之路，避免产生政府隐性债务、形成挤出效应。进一步剥离政府债务、政府融资职能、公益性资产，增强融资平台自身造血能力，基于项目、企业信用融资。推动市场化转型和混合所有制改革。

二是立足区域发展总体战略，根据渝北区产业基础和特色优势，科学论证，不乱上项目、乱铺摊子。加强重点领域风险防控，促进形成金融和实体

经济、金融和房地产、金融体系内部的良性循环，更好为实体经济服务，在防范“黑天鹅”事件的同时，杜绝“灰犀牛”事件发生，守住不发生系统性金融风险的底线。

三是坚持放管结合，积极探索和创新适合新技术、新产品、新业态、新模式发展的监管方式。对发展前景和潜在风险看得准的“互联网 +”、分享经济等新业态，量身定制监管模式；对看不准的领域，加强监测分析，鼓励包容发展，避免管得过严过死；对潜在风险大、有可能造成严重不良社会后果的，切实加强监管；对以创新之名行非法经营之实的，坚决予以取缔。

四是加快推进重点领域和关键环节改革，持续完善有利于汇聚技术、资金、人才的政策措施。创造公平竞争的市场环境，全面营造适应新技术、新业态蓬勃涌现的生态环境，加快形成经济社会发展新动能。由招商引资向引资、引智、引技并举转变，注重产业链、创新链协同。抓住“一带一路”建设契机，推进国际产能合作，鼓励技术引进与合作研发，促进引进消化吸收与再创新。

### 3. 提高关键核心技术创新能力，引导创新资源向实体经济集聚

一是不应过度夸大商业模式创新，要把重点放在核心技术创新上。关键核心技术是国之重器，对推动我国经济高质量发展、保障国家安全具有十分重要的意义，因此，必须切实提高我国关键核心技术创新能力，把科技发展主动权牢牢掌握在自己手里，为我国发展提供强有力的科技保障。应按照需求导向、问题导向、目标导向，从国家发展需要出发，加强基础研究，努力取得重大原创性突破。突出优势和特色，打造一批战略性新兴产业发展策源地、集聚区和特色产业集群，形成区域增长新格局。

二是引进与改造并举，推动产业结构向中高端转变，构建智能产业体系。按党的十九大要求，加快建设制造强国，加快发展先进制造业，推动互联网、大数据、人工智能和实体经济深度融合，在中高端消费、创新引领、绿色低碳、共享经济、现代供应链、人力资本服务等领域培育新增长点、形成新动能。加快构建自主可控的大数据产业链、价值链和生态系统。

### 4. 加强政策前期论证和后期评估，更注重运用市场机制，更有效发挥政策引导作用

一是产业政策更多体现指导性，产业扶持不能替代市场。产业政策不能遏制市场发挥的作用，只能作为市场发挥决定性作用的补充和完善。对于有约束性的产业政策，一定要反复慎重论证。产业政策要有阶段性，在行业趋于稳定、成熟后要适时退出。

二是将直接补助为主方式转变为综合性的激励引导政策，创新投入方式，发挥示范、带动、放大效应。依托市场，加强支持薄弱环节，引导多元资金、多种渠道投入。逐步降低直接补贴力度，并利用好以奖代补、民办公助、以物代资、先建后补、奖补结合、基金投资等手段。清理、整合、规范专项资金，开展资金整合的新模式和新途径，通过市场化基金等方式重点扶持关键产业，实现“集中财力办大事”。在创新财税政策支持方式的同时，也要加强金融产品和服务创新。

三是坚持存量优化与培育引进相结合，推动企业成为创新主体，用市场化方式促进产业集聚。应继续加大化解过剩产能、“僵尸企业”处置力度，推进创新经济走廊、空港新城等区域低效、负增长、不符合规划的企业有序退出，提高土地单位产出强度和税收贡献度。同时，完善扶持政策，培育多个特色鲜明、大中小企业协同发展的优势产业集群和特色产业链。

当前，我们需要不断加强学习，要懂得大数据、用好大数据，要学习利用数据推进各项工作的本领，不断提高对大数据发展规律的把握能力，使大数据在各项工作中发挥更大作用。

改革开放与中国县域发展

GAIGEKAIFANG

# 四川南江

SICHUAN NANJIANG

# 绿色发展打通秦巴山区脱贫振兴之路

中国社会科学院政治学研究所

“君问归期未有期，巴山夜雨涨秋池。”

千古绝唱，千年惆怅，道出的却是千年的蜀道之难。

唐大中年间，诗人李商隐从巴蜀返回长安，途径巴山（今四川省南江县）时，夜遇秋雨连绵，归途受阻，由此写下了千古传诵的《夜雨寄北》。此诗写尽了诗人牵挂亲友的羁旅情愁，折射出巴山腹地的千年困境——“蜀道之难，难于上青天”。

历尽千年沧桑，当年的巴山腹地——四川南江，发展得怎样呢？让我们走进巴山、走进南江，近距离地看看巴山蜀水发生了哪些历史性变化。经过深入细致的实地调研，我们深切感受到，改革开放以来，特别是党的十八大以来，南江县委、县政府带领 70 万南江人民，团结奋发、开拓创新，推动全县经济社会面貌发生了翻天覆地的历史性巨变。在此过程中，南江县探索出一条山区县域绿色发展的实践之路，创新了一整套脱贫攻坚、乡村振兴的制度机制。南江县推动绿色发展的制度机制和经验规律，为秦巴山区 75 个山区县域脱贫振兴开辟出一条新路，同时，这对于全国广大山区县域实现乡村振兴，也具有重要的启示和借鉴意义。

## 一、“蜀道”南江的千年之变

南江县位于四川盆地东北边缘，隶属于四川省巴中市，地处秦巴山区的米仓山南麓，是国家扶贫开发工作重点县、首批国家主体功能区建设试点示范县、川陕革命老区振兴发展规划核心区域县、国家新型城镇化综合试点县。

南江县区域面积为3388平方公里，南北长约84公里，东西宽约31公里。南江境内地形复杂，山峰巍峨，沟壑纵横，素有“九山半水半分田”的说法。根据2016年土地变更调查成果，县内耕地面积约98.36万亩，占全县土地总面积的19.3%，农村人均耕地面积为1.95亩；林地为348.8万亩，占全县土地总面积的68.6%。目前，全县下辖48个乡镇，包括27个镇、21个乡，共有516个行政村、111个社区，合计有20.2万户70.9万人。[①]

从历史上看，南江古属巴国之地。先秦两汉时期，该地开始有政区建置。南北朝时，梁普通六年（525）始建难江县，取江水难涉之意。此后近千年时间里，南江的行政区划屡有更迭。明正德十一年（1516）复置南江县，县名由“难江”改为“南江”，县治所在今南江镇。由此，南江县名一直沿用至今。

千百年来，南江县始终“扼蜀汉之咽喉，控川陕之要冲”，有着“蜀门秦关”之称。境内山势险峻、道路崎岖，古蜀道之一的米仓古道贯穿全境。米仓古道被誉为“中国乃至世界交通史上的活化石”。在古代，它是北上中原、南下巴蜀的商道、兵道和驿道。早年间，米仓古道上每天至少有100多匹马、1000多名巴山背二哥[②]往来穿梭，主要贩运盐、布匹、茶叶、银耳等。

在中国革命史上，南江县堪称红色热土、革命老区。第二次国内革命战争时期，南江成为全国第二大苏区——川陕革命根据地的中心区域之

① 除直接注明外，本文中数据均由南江县相关部门提供。参见中国社会科学院政治学研究所南江调研组编《四川省南江县调研资料汇编》（未出版）2018年6月。

② 巴山背二哥，又称巴山背老二，是指常年在秦巴山区古蜀道上以背运东西为生的人，是秦巴山区的地方性称呼。

一。1933～1935 年，徐向前、李先念等老一辈革命家曾在这里战斗生活过。1935 年，红四方面军撤离川陕革命根据地后，巴山游击队坚持了长达五年的斗争。据不完全统计，南江县共有 2.2 万名儿女参加红军，其中 1.6 万人为革命献出了宝贵生命。

1949 年 12 月，南江县城获得解放，南江人民从此当家做主，迈进了社会主义改造和建设时期。之后的 30 年时间里，南江县在“一穷二白”基础上进行了艰辛曲折的探索，初步改善了人民生产生活的基本状况，奠定了后续发展的政治和经济基础。然而，千百年来“蜀道”南江的发展条件尚未有根本性改变，尤其是交通闭塞、往来不畅，依然是制约南江发展的“卡脖子”难题。

改革开放以来，经过 40 年的创新发展，特别是党的十八大以来，南江县经济社会各项事业发生了翻天覆地的变化，取得了前所未有的历史性成就。

一是经济增长显著加速，产业结构不断优化。

改革开放 40 年来，虽然南江县的经济体量相对于东部沿海地区比较小，但纵向看其经济增长呈现出明显的加速发展态势，主要经济指标都有了上百倍乃至几千倍的增幅，年均增长率均达到两位数（见表 1）。

**表 1　改革开放以来南江县主要经济指标变化汇总表**

| 指标名称 | 1978 年数额（单位：万元） | 2017 年数额（单位：亿元） | 增长倍数 | 年均增长率 |
|---|---|---|---|---|
| 地区生产总值 | 6977 | 124.81 | 177.89 | 14.2% |
| 固定资产投资 | 355 | 300.07 | 8461 | 26.1% |
| 社会消费品零售总额 | 3861 | 58.55 | 150 | 13.7% |
| 一般公共预算收入 | 465 | 8.09 | 176 | 14.2% |

以一般公共预算收入的变化为例（见图 1），南江县一直处于稳步增长态势，尤其是 2008 年灾后重建以来的增长速度更是惊人，年均增长率达到了 29.1%，其中 2010～2012 年连续三年的年均增长率都超过了 50%。

在经济快速增长的背景下，南江县的三产产值也有了大幅度提升，产业

图 1　改革开放以来南江县一般公共预算收变化趋势

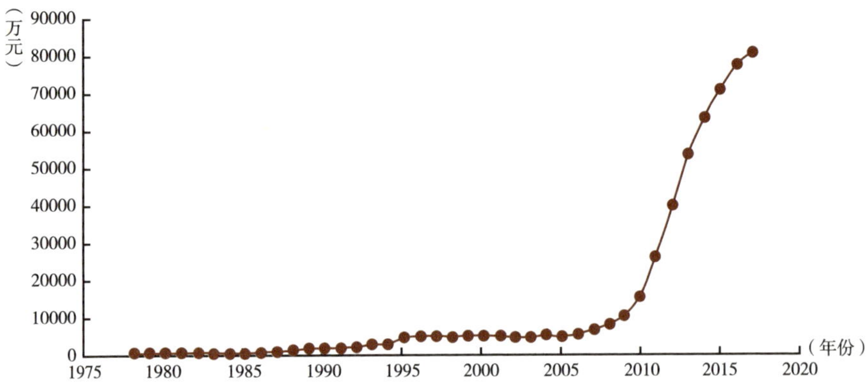


结构得到不断的调整和优化。改革开放初期，南江县的三产产值曾分别是 8620 万元、4168 万元、1022 万元；截至 2017 年底，三产分别增长到 18.23 亿元、73.09 亿元、33.5 亿元，各自增加了 20 倍、173 倍、334 倍，三产结构比从 62.4 : 30.2 : 7.4 逐步优化为 14.6 : 58.6 : 26.8。今后，随着南江县全域旅游的加快推进，三产比例还会进一步优化，第三产业的比重会迎来明显的上升期。

二是政治建设稳步推进，治理能力不断提升。

改革开放 40 年来，南江县不断落实中国特色社会主义民主政治制度，确保了人民当家做主的各项权利落到实处，人民群众的政治权益得到进一步发展和保障。同时，随着党的领导方式和执政方式日趋完善和成熟，南江县科学治理、民主治理、依法治理的水平不断提升。

自 1993 年从达县地区划入巴中地区以来，南江县开展了多轮撤乡并镇、撤乡设镇工作，并在 2003 年、2005 年先后撤销了县乡之间的区公所和片区办事处，使得本区域的行政区划更加合理。1997 年南江县曾经下辖 79 个乡镇，如今全县乡镇已经精减为 48 个。近年来，南江县还积极下放人权、事权、财权，全面启动长赤、正直、沙河等镇扩权强镇试点工作，持续激发乡镇活力。此外，南江县以“放管服”改革为重点，加快转变政府职能，加强行政权力的规范运行，建成智慧政务服务体系，统筹推进商事制度、户籍制度、城市综合执法等重点领域改革，法治政府、服务型政府、廉洁政府建设不断推进。

南江县始终坚持“好干部”标准，注重在“三个一线”（基层工作一线、项目工作一线、脱贫攻坚一线）培养选拔干部，建立起干部评优评先、奖惩考核等一整套机制，促使县域政治生态持续净化。其中，2016 年桥亭乡党委被中央表彰为全国先进基层党组织；2017 年“掉皮掉肉不掉队、流血流汗不流泪”的南江脱贫攻坚精神，获得国家扶贫省际交叉检查组称赞。

三是科教文卫全面发展，群众精神文化生活日益丰富。

改革开放以来，南江县的科技、教育、文化、卫生事业持续健康发展，获得了全国义务教育发展基本均衡县、全国科技工作先进县、全国科技进步先进县、国家卫生县城等重要荣誉称号。

在科技方面，改革开放前南江县没有一家科技型企业，如今全县科技实力大为增强，专利申请数量迅速增加。仅 2017 年，专利申请量就有 244 项，其中 54 项获得专利授权。

在教育方面，与 1978 年相比，南江县的办学条件全面改善，校舍建筑面积增幅接近 6 倍；教育程度不断提升，平均受教育年限由 5.8 年增加到 10.5 年；教育质量大幅提高，党的十八大以来，全县共有近 1.3 万名学生升入本科院校，其中 17 名学生考入清华大学、北京大学。

在文化方面，南江县逐步建成了以县城为中心、辐射各乡镇的公共文化服务网络，通过整合新建文化馆、图书馆、博物馆、巴山游击队纪念馆等措施，从根本上解决了多年来开展文化活动无场地的窘境。此外，全县 48 个乡镇全部建成了综合文化站，100% 的村和社区建立了文化室、农家书屋，集中配备了音响、电视、图书等文化活动设施，90% 的村实现了广播村村响。

在卫生方面，南江县乡村三级医疗卫生基础设施建设步伐加快，医疗机构从改革开放前的 84 家快速增长到 633 家，病床从 688 张增加到 3142 张。如今，乡乡建有标准中心卫生院，村村建有标准卫生室。另外，近年来南江县还基本消除了克山病、大骨节病等地方性疾病，有效控制了艾滋病、结核病等传染性疾病，人民群众的健康状况得到不断改善。

四是社会事业不断进步，人民生活水平显著提高。

经过40年的持续发展，南江县的基础设施条件明显改善，城乡面貌发生深刻变化，城乡人均收入有了大幅度增加，人民生活质量显著提升。

经过两轮“交通大会战”的努力，南江县交通运输事业取得了长足进步，铁路、高速、国道从无到有，公路总里程增加了4倍多，实现了所有行政村通硬化路。

南江县还积极推动易地扶贫搬迁、地灾避让搬迁、农村危旧房改造以及土地增减挂钩等政策落到实处，实现了人人有安全住房。

此外，近年来南江县建成200余处农村饮水工程，完成9家小水电企业原供区农网改造，行政村一级的安全饮水、安全用电已经实现了全覆盖。

在居民收入方面，南江县人均可支配收入从改革开放之初的131元，增加到2017年的16889.8元，增长了127倍。其中，城乡居民人均可支配收入分别从560元、67元增加到28362元、10927元，分别是40年前的51倍和163倍。

在社会保障方面，截至2017年，南江县“五大保险”的参保率都达到了97%以上，民生保障能力持续提升，其中城乡居民医疗保险参保率达到100%、养老保险参保率达到98%。

五是生态文明意识不断强化，绿色发展成效突出。

改革开放初期，南江县曾忽视生态环境的承载能力，走过“绿水青山”换“金山银山”的弯路。近年来，南江县深刻认识到“绿水青山就是金山银山”的重要性，努力将生态优势转化成经济优势，推动绿色发展理念深入人心。

经过持续的综合治理，如今的南江县天更蓝、地更绿、水更清，全年空气质量优良天数达到90%，县域内森林覆盖率为68.8%、绿化率达到98.5%，26条主要河流的水质均达到优良标准。

此外，光雾山被正式纳入国家5A级旅游景区创建序列，光雾山－诺水河地质公园成为联合国教科文组织确认的世界地质公园，米仓山国家森林公园获批全国首批森林康养试点示范基地、全省十佳国家级森林氧吧，玉湖成功晋级为国家级水利风景区，断渠湿地公园、南江城市公园等10座生态公园陆续建成。

40年弹指一挥间，南江县发生千年未有之沧桑巨变，尤其是进入新时代以来，经济社会各项事业都迈上了更高的台阶。这些成绩的取得，归结起来，离不开南江干部群众牢固树立“绿水青山就是金山银山”的发展理念，离不开南江人民推动绿色发展的生动实践，离不开山区县域开辟出的脱贫振兴之路。

## 二、绿色发展的创新实践

“蜀道”南江的千年之变，得益于改革开放，尤其是党的十八大以来，南江县推进绿色发展的创新之路。绿色发展不仅助推南江县的脱贫攻坚，也为乡村振兴的同步推进提供动力。过去，“抱着金山银山，却穿着褴褛衣衫”。现在，守护绿水青山，就可以富裕安康。秦巴山区中的南江县，用绿色发展贯通了脱贫攻坚与乡村振兴的战略通道，走出了一条在绿色发展中脱贫，在绿色创新中振兴，在绿色振兴中永续发展的科学之路。

### （一）绿色发展助推脱贫攻坚

党的十八大以来，中央把扶贫开发进一步提升到治国理政的重要位置。十八届五中全会明确提出，到2020年稳定实现贫困人口全部脱贫、贫困县全部摘帽的目标任务。

南江县深入贯彻落实党中央精准扶贫精准脱贫的战略要求，在健全现代交通网络、补齐基础设施短板、树立绿色发展理念、壮大绿色产业发展、培育乡土实用人才等方面，进行了一系列改革创新，走出了一条通过绿色发展助推脱贫攻坚的创新之路。

### 1. 交通条件改善

作为秦巴山区的交通节点，南江依然是川陕往来的必经之地。直到改革开放前，蜀道之难的困境依然困扰着南江人民。蜀道之难行，生存之艰难，当地群众有说不完的锥心之痛。比如，南江镇的三溪村，距离南江县城仅 9.5 公里，出村进县城的唯一通道，是一条当地人称“梯子湾”的陡峭小路，有着多达 1270 多个台阶。农民进城一次，往返就要走 9 个多小时，很多病人因无法得到及时救治而去世。农民要进县城卖猪，就得五六个壮劳力抬着，“梯子湾”湿滑难行，猪摔死、人摔伤的事情时有发生。

改革开放以来，南江县把破解蜀道之难的“卡脖子”困境，作为脱贫攻坚的根本前提，通过多年来不断加大交通基础设施建设，南江县交通状况得到了历史性的优化改善。截至 2018 年 6 月，全县通车里程累计达到 5435 公里，其中国道 2 条、省道 1 条、县道 11 条、乡道 33 条。全县农村公路达到 5096 公里，占全县公路总里程的 94%，实现了乡镇、行政村公路通达率 100%。农村公路已成为新农村建设的最大亮点，成为人民群众最满意的民心工程。

南江县交通基础设施的极大改善，推动南江从闭塞山区转变为四川北向东向开放的桥头堡，成为川陕渝互联互通的重要连接地，创造了南江县决胜脱贫攻坚、全面乡村振兴的根本性基础条件。

### 2. 水利设施优化

改革开放前，南江县地理条件特殊，山地占辖区面积 95%，丘陵、河谷及平坝仅占 5%，生态环境、地质环境脆弱。交通道路不畅，意味着乡村的其他基础设施也无法配套。过去的南江“交通基本靠走，通信基本靠吼，治安基本靠狗”。在道路之外的所有基础设施中，饮水与居住条件是十分突出的两个问题。

在安全饮水方面，南江县把水利建设作为农业基础设施建设的优先领域，统筹规划，全面部署，累计建成各类水利工程 15500 处，总蓄引提水能力 7510 万立方米，有效灌溉面积 16.94 万亩，城区日供水能力 2.0 万立方米，污水日处理能力 1.0 万立方米，2014 年以来，210 个村新建供水工程 572 处，2.98 万名贫困群众、17.7 万名非贫困群众安全饮水同步提升。

此外，南江县还启动了红鱼洞水库及灌区工程的建设。这是一个兼具防洪、灌溉和城乡生活及工业供水等功能的大型水利工程。未来全面竣工后，该工程将新增和改善灌溉面积 40.96 万亩，可解决巴中 40 万人生活用水问题。在此基础上，还可发展特色旅游产业，这对促进老区脱贫致富和经济社会发展有着重要意义。

3. 易地扶贫搬迁

南江县不断创新搬迁模式，推进“四个搬迁 +”，保证贫困户不仅有安全住房，而且保障搬迁后稳得住、能致富。

一是推进“搬迁 + 盘活”。主要通过成立集体资产管理公司，盘活村集体闲置资源，增加贫困户收入。在贫困村推行“三个 1/3”分红模式（按集体股、贫困户股、普通户股“三个 1/3”的方式，量化分红到人），普通村推行“四六”（按集体股、农户股各占四成和六成）分红模式。已搬迁入住的 8341 户中，有 5668 户通过入股集体资产管理公司，年人均分红 300 元。

二是推进“搬迁 + 园区”。主要围绕南江黄羊、核桃、富硒茶、生态养殖、金银花等特色产业，通过龙头企业、专业合作组织和专业大户带动，采取规模流转、入股分红、就地务工等多种方式增加搬迁户收入。全县培育新型经营主体 2280 家，建成农业产业基地达 130 万亩。已搬迁入住农户中，有 5316 户通过业主带动，实现年人均增收 1670 元。

三是推进“搬迁 + 旅游”。坚持“建一批易地搬迁安置区、创一条乡村旅游线”，建成了多条乡村旅游精品环线，涵盖易地搬迁安置区 84 个。依托易地扶贫搬迁安置点，大力发展现代农业、观光农业，实现农业和旅游有机融合。对发展“光雾旅”农家乐的易地搬迁群众，每个床位给予 1000 元补助。已搬迁入住农户中，有 1979 户从事旅游服务业，年人均增收 2160 元。

四是推进“搬迁 + 劳务”。整合全县职业教育培训力量，对有劳动能力的搬迁群众，实行就业技能培训全覆盖，实施搬迁群众“换脑增智”2.2 万人次。已搬迁入住人口中，有14467人通过技能培训实现劳务输出，年人均增收3080元。依托传统优势产业、旅游商贸等服务业，就近就地吸纳搬迁群众就业3320人，人均月工资2000元以上；依托公益性岗位安排就业3043人，人均月工资500元以上。

全县计划搬迁建档立卡贫困户8476户31087人，按照农户意愿，进行搬迁安置分类，进城镇购房安置1349户5405人，进中心村（聚居点）2273户8159人，分散自建4480户16703人，投亲靠友374户820人。截至2018年5月底，完成住房建（购）任务8422户30949人，搬迁入住7788户29054人，分别占总任务的99%、93%。215个易地安置点全部开工，已完工209个，已竣工验收174个，进入扫尾阶段6个。

南江县通过易地扶贫搬迁等创新做法，走出了一条以群众需求为导向，以群众意愿为宗旨，通过提供多样化方案，扎实推进“民心”工程建设，让群众真正在“安居”中获得安全感。

### 4. 绿色理念铸魂

绿色发展是南江县脱贫攻坚的核心理念，不仅表现为生态优先的保护性开发，同时也强调视贫困户情况，开展针对性帮扶，变“输血”为“造血”，重视扶志与扶智相结合。

南江县坚守习近平总书记“绿水青山就是金山银山”的发展理念，确立“生态立县、文旅强县、绿色崛起、同步小康”的发展路径，高标准编制了南江县生态建设和环境保护规划、国家生态文明示范县建设规划。同时，锁定创建目标，细化创建责任，强化创建举措，全力推进生态环境持续改善、生态空间不断优化、生态经济发展壮大、绿色生活方式加快形成。

南江县在绿色发展的方案中，坚持扶志与扶智并举，由“输血”转变为“造血”，引导贫困群众增强战胜困难的信心和斗志。让贫困群众和非贫困群众都能从脱贫攻坚、绿色发展中，找到个人创业发展之路。

### 5. 绿色产业造血

绿色产业是南江县脱贫攻坚的战略举措。绿色发展理念决定了绿色产业要走“造血式”发展，让群众在“乐业”中真正获得幸福感。

在绿色发展理念指导下，围绕黄羊、核桃、富硒茶、金银花等绿色产业，发展龙头企业、专业合作组织和专业大户，用活扶贫小额信贷、产业扶持周转金；采取土地规模流转，年底按股分红、就地务工等多种方式，增加搬迁户收入，让贫困户在安居乐业中收获绿色发展的“红利”。

大力扶持小种植、小养殖、小加工、小经营的“四小”扶贫增收产业，以小而有效的产业模式，带动贫困户实现自主脱贫。其中，最具特色的扶贫模式是“借羊还羊”模式。从2014年起，南江县逐步探索出一种新的“造血式”扶贫模式，即：“财政、农业、金融、专合、企业”五方共保，通过借“1只公羊”“20只母羊”借给贫困户，保证该户一年半后可收入5万元钱。贫困户第三年开始归还同质同量的羊。这种模式成本低、易推广，绿色可持续，自2017年全面推广以来，以实际效果推动了扶贫工作的开展。

### 6. 乡土人才培元

乡土人才是保障乡村持续稳定脱贫的内生动力。在精准扶贫进程中，南江县通过教育扶贫、农民夜校、村政学院等多种渠道，为乡村输送了一批懂农业、爱农村、留得住的乡土人才队伍。

教育扶贫，从孩子抓起。党的十八大以来，南江县通过推进教育扶贫，落实学生资助资金1.3亿元，减免资助资金1亿余元，资助困难学生21.67万人次，全县无因贫失学、辍学现象。

农民夜校，培育懂经营、会管理的新型农民。通过开办固定课堂、网络课堂、实践课堂，突出政策感恩教育、法制安全教育、健康知识教育、技能技术培训、家风家训培育五大培训重点。目前，全县村村开办农民夜校，已开展教育培训6000余场次，受益群众40余万人，为脱贫奔康注入新动力。

村政学院，培育乡村“留得住”的后备干部。面对乡村基层干部能力不足、后继乏人、流失严重等现实问题，南江县以脱贫攻坚、乡村振兴中的具体问题为导向，以国家重点职业高中——小河职中为载体，率先在全国范围内开办特色村政学院，得到了中央的肯定，并在全省得以复制推广。截至目前，已培训建档立卡贫困村现任支部书记、村主任 84 人，储备村级后备干部 213 名，36 名学员当选村（社区）党支部书记，28 名学员当选为村（居）委会主任，培养了一支有文化、懂政策、有技能的“永久牌”乡村人才队伍。

南江县通过发展生产、易地搬迁、生态补偿、发展教育、社会保障等一系列有效举措，确保脱贫攻坚按期推进。到 2017 年底，南江县贫困发生率已降至 4.94%。提前完成易地扶贫搬迁，提前启动 2018 年全县“脱贫摘帽”，同时也为进一步振兴乡村奠定了坚实的基础。

### （二）绿色发展引领乡村振兴

南江县探索总结的绿色发展之路，不仅强力助推脱贫攻坚，也是实现乡村振兴的关键举措。南江县一直坚守“生态立县、绿色崛起”的战略理念，在努力实现产业兴旺、生态宜居、乡风文明、治理有效、生活富裕基础上，大力推进乡村全面振兴。

#### 1. 绿色产业兴旺

产业兴旺是乡村振兴的关键所在。在精准扶贫基础上，南江县通过壮大绿色生态产业，建成了南江黄羊、核桃、茶叶、金银花、乡村旅游 5 个“百里特色产业长廊”，形成了绿色循环的工业体系，“互联网 +”等现代服务业体系也已覆盖城乡。

绿色农业走向全国。全国首个肉类产品交易中心——南江黄羊交易中心挂牌营运；南江大叶茶系列产品在第六届中国（四川）国际茶博会获 5 项金奖；新建标准化种养殖场、休闲农庄、休闲农业专业村 41 个，创建国、省级农业示范园区 4 个。南江因特色农业“绿色、富硒、有机”的优良品质，获全国种养结合整县推进试点县，成功创建国家级绿色畜牧业示范县，入围全国有机产品认证示范县创建序列。

新型工业持续提升。2017 年，完成工业投资 47.12 亿元，其中技改投资 26.2 亿元；规模以上工业实现总产值 110 亿元，增长 10%。盛世建材等 11 个工业项目竣工投产，新培育两化融合示范企业 3 户、超亿元工业企业 9 户。

现代服务业加快繁荣。2017 年，宏帆广场、亿联电商城等商业综合体建成投运。海天摩尔、顺丰等知名商贸物流企业落户南江。新建、改建农贸市场 10 个。新培育电商骨干企业 4 家、服务站点 44 个、线上线下互动企业 500 余家，成功创建国家电子商务进农村综合示范县。

南江县坚定“绿水青山就是金山银山”的理念，在保护生态的基础上，突出生态产业化、产业生态化，加快绿色价值提升，走出了一条山区县域绿色发展的道路。

### 2. 美丽生态宜居

绿色产业是生态宜居的基础，生态宜居的美丽新村是生活高品质的保障。截至 2017 年底，南江县已成功创建省级园林县城，同时依托地方优势资源，建设特色小镇、美丽乡村，推出一批以文化、旅游为主题的生态品牌。

成功创建省级园林县城。完成东榆镇 - 断渠滨河两岸整体绿化彩化，新增城市绿地 23 万平方米。米仓山大道、朝阳至杨家河市政道路完成升级改造。红塔公园、中河坝公园建成投用，养生潭湿地公园完成工程总量 80%。

特色小镇建设成效显著。光雾山镇入选“全国最美森林小镇 100 例”、首批省级森林小镇。桥亭镇建成红叶之旅的特色小镇。凤仪乡“清花水乡”特色小镇开工建设。寨坡乡森林康养特色小镇项目成功签约。正直镇、长赤镇“百镇建设试点”和沙河镇、下两镇、大河镇重点镇建设持续深化。全县 48 个乡镇公共设施加快完善。2017 年新增城镇人口 1.95 万人，常住人口城镇化率达到 37.3%。

美丽乡村建设成效显著。全县推进农村危旧房改造，农户人居环境得到大幅改善。坚持产业园区、田园景区、新型社区“三区同建”，深入推进农村改水、改厨、改厕等行动。近几年，南江县的安全饮水率已经达到 100%，农村卫生厕所普及率达 95.5%，农村人居生活条件得到大幅改善。同时，持续推进农村环境综合整治，从根本上改变了农村“脏、乱、差”的现象。木罗村等 20 个村申报省级传统村落，金碑村建起了村史馆和农耕文化博物馆。

文旅生态品牌迈向国际。努力创建光雾山国家5A级旅游景区；光雾山-诺水河世界地质公园顺利通过联合国教科文组织专家验收；成功举办2017四川红叶生态旅游节；包含米仓古道在内的古蜀道，正在申报世界“双遗产”。同时，玉湖成功晋级国家级水利风景区，米仓山国家森林公园获全国首批森林康养试点示范基地、全省十佳国家级森林氧吧，2017年接待游客770万人次、旅游收入62.8亿元。

### 3. 醇厚乡风文明

加强乡村德治，醇厚乡风文明，为“产业兴旺”“生态宜居”提供坚实的支撑。南江县在原有“红色基因”基础上，围绕绿色生态发展，通过“道德银行”等一系列道德文化建设，努力形成讲奉献、尚文明的社会新风尚。

“道德银行”激发内生动力。南江县关坝镇小田村，2017年以乡村精神文明建设为突破，探索推行“道德银行”激励模式，让有德者有“得”。以银行运行理念，围绕群众爱党爱国、孝老敬亲、诚实守信、勤劳致富等方面共40多项标准，通过村民民主评议，考核村民道德行为，量化道德积分，存入村民个人账户。同时，以积分高低作为评选道德模范的重要依据，用集体经济收入，按季度按积分给予一定生产生活物质奖励。由此，在乡村建立了一种“奉献–回报-奉献”的制度机制，2018年初“道德银行”模式已在南江县全面推广。

此外，南江县围绕“生态惠民、生态利民、生态为民”，增强全民环保、节约、生态意识，倡导低碳、节俭的绿色生活方式和消费模式。

### 4. 创新体制机制

绿色发展、乡村振兴的关键是体制机制的制度保障。南江县在乡村振兴中不断深化改革创新，形成了一整套协调配套、高效运作的体制机制。

党政一体。县委、县政府在乡村振兴、绿色发展的具体推进中，始终作为核心领导者和主要组织者，自上而下坚决推行相关政策的落地与实施。以创建国家生态文明示范县为例，南江县坚持“党政同责、一岗双责”责任制，成立以县委书记、县长为双组长，县委、县政府分管领导任副组长，相关县级部门主要负责人为成员的创建工作领导小组，具体组织协调各项创建工作，确保创建工作高效推进。

部门协同。县乡之间、县级各部门之间的合作协同，是推动治理有效的核心机制。如在国家生态文明示范县创建中，整体部署被分为 6 大重点领域、10 大重点任务、38 项具体指标，细化分解落实到 48 个乡镇和 20 多个县级部门，并层层签订项目推进责任书，紧扣项目目标，倒逼责任落实。

绩效考核。在国家生态文明示范县创建中，南江县制定《南江县生态文明建设目标评价考核办法》，作为县生态文明建设评价考核依据。同时出台《南江县绿色发展指标体系》，对各乡镇生态文明建设工作进行年度评价；出台《南江县生态文明建设考核目标体系》，每五年规划期结束后，对各乡镇进行生态文明建设工作考核，考核结果作为各乡镇党政领导班子和领导干部综合考核评价、干部奖惩任免的重要依据。

严格追责。体制机制的健康有效运行，离不开责任的落实与保障。在国家生态文明示范县创建中，南江县严格执行《四川省党政领导干部生态环境损害责任追究实施细则（试行）》《四川省领导干部自然资源资产离任审计试点实施方案》等制度，强化党政领导干部生态环境和资源保护的职责，对损坏生态环境质量的，坚决追责问责，实行终身追责。

### 5. 统筹城乡发展

在新型城镇化的快速推进中，南江县坚持规划引领、城乡融合、多规合一，通过不断优化生产、生活、生态空间布局，统筹城乡融合发展。

全域规划科学编制。坚持“全域南江”理念，遵循“规划先行、规划引领、规划统筹”的原则，完成《南江县城市总体规划》《县域村镇体系规划》《县域新村总体规划》编制，完成 3 个重点镇、5 个特色镇、23 个一般乡镇、210 个幸福美丽新村规划、500 多个聚居点规划，完成基础设施、公共服务、产业发展、土地利用等全域配套规划，基本形成全域覆盖、多规配套、多规衔接、多规合一的规划体系。

新型城镇快速崛起。以朝阳新区、红塔新区和黄金新城为重点，加快县城整体建设，县城建成区面积由 8.5 平方公里扩展到 18 平方公里。黄金大道、东绕城公路、红塔公园等一大批市政重点工程全面建成，推进城东 - 城北片棚户区改造。新建城市公园 3 个、休闲广场 1.5 万余平方米、城市绿地 2 万余平方米，市政功能日益完善，城市品质全面提升。

产村相融加快发展。坚持宜聚则聚、宜散则散，有序引导农村人口向县城、重点镇、中心村、产业聚集地集聚，通过统规统建、统规自建、统规联建等建设方式，建成长滩村、青杠村、槐树村等中心村 32 个，建成聚居点 650 余个、巴山新居 8.5 万户。

城乡基础日益完善。围绕“全域畅通”目标，加快道路交通建设，巴陕高速公路米仓山隧道全线贯通，县城至关坝段正式通车；围绕“同网同价”用电目标，完成 9 家小水电企业原供区 27 个乡镇、97 个村（社区）农网改造，改造户表 1.6 万户。积极推进“智慧南江”建设，建成 185 个“宽带乡村”工程，170 个 4G 基站，全县有线宽带、无线 4G 网络覆盖率达 75% 以上，城乡信息化程度全面提升。

社会事业协调发展。大力实施校安工程、薄弱学校改造和校园美化工程，小河职中成功进入省级高技能人才培训基地建设项目名单。扎实创建“平安南江”，“雪亮工程”一期目前已建成并投入使用，涉及 25 个乡镇的 33 个村、20 个社区。完善三级公共卫生服务网络，积极实施乡村卫生一体化改革，全县所有行政村，村卫生室全面完成配套设施建设。

## 三、绿色发展的协同治理

乡村实现振兴，有效治理是基础。有效治理的根本是“一核多元”的协同治理，是党政统合、企业实施、社会协同、外部整合的合作共治，是乡村治理体系与治理能力的现代化。

南江县绿色发展的高效推进，得益于“一核多元”治理体系的制度保障。从脱贫攻坚到乡村振兴，南江县以党政为核心，将企业、社会组织、公众参与和外部力量等多元因素统合起来，形成上下统合、内外协同的组织化体系，实现绿色发展的协同共治。

### （一）党政统合

南江县委、县政府作为南江绿色发展的核心领导力量，一方面从内部对县、乡、村三级党政部门进行纵向的统合，将国家一系列政策方针落地实施；另一方面也从外部寻找帮扶、合作的力量，通过横向的组织协同，将技术、资金、人员等要素纳入绿色发展的进程中。

从内部的纵向统合来看，南江县通过党政一体、党政同责，将中央、省、市及县级相关政策落实到位。同时，通过县级多部门的联动合力，强化组织化推进，保证各部门项目落实的能力和责任。主要体现为：党委决策，政府负责，以专门的文件、机构和工作班子为主要抓手，实现县域治理的高效化。以扶贫工作为例，主要通过“六个有”（户有卡、村有册、乡有簿、县有档、市有卷、省有库）建立多层级台账，结合“五个一”（每个贫困村有一名县级以上领导干部联系、一个帮扶部门、一支驻村工作队、一名党组织“第一书记”、一名驻村农业科技人员）的帮扶机制，实现驻村工作队中的县、乡、村统合领导。

从外部力量的横向协同来看，主要是外部资金、人员、技术的合作帮扶。一方面是政府层面的互动，发达地区提供管理、市场等全方位的支持，如浙江省缙云县与南江县建立扶贫协作结对关系；另一方面是企业、社会组织等，通过资金对本地产业进行帮扶，如香港各界扶贫促进会对南江黄羊产业的帮扶，中国工商银行对南江的全方位定点帮扶等。

### （二）企业实施

企业是“一核多元”体系发挥实际效用的重要组成。在绿色发展助推脱贫攻坚、引领乡村振兴的进程中，企业不仅是各项工程项目的具体实施者，也是绿色产业振兴的组织化载体。

依据功能职责的不同，企业分为以下几种：村级集体资产管理公司，是村级集体经济的组织形式，通过农民入股分红，保障本村农民的基本利益；旅游公司，通过文化资源与自然资源的整合，让资源变资本、社区变景区，以旅游产业带动当地产业发展；加工企业，如四川北牧南江黄羊集团公司、四川德健南江黄羊食品有限责任公司等，结合南江生态功能区建设，在农业特色产业、精深加工业等方面带动农民自主发展；工程建设公司，在政府政策及项目引导下，通过定向的资金投入，推动项目实施，如中心村和安置点的统规统建工作，就是由国有平台春晖公司作为项目管理单位和实施主体，分乡镇组建了项目部和施工队伍；电商平台，通过“网络＋”模式，构建县、乡、村三级网络销售体系，实现绿色有机产品的跨区域销售。

### （三）社会组织参与

在乡村治理体系中，社会组织因其非营利性、公益性等特征，具有独特的专业组织优势，发挥着重要的参与治理作用。近年来，南江县的社会组织逐步发展壮大。

在脱贫攻坚方面，南江县充分发挥老干部的独特优势，全县 48 个乡镇均建立了离退休支部和夕阳扶贫志愿服务队，搭建起党建、科技、爱心、感恩四大平台。围绕绿色发展的产业布局，南江县充分发挥“老科协”的专业特长，将其打造成脱贫帮扶的“智囊团”，免费为贫困户提供政策、信息、技术等各类服务。

在文明新风方面，南磷路社区的“夕阳红志愿服务队”是南江县的一张名片，在帮助社区群众解决生产生活困难方面发挥重要作用。这一社区的“王大姐聊天室”创新了人民调解的方式方法，推动了居民矛盾、家庭纠纷大幅减少。近年来，在“王大姐聊天室”的努力下，南磷路社区未发生一起上访案件。

社会组织的发育及参与状况，是基层治理水平的具体体现。南江县通过多类型社会组织的参与协同，实现县、乡、村三级纵向联动，推动了基层治理现代化水平的提升。

### （四）人才保障

南江县绿色发展的核心，是让绿色的“红利”能够普惠到每一个人。只有坚持以人为本，通过激发乡村主体的内生动力，才能最终实现乡村的振兴发展。

在“一核多元”的组织体系中，乡土人才是农民脱贫奔康的根基。从普通农民到专业大户，从技术人员到村镇干部，南江县通过全方位的夯实主体性基础，全方面提高各个群体素质和能力，打造了一支有内生活力、爱乡村、留得住的乡土人才队伍。

广大农民是农村的主体性力量，但当下乡村“空心化”现象普遍，人才流失严重，懂农业、爱农村的人越来越少。乡村振兴的实现，终究离不开懂政策、有能力，同时又了解乡村实际的人才。南江县依托农民夜校、小河职高、村政学院等多种类型的培训机构，提升农民自身的能力和素质，培养了一批批从基层中来、到基层中去、能扎根农村的人才队伍，为乡村的发展奠定了坚实的主体基础。

### （五）外部协同

在充分挖掘内生动力的同时，南江县积极向外寻求助力，整合了多支外地帮扶力量，协同参与本地的脱贫攻坚和乡村振兴工作。

自 1995 年起，中国工商银行开始定点帮扶南江县。23 年来，中国工商银行先后选派 55 名扶贫干部，累计投放扶贫贷款超过 40 亿元，无偿捐助资金达 9000 多万元，通过精准开展金融扶贫、产业扶贫、教育扶贫、卫生扶贫，走出了一条“输血 + 造血”与“扶智 + 扶志”相结合的定点扶贫路子。在川浙结对帮扶活动中，南江县与浙江省缙云县建立了扶贫协作的结对关系。2018 年 1 月，双方签订了《缙云 - 南江东西部扶贫协作框架协议》，谋划落实帮扶项目、政策与机制，在人才交流、电子商务、农业产业、招商引资等多方面开展深度合作，全力推动结对帮扶合作取得新成效。

香港各界扶贫促进会是新近加入的扶贫帮扶力量，其中南江县被确定为该会的首个精准扶贫点。2018 年 5 月，香港各界扶贫促进会与南江县签署了精准扶贫合作备忘录，首期筹集扶贫资金 1 亿元，参与南江县部分乡镇的精准扶贫工作，同时兼顾支持全县的特色产业、教育技术及医疗扶贫等领域。

南江县之所以能够开辟出绿色发展的创新之路，根本上有赖于“一核多元”的协同治理体系。正是在协同治理体系的制度保障下，通过绿色发展实践，从脱贫攻坚到乡村振兴的创新之路才能越走越宽广。

## 四、山区县域绿色发展的经验总结

党的十八大以来，南江县通过强力推进绿色发展的创新实践，逐步走出一条秦巴山区经济社会发展的新路，这在丰富全国脱贫攻坚多样化路径的同时，有助于我们从中总结出山区县域绿色发展的基本经验与规律。这些规律性认识，不仅对同属秦巴山区的 75 个县（市、区）具有重大的启发和示范意义，对全国大部分山区县域推动绿色发展也有重要参考价值。

### （一）目标定位：先打赢脱贫攻坚战，再推动乡村全面振兴

南江县是国家级贫困县，农村贫困面大、贫困程度深、贫困人口多。2014 年，全县精准识别出贫困村 156 个，贫困人口 2.4 万户 8.83 万人。面对艰巨的脱贫攻坚任务，南江县确定了“生态立县、绿色崛起”的发展路径，着力将丰富的绿色资源转化为可持续发展的绿色生态产业。在推动绿色发展的实践中，南江县有着明确的目标导向，首先对标“两不愁、三保障”，实现不愁吃、不愁穿以及保障义务教育、基本医疗、住房安全，确保整县脱贫摘帽。只有打赢了脱贫攻坚战，乡村的全面振兴才会打下坚实的基础。

就全国而言，贫困问题依然是当前发展中最突出的短板，整个脱贫攻坚形势依然复杂严峻。一方面，改革开放 40 年来，共有 7 亿多人摆脱贫困。

特别是党的十八大以来，脱贫攻坚战极大地推动了贫困人口规模大幅缩小、贫困发生率显著下降。截至 2017 年底，我国贫困人口减少了 6853 万人，年均减少 1370 万人，贫困发生率由 2012 年的 10.2% 下降到 3.1%[1]A 另一方面，我国的脱贫攻坚任务仍然十分艰巨，农村贫困人口总数还有 3000 多万人。与以往相比，这些人的脱贫成本无疑更高、难度只会更大。

为此，党的十九大报告向全国发出了打赢脱贫攻坚战的号召，同时提出实施乡村振兴战略，加快推进农业农村的现代化。相比之下，脱贫攻坚无疑是当前亟待攻克的重大政治任务和民心工程，实施标准更为明确，完成时间更为紧迫，属于乡村发展的短期目标。乡村振兴则是一个全方位的大战略，涉及农村的经济、政治、文化、社会、生态文明和党的建设等全面发展，是农业的全面升级、农村的全面进步、农民的全面发展，描绘的是我国乡村发展的中长期愿景。

因此，山区县域要推进绿色发展，必须在目标设定、逻辑顺序上有清晰的认知。绿色发展首先要解决当前贫困群众的“两不愁、三保障”难题。只有在打赢脱贫攻坚战基础上，山区县域才能真正腾出手来，切实谋划绿色崛起，进一步加快农业农村的现代化进程，推动乡村振兴的全面实现。

### （二）前提条件：坚持基础设施先行，下好脱贫振兴“先手棋”

对山区县基础设施落后的状况，南江人民有着深切的感受。1994 年前南江全县没有一条等级路，直到 2010 年前后南江至汉中的出川要道，还只是一条 5 米宽的盘山土路。南江这样的基础设施条件，连日常出行、饮水都解决不了，产业发展、生活富裕更是无从谈起。南江县委、县政府为此想方设法，通过整合涉农资金、鼓励社会垫资、争取企业捐资、发动群众筹资等多种办法，率先解决基础设施落后的千年难题，为当地脱贫摘帽和乡村振兴打牢基础。

---

① 陈炜伟：《2017 年末我国农村贫困人口减少到 3046 万人》，新华网，http://www.xinhuanet.com/politics/2018-02/01/c_1122353906.htm。

南江县的基础设施情况并非个例。从地势上看，我国是一个多山国家，纯山地面积约占全国陆地总面积的1/3。相对而言，山区县往往面临特殊的自然地理条件，境内重峦叠嶂、沟壑纵横，滑坡、塌方、泥石流等地质灾害易发多发。这其中，交通设施跟不上，成为长期制约山区县经济社会发展的“卡脖子”难题。

在山区县如何突破发展瓶颈问题上，基础设施先行已然成为社会各方面的普遍共识，“要致富，先修路”仍旧是山区县脱贫致富的第一要务。

山区县要改善基础设施状况，概括来说需要重点从交通、水利、能源、信息等方面下大气力。然而，当前绝大部分山区县域，仍然属于传统的农业社会，主要支柱产业为传统农业，本身的资金积累严重不足。山区县在基础设施的建设和维护上面临着更为高昂的成本，单靠自身财政很难改善本地区的基础设施条件。比如，有些山区的修路成本远远高于国家补助标准，修一公里路的成本甚至高达三四百万元。目前，在中央专项财政扶贫资金的大力支持下，许多山区县域的基础设施状况正在大幅改善，这不仅解决了长期困扰当地群众的日常出行、安全饮水等难题，也为后续的产业发展、外资引进、人才回流创造出更为有利的条件。

### （三）实现路径：大力发展绿色生态产业，引领三产融合发展

南江县地处北纬32°左右，处在我国南北气候分界线上。这种独特的地理位置，造就了南江独特的自然生态，使其享有“植物王国”、大巴山“百宝箱”等美誉。近年来，通过厚植本地生态优势，培育壮大绿色生态产业。一是立足“绿色、有机、富硒”资源优势，大力发展南江黄羊、富硒茶、核桃、金银花等生态产业；二是先后关闭铁矿、煤矿、砖厂等16家污染企业，引进培育20余家环保型企业落户南江，大力发展特色农产品加工业；三是坚持园区景区同建，建成风情正直—七彩长滩—花桥流水—云顶茶庄—玉湖渔村等多条乡村旅游环线，大力发展生态旅游。

受制于自然地理条件，全国大多数的山区县都有经济发展滞后、产业基

础薄弱、人口集聚困难的特点。同时，山区县也都有自身的独特优势，往往自然环境得天独厚、生态资源丰富多样。

对于山区县域来说，搞小农经济是富不起来的，小农业也是没有多大前途的；另一方面搞粗放式和破坏式的开发，也是不可持续的。山区县域必须坚持绿色发展理念，立足当地的绿色资源优势，大力发展具有比较优势的绿色生态产业。首先，及时关闭目前已有的高污染企业和小煤矿，严格限制高能耗、高耗资类产业的进入，保护好自身的生态环境。其次，要积极扶持农业龙头企业、专业合作社、种植大户、家庭农场等新型农业经营主体，大力发展生态农业、循环农业。最后，积极有序推动三产融合发展，一方面要积极发展农产品精深加工业，提升农产品附加值，实现一产二产化；另一方面要大力推动产村相融，实现村里有产业、村庄即景区，在此基础上积极开发乡村旅游、生态观光等特色服务业，促进一产三产化。对山区县域来说，绿色发展是实现脱贫振兴的最重要理念，绿色生态产业不仅能解决当前的脱贫攻坚难题，同时也是实现乡村振兴的基础，能够为今后的永续发展提供坚实的产业支撑。

### （四）战略重心：加快城乡融合发展，全力推进城乡一体化

当前，南江县每年外出务工达 20 万人之多，乡村人口外流的趋势愈演愈烈，比如有些村高达 70% 的人都在外打工。面对日益加快的城镇化进程，南江县坚持统筹推进城乡发展，一手抓就近就地城镇化，一手抓美丽乡村建设。具体来说，一是推进全域规划，建成“多规合一”信息共享与业务协同平台，完成全县城乡体系规划，着力构建包括县城、重点镇、一般集镇在内的城镇体系；二是稳步推进城镇户籍制度改革，全面实行户口迁移落户城镇“零门槛”，同时加大保障性安居工程建设，健全农业转移人口市民化的奖励机制，引导非户籍人口和重点人群进城落户；三是出台《鼓励支持回乡创业实施意见》，县财政每年预算 3000 万元，建立回乡创业发展基金，对回乡创办领办经济实体进行奖励、扶持、担保、贴息等，积极回引在外成功人士投

资兴农。

当前，我国的城镇化进程正处于提速发展过程中，越来越多的人从乡村流向城市、从小城市涌进大城市。然而，由于城乡二元结构下进城成本很高，二代农民工面临“进城进不了、回乡回不去”的尴尬境地，这就倒逼出更具可行性的就近就地城镇化。此外，由于我国人口基数大，即使未来城镇化率达到70%，农村仍然还会有三四亿人，因此不能完全放任乡村空心化。

山区县域必须站在城乡一体化发展的战略高度，统筹推进城乡融合发展。一方面要降低城镇化门槛，加快农民融入城镇化的进程，加快推进县城、中心镇和一般集镇的建设力度，优化提升居民生活环境和公共服务水平，让县城、中心镇和一般集镇成为进城农民工的主要吸纳地。另一方面要积极吸引部分外出打工者、农村生源的大学生返乡创业，以此引导城乡之间要素向乡村流动，同时采取多样化方法逐渐补齐基础设施、公共服务等方面的短板，让乡村成为“城镇化”的乡村。城乡之间只有打破了要素向城市单向流动的格局，变成一种更为均衡、更为对等的双向流动，城乡融合发展才能有序推进，城乡一体化的目标才能最终实现。

### （五）制度保障：推进体制机制创新，不断提升乡村治理现代化水平

在推进绿色发展过程中，南江县非常注重创新体制机制，以此不断提升县域治理的现代化水平。比如说，推进扩权强镇改革，向长赤镇等多个乡镇下放人权、事权、财权，充分释放乡镇活力；从县、乡、村三级择优选派干部，组成520支驻村工作队共3600余人，实现了对所有行政村的全覆盖派驻，极大地充实了基层组织力量；依托小河职中，创办巴中村政学院，大规模培养村级后备干部和农村实用创业人才；借鉴银行运行理念，探索推行“道德银行”，将村民的道德行为考核量化为道德积分，按季度兑换生产生活物资，推动改善民风民俗。

从南江案例可知，乡村治理现代化是经济社会发展的制度保障，未来乡村的全面振兴更需要提升乡村治理体系和治理能力的现代化。乡村治理体系

的架构，大致可以分为两方面。从纵向角度看，乡村治理体系需要县乡村各司其职，实现三级联动。其中，县级位于乡村治理体系的最高层级，扮演着本区域领导组织者的角色，发挥着统揽全局、协调各方的关键作用；乡镇是最基层的一级政府，位于乡村治理体系的中间层级，扮演着组织实施者的角色，负责法律法规和各项方针政策的贯彻落实；行政村位于乡村治理体系的最低层级，处在基层政权与乡村社会的交会处，扮演着协助实施者的角色，共同推动乡村治理各项内容的最终落地。从横向角度看，乡村治理需要充分调动政府、市场、社会、公众等多方面力量，形成相互衔接、相互补充的治理网络，打造出一核多元、协同治理的有机体系。其中，党政的统合保障是最为重要的一环，它实际统领着各方面力量、统合社会上的各类资源；企业在市场规律的引导下，主要是提供乡村治理过程中所需的资金和技术支持；社会组织负责承接政府转移的职能，提供多样化的公共服务；公众需要增强参与乡村治理的积极性、主动性，进一步发挥自身的主体作用。

在乡村治理体系的基本取向上，党的十九大报告提出，要健全自治、法治、德治相结合的乡村治理体系。其中，自治是基础，法治是保障，德治是支撑。县乡两级政府有必要加快自身职能转变，努力建设成为法治政府、服务型政府；乡村中的各类社会组织要加快成长起来，进一步激发村民的自组织意识，促进村民自我管理、自我教育、自我服务，从而在乡村治理中发挥出基础性作用；乡村社会还需要进一步培育文明新风，大力发展新乡贤文化，激发人民群众崇德向善、见贤思齐的内生动力。

## 五、关于未来推进绿色发展的若干建议

从山区县域绿色发展的经验与规律看，南江县要进一步加快绿色发展的前进步伐，有必要在争取中央层面更大力度支持的同时，下大气力做好以下几方面工作。

第一，中央层面应加大对南江等山区县的财政支持力度，进一步建立健

全生态补偿机制。南江县是全国比较典型的山区县，自身财力非常有限。在面临山区基础设施建设和维护高成本的同时，南江县却又承担着国家赋予的重要生态保护功能，生态环境必须放在第一优先位置。这就亟须中央层面出台差异化的财政支持政策，进一步加大对山区县基础设施和生态补偿的财政转移支付力度。同时，逐步建立市场化的生态补偿机制，探索建立水权、排污权、碳排放权交易制度，形成两种补偿机制相互补充、相互促进的局面。

第二，做大做强绿色生态产业，进一步推动资源产业化价值提升。南江县的各类资源非常丰富，这其中，很多资源目前还处于“沉睡”状态，没有得到充分开发。未来，有必要对县域内各类资源开展彻底地盘点和整合，进行打包式开发、产业化运营，推动本地资源产业化价值提升。一是瞄准特色农产品，在加大市场开发力度的前提下，全力扩大生态种养殖的产业规模。二是结合当地农业实际，发展特色农产品精深加工业，推动一产二产化。三是依托优势农业产业和丰富旅游资源，大力开发农业旅游、生态旅游、康养旅游、文化旅游等一批特色旅游资源，推动一产三产化。四是适时推进“旅游+”模式，进一步推进资源资产化，比如考虑开发红鱼洞水库矿泉水、米仓古道深度游等，推出一批附加值高、有地方特色的土特产旅游商品，增强本地旅游市场的吸引力。

第三，挖掘历史文化底蕴，着力打造县域绿色文化的统一品牌。李商隐的《夜雨寄北》是中小学必背的著名诗篇，汉语文化圈中几乎人人都会吟咏“巴山夜雨涨秋池”。因此，南江县可以考虑借用该诗的强大影响力，紧紧围绕“巴山夜雨”做足文章，集中打造统一的县域绿色文化、绿色产品品牌，申请注册“巴山夜雨”绿色文化统一品牌。一方面要用“巴山夜雨”文化广场、“巴山夜雨”实景剧等多种方式加大宣传力度，比如在中央媒体、大型户外广告牌上集中宣传“巴山夜雨今何在，绿色南江欢迎您”；另一方面举办“巴山夜雨”风情节、“巴山夜雨”诗歌节等，将各类乡村旅游节庆活动统一纳入“巴山夜雨”品牌之下，不仅让南江人记住本地的特色节日，更要让前来旅游的人通过“巴山夜雨”形成深刻的南江印象。

第四，扩大对外交流合作，进一步提升县域的对外开放水平。近年来，随着交通条件的显著改善，南江县的开放程度有所提升，但目前的开放层次还有待提高，文化层面的对外交流相对较少，缺乏全国眼光、国际视野。未来随着高速、高铁、机场等基础设施的大幅提升，南江县有必要进一步增强开放意识，加强对外交流合作，提升整个县域的对外开放度。比如说，借鉴“办好一次会，搞活一座城”的有益经验，积极争取举办“巴山夜雨国际诗歌节”“巴山夜雨国际生态博览会”等一些全国性、国际性会议，大力发展国际性“会展经济”，通过国内外媒体的集中报道，快速提升南江在国际社会的知名度。

第五，加大人才引进力度，凝聚绿色发展急需的各类人才力量。在提升绿色发展水平上，南江县除加强本土人才的培养外，还需要加大柔性引才力度，制定更加灵活的引才战略，搭建多样化的制度平台，引导更多的科研机构、大专院校加入其中，比如成立“绿水青山研究院”“两山”理论创新实践基地等，吸引更多能够将绿水青山变成金山银山的专业人才来南江工作。尤其是吸引更多的城市与区域规划、产业发展、生态旅游、环境评估、生态监管等方面的专业人才，为今后乡村全面振兴提供更专业的智力支持。

第六，推动基层政府职能转变，着力构建适应新时代要求的乡村治理体系。当前，由于脱贫攻坚任务的特殊性和急迫性，基层政府采取大包大揽、甚至不计成本的治理方式有其必要性，但距离乡村治理的现代化还有不少差距。未来，在推进乡村治理现代化过程中，基层党委政府在发挥统合作用的同时，还需提高民主治理、依法办事的水平，推进决策民主化法治化进程，加大政府“放管服”改革，激发社会组织活力，拓宽公民参与渠道，着力构建适应新时代要求的乡村治理体系。一方面增强基层群众的自组织意识，让更多的社会组织成长起来，充分发挥各类社会组织的治理作用；另一方面巩固健全基层民主体系，完善基层民主自治建设，进一步发挥人民群众的主体作用和主人翁精神，为乡村社会的长治久安打好坚实的社会基础。

改革开放

与中国县域发展

GAIGEKAIFANG

# 四川汶川

SICHUAN WENCHUAN

# 人类应对自然灾害的典范

中国社会科学院人事教育局
中国社会科学院四川挂职团

## 导言

习近平总书记在2018年“1·5”讲话中指出：“我国是自然灾害频发的国家，经过长期努力，我们建立了系统的防灾救灾机制，防灾救灾能力不断提高，但必须常备不懈，特别是要提高防大灾、救大险能力，做好抗击发生像唐山大地震、汶川严重地震、1998年长江洪水那样的重大自然灾害的准备。”改革开放40周年之际，回顾和总结“5·12”汶川特大地震的救援和重建、汶川的重生与发展经验，对于应对重大自然灾害，提升防灾救灾减灾的能力，最大限度地保护人民生命财产安全，增强干部群众“四个自信”有着重要意义。

汶川，地处中国西部边陲，素有“阳光谷地、熊猫家园、康养汶川”美誉。2008年“5·12”特大地震的发生，使得汶川这个约10万人口的小县城成为全国关注的焦点，震惊世界。地震让原本宁谧秀美的汶川瞬间山崩地裂、满目疮痍，让汶川改革开放30年发展的成果遭受重创。面对突如其来的灾难以及随之而来的各种次生灾害，中国政府和人民迅速处置，成功应对了重重挑战。经过灾后10年奋斗，汶川凤凰涅槃、浴火重生，实现了经济和社会的跨越式发展，堪称人类应对自然灾害的典范。

汶川改革开放40年的发展，特别是灾后10年的重建与变化，记载了汶川人民在党的领导下重建美好家园的坚韧历程，充分彰显了中国特色社会主义制度的巨大优势，充分说明了坚持中国共产党的领导是战胜一切困难和风险的“定海神针”，是我们从胜利走向胜利的根本保证。透过汶川，我们可以从一个独特视角观察改革开放40年中国所取得的成就，感受中华民族特有的精神凝聚力量，更加坚定中国特色社会主义“四个自信”，从而更加坚定地走在新时代中国特色社会主义的光明大道上，为实现中华民族伟大复兴的中国梦而不懈奋斗！

## 一、奋进与重生

以“5·12”特大地震为节点，汶川的发展可以分为震前30年改革奋进和震后10年浴火重生两个阶段。

### （一）汶川县情

汶川县，因汶水（现岷江）而得名，它位于青藏高原东南部、四川省西北部，岷江上游，面积4084平方公里，总人口10万余人，是全国最大的羌族集中聚居区之一，素有阿坝州南大门和“川西锁钥”之称。地势由西北向东南倾斜，西部为高山地区，日照充足，干旱少雨；东南为中低山地区，气候湿润，雨量丰沛；东北为龙门山脉所控，处于青藏高原东缘的龙门山构造带上，整体地质条件复杂，灾害频发。据记载，仅明清以来，周边地区发生的强烈地震就不下20次，其中震源在汶川县的就有4次。

汶川物华天宝，区位优越。县域内有野生动物2000余种、植物4000余种，其中，动物活化石大熊猫、植物活化石珙桐享誉中外；境内水能、矿产资源富足；旅游资源得天独厚，烟雨三江、丹青水磨、天地映秀、熊猫家园、大禹故里、古韵羌山等“汶川六景”独具魅力，素有“阳光谷地、熊猫家园、康养汶川”的美誉。汶川是四川经济西进的重要通道，川甘青物流集散中心，地处成渝经济区1小时生活圈，交通条件优越，是畅游九寨、黄龙、四姑娘山及大草原风光的快速通道。

汶川一直是一个多民族交融共居的地区，居住着以汉族、羌族、藏族、回族为主的 17 个民族，是全国四大羌族聚居县之一，传说汉羌两族共同的始祖大禹就出生于此。汶川具有丰富的民族特色文化，“祭山会”和“羌年节”等传统节日、《木吉珠与斗安珠》和《羌戈大战》等叙事长诗、羌族的挑花刺绣等手工艺品，都是汶川民俗文化的代表。

汶川历史悠久，其文化源于氐羌先民与古蜀人的交汇，出土的彩陶与新石器时代中期马家窑文化高度相似。西汉始置汶山郡，西晋改为汶山县，北周始名汶川县，迄今已有近 2200 年郡县史。1933 年 8 月，茂州发生 7.5 级大地震，汶川受到波及。面对这场“空前未有之奇祸”，当时的国民政府救灾不利，百姓生活困顿，处境十分悲惨。1935 年红军长征经过汶川，在此浴血奋战，播撒革命火种。1950 年 1 月 14 日，中国人民解放军进驻汶川县城绵虒，2 月 24 日正式成立汶川县人民政府。新中国成立之后，汶川历经政权建设、民主改革、剿匪平叛、禁烟禁毒、发展生产等艰辛历程，实现了从半封建半农奴制到社会主义的跨越。改革开放后，汶川经济快速发展，逐步走向现代化。

### （二）震前 30 年的改革奋进（1978～2007 年）

改革开放后的 30 年，在党的坚强领导下，汶川依循“打基础、稳农业、上工业、兴科技、抓旅游、活流通”的发展思路，实施“立足资源，敞开县门，夯实基础、突出支柱、富民兴县”的发展战略，各族干部群众埋头苦干，经济社会发生了翻天覆地的变化，经济、社会发展均位居四川民族地区前列。

#### 1. 经济增长位居四川民族地区前列

1978 年，汶川的国内生产总值仅有 3431 万元，2007 年上升至 30.4 亿元，是 1978 年的 89.4 倍，年平均增长率为 16.1%，比全国增速高 0.7 个百分点（见表 1）。在阿坝州的经济发展中，汶川占据着重要地位。2007 年，汶川的国内生产总值占阿坝州全州生产总值的 28.8%，工业总产值更是占到了阿坝州的三分之二。2007 年汶川县在四川省 51 个民族地区县级经济综合评价中排名第 3 位。

表 1　震前 30 年汶川经济发展对比

| | 1978 年 | 2007 年 | 增幅（倍） | 年增长率（%） |
|---|---|---|---|---|
| 国内生产总值（亿元） | 0.34 | 30.4 | 88.4 | 16.1 |
| 第一产业（亿元） | 0.10 | 1.8 | 17.0 | 10.1 |
| 第二产业（亿元） | 0.19 | 22.6 | 117.9 | 17.2 |
| 第三产业（亿元） | 0.05 | 6.0 | 119.0 | 17.4 |
| 三次产业比率 | 30 : 56 : 14 | 6 : 74 : 20 | – | – |
| 人均地区生产总值（元） | 422 | 27652 | 64.5 | 15.0 |

资料来源：根据汶川县统计年鉴整理。

汶川曾是农业大县，农业在经济中所占比重达到 30%，粮食作物在农业总产值中占比高达 97%。改革开放后，汶川施行“分组作业、联产承包”制，调动了农民生产积极性，实施科学种田，对种植结构进行了调整，向现代农业转变，农业总产值从 1978 年的 972 万元增加至 2007 年的 1.8 亿元，年均增长率达到 10.1%。

改革开放后，汶川的工业迅速崛起，成为全县主导产业。工业总产值从 1978 年的 3285 万元上升至 2007 年的 38.7 亿元，增长了 117 倍（见图 1）。同期，规模以上工业增加值由 1833 万元上升至 19.3 亿元，增长了 104 倍，年增长率达到 16.8%。工业占比从 1978 年的 53.4% 上升至 2007 年的 65.3%，农业占比由 30% 下降至 6%，实现了资本、劳动等生产要素从农业部门向工业部门的转移，产业发展有了质的飞跃。截至 2007 年底，汶川形成了以水电、化工、有色金属、冶金、电子材料、建材、矿产、医药为主的工业结构，工业结构不断优化，经济效益明显提升。

伴随经济发展持续向好，居民收入实现了稳步增长，地方财政收入大幅

图 1　改革开放 30 年汶川工业增长情况

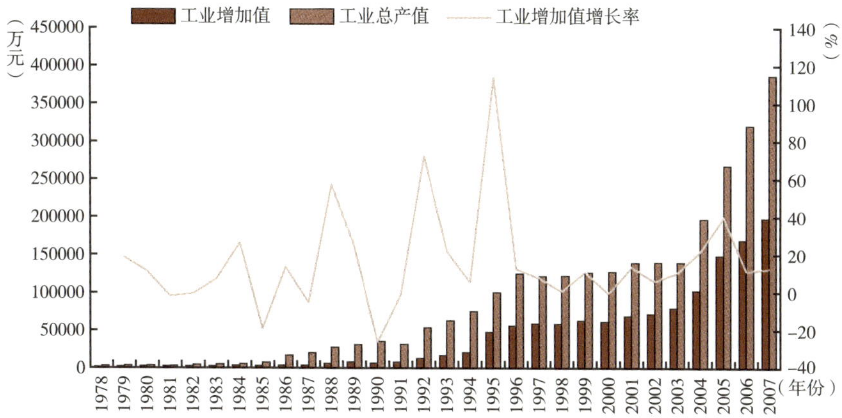


资料来源：根据汶川县统计年鉴整理。

增加。2007 年城镇居民人均可支配收入 9450 元，比 1978 年增长 119 倍；农村居民人均纯收入 2790 元，比 1978 年增长 27 倍（见图 2）；地方公共财政收入达到 1.2 亿元，比 1978 年增长 25 倍。

图 2　改革开放 30 年汶川城乡居民收入发展对比

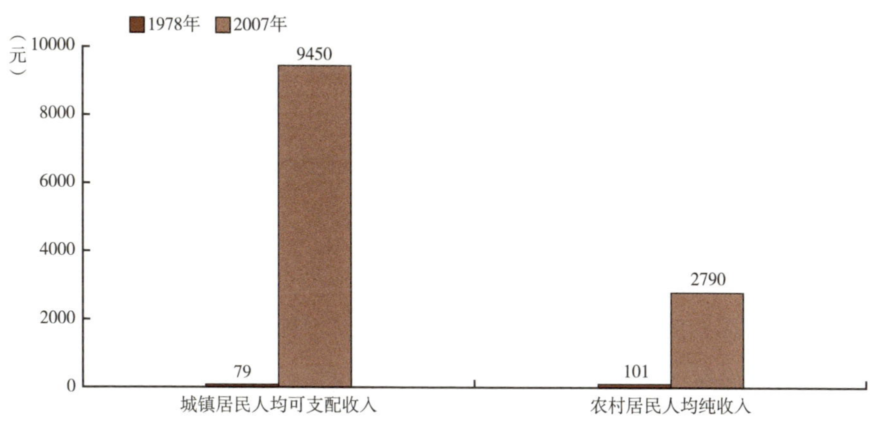


资料来源：根据汶川县统计年鉴整理。

## 2. 民生水平领先西部民族地区

改革开放以来，汶川秉持“富民优先、民生为本”的理念，持续推动民生事业发展，在教育、医疗、社会保障等领域取得了较大成绩。

汶川是阿坝州教育的一面旗帜。改革开放前，汶川同许多西部区县一样，学校和教师数量不足、分布不均衡，教育体制不完善，教学质量不高。改革开放后，汶川高度重视教育事业的发展，确保教育投入，特别是农村教育经费的投入。1985 年共有小学 139 所，在校生 12027 人，其中少数民族学生 5895 人，比新中国成立时的学校数量增加 5.6 倍，学生人数增加 15.6 倍，入学率达到 88.3%。1998 年实现了义务教育的普及，完成了扫除青壮年文盲的目标。2007 年在“两免一补”和贫困生资助政策的支持下，免除了 12539 名义务教育阶段学生的学杂费，免费提供教科书，并向 5668 名寄宿制学生、特殊儿童和大骨节病区“易地育人”寄宿制学生提供了生活补助。多年来，汶川中高考人均总分、上线率、学校排名常年位居阿坝州全州第一，州文理科状元也多出于此。

新中国成立初期，汶川的医疗条件极为有限。1963 年，汶川县人民医院仅有病床 60 张，职工 60 人，到 1980 年时仍只有病床 80 张，医疗资源十分紧张。改革开放后，汶川逐步建立了较为完善的医疗服务体系和疾病预防控制体系，医院数量、医疗从业人员显著增加，儿童死亡率、婴儿死亡率显著下降。2007 年汶川拥有医院、卫生院 18 个，病床 285 张，卫生技术人员 329 人，5 岁以下儿童死亡率 17.4‰，婴儿死亡率 13.7‰。

新中国成立初期，羌藏民多附山结寨而居，房屋多由片石砌成，城镇居民主要住在平顶土房和瓦房中，人均居住面积仅 12 平方米。改革开放后，随着经济的持续发展，城镇和农村居民建房兴起，多为土木结构和砖木结构。1984 年后始修钢混结构楼房，并由两层向三层发展。2000 年，汶川农村人均居住面积达到 27.6 平方米，其中约一半为砖混和钢混结构住房，居住条件得到显著改善，消除了土坯房及人畜混居。

汶川还建立了城镇职工养老、失业保险制度，实施了社会救助制度。截至 2007 年共有 4104 人被纳入城市“低保”，2954 人被纳入农村“低保”，城市医疗救助 280 人次，农村医疗救助 7683 人次，社会保障水平显著提高。

### 3. 民族文化、旅游产业独具特色

改革开放以来，汶川文化产业蓬勃发展，文艺创作繁荣，独特的民族文化得到弘扬和广泛宣传，旅游文化事业起步腾飞。

汶川公共文化服务水平不断提高，文化建设成就显著。改革开放之前，汶川的广播事业从业人数少、设备不足。改革开放后，汶川成立了 36 个电影放映队，积极开展文化下乡活动，大大丰富了人民的文化生活。2007 年通过举办周末电影公益活动和农村电影“2131 工程”，全年放映优秀影片 30 余部，观众达 7 万余人次，同年实现了农村广播电视的全覆盖。

改革开放以来，汶川积极推动优秀传统文化的继承与保护工作，创办《羌族文学》，加强民族文学、音乐的创作，发行《中国汶川》《花儿纳吉》等宣传片，并将羌年、羌绣、羌族羊皮鼓、羌戈大战、禹的传说、羌碉营造技艺等 6 个优秀传统文化项目纳入国家级非物质文化遗产名录。

20 世纪 90 年代，汶川积极推动旅游产业发展，实现了旅游文化产业的从无到有，以“熊猫家园、羌禹文化、生态休闲、乡村体验”为主要品牌，不断规范旅游行业管理，优化旅游环境，为汶川的经济发展增添了新活力。2007 年汶川全年接待游客 81.9 万人次，比 1993 年增加 63.9 万人次；2007 年汶川实现旅游收入 2.3 亿元，是 1993 年的 117 倍。

经过改革开放 30 年发展，汶川经济、社会、文化等各项事业取得长足进步，人民的物质、精神生活得到了根本性改善。我们也注意到，经济发展方式粗放、发展质量不高的问题仍然比较突出，尤其是高污染、高耗能企业偏多，对环境造成了一定程度的破坏，制约了经济的健康可持续发展；城乡差距依然较大，贫困人口相对较多，公共基础设施不足等问题比较突出。

## （三）震后 10 年的浴火重生（2008～2018 年）

2008 年 5 月 12 日 14 时 28 分，一场突如其来的特大地震使汶川遭受重创，各项事业百废待兴。震后，在党中央、国务院的坚强领导、亲切关怀下，社会各界无私援助、倾力支持，汶川干部群众自强奋进、苦干实干，汶川坚持规

划先行、民生优先、科学重建、尊重自然，实现了翻天覆地的历史巨变，创造了灾后重建的伟大奇迹，书写了从灾难到进步、从悲壮到豪迈的恢宏篇章。

### 1. 经济实现跨越式发展

受地震的影响，2008 年汶川的经济规模比 2007 年缩小一半，仅为 14.7 亿元。震后 10 年快速恢复，经济总量翻了近两番，2017 年汶川地区生产总值上升至 57.6 亿元，年平均增长率达到 15.3%，增速在 39 个重灾县区中居于首位，比四川省平均增速高出 4.3 个百分点（见图 3）。2016 年在四川省 51 个少数民族地区县级经济综合评价中排名第四位。人均 GDP 实现快速增长，2017 年达到 56829 元，与全国平均水平相当。

图 3　2007～2017 年汶川生产总值及增速

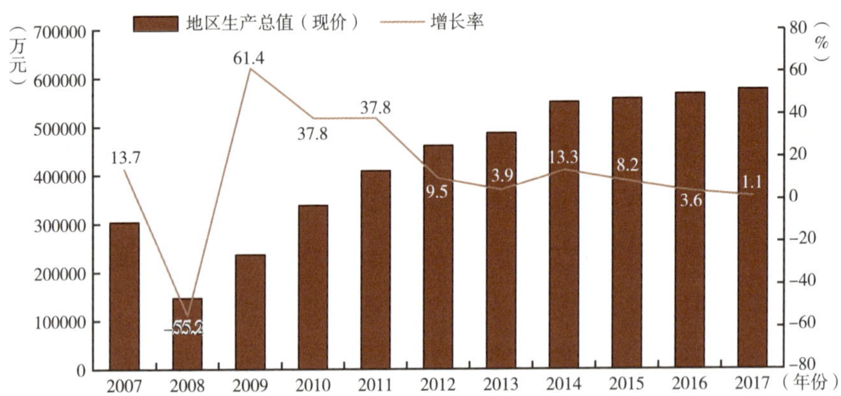


资料来源：根据汶川县统计年鉴整理。

与此同时，工业布局重新调整，产业结构不断优化升级，三次产业布局日趋合理。汶川震前以工业为主要支柱，震后借助重建机遇，淘汰了大量生产技术水平低、高污染高耗能的工业企业，积极发展绿色、低碳、循环再生产业，形成了以水电、铝、锂、人工晶体、民族医药、磁性材料和工业硅、铁合金为主导的工业体系结构。相比 2007 年，2017 年工业比重下降至 66%，下降了 8.3 个百分点，服务业则提升了 7.9 个百分点至 27.5%，农业占比 6.5% 基本保持不变（见图 4）。

图 4　2007～2017 年汶川三次产业占比变化

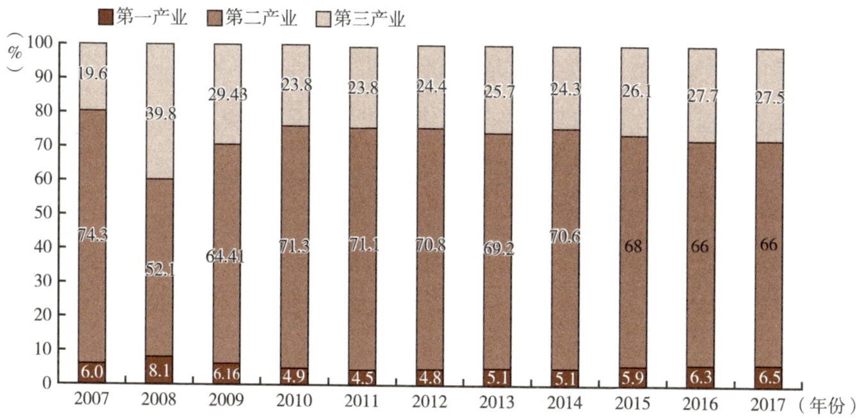


资料来源：根据汶川县统计年鉴整理。

居民收入与地方公共财政收支均大幅增加。如图 5 所示，2007 年城镇居民人均可支配收入为 9450 元，2017 年上升至 29472 元，年平均增长率达 12.5%。农村居民收入增长速度较城镇居民更快。2007 年农村居民人均可支配收入为 2790 元，2017 年上升至 12243 元，年平均增长率达 15.8%。地方公共财政收入也由 2007 年的 1.2 亿元增至 2017 年的 3.1 亿元，增长了 1.6 倍，年平均增长率达 9.8%。2008 年汶川财政一般预算支出为 15.98 亿元，

图 5　地震前后汶川城乡居民收入变化

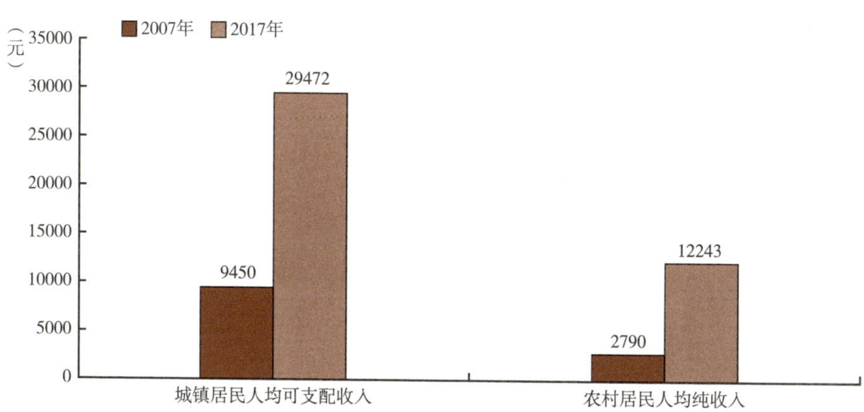


资料来源：根据汶川县统计年鉴整理。

较 2007 年增长 3.8 倍，在阿坝州 7 个重灾县中稳居第一（见图 6）。

在灾后重建过程中，汶川的固定资产投资维持高位。2009 年，固定资产投资完成额达到 84.66 亿元，较 2008 年增长 8.4 倍，体现了固定资产投资对灾后重建的重要支撑作用。3 年重建完成后，固定资产投资出现了下降，但仍高于 2007 年的水平，经济增长态势良好（见图 7）。

图 6　2007～2015 年阿坝州 7 个重灾县财政一般预算支出情况

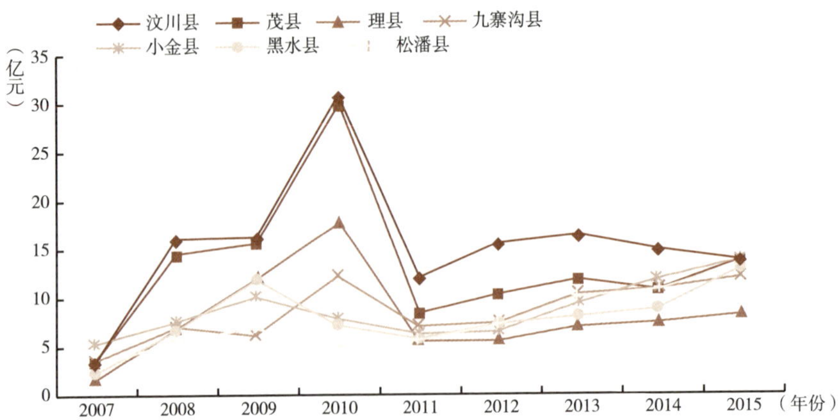


资料来源：徐平等《汶川十年抗震救灾与社会文化重建》。

图 7　2007～2015 年阿坝州 7 个重灾县固定资产投资情况

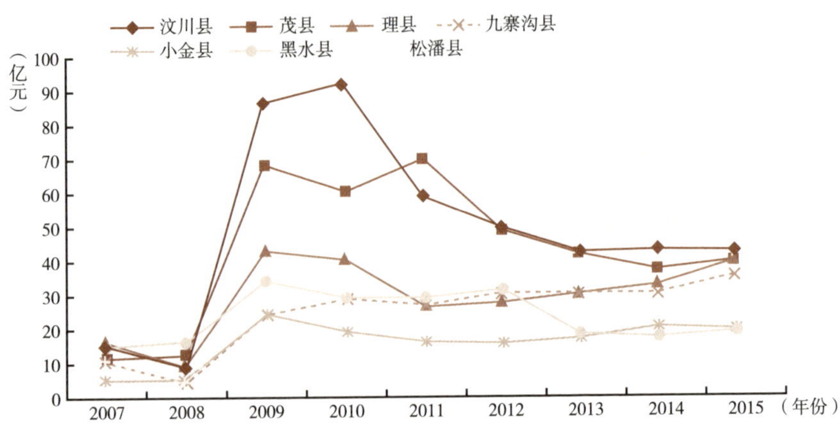


资料来源：徐平等《汶川十年抗震救灾与社会文化重建》。

### 2. 社会治理形成新格局

在全国人民尤其是广东省的大力援助下，汶川人民自力更生、艰苦奋斗，民生事业远超震前，社会治理水平不断提高，人民的生活得到了极大的改善。

地震造成房屋大量倒塌，民居恢复是灾后重建最为紧要的课题。汶川县城镇及农村倒塌房屋 1.81 万户，损毁房屋 9200 余户。通过广东省的大力援建，经过 3 年重建，至 2010 年城镇住房维修加固 5495 户，新建住房 5651 套，重建农房 17053 户。历时 3 年，城乡功能全面提升，人民的居住条件获得极大改善。

教育质量显著提升，体系愈加完备，资源更趋优化。震后，汶川建设高等师范院校（阿坝师院）1 所、中职学校（威师校）1 所、在职函授学校（阿坝电大、汶川县委党校）2 所，高等教育水平极大提升。各类学校数量从震前的 23 所增至 32 所，在校学生人数增加 9.8%，专任教师数量增加 8.2%，初高中升学率分别提升 22.3 个百分点、18.0 个百分点，实现了基础教育资源的均等化，有效改善了贫困的代际传递（见表 2）。

**表 2　地震前后汶川基础教育情况**

| | 2007 年 | 2017 年 | 增幅 |
|---|---|---|---|
| 学校总数（个） | 23 | 32 | 39.1% |
| 在校学生（人） | 13190 | 14493 | 9.8% |
| 专任教师（人） | 1248 | 1350 | 8.2% |
| 初中升学率（%） | 73.2 | 95.5 | 22.3 个百分点 |
| 高中升学率（%） | 79.0 | 97.0 | 18.0 个百分点 |

资料来源：根据汶川县统计年鉴及汶川教育局相关数据整理。

汶川推动农村社会保障工作，采取新型农村养老保险、新型农村合作医疗保险、农村居民最低生活保障，以及大病救助基金等措施，将贫困群众在县域公立医院住院自付费用比例控制在 5% 以内，有效解决了群众因病致贫、因病返贫等问题。参加新型农村合作医疗人数达到52812人，参合率提高至99.5%。2017年，城市最低生活累计保障17957人次，发放低保资金511.33万元；农村最低生活累计保障20962人次，发放低保资金360.6万元。

充分利用广东援建的技术优势，汶川重新规划了城市、农村的资源布局，农村基础设施条件明显改善。目前，全县已建成以都汶、汶马高速，国道213、317、350线为主干，以县、乡、村道为支线的较为完善的交通网络，县、乡、村道公路里程达413.7公里，硬化率100%，其他通组、产业道路硬化率达50%以上，极大地便利了人民的生产生活。

汶川坚持德治为先，法治为本，自治为基。一方面大力构建“我为汶川、汶川为我，身为汶川人、乐在汶川中”的共同精神家园和“县为民造福、民为县立业”的价值观，引导群众自觉践行“孝善和俭”传统美德，群众顾大局、重法治、守秩序意识明显增强。另一方面坚持以法治思维谋划工作，成立法律援助中心和律师志愿服务中心，组建16个法律援助工作站，深入田间地头、藏乡羌寨开展法治宣传教育2072场，提供无偿法律咨询援助4864次。扎实开展“走基层”活动，排查化解焦点矛盾1148件。汶川还探索推行网格化管理，建立县乡村户四级网格1532个，涵盖所有农户，提升治理水平。

### 3. 各族人民脱贫攻坚奔小康

汶川是民族地区、革命老区、边远山区、地震重灾区，是国家集中连片特困地区和四川省88个片区贫困县之一，受地理环境、自然灾害、历史原因等影响，贫困人口呈现点多面广特征，高半山和边远村寨贫困程度最深，“插花式”贫困普遍，因病、因残、因灾致贫现象突出，脱贫工作艰巨而复杂。为此，汶川制定了《2011-2020年农村扶贫开发规划》，依托自身优势，大力发展林业、果业、茶叶等产业，助推休闲农业、乡村旅游、美居康养等新型农业、服务业的发展，以产业发展带动群众致富。坚持践行精准扶贫“到村到户”工作，确保扶贫工作深入基层。通过这些举措的实施，脱贫攻坚工作取得了显著成效。2017年，农村居民人均可支配收入达12243元，

85% 的贫困户脱贫。通过整合财政基金、捐款基金，新建藏区新居 2735 户、地灾搬迁 1328 户，积极改善少数民族的住宅条件。截至 2018 年，全县已退出贫困村 27 个，1209 户、4042 名贫困人口稳定脱贫，贫困发生率降至 0.65%。

经过脱贫攻坚的努力，藏羌回汉各族人民的生活水平得到了极大改善。产业发展全面激发了各族群众脱贫致富的内生动力，促进了藏羌回汉各族人民共奔小康。

4.“大健康体系”独具特色

汶川积极推动全面健康建设，以“发展健康经济、营造健康环境、培育健康文化、倡导健康生活、优化健康服务”五大体系为载体，形成了完整的“大健康体系”。在全国率先成立了由县委、县政府领导的“健康委员会”，统揽全面健康体系建设，并制定完善了《汶川县创建全民健康示范县总体规划》，明确健康建设的目标，建立健全资金整合保障机制，为推动康养汶川奠定良好基础。

地震造成汶川 13 所乡镇卫生院、118 个村卫生室全部损毁，医疗系统遭受重大打击。经过重建，汶川医疗服务水平远超震前，医疗系统基础设施、公共卫生服务体系更加完善，医疗服务质量显著提升。重建以来，汶川的医疗机构数量、病床数量、专业技术人员数量分别增加了 31.3%、48.8% 和 86%，婴儿死亡率由 2007 年的 17.4‰下降至 2017 年的 5.7‰，产妇住院分娩率由 2007 年的 82.8% 提升至 2017 年的 99.9%（见图 8）。汶川共完成重建医疗项目 15 个，总建筑面积达到 5 万平方米。汶川县人民医院是对口援建项目中单体规模最大、投资最多的项目，重建后的汶川人民医院占地面积达到 2 万多平方米。现在的汶川县人民医院已成功建成阿坝州区域医疗分中心、国家三级乙等综合医院，成为阿坝州县级医院中规模最大、技术最精湛、服务最优质、实力最雄厚的一所现代化医院，医疗服务辐射汶川、理县、茂县、黑水、松潘、九寨沟等六县。此外，汶川持续推进医药卫生体制改革，在全国率先实现了全民免费健康体检和全员慢病管理，形成了完善的公共医疗卫生服务体系。建立全民免费体检中心，借助移动诊疗中心力量，

图 8　地震前后汶川医疗卫生条件对比

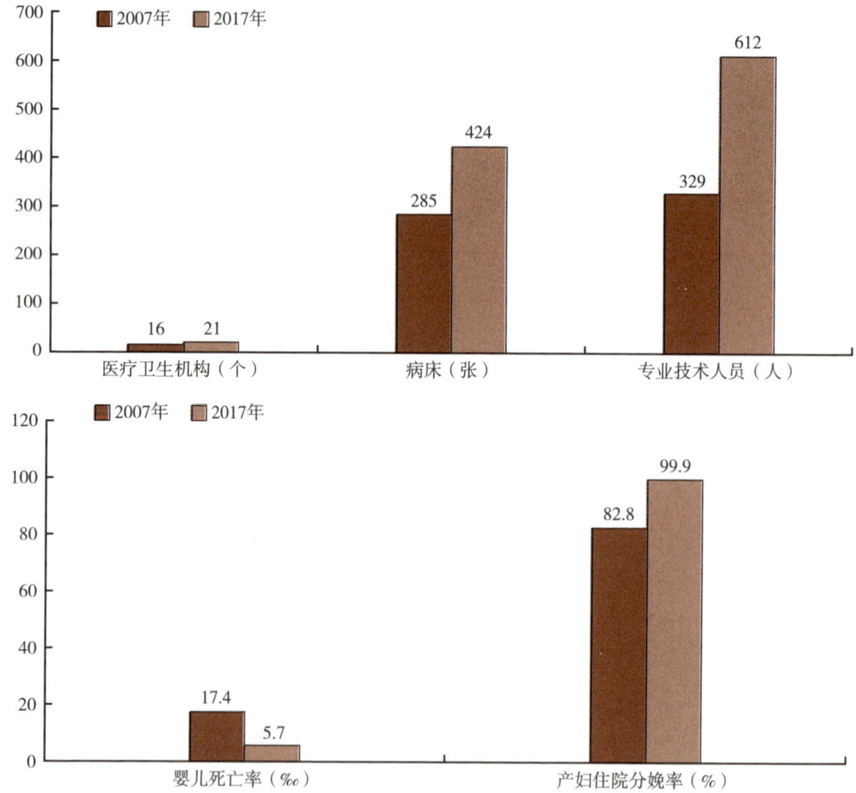


资料来源：根据汶川县统计年鉴及汶川卫生局相关数据整理。

每两年开展一次全民免费体检，2012 年至 2018 年 6 月，利用流动体检车 3 台，完成汶川全民健康体检 23.4 万人次。

汶川围绕阿坝州建设川西北生态经济示范区的战略部署，以“阳光谷地、熊猫家园、康养汶川”为主题，推动“美旅康养、美食康养、美体康养、美居康养、美德康养”，以大健康体系为引领，打造全国健康示范县、全国生态示范县、全国康养示范县，推进全域康养建设，康养汶川品牌享誉海内。

### 5. 羌山岷水绘就生态文明

汶川转换经济发展理念，向生态优先、绿色发展转型，围绕“南林北果、绿色工业、康养汶川”的发展战略，培育了 6 家国家高新技术企业，促进了汶川的经济结构转型。水磨镇淘汰了 60 余家高污染企业，修复了绿水青山的生态环境。

汶川切实加强环境整治力度，注重林草植被的恢复和水土流失的综合治理，完成人工造林 5 万亩，封山育林 61.5 万亩，森林覆盖率达到 42%，自然环境得到了明显改善。2017 年空气质量优良率达到 96.2%，县级及乡镇集中式饮用水水源地水质达标率为 100%。通过建设大熊猫国家公园、岷江流域水生态综合治理等，生态多样性得到保护，实现了“还河山以绿树，还空气以清新，还江河以清水，还天空以洁净”的治理目标。

积极发掘治水文化、羌藏文化、熊猫文化、大爱文化，形成了烟雨三江、丹青水墨、天地映秀、熊猫家园、大禹故里、古韵羌山等“汶川六景”。以“运动康养、生态颐养、老年文养”为主题，推动以医疗服务、健康饮食、健康运动为主的康养旅游发展，形成水磨、三江、漩口三大生态康养中心，开发寿溪河流域、龙溪阿尔沟、茶马古道等旅游资源，打造“阳光谷地、熊猫家园、康养汶川”的旅游文化品牌。赴汶川旅游的总人数从 2007 年的 81 万人次上升至 2017 年的 600 万人次，旅游业总收入从 2007 年的 2.3 亿元上升至 2017 年的 27 亿元（见图 9）。成功创建国家 5A 级汶川特别旅游区、

图 9　震后 10 年汶川旅游业发展情况

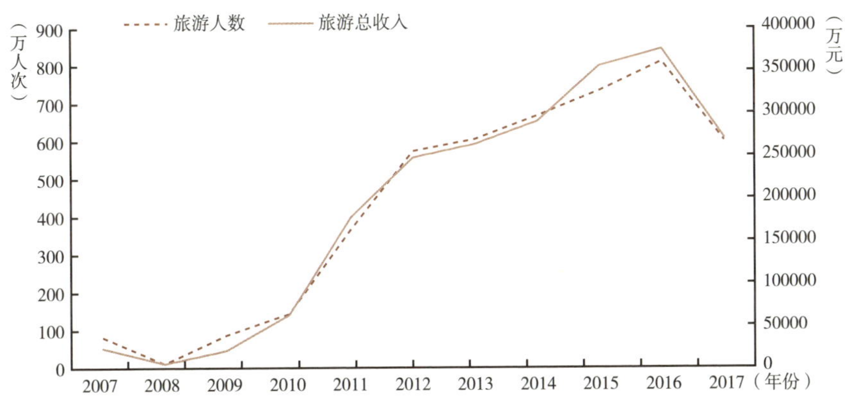


资料来源：根据汶川县统计年鉴相关数据整理。

4A级大禹文化旅游区，获得全国休闲农业与乡村旅游示范县、水墨藏寨国家级水利风景区等荣誉称号。2010年，水磨古镇被全球人居环境论坛理事会和联合国人居署《全球最佳范例》杂志评为“全球灾后重建最佳范例”。

震后10年，汶川加速经济转型，加快建设康养汶川，三次产业结构不断优化、质量不断提升、基础不断夯实。特别是党的十八大以来，汶川深入贯彻五大发展理念，经济结构持续优化，城乡布局、基础设施、产业发展、民生事业实现整体性跨越，生态文明建设取得辉煌成就，县域经济综合实力在四川51个少数民族县（市）中多年排名前列。如今汶川人民物质富裕、精神富足，用当地群众的话说，“经过10年的灾后重建，汶川老百姓住上了好房子，拥有了好身子，过上了好日子”。

## 二、救灾与重建

汶川作为一个人口仅10万的西部小城，震后10年举世瞩目的发展成绩，得益于“5·12”地震后探索出的一套救援与重建模式。梳理和回顾汶川的救灾与重建工作，对于今后应对自然灾害，加快灾区振兴和跨越发展，具有重要意义。

### （一）灾难突袭，震惊世界

2008年5月12日14时28分04秒，一场8.0级特大地震突袭汶川，烈度达到11级，爆发的能量相当于1207颗广岛原子弹，地震波及10省区的417个县市区，面积达13万平方公里，受灾人数超过北欧五国人口总和。

处于震中的汶川一时间山崩地裂、山体移位、河流改道、土地淹没、房屋倒塌、道路扭曲、镇村损毁，基础设施完全损毁，水、电、气、路全部瘫痪，交通通信彻底中断，与外界联系瞬时失去，后勤保障全面告急，汶川人民遭受了前所未有的巨大灾难。汶川下辖的13个乡镇全部受灾，因灾死亡15941人，失踪7595人，受伤34584人。其中，常住人口1.2万余人的震中映秀镇，遇难 6456 人。

“5 · 12”汶川特大地震对汶川的农业、工业设施、市政基础设施、房屋建筑等造成了严重破坏，直接经济损失高达 643 亿元。其中，城乡居民房屋损毁 30784 户，造成经济损失 16.7 亿元，农业基础设施损失 4.8 亿元，工业设施损毁 23.5 亿元，276 家企业被毁，市政基础设施损毁 15 亿元，旅游等服务产业损毁 5.2 亿元。汶川的主要经济指标大幅降低（见表 3）。

**表 3 汶川县地震前后主要经济指标对比**

（单位：万元、万人）

| 年份 | 地区生产总值（现价） | 第一产业 | 第二产业 | 规模以上工业增加值 | 社会消费品零售总额 | 地方公共财政收入 | 旅游人数 | 旅游总收入 |
|---|---|---|---|---|---|---|---|---|
| 2007 | 303617 | 18365 | 225693 | 157122 | 43438 | 12302 | 81.93 | 23366 |
| 2008 | 147360 | 11944 | 76791 | 51786 | 24816 | 5818 | 11.06 | 5124.2 |

资料来源：根据汶川县统计年鉴相关数据整理。

“5 · 12”汶川特大地震是新中国成立以来破坏性最强、波及范围最广、救灾难度最大的一次地震。震后随之而来的塌方、滑坡、泥石流堰塞湖等次生灾害，进一步加剧了损失，增加了救援的难度。

### （二）中央统筹，多方救援

在党中央、国务院的领导下，全党全军全国各族人民众志成城，开展了历史上救援速度最快、动员范围最广、投入力量最大的抗震救灾斗争，最大限度地挽救了受灾群众生命，最大限度地降低了灾害造成的损失，夺取了抗震救灾的重大胜利。

#### 1. 党中央科学决策、统筹部署

党中央在震后第一时间就将抗震救灾确定为全党全国最重要最紧迫的任务，迅速启动救灾响应，成立抗震救灾总指挥部，灾后救援工作迅速展开。

震后1小时27分，胡锦涛同志发表重要指示，要求尽快抢救伤员，保证灾区人民安全。震后2小时12分，温家宝同志赶赴灾区，并在飞机上主持召开紧急会议部署工作，当日21时40分温家宝同志抵达都江堰市指挥抗震救灾工作。当晚中央政治局常委会全面部署抗震救灾工作，启动一级救灾应急响应（见图10）。

### 2. 各级党委和政府紧急动员、火速行动

地震发生后，地方党委和政府在第一时间启动应急预案，成立救灾指挥机构，统揽抢险救灾、医疗救助、卫生防疫、道路抢修等工作，成为抗震救灾中的中枢机构，为抗震救灾的展开提供了有力的行政保障，充分发挥了中流砥柱作用。以汶川县为例，县委、县政府在地震发生7分钟后紧急启动一级应急预案，随即成立汶川县抗震救灾指挥部，全面展开抗震救灾，竭力维护社会稳定，抢救安抚受灾群众，安全疏散、转移10万多群众，转移滞留的外来人员和游客2万多人，从废墟中救出13413人。震后第二天解决了县城4万多人的应急供水，3天内恢复应急通信，5天内恢复了县城重要单位和部分乡镇的应急供电，7天内基本打通汶川至马尔康、茂县的应急通道。

### 3. 汶川群众自力更生、积极自救

地震使汶川瞬间成为“孤岛”，面对突如其来的特大灾害，汶川群众大力发扬艰苦奋斗、不等不靠的精神，临危不惧、积极应对、守望相助，全力组织自救互救，推动了抗震救灾工作有力、有序、有效开展。尤其是在外部支援还未到达灾区之际，汶川人民自觉服务震后抢险救灾需求，抓住震后“黄金72小时”，挽救了大量生命。震后车辆、物资、人员实行统一调配，食品、药品、油料等紧缺物资实行统一征用，确保了应急物资供应。发放大米4549吨、食用油416吨、帐篷4.2万顶、衣被256万件、发电机669台。

汶川群众自救过程中涌现出一批可歌可泣的英雄人物：有用双手为学生托起生命之门的方杰老师；有承受着失去4位亲人的巨大痛苦，仍然果断组织全村514名村民安全撤离的村支书；有用自己的双臂护住两位学生，却被垮塌的钢筋水泥夺去年轻生命的张米亚老师；有来不及与家人告别就奔赴各

图 10　汶川地震后中央政府处置时间轴

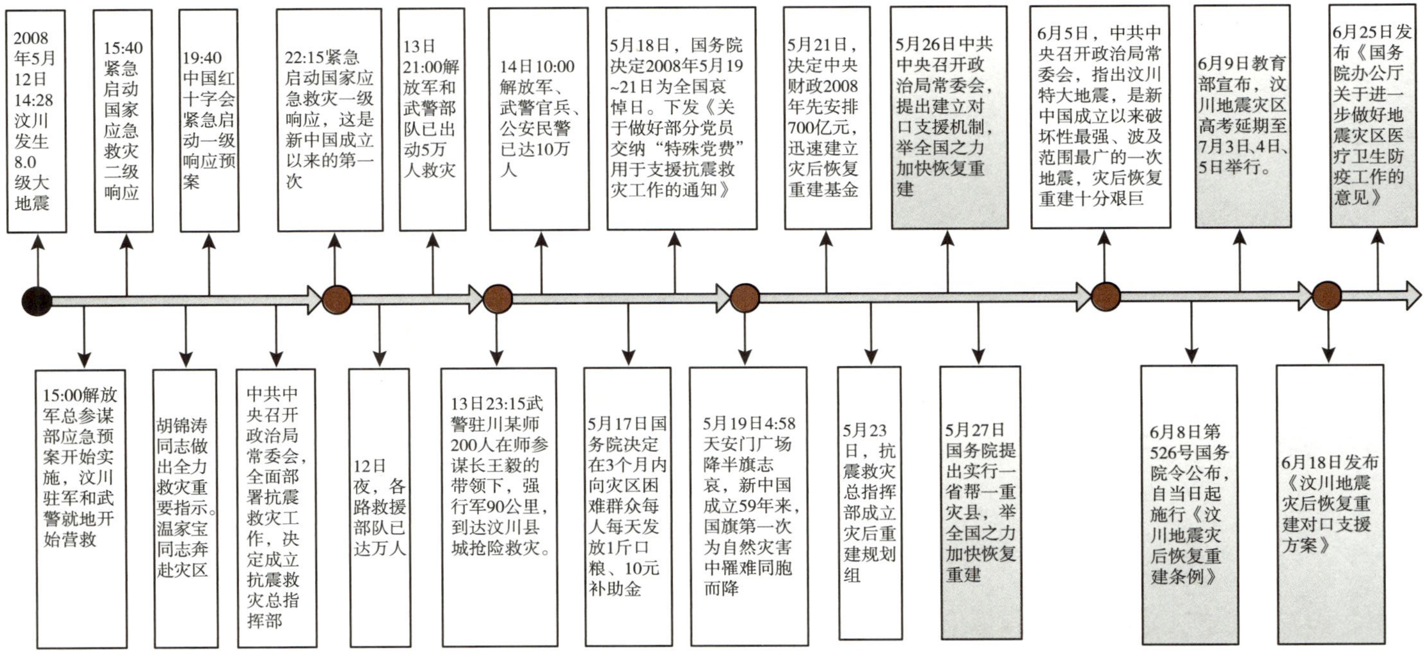


资料来源：根据汶川地震大事记整理。

乡镇开展救灾工作的党员干部“敢死队”；有在危难时刻打着手电坚持做完手术的医护人员；有将生死置之度外第一时间抢修电力通信的企业员工。汶川人民战天斗地、勇于担责的顽强品格，为战胜灾难拥抱新生提供了中坚“力道”。

### 4. 人民军队和公安民警冲锋在前、勇挑重担

在救灾过程中，人民军队服从抗震救灾的统一部署，在第一时间赶赴灾区，实施救援，一场世界范围内尚无先例的大规模非战争军事行动在灾区全面展开（见图 11）。震后 8 分钟，成都军区启动应急响应，从多个方向派遣军队向震中推进，出动医疗应急分队抢救伤员，地震发生当日到达灾区救援的军人总数达到近 2 万人。震后不到 1 个小时，总参谋部发出指示，要求全军部队坚决贯彻军委胡锦涛主席的重要批示，迅速组织灾区驻军全力投入抗震救灾，想方设法救人。13 日 10 时 20 分武警四川省总队成都市支队的 5 艘冲锋舟先期到达紫坪铺水库，打通由水路进入漩口镇、映秀镇的通道。武警 38 师参谋长王毅带领 200 人的突击队，经过 31 小时的生死挺进到达汶川县城展开救援。在生命救援阶段，共搜救被压埋群众 27000 多人。据不完全统计，在整个抗震救灾中，解放军陆海空三军总计投入兵力 14.6 万、武警部队投入兵力 1.4 万、民兵预备役人员投入 7.5 万、公安和消防投入警力 1 万多，成为了新中国历史上最大规模的非战争军事行动。在汶川震后救灾中，中国军事力量投入的时间之早、规模之大、成效之显著，可谓前所未有，创造了“世界上任何一支军队无法复制的奇迹”，在紧急救援中发挥了先锋作用。

### 5. 社会各界广泛参与，全国人民无私援助

地震发生后，大量专业救援队以及社会志愿者奔赴灾区，积极参与救灾，起到了帮扶与援助的作用。上百支专业救援队、1200 余名医疗卫生技术人员参加救援。截至 2008 年 5 月 30 日，医疗卫生人员 8 万余人奔赴灾区。有 19 支省级地震救援队共 4000 余人参与汶川地震救援。此外，社会各界大量的志愿者参加救援，2008 年被称为中国的“志愿者元年”。

图 11 解放军响应救援时间轴

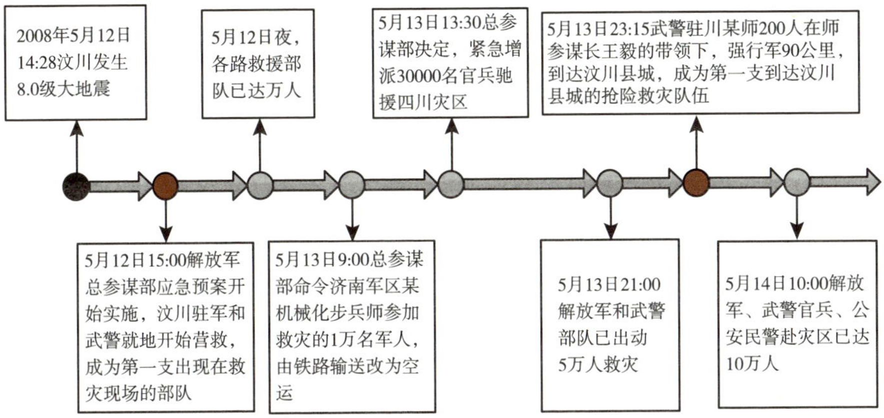


资料来源：根据汶川地震大事记整理。

截至 2008 年 11 月 5 日，全国共有 4550 多万党员交纳“特殊党费”97.3 亿元。截至 2009 年 9 月 30 日，全国筹集社会捐赠资金和物资折价共计 797.03 亿元，其中捐赠资金 687.9 亿元、物资折价 109.13 亿元。在救灾过程中，汶川全县收到大米 4705.50 吨、食用油 446.50 吨，收到全国各地企事业单位、个人捐赠资金 13480.64 万元。

**表 4 抗震救灾物资投入(截至 2008 年 9 月 25 日)**

| 资金 | | 物资 | | | |
|---|---|---|---|---|---|
| 中央 | 地方 | 帐篷 | 篷布 | 棉被 | 毛毯 |
| 734.57 亿元(救灾 331.32 亿元，重建 403.25 亿元) | 74.79 亿元 | 132.14 万顶 | 483.36 万平方米 | 461.21 万床 | 13 万件 |
| | | 手摇照明灯 | 毛巾被 | 衣物 | 大米 |
| 占 2008 年 GDP 的 0.27%，财政支出的 1.30% | | 10 万台 | 12 万件 | 1297.86 万件 | 4705.5 吨 |

资料来源：根据财政部、民政部抗震救灾公报整理。

### （三）实事求是，科学重建

在救灾展开的同时，党中央、国务院总揽全局，组织领导各项重建工作，科学规划，走出了中国特色的灾区重建之路。

#### 1. 立足分级管理，制定政策法规

2008 年 6 月 4 日国务院通过《汶川地震灾后恢复重建条例》，标志着震后恢复重建的开始。这是新中国成立以来中央政府首次就发生在特定区域的特定灾害专门出台行政法规，彰显了政府推动应急状态向正常状态转变的制度化能力。随后，《国务院关于支持汶川地震灾后恢复重建政策措施的意见》、《汶川地震灾后恢复重建总体规划》及 10 个专项规划相继出台；四川省、汶川县等各级政府均结合自身实际制定相关政策，积极引导灾区重建。这些政策措施有效推动了地震灾区正常生产生活秩序的迅速恢复，为灾后恢复与重建有序开展提供了有效的制度保障。

#### 2. 中央财政主导，多种筹资并行

在灾后重建中，采用以中央财政拨款、灾区政府筹措和对口援建为主，多种筹资方式并行的融资模式，为灾区重建提供了有力的物质保障。灾后恢复重建的前三年，共投入恢复重建资金 10205 亿元，其中中央财政安排灾后恢复重建基金 3026 亿元。震后三年，汶川县发放临时生活救助金 275126 人次、8501.8 万元，其中发放“三孤”人员生活救助金 1352 人次、70.69 万元。发放后续生活救助金 5477.52 万元，其中发放“三孤”人员生活救助金 1320 人次、42.18 万元。发放“5・12”遇难人员家属抚慰金 2172 人、1086 万元。全县发放维修加固补助资金 733.2 万元、过渡房补助资金 2981.2 万元，下拨农房重建补助资金 35830.82 万元。与此同时，社会力量的广泛动员、资金的有效调动，有力地支援了灾区的生产重建。仅绵虒小学就获捐赠特殊党费 2000 万元。各种筹资方式及筹资情况见图 12。

#### 3. 开展对口支援，实施专业帮扶

2008 年 6 月 11 日，国务院办公厅印发《汶川地震灾后恢复重建对口支援方案》，根据各地经济发展水平和区域发展战略，中央统筹协调，按照“一

图 12　各种筹资方式所筹资金比例(截至恢复重建完成进度 95%时)

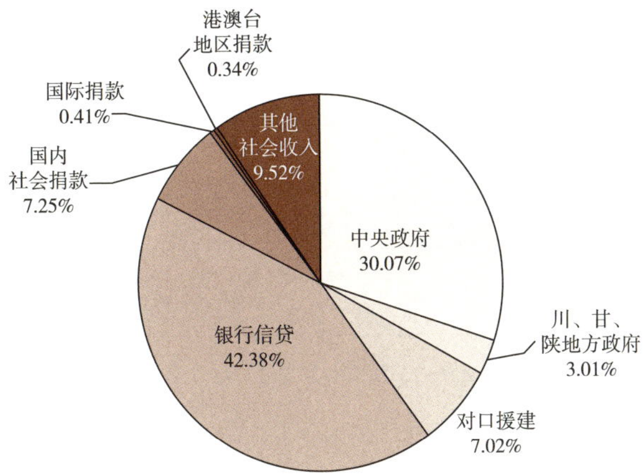


资料来源：根据财政部、民政部抗震救灾公报整理。

省帮一重灾县”的原则，依据支援方经济能力和受援方灾情程度，合理配置力量，组织东部和中部地区省市支援地震受灾地区，建立对口支援机制，期限按三年安排，实际两年完成（见表 5）。国家发改委、民政部、财政部等部委根据各自职能定位，出台了一系列恢复重建的政策措施，并在整合资源、专业帮扶方面给予政策支持。对口支援与专业帮扶，有效调动了援建省市与受灾地区的积极性，不仅使灾区群众生产生活在较短时间内得到恢复和提升，而且促进东中西部经济合作、文化交流、理念融合、民族团结。

**表 5　“5 · 12”汶川特大地震对口援建情况**

| 受灾地区 | 援建省份 | 受灾地区 | 援建省份 |
|---|---|---|---|
| 四川省北川县 | 山东省 | 四川省茂县 | 山西省 |
| 四川省汶川县 | 广东省 | 四川省理县 | 湖南省 |
| 四川省青川县 | 浙江省 | 四川省黑水县 | 吉林省 |
| 四川省绵竹市 | 江苏省 | 四川省松潘县 | 安徽省 |
| 四川省什邡市 | 北京市 | 四川省小金县 | 江西省 |
| 四川省都江堰市 | 上海市 | 四川省汉源县 | 湖北省 |

续表

| 受灾地区 | 援建省份 | 受灾地区 | 援建省份 |
|---|---|---|---|
| 四川省平武县 | 河北省 | 四川省崇州市 | 重庆市 |
| 四川省安县 | 辽宁省 | 四川省剑阁县 | 黑龙江省 |
| 四川省江油市 | 河南省 | 甘肃省受灾严重地区 | 广东省（主要由深圳市） |
| 四川省彭州市 | 福建省 | 陕西省受灾严重地区 | 天津市 |

资料来源：国办发〔2008〕53号《国务院办公厅关于印发汶川地震灾后恢复重建对口支援方案的通知》。

广东省承担对口援建汶川县的任务，援建总投资82亿元，共计702个项目，涉及住房、交通、教育、医疗、社会福利等公共服务设施，促使汶川的基础建设水平整体上前进了二三十年（见图13）。

图13　广东援建汶川县项目一览

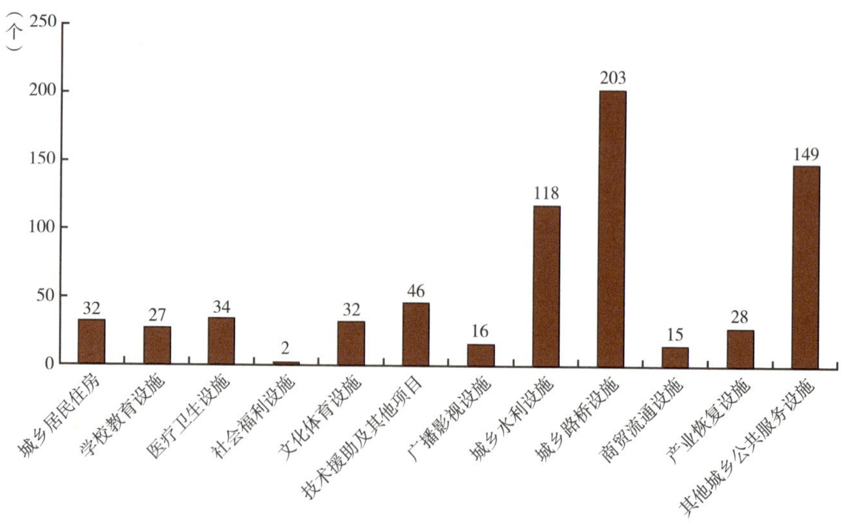


资料来源：根据广东省对口援建移交报告整理。

国家设定的汶川地震灾后恢复重建任务完成之后，对口支援双方积极探索东中部省市与受灾县市共同发展的长效机制，由对口支援模式逐步转变为对口合作模式。在“以感情为基础、以利益为纽带、以园区为载体、以项目为支撑、以制度为保障”的新思路下，形成干部互派、人员互访、经贸互动、劳务合作、文化交流等多种方式的长期可持续合作发展态势。2010 年 4 月，广东 – 汶川工业园正式开园，拉开了粤汶合作新的序幕。同月，汶川与广东签署了《粤汶长期合作框架协议》，使双方在技术援助、管理援助、产业合作、干部培养等合作中取得积极进展，如一批广东企业进入工业园，广东援建打造的水磨镇等成为著名的风景区。

### 4. 坚持群众路线，发挥堡垒作用

在灾后重建主战场上，无数党员干部情系乡梓、连续奋战。地震后次生灾害频发，2010 年映秀“8・14”泥石流、2011 年茂县“7・3”泥石流、2013 年“7・10”特大山洪泥石流相继来袭。面对这些重建的阻力，汶川基层党组织带领人民群众积极应对，当好“火车头”“主心骨”“贴心人”，不怕牺牲、不畏艰险，成为重建的排头兵和主力军。如 2010 年 8 月特大山洪泥石流突袭汶川，汶川县委组织 77 个部门、498 名干部、14 支抢险救援突击队连夜进入重灾乡镇，抢险救灾、安置群众。

按照“经济部门包穷村、政法部门治乱村、党群部门包弱村”的思路，积极深化“领导挂点、部门包村、干部帮户”活动。全县 44 名县级领导挂联 11 个乡镇、41 个村，联系困难户 44 户；392 名科级干部联系 111 个村、393 名困难户。创新“户户入・入户户”新时代群众工作法，把工作现场摆进每家每户，把工作成效留驻每家每户，凝聚了党心民心，汇聚了汶川力量。

### 5. 加强心理辅导，共建精神家园

灾后重建不仅需要坚实的物质基础，也需要强大的精神力量。地震过后，在政府的主导下，灾区分步实施心理干预，进行心理抚慰、心理疏导以及照顾服务，建立各级心理干预网络。成立“汶川县心理重建工作领导小组”和“汶川县心理重建中心”，全面启动了灾后心理重建工作，在专业上和技术上争取到北京师范大学心理学院的支持，采取多种形式抚慰心灵、疏导心理，起到了安定人心的作用，营造了积极向上、健康和谐的社会生活环境。

同时，把感恩作为汶川精神瑰宝和力量源泉，启动感恩情怀培育工程，以感恩教育培育铭恩奋进的家国情怀，弘扬伟大抗震救灾精神，树立了汶川人民“祖国好、汶川好、大家才好”的价值观。

在重建和发展过程中，汶川县推进“我为汶川、汶川为我、身为汶川人、乐在汶川中”精神的构建，引导各族群众像爱护眼睛一样珍视团结，像对待家人一样善待邻里，像迎接亲友一样接待游客，以和美民风感染所有人。

在各项工作的稳步有序推进下，经过灾后 10 年的努力，汶川实现了跨越式发展，脱贫攻坚取得重大成果，经济全面转型升级，各项事业取得长足发展。汶川当地干部群众形象地用“三个第一次”形容灾后重建的成就：第一次实现了道路通到家家户户、通到大山深处，第一次从人畜混居实现了人畜分居，第一次让老百姓家家户户都有了自己的产业。

### （四）汶川答卷，人类典范

抗震救灾是对一个国家综合国力的全面检验，而灾后恢复重建则是一个国家综合国力和民族凝聚力的重要体现。今天我们回首汶川的救灾与重建，会被汶川取得的成绩深深震撼。然而，十年前地震发生时，却有不少西方人质疑中国政府和人民能否应对如此大的自然灾害；进入重建阶段，中国提出三年完成目标，又有不少西方人怀疑中国政府能否如期完成如此艰巨的任务；当“三年重建、两年完成”之后，同样有西方人质疑汶川能否实现可持续发展，从输血走向造血。“汶川答卷”向全世界响亮地回应了那些质疑，汶川因灾后恢复重建取得的辉煌成就，被誉为全球灾后重建的最佳典范，展示了中国速度、中国力量、中国优势。

汶川救援与重建的实践，有别于西方和其他地区，具有如下核心特征。

第一，在组织模式上强调政府主导、社会参与。无论是在资金筹措还是在基础设施建设中，政府都扮演着主要角色。在重建资金筹集方面，不少国家和地区更加依赖保险等金融方式以及教会、慈善组织等社会力量的捐助，这容易导致重建周期长、基础设施恢复慢等问题。1995 年日本阪神地震重建用了 10 年。与之相比，汶川特大地震的震级和破坏程度更高，而灾后恢复重建“三年任务两年基本完成”。这主要得益于中央政府集中统筹资金，社会力量广泛捐助，采取对口支援和地方筹措相结合的方式。

第二，在保障模式上强调科学规划、依法实施。在短时期内要迅速实现重建目标，唯有实事求是，尊重科学规律，才能从根本上保证灾后恢复重建的成效。汶川震后无论是中央还是地方，都以科学为引领，强调科学定位、科学控制、科学引领、科学排序，制定相关规划，完善相关法规，依法有序推进重建，这相对于我国以往的救灾与重建有了很大进步。

第三，在体制模式上强调统一领导、充分授权。中央政府强有力的组织动员能力和各级政府坚定不移的执行力紧密结合。中央政府在救灾与重建中权力集中，地方政府在中央统一授权下协作，这就区别于英美等国家强调地方自救、自建的在地化原则。

第四，在统筹模式上强调救急为先、着眼发展。既立足当前，满足灾后经济社会秩序恢复的需求，又着眼长远，为灾区经济社会可持续发展打下坚实的基础。

第五，在援建模式上强调对口支援、团结协调。西方国家主要依靠市场的作用，政府调控作用较弱。依靠市场可以调动各种要素完成重建，但是发展周期较长；对于老少边穷地区来讲，市场要素不充分，对资本吸引力较低，发展更是面临诸多难题。汶川震后，中国政府创新采用对口支援模式，充分利用东中部优势，按时优质高效地完成重建，并实现跨越式发展。

第六，在价值取向上强调以人为本、民生优先。以人为本、民生优先满足了灾区人民住有定所、学有所教、病有所医、老有所养、乐有所处的心愿，让灾区广大人民群众在重建中共沐党的阳光，共享改革开放的成果。

## 三、经验与启示

习近平总书记在《汶川地震十周年国际研讨会暨第四届大陆地震国际研

讨会致信》中强调，人类对自然规律的认知没有止境，防灾减灾、抗灾救灾是人类生存发展的永恒课题。从“5·12”汶川特大地震中总结的抗震救灾与重建的汶川经验，必将为我们今后应对自然灾害提供丰富的经验与启示。

### （一）党的领导是成功应对自然灾害的根本保证

中国共产党的领导是中国特色社会主义最本质的特征，是中国特色社会主义制度的最大优势。在中国这样的大国，只有具备高度觉悟性、纪律性和自我牺牲精神的中国共产党，才有如此强大的领导力和向心力，能够在重大自然灾害面前，团结和带领全国各族人民共赴时艰、克尽险难、披荆斩棘、砥砺前行。相比之下，中国历史上没有哪个朝代的执政集团有中国共产党这样的理想信念，能够始终保持党的先进性和纯洁性，也没有哪个政治组织有中国共产党这样的社会动员能力、政治组织能力和国家治理能力。

汶川灾后救援与重建的成功，全方位展示了党的理论优势、政治优势、组织优势和密切联系群众的优势，充分凸显了党全心全意为人民服务的根本宗旨和总揽全局、协调各方的领导核心作用，充分凸显了党的资源调配能力、统筹协调能力、抵御风险能力和驾驭复杂局面能力。

中国共产党以马克思主义为指导，始终坚定共产主义远大理想和中国特色社会主义共同理想，持之以恒地开展强有力的思想政治工作，在灾难发生后，能够迅速地将全国人民的思想和行动统一起来，带领干部群众“心往一处想、劲往一处使”，全力以赴投身于抗震救灾与重建工作。党的组织体系形成了从中央到基层的全覆盖，通过发挥各级党组织的战斗堡垒作用和模范带头作用，发挥人民子弟兵听党指挥、召之即来、来之能战、不畏艰险、舍身忘我的优良作风，有力地保证了救灾和重建的各项方针、政策得以有效贯彻执行。民主集中制作为党的根本组织制度和领导制度，既保证了抗震救灾与重建工作的集中统一领导和有序推进，又赋予了广大党员在救灾与重建工作中的自主性和能动性，激发了他们的工作热情。密切联系群众作为我党克敌制胜的法宝，使抗震救灾与重建工作赢得了最广大人民群众的支持和拥护，汇聚了取之不尽、用之不竭的力量源泉。

抗震救灾和灾后重建的胜利，使我们更加坚信党领导一切工作的重要性，更加深入地理解了坚持党总揽全局、协调各方的领导核心地位的重要意义。正如习近平总书记所指出的："坚持中国共产党这一坚强领导核心，是中华民族的命运所系。"

### （二）中国特色社会主义制度是成功应对自然灾害的制度保障

灾难的发生不分国度，但应对灾难的方式和结果却因社会制度的不同而迥异。而一个国家处理重大自然灾害和突发事件的能力，也正是衡量其制度优劣和治理能力的重要尺度。汶川灾后救援和重建取得的成功，从实践上有力地证明了中国特色社会主义制度的优越性。

从中国历史来看，没有任何一个时代能够像当今中国这样自信、从容、有力、有效地应对自然灾害。在有记载的两千多年的历史中，黄河共决口泛滥成灾 1500 多次，每次灾后均反复上演百姓流离、饿殍遍野、匪盗猖獗、民不聊生的悲惨景象。汶川地震后，我国将救灾所需相关资源迅速集中、有效整合、统一调用、优化配置，有力地克服了救灾难度大、任务重、地形险峻、地质不稳等一系列不利条件，取得了抗震救灾的伟大胜利。

从世界范围来看，中国特色社会主义制度较之西方资本主义制度具有决策高效、执行有力等多方面的显著优势。受制于议会体制、财政联邦制等制度性约束，资本主义国家往往无法在灾后的第一时间做出迅速的反应，有效地处置突发灾情。如"3·11"东日本大地震发生后，受灾地区各自为政，救灾工作难以得到及时有效展开。由于日本政府协调能力的不足，以及对自卫队的调动迟缓，使得救援物资难以及时送达灾民手中。福岛第一核电站的核泄漏问题也未能在黄金时间内得到处置。

中国特色社会主义制度的优越性植根于其基本经济制度、政治制度、组织制度等一系列具体的制度安排之中，这在汶川震后救援与重建过程中得到了充分的体现。经济上以公有制为主体，赋予了政府对大量社会经济资源的直接支配能力，能够集中力量办大事、办难事，做到凡是灾区需要的，都能够在第一时间予以提供。政治上的民主集中制和广泛协商，为科学决策提供了诸多有益的建议和参考。在汶川重建的过程中我国创新“对口支援”模式，这无论在中国历史上还是在国际上都是具有开创性的灾后重建措施。中央统一领导构筑了救灾过程中高度统一的指挥运转模式，使得救灾工作始终能够站在全局的高度，迅速有效地应对突发的各项挑战。汶川震后救援与重建的实践表明，只有坚持和发展中国特色社会主义制度，才能推动国家和人民的各项事业取得成功，才能最终实现中华民族的伟大复兴。

### （三）以人民为中心的发展思想是成功应对自然灾害的根本遵循

习近平总书记指出，“坚持不忘初心、继续前进，就要坚信党的根基在人民、党的力量在人民，坚持一切为了人民、一切依靠人民”，身体力行地践行“以人民为中心”的思想。以人民为中心是中国共产党始终秉持的执政理念，是抗震救灾和震后重建的根本遵循，也是中国应急体制及其运行能够取得显著成效的根本。

中国历史上的大灾比比皆是，但是受时代局限和阶级立场的影响，没有哪一朝哪一代的政府能够像共产党领导的社会主义中国那样，将人民利益放在核心位置，在大灾大难面前真正做到以人民为中心。甚至有些政府官员不仅不去竭力赈灾，反而借机搜刮，令受灾民众雪上加霜。如乾隆四十六年(1781)，陕甘总督勒尔谨、甘肃布政使王亶望等人与受灾地区的府、州、县官员共同贪污甘肃救灾赈银上千万两。对此，清代的御史曹志清深有感触地说:“是民非困于灾，直困于贪吏之苛敛也。”

虽然西方主流价值观中也包含人文主义精神，强调维护人的尊严、价值和利益，但其更注重个人英雄主义，强调个性张扬。落实到具体的政治实践当中，就是强调所谓的“个人选择”和“守夜人”精神，往往忽略具体问题和特定群体的实际情况，不能积极有效的作为。

在汶川的灾后救援与重建过程中，党始终把人民群众的生命放在第一位，坚持救灾就是救民、重建就是为民，把生命至上、民生优先贯彻始终。通过“百日攻坚”，所有灾民全部及时住进了过渡性安置房，学校、医院等被安排在恢复重建序列的首位，并要求严格执行强制性建设标准规范，以保障建筑质量，而“3·11”东日本大地震过后五年，仍然有大约3.2万户灾民在等待租赁型公营住宅，或者等待自家住宅重建工作的完成，至于学校、医院等公共服务设施的修缮重建则更加滞后。

人民是推动社会发展进步的真正动力，人民群众是我们党的力量源泉，党和政府在救援和重建过程中坚持依靠人民群众，充分发挥人民的主体作用，始终坚持思想上尊重群众、感情上贴近群众、行动上依靠群众。灾区群众感恩奋进、自强不息，积极投身于重建美好家园的火热实践，自觉致力于物质重建、经济重振、文化重兴、社会重构，推动“户户安居乐业、民生保障提升、产业创新发展、生态文明进步、同步奔康致富”的规划愿景逐步成为美好现实。

### （四）改革开放为成功应对自然灾害奠定物质基础

习近平总书记指出，“改革开放是决定当代中国命运的关键一招，也是决定实现‘两个一百年’奋斗目标、实现中华民族伟大复兴的关键一招”。应对重大自然灾害，需要投入大量的人力、物力和财力，尤其是启动现代化灾害防治和灾后重建，更是需要基于强大的综合国力，综合运用经济、科技等多种手段。改革开放使得我国经济快速发展，包括经济、科技等实力在内的综合国力大幅跃升，为有效应对危机和恢复发展提供了坚实的物质基础。

1976年唐山大地震发生时，尽管中央领导对唐山震后救援与重建高度重视，但限于当时薄弱的经济基础，救灾和重建工作受到了种种限制，人员伤亡和经济损失严重。综观世界，不少国家也受制于综合国力的限制，面对灾害往往无法实施及时有效的救助。2008年缅甸遭遇热带风暴纳吉斯，政府受制于国力，救助力量十分微弱，灾民缺乏足够的食物、帐篷，国际救援又难以进入，只能依赖于寺庙赈恤和百姓互助，最终导致3.2万人死亡、3

万人失踪。

依托于改革开放 30 年来积累的强大综合国力，汶川救援基本上做到了灾区需要什么就提供什么，大量支援物资迅速调往灾区，各种最先进的技术装备纷纷上阵，救援抢险工作得以迅速有效地展开。伴随改革开放伟大社会革命的稳步推进，我国的经济结构不断优化、经济实力不断增强、技术装备水平不断提升，为灾区的重建振兴持续提供了坚实的物质基础，实现了跨越式的发展。新时代，我国继续坚定不移地推进全面深化改革，以进一步夯实物质基础，提升综合国力。这必将有助于我们更有效地应对大规模自然灾害，更好地维护人民的生命财产安全。

### （五）科学的应急管理和规划体系是成功应对自然灾害的有效方法

灾害往往具有突发性，这就需要有一整套救灾应急管理的措施体系，来统筹社会动员、资金调配、资源整合等方方面面的工作。改革开放以来，我国根据自身国情，已逐步探索出一整套适应国情的应急管理体系，尤其是 2003 年“非典”之后，相应机制更加完善。这使得我们面对汶川地震时能够迅速有效地展开各项救援活动。同时，灾后重建时间长、任务重，作为一项系统工程，需要科学规划、总体布局。经过实践经验的积累，我国已逐步构建并完善了灾后恢复重建的系统性方法。

在汶川重建过程中，始终坚持以科学规划保障科学重建，推动灾区规划和建设水平全面提升；坚持恢复功能与发展提高相结合，推动灾区经济发展方式加快转变；坚持“输血”与“造血”相结合，在恢复产业的同时，优化经济布局，着力增强灾区自身的内生发展能力；坚持城乡统筹协调发展，优化城镇布局，推进社会主义新农村建设，加强城乡环境综合治理，令城乡面貌和人居环境焕然一新。

从世界范围来看，不少国家的救援与重建工作缺乏科学有效的应急管理和规划体系，这一点在广大发展中国家中表现得尤为突出。如 2015 年的尼泊尔 7.8 级强震，政府对灾后资金使用未能做出有效规划，重建房屋计划实施 3 年来，只完成 15% 受损房舍的重建，且建设过程中还存在大量浪费。这与汶川快速、有效的房屋重建工程形成了鲜明的对比。

汶川地震在我国的灾后应急与重建体系建设过程中有着独特的意义。经过汶川地震，我国逐步完善了自然灾害救援与重建法律、法规体系，强化了救援人员动员体系，健全了资金、资源调配体系，创新了对口支援模式，志愿者组织逐步成型，应急机制的运转越来越灵活有效，相关制度建设及其施行经验有了极大提升，全面形成了上下贯通、军地协调、区域协作、全民动员的工作机制。这为其后的芦山地震、九寨沟地震的救援与重建提供了大量有益的经验借鉴。

### （六）新发展理念为灾区实现跨越式发展提供实践先导

党的十八大以来，习近平总书记顺应时代和实践发展的新要求，明确提出要坚定不移贯彻创新、协调、绿色、开放、共享的新发展理念。这为灾区的重建注入了新的活力，进一步推动了灾区的跨越式发展，书写了灾区建设的新篇章。

汶川的跨越式发展紧紧围绕新发展理念展开，坚持将创新作为引领发展的第一动力，出台并形成了对科技创新和双创工作的一系列规范性制度和物质支持。汶川紧扣消费升级引领下的需求结构变化，结合本地资源特色和优势，创新性地开拓一系列崭新的产业发展方向。将灾后重建与推进工业化、城镇化、新农村建设及扶贫开发、主体功能区建设、产业结构优化升级相结合，统筹协调地制定并执行了灾后重建的总体规划。以绿色重建为导引，高度重视环境的修复与生态的重建，实施生态建设工程，加强生态系统保护。持续致力于将开放工作提升到新水平、新高度，注重将“走出去”与“引进来”相结合，坚持与广东等沿海地区交流合作，扩大自身开放程度，助推经济转型发展。

汶川的成就充分证明新发展理念是引领我国发展全局深刻变革的科学指引，深入理解和贯彻新发展理念，已成为推动我国经济持续健康发展的重要前提和思想保障。

习近平总书记指出："当今世界，要说哪个政党、哪个国家、哪个民族能够自信的话，那中国共产党、中华人民共和国、中华民族是最有理由自信的。"历史与实践证明，在应对国内外各种风险和考验的历史进程中，中国共产党始终是全国人民的主心骨和顶梁柱。汶川抗震救灾和灾后重建发展的伟大实践，充分彰显了中国共产党的领导和社会主义制度的优越性，丰富了社会主义核心价值观的时代内涵，增强了全党全国各族人民对于中国特色社会主义的道路自信、理论自信、制度自信、文化自信。

从救灾到重建见证了制度自信，只有社会主义才能集中力量办大事，汶川在10年内从恢复秩序到对口支援，再到跨越式发展，充分说明中国特色社会主义制度是当代中国发展进步的根本制度保障，是具有鲜明中国特色、明显制度优势、强大自我完善能力的先进制度。

从恢复到崛起昭示了道路自信，改革开放为汶川发展注入不竭动力，汶川震后重建的实践，生动地证明了中国特色社会主义道路是实现社会主义现代化、创造人民美好生活的必由之路，是实现中华民族伟大复兴的必由之路。

从粗放发展到科学发展彰显了理论自信，五大发展新理念让汶川更美好，守住绿水青山，家园生态宜居，人民生活美好，充分证明中国特色社会主义理论体系是指导党和人民实现中华民族伟大复兴的正确理论。

从知恩回报到爱党爱国诠释了文化自信，抗震精神与时俱进、薪火相传，从"任何困难都难不倒英雄的中国人民"到"万众一心、众志成城，不畏艰险、百折不挠，以人为本、尊重科学"的抗震救灾精神和"一方有难、八方支援，自强不息、感恩奋进，以人为本、崇尚科学"的恢复重建精神，无一不昭示着中国特色社会主义文化积淀着中华民族最深沉的精神追求，代表着中华民族最独特的精神标识，是激励全党全国各族人民奋勇前进的强大精神力量。

坚定"四个自信"，我们就能毫无畏惧面对一切困难和挑战，就能坚定不移开辟新天地、创造新奇迹。

## 四、建议与展望

灾后重建让汶川实现了跨越式发展，但同时发展不平衡不充分仍然是汶川面临的突出问题，依旧存在经济总量不大、固定投资疲软、产业结构不优等问题，县域经济发展不协调、南部与北部产业发展失衡等制约着汶川发展，在产业升级转型、补齐民生短板、保护生态环境、提高社会治理水平等方面存在诸多挑战。与此同时，汶川也面临着四川省将阿坝州建设成为国家全域旅游示范区、国家生态示范区等难得的发展机遇。课题组深入学习领会党的十九大精神和习近平新时代中国特色社会主义思想，结合汶川调研，提出以下建议。

### （一）构建可持续高质量的经济发展体系

从长远来看，汶川可持续发展的基础仍需进一步夯实，产业内部结构仍需优化，支柱产业还需进一步培育，符合其自身特点的高质量经济发展体系亟待建构。一是以新发展理念为指导，深化供给侧结构性改革，矫正要素配置扭曲，增加有效供给，推动经济结构转型，以实体经济为根本，结合自身“南林北果、绿色工业、全域旅游”发展思路，提升产业配置效率，培育产业发展新亮点，形成汶川农业、工业、服务业一体化发展新格局，构筑可持续的高质量经济发展体系，促进汶川向高质量发展阶段转型。二是以乡村振兴战略为抓手，促进现代农业、林业、畜牧业发展，积极发展生态农业，积极扩大农产品知名度，通过电子商务平台扩大特色农产品销售范围，真正做到汶川特色农产品“走出去”。三是以产业结构升级为重点，继续淘汰高污染落后产能，实现工业发展绿色转型。一方面，在企业的生产过程中推行清洁生产的技术改造，降低污染排放，实现工业绿色发展；另一方面，利用自身的要素禀赋条件，培育先进制造企业，在可再生能源、电子零部件、人工晶体等方面下功夫，打造符合汶川资源禀赋、具有汶川特色的现代化工业体系。

### （二）重点发展红色旅游及康养产业

在新时代背景下，汶川正在向生态型经济转型升级，基于汶川优越的自然条件和深厚的历史人文底蕴，可将红色旅游和康养产业作为转型升级的突破口。一是按照习近平总书记的要求，将汶川建设成爱国主义教育基地，充分利用汶川的抗震救灾精神和红军长征留下的丰富红色文化，大力发展红色旅游业，打造红色旅游品牌。利用自身拥有的“5·12”汶川特大地震震中纪念馆、映秀漩口中学遗址等纪念场所及北川老县城遗址，深入发掘红军长征的历史故事，形成完整的“家国情怀、汶川精神”红色旅游线路，采用干部教育培训、夏令营等方式，建设爱国主义教育基地。二是综合利用卧龙熊猫保护区、威州羌城、水磨古镇等旅游资源，依托成都一小时经济圈的优势，精准承接都市人休闲康养、回归自然的消费升级需求，提升服务标准化水平，塑造汶川特色康养品牌，培育康养产业集群，提供适销对路的康养产品，推动康养旅游，拉动养老产业发展。

### （三）完善公共服务体系

重建后的汶川，在教育医疗、公共服务、社会保障等方面有了质的飞跃。进入新时代后，应以解决人民群众最关心、最直接、最现实的利益问题为重点，完善公共服务，全面提升群众的生活质量和幸福指数，提高民生水平。一是积极统筹推进县域内城乡义务教育一体化改革，实现县域义务教育优质均衡发展，义务教育与城镇化发展基本协调，城乡基本公共教育服务均等化基本实现。着力将汶川建设成为全省民族地区县域教育完整体系示范区，建成辐射川、甘、青结合部的阿坝州区域教育中心。二是继续加快医疗卫生体系建设，充分发挥汶川在灾后重建过程中所取得的经验，立足于汶川县情，继续推动医疗卫生事业发展，提高医疗服务水平，使得医疗卫生成为汶川发展的新名片，与养老、健康产业发展相协调，带动汶川经济结构转型。三是提高居民就业质量，完善社会保障体系。完善职业教育和培训体系，推动高等教育发展，推进毕业生就业，积极开展职业技能培训、鼓励创业，注重解决结构性就业问题，促进就业质量提高；完善城乡居民基本医疗、大病医疗等保险制度，统筹城乡社会救助体系，构建覆盖全面、权责清晰、可持续的多层次社会保障体系。

### （四）深入发掘保护优秀藏羌民族文化

汶川具有悠久的历史文化，以及丰富的文化遗产和资源，但仍然存在文化资源分布较为分散，发掘、保护、宣传力度不够等诸多问题，建议重点推进以下三个方面工作。一是发掘和保护优秀传统文化，深入发掘大禹文化，弘扬自强不息、团结协作的大禹精神，进一步加强保护羌族民歌、舞蹈、刺绣等优秀传统民族文化，构建民族文化的保护和利用体系。二是完善文化事业体系，将博物馆、文化馆、图书馆建设成为民族传统文化保护与传承的基地与平台，积极利用藏羌文化优势，建设文化产业走廊、非遗特色小镇，推动文化产业发展。三是借助信息化手段，利用网络平台、微信公众号等现代化传播方式，进一步扩大汶川的宣传力度，加强非物质文化遗产传承人宣传，增加汶川民歌、民俗等非物质文化遗产的知名度，促进“非遗”的保护传承。

### （五）升级东西部协作机制

广东的灾后对口援建、浙江的扶贫协作与对口帮扶极大地加快了汶川的灾后重建进程，促进了汶川发展和产业振兴。汶川应进一步升级与广东省、浙江省等东部地区的合作，充分利用其资金和技术优势，推动汶川的产业与经济发展。一是着力扩大产业合作对接，共同拓展市场，形成全方位、多领域的合作局面。与东部地区在教育、卫生、商贸、旅游、文化、工业等领域开展长期合作，推动汶川的产业、技术发展。二是扩大帮扶外延，签署长期合作框架协议，多渠道引入资金、技术、人才等要素资源，加速汶川发展。在已有的《粤汶长期合作框架协议》基础上，吸引资金、技术、人才来到汶川，确保汶川经济的可持续发展。三是以东西部扶贫协作机制为突破口，促进与浙江金华、义乌、兰溪等地合作，针对不同时期的重点发展要求，重点开展招商引资项目推介，积极吸引先进制造业赴汶设厂，培育技术创新主体，提升产业层次和技术水平，促进经济发展方式转型。

### （六）建设美丽新汶川

汶川始终坚持“绿水青山就是金山银山”的生态发展理念，10 年来汶川的生态环境持续改善，工业绿色发展，森林覆盖率持续提高，人与自然和谐共生的生态环境正在逐渐形成。一是在保持生态品牌优势的基础上，继续加大生态环境保护力度，坚持大保护，不搞大开发，着力建设美丽汶川。二是立足长江上游重要生态屏障，打好长江保护修复攻坚战，统筹山水林田湖草系统治理，划定严守生态保护“红线”，纵深推进岷江流域水生态综合治理，形成人与水和谐共生的生态安全格局，推动水生态文明型经济健康发展。三是完善生态环境监管体系，整合分散的生态环境保护职责，强化生态保护修复和污染防治的统一监管，健全保障举措，增强系统性和完整性，大幅提升生态环境治理能力。

### （七）改革完善防灾减灾救灾体制机制

汶川的灾后重建为中国应对自然灾害积累了宝贵经验，但也存在着管理分散、资源使用效率低、专业救援力量不足等问题，中国应进一步增强防灾减灾能力，完善防灾减灾救灾体制机制。一是进一步强化中央和地方在应急救灾和恢复重建中的事权划分，中央发挥统筹指导和支持作用，各级地方党委和政府分级负责，地方就近指挥协调，并在救灾中起到主体作用，承担主体责任。二是坚持党委领导，政府主导，社会力量广泛参与，充分发挥市场机制作用。强化保险等市场机制在防灾减灾救灾方面的积极作用，加快构建城乡居民住宅巨灾保险制度，推进农业保险和农村住房保险工作，完善应对灾害的金融支持体系。三是完善信息共享机制，加强跨部门业务系统的互联互通，实现各种灾情信息的动态共享；健全重特大自然灾害信息发布和舆情应对机制，拓宽信息发布渠道，确保公众知情权，充分运用新媒体资源和信息化手段，提高信息公开速度和透明度。四是统筹协调防灾减灾救灾科技资源和力量，提高科技支撑水平，推进大数据、云计算、地理信息等新技术新方法运用，提高灾害信息获取、模拟仿真、预报预测、应急通信与保障能力；开展防灾救灾减灾新材料、新产品研发，加快推进防灾救灾减灾产业发展。五是进一步增强忧患意识、责任意识，努力实现从注重灾后救助向减轻灾害风险转变，完善工程建设标准体系，提高学校、医院、居民住房、基础设施的设防水平和承灾能力，增加避难场所数量，定期组织开展防灾减灾教育活动及避险演练。

### （八）弘扬抗震救灾与重建精神

伟大的抗震救灾精神和重建精神不仅是我们夺取抗震救灾斗争胜利的精神武器，也是我们开辟新征程、开创新未来的精神支撑。弘扬抗震救灾精神需要在以下三方面着力。一是在强化宣传教育上下功夫。多联系群众身边事例，多运用大众化语言，多使用现代化传播手段，在日常宣传、成就宣传、典型宣传、热点宣传中贯穿伟大抗震救灾精神和重建精神，充分展示汶川人民抗震救灾、恢复重建的信心、勇气和力量，把汶川人民对美好生活的憧憬转化为灾后恢复重建的实际行动，真正使汶川人民成为伟大抗震精神的传播者、践行者和坚守者。二是在贯穿结合融入上下功夫。把弘扬伟大抗震救灾精神和重建精神作为社会主义精神文明建设和社会主义核心价值观践行的生动教材，贯穿于各行各业的实际工作之中，贯穿于干部教育培训、中小学教学、新闻舆论引导、先进文化宣讲、公民道德建设、社会实践养成等各个领域，使伟大抗震救灾精神和重建精神内化为人们的精神追求，外化为人们的行动自觉。三是在培育感恩文化上下功夫，以“弘扬爱国奋斗精神，建功立业新时代”为主题，深入挖掘体现灾区人民饮水思源、感恩奋进、自强不息、回报社会的感人事迹，不断坚定人民群众爱党爱国的理想信念，巩固人民群众团结奋斗的共同思想基础。

2018年春节前夕，习近平总书记专门来到他一直牵挂的汶川地震灾区，看望慰问灾区干部群众。总书记讲“我很牵挂这个地方，10年了，这里的变化我也很欣慰”。他强调，灾后恢复重建发展取得历史性成就，展现了中国共产党的坚强有力领导和我国社会主义制度的优越性，要在推动产业发展、民生改善等方面继续发力，把人民家园建设得更加美好。在习近平新时代中国特色社会主义思想的指导下，汶川人民正在绘就一幅美好生活的社会主义现代化建设新画卷。

到2020年，全面建成小康社会。在乡村振兴战略、脱贫攻坚等方面取得决定性胜利，人民的生活水平大幅改善，城镇和农村居民收入大幅提高，民族团结和睦，全面建成小康社会。

到2035年，经济体系建设取得重大成就，初步实现现代化。人与自然和谐发展，经济结构转型优化，红色旅游、康养等产业健康发展，建成中国重要的爱国主义教育基地。

到2050年，可持续高质量经济体系建设全面完成，建成现代化的美丽新汶川。人与自然和谐共生，现代农业、工业体系全面建设完成，红色旅游、康养等产业发展成为汶川经济新支柱，汶川精神、大禹精神、民族文化得以发扬光大。

改革开放与中国县域发展

GAIGEKAIFANG

# 贵州湄潭

GUIZHOU MEITAN

# 大力推进农村环境生态化

中国社会科学院外国文学研究所

## 导言

按照中国社会科学院科研局根据“庆祝改革开放四十周年百县（市、区）调查特大项目”文件精神的部署，以外文所副所长吴晓都和程巍为组长的调查组一行6人于2018年7月12～15日赴贵州省遵义市湄潭县，开展以“大力推进农村环境生态化”为主题的实地调研活动。除了两位组长外，调查组成员还有：俄罗斯文学研究室徐乐副研究员、《外国文学评论》编辑部龚蓉副编审、东南欧拉美文学研究室魏然助理研究员和《外国文学评论》编辑部舒荪乐编辑。

据湄潭县县委宣传部提供的资料，湄潭县地处黔北地区东部，在遵义市东部，两条高速公路（326国道和204国道）直接穿过湄潭，交通便利。全县的地区生产总值在2017年达到104亿元，被认为是贵州北部的经济强县。

湄潭县是中国颇负盛名的农村改革试验区，是历史悠久的“茶城、酒乡、烟县、粮仓”。这个县最主要的农业产业是茶叶种植，生态茶园现在已经达到60万亩，其中著名的茶叶品牌有“湄潭翠芽”和“遵义红”。“湄潭翠芽”曾48次荣获国家级金奖，“遵义红”被光荣地选为党的十九大会议和2018年全国两会的会议用茶；“湄窖酒”曾经获得莱比锡国际博览会金奖；湄潭县还是“中华”牌、“熊猫”牌香烟的优质原料生产基地；湄潭县的“茅贡米”也曾经连续5届荣获国家十大优质稻米博览会金奖。在党的领导下，经过改革开放40年的努力，特别是党的十八大以来，在习近平新时代中国特色社会主义思想的指引下，湄潭县把脱贫攻坚、全面建设小康与乡村振兴同步谋划、同步实施和同步推进。湄潭县呈现出产业兴、人气旺、生态好和环境美的繁荣盛景。湄潭县已经建设成为全国著名的现代生态农业示范县和“茶产业扶贫示范县”。

## 一、调查之座谈概述部分

7月12日中午，调查组到达遵义市机场，受到遵义市社科联和遵义市社会科学院领导邓彦及伍勤等同志的热情迎接。到湄潭县后，稍事休息，调查组一行就到湄潭县人民政府C区3号会议室与遵义市社科联和县委宣传部的领导干部举行了座谈会。参加座谈会的遵义及湄潭的干部有：社科联主席兼遵义市社会科学院院长邓彦同志、市遵义市社会科学院办公室负责人伍勤同志，县委宣传部副部长张桂昆同志、县委宣传部办公室主任李其红同志，等等。张桂昆副部长首先转达了县委宣传部部长陈柯对外文所调查组的欢迎，接着概要地介绍了湄潭县的历史沿革、政治经济文化的现状，其中重点介绍了湄潭县的地理环境和农业生产的现状与特点。张桂昆副部长还重点介绍了湄潭县的三大文化特色——“红军长征文化”（红九军团在湄潭的革命战斗经历，红九军团路过湄潭，在外围拱卫遵义会议），“浙大精神文化”（抗战时期浙江大学在湄潭办学七年的历史，有52位院士曾经在此学习、工作和研究，对湄潭的社会风气、生产及生活产生了重大影响，号称“文军”长征）以及“湄潭茶文化”（中国茶叶的主产区之一、湄潭茗茶悠久的种植历史、优良品种的培育）。还介绍了改革开放以来，湄潭县的干部和群众克服了工业相对薄弱的弱点，努力发展现代生态农业方面的举措，实行“增人不增地，减人不减地”。农民幸福指数高，农民收入高于全县平均水平。现在，湄潭老百姓对新农村建设十分满意。21世纪以来，湄潭县坚持绿色发展理念，生态农业发展良好，这里号称“贵州小江南”，召开过“第二届人居环境全国会议”。湄潭县城乡居民的幸福指数较高，近些年来，在这里民间自发地喊出了“走，到湄潭去当农民!”的口号，由此可见，湄潭县生态建设的成就多么引人注目，湄潭人民以此为豪。湄潭县近些年取得发展成就的一个基础是丰富的水资源。湄潭县水资源富足是关键的一点，“河长制”在湄潭取得了巨大的成绩。湄潭县不仅设有河长，还设有湖长、库长（水库）。湄潭县县政府和各级部门以及企业和乡镇，形成了水资源综合治理网络。此外，张桂昆副部长在座谈会结束时还建议调查组将13日下午与15日下午的调查安排合并起来，因为两个调查地点都在兴隆镇。

吴晓都同志和程巍同志在座谈会上首先转达了外文所领导对遵义市和湄潭县各级领导和干部群众的热诚问候以及对湄潭同志们支持这次调查工作的衷心感谢，接着向遵义市社科联和湄潭县的同志们介绍了外文所调查组这次前来湄潭调研的目的和意义，并主动介绍了中国社会科学院对调查组要求的必须严格遵守的调研工作纪律，表示要自觉接受湄潭县干部群众对调研组的严格监督。座谈会后，在邓彦院长和张桂昆副部长等同志的陪同下，调查组一行参观了湄潭县中国茶文化博物馆，了解了湄潭县茶叶种植、加工、配送、销售、研究和产业化的历史及现状。

7月13日调研组一行到湄潭县发展和改革局进行了座谈。

发展和改革局局长熊昌勇围绕湄潭县农村改革试验区、因地制宜的生态化建设、能源结构的改变、退耕还林、茶叶种植与园林景观化、生态化产业（农业的茶叶化、生态化和产业化协调发展）、农村环境、新农村建设、文明茶城建设等建设理念和成就做了非常系统和生动的介绍。湄潭农村的变化，有三方面值得强调：第一，农村空心化情况比较严重，外出打工者多，其中45%到城镇打工；第二，农村经历了能源结构改革，完成了“从柴到煤”“退耕还林”的变化，很多地方用上了清洁能源；第三，生态产业化，乡村建设绿化基地，茶田变成了“景观茶园”，形成了当地特色的“退耕还茶”新局面。

目前每亩茶田每年平均可收入 6000 元，农民收入在全省排在前 20 名。

熊昌勇局长强调，湄潭取得如此突出成就的重要原因之一是政策有连续性。连续三任县委书记，他们每人都在湄潭工作了 10 年，他们的工作重点各有分工。田书记热爱乡村，注重乡村工作。当时湄潭有个说法：“城镇像非洲，农村像欧洲。”说明当时农村面貌优于城镇。最开始是田书记抓农业；继任的滕书记开始抓城镇发展，城镇的面貌焕然一新；现任的魏书记抓生态，城乡一体化生态发展取得了很大成就。三任县领导各有侧重，让湄潭各个方面都发展起来了。应该说，湄潭县的规划主要是根据全国的总体发展脉络而制定出来的。目前全县打造“文明智慧城市”，进入城镇的汽车轮胎都要先清洗一下。原先是政府要求实现环境生态化，后来是市民的生态环境保护意识越来越强，自觉绿化的意识很突出。

熊昌勇局长介绍说，为了顺应新农村建设，湄潭还总结、提出了“黔北民居七要素”，推进湄潭民居的改造工程。起初，农民建房时不愿意修坡顶，因为修建坡顶要多花 1 万多元，为此，政府就给农户提供补助，当然，从事房屋修建的建筑企业要有资质，验收合格后才发放建房补助。

在茶产业发展方面，湄潭既讲数量（讲亩数），也讲质量。湄潭举办了“一节一会”及湄潭茶博会，2016～2018 年，湄潭连续三年举办了茶博会，形成了湄潭自己的品牌，红茶、绿茶出口都形成了几个档次。

湄潭人居环境方面也很有特色，人居环境整治实行“县、乡、村”三级管理。湄潭人居环境的整体发展与政府引导有很大关系，助推形成了“利益联系机制”。“群众会”是湄潭推动“群众路线”的优良成果，发展项目与群众的切身利益密切相关，群众实实在在感受到了好处。在农村环境治理方面，湄潭做到了“七改一增”，即“改水、改电、改路、改房、改厨、改厕、改圈，增加村庄绿地”。在农村，政府引导工作的图示也非常直观、明确。政府根据各个家庭的情况，列出“一图一表一说明”公示牌。原先县里请中介服务公司制作发展图，验收时看着很好，但不够直观，老百姓看不懂。现在湄潭明确为“一图一表一说明”，形式更加明确。

熊昌勇局长介绍，在湄潭发展过程中也遇到了一些具体问题。

第一，当前最急迫的是，农村欠账很多，很多资源还不能盘活。政策不配套的问题也比较明显。湄潭的特点是“民富财穷”，“穷财政”这两年比较突出。平台公司与政府完全分开之后，政府融资的困难更大了。2018 年银监会又出台了 4 号文件和 23 号文件，银行系统整顿，从银行融资的难度也增加了。目前只有从社会融资缓解一些燃眉之急。

第二，地方居民对“经济”的理解上还存在偏差。居民把财富投入建设和购买房屋，都变成了“死资产”，农村 35 岁以上的居民消费能力不足。就此而言，如何实现资源变资产是个关键的问题。不能将存量资产盘活，债务问题就不能解决。在农地入市的问题上，法理化是一个必由之路，同时，为了不让国有资产流失，就需要政策的灵活性。

第三，如何发挥企业的重要功能。企业的两个重要功能是就业和税收。2017 年湄潭的地区生产总值为 104 个亿元，其中很大一部分来自茶产业，但吸纳当地劳动力的功能还没有完全发挥出来。湄潭人口务工比例为 4∶3∶3，这就是说，劳动力四成在乡、三成在城镇务工、三成出省务工。目前主要的茶厂大多数属于民营，特别是龙头企业，全部是民营的。他们面临的问题是，融资成本太高、抗风险能力比较弱。

第四，在扶贫攻坚工作中，我们发现农户家庭收入来源主要有五部分，即生产经营收入、工资收入、资产收入、转移收入和其他。农村农户的主要收入来自生产经营收入和工资收入，收入来源单一。对于那些特困地区的搬迁居民，还面临异地搬迁成本高的困难。这两年对异地搬迁，上级均要求实现“城镇安置”。安置原则是“建新拆旧”，即入住新房，就需拆除山区旧住房。

第五，湄潭在教育和人才方面也存在一些问题。人们普遍感到湄潭的工作环境对吸引人才缺乏诱惑力。赴湄潭工作的人才，主要是通过顾问的方式，愿意长期居住的人才比较少。

遵义市科联秘书长卢丽萍、遵义市社科联学会部主任龙大林和湄潭县县委宣传部副部长张桂昆及县委宣传部办公室主任李其红参加了这次座谈会。张桂昆副部长对新农村建设中的“黔北民居”建设“七要素”、“一图一表一说明”、在湄潭召开的“全国人居环境现场会”、“微茶园”、乡间垃圾处理方式、新农村建设中乡贤作用的发挥、农村资金的盘活、城市资本的引入经验与成就以及农村改革配套的问题、债务问题、实体企业的升级改造问题等做了具体的补充介绍。

在发展和改革局座谈会后，当天下午调查组一行在张桂昆副部长和卢丽萍秘书长等同志的陪同下前往湄潭县兴隆镇及田家沟、大青沟等地进行实地调研和考察。兴隆镇的陈书记和罗同志对该镇近年来的新农村建设做了介绍。调研组对上述乡村的茶园发展、生态治理和乡居建设做了实地调研考察（具体报告见实地考察部分）。

7 月 14 日上午，调查组赴马山镇调查红豆杉种植和茶叶种植。张桂昆副部长、卢丽萍秘书长、龙大林主任及马山镇干部龙玲玲陪同调研。龙玲玲同志向调研组介绍了马山镇现代生态农业的概况，并且特别邀请红豆杉专业种植户村民周女士在红豆杉苗圃和林间详细介绍了她这些年引种红豆杉发家致富的经验与成就（具体报告见实地考察部分）。

7 月 14 日下午，调查组赴洗马镇调查“农旅一体化建设”。在“水湄花谷”景区，调查组实地调查了该生态建设项目中的“苗圃基地”，向这个项目的负责人实地了解花卉苗木的大棚种植现状、湄潭县对这个项目的优惠政策，以及“农旅一体化建设”过程中的就业现状。

7 月 15 日上午，调查组到湄潭县河长制综合管理办公室及重要河道（治理典范）湄江河和鱼泉河实地考察调研。遵义市社会科学院邓彦院长、伍勤同志及县委宣传部办公室李其红主任和河长制综合办公室的牟雁站长陪同调查（具体报告见实地考察部分）。

## 二、调查之实地考察部分

### （一）湄潭茶产业调查

湄潭有得天独厚的茶文化历史和茶资源业态。在谋求实现绿色发展的过程中，当地各级政府将国饮茗茶作为抓手，将茶资源的综合开发、提升品牌的市场竞争力、打造生态健康的人居环境作为区域发展的几大路径。湄潭茶产业有力推进了扶贫攻坚战略，带动一方百姓脱贫致富，截至 2018 年，全县有 8.8 万余户 35.1 万余名茶农因茶叶走上富足之路。倡导“转型升级、提质增效、抱团进取和制度规范”的当地茶企业，一方面，传承着从 20 世纪 30 年代延续至今的中国工匠精神；另一方面，也给中国西南丘陵地带的乡镇村庄打造了生态健康发展的样板，指明了创新发展的新路径。

#### 1. 茶传统创建生态人居环境

源远流长的茶文化传统堪称湄潭一绝，特别是改革开放 40 年来，茶叶深刻改写了湄潭的人居环境。

湄潭地表资源丰富，土壤富含锌、硒等对人体健康有益的微量元素，是典型的“高海拔、低纬度、寡日照、多云雾、无污染”的地区，其自然地理环境特别适宜茶树生长。唐代陆羽的名著《茶经》中对湄潭茶叶已有记载，称湄潭茶叶“往往得之，其味甚佳”。多部志书上均有湄潭茶作为贡茶的记载。当代著名茶科学专家吴觉农先生在研究中认为湄潭县是世界茶树原生地之一。

在 20 世纪 30 年代末 40 年代初，“中央实验茶场”和国立浙江大学先后落户和迁至湄潭，使这里一度成为中国的科教重镇和茶叶研究推广中心。1939 年成立的“中央实验茶场”是中国现代史上第一个国家级的茶叶科研生产机构，不仅开创了湄潭大面积植茶树的先河，还是贵州乃至中国西部近代大面积创建新式茶园的起始点。抗日战争时期，浙江大学在湄潭成立了茶叶中学，为以后培育了一大批茶专业人才，同时，推广先进的种茶和制茶技术，研究培育了一批适合湄潭气候和土壤环境的优良品种，为中华人民共和国成立后湄潭茶叶的大发展奠定了基础。浙大在湄潭办学七年，据设在湄潭文庙内的浙大西迁陈列馆藏资料记载，当年的浙大学生课余时间喜欢聚集在县城西门外的湄江茶社，一面饮湄江茶，一面探讨学术问题，诺贝尔物理学奖获得者李政道对此记忆犹新。浙大西迁带来的现代茶文化以及茶树种植科研当中的“求是”精神，已成为湄潭重要的文化记忆和历史财富。

中华人民共和国成立后，贵州省茶叶科学研究所和贵州省湄潭茶场相继在湄潭设立并开发出了著名的“湄江翠片”和“湄潭红碎茶”。这两种茶品均被载入《中国名茶志》，深受西南人民喜爱。改革开放 40 年来，在已有的茶文化传统的基础上，湄潭发挥地区优势，成为贵州最大的茶区，在“全国重点产茶县”排名中位列第二。2001 年被列为全国首批“无公害茶叶生产示范基地县”，2005 年荣获“中国三绿工程茶业示范县”的称号，2008 年荣获西南地区唯一的“中国名茶之乡”称号，2009 年荣获“全国十大特色产茶县”称号，2010 年被人民网评为“最受百姓欢迎产茶地”，2012 年获评“全国十大茶叶产业发展示范县”。2009～2014 年连续 5 年获评“全国重点产茶县”，2013 年获“国家级出口茶叶质量安全示范区”“全国茶叶籽产业发展示范县”称号，2014 年获“中国茶业十大转型升级示范县”“全国茶文化之乡”称号，2015 年获“贵州茶产业第一县”“中国茶叶产业示范县”称号，2016 年获“中国十大最美茶乡”称号，2017 年荣获“中国茶产业扶贫示范县”称号。除了“湄潭翠芽”，“遵义红”“贵州针”等新品也成为广受喜爱的佳品。

近五年来，湄潭茶文化深厚的历史底蕴给当地人居环境的优化带来了重大影响。以党的十九大精神和习近平新时代中国特色社会主义思想为指引，以中央实施乡村振兴战略为契机，湄潭县政府贯彻“全面融合发展”战略，以“茶庄”建设为突破口，推进茶产业的三产共生，三产融合，不断提升茶叶的附加值、延长产业链条。围绕茶叶的生态优势功能、经济功能、健康功能、文化功能，全力推进“茶旅一体化建设”，让茶园变公园、茶区变景区。例如城区建设的“湄江河畔茶文化风情廊”，其中一处位于湄江大桥对面的连片茶园，当中最大的一片为“打鼓坡”，面积达 3000 多亩。登临打鼓坡可览山海苍茫及湄江河如玉带绕城之美。另一处位于湄江下游近城区的湄江岸边，夏日傍晚江畔游览的市民络绎不绝，且周边设施齐全，分类垃圾箱和现代化卫生间设置科学合理。除去城乡景观，全县现已形成茶饮食、茶包装、茶具、茶馆、茶诗词、茶歌、茶书画、茶摄影等集休闲、养生、娱乐为一体的特色文化。湄潭县相关部门协同一致，为传承和弘扬湄潭茶文化，改善城乡居民生态与人居环境做出了积极的贡献。

### 2. 茶产业辅助扶贫战略

茶文化传统为湄潭茶产业发展奠定了坚实的基础。从 20 世纪 50 年代开始，湄潭已成为全国重要的红茶出口基地，茶叶远销世界 10 多个国家和地区。在茶叶科学研究所的技术指导下，在县、镇政府和湄潭茶场的帮助下，全县 10 个乡镇建立了 2 万多亩茶叶基地，形成了一批茶叶专业村和茶叶大户，促进了湄潭茶叶大气候的形成。截至 2017 年，全县茶园面积已达 60 万亩。其中，无性系良种达 99% 以上，无公害茶园认定面积 45 万亩，有机茶园 4.85 万亩，绿色食品茶园 0.9 万亩。调研组经过实地考察，发现全县绝大部分茶园拒绝使用农药。湄潭县茶园集中度高，主要分布在全县 15 个镇（街），涉及 8.8 万农户 35.1 万余人。湄潭县是贵州省现代茶业高效示范园区，茶叶产业已成为湄潭县农村经济中最重要的支柱产业。2017 年全县投产茶园 56 万亩，茶叶总产量 6.16 万吨，产值 42.7 亿元，茶业综合收入 102.7 亿元。

目前，全县有茶叶生产、加工、营销企业、加工大户 538 家。其中，注册企业 390 家、年产值 500 万元以上的企业 350 家，国家级农业产业化龙头企业 4 家、省级 22 家、市级 17 家，小型加工厂、加工大户 148 家。年加工能力7.5万吨以上，产品涉及绿茶、红茶、黑茶、抹茶及茶叶籽油、茶多酚、茶树花、茶面膜等 13 类综合开发产品。茶区建有 35 个茶青交易市场，茶青可在 30 分钟内进入市场交易。建成农业部定点市场、商务部定点出口市场“中国茶城”，目前入驻企业和商户 400 多家，2017 年交易额达 16 亿元，已成为茶产业营销的综合舞台。湄潭在全国 20 多个省（区、市）地级以上城市设有品牌专卖店、旗舰店、批发部1000多家，企业在天猫、阿里巴巴等全国知名电子商务网站开设了400余家网店。

“十三五”是贵州决战脱贫攻坚、决胜同步小康的关键时期，大力发展茶产业既能促进农民增收、加快脱贫致富的步伐，又有利于加强生态保护、推动绿色发展，实现自然资源增值，这是贵州守住发展和生态两条底线的战略选择。贵州将围绕丰富品种、提升品质、做强品牌，大力推动茶叶加工转型升级，大力加强茶叶标准化建设，大力拓展茶叶营销市场。独具特色的茶文化让赴湄潭考察、参观的游客络绎不绝。2017年，接待参观考察团300多批次6000余人次，因而，湄潭荣获了“中国茶产业扶贫示范县”称号。当地各级政府和基层群众千方百计做好“茶文章”，让绿水青山创造更多金山银山。在这一过程当中，基层涌现出不少有益的经验。

例如核桃坝村因茶叶而闻名，老茶农何殿伦带领全村群众走茶叶致富之路，曾先后得到党和国家三代领导人的亲切接见。经核桃坝村人民的努力创造，核坝村以“西部生态茶叶第一村”的美誉而闻名全国。目前全村拥有茶园面积4200亩，其中优质茶园3800亩，人均拥有茶园1.3亩。核桃坝村优质茶一枝独秀，产量高，亩产经济效益位居全国名茶基地之首。核桃坝村因种优质茶、制优质茶脱贫致富，步入小康，更被新闻界誉为“中国茶叶第一村”。

又如兴隆镇结合“四个全面”战略布局，创新出“群众会”这一基本方法，随时实践，不断丰富、发展，形成了“群众会+”的生态开发模式。兴隆镇坚持按照“企业+合作社+农户+基层组织”的产业化经营模式和利益联结驱动机制，加快发展茶旅一体化，使特色产业成为促进农民增收，助力扶贫攻坚，推进新农村建设的重要举措。2015年初兴隆镇龙凤村坪上茶园进行试点改革，采取流转茶园，贵州湄潭兰馨茶业有限公司每年支付农户800元流转费，每年递增20元，农户采摘的茶青以自愿买卖的方式，在茶叶加工合作的基础上，邀请该公司到坪上打造兰馨茶主题庄园。同时，通过公司流转农户的茶园进行统一管理，农户按公司要求对自家茶园实行分散经营，成功实现了坪上生态茶园的升级改造。

2018 年，湄潭县成功通过扶贫攻坚成果第三方验收，其中作为县经济发展支柱产业的茶产业对实现精准扶贫功不可没。湄潭县县委书记魏在平曾多次在会议中强调，全县各级各部门以及各茶企要正确认识茶产业发展对增加群众收入、促进经济发展等方面的重要意义。而事实上，湄潭茶叶种植面积广、加工总量多、品牌质量好、科技含量高、交易数额大等优势，确实为该地区实现良性的生态扶贫奠定了基础优势。

### 3. 茶文化打造生态旅游资源

茶文化旅游是湄潭一大亮色。近五年来，在做大做强茶叶一产、二产的同时，全县还加快推进"茶旅一体化"发展，建设了"天下第一壶茶文化博览园""翠芽 27 度"两个国家 4A 级景区，一个贵州十大魅力景区——中国茶海，还有贵州茶文化生态博物馆、象山茶博园等茶文化标志性景点，吸引着国内外游客纷至沓来观光、体验。2018 年 4 月，湄潭县荣获了中国茶叶流通协会授予的"2018 年度全国茶旅金牌路线"称号。

当前，湄潭"茶旅一体化"建设已经形成了"一城、一廊、一节、一会、一所、一海、一村"的建构特色。"一城"是指"中国茶城·茶叶交易市场"。全面建成后的茶城将成为贵州省乃至西南地区规模最大的，集茶叶生产、加工、科研、贸易、文化、旅游为一体的茶叶大市场和特色经济文化园区。"一廊"是指湄江河畔茶文化风情廊。"一节一会"是指始于 2001 年的湄潭县委、县政府和贵州省茶叶科学研究所共同举办的"贵州遵义·湄潭首届茶文化艺术节暨经贸洽谈会"，会上举办了"西部茶业论坛"，出版了《中国·西部茶业论坛文集》，公开选拔了十佳茶乡姑娘，扩大了茶乡湄潭的知名度。"一所"是指历史悠久的贵州省茶叶科学研究所。近期，为助推茶文化旅游，茶叶科学研究所又成立了茶文化研究中心。"一海"指中国茶海，也叫万亩茶海，位于永兴镇为世界上最大的茶海，现已规划为中国茶海公园，园内地貌多为低矮丘陵，茶树种植依山顺势，绿野遍地，环顾四周，绵延不尽，是典型的生态绿色产业。永兴茶海是贵州茶叶种植加工出口的重要基地之一，20

世纪60年代这里建成的省级国营湄潭茶场，是国内当时最大的三大农垦茶场之一。“一村”是指上文已经提及的核桃坝村。

湄潭县县委书记魏在平曾指出，“小茶叶种出大产业”并提出了湄潭“优势在茶、特色在茶、出路在茶、希望在茶、成败在茶”的发展思路。全县茶叶这一脱贫产业得到全面提升，越来越多的人民群众依靠茶叶这株宝树脱贫、增收、致富。例如兰馨茶苑（位于上文提到的兴隆镇兰馨茶庄园中）用“群众会+”和“互联网+”的思维，依托现有的生态有机茶园、有机茶加工厂和茶文化中心等具有旅游潜质的茶产业资源，进行整体规划和旅游创意包装，从卖茶叶变身为茶园“私人订制”，将“茶园”变“公园”，“茶区”变“景区”，既促进了企业发展，也帮助茶农增收致富，实现共赢。

与此同时，也应认识到湄潭茶产业还有较大的提升空间，为此，湄潭县政府以党的十九大精神和习近平新时代中国特色社会主义思想为指引，以中央实施乡村振兴战略为契机，重点围绕“夯实一个基地、巩固两个品牌、拓展三个市场、全面融合发展”工作总体思路，不断推动茶产业提质增效，转型升级。应当说，通过茶叶文化与产业实现“产业兴、人气旺、生态好、环境美”的区域发展目标是湄潭可预期的愿景。

### （二）兴隆镇田家沟和“七彩部落”调查

2013年11月5日，贵州省省委、省政府结合党的群众路线教育实践活动，结合扶贫攻坚、同步小康，围绕“富在农家”推动经济发展，“学在农家”培育新型农民，“乐在农家”实现文化惠民，“美在农家”建设美丽乡村为载体，旨在优化公共资源配置，加快推动基础设施向乡镇以下延伸，解决群众最关心、最迫切的水、电、路、讯、房等民生问题，切实改变集中连片特困地区生产生活条件，缩小东西部基本公共服务领域上的差距，提高扶贫开发成效，加快农村全面小康建设进程。为推动“四在农家·美丽乡村”基础设施建设六项行动计划，贵州省人民政府出台了《关于实施贵州省“四在农家·美丽乡村”基础设施建设六项行动计划的意见》（黔府发〔2013〕26号文件），明确要求，要按照“道路硬化、卫生净化、村庄亮化、环境美化、生活乐化”的目标，建成结构合理、功能完善、畅通美化、安全便捷的小康路，建设安全有效、保障有力的小康水，建设安全适用、经济美观的小康房，建设安全可靠、智能绿色的小康电，建设宽带融合、普遍服务的小康讯，建设功能齐全、设施完善、环境优美的小康寨。

湄潭县根据《关于实施贵州省“四在农家 ·美丽乡村”基础设施建设六项行动计划的意见》的指导精神，2014～2017年度按小康寨建设标准共对98个村寨进行了基础设施建设，20个村寨实施了污水处理工程。基础的建设的内容包括以下几个方面。

（1）“三改”工程：按照以农户自建为主，政府奖励补助为辅的原则，对农户实施改厨、改厕、改圈、改环境等工程。

（2）垃圾收集、搬运、处理。

（3）集中式饮用水源地保护。具体做法是划定集中式饮用水水源保护区，完善环境保护设施（界碑、界桩、警示牌和围网等）。

（4）污水处理。

（5）公共厕所建设。原则上保证每个村寨建有1个公共厕所，逐步完成农村公共厕所的全面覆盖，改善农村公共环境质量，使农民群众环保意识明显提升。

（6）照明设施建设。原则上以太阳能路灯为主，有条件的街道式村寨安装交流电路灯。布局及功能要美观有效，灯源、灯杆高度、蓄电池、电池板等技术参数配置要经济适用，每晚正常照明时间不低于10小时。

（7）庭院硬化。通过农户自建为主，政府奖励补助的方式，引导农户对自家庭院进行硬化，改善农村人居环境。

（8）文化体育设施建设。

（9）道路建设。

（10）其他设施建设。主要有植树、修建花池、绿化美化，修建排水沟、堰塘、人畜饮水工程、寨门、议事亭、休闲亭、围栏等设施。

在村寨文化队伍管理与培养方面，设立村寨公共文化特聘岗位，落实基本待遇和优惠政策，加强对民间文化人才队伍的教育管理、培养培训和管理服务，探索设立经常性文化活动和文艺精品创作专项资金，创造性、常态化地开展活动。

近五年来，湄潭县县委、县政府以坚定的决心、明确的思路、精准的举措和超常规的力度，加快推动基础设施向乡镇以下延伸，农村群众生活条件明显改善，行路难、饮水难等问题逐步缓解，农民的居住环境变得整洁有序，基本公共服务水平与城镇之间的差距逐渐缩小。同时，湄潭县县委、县政府深谙本县的产业特色，在坚持贵州省开展“四在农家·美丽乡村”的发展路线的同时，也紧紧抓住茶产业发展不动摇，从“退耕还茶”到“六四五六”（60 万亩生态茶园、4 万吨茶叶产量、50 亿元茶业综合收入、亩均产值 6000 元以上）茶业提升战略的实施，把一片小小的叶子不断做大。不断壮大的茶产业促进了一、二、三产业的融合，“湄潭茶旅示范区”实现了茶园变公园、茶区变景区、茶山变金山银山的目标。

### 1. 兴隆镇龙凤村田家沟组

隶属湄潭县兴隆镇龙凤村的田家沟组，在十多年前是一个穷山村。有人曾这样描述：“田家沟，几大湾，十年就有九年干，顿顿红苕苞谷饭，吃水要翻几座山，不少男的往外走，姑娘不愿嫁进山……”老百姓的日子过得非常清苦。然而，如今的田家沟，却出现了翻天覆地的新变化。全村茶园面积达 545 亩，人均茶园面积 2.5 亩，拥有 7 家茶叶加工厂。2017 年，田家沟的村民人均可支配收入达 18350 元，是湄潭县首批黔北民居新村示范点之一，是浙江大学、贵州省委党校和贵州省行政学院的教学实践基地。目前，田家沟的农村电网改造率、通信网络覆盖率均达到了 100%，电脑普及率达 95%，新农合、新农保参保率达 100%，沼气普及率达 80%，完成了图书室、文化广场、农家书屋等公共设施的建设。

随着湄潭农村人居环境改善的全面铺开，形成了“县抓规划、镇抓管控、村抓自治”的工作机制。组织编制的“县域乡村建设规划”，重点从乡村规划目标、乡村体系规划、乡村用地规划、乡村设施规划、乡村风貌规划予以管控。在建筑风貌上要求保持黔北民居的整体统一风格，在景观环境风貌上形成6个风貌控制分区，对建设控制、文化符号、乡土环境、山水格局、田园风光等分别提出保护和控制指引。明确村庄的“三生”（生产、生活、生态）空间，划定村庄建设用地“红线”、生态保护“红线”和耕地保护“红线”。目前，全县119个村全部按照上述要求编制了村庄规划，划定了“红线”，明确了建筑风貌，提出了项目清单，拟定了村庄规划图、项目配建表和规划说明书。

田家沟富有乡野气息的荷塘蛙鸣、整洁的柏油马路、恬静怡然的红白色黔北民居给调查人员留下了深刻的印象。青山、碧水、茶园，青瓦白墙的黔北民居组成了一幅自然和谐而又不失灵动的美丽画卷。山上茶园与森林镶嵌，山下竹园与湖水辉映，优雅自然的廊桥水榭，村民依山环湖而居，形成了田家沟的独特魅力，被誉为“湄潭新农村建设的一张封面”。这一切都要归功于湄潭县生态为先、特色为要、城乡统筹，以建设“绿色高效园区、生态文明茶城、美丽乡村典范、休闲养生胜地”为目标的发展主旋律。

美丽乡村是“管”出来的。为了规范美丽乡村建设，湄潭县采取了一系列措施，向建房农户发放黔北民居统一设计的20套方案供群众选择。每一套方案都配有一张图、一张表和一个说明书。县财政对改建或新建黔北民居的农户实行每户7000～10000元的财政奖补政策，十年来累计补助资金近7亿元，撬动社会资金80亿元，新建改建65000多栋黔北民居；培训和管理好农村建筑工匠，对农村建筑工匠进行培训考试，并签订建筑质量和安全责任书，对农村建房的质量和风格进行有效管控。每户房屋占地面积在120平方米左右，所有民居不得超过三层，所有房屋建筑风格必须具有黔北民居七大元素（小青瓦、坡屋面、穿斗枋、雕花窗、转角楼、三合院、白粉墙），通过以上举措有效地保持了山地型村落的格局和村庄原始的自然风貌，将山、水、房、寨完美结合。正是十多年来的坚持与坚守，才有了田家沟今天这样依山傍水、错落有致、绿树环绕的美丽村寨。

美丽乡村是“富”带来的，是脚踏实地“干”出来的。依托茶产业鼓了群众的“腰包”，富裕起来的田家沟人不断改善自己的居住环境。从十年前改善农村基本生产生活条件的“五通三改三建”（即通电、通水、通路、通电话、通广播电视，改居住环境、改厕、改灶，建文化室、建宣传栏、建文体娱乐设施），到2013年的“六项小康行动计划”（即小康路、小康水、小康电、小康房、小康讯、小康寨），再到目前的“10+N”行动计划（绿化工程、垃圾污水治理、道路建设、农村电网建设和光明工程、清洁能源工程、特色文化保护发展、公共服务提升、安全保障、数据乡村、产业发展，以及各地区结合自身实际、发展阶段和资源禀赋，围绕大扶贫、大数据、大生态等自行设计和组织的“N”项行动计划），具体以“七改一增两处理”为主要抓手，实施改房、改水、改电、改路、改厨、改厕、改圈，增加村庄绿地，处理垃圾和污水的人居环境改善工作，一步一个脚印，田家沟人不断地建设自己的家园。田家沟的巨大变化，是湄潭县政府一届接着一届、阶段化推进、项目化实施、苦干实干、着力改善农村人居环境的缩影。

2016年，田家沟的农民人均纯收入达16500元，近期还在增长，一曲《十谢共产党》唱出了田家沟发展的历程、唱出了湄潭人民的心声。“走，到湄潭当农民去”，是湄潭农民幸福、安康的真实写照。

### 2. 兴隆镇金花村大清沟组

被称为“七彩部落”的大清沟是兴隆镇金花村的一个自然村民组，2016年获得“国家级休闲农庄”称号，距离县城10公里，全组73户共274人。

“自从开起了民宿餐饮，我就忙得顾不上茶园，后来直接让别人去打理茶园了。现在，每个月营业额15万元左右，忙的时候还雇了六七个村民帮忙，除去日常开销和需要支付的工资外，每个月有3万多元的利润。”村民徐学良对调研人员说起目前的收入，抑制不住内心的喜悦。徐学良是大清沟旅游合作社理事长、“七彩部落”徐记大食堂的老板，也是大清沟人从一产直接跨到三产的代表之一。他是个地地道道的茶农，2015年，听说村子全民入股大搞乡村旅游，他加入了合作社，把自家多余的房屋、闲置土地等资源交给合作社作为资源股，现金入股10000元作为原始股，把自家临近村子中心区域的4亩茶园流转给合作社经营。自打开起了食堂，徐学良就忙得顾不上茶园了，后来干脆把茶园送人打理了。现在，他经营的食堂每个月毛利润10万元左右，还雇了7个村民帮忙，除去日常开销和需要支付的工资，每个月还剩2万元左右。最忙的时候徐学良一天接待了60多桌客人，当日盈利2.6万元。现在的日子过得有声有色。曾有来徐记大食堂就餐的游客问他，为什么不做民宿呢？为什么不卖冰粉呢？徐学良说："我们这里讲究的是分工合作，我做食堂，就不能把住宿和小吃都做了，也要留给别人一些赚钱的机会。"就是本着这样的一种合作精神，"七彩部落"里的商户们虽各自为营，却相辅相成，形成了一个优良的商业生态圈。

大清沟地处湄潭"翠芽27度茶旅扶贫示范区"的核心地带，为了推动乡村旅游发展，2015年初，村党支部和村"两委"号召村民们组建了旅游专业合作社，采取统一规划打造、统一资源整合、统一运营管理、统一股份分红的"四统一"方式，抱团发展。该村充分运用"群众会+"的工作方法，规范制度设计、统一群众思想、化解矛盾纠纷，集民力民智推动改革，在短时间内取得了良好的成效。

（1）制度设计规范改。产权制度改革程序严格，制度要求高，必须做到合法严谨。该村在改革的各个环节都运用群众会进行确定。在确员、确权时首先召开村民小组的群众会，议定集体资产情况，张榜公示后再召开村民会议民主决议确定，通过确员后再三榜公示，按照"六步三榜"工作法规定的动作，完成界定农村集体经济组织成员资格确认工作。每个村民组按规定动作要召开至少5次以上的群众会才能完成清产核资工作。在大清沟组通过群众商议成立"七彩部落"乡村旅游合作社，民主制定了"1432"的分红模式发展乡村旅游。

（2）化解矛盾引领改。产权制度改革涉及每个群众的利益，牵扯很多历史遗留问题，矛盾纠纷多，都需要通过群众会"一事一议"民主决定规范化解。"七彩部落"打造过程中，运用"群众会+"农村社区社会治理新模式，在几个月时间里，召开了上百次群众会，化解矛盾纠纷几百起，公开、公平、透明地商定入股条件、分红比例、环境打造等重大事项，党群干群一条心，开展“5+2、白 + 黑”的工作，群众会统一思想后，20 天时间里，所有村民主动将饲养的猪、牛、鸡鸭等牲畜全部出售，围绕“吃、住、行、游、购、娱”六要素大力完善旅游配套设施。

（3）创业创新推动改。2015 年 3 月，在产权制度改革试点中，将新农村建设有机结合，发展乡村旅游，通过收集群众意见，最后确定了“彩色庄园”方案。这是一个非常“另类”的设想，即借鉴突尼斯蓝白小镇的做法，在农户的墙面上用不同的色彩作画装饰，体现乡村风情，营造一个童话世界。那时，因为借鉴“突尼斯蓝白小镇”的做法，提出了把大清沟民居的颜色集中改一下的想法。但是黔北民居的白、灰主色调是全县多年来的坚守，能不能改？村民们拿不定主意。县委书记魏在平知道这个情况后，鼓励村民们说：金花村是农村综合改革试点村，你们大胆尝试，如果把颜色改错了、不协调，再改回来嘛。县长李䚮也鼓励村民们抱团发展乡村旅游，到村里与群众座谈，主动申请当大清沟的荣誉村民，还个人出资 10000 元入股大清沟旅游合作社，不参与分红。有了多方面的鼓励和支持，于是党员带头，学生描画，不到两个月的时间，一个童话般的村庄便呈现在世人眼前，人们把它叫作“七彩部落”。为 2015 年贵州省“一节一会”在湄潭举办时向嘉宾游客推出这一新景点，在不到一个月时间里，全组完成了 58 栋黔北民居的 3 D 图画和简易旅游设施建设，大清沟成为一个色彩斑斓的村落，与周围的青山绿水形成强烈反差，又相映成趣，自然相融，令人耳目一新。

（4）利益共享主动改。成功打造一个景点的关键，一是要当地村民支持，二是村民积极参与并能从中受益。通过群众民主制定了“1432”的分红模式：将旅游开发公司盈利的 10% 用于 73 户以生态环境入股人家的分红，即资源股份；40% 用于 47 户出资人家的分红，30% 用于合作社及旅游开发公司管理团队的绩效考核，20% 上交村级合作社用于全村公益事业。景区的收入直接与村民的利益挂钩，景点生意红火激发了群众的积极性，镇村在农村集体产权制度改革中顺势而为，村民以自有资产和现金入股，全组资源和现金入股率达 100%，实现了全民入股，全体村民成为真正的股东。每个村民不再是旁观者，而是一个实实在在的参与者和受益者，激发了当地群众想发展、促发展的内生动力。

“七彩部落”以改革创新为突破口，以茶旅融合发展为抓手，采取统一规划打造、统一资源整合、统一运营管理、统一股份分红的“四统一”方式，以“村党支部 + 合作社 + 农户”、村党支部引导群众组建合作社，动员村民既可以用现金入股，也可以用土地、茶园、林地等生态资源入股，探索建立“人人是股东、户户能分红”的新型农村经营模式，走出了一条“产业兴、村民富、村寨美”的茶旅一体化新路子，实现了“资源变资产，资金变股金，农民变股东”，2016 年村民人均收入达 21200 元。

改革创新推动产业升级，产业升级助力环境改善。金花村大清沟组通过深化农村集体产权制度改革，着力推进“三变”改革，实现让农村资源“活”起来，让农村要素“动”起来，让农民腰包“鼓”起来。一是“资源变资产”。把大清沟组集体的资源和村民的资产逐一清理，确权颁证，使其具有商业或交换价值。二是资金变股金。大清沟组成立旅游专业合作社，将集体资源性、非经营性资产和承包到户的山、水、林、田、地，闲置房屋等整合经营，截至 2016 年 11 月，村民共出资 85.4 万元入股发展乡村旅游。三是农民变股东。将集体资源性、非经营性资产股份量化给了集体经济组织成员，让农民对集体资产享有更多的财产权利。

目前，“七彩部落”有乡村餐馆 17 家、奶茶吧 2 家、特色小吃 24 家，乡村宾馆 5 家、农家客栈 16 家，乡村超市 3 家，手工茶叶加工作坊 4 家，每月的旅游综合收入达 300 万元以上。为了更好地发展旅游，群众将生态分红的资金又用于改厕、改水或者改民居等，进一步改善了环境，提升了居住的品质。在改造过程中，因地制宜，将边角空地改造成奶茶吧和绿地，将废弃的畜圈改造成营业房，群众也编排节目，当起了演员，将生产生活场景搬上乡村大舞台，与游客分享。村文化广场旁边的空地改造成的奶茶吧，周末时游客非常多，从运营以来，每个周末能有 1000 元的进账，在夏季，每天差不多也有 400～800 元的收入。

在“七彩部落”，“三变”改革带来了三个巨大的变化：“畜圈变营业房”“空地变奶茶吧”“农民变演员”。“七彩部落”这样一个“望得见山、看得见水、记得住乡愁”的地方，美丽的人居环境吸引了大量的游客，推动了旅游产业的蓬勃发展。如今村民开始向城里人“出售农业风景和清新空气”，绿水青山真正变成金山银山。大清沟组森林覆盖率达 80%，整个村庄都在绿色的怀抱中。清晨村民唱着婉转的茶歌在茶园里劳动，形成了一道别样的人文风景。晚上与游客一起在篝火晚会上载歌载舞。由于群众就地就业，该村没有留守儿童、空巢老人，村民对村寨的认同感和归属感增强了。除了文化生活外，村民还开展了“清洁自治行动”，村庄干净整洁了，群众神清气爽了，家园变成了风景区。

### （三）马山镇红豆杉种植基地调查

周朝选老人与其五个子女和他们的家人共同经营的家族式红豆杉种植基地位于遵义市湄潭县北部与正安县及凤冈县相邻的马山镇。就马山镇红豆杉种植规模而言，湄潭县人民政府官方网站给出的数据是 1000 亩[①]；据该家族式种植基地负责人周朝选老人的三女儿周忠贤女士介绍，他们家的红豆杉种植基地主要分布在马山镇、兴隆镇与长安镇，其中兴隆镇的红豆杉种植面积 100 余亩，长安镇 300 余亩，马山镇 300 余亩。当我们调研小组一行随周大姐、马山镇党委成员龙玲玲女士及遵义市社会科学院相关人员实地考察一处树龄十年左右的红豆杉林时，烈日之下的杉林中没有任何蚊虫，林间温度明显低于外界，据周女士介绍，在夏季最热的时候，红豆杉林中甚至还会飘浮着一层薄薄的雾气。

---

① 湄潭县人民政府网站，http://www.meitan.gov.cn/doc/2015/07/29/22.shtml，最后访问日期，2018 年 7 月 22 日。

《中国植物志》第七卷记载，全世界范围内红豆杉目下仅 1 科（即红豆杉科）5 属约 23 种，我国目前共有 4 属 12 种 1 变种及 1 栽培种，贵州省境内则分布有红豆杉属（Taxus Linn.）中的两个野生品种，即我国特有品种中国红豆杉 [*Taxus chinensis* (Pilger) Rehd] 与其变种南方红豆杉 [*Taxus chinensis* (Pilger) Rehd. var. *mairei* (Lemée et Levl. Cheng et L. K. Fu)]。[①] 据调查，“中国红豆杉在贵州省内主要分布于纳雍、雷公山、开阳、梵净山、贵阳、龙头大山、荔波、宽阔水等海拔 1200～1800 米的山地，呈零星生长或与针阔叶树种混生成林；南方红豆杉在贵州省的分布与中国红豆杉相同，但较后者更为常见，主要分布于遵义、凤冈、梵净山、雷公山、瓮安、镇远、天柱、锦屏、黎平及荔波等海拔 800～1500 米的山地，多生于常绿阔叶落叶混交林中”[②]。湄潭县马山镇红豆杉基地人工栽种的红豆杉主要为南方红豆杉。

据周女士介绍，她家的红豆杉种植始于 20 世纪 90 年代末，缘于其父周朝选偶然在报纸上读到的一则地方新闻。该新闻除报道有人因贩卖野生红豆杉而被判刑之外，也提及了红豆杉的药用价值与经济价值。自从美国和欧洲科学家于 20 世纪 80 年代相继发现紫杉醇的抗癌疗效后，美国食品药品管理局（FDA）经过多年临床试验，于 1992 年认定紫杉醇对卵巢癌等恶性肿瘤治疗的有效率达 25%～30%。同年，美国施贵宝公司（BMS）生产的紫杉醇作为治疗晚期卵巢癌新药被正式批准上市。由于美国的法律不允许施贵宝公司在美国境内采集红豆杉，所以该公司一开始把它的原料药生产基地设在了印度。关于美国资本对中国西南地区红豆杉资源集中地的破坏，李纯等中华人民共和国濒危物种进出口办公室昆明办事处工作人员在调查报告中总结道：自中美合资云南汉德生物技术公司于 1996 年建造了能提取纯度 99% 紫

---

① 详见《红豆杉目—TAXALES》，收入中国科学院中国植物志编辑委员会编《中国植物志》第七卷《裸子植物门》，科学出版社，1978，第 436～446 页。

② 李纯、黄海魁等：《西南地区红豆杉资源破坏的历史与现状》，载东亚野生物贸易研究委员会编《中国紫杉醇贸易与西南地区红豆杉资源的关系及其保护对策的研究》（内部文件），2007，第 6 页。

杉醇的生产设备起，丽江玉龙林产品公司便开始收购红豆杉树皮，“开始了规模化采剥树皮的活动。1999年，汉德公司一年生产了60千克高纯度紫杉醇，约30000棵红豆杉惨遭剥皮。2000年汉德公司又与国外签订了价值7200万美元的紫杉醇出口合同，高额利润经新闻媒体传播后，引发了全国成立紫杉醇生产公司的热潮。后来据调查，汉德公司自成立以来，从各种渠道收购了4000吨以上的红豆杉树皮来加工提取紫杉醇，相当于20万棵红豆杉的树皮。调查显示，1994～2002年的8年间，红豆杉资源在云南的部分地区几乎消耗了90%。严重的破坏活动频频发生：丽江境内巨甸到维西公路沿线的红豆杉树皮几乎被剥光；1994年，在云龙县发现大片红豆杉林之后的短短六个月内，云龙自然保护区有9.2万株红豆杉遭到盗伐，被剥走130多吨树皮，其中许多树的直径在1.5米以上”。[①] 当周朝选老人看到该新闻报道时，国家已将红豆杉作为一级保护植物，严禁采伐使用。自2000年起，国家还出台了一系列严格的法律法规，通过严查与严惩破坏野生红豆杉的犯罪行为，处理多个非法紫杉醇生产厂家，使得破坏野生红豆杉的活动基本得到了有效控制。[②]

尽管周朝选老人仅有小学文化水平，但他一直热爱读书看报，勤于思考，并从1959年起就开始带领部分同村村民种川芎、杜仲、红花等药用植物与茶，还曾因“破坏山林”罪而入狱四年。在对红豆杉种植产生了浓厚兴趣后，周老先生通过阅读进一步了解了红豆杉的药用价值与经济价值，于是决定在山林中收集野生红豆杉的种子，进行人工育种，希望最终能实现大规模种植。他还认为即便不能实现红豆杉的药用价值，树木养大了，做木材也不是坏事。利用野生红豆杉种子育种并不是一件易事，最主要的原因在于育种时间长：据研究，在自然状态下，南方红豆杉种子需要2～3年才会萌芽，且萌芽率

---

① 李纯、黄海魁等：《西南地区红豆杉资源破坏的历史与现状》，载东亚野生物贸易研究委员会编《中国紫杉醇贸易与西南地区红豆杉资源的关系及其保护对策的研究》（内部文件），2007，第1页。

② 李纯、黄海魁等：《西南地区红豆杉资源破坏的历史与现状》，载东亚野生物贸易研究委员会编《中国紫杉醇贸易与西南地区红豆杉资源的关系及其保护对策的研究》（内部文件），2007，第2页。

低。[①]周老先生刚开始试种的时候，面临的第一个挑战便是野生红豆杉种子的萌芽率问题。据周大姐描述，由于不熟悉红豆杉种子发芽的特性，周老先生第一年播种下去的种子便没有发芽，这使得周老先生一度认为自己育种失败了。经过近19年的摸索与经验积累，周大姐一家现在已完全掌握了红豆杉的生长特性，他们以自制基质育种，仅三年生幼苗现在就已有20余万株，三年以上十年以下的小树也有十几万株，十年以上的大树则有两万余株。随着销售渠道的拓展与种植规模的扩大，周大姐家的红豆杉苗、小树及大树已经远销湖南、山西、西藏、北京等省、区、市，或被用作园林树装饰庭院，或被有心发展红豆杉种植的外地客户引种。在了解到红豆杉的药用价值后，湄潭本地也有不少农户从周大姐家的种植基地零星购买幼苗，或种在自家的茶园里、农田边，或种在房前屋后改善与美化居住环境。在陪同我们实地考察的过程中，周大姐反复强调红豆杉果成熟时的美丽景色、新鲜红豆杉果的清甜可口与药用价值、红豆杉枝叶对失眠的疗效、红豆杉木材质地坚硬，等等。

周大姐家红豆杉基地种植规模的扩大离不开湄潭县各级政府的帮助，这主要体现在两个方面：第一方面同土地流转有关；第二方面则与基地外销红豆杉活株有关。据周大姐介绍，在土地流转方面，各村党组积极帮助周大姐家与其他准备出租土地的农户协商，完全没有收取任何费用；兴隆镇则采取了招商引资的形式，帮助周大姐家同希望出租土地的农户建立起联系；在马山镇本地租赁土地时，周大姐家只需自己找村民协商。周大姐家同出租土地的村民均签订了20年的土地租赁合同，租金年付，每亩土地以300元起租，每年递增20元，递增至400元以后，年租金便不再有变化。到目前为止，周大姐家与签订土地租赁合同的农户均能信守合同，周大姐家每年均能按时支付租金，出租土地的农户也并没有因为红豆杉市场行情看涨而做出任何毁约行为，这也从侧面证明了当地政府在普法工作方面的成就。由于红豆杉活

① 谭海宁：《中国红豆杉属（裸子植物－红豆科）植物资源和保护现状》，载东亚野生物贸易研究委员会编《中国紫杉醇贸易与西南地区红豆杉资源的关系及其保护对策的研究》（内部文件），2007，第68页。

株外销涉及卫生检疫、林业管理及运输方面的相关管理政策，当红豆杉基地依法提交了外销所有必需的材料后，县政府相关部分部门总能在当天及时办理完所有手续，保证基地活株能够及时发货，以免给基地造成不必要的经济损失。这表明湄潭县政府真正将为人民服务做到了实处。

周大姐家的红豆杉基地自成立以来，也一直在以自己的方式回报当地社会。红豆杉基地采用了家族式经营模式，为节约劳动力成本，周大姐一家都尽量亲自参与基地的各个劳动环节，仅长期雇用了五六名工人帮忙看护红豆杉林。尽管如此，在每年 10～12 月红豆杉果采摘的季节，以及每年秋冬两季基地育苗及小苗移种期，因恰逢当地茶农的农闲季节，基地便会以女工每天 60 元左右、男工每天 120 左右的工资雇请当地农民采摘红豆杉果、移种小苗。因此，基地在逐渐扩大种植规模的同时，也为当地部分地解决了农闲季节的劳动力剩余问题，使当地部分农民能够在农闲时期也有一些收入。此外，由于周大姐一家为人忠厚、信守承诺，从不拖欠工人工资，因此即便是在春季采茶的农忙季节，当基地因外销红豆杉活株而需要临时雇请男工挖树与装车时，当地的茶农也会尽力帮忙。

尽管红豆杉基地目前发展态势良好，周大姐这位具体管理者也非毫无压力。在谈及基地发展的困难与前景规划时，周大姐认为当前基地主要面临着两方面的制约因素。其一是扩大种植规模与发展红豆杉相关产品加工所面临的资金问题，其二是红豆杉药用价值的实现问题。

目前，红豆杉基地除必要的工资与土地租金成本外，还需要考虑农药（有机除草剂）与肥料成本，而扩大种植规模与发展红豆杉相关的产品加工，就意味着大笔资金的投入。周大姐以红豆杉叶保健枕为例简单说明了资金对基地发展的重要性：除修建厂房以外，仅就原材料与生产设备而言，红豆杉叶保健枕的生产原料需要干燥的红豆杉叶与布料，红豆杉叶的干燥、消毒、除菌及必要的防腐处理需要借助相应的机械设备，保健枕的生产则需要相应的缝纫设备；所有生产过程均需要投入劳动力成本；产品生产出来之后，基地还将投入必要的市场推广费用。受限于现有农村土地政策，即便基地希望通过银行贷款投资一个小型红豆杉叶保健枕加工厂，基地的银行贷款申请仍将面临无抵押物这一困境，因为基地无法以抵押土地的方式获得贷款。

红豆杉药用价值的实现也是红豆杉种植基地面临的另一个问题。目前，周大姐最希望的是将红豆杉果酒与红豆杉叶茶推向市场，但这两种产品的保健功效及有效药用成分的鉴定却需要相关部门进行认证。虽然就保障消费者权益、保护消费者健康而言，这样的认证必须且必要，但由于周大姐认为自己与家人目前尚无余力去进行这样的认证，所以这两种产品的市场化只能暂时搁置。现在，对于每斤市场售价可高达180元的红豆杉鲜果，周大姐采取的措施是将没有卖完的鲜果烘干，既便于运输也便于保存，通过客户口口相传，基地每年所生产的红豆杉干果也总能很快销售一空。在谈及近期规划时，周大姐说自己与家人正在筹划在兴隆的红豆杉基地修建农家乐，挖鱼塘养鱼，种植生态蔬菜，在红豆杉林中养鸡，让到农家乐游玩或小住的游客能够吃上绿色有机食品，喝上具有保健作用的自制红豆杉叶茶，枕上具有宁神作用的红豆杉叶枕，购买到货真价实的红豆杉干果、红豆杉木筷子等，真实体验到红豆杉的种种益处。

不过，和周老先生一样，周大姐也清楚红豆杉最大的药用价值与经济价值在于主要从红豆杉树皮与根部提取的具有抗癌疗效的紫杉醇，因此在与我们交谈的时候，她反复强调的一点就是如何能够与药厂取得联系，获得精准的指导，真正让自己与家人种植的红豆杉最大限度地造福于国人。这也是我们调研小组的希望。

### （四）湄潭县“河长制”调查

湄潭县水资源丰富，因此保护水资源、防治水污染、改善水环境、修复水生态是实现生态农业战略的重要任务。近年来，湄潭县深入贯彻落实习近平总书记系列重要讲话精神，紧紧围绕统筹推进“五位一体”总体布局和协调推进“四个全面”战略布局，深入执行中央、省、市关于全面推行“河长制”的决策部署，牢牢守住发展和生态两条底线，积极采取“政策推动、工程撬动、各界联动”的有力措施，走出一条“党政主治、部门合治、全民共治”水生态治理新路。

### 1. 制度建设

体制机制的合理化建设是推进工作有序有力有效开展的保障。湄潭县高度重视并建立健全组织领导、部门配合、资金筹措、运行管理、公众参与、目标考核等河长制推进工作体制机制，有效提高其制度化、规范化、科学化水平。2017 年，贵州省开始全面推行省、市、县、镇、村五级河长制，根据中共中央办公厅、国务院办公厅印发的《关于全面推行河长制的意见》的通知，水利部、环境保护部制定的《贯彻落实〈关于全面推行河长制的意见〉实施方案》等系列文件的要求，湄潭县结合自身实际，制定《湄潭县实施河长制工作方案》，在全县建立县、镇（街道）、村三级河长体系，构建责任明确、协调有序、监管严格、保护有力的河库管理机制。截至 2018 年 5 月底，已完成全县河库名录的核实工作和河长制组织体系的健全工作，进一步对因职务调整、工作调动等因素变更的河长进行了调整充实。根据《湄潭县 2018 年河长制工作推进情况的报告》的统计数据，全县河长制工作专职人员共计 42 人、河库义务监督及巡查保洁员 181 人。湄潭县永兴镇在整合生态护林员为河道保洁员的基础上，聘请了专业的第三方保洁公司开展巡查保洁工作。全县设置河道警长 25 人，对全县河库的管理实现全覆盖，同时在湄潭县人民政府网上对调整充实后的湄潭县“河长制”各级河长名录进行了网上公示。

为切实抓好各级河长制各项工作的落实，县、镇（街道）均设立河长制办公室。县河长制办公室设在县水务局，办公室主任由水务局局长兼任，设副主任 10 名，分别由水务、林业、农牧、交通、公安、环保、外宣、政研部门分管领导兼任，其中设 2 名专职副主任，专门负责日常工作的开展。成立河库综合执法队，从公安、环保、水务、渔政、林业、农牧、海事等部门全脱产抽调骨干人员 13 人组成。招聘公安辅警 16 名、生态护河员 181 名，配备 2 辆执法车，财政预算每年安排专项资金 200 万元，用于保障河长制办公室和综合执法队日常工作所需。镇（街道）参照县级设立河长制办公室，配强工作力量，组建综合执法队，专门承担本行政区域的河长制日常事务和河道日常巡护工作，调查涉河案件（事件）线索。督促各村河长制工作履职情况。

河长制办公室负责上传下达、统筹协调、调查研究，代表县级河长督导考核各涉河执法单位、各河道卫生责任单位、各镇（街道）履职情况。组织推进河长制各项工作任务落实，领导和管理综合执法队。另在县水务局增设河长制工作管理股，正股级，编制人数为 5 人，其中股长 1 人，工作人员 4 人，人员从水务局内部调剂解决，专门承担河长制日常事务。

与河长制配套，湄潭县建立健全了县、镇（街道）河长会议制度和河长制部门联席会议制度，研究、协调解决河库管理保护中的重点难点问题，组织推进河长制相关工作落实；建立信息报送及通报制度，定期通报河库管理保护情况，及时跟踪河长制实施进展；建立工作督察督办制度，对河长制实施情况和河长履职情况进行督察，对重要事项进行督办；建立绩效考核问责制度，对成绩突出的河长及责任单位进行表彰奖励，对失职失责的严肃问责；建立与完善水治理体系、保障与水生态环境安全相适应的其他制度，用严密的工作制度确保河长制工作效果。

### 2. 组织体系与职责

建立区域与流域相结合的组织体系，县、镇（街道）党（工）委、政府（办事处）设立“双总河长”，由各级党委主要负责同志和各级人民政府主要负责同志担任，并设副总河长，由分管水利和环境保护工作的同志共同担任。县委、县人大、县政府、县政协的四套班子领导各担任一条重点河流（河段、水库）的县级河长，明确一家县级责任单位对应协助开展工作。镇（街道）、村（居、社区）对本行政区域内的每一条河流（河段、水库）都要明确一位相应级别的领导同志担任河长，分别设立镇级河长和村级河长，界河（水库）公共水域由涉及的行政区域分别设置相应的河长。各级河长是所辖区域（河流、水库）管理保护的第一责任人。各级河长工作职责如下。

（1）总河长、副总河长负责领导全县河长制工作，分别承担总督导、总调度职责。

（2）县级河长负责牵头推进所辖河流突出问题的整治，重点解决河库水资源保护、水域岸线管理保护、水污染综合防治、河流巡查保洁、河流生态修复、保护管理和执法监管等实际问题，检查督导下级河长和相关部门履行职责情况。

（3）镇（街道）级河长负责做好所辖河流的堤防日常管护工作，确保防汛安全；负责所辖河流生活垃圾和生活污水整治；加强所辖河流因乱占乱建、乱围乱堵、乱采乱挖、乱倒乱排等侵占河道、影响行洪安全的清障；协助和配合相关部门做好非法采砂的清理和整顿；协助和配合相关部门做好对辖区内水库养殖和畜禽养殖以及农业面源污染的整治；以镇（街道）为单位设立生态护河员，建立健全专管员制度和工作职责。

（4）村级河长负责所辖河流生活垃圾的集中收集，开展所辖河流巡查、保洁工作，设立生态护河员、督导巡查员或保洁员定期开展巡查保洁工作。

河长制实行各级河长对总河长负责，下级河长对上级河长负责和部门分工负责的河长责任分工，县委组织部考核各镇（街道）河长和责任单位责任人的河长制工作。

另外，县人民政府聘请水利专家、环保专家、环保组织负责人担任民间河库监督员，发动广大人民群众的“爱河”热情，定期在电视和互联网等媒体上宣传生态治河先进理念，引导全民“护河”“治河”，建立奖励举报机制，执行严格保密和有奖举报制度，奖励资金最高达3万元，引导全民监督非法钓鱼捕鱼、乱砍滥伐护岸竹木、逆生态化治理河堤、偷排直排生产生活污水等突出问题，从严打击破坏河道生态行为。2013年以来，全县已先后查处有关河道生态案件910起，其中刑事案件74起。

### 3. 工作推进情况

（1）加强水污染防治。通过县委县政府的统筹，整合资金实施多蓄水、供好水、治污水、防洪水、节约水的“五水共治”工程，实现骨干水源、县城区雨污分流和集镇污水处理全覆盖。实施“月月造林”、退耕还林、“六线九园”计划，全县森林覆盖率达 63.9%。建成桃花江、大溪沟等湿地 13 个，实现植绿保水“双提升”。实施“治土涵水”工程。健全土壤污染防治和耕地质量保护与提升体制机制，推广耕作层土壤剥离再利用等先进技术，强力推进高标准农田建设、城乡建设用地优化等工程。

抓住中小河流治理及流域水保项目机遇，分别对鱼泉桃花江河、湄江河马山河段、复兴河段，湄水河、团林河、陶仪河、牛场河等河道及流域进行了综合治理，县内重点河段流域综合治理成效明显。抢抓改善农村人居环境整治机遇，以“四在农家·美丽乡村”为载体，坚持“规划引领、高位推动、因地制宜、从快实施、建管并重”的原则，全面推进农村生活垃圾及生活污水治理。根据水质目标对入河排污口进行排查、复查、登记，并建立入河排污口台账。截至 2018 年，排查登记规模以上的排污口 2 个，规模以下的排污口 52 个，同时对 2 个规模以上入河排污口设置开展了论证及监测工作。

调研组走访了湄潭县两条重要河道湄江河和鱼泉河的两处河段，发现两岸退耕植绿工作成效显著，水流清澈，水鸟、鱼类丰富。据县水务局河长制工作管理站站长牟雁和当地农民介绍，两岸所植的树种选择经过了实地考察和科学分析，种植的是不易倒伏的水麻柳和水竹。2013 年到 2014 年改造了原有的硬质河岸，采用格网式河岸，既有效地涵养水土防止流失，也有利于河里生物附着，使得河道生态和两岸环境得到了极为明显的改观，引来蓝翡翠、白鹭、鸳鸯、白天鹅等水鸟在两岸栖息。

另外，调研组在鱼泉河流域的偏岩塘组考察了以村为单位的、因地制宜的生活污水人工湿地处理设施，该项目投资 91 万元，处理的污水性质为农村生活污水，设计能力为每天 65 立方米，达到了《城镇污水处理厂污染物排放标准》的一级 B 标。调研人员在实地见到了生活污水—格栅隔油池—厌氧池—曝气池—人工湿地—达标排放的工艺流程和设施。据了解，湄潭县通过整合各类资金 1 亿余元，建成县污水处理厂 1 座、农村污水处理设施 132 套，其中人工湿地处理设施 88 套，一体化处理设施 44 套。通过近年来不懈地努力，湄潭县农村污水处理覆盖面得以进一步扩大，农村污水得到了有效治理，显著改善了农村人居环境，有效减少了县域内污水入河直排量。2018 年 6 月，根据《省水利厅关于进一步开展贵州河湖固体废物点位排查的通知》进一步对全县河流的固体废物进行排查。由县水务局牵头，加大生产建设项目水土保持方案与排水的行政审批难度，将城镇取水、供水与排水管理工作挂钩，以进水管出水。加快西河等 12 座乌江流域乡镇污水处理厂网建设投运，目前已有 7 座完成了主体工程，其余厂网建设正在有序推进中。

（2）加强种植、养殖污染防治。湄潭县组织开展“保护母亲河 · 河长大巡河”主题活动，启动“清畅整治行动”，开展河库综合执法检查，加大执法监管力度。重点由“双总河长”对乌江（干流）湄潭段进行重点管控，采取对养殖鱼网箱进行拆除、流域周边排放治理及生态移民等措施解决乌江干流污染的根本问题。2017 年共计拆除网箱 3008 口，养殖面积 112.8 亩，占整改任务的 114.06%；涉及养殖户 102 户，兑现补助资金 369 万元。2018 年开展了网箱养殖综合整体拆除后的巩固工作，对拆除后的水域岸线按照部门职责分工实行常态化监管。

2014 年，县委、县政府本着为生态负责的态度，顶住压力，以敢于担责的信念，出台了《湄潭县 2014 年“多彩贵州 · 文明中国茶城行动”实施方案》（湄党办发〔2014〕13 号），明确规定高毒类（甲氰菊酯、氰戊菊酯）农药退出湄潭市场。2018 年，湄潭县进一步加大对茶叶种植病虫害统防统治和绿色防控融合，为严格控制农药超标，加大了市场监管力度，对全县近 60 万亩茶园采取生物防治病虫害措施，大力推广生物型农药进行统防统治。2018 年 6 月在全县第二次污染源普查中，对全县畜禽养殖污染源进行排查登记，下一步将对普查结果进行重点监控及推进规范化养殖的改造工作。

（3）渔业资源保护。中国南方河道生态状况面临的形势十分严峻，各地河流的生态状况不断恶化。2014 年，湄潭县河道办曾普查全县 157 条河流的鱼类生存状况，发现仅有 37 条河中有鱼。原先随处可见的白甲鱼、高山鲤鱼、华鲮鱼等喜好洁净水质的优良土著鱼种面临绝迹的危险。为此，县委、县政府以向历史和国家负责的态度，下决心建立综合执法网络，彻底整治渔业，总结制定出一系列因地制宜的方案、法规。湄潭县河道办牵头编制的《贵州省湄潭县禁渔资料汇编》成为贵州省渔业案件的参考工具书。

2014年，为调整渔捞结构，减轻捕捞压力，湄潭县农牧局申报将湄江河、桃花江河等49条河流及角口水库、构皮滩水库湄潭库区等16座水库划定为禁渔区。2016年，为精准打击破坏渔业资源恶性犯罪行为，有效维护水域生态，又增设茅坪镇小龙河（乌江流域）和复兴镇西山河（六池河流域）、马家堰河（六池河流域）、落水塘河（六池河流域）四条河流为禁渔区，从而实现了全境域河道禁渔。根据贵州省农业厅文件规定了《贵州省天然水域野生鱼类采捕标准》和《贵州省天然水域捕捞作业最小网目尺寸及禁止使用的渔具渔法》。

按照“全覆盖、零容忍、严执法、重实效”的要求，湄潭县要求下辖各镇认真履行专项整治职责，成立5人以上的专项整治与保护工作组，明确一名领导具体抓，加大对电鱼机等禁用渔具的收缴力度，加强对菊酯类农药的监管，从源头上防范毒鱼、电鱼行为。县专项整治与保护工作组加强与各镇的协同配合，认真开展联合执法，对违法违规经营野生鱼的经营者按相关规定严厉处罚。对集中清理后仍继续从事违法违规渔具销售的，渔政、工商等部门应给予严肃处理，公、检、法等部门加大对毒鱼、电鱼、炸鱼等违法违规行为的打击力度，从重从快处理。在禁渔期和禁渔区内使用工具或禁用方式进行3次以上非法捕捞或聚众非法捕捞的案件，公安部门给予严肃处理。县财政每年预算足额河道保护专项经费，各镇建立护河员义务护河护鱼制度，并对护河员补助一定数额的电话费和交通费。建立奖励举报制度，凡经查实的电鱼、毒鱼、炸鱼案件，对举报者给予奖励并保密。

#### 4. 创新点：生态修复

据牟雁站长介绍，已有法律法规对于非法捕鱼者处罚力度较低，方式单一，也缺乏威慑力，因此，对河道生态环境的直接修复作用不明显。湄潭县在河道保护实践中，积极研究国家法律法规，围绕修复性司法理念做文章，创造性地建立起破坏河道生态系统生态修复机制。一是建立生态法庭，形成一系列程序规则和工作模式；二是出台《涉渔案件生态修复费用计算参考标准》《破坏水产资源及生态环境案件处理办法》等地方文件法规，明确生态修复的具体费用和操作手段。在提升打击力度的同时，亦将增殖放流等生态修复行为视作不法分子定罪量刑的重要依据。违法行为人在触碰“红线”后，不仅要受到更严厉的处罚，还要根据标准购买相应数量的鱼苗投放至河中，恢复河流中的鱼群数量和种类，修复河道生境。此类生态补偿行为，将被视作不法分子接受审理时的重要情节予以考量，审判机关亦可酌情轻罚。

## 结语

在湄潭县深入基层乡镇调研的这段时间，调研组同志们深深感受到革命老区保持的那种革命战争年代的光荣传统、社会主义建设时期实事求是的实干精神，亲身感触到改革开放以来湄潭这个现代农业示范区干部群众焕发出来的创新意识和探索热情，他们在这 40 年中积极利用祖先和前辈遗留下来的可供再创业的自然资源环境，充分利用传统与现代的茶业技能技术，特别是 21 世纪以来，坚守绿色发展理念，持续不懈地发展生态农业，守护绿水青山，努力打造宜居城乡环境，致力于脱贫攻坚，终于取得了闻名全国的农业生态化发展的巨大实绩，使湄潭这个美丽富饶的中国茶乡茶城成为西南地区乃至全国当代农业农村农民值得学习和借鉴的生态保护与发展典范。

改革开放与中国县域发展
GAIGEKAIFANG

GUIZHOU WANSHAN

# 贵州万山

# 绝地重生，强势转型

中国社会科学院数量经济与技术经济研究所

万山，隶属于贵州省铜仁市，是铜仁市的主城区，位于贵州省东部、武陵山区腹地，而武陵山区是目前国家 14 个“集中连片特困地区”之一。万山中高四周低，中部隆起，山峦起伏，沟壑纵横，溪河密布，西部地势相对高差小，较开阔平缓。万山属中亚热带湿润气候，年均气温 14 摄氏度。万山国土总面积 842 平方公里，户籍人口 20 万人（2016 年末），总人口 27 万人（2017 年末），境内有 18 个民族，其中侗族人口占 69%。

## 一、基本情况与成就

万山汞金属的储量和产量曾居国内之首、亚洲之冠、世界第三。万山汞矿采冶历史悠久，最早可以上溯至秦汉时期，距今已有 2000 余年。新中国成立后，国家在万山建立了全国最大的汞工业生产基地，成立了中央直属大型矿山企业——贵州汞矿。万山在新中国三年困难时期，为国家偿还苏联外债做出了重要贡献，累计偿还国家外债总额的 70%，被周恩来总理亲切地称为“爱国汞”。万山也因贵州汞矿的贡献和成就在历史上被誉为“中国汞都”。1966 年 2 月 22 日，中共中央、国务院批准设立万山特区。然而，20 世纪 80 年代中后期，汞矿资源面临枯竭，贵州汞矿的生产经营和收入长期处于“负增长”状态，导致其最终在2002年5月实施政策性关闭破产，万山经济因失去产业支撑而陷入困境。2009年3月，万山被国务院列为全国第二批资源枯竭型城市。2011年10月22日，国务院发文撤销铜仁地区和县级铜仁市、万山特区，设立铜仁市及市辖碧江区、万山区。

习近平同志对万山发展十分关心，2008年特大凝冻灾害时，当时任国家副主席的习近平同志亲临万山指挥救灾工作，这给予万山莫大鼓舞。2013年5月，习近平总书记又对万山转型发展作出重要批示，鼓励用好国家扶持政策，加快推进转型可持续发展。万山在不断摸索摆脱困境转型发展的征途上，受到了习总书记的亲切关怀和亲临指导。在保证居民生活稳定的情况下，万山先后提出并实施了“三个重点”和“三个带动”，以及“产业原地转型”和“城市异地转型”的发展战略，这给万山发展带来了生机，经济实力逐渐增强，人民生活得到了很大改善。

### （一）万山转型发展的历程

#### 1. 资源储量丰富时的辉煌发展与突出贡献期（1958～1978年）

新中国成立初期，经济发展基础积贫积弱，同时面临帝国主义严重封锁，在苏联发展社会主义工业化并取得巨大成功的鼓舞下，我国选择了重工业优先发展战略。在此背景下，贵重金属的开采受到国家重视，20世纪50年代时，万山就聚集了贵州汞矿、地质勘探队、冶金建设公司、井巷公司等中央和省属大型企业，苏联派专家支援建设。到1958年，万山年产汞477吨，是1949年的50多倍。

1959年7月，因中苏关系交恶，苏联撤走援华专家并提出让中国偿还债务。苏联率先在万山撤走了援华专家。中共中央在之后的北戴河会议上作出了“明年还清这个债”的决定，并发布《中苏联合公报》，指出中国将“有色金属矿砂、水银、铅、生铁、土特产等 ”以货代币对苏联进行偿还。为此，国家连续几年给万山下达了相当于1958年两倍多的生产计划。

根据“工农结合、城乡结合、有利生产、方便生活”的精神，1966年

2 月 22 日，中共中央、国务院批准设立万山特区，先后从玉屏县划出万山、高楼坪、黄道、下溪，从铜仁划出敖寨、瓮背等区域归万山特区管辖。万山特区是国务院批准成立的专门为贵州汞矿服务的共和国第一个行政特区。汞矿是万山特区的唯一支柱产业，汞矿的繁荣造就了万山的辉煌。1966 年，汞矿上缴税收 106.9 万元，占当年万山特区 115.2 万元地方财政收入的 93%；1977 年，汞矿上缴税收 160 万元，占当年万山特区 171 万元地方财政收入的 94%。

1950～1990 年，贵州汞矿累计生产汞 18545.13 吨，占全国同期总产量（42338.83 吨）的 43.8%，上缴国家利税达 15 亿余元，为国家经济建设特别是在 20 世纪五六十年代用汞产品偿还苏联外债方面做出了重要贡献。

这期间贵州汞矿还为贵州省各企业和全国有关企业培养输送了上万名技术和管理人才，被誉为新中国成立以来贵州工业革命的发源地和贵州国有大中型企业的摇篮。在此期间，万山汞工业“一业独大”，繁华富足，经济社会发展水平处于贵州省领先地位。

### 2. 资源逐渐枯竭时寻求接续替代产业的迷茫试错期（1978～2001 年）

贵州汞矿曾是中国乃至世界汞业科研人员规模最大、设备最新、成果最显著的机构。贵州汞矿研发的电热式蒸馏炉，至今世界上还没有任何国家超越。汞质量的国际标准，是当年贵州汞矿科研所制定的，其生产的“银河”牌水银、“红菱”牌朱砂畅销 40 多个国家和地区，成为免检产品。

但 20 世纪 80 年代中后期，由于对汞资源的粗放开发，万山汞矿汞资源逐渐枯竭。矿山原探明储量 3.4 万余吨，已累计开采 3.3 万吨，余下的多为边角残矿，产量规模骤减，汞产量由平均年产 500 吨降至 200 吨左右，开采难度大，成本高，安全隐患严重。由于无矿可探、无井可钻，贵州井巷公司、贵州有色地质一队等单位纷纷从万山外迁。贵州汞矿生产经营和收入长期“负增长”，负债累累，至 1994 年汞矿已经完全不能上缴财税。1994 年当年万山地方财政收入仅为 274.5 万元，按不变价计，分别比 1977 年和 1987

年下降了68.24%和61.08%；“富余人员”和待业人员达5000多人，在岗职工的工资不能按时足额发放，办公经费无法开支，职工生活举步维艰。

为挽救发展颓势，贵州汞矿尝试多条路径寻求转型之路。1984年，贵州汞矿提出“横向联营”的经营模式，决定在三都、榕江等地联营开采锑矿。由于生产成本高、产品销售价格低，企业长期亏损，加之无矿石来源，最后锑矿以关闭告终。而后贵州汞矿探索开办接替项目，1987年在大龙投资7470万元创办氯碱镁厂，但氯碱镁厂投产即亏损，此项目最终也以失败告终。除此之外，贵州汞矿还曾在20世纪80年代中后期，先后办过玻璃厂、水泥厂、造纸厂、钾肥厂等，除个别项目略有盈利外，大都负债经营，投入的资金最终打了“水漂”，使贵州汞矿雪上加霜。直到21世纪之初，万山人一直处于边艰难维持汞资源开发，边寻求接续替代产业的迷茫发展期，其产业转型效果均不理想。

### 3. 贵州汞矿关闭破产后“三个重点”和“三个带动”的初步探索期（2001～2008年）

贵州汞矿长期在困境中徘徊和挣扎，最终在2002年走向关闭破产之路。2001年国家将贵州汞矿列为全国有色系统关闭破产的45家矿山之一，当年10月，铜仁地区中级人民法院正式受理贵州汞矿申请关闭破产。2002年5月贵州汞矿实施了政策性关闭破产，万山失去了经济发展的产业支撑。

汞矿破产导致失业人员大幅增加，贫困人口激增，职工不满情绪日益增长，多次聚会越级群体上访。2007年4月，矿区部分一次性安置人员、抚恤人员和退休人员分别到贵州省、铜仁地区和万山特区群体上访、静坐，一度有“贵州的稳定看铜仁，铜仁的稳定看万山，万山的稳定看矿山”之说，社会稳定压力巨大。

由于“失血”严重和“造血”功能衰退，万山只好把出路盯在发展农业上，万山行政事业单位工作人员种过烟、栽过菜、养过猪，以此增加收入渡难关，但无力从根本上解决万山的发展问题。

2003年，万山提出并实施“三个重点”和“三个带动”即“强工兴区、优农稳区、旅游活区”和“招商引资带动、城镇经济带动、项目带动”战略，紧紧抓住西部大开发的战略机遇期，把发展工业作为万山经济发展的首选。万山利用历史悠久的工业基础，在接续创新传统汞工业的同时，重点培育接续替代产业。2003～2008 年，万山成功引进了恒兴、金盛铁合金，和泰茶叶，科源、红星、兴隆锰业等一批骨干企业，培育和扶持了红晶、红菱、银星、金鑫、矿产公司等一批汞化工企业，初步形成了以铁合金、汞化工、锰加工、茶叶精深加工为主导的四大工业支柱。

2008 年元月，万山遭受特大雪凝灾害，成为一座冰封大地的白色孤岛，元月 31 日，时任中共中央政治局常委、书记处书记的习近平同志亲临万山察看灾情，看望慰问万山受灾群众，给万山人民带来了极大的鼓舞和鞭策。

到 2008 年，万山地区生产总值由 2000 年的 1.05 亿元增加到 4.6 亿元，增长了 338.09%；规模以上工业总产值由 2000 年的 0.282 亿元增加到 9.5 亿元，增长了 3268.79%；财政总收入由 2000 年的 853 万元，增加到 6446 万元，增长了 655.69%。

### 4. 列为资源枯竭型城市后产业原地转型和城市异地转型的发展期（2009 年至今）

为了实现万山加快发展，万山积极争取列入经济发展转型城市名单。2009 年 3 月，万山被国务院列为全国第二批资源枯竭型城市，成为贵州省唯一享受资源枯竭型城市政策扶持的地区，获得了中央财政给予的财力性转移资金支持、专项贷款、发展替代产业、促进就业等专项扶持。

万山积极借助外部专家力量，并借鉴国内外其他资源枯竭型城市发展的经验启示，基于万山发展的现实情况，经过两年多的专题研究和反复论证，2010 年 12 月，在万山特区第十次党代会上确立了“产业原地转型、城市异地转型”（简称“两个转型”）的转型发展思路。

万山产业原地转型的目标是以万山镇老工业基地为中心，紧靠高速和高等级公路沿线，规划 30 平方公里的转型工业园区，着力培育新的支柱产业。此后，万山进一步明确了“工业强区、农业惠民、旅游兴业”的发展战略，并主要集中在优化提升传统产业，包括涉汞工业，大幅度延伸以精深加工为中心的汞产业链，形成汞系列精细化工产品；培育壮大接续替代产业，包括钾磷矿、钒矿、铅锌矿等产业；重点发展第三产业、高端房地产业，因地制宜发展城郊型农业、特色乡村旅游和休闲度假旅游等。

万山实施城市异地转型的初衷是由于原有城市围绕矿山建设，矿区即为市区，在山湾中拥挤狭窄，基础设施落后，城市功能匮乏，没有发展空间。为了将万山区融入铜仁主城区，经过多轮论证和选择，最后确定将坝中平原区谢桥片区规划建设为谢桥新区，以产业转型、矿工转岗、城镇建设、环境整治等为载体，实现发展经济、扩大就业、健全保障、维护稳定、整治和改善环境等目标。谢桥新区主要突出行政办公、商业、金融、居住、旅游服务及文化体育功能。2011 年 1 月 5 日，贵州省人民政府下发了《关于同意将铜仁市谢桥街道行政区域划归万山特区管辖的批复》，使万山特区“城市异地转型”有了具体落实的空间。2011 年 10 月 22 日，国务院发文撤销铜仁地区和县级铜仁市、万山特区，设立铜仁市及市辖碧江区、万山区。原属县级铜仁市的茶店镇、大坪乡、鱼塘乡划归万山区，万山总人口达 16 万人，国土面积由原来的 338.4 平方千米增加到 842 平方千米，使万山发展空间更为广阔。

2013 年 5 月 4 日，习近平总书记对万山发展十分关心，专门做出重要批示：“铜仁市万山区 2008 年遭受特大凝冻灾害，这些年来在中央和省的支持下，万山干部群众奋力拼搏，实现了脱困目标，我感到十分欣慰。希望再接再厉，加大工作力度，用好国家扶持政策，加快推动转型可持续发展，不断提高经济社会发展和群众收入水平，为实现与全国同步全面建成小康社会作出积极的贡献。”总书记的批示极大地鼓舞了万山人民，中央各部委、省市各级党委和政府也给予了万山更大关注。

在从中央到省市各级党委和政府的关爱、领导和支持下，在上述发展战略的引领下，万山的发展迎来了春天。万山城市转型成果显著，GDP 从 2000 年的 1.13 亿元增加到 2017 年的 48.16 亿元。城区面积从 2011 年的 7 平方公里增加到 2016 年的 24 平方公里，户籍人口从 2011 年的 6 万人增加到2016年的20万人，城镇化率由2010年的29%提升到2016年的47.2%。万山在经济大幅增长情况下，产业转型成效明显，逐步实现了产业结构从单一化向多元化的转变，产业结构进一步优化，三次产业结构从2009年的17 : 58 : 25调整到2017年的21 : 42 : 37，农业实现了大突破，工业结构明显改善，服务业占比明显提升。

### （二）万山转型发展的成就

#### 1. 经济发展水平不断提高，扶贫攻坚效果显著

（1）经济快速增长，城乡居民收入持续提高

万山坚守“全党抓经济、全民抓招商、全区抓融资、全力抓作风”的理念，确立了“工业强区、农业惠民、旅游兴业”的发展思路，谋划“四圈两带”的产业布局，不断深入推进“两个转型”发展战略，并以增进人民福祉为目标，促进经济快速发展，使发展成果更多惠及全区人民。2000年，万山地区生产总值仅1.13亿元，财政收入667万元，农民人均纯收入仅为1150元，不到全国农村居民年均纯收入的50%。随着万山的转型发展，经济迅速增长，人民生活也得到了很大改善。2017年，全区实现地区生产总值48.16亿元，是2000年的近43倍；完成财政总收入8.32亿元，是2000年的近125倍；城镇居民可支配收入为27767元；农村居民人均纯收入为8553元，是2000年的7.43倍。

（2）贫困发生率大幅下降，扶贫攻坚效果明显

经过万山干部群众的多年努力，万山经济社会发展得到很大改善，已经基本完成了脱困目标。2014年全区仍然有贫困村37个，建档立卡贫困群众25757人，城乡之间、地区之间基础设施建设不平衡，教育、医疗、卫生等社会事业发展不充分，脱贫攻坚压力较大。近几年来，万山全力落实中央、省、市关于脱贫攻坚系列战略部署，严格按照“一达标、两不愁、三保障”和“七个不能退”的工作要求，全力打响基础设施建设、产业扶贫、易地扶贫搬迁、教育医疗住房“三保障”四场硬仗，并取得了显著成效。

图 1　2000～2007 年万山地区生产总值及增速

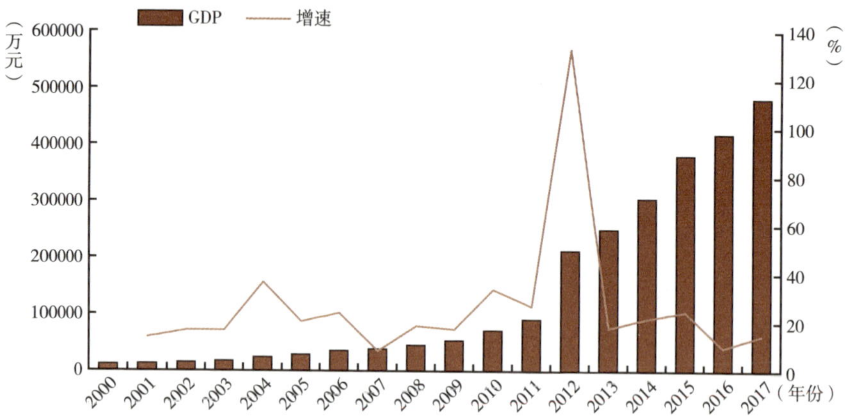


图 2　2008～2017 年万山城乡居民人均收入

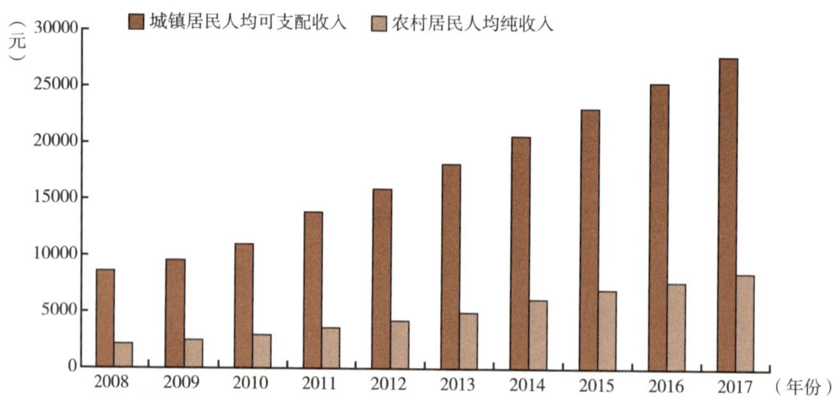


图 3　2008～2017 年万山财政收支及增速

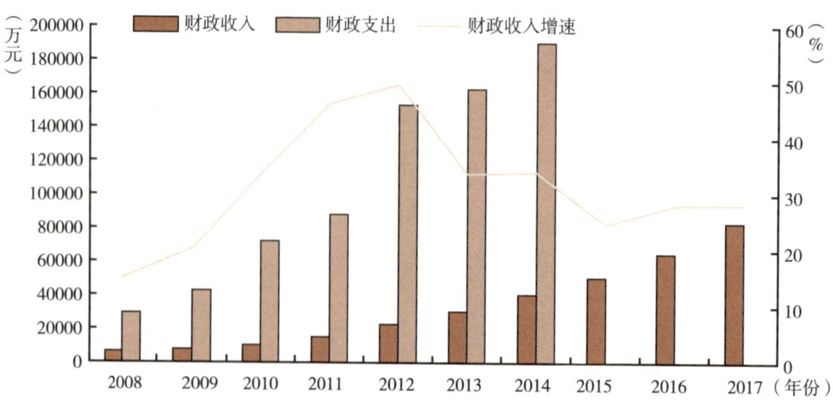

2007～2017年，万山共建立扶贫产业131个，带动贫困户22430户153970人；建成合作社503个，带动贫困人口1510人；完成农村危房改造7873户，发放补助资金6910万元，实现农村群众安全住房保障全覆盖；累计完成“五改一化一维”（改厨、改厕、改圈、改水、改电、房前屋后硬化及房屋维修）25072户，易地扶贫搬迁安置建档立卡户4597户19911人。截止到目前，全区出列贫困村30个，累计脱贫7186户24189人，贫困发生率从19.75%降至1.42%。

### 2. 产业原地转型成效显著，产业结构不断优化

（1）农业实现从传统手工农业转变为现代科技农业的大突破

改革开放初期，万山农业以种植粮食作物为主，占比达七成，经济作物占两成，蔬菜仅占一成，且农民种菜多为自食。近年来，万山坚持“农业惠民”发展思路，大力扶持发展特色生态农业，积极推进农业产业结构调整，尤其是九丰农业的引进，为万山传统手工农业撒下了科技的种子。2017年，万山建成了4个省级农业示范园区，入驻农业龙头企业67家，发展农民专业合作社340个；发展油料作物18.7万亩、蔬菜基地4.5万亩、油茶基地4.4万亩、生态竹2.4万亩、山地生态刺葡萄1万亩、食用菌5000万棒、花卉苗木3800亩；农业增加值由2002年的0.51亿元增加到2017年的9.81亿元，在三产中的占比为21%，比2002年下降了15.3个百分点。

（2）工业实现从传统资源型工业转变为现代新型工业的大提升

万山一直以来是汞矿产业一枝独秀，其他工业产业几乎是空白。20世纪90年代初期，万山只有冶炼厂、自来水厂等10来家汞业配套型国有企业，呈现数量少、规模小、效益差等特征。1991年，万山开始大力发展非公有制经济，一些私营工业企业应运而生。2001年汞矿破产之后，通过改造升级传统产业、培育壮大新兴产业，万山工业逐步实现了从汞资源采掘向汞资源深加工的转变，对资源型产业的依赖明显下降，呈现多产业齐头并进的发展局面。2017年，全区规上工业企业达57个，贡献税收6665万元，吸纳社会就业5014人，实现工业增加值17.26亿元，占地区生产总值比重为

35.8%；汞化工、铁合金等传统资源和原材料加工产业总产值占全区工业总产值的比重从2011年的95%下降至45.63%；高新技术产业总产值达8.7亿元，占到全区规上工业总产值75.55亿元的11.52%；酒茶药食水等特色产业和装备制造业工业总产值占全区比重分别为13.66%和16.72%，成为万山经济的新增长点。

（3）服务业尤其是旅游产业实现从无到有、从小变大的大跨越

改革开放初期，万山服务业极其落后，仅存在饮食业、旅店业、理发和照相等传统业态。1978年，万山社会商品零售总额仅为917万元，1990年为2851万元。1990年之后，随着国有商业系统体制机制改革深化，万山私营商业发展较快，2005年社会商品零售总额达到了5901万元，比1990年增长了107%。2009年之后，在“旅游兴业”发展战略的引导下，万山服务业取得长足发展，业态日益丰富，尤其旅游业、朱砂文化创意产业、电商大数据等产业逐步成为万山发展新亮点。2017年，万山接待游客数116.44万人次，旅游总收入8.01亿元，乡村旅游业迅猛发展，近百家乡村旅游农家乐相继建立，不仅改善了乡村面貌，更促进了农民增收；建成朱砂工艺品线上线下交易中心，带动约2000人就业；建成“网货下乡、农货进城”农村电商服务站78家，培育网上销售店铺159个，孵化电商项目12个，实现电子商务交易额4.05亿元，获得了“国家级电子商务进农村综合示范县”“贵州省农商联动综合示范县”等荣誉称号。

### 3. 城市异地转型效果凸显，城市面貌焕然一新

由于原贵州汞矿在计划经济年代基本没有实施基础设施建设，加之改革开放初期万山特区没有多余的财力投入，导致交通、水利、市政、教育等基础设施建设严重滞后，欠账较多。2008年，全区社会固定资产投资总额仅完成1.22亿元，列全省88个县（市、区、特区）的末位。老城区基础设施建设严重滞后，制约了万山转型发展，不能满足万山可持续发展的需要。考虑到贵州汞矿的破产关闭意味着万山城区吸纳非农就业和居民的重要条件已经丧失，加之城区较差的城建条件制约了其进一步发展壮大，万山确立了

“城市异地转型”发展战略。该战略实施以来，万山一方面加快了老城区的景区化改造进程，另一方面开展了新城区的三年大会战建设，建成了“四横四纵”城市路网，形成了“一走廊七组团”产业布局，体育馆、游泳馆、朱砂大酒店、音乐喷泉、风筝放飞基地等功能服务设施相继投入使用，西南国际商贸城、铜仁购·义乌城、汽贸城、亿通汽配城等商贸综合体相继营业。如今万山在城市服务功能设施建设、支撑产业发展和城市管理等方面均实现了明显提升，新老城区面貌焕然一新，逐步实现由工矿城市到生态园林城市的初步转变。

#### 4. 民生领域投入不断加大，民生得到明显改善

（1）多管齐下促进就业，失业压力得到有效缓解

贵州汞矿关闭后，下岗失业人员和待业青年就业非常困难，矿区社区的劳动年龄人口中无业人员众多，城镇就业压力非常大，矿区工人再就业成为当时政府急需解决的问题。万山政府实施了一系列措施来帮助下岗人员解决就业问题，实现再就业 1206 人，并妥善安置“零就业”和“4050”人员 200 多人。之后，万山一直致力于深挖就业潜能，千方百计扩大就业。2006 年至今，万山累积安置就业困难人员 772 人，实现城镇新增就业 17292 人，农村劳动转移就业 26500 人，组织职业技能培训 13127 人，创业带动就业 4088 人，新增“雁归人员”创业就业 1.1 万人，年均城镇登记失业率有效控制在 3.78%。

（2）健全社会保障体系并扩大社保覆盖面，社会环境稳定

万山始终坚持以人为本的发展理念，一直致力于建立和完善各项社会保障制度，扩大社会保障的覆盖范围，实现“应保尽保”。1983 年，万山特区在人事劳动局设置社保股，但社保体系还未建立，参保人数也有限。2005 年，万山基本建立了社会保障体系框架，完善了以基本养老、基本医疗、失业、工伤、生育保险为主要内容的社会保障体系，进一步扩大覆盖面。2006 年以后，万山对已有的社保体系进行了完善和补充。在养老保险方面，2012 年和 2017 年分别启动并实施了城乡居民养老保险和机关事业单位职工养老

保险；在医疗保险方面，2009 年正式启动了城镇居民医疗保险。此外，万山在 2006 年开启和实施了新型农村合作医疗，并在 2017 年完成城镇居民医疗保险和新型农村合作医疗并轨整合工作。截止到 2016 年，万山各项社会保险参保人数由 2011 年的 4.7 万人次增加到 33.57 万人次；社会保险费征缴额从 2011 年的 5120 万元增加到 1.72 亿元，基本社会保险覆盖率达 91.6%。

此外，万山还加大了灾害救济和社会救济力度，拓宽救助渠道和范围。在灾害救济方面，万山积极应对灾害，保障人民群众利益，尽可能降低受灾群众损失；在社会救济方面，万山加大对困难群体的救助力度，把符合条件的居民全部纳入城市低保范围。2009～2017 年，万山累计发放农村低保 13.26 万人，是 2001 年的 147.3 倍。2013 年，万山开始实施医疗救助，并将已脱贫建档立卡人员全部纳入医疗救助范围。2017 年，万山完成建档立卡贫困户医疗保障补偿 10003 人次 4912 万元，住院实际补偿比例达 102%，建档立卡贫困户家庭医生签约服务率达 100%。目前为待遇而集体上访的事件不再出现了，万山的社会环境较为稳定。

（3）加强居民住房保障，住房条件显著改善

由于历史遗留下来的各种不利因素，万山矿区居民的住房绝大部分是 20 世纪五六十年代修建的砖木结构、炉渣砖墙体等造价低廉、不配套的简易住房，房屋的破、旧、漏现象非常严重，安全隐患突出，严重威胁到社区居民的生命财产安全和正常的生活秩序。2008 年习近平同志视察万山雪凝灾情之后，在党中央国务院的关怀下，矿区居民住房保障攻坚战打响。从 2008 年到 2013 年完成廉租房建设 5680 套；2013 年到 2017 年完成棚户区改造 6561 套，所有矿区居民全部搬入新居，住房条件得到彻底改善。对原矿区 20 世纪五六十年代修建的住房作为文化遗产进行保护和修缮，变废为宝，打造成为影视基地，完整地保留了“激情燃烧岁月”的历史印记，带动了万山工业旅游井喷式发展，成为万山资源枯竭型城市成功转型的一个重要特征。

（4）强化医疗卫生服务，健康需求逐步得到满足

近年来，万山不断强化医疗卫生服务，逐步健全医院、卫生防疫、妇幼

保健、康复养老、村卫生室等医疗卫生机构，狠抓人才队伍建设，引进先进医疗设备，很大程度上改善了医疗设施和就医条件，医疗技术水平不断提高，各种疾病得到有效防治，为群众提供了安全、有效、方便、价廉的医疗卫生服务。截止到2016年，全区共有卫生机构16个，卫生机构技术人员838人，卫生机构床位数898张。

（5）优先发展教育事业，教育质量水平不断提升

在转型发展过程中，万山坚持把教育放在优先发展的战略地位，采取多项措施推进教育事业发展。在学校建设方面，万山政府加大资金投入力度，累积投入资金22.91亿元，新扩建学校62所。在学校基础设施建设方面，万山不断完善教育教学配套设施，促进教育信息化。目前，万山已经实现“宽带网络校校通、优质资源班班通、网络学习空间人人通”。2017年，万山小学、中学和高中的升学率已经分别由1990年的65%、37%和11%上升到100%、98%和80%。在教师队伍建设方面，万山积极组织教师参加各级各类培训，提高教师教学水平。近10年间，万山共组织教师参加各类培训793796人次，相较1991～2006年的12438人次，培训力度明显加大。

### 5. 生态环境质量显著提升，绿色协调发展稳步推进

由于长期粗放式的开采汞矿，在汞矿破产关闭时，万山及周边的生态已经变得十分脆弱。除直接带来的严重环境污染问题外，由于长时间以木材为能源支持冶炼及其他生产活动，全区森林覆盖率由20世纪50年代初的45%下降到1995年的16.7%。森林植被的不断破坏、工业废渣的随意排放以及陡坡垦殖等导致区域内水土流失严重。全区水土流失面积占全区国土面积的63%，每年土壤流失量达72.09万吨。另外，地下采空区和危库、病库的存在也造成了很大的安全隐患。经过多年坚持不懈的努力，万山生态环境大为改善，资源利用效率和水平不断提升。首先，重点国有林区森林面积和蓄积量稳步增长，森林覆盖率从2011年的48.15%提高到2017年的60.7%。其次，矿山地质环境的恢复治理率大幅提高，矿山开采新损毁的土地得以全

面复垦利用，新建和生产矿区不欠新账，主要污染物排放总量大幅减少，重金属污染得到有效控制。最后，生态功能有所恢复，生态环境质量显著提升，逐步发展为现代化山水园林城市。

### 6. 居民生活质量明显改善，人民满意度不断提升

我们通过调查问卷的方式对万山城乡居民关于万山转型发展的看法和满意程度进行了调研，其中城市居民发放问卷240份，收回237份，有效问卷237份；农村居民发放问卷240份，收回226份，有效问卷226份。

（1）基于城市居民的满意度调查结果

在住房条件方面，已搬迁户和未搬迁户100%表示满意；在公共交通方面，85.95%表示满意，12.34%认为一般，仅有1.71%表示不满意；在社会保障方面，92.1%表示满意，5.27%认为一般，2.63%表示不满意；在医疗支付改革方面，94.09%表示满意，0.42%表示不满意；在医疗状况方面，90.6%表示满意，8.55%认为一般，0.85%表示不满意；在教育方面，95.75%表示满意，3.83%认为一般，0.43%表示不满意；在对万山干部作风方面，96.21%表示满意，仅有0.84%表示不满意。

（2）基于农村居民的满意度调查结果

在住房条件方面，95.83%表示满意，4.17%表示一般和不满意；在住

图4　城市居民对万山发展满意度调查

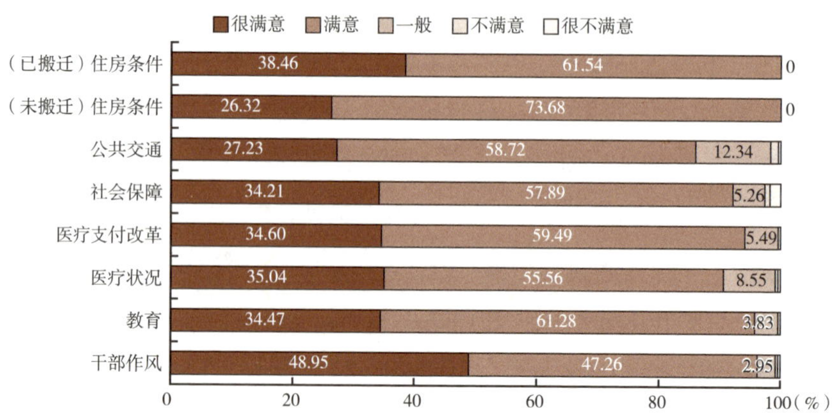

房优惠政策方面，97.29% 表示满意，2.72% 认为一般；在公共交通方面，93.48% 表示满意，5.43% 认为一般，1.09% 表示不满意；在医疗支付改革方面，95.55% 表示满意，3.11% 认为一般，1.33% 表示不满意；在医疗状况方面，93.33% 表示满意，5.78% 认为一般，0.88% 表示不满意；在社会保障方面，96.88% 表示满意，0.45% 表示不满意；在教育方面，97.33% 表示满意，2.67% 表示一般；在帮扶模式方面，98.66% 表示满意，1.34% 认为一般；在对帮扶工作评价人员方面，98.21% 表示满意，1.79% 认为一般。

根据调查结果可以看到，万山城乡居民对万山转型后的住房条件、公共交通、医疗支付改革、医疗状况、社会保障、教育状况、政府住房改善优惠政策、“5321”结对帮扶模式以及干部作风等都较为满意。但较城市居民而言，农村居民整体满意度更高，说明政府扶贫效果显著，农村居民生活有较大改善。

图 5　农村居民对万山发展满意度调查

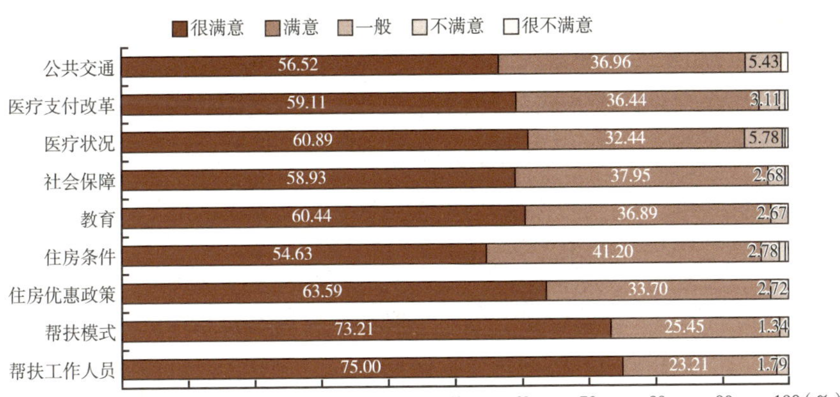


万山发展经历了复杂的繁荣期、衰退期、转型发展期，可以说是起伏跌宕。在万山近似过山车式的发展过程中，万山人始终坚持不懈不断探索、努力拼搏，转型发展取得了明显成效。万山经济发展水平不断提高，城乡居民收入持续提高，扶贫攻坚效果显著，贫苦发生率大幅下降；产业原地转型成效显著，现代科技农业、现代新型工业以及旅游等服务业取得了长足发展，产业结构不断优化；城市异地转型效果凸显，新旧城区面貌焕然一新，逐步实现了从矿区向城区的实质转变；民生领域投入不断加大，就业、社保、住房、医疗、教育等民生情况得到明显改善，社会环境稳定；生态环境质量显著提升，资源利用效率不断提高，绿色协调发展稳步推进；居民生产生活质量明显改善，民众对万山发展的满意度不断提升。

## 二、特色做法与典型经验

万山和其他资源枯竭型城市面临的问题是非常相似的，产业结构单一，自身财力不足；政府没有能力提供公共服务，营商环境较差，缺乏吸引外来投资的优势；失业及贫困人口较多，社会不稳定因素激增；城市缘矿而建，缺乏总体规划，基础设施不完善；由于发展时间长、历史欠账多，生态环境破坏严重，土地污染严重，生态出现衰退；而且经历了从“相对繁盛”到“相对衰退”的巨大落差，导致民众信心受挫，而且民众的思想和社会文化趋于保守，甚至单纯的“等靠要”等惰性文化也有一定的市场。另外，万山处于内陆边缘山区、地貌复杂多样，位于集中连片特困地区之中，远离工商业发达地区，故从对地区发展至关重要的因素看，万山与其他资源枯竭型城市相比，区位条件更差，可见万山转型困难重重。

更为严峻的是，中国经历 30 多年的高速增长之后，正处于关键转型时期，经济结构失衡，产能严重过剩，主要依靠资源消耗和大规模扩张的发展模式失效。发达地区动力转换和经济转型艰巨，欠发达地区在经济下行、全面过剩情况下更是增长空间受限，发展路径受阻，面临严峻挑战。

在这种背景下，几乎所有的资源枯竭型城市都在转型发展之路上苦苦探索，但鲜有成功之例，基本都在维持现状中缓慢前行。为何万山能在如此困难重重的区内外环境下，绝地逢生、脱颖而出？其在转型发展过程中的特色做法和典型经验可圈可点，具有可推广的示范效应。

## （一）特色做法

### 1. 依托产业基础和资源禀赋，实现产业原地转型发展

为使万山走出发展困境，万山人进行了产业转型的艰苦摸索。2003 年，万山提出并实施了“三个重点”和“三个带动”发展战略，2009 年以来按照“产业原地转型”的发展思路，在充分考虑了当地产业基础、资源禀赋、市场实际等条件下，大力实施“工业强区、农业惠民、旅游兴业”战略。

（1）调整农业产业结构实现农业惠民

从 2009 年开始，在“农业惠民”发展战略的引导下，万山加快农业产业结构调整，引导由玉米、油菜等低效传统农产品向大棚蔬菜、食用菌等绿色高效农产品过渡。一是园区化承载，规模化经营。万山以总投资 5 亿元的九丰农业博览园为核心，建成了现代高效农业示范园区、多彩花卉农业观光园、鱼塘现代高效农业示范园等四个省级农业示范园区，在园区内实现有机蔬菜、食用菌等特色生态农业的规模化、标准化种植。二是实施了“三个万元”工程，即万元山 666.67 公顷（1 万亩）、万元田 666.67 公顷（1 万亩）、万元农民人均纯收入。三是引进农业龙头企业发挥带动作用。借助本地市场和劳动力优势，万山从山东寿光引进了九丰农业公司，以“九丰农业 +”模式，按照“乡乡建大棚、一乡一特、一村一品”思路，建成标准化蔬菜大棚基地近万亩。四是建立了“622”利益分配模式，即整合扶贫资金发展产业，入股分红采取将纯利润的 60% 用于贫困户、20% 用于村集体经济积累、20% 用于合作社管理人员。五是实施了“互联网 +”农业发展模式，深入推进农村电商发展，实现了农业产业与电商的互动发展。

（2）推进工业转型升级，实现工业强区

万山通过改造提升传统产业，培育壮大特色产业，引进发展新兴产业，以实现传统产业生态化、特色产业规模化、新兴产业高端化为目标，加快推进新型工业化发展。一是在园区基础设施建设方面，万山规划了 30 平方公里的万山转型工业园区，引导资源向优势企业聚集，优势企业向园区聚集。二是在改造提升传统产业方面，万山运用高新技术、先进适用技术改造涉汞

产业、铁合金等传统资源产业，淘汰落后产能，延伸产业链条，提高产品附加值。2010 年至今，万山启动实施了技改项目 36 个，总投资约 14 亿元，“十二五”期间淘汰落后产能 4.22 万吨。三是在培育壮大特色产业方面，依托丰富的朱砂资源，万山建设了朱砂工艺产业园，促进资金、劳动力、技术等要素向产业聚集，打造生产、研发、销售链条，改变朱砂工艺品生产企业“小、散、弱”的状况和产业“零敲碎打”的局面。四是在引进发展新兴产业方面，组织实施了“千企引进”“千企改造”工程，大力培育新兴工业实体，借助本地山区地形和劳动力成本低等优势，万山大力引进了投资 20 亿元年产 15 万辆的万仁新能源电动汽车项目，且成功引进了巨力集团、东奇电气、净山酒业、腾晖建材等企业。

（3）借助旅游业促进服务业全面提升

万山通过实施“旅游兴业”发展战略，在促进旅游产业实现井喷发展基础上，带动了朱砂文化创意产业、电商大数据等产业快速发展。

一是大力发展旅游业。万山累计投资 300 亿元实施全省“100 个旅游景区”建设工程，大力改善旅游基础设施和接待服务设施。依托汞矿关闭后遗留下来的建筑面积达 46 万平方米的近现代工业建筑和长达 970 公里的采矿坑道等弥足珍贵的文化遗存，万山引入了江西吉阳实业集团对原汞矿区遗址、遗产和遗居进行整合打包，将废址变古镇，打造了中国第一个以矿山文化为特色的休闲怀旧小镇——朱砂古镇。此外，万山还开发建设了九丰农业博览园、万山风筝放飞基地、欢乐世界（彩虹海）、木杉河湿地公园、长寿湖国家湿地公园等景区，加快了鼟锣文化、民族文化村寨等乡村旅游和精准扶贫示范项目建设。

二是为朱砂文化创意产业插上了科技翅膀。依托朱砂古镇旅游景区，万山充分挖掘朱砂产业附加值，注重朱砂工艺品的研发、生产和销售，使朱砂产业实现从“卖资源”到“卖文化”的转变。此外，万山大力开发朱砂文化，注重文化科技旅游的深度融合，打造了《丹砂恋》《千年丹都》等文化艺术精品。

三是大力推进电商大数据产业发展。在“互联网+”推动电子商务快速升温常态下，万山抓住国家“大众创业，万众创新”政策机遇，建立了义乌商城、铜仁购O2O商城、“大众创业·万众创新”产业园和大学生创业孵化园区，引进了淘宝大学人才服务商河马电商学院，打造了省级电商产业孵化基地和示范园区。万山还积极创新人才使用方式，采取“100万年薪+提成”的方式，面向全国引进了电子商务产业“领军人物”作为电商产业园区管委会主任，并投入200万元用于电商园区管委会班子团队运营。万山通过积极吸引大批企业管理人才、科技人才来万山创业就业，培育了大批电商人才，为万山经济社会发展提供了必要的人才支持。

### 2. 实施城市异地转型战略，拓展城市可持续发展空间

2002年汞矿关闭破产之后，经过多次反复研究论证，万山确立了“城市异地转型”发展战略，在异地建设新城拓展城市转型发展空间，融入铜仁城市经济圈。主要做法如下。一是夯实基础设施建设，着力补齐发展短板。2011～2017年，万山累积全社会固定资产投资达385亿元，着力加强了交通、水利、市政、教育等基础设施建设，实施了老城区路网提级改造以及垃圾填埋场、污水处理厂等基础设施建设，建设了谢桥新区“四横四纵”城市路网、体育馆、游泳馆、朱砂大酒店、音乐喷泉、风筝放飞基地等功能服务设施。二是加强老城景区化改造，使矿区向景区转变。依托朱砂古镇和侗家民俗风情街，万山改扩建了中心广场和麻音塘广场，完成了老城区主干道“白改黑”和城市风貌改造（一期），硬化社区联户路23公里，安装通组路灯1200盏，实现了矿区向景区的华丽转身。三是注重产城融合发展，使产业与城市共同成长。万山不仅在空间上按照“一走廊七组团”对谢桥新区进行产业布局，且注重将城市发展与旅游业和商业发展结合起来，建设了西南国际商贸城、义乌小商品城、汽贸城、亿通汽配城等商贸综合体，引进了太平洋百货等集餐饮、酒店、办公、商场于一体的综合消费购物中心，避免了城市空心化。

### 3. 加大民生领域投入力度，多举措促进民生发展

万山始终坚持以民为本、富民为先，以满足人民群众的需要为工作出发点，致力于改善民生，最大程度解决人民群众最关心、最直接、最现实的利益问题。

（1）拓宽就业渠道，实现充分就业

万山不断扩展就业渠道，提升居民就业能力。一是解决矿区下岗失业人员的再就业，为下岗失业人员办理再就业优惠证，安置“零就业”和“4050”人员。二是通过推动经济转型来解决下岗失业人员的再就业问题。万山大力发展适度技术含量的劳动密集型产业，充分挖掘第三产业、中小企业和非公有制经济的就业潜力，开发公益性工作岗位，发展对外劳务输出，多途径创造就业机会。三是积极开展职业技能培训。万山通过与各类职业技术学校联合开展计算机、美容、汽车驾驶、中式烹饪等再就业技能培训班，提高下岗失业人员的就业能力。四是加强创业意识教育，转变就业观念，营造鼓励自主创业的社会环境。万山实施“雁归工程”，建成“雁归人员”创业孵化基地和创业园区，并通过开展就业小额担保贷款政策，以创业带动就业，有效增加城镇新增创业就业人数，缓解失业压力。

（2）完善社保体系，实现应保尽保

万山深入贯彻落实国家完善社会保障制度的各项政策措施，建立了基本的社会保障制度，并先后启动了新型农村合作医疗保险、城镇居民医疗保险、城乡居民养老保险和健康医疗扶贫，实施了四重医疗保障制度，为建档立卡参合群众建立了“两提高、一取消、一降低、一减免”优惠政策，对贫困户开启了“先看病，后付费”“一站式结算”等绿色通道，从根本上遏制了因病致贫、因病返贫现象。这一系列举措，使得万山贫困人口温饱问题基本解决，孤寡老人及孤儿有了生活保障，基本实现“应保尽保”，人民生活水平和生活质量逐步提高。

（3）加强住房保障，实现住有所居

万山为解决好矿区居民和农村居民的住房问题，多方面做出了巨大的努力。一是实施矿区居民住房保障攻坚战。从 2008 年到 2013 年完成廉租房建设 5680 套；2013 年到 2017 年完成棚户改造 6561 套，所有矿区居民全部搬入新居，住房条件得到彻底改善。二是实施农村危房改造工程。完成农村危房改造 7873 户，发放补助资金 6910 万元，实现农村群众安全住房保障全覆盖；累计完成“五改一化一维”（改厨、改厕、改圈、改水、改电、房前屋后硬化及房屋维修）25072 户，确保了农村群众 100% 住上安全房。三是实施易地扶贫搬迁工程。以“最好的位置、最好的就业、最好的服务、最好的保障”作为标准，在新城建设安置点，新建房屋对搬迁居民进行安置，实施区外 4 万人、区内 1 万人易地扶贫搬迁工程，确保居民住有所居。

（4）改善医卫服务，实现病有所医

医疗卫生服务是最基本的公共服务产品，关系到百姓的切身利益，万山不断加强医疗卫生服务体系建设，保证人民的医疗卫生需求满足。在医疗基础设施建设方面，万山新建的区人民医院一期已投入使用，另外还启动了中医院、妇幼保健院综合业务大楼项目和以康复医院、养老服务为主的康复、养老中心建设。在医疗人才队伍建设方面，万山不断加大卫生人才引进和招聘力度，为推动卫生事业发展各项工作提供了人才保障。在基层医疗服务能力建设方面，万山全面实施以省、市级示范小城镇为重点的乡镇卫生院标准化建设，按照填平补齐的原则，加强村卫生室的建设，实现村卫生室的标准化。在卫生信息化建设方面，贵医云平台已基本建立，远程医疗惠民工程也已经全面启动。

（5）加大教育投入，注重教师能力培养

万山始终坚持教育优先发展，树立“抓教育就是抓发展、抓未来”的理念，深入推进教育综合体制改革，全面推进素质教育，狠抓教师队伍建设，着力提升教育发展水平。万山对学校原有的教育基础设施建设进行优化和完善，同时还新建了一批中学和小学，并进行学校的配套设施建设。此外，万山与山东潍坊建立了互派教师学习交流机制；与北京师范大学合作，利用其优质的教育资源和先进的教育理念、方法和经验，提升教育教学能力。在教育救助方面，万山对农村学前教育和城乡义务教育阶段的学生实行营养午餐全免费，并对学前教育、义务教育、中高职、大学各阶段建档立卡贫困学生实行分类救助。一系列的教育改革措施，充分保证了万山能够人人有学上、人人上好学。

### 4. 坚守生态底线改善环境，践行绿色发展理念

按照习近平总书记“保护环境就是保护生产力，改善环境就是发展生产力”的要求，万山始终坚守生态和发展两条底线，把生态修复、改善环境放在突出位置，加快推进万山资源枯竭型城市的“绿色转型”。

#### （1）实施大型综合治理工程，整合资金修复生态环境

2007 年以来，万山针对生态环境、重金属污染、地质灾害先后实施了一系列大型治理工程。万山有侧重地整合资金，加速推进生态修复，累计投入资金超过 2 亿元，重点集中在环境污染整治、修复矿区景观、绿化裸露山区等方面；投资新建一系列配套设施，对污染源进行隔离，以防土壤和水源再次受到污染，确保了周边地区人民群众的水源土地健康和生产生活安全。同时，万山还投资采矿冶炼废弃区进行石漠化综合治理和封山育林，以控制生态退化、恢复生态系统功能。

#### （2）多途径培育森林资源，扩大森林覆盖面积

万山面对植被大量破坏的严重问题，采用种苗培育、封山育林、植树造林、退耕还林等多种方法培育森林资源，有效地扩大了森林覆盖面积。自 1997 年开始，万山开始大批量地引进和培育优质种苗。同时，万山积极利用天然林资源保护、退耕还林和石漠化治理等林业工程，大力开展封山育林工作，2017 年封山育林面积已达到 22 万公顷。另外，从 1996 年开始，万山实施了植树造林工程，植树造林面积持续增加，有效地恢复和维持了林区的生态活力。

#### （3）开展各项培训督导活动，加大环保监察力度

近年来，万山在全区各乡镇开展宣传培训，督促指导包括养殖业在内的

农区污染防治、废弃物达标排放等工作。同时，万山环境监察力度不断加大，对全域实施“六绿”攻坚，对森林保护开展“六个严禁”执法专项活动。另外，万山全面完成了永久性基本农田和生态环境保护红线划定，使生态保护实现了有章可循。

### （二）典型经验

#### 1. 坚持党的领导，不忘初心，始终将扶贫攻坚和改善民生放在首位

在党的领导下，万山始终心怀百姓，一直将扶贫攻坚和改善民生作为万山的头等大事，积极贯彻落实国家出台的一系列政策措施，有力推动了脱贫攻坚和民生工作扎实有效开展。万山大力实施扶贫攻坚工程，通过产业发展、易地搬迁、生态补偿、发展教育、社会保障等手段，确保实现“应脱尽脱”。在就业方面，万山积极扩大就业，以创业带动就业，扶持劳动密集型产业发展，充分发挥中小企业在吸纳就业中的作用。在住房方面，万山加快推进城镇化建设力度，实施了矿区、林区的棚户区改造，实现住有所居。在社会保障方面，万山全面建设社会保障体系，实现应保尽保。在教育、医疗和卫生方面，万山实施了教育改革、公立医院改革、乡村幼儿园全覆盖、医疗午餐计划等创新举措，保障和改善民生。

万山在转型发展过程中始终以增加民生福祉为最终归宿，让民众共享改革和发展成果，不仅在物质文化方面聚焦民生发展，更在环境等方面最大限度满足人民日益增长的美好生活需要。扶贫攻坚和民生改善的显著成效，增强了民众对万山深化改革和转型发展的信心，凝聚了民心，人民群众对万山发展给予了莫大的支持。

#### 2. 解放思想，抓住机遇，根据区情适时调整发展战略

没有思想的解放，就没有万山的发展。贵州汞矿是计划经济时代的产物，汞矿关闭破产后，绝大多数万山人没有消极等待国有企业大包大揽的政策安排，而是积极融入社会主义市场经济当中，努力摸索产业转型发展之

路。在万山实施“产业原地转型、城市异地转型”的过程中，万山人民跳出了原来的“等靠要”和“依汞吃汞”的思维定势，投身产业建设和城市建设，部分人还开启了创业之路，很大程度上解决了民生问题。人们观念的转变，尤其是万山干部积极解放思想、转变观念，是成功实现从“时代宠儿”到“创业先锋”角色转变的重要思想保障。

万山能够根据形势变化，因地制宜，适时调整产业和城市转型发展战略。从关闭破产后的“三个重点”和“三个带动”发展战略，调整到列入资源枯竭型城市后的“产业原地转型、城市异地转型”发展战略，之后进一步明确为“工业强区、农业惠民、旅游兴业”发展战略。

万山紧抓机遇，借助政策红利助推转型发展。万山特区发展一直受到党和国家领导人以及中央、贵州省、铜仁市各级部门的关注，也得到许多优惠和支持政策。万山紧抓国家西部大开发、全国资源型城市转型发展、武陵山片区区域扶贫攻坚贵州省专项支持等政策机遇，用好用活政策，借力促进万山产业和城市转型与高质量发展。

同时，万山政府注重城市发展软硬环境的建设，注重公平友好的营商环境的培育，加大招商引资的力度，为产业转型发展提供资金保障支撑。

### 3. 以创新为引领，把握市场需求，遵循市场经济规律促进发展

万山在产业转型过程中，既能够充分考虑资源禀赋、产业基础和市场需求，遵循市场经济发展规律；又能考虑到当地产业层次较低、产业结构不合理、资源依赖性强的现实特征，坚持以创新为引领，引导传统产业升级，遵循了产业结构演进规律。

万山的创新引领主要体现为推动三次产业的转型升级和新兴产业发展。在推动农业转型升级方面，万山引进九丰农业，通过技术研发、新品种试验示范等方式，提高蔬菜种植的科技含量，推进集约化育苗、蔬菜标准化种植、农产品精深加工，促进了现代农业的迅速崛起。同时，万山通过推广“公司＋基地＋农户”互惠共赢带动模式，每个贫困村组建一个农民专业合作社，由九丰公司免费提供蔬菜种苗、种植及管理技术，农户进行自主生产

后公司统一收购并保障蔬菜的品质，降低了农户的风险。依靠科技进步和规模经济，蔬菜生产成本大幅度降低，满足了市场有效需求。在推动工业转型升级方面，万山注重依靠科技创新对涉汞产业、铁合金、锰精深加工等传统资源产业的改造升级和深化发展。在推动服务业转型升级方面，万山依托汞矿工业文化大力发展旅游产业，创新农村电商发展模式，扩大电商服务站点覆盖面，实现农产品上行，扩大农产品和朱砂工艺品的交易额。在推动新兴产业发展方面，万山积极培育发展具有本地特色和优势的新兴产业，装备制造、电子信息、新材料等新兴产业成为万山新的经济增长点。

万山在承接东西部产业转移选择接续产业时，充分研究细分市场，遵循市场经济规律。例如，在选择新兴产业发展的过程中，万山充分认识到地处山区的情况，周边地区对中低速交通工具有较大的潜在市场需求，而附近区域没有类似的产业布局，加上万山具备劳动力成本较低的优势，因此引进了具有技术优势的万仁新能源汽车。在选择农业产业时，万山充分考虑到黔东地区市民对蔬菜的大量需求和主要靠外调蔬菜来满足需求的现实状况，引进具有品牌和技术优势的九丰农业，促进农业转型升级发展。

### 4. 深化用人制度改革，大力引进人才，提高干部能力素质

万山转型发展不仅是一个解放思想、转变观念的过程，更是一个制度创新、机制再造的过程。转型发展，最关键的是要有破旧立新的勇气，这一点在万山的用人制度上体现得非常突出。

首先，万山在用人制度上勇于打破常规，坚持干部能上能下原则，通过激励、奖惩、问责等一整套制度安排，树立“能者上、平者让、庸者下”的实绩用人、实践用人导向，形成良好的制度环境。其次，万山创新用人制度，灵活地使用政策，大胆尝试引进优秀人才。万山按照不设编制、不定级别的模式，面向全国招募百万年薪经理人组建工作团队，为人才发挥作用给予充足的空间和便利，创造了一个个“一个人带活一个产业”的鲜活案例。

另外，万山还十分重视提高干部的工作能力，不但通过全方位建立奖惩机制提升执行力，还鼓励全区干部去发达地区“取经”，提升综合素质。万

山通过深化用人改革，为转型发展提供了制度上的保障，调动了各级干部、各类人才奉献发展的积极性，也使万山的发展更加具有凝聚力。

### 5. 坚持绿色发展思想，秉持经济绿色结合理念，推广“绿色惠民”

万山在转型发展过程中，牢固树立“绿水青山就是金山银山”的发展理念，秉持经济发展与生态环境相结合的理念，以绿色为前提，结合产业转型，大力推广“绿色惠民”模式，努力为城市转型创造出良好的营商环境。

万山在政府工作机制上把生态文明建设纳入常态化工作内容，真正将绿色发展思想深入人心，确立了生态环境保护在政府工作中的重要地位。在产业转型过程中，按照省委提出的绿色经济“四型十五种”产业标准，大力发展生态利用型绿色产业，培育新型节能汽车制造产业，吸引“零污染”企业入驻，升级汞、锰、铁合金等传统产业环保设施，确保达标排放。在改善民生过程中，万山推动生态与旅游融合，串联打造主题乡村旅游点，形成了主题鲜明的万山乡村旅游特色，带动“农家乐”发展。此外，万山还积极引导农户以资源、资金等方式入股，因地制宜打造绿色生态经济。

在由计划经济体制向市场经济体制的转型过程中，万山历届政府，特别是现任的新一届政府，坚持党的领导，努力摆脱过去政府治理惯性所带来的影响，不断完善和创新城市治理，通过解放思想，统一民众对“产业原地转型、城市异地转型”战略的认识。万山能够与时俱进，抓住发展机遇，重视人才，利用各级各部门对资源枯竭型城市的政策支持，促进经济社会生态的全面发展；重视营商环境的培育，吸引外来投资，将经济发展与资源生态环境治理、扶贫攻坚和民生发展有机结合，让民众共享改革和发展成果。值得一提的是，万山能够集合各方面的力量，深刻领会市场经济发展和城市建设规律，并将其灵活应用于实践，鼓励创新投入，以创新发展为引领，既能够充分考虑当地的资源禀赋、产业基础，又能够深入分析细分市场的需求，引导传统产业升级，选择适合的替代产业，快速产生了转型发展的积极效果，激发了民众自主创业、支持当地发展的信心和凝聚力。

## 三、建议与展望

经过近40年的艰苦探索和努力拼搏，万山转型发展效果明显，但经济发展程度还比较低，刚刚进入起飞和快速发展阶段，仍然面临许多挑战和风险。由于资源环境整治历史欠账多，生态环境总体还比较薄弱；产业结构仍有待进一步优化，农业的比重还较高，服务业整体偏弱且占比不高；工业发展对资源还有一定的依赖性，接续替代产业发展处于起步期。目前汞化工和铁合金两大传统产业依然是万山的支柱产业，两大产业的工业总产值占比接近工业总产值的半壁江山，而电子信息和新兴产业占比分别不足百分之二。产业集群有待形成，经济起飞的基础还需要进一步夯实；相较于新城，旧城的基础设施还需要加强，存在人口老龄化问题，城市缺乏活力，新旧城区的融合发展还不充分；万山的发展还存在人才总量不足、高层次人才缺乏、人才分布不均衡、人才流失、人才创业就业环境仍有待提升等问题。而且，目前万山转型发展主要依靠的是各级各部门优惠政策支持，是典型的由政府主导的资源枯竭型城市转型模式，其内生发展能力还在形成过程之中。

### （一）政策建议

#### 1. 坚持党的领导深化改革，进一步解放思想、统一认识

万山要继续坚持党的路线、方针、政策，进一步深化改革开放，解放思想。万山应当把解放思想落实到用人导向、大胆创新、干事创业、推进项目等各个方面。更加积极主动向经济发达地区学习先进经验，消除思想认识上的差距，以此来促使自身工作能力的提升。万山领导干部要继续增强自身的责任意识和使命意识，充分发挥领导干部表率作用，以实际行动引导和带动广大干部群众创新观念、转变作风，形成全区上下思想解放、谋求发展的生动局面，为万山后续发展提供思想保障。

### 2. 继续扎实推进“两个转型”发展战略，持续将经济发展与民生改善有机结合

进一步转变发展方式，彻底改变资源依赖型发展的模式，引进新兴工业，大力发展朱砂产业、特色制造业、新型电子商务，继续推进资源综合开发利用、传统产业提级改造，寻找新的经济增长点。注重产业集群的形成，对于新能源汽车产业发展，大力引进零配件、装饰、电镀、钣金等汽车制造配套企业，延伸新能源汽车产业链条，打造中国西部新能源汽车制造基地。万山城市异地转型发展也取得了一定成效，但仍然存在新城和旧城发展不平衡问题。在改造旧城基础设施和完善城市服务功能的前提下，优先发展以旅游业为主的服务业；在新城区实现工业化、商业化和城市化的结合，通过经济联动，实现整个城市的土地增值和产业结构升级，促进新旧城区平衡发展。

经济不发展就无法保障民生，民生得不到保障就谈不上发展经济。万山的发展要始终将民生改善和经济发展相结合，形成良性互动，重视教育、卫生、文化等社会各项事业发展，让民众能够共享发展成果和效益，激发万山城乡发展内生动力。

### 3. 坚持绿色发展理念，促进资源环境与经济社会协调发展

始终把生态保护作为红线底线，健全绿色制度，加强生态环境保护和污染治理，实现人与自然的和谐发展；继续推进生态修复工程，提高森林覆盖率，保护区内动植物，维护自然生态系统的稳定性；强化环境资源的监督管理，完善环保相关制度，确保相关工作有序开展；要建设绿色家园，深入实施全域绿化工程，加速山水园林城市建设，培育绿色乡镇、美丽乡村、和谐社区；把生态修复治理与旅游、农业和新型工业相融合，大力发展生态利用型产业，打造生态园区，走出一条资源枯竭型城市绿色转型之路。

### 4. 重视对人才的培养和引进，为万山发展提供智力保障

高度重视对人才的培养和引进，集合各部门力量，把人才资源的开发利用放在各类资源开发的首位。建设和完善人才培养机制，加强人才队伍建

设，针对万山的发展需要，强化人才培训，提升人才队伍的整体水平，尽量做到人尽其才，才尽其用，人事相宜。完善工作的软硬件环境，出台落实人才引进的优惠政策，吸引更多的优秀人才汇聚万山、建设万山。

### 5. 依靠科技创新激发可持续发展内生动力，实现从“输血”向“造血”的转变

中央、贵州省、铜仁市为万山转型发展提供了得天独厚的政策保障。2009 年至今国家财政给万山转移支付累计投入 48 亿元。但政府政策“输血”只能解决特定阶段存在的问题，要想实现长远的可持续发展，要从“输血”向“造血”转变。要进一步发挥政府的引导作用，充分利用财税政策，加强融资平台建设，搞活金融市场，大力支持万山科技创新发展；加大创新投入，依靠科技创新改造传统产业，发展新兴产业；完善公平的市场竞争环境，让不同所有制的企业都成为创新的主体；鼓励和支持企业加大投入，实施技术攻关，培育新产品、发展新业态，提升产业层次和综合效益；建立创新成果转化和引进激励机制，推动创新成果转化为现实生产力，提高科技创新对经济社会发展的支撑力度，不断激发可持续发展的内生动力。

## （二）未来展望

万山已经走出了贫困山区脱贫致富和资源型城市转型的成功发展之路，经济社会进入快速发展阶段，具有典型的示范效应和可推广效应。

在党的领导下，万山政府将继续深入推进“两个转型”发展战略，秉持将万山建设成为绿色发展高地、内陆开放要地、文化旅游胜地、安居乐业福地、风清气正净地的发展要求，相信在不远的将来，在万山各级政府和广大民众的努力下，万山将建设成为全国资源枯竭型城市转型示范区、全国优秀旅游目的地、现代山地特色高效农业示范区、现代山水园林城市、现代化商务中心区。未来的万山将成为创新引领凸显、经济发展后劲强势、城乡协调发展、绿色生态环境美好、人民安居乐业、民生福祉高、具有现代化魅力的新万山。

改革开放与中国县域发展

GAIGEKAIFANG

# 贵州瓮安

GUIZHOU WENG'AN

# 民生为本强改革，共建共治促发展

中国社会科学院直属机关纪委

为深入贯彻落实习近平总书记关于在全党大兴调研之风的重要指示精神，全面总结中国特色社会主义建设尤其是改革开放40年来取得的伟大成就和成功经验，中国社会科学院党组根据中央领导指示，组织实施“改革开放40年百县市区调查”国情调研特大项目。贵州省瓮安县是中宣部确定的调研对象之一，其隶属于黔南布依族苗族自治州，位于乌江中游，毗邻红色圣地遵义，距省会贵阳市164公里。改革开放40年来，瓮安县抢抓发展机遇，经济社会建设在黔南州勇立潮头，财政收入从1978年的649万元，到2017年的23.14亿元，足足增长了356倍。数字的大幅变动既反映了瓮安改革开放以来的沧桑巨变和取得的重要成就，也让这个地方经历了一场改革发展过程中的切肤之痛。2008年6月28日，瓮安县城发生了震惊中外的打、砸、抢、烧严重群体性事件，被媒体称为“标本性群体事件”。

在党中央、贵州省委和黔南州委的坚强领导与高度重视下，瓮安痛定思痛，深刻吸取教训，以民生为本力促改革创新，推动了瓮安从大乱到大治再到大发展的重大转变。2015年6月17日，习近平总书记在贵州视察时对瓮安“从乱到治”的经验给予充分肯定，指出瓮安采取一系列措施加强基层基础工作的效果很好，要坚持不懈抓下去。按照中国社会科学院党组工作安排，中共中国社会科学院直属机关纪委专门成立“百县调研”瓮安课题组，研究思考瓮安改革和社会治理创新发展问题。课题组于 2018 年 5 月、7 月两赴瓮安，邀请瓮安县纪委监委、县委和政府办、政法系统、组织部门、宣传思想战线和涉及改革发展、教育医疗、社会保障等部门各级干部 80 余人分别召开 3 场座谈会；深入猴场镇草塘社区、金竹村、大金星村，玉山镇玉山社区、白花村、深溪村，雍阳镇仙桥社区、河滨社区、文峰社区，银盏镇（瓮安经济开发区）鱼河社区，召集 59 名基层干部代表和 28 名普通群众代表面对面单独访谈；向全县干部（县处级、科局级及普通干部，包括教师、医生等）和群众（工人、农民、小商贩等）分别发放 300 份和 200 份调查问卷，经过认真分析梳理思考，形成调研报告。现将有关情况报告如下。

## 一、瓮安的历史及发展概况

瓮安地处贵州高原第二梯级地带，属黔中北部溶丘洼地高原区，地貌主要为山地、丘陵、盆地三大基本类型。“地无三里平”“七山一水二分田”就是对瓮安地形的真实写照。这个地方以拥有中国最大的磷矿而闻名，已探明的磷矿总储量达 36 亿吨，占全国五分之一，位居亚洲第一，被誉为“亚洲磷都”；也是贵州著名煤产区，已探明煤储量 10.6 亿吨，素有“黔中煤海”之称。“脚踏岩根河，石笋对石鹅，哪人识得破，金银用马驮。”这首当地民谣就是对瓮安丰富的磷矿和煤矿资源的生动描述。

瓮安历史悠久，周归且兰，秦属黔中，汉列牂柯，晋设万寿，唐置建安，是中央政权最早深入西南边陲，在黔中腹地建制管辖的县城之一。唐晚期设瓮水长官司，元时置草塘长官司。宋元时期，中央政权对当地的治理主要依靠土司安抚，明初开始逐步实施改土归流。在改土归流过程中，水东土司夫人刘淑珍和水西土司夫人奢香的故事书写了维护祖国统一和民族团结的历史传奇。明万历二十九年（1601），贵州巡抚郭子章置县建城时，分别取瓮水长官司的“瓮”和草塘安抚司的“安”，始定名瓮安。明朝的改土归流，随着南京、浙江等地的汉人大规模迁入，带来了发达的商业文明，使瓮安成为商品向黔山腹地集散和流通的重镇。

明清时期，瓮安常设的固定商户就有500多家，形成了布匹、油盐等诸多专业商行，皮匠街等专业市场和火炮烟花业、医药商号等行业俱全，还产生了具有现代市场经济意义上的金融业和经纪人行业。商业的勃兴使当时的瓮安在贵州享有“金遵义，银瓮安”的美誉。同时瓮安又因处于乌江、清水江、湘江三大水系的交汇流经之地，商业的发达带出了繁荣的商品贸易港，形成了独特的“码头文化”。水陆交通和商贸的发展，为瓮安矿产资源的外运提供了极大便利，繁忙的矿产业带动了矿工区的产生，又形成了“矿山文化”。

革命战争年代，红军长征曾四过瓮安，前后历时一年零三个月，在这里召开了彪炳史册的猴场会议。猴场会议结束了“左”倾路线领导者的军事指挥权，开始了中央红军作战方针上的转变，赢得了长征以来的战略主动，为遵义会议的胜利召开奠定了坚实的政治、军事、组织基础。周恩来同志将猴场会议称为“伟大转折的前夜”。瓮安这个地方的老百姓在红军长征的熏染下和从本地走出来的红色特工冷少农、黔中英雄舒葆初、抗日将领熊正诗等豪杰壮士的感召下，培植了深厚的“革命文化”和“红色文化”。

改革开放后，瓮安经济社会取得长足发展。农业方面在稳定粮食和油料作物产量的前提下，因地制宜大力发展辣椒、商品蔬菜等特色农产品，形成了“冬秀孃泡酸辣”等当地知名品牌；经济作物摆脱了依赖单一的烤烟种植，成片区大规模的茶叶种植和以太子参、党参等为主的中药材种植成为特色产业，培育出了“贵山茶业”“岚清白茶”等茶叶龙头企业。工业方面依托磷矿为代表的矿产资源，先后引进金正大、芭田等重点企业，源翼磷系阻燃剂、瓮福黄磷磷电一体化等一批重大项目建成投产。第三产业方面，开发了以猴场会议会址等为代表的红色旅游景区、江界河风景名胜区、“乌江天险”巨型摩崖石刻等一大批旅游资源，成功打造出了“瓮水长歌”等系列文化精品。经过40年的发展，瓮安在2017年完成地区生产总值129.9亿元，财政总收入23.14亿元，全县人口规模达到53万人，城镇、农村居民人均可支配收入分别为28899元和10109元；贫困人口降至2018户5064人，贫困发生率降至 1.22%，经济社会发展质量和效益明显提高。

综合起来看，改革开放 40 年来瓮安的经济社会发展总体是向上向好的。但是在取得发展成就的过程中由于没有完全注意到经济社会发展和民生福祉特别是群众诉求和切身需要方面的平衡，也没有充分注重在改革发展过程中及时调整、强化和改善党群干群关系，导致社会矛盾积累较多，老百姓积怨较深，民众与基层党委和政府的关系逐渐疏离，对干部的信任度降低，形成了较为紧张的态势，甚至一小部分人还走向了对立面，引导矛盾向恶劣的方向发展。在 2008 年 6 月 28 日发生的一个偶然的意外事件推动下必然地引爆了怨气积蓄已久的民众心态，最终导致了“瓮安事件”（又称“6·28 事件”）的发生。可以说，“发展繁荣与稳定和谐”这一问题在改革过程中的不同地区特别是后发的中西部地区都不同程度地存在着。因此，选择瓮安作为改革开放 40 周年基层发展变化的样板，调研了解这里的经济社会运行情况，深入探究“瓮安事件”发生的成因尤其是随后的治理举措和取得的重要成效，对于研究思考在改革发展过程中的基层社会治理具有很强的代表性和重要参考价值。

## 二、“6·28 事件”之前瓮安的改革与发展

改革开放以来的前 30 年，瓮安从 1978 年 1 亿余元的地区生产总值，至 2008 年跃升到 26.95 亿元，增长了 26 倍之多；1978 年全县财政收入仅为 649 万元，到 2008 年已突破 3 亿元大关，实现 3.25 亿元（不含基金）的财政总收入，增长了 49 倍，平均每年以 1.6 倍以上的速度迈进；全县农民人均纯收入从 1978 年的 265 元增加到 2008 年的 3015 元，城镇居民人均可支配收入达到 8950 元。改革促进了瓮安经济的发展，社会的进步和人民生活水平的提高。但由于发展的区域不平衡、领域不平衡、群体不平衡，导致社会矛盾的积累和民生欠账的产生。

### （一）经济发展及存在问题

#### 1. 农业经济主产业

（1）烤烟。实行家庭联产承包责任制以后，瓮安老百姓吃饭的问题逐渐得到解决。“家中有粮，但手中却没有多少钱”是当时群众的主要经济现状。反复考量之后，瓮安县委、政府针对本地种植烤烟历史较长、产量较高、质量较好的比较优势，把发展农村经济的重心放到了烤烟生产上。1986 年全县烤烟种植仅有 6.54 万亩，到 1997 年扩大到了 19 万亩，产量达到历史最高水平，使瓮安跨入国家优质烤烟生产基地县行列，仅烤烟一项就为全县提供税收 3000 多万元，占据财政收入“半壁江山”。1998 年国家对烤烟生产实行宏观调控，瓮安烤烟生产、收购计划大幅削减，种植面积锐减 10 万亩，又由于烤烟税率从 31% 下降到 20%，财政收入当即缩水 2200 万元。

由于受烤烟控制降产和降税的主要影响，又加之在交通、电力方面的制约，瓮安在 20 世纪 90 年代左右的财政收入一直徘徊在“上三下七”或“上二下八”的尴尬境地，有的年份甚至还完不成计划任务。从 1998 年下半年开始，被迫停发职工“三费”，只发“裸体工资”，并且还不能按时发放，有时拖欠工资长达 3 月之久。当时“保基本工资、保运转”都非常困难，更谈不上其他重点建设项目和民生保障资金拨付，“一烟定乾坤”是当时瓮安财政的真实写照。

（2）养殖业。为摆脱困境，2002 年 3 月瓮安县委在九届三次全委（扩大）会议上通过了《中共瓮安县委关于加快畜牧水产养殖业发展的决定》，提出“加快畜牧水产业发展步伐，培育农村第二经济支柱”的发展目标。按照“以生态养殖小区为示范，以大户养殖为骨干，以千家万户养殖为基础”的思路搞规模养殖，扩大优质商品瘦肉型猪生产。同时立草为业，突出草食畜禽发展，大力养殖鸡鸭鹅兔；实施稻田养鱼，盘活库塘河溪养殖，积极发展水产业。县委、县政府还鼓励党政群机关、事业单位工作人员“保职保薪”脱岗到农村创办种植园、养殖场以及农副产品加工业等，帮助农民增收、带领农民致富。

至2008年，全县建成年均出栏生猪万头以上的养殖场4个、千头以上的养猪示范场20个，百头以上规模养殖户390户、十头以上养殖户4036户，建成出栏生猪2000头以上的养猪小区22个。瓮安以养猪为主导的畜牧业产值从1978年的2448万元增至2008年的62034万元，畜牧业为当地财政做出了重要贡献。“百万生猪下两广”，瓮安成了名副其实的“养猪大县”，养猪农民人均年纯收入达到1600多元。

（3）辣椒。辣椒种植作为一项产业在瓮安实施，始于2003年。在此之前，农民为自食在全县辣椒常年种植面积有2万亩左右。自2004年起，瓮安把具有地域特色和良好市场前景的辣椒作为产业结构调整的重点项目，紧紧围绕“抓规模、促发展，抓标准、增效益，抓市场、促流通”的思路大力发展辣椒种植，使之逐渐成为瓮安农民增收的主要产业之一。在县内依托省级龙头企业“冬秀孃泡酸辣”公司每年就地解决1000多吨鲜椒产品，县外与“老干妈”风味食品公司等建立广泛销售渠道。到2008年，全县辣椒种植超过6万亩，总产值超过1.2亿元，农民平均每亩获利约1800元。

瓮安在经济上为了走出“一烟定乾坤”的尴尬，通过改革想方设法培育发展替代性经济产业，大搞养殖和大种辣椒等经济作物为瓮安经济做出了一定的贡献，但是财政上依然不宽松，甚至“吃紧”的状况仍然存在。

### 2. 工业

瓮安矿产资源的丰富，决定了这个地方要走工业化发展之路，但瓮安的工业化起步比较晚。虽然在此之前有一些工业，但主要是以小矿场（厂）、小煤窑等为代表的“小敲小打”模式。2003年7月瓮安县委在九届四次全委扩大会议上做出了《关于加快工业化进程的决定》，要全面推进全县工业化发展工作。为加快工业化发展，瓮安在2003年开始通过加大招商引资来加快经济结构调整，并提出“把招商引资作为县域经济发展的第一动力，作为党政主要领导抓经济工作的第一要务，作为锻炼干部的第一战场，作为各级各部门年度目标考核的第一内容”。到2008年，全县引资到位2.3亿元，规模化工业比重明显提高，建成了年产60万吨煤焦化综合利用项目、年产

10万吨铝酸钙项目和年产2万吨黄磷项目以及引进了10余家比较大型的工业企业，当年瓮安以磷、煤、钼矿开采及加工为主的工业企业税收，占全县财政收入的70%，瓮安经济由原来的“一烟定乾坤”变成了“矿产撑天下”。

但是，在工业化特别是矿产资源的开发中主要为了追求产量、产值和经济效益，没有注意到开发与保护的关系，特别是忽略了民生，忽视了群众的利益，出现了失序性的资源开发甚至是掠夺性的开采，导致生态被严重破坏，水源被挖断枯竭，耕地遭到毁损和环境受到污染，给矿区当地的广大农民群众造成了生产与生活上的极大困难与影响，开矿采矿与农民耕种吃饭之间关系越闹越紧张，逐渐引起矿群矛盾。

（1）矿产开采。由于构皮滩水电站的修建要淹没瓮安大部分矿产资源丰富的地区，为赶在2009年泄洪前使矿产资源尽可能地得到开采，当地实施“库区矿产资源抢救性开采”政策，导致基层党委、政府如玉山镇、玉华乡等大开招商引资和矿业开采之门，无须办证照，也不要开采手续，只要挂靠在有证矿山之下就可以。这样一来，图利者从四面八方蜂拥而至，到2004年底，仅玉山镇就有20多处磷、硫铁等矿山被开采，在该镇大坪村大坪坡组一个大约2平方公里的土地上，就有14口磷矿井，到处都在开山放炮，机械轰鸣。矿产开采由“抢救性”变成了“抢夺性”，失序必然带来失范。

（2）矿群关系。矿产的开采导致矿区农民的水源被挖断，地下挖空导致房子开裂、地基下沉、房瓦移位甚至不时掉落；水源没了保障，农民无奈将水稻田改种成苞谷，改种造成的损失，企业不给赔偿。山清水秀的村寨家园被开矿挖得千疮百孔，老百姓本来指望着“靠山吃山”，但坐在资源富集的山川却“守着煤山没煤烧”“守着磷矿没钱赚”，反而连基本的生存都受到极大影响。当地群众不断开始“闹事”，为了生存权益而讨要说法，矿群关系从此不和谐。在玉山镇大坪村大坪坡组矿群矛盾非常尖锐，村民将公路阻断并竖上路牌告示：“我组十三户生存面临绝境，请各位矿山业主配合支持”，村民连续堵路3个多月后，矿主与村民僵持不下，运输中断，矿山也随之停工，企业和财政都减收。

（3）政府作为。为了招商引资促进工业化，瓮安当地政府特别是矿区所在地的乡镇一级政府积极为落地投资企业创造良好条件，做好服务，但是对于矿区老百姓反映的饮水、生态、污染以及住房安全等问题，态度比较消极，能躲就躲，能推就推，通过敷衍有时甚至是强力手段来回应老百姓的诉求。玉华乡田坝村村民因问题得不到有效解决就相约几百人去矿区堵路、堵车。村里的退伍军人、老党员王文举替百姓与前来调处的干部沟通，要求解决水源挖断后的饮水和灌溉、失地农民的就业生存以及整治矿区生态环境等问题。2007 年 4 月 29 日县政府通知派 7 个村民代表去谈，王文举等人去了就被公安机关抓了。村民得知后，60 多个人赶去政府讨说法，被公安人员打伤 13 人，当场抓了 20 人，给予行政拘留 15 天到 20 天不等。

### （二）社会管理服务及问题

#### 1. 社会治安

（1）政法状态。由于政府财政的捉襟见肘，瓮安在“保基本工资、保基本运转”的前提下，对政法系统业务经费的投入在 2008 年以前都非常少。财政拨款不够，导致公检法等部门通过“罚款返还”的方式来解决经费保障，由此使得政法系统变相成为“创收”单位，带来的直接后果就是政法系统的逐利化，特别是警民关系紧张。因为要“创收”，公检法部门尤其是公安机关，对那些没有经济利益的案件纠纷就不愿办，但凡有点“油水儿”的却抢着办。同时，在矿群纠纷、水库移民搬迁纠纷、房屋强制拆迁纠纷、企业改制纠纷等社会矛盾逐渐突出的情况下，对百姓诉求不予重视，发生的群体性事件处理也不科学，动辄把公检法部门推向矛盾冲突第一线，用强制打压手段对待老百姓的诉求，导致了群众与政法系统特别是公安机关的严重对立，使得诸如“玉山帮”这样的黑恶势力乘机兴起，称霸一方，甚至代行“治安”职能，用江湖方式帮人摆平纠纷。

（2）治安状况。长期积累的社会矛盾未能得到有效化解，群众合理诉求得不到及时解决，导致社会风气恶化，治安混乱。“6·28 事件”之前，瓮安“两抢一盗”、毒品违法犯罪和刑事、治安案件多发频发，且破案率低，在2008年初积案达500余起。在当时，只要过了晚上8点钟，女同志不敢单独在街上走路，更不敢佩戴金银首饰。街上经常有三三两两扛刀提棒的人喝酒闹事，无人敢管敢问。2007年9月12日、19日、22日、26日，瓮安县城审计局宿舍、金龙花园、北门水井、步行街等处在光天化日之下分别发生爆炸，迟迟破不了案，整个县城人心惶惶。当时社会上就流传顺口溜：“好人散了伙，坏人结了帮，治安搞不好，难以奔小康。”时任县城派出所指导员的邓森林曾形象地进行比喻：“同样在10分钟之内集中100人到县城的金福宾馆，黑社会的集合速度要比公安干警快得多。”治安不好，群众普遍缺乏安全感，在2007年的群众安全感排名中，瓮安位列黔南州倒数第一。

### 2. 基层组织建设

（1）村组。改革浪潮的席卷和工业化、城镇化的推进让瓮安农村很多以土为生的健壮农民也纷纷走上了外出务工之路，成为中国千千万万“农民工”的一员。农民外出务工能为家庭经济带来更大收益，但也同时导致农村的“空心化”。在2007年，瓮安农村党员占全县党员总数的一半以上，但多是退伍军人中的老党员，年龄偏大，35岁以下的年轻党员占比非常小，村组一级的党员队伍缺乏活力，各级党组织对发展农村年轻党员的重视力度不够，有些地方连选个村支书都成问题，党的基层组织严重弱化。以2008年的木引槽乡大坝村支部为例，委员有5名，其中2人常年外出打工，1人移民搬迁；党支部16名党员，40岁以下3人，40岁到59岁的1人，60岁至70岁的7人，70岁以上的5人。

（2）乡镇。乡镇虽然看似部门很多，但诸如畜牧站、林业站、派出所、国土资源管理所等一些“站所”都被划给县垂直管理部门，乡镇一级政府也被“掏空”。“上面千条线，下面一根针”，乡镇一级责任重大，但权责不匹配，严重弱化了乡镇政府的功能，使得管理软弱无力。“6·28事件”发生后新任的县委书记说，“乡镇功能弱化、基层政权弱化、基层组织弱化、社会建设弱化”是基层社会治理和管理存在的重要问题。

### 3. 教育

（1）学生。瓮安在 2008 年之前每年约有 2000 名初中毕业生不能继续升学。大量的初中学生离开校园后因为没有书读也无事可做，逐渐变成社会闲散人员。有的被黑社会组织利用，有的自己成立小团伙，这些人又反身走进校园，向在校学生收取“保护费”或引诱要挟学生加入帮派组织，使得那些父母外出打工不在身边的、学习上不去的或者单亲家庭学生等，逐渐被拉入各种团伙，这些学生团伙因为利益或各种矛盾经常在学校门口聚集打架，“帮派文化”不断渗入校园，学生思想受到极大干扰，是非不分，以至于当时在瓮安中小学中广泛流传着这样的民谣：“读书苦，读书累，读书还要交学费，不如参加黑社会，有吃有喝有地位。”

（2）学校。改革让瓮安教育发展迅速，2008 年之前的连续几年，瓮安每年高考都有 2000 多名学生被全国各地高校录取，教育质量在黔南州名列前茅。但是学校教育主要关注如何提高学生的学业考试分数，一心想着让学生考出好成绩，重授业轻传道，忽视了对学生的素质教育，特别是思想道德教育。瓮安甚至对教师还推行过“末位淘汰制”，期末考试教学成绩排名倒数后三位的教师，一律调到边远学校去，使得教师更拿不出精力来抓德育教育。同时，学校硬件和周边环境也影响着学生。以当时瓮安教学质量最好的一中为例，需要住校的学生 2500 余人，学校只能提供 1000 人的宿舍，其他学校更是不能满足学生住校需求。大部分学生不得不在外租房，学校周边到处是网吧、麻将馆、小饭馆、小旅社，赌博打架，酗酒闹事，黑恶势力骚扰，导致学生学习环境非常恶劣，影响带坏不少莘莘学子。

### 4. 干部作风

（1）懒散。瓮安在矿产资源开发、水库移民、城镇拆迁等直接涉及民生的重要工作中，干部为人民服务的意识淡漠，懒政怠政，作风粗暴，老百姓最直接的感受就是“门难进、脸难看、事难办”。老百姓有诉求，找不到说话的地方，就通过信访讨说法。从 2003 年至 2008 年的五年间，瓮安信访量逐年直线上升，在 2008 年上半年就高达 348 起，超过 2007 年全年 320 起的总量。但是信访办结率也非常低，“2006 年以来办结的信访案件仅 122 件，办结率仅为 18.2%”。在 2008 年之前的民意调查中，瓮安当地群众对干部作风的满意率仅为 27.6%。

（2）逐利。工业经济的发展特别是矿产资源开发的丰厚利润，吸引了很多瓮安官员跟着经商办企业。当时有从外地交流到瓮安的干部这样形容瓮安干部经商办企的情况：外县每 10 个干部有 1 个经商办企业，在瓮安起码就有 7 到 8 人。一个较典型例子：2006 年瓮安县检察院一名领导干部因对其在永和镇悦来村的煤矿入股分成不满，利用职权带领检察院执法人员开着警车去矿上强行收走“采矿许可证”等证件，造成恶劣的影响。干部与民争利，漠视群众的合理诉求，群众也就对政府干部失去了信任。

### （三）引爆问题的导火索：“6·28 事件”

瓮安在改革发展过程中，一些侵害群众切身利益的事情发生后得不到及时有效解决，蓄积起矛盾。在处置矛盾的过程中，一些领导干部方法简单，动不动就用公安警力来压制群众，使群众怨气和不满情绪上升，导致党群、干群特别是警民关系异常紧张。瓮安的小贩甚至不愿意把当地人爱吃的“辣鸡粉”卖给警察。

不断积累的一系列社会矛盾在 2008 年被一起突发的意外事件彻底引爆。6 月 28 日，因瓮安三中一名女初中生溺水死亡没有得到及时妥善处理又在处理过程中引发新的矛盾纠纷，导致当地部分群众上街游行请愿，并带动越来越多的人向县公安局、县委和县政府大楼附近聚集。由于处置不及时，措施不得力，县里主要领导和相关部门缺乏担当意识的等待观望和行动迟缓，矛盾逐渐激化，事态升级，最终演变为严重的打砸抢烧群体性事件。最终，县委办公楼（砖木结构三层老楼）被完全烧毁，县政府 104 间办公室、公安局大楼 47 间办公室及其中的各类档案文件等全部被焚，现场烧掉 54 辆汽车，其中包括 22 辆警车，警、民 150 余人受伤，造成直接经济损失 1700 多万元。

在党中央的关心支持和贵州省委的有力指挥下，省公安厅和黔南州委强力介入平息事态，至6月30日瓮安恢复了正常秩序。这起群体性事件，无论从参与和围观人数（直接参与打砸抢烧300余人，其中学生、教师110余人；现场围观人数2万多人）、持续时间（7个小时），还是从冲突的剧烈程度、造成的破坏和消极影响，都是改革开放以来全国范围内前所未见，成为“标本性群体事件”。

## 三、“6·28事件”之后瓮安的改革与治理

瓮安在发生“6·28事件”以后，深刻吸取教训，痛定思痛，坚持“不忘教训、牢记宗旨、执政为民”和“以人为本、民生至上”的理念，在改革发展中倾心致力于社会治理工作。党的十八大以来，瓮安认真学习贯彻落实习近平总书记关于基层社会治理的重要论述特别是习近平总书记视察贵州时的重要讲话精神，按照中央和贵州省委、黔南州委的一系列决策部署，把推动经济社会和谐共荣作为重要政治任务，全面深化改革，全力抓好民生，重塑瓮安形象，在共治共建中取得经济快速增长的同时，物质文明和精神文明得到协调发展，获得了群众的普遍肯定和热烈拥护，提升了党和政府的威信，实现了经济社会繁荣发展。

### （一）突出党的核心地位，选优配强干部

#### 1. 发挥县级领导干部“关键少数”重要作用

（1）配好干部。“6·28事件”得到有效平息之后，贵州省委在党中央的高度重视和坚强领导下，组织黔南州委及时免去在事件中处置不力、严重失职的县委、县政府和公安局主要领导职务，在全省范围内优选经验丰富、能力突出的干部分别担任县委书记、县长和公安局局长、政委。特别是县委书记，由贵州省委从曾经主政过基层、熟悉群众工作、善于稳妥处置群体紧急事件、敢于担当、形象和口碑良好的副厅级干部中选拔高配到瓮安，带领瓮安干部群众开展大乱后的大治工作。新任命的瓮安主要领导干部到位后，

充分发挥“关键少数”重要作用，从化矛盾、保民生入手强力推进改革，成效立竿见影。在调研访谈中，干部群众在说到“6·28事件”后最大的感受时，95%以上的人都认为“新来的领导得力、工作很强，社会治理推进得很快也很好”。

（2）严肃问责。在选优配强主要领导干部的同时，贵州省委按照中央的要求，充分发挥党的政治核心作用，领导黔南州委及时果断启动干部问责，调整并撤换在“6·28事件”中到场不到位的黔南州委主要领导，严肃追究“6·28事件”中瓮安相关失职渎职干部的责任，为瓮安的乱后重治把脉指向、鼓劲撑腰，赢得省内外舆论广泛好评。受命于危难之际的瓮安县委书记说：“省委做出了表率，迅速启动干部问责程序，瓮安县委腰杆一下子就硬起来了。”

### 2. 强化基层党组织建设，切实发挥战斗堡垒作用

（1）做实做强村支部。俗话说：“农村富不富，关键看支部；支部强不强，关键要选好‘领头羊’。”为解决农村基层党支部战斗力不强、成员素质不高、后备干部队伍不足等问题，瓮安在撤小村并大村（将原来247个行政村撤并为97个行政村及社区）的基础上，先后选派49名乡镇副科级党员领导干部到发展任务重、矛盾相对突出的村和社区担任党支部书记或党总支第一书记。在21个乡镇的24个村、1个居委会“海选”村支“两委”负责人。“海选”无正式候选人，通过公开报名后在选举会场向群众发表竞职演讲，由群众直接投票选出。通过海选，107个农村产业带头人和164个农村经济能人进入村委会，新当选的副主任占83.6%。鱼河社区（原鱼河乡）新场村党支部书记喻泽权在竞职演讲时激动地说：“要当好村支书，就要为群众多办事，带领群众发展产业，增收致富。如果我当选，决不让群众办事跑二趟路，决不谋私利。”配齐配强村干部后，将村干部月工资从200元提高到1000元并解决养老保险，每个村每年有1万至2万元办公经费，每年预算200万元用于乡村干部培训，新建和改扩建75个村级活动场所，实现了基层有人办事、有钱办事、有阵地办事。

（2）实施阳光村务。为更好发挥村民自治和民主管理作用，瓮安结合农村长期自发的村民集体协商操办丧事的“龙杆会”传统，以村民代表集体商议“村级公益事业建设财政奖补”的使用为契机，将该县在“一事一议”中总结的“三议三公开”（村民商议、村“两委”决议、村“两会”审议；实施内容公开、实施过程公开、实施结果公开）在农村全面推行。“三议三公开”重点适用在农业产业结构调整、社会治安综合治理、基层组织建设等领域，让群众的事情群众议、群众定、群众干、群众管，村里事务全部公开摆在大家面前，接受群众监督。

（3）夯实乡镇政权。瓮安在强化村级组织的同时，进一步巩固提升乡镇政权功能，通过乡镇行政区划调整，将原来的9镇14乡调整为10镇9乡2个办事处，充实乡镇机构和人员，通过“公推直选”等方式配强乡镇党委和政府主要领导干部和班子成员。2008年12月1日至2009年1月20日，瓮安县委拿出县城所在地雍阳镇党委书记、县政府办常务副主任、县民政局常务副局长3个正科级干部“公推直选”，通过演讲、答辩、互辩、当场回答提问，与会党员700多人次当场无记名投票，当场计票，犹永凯、闵端、杨国熙分别当选。投票那天，雍阳镇花竹社区78岁的老党员谢卫珍和金龙社区80多岁的老党员杨举珍都去投票。

（4）组建基层组织局。针对机关党组织和农村党组织党建工作统筹不够、服务群众资源整合不好，存在“两张皮”的现象，瓮安大胆探索改革，将直属机关工委、组织部组织科、党建办、党代表联络办、远程教育办等机构职能进行整合，组建县委基层组织局。探索推行城乡党支部“双向组织生活会”模式，将城乡基层党组织联接成488个共同体，以党建资源的统筹带动经济社会资源的统筹，使党的组织资源转化为发展资源、组织优势转化为发展优势、组织活力转化为发展活力，让机关干部能深入基层了解问题，让基层党员能到机关感受上级工作，增强理解互信、加深情感、推动工作。比如在教育系统，让县城、乡镇中心学校党组织同偏远中小学党组织结对子，提升教学质量，关爱学生成长。

## （二）狠抓干部作风建设，修复干群关系

“6·28 事件”发生后，县委、县政府发出《致全县人民群众的一封公开信》，组织干部深入群众解释事件真相，群众对干部极不信任、极不满意，认为干部说的都是假话。对干部发的宣传信，要么不接，要么接了转眼就撕。对维持秩序的公安和武警，群众的态度也截然不同。事件发生的第二天一早，群众送来水和食品慰问。事发当晚参与执勤的警察曹开野从临时休息的沙坑中站起来，伸手去接慰问品时，群众说：“这不是给你的，是给武警的！”一名从外地调来维持秩序的公安干警刚把群众送来的矿泉水拿到手，一位参加慰问的老人上去夺了下来，这位民警只得苦笑着摇头。修复干群关系成为乱后治理的当务之急，瓮安县委和县政府痛下决心，刀刃向内，决定从干部作风上入手，用实际行动让群众改变对干部的看法。

### 1. 干部队伍自身建设

（1）整顿思想，严格管理干部。从 2008 年 7 月到 9 月，瓮安用 3 个月时间在全县上下集中开展干部作风教育整顿，组织“我为谁工作？我为谁负责？我怎样工作？”思想大讨论。对群众漠不关心、态度粗暴，办事推诿拖沓的干部，从党的宗旨意识上加以剖析批判并及时处理。县委从细节抓作风，规定副县级以上干部不许结干亲家，不许干部经商办企或是到农村买房，不许称干部为老板，党内一律称同志。作风整顿期间，调整了 270 多名干部，其中 24 人因不称职、不胜任现职而被调整免职，从严从快查处了农业局、建设局等单位违反工作纪律的 8 名干部。建设局干部葛某在监理县政府大楼装修时，坐在政府大厅接待处写东西，刚好省州处置“6·28 事件”专案组同志进来办事，葛某在对方询问后开始是不予理睬，之后态度还很恶劣，随即被查处和通报，这给当时的干部起到了很大的警示作用。通过思想教育和严格管理，瓮安干部作风很快得到有效扭转。

（2）公开承诺工作目标，各级干部同奖同惩。在全县推行年度工作目标公开承诺制和亮点申报观摩制，要求全县 85 个单位部门、23 个乡镇党组织主要负责人在大会上做年度工作目标公开承诺，全程电视直播，接受群众监

督。采用“12+1”（社会动员联谊组、工业化工作组、城镇化工作组、农业产业化工作组、招商引资工作组、交通建设工作组、安全生产工作组、文化旅游工作组、政法维稳工作组、宣传工作组、干部作风督查组、党建工作组和重大工作督查组）工作模式，对全县发展、民生、稳定等方面的12项重点工作实行县级领导干部包保制，建立县级领导干部和县直部门包保乡镇，以及县级领导干部联系重点企业、重点项目责任制，实行县级领导、部门与乡镇党政领导同奖同惩。

（3）治权限权，强化重要干部监督。要求县委常委会向县纪委全会述廉，现场接受县纪委委员及部分人大代表、政协委员、党风政风监督员不记名评价投票；县纪委委员就有关党风廉政建设热点问题向县委常委会班子成员现场询问评议，评议结果作为领导干部评奖评优、选拔任用、培养教育的重要依据。要求党政正职做到“六个不直接分管”，即不得直接分管人事、财经（务）、工程项目建设、大宗物品采购、行政审批、行政执法等事项，并要求党政正职每半年必须将个人“三公”消费情况在党委（组）会上通报。借助大数据技术合作研发“瓮安县落实‘两个责任’和正风网络监督平台”，对党员干部在诚实守信、社会公德、遵章守纪等进行量化考评。例如，党员干部开车不遵守交通规则闯红灯受到交警部门的处罚，触发录入系统将自动生成记录，这些都将成为干部今后提拔任用的参考依据。探索违纪公开审理试点改革，在公开审理中，被调查人所聘请的助辩人就案件的违纪事实、证据、定性等向纪检监察部门进行申辩，被调查人充分发表意见，审理组现场剖析案件，维护党员合法权益，控制和避免冤、假、错案发生，体现公开、公正、公平执纪理念，促进党内民主。公开审理时还邀请被调查人所在系统的主要领导、分管领导、一般党员干部和群众参加旁听，达到审理一人、教育一片的效果。

### 2. 干部与群众关系建设

（1）走访群众。结合网格化管理，瓮安要求全县党员干部作为网格管理员，按照“进百家门、知百家情、办百家事、解百家忧、暖百家心”的要求，走村入户进企业，帮基层群众抓生产、解急难，确保每年每户老百姓家都有一名乡镇干部到家走访，以实际行动和群众拉近距离。2010 年夏天，瓮安大旱，县城饮水告急，山区群众吃水更加困难，县委要求要扎实帮助群众，据高水乡香沟村沙坝组 67 岁老人王文华说，当时只要他一拨“便民联系卡”上的电话，包村干部李森林就会骑摩托车把水送到家里；2011 年初，瓮安遭遇了持续近 3 个月的低温凝冻天气，广大党员干部纷纷走上街头、走进乡村，铲冰除雪，县领导带队深入包保乡镇看望学生，组织车队，将元旦放假后滞留在乡镇的学生接回县城读书。截至 2011 年，全县各级干部走访群众 10.12 万户 42 万余人，解决问题 8200 余件次，办实事好事 4300 余件次，投入资金近 1000 万元。

（2）进村驻村。结合脱贫攻坚战略，以“乡村网格化”为统领，落实干部“四下沉”，要求干部驻村与群众同吃、同住、同劳动。将全县划分为 13 个战区，成立 13 个一线指挥部，下沉 86 个驻村工作队，构建起一套“县为总指挥部、乡镇为一线指挥部、村为下沉驻点工作队、组为包保工作组”的脱贫攻坚指挥作战体系，由县四家班子主要领导或县委常委任指挥长，其他副县级领导任一线指挥长常驻乡镇（街道）坐镇指挥，县直部门“一把手”担任工作队长，实施脱贫攻坚关键主力“精锐出战”，分三次下沉 2805 名干部驻村，实行“局长驻村、常务看家”，县级干部常住乡镇，靠前指挥，全力完成好“发动群众、办好实事、夯实基层”三大任务，精准选好驻村“第一书记”和包村“第一书记”，结合农村发展人才需求实际，将水利、农业等专业人才派遣到农村，与“村党组织书记”强强联合，将驻村干部作用发挥与村级民生发展需求进行无缝衔接。

### （三）全力开展专项整治，稳定社会治安

#### 1. 惩防违法犯罪

（1）扫黑除恶。针对群众反映强烈的黑恶势力问题，瓮安县委确定了“三个彻底清查”的要求，即彻底清查首要分子和骨干人员；彻底清查幕后

指使、组织、操纵、煽动、资助等人员；彻底清查视而不见、不管不问，甚至充当黑恶势力保护伞的公职人员，以及对自己直系亲属有上述情形知情不报、态度暧昧，甚至暗中支持的公职人员。在贵州省公安厅直接指挥下，瓮安公安系统将包括横行当地十年之久的“玉山帮”“叶八二帮”在内的长期称霸一方的20多个黑恶势力团伙一网打尽，300多名团伙成员受到法律严惩，9名充当黑恶势力“保护伞”的国家机关工作人员被依法审判。同时，重点打击影响群众安全感和满意度的“两盗”“两抢”等犯罪活动，对街面三人以上的打架斗殴都当成命案来办理，从重打击，切实增强人民群众安全感。自2009年以来，瓮安连续9年保持现行命案100%侦破。

（2）严密防控，系统监控。在全县建设城市报警与监控的“天网工程”和“雪亮工程”系统，在城区、重点单位、要害部位建设视频监控报警系统。城市全天候治安巡防。将全县划分成21个大网格，各派出所按网格进行巡逻防控，县城区划分为13个小网格，依托8个治安岗亭、5个移动警务车，实行三班24小时不间断网格化巡防，最大限度把警力摆在街面上，提高见警率，管事率，震慑力，及时防控和打击现行犯罪。农村互助合众联防。在农村地区推出“我为他人守一夜，他人为我防一月”的群防群治模式，建立14个中网格，188个小网格，组织村组干部、治安积极分子和民兵应急分队等组成巡逻队，开展村户联防、户户联防。

（3）帮教违法青年。“6·28事件”相关涉案中小学学生多达104名，有些还是加入黑恶势力的帮派成员。瓮安在贵州省政法委指导下探索实践涉案未成年人违法及轻罪犯罪记录消除工作，对失足青少年开展帮教转化。建立“学校、社会、家庭”三位一体帮教机制，使失足青少年重新回归人生正确轨道。在“6·28事件”当天提着汽油瓶冲击县政府的初中生葛启义（父母双亡，由爷爷奶奶带大），通过帮教后创业做铝合金加工，年营业额达40万元，被选为黔南州人大代表。制定完善《瓮安县未成年人违法犯罪记录封存暂行办法》，明确规定封存违法犯罪记录的基本情况和法律效果，到目前已累计对299名违法青少年实施了轻罪犯罪记录封存；制定出台《瓮安县特殊人群就业扶持实施办法》，县财政每年安排100万元特殊人群帮扶专项资金，鼓励社会组织、企业接纳安置特殊人群。瓮安的帮教工作经验促进了贵州省和国家的相关法律法规及司法制度改革。2010年7月28日，贵州省对《贵州省未成年人保护条例》进行修订；2010年11月19日，贵州省人民法院、省人民检察院、省公安厅和省司法厅联合出台《贵州省未成年人违法和轻罪记录消除暂行办法》；全国人民代表大会分别在2011年2月25日和3月14日对《中华人民共和国刑法》第一百条和《中华人民共和刑事诉讼法》第二百七十五条中涉及青少年违法犯罪记录的条款进行了补充和修订。

### 2. 提升政法工作

（1）从严治警。在打黑除恶惩治犯罪取得成效获得群众支持，奠定群众基础后，除了出台一系列规范警察行为提升警风的制度外，瓮安还依靠群众的支持参与，深入开展"勤廉驾考""零距离服务上门"等警察作风整顿专项活动。在服务窗口设立评价器，干警服务好不好，让群众说了算，切实推行阳光执法、规范执法、柔性执法。2011年春，瓮安公安系统专门选派100名80后干警进农村进农户与群众同吃同住同劳动，拉近警群关系。在警察整顿和管理上，新到任的县委书记和公安局局长下足了功夫，经常一起半夜突击查岗。2010年6月12日晚上11点过，县委书记和公安局局长突然出现在岚关乡派出所，现场打电话给该所当晚值班教导员李某，在接到公安局局长电话"现在哪里"的询问后，该教导员回答"在所里呢"，但其当时脱岗离开回家了，被抓了个现行，随后受到通报批评并关禁闭一个星期。

（2）保障经费。瓮安县委对政法工作提出三个"最大限度"，加强对政法工作的保障，即"最大限度解决问题、最大限度支持工作、最大限度予以组织保障"。近四年来共投入政法经费8844.15万元，增加了人员编制、明确了职级待遇，公开招考了一批民警、工勤人员、巡逻队员，全面强化政法队伍特别是警察队伍的战斗力。在贵州省县级公安机关率先组建反恐处突特战大队（县应急服务中心），队员122人（编制150人），自组建以来成功处置各类突发事件200余起，参与外县处置80余次，参与救助救援100余次，在巡逻防控、反恐处突、打击犯罪等方面发挥了重要作用。

### （四）及时化解社会矛盾，解决群众诉求

#### 1. 矛盾预防和处理

（1）完善突发事件处置机制。对突发群体性事件的处置建立“三个第一”原则，即第一时间、第一现场、第一职责原则。明确规定党政主要领导是维护社会稳定第一责任人，一旦发生突发事件，主要领导必须第一时间到现场，靠前指挥，采取措施迅速平息事态，做好善后处置工作，对非正常死亡事件要求5天内必须安葬处理尸体。做到既控制事态，又解决合理诉求；既教育疏导，又坚持依法办事、按政策办事。瓮安在近几年来也陆续发生数百起各类非正常死亡事件和数十起突发群体性纠纷，均严格按照“属地管理、分级负责”“谁主管、谁负责”和“三个第一”的原则进行妥善处置，未因处置不当或处理不及时造成事态扩大或事件升级，全县社会大局持续稳定。

（2）创设矛盾处理专项资金。在矛盾处理费用的安排上，瓮安县委政府提出“三个落实”的方针，即“有政策的不折不扣地兑现落实，没有政策借鉴好的做法抓好落实，既没有政策又没有政策可借鉴的创新落实”。每年由县财政划拨1600万元，作为矛盾处理专项资金，其中包括预算信访问题调处专项资金800万元，严重精神障碍患者监护人“以奖代补”400万元，法律援助、司法救助、特殊人群就业安置帮扶和基层矛盾化解奖补资金各100万元，用于化解各类矛盾纠纷和破解社会治理难题。

（3）创新人民调解。根据矛盾纠纷比较集中的行业和领域，瓮安县自2011年以来陆续成立五个专门的人民调解委员会，包括：在全省率先成立的“道路交通事故民事损害赔偿人民调解委员会”和“物业纠纷人民调解委员会”，在全州最先成立的县级“医疗纠纷人民调解委员会”和“消费者协会人民调解委员会”以及2017年8月成立的“治安纠纷人民调解委员会”。调解委员会由县司法局进行管理和业务指导，调解员主要由专业扎实、经验丰富、熟悉政策和法律法规、为人正直热心、具有一定威望、老百姓信得过的

“五老”（老党员、老教师、老干部、老法官、老医生）组成。为确保矛盾调处结果的有效性，瓮安通过完善司法确认衔接机制，使人民调解与司法确认无缝对接，让调解协议具备法律效力。出台《瓮安县人民调解员调解纠纷案件补贴办法》等文件，将矛盾纠纷分为一般纠纷、疑难纠纷、重大纠纷三个等次，成功调处一起，按等次分别给予130元、180元、400元补贴；同时规定对交通、医疗、物业每成功调处一起矛盾纠纷分别给予160元、2000元、180元的补贴。各调委会自成立以来，共组织调解5273件，调解成功5270件，调解成功率达99.9%以上，仅2016年就减少了1000件以上，节约了宝贵的司法资源。“医疗纠纷人民调解委员会”主任王秀祥在2017年还荣获“全国模范人民调解员”称号。

### 2. 群众诉求回应

（1）创建“双联中心”。瓮安在“110”“119”“122”接处警系统现有资源上整合各方力量，在贵州省率先建立了“民生应急联动指挥中心”和“社会治安动态防控联勤中心”（简称“双联中心”），归口联动处置非警务警情。全县55家职能部门、企事业单位和社会组织横向协作，县、乡、村三级联动响应。“双联中心”运用大数据建立“统一指挥、分级调度、数据留痕、责任明晰、奖惩跟进”的指挥云，减少警情周转环节，将“公安110”变成了“全能110”。群众报警后10分钟之内完成任务分配，相关职能部门半小时内报处置结果，中心工作人员及时对报警群众进行回访，确保件件有方案，事事有结果，破解了群众遇到困难和紧急情况时政府部门相互推诿、各自为战的难题，群众不再为联系哪个部门犯愁，更不用担心被政府部门“踢皮球”。“双联中心”成立以来，共接报各类警情49815起，指令联动部门第一时间归口成功处置各类警情32223起，节约警力共1.5万余人次，全县累计超过600天刑事“零发案”。

2015年8月4日早上5时许，“双联中心”接到市民求助：其在雍阳街道办事处渡江广场处被一条疯狗咬伤。接警后，“双联中心”第一时间指令公安、城管、卫计、疾控中心及街道办事处等单位赶往现场进行处置，处置人员到达现场后发现疯狗已经往瓮水街道办事处方向逃窜，中心立即利用天网视频对疯狗的逃窜路线进行锁定，实时告知街面处置人员疯狗具体位置。经过多方协同配合，于当日 7 时许在瓮水街道办事处小康村内将疯狗击毙。正当所有人员都松了一口气，认为事情已处置完毕时，“双联中心”接到县防疫站现场群众报警：其被狗咬伤后到防疫站接种疫苗，但防疫站没到上班时间没有开门，因疼痛难忍，现场群众情绪都较为激动，要求出警。为及时消除可能升级的隐患，“双联中心”在指令县防疫站工作人员赶到单位的同时，再次指令公安民警，卫计局、瓮水街道办事处工作人员到达防疫站开展秩序维护、受伤人员统计登记、疫苗接种、情绪安抚等工作，经过各部门联动处置，成功为 23 名伤员及时接种狂犬疫苗。该起事件从接到警情到处置结束不到 3 个小时，在 8 点半各行各业上班之前，便将这起极易在社会上造成影响的事件进行了妥善的处理，得到了伤者及社会群众的一致好评。目前瓮安“双联中心”的经验做法已在贵州全省推广。

（2）拓宽民意表达渠道。“6・28 事件”后瓮安通过“五访”（县委书记接访、干部巡访、教师家访、公检法司“四长”联访、乡镇干部走访）工作，历时两年将 2000 余件信访件中有关民生的问题全部处理到位。当时的县委书记在上任后的半年时间里，无论是在办公室办公还是在会议室开会，总是被排成长队的上访群众堵在门口，基本上成了“信访局长”。在处理完积累的信访问题后，瓮安在县政府网站上开通“书记、县长群众直通交流台”，在县公安局警务平台推出“政务警务 110”接访平台，联通黔南州“12345 民心热线”、贵州省网上信访信息系统，开通瓮安县群众工作微信公众号，手机 APP 投诉平台，“政务 110”等，让群众有地说话、有地诉苦、有地评理。

### （五）多重保障群众需求，弥补民生欠账

#### 1. 教育与医疗

（1）教育。教育特别是基础教育是关系基层民生的首要问题。为切实解决义务教育历史欠账，瓮安着力解决教育经费投入不到位、师资配置不均衡

的关键难点。县委、县政府将义务教育全面纳入财政保障范围，建立义务教育经费稳定增长机制，积极推行义务教育财政拨款优先、新上项目优先、预算不足预算外补、预算外不足融资贷款补的政策。投资 3.06 亿元建成瓮安一中、实验小学、县示范幼儿园，改扩建瓮安二中、四中，县城学校“大班额”及学生“出租房”问题得到逐步解决；筹资 3798 万元改造了 15 所农村初中和 15 所薄弱学校，到目前为止共投入资金 30.5 亿元用于全县中小学建设。当前瓮安从城镇到乡村，标志性的建筑就是学校。同时，整合教育资源，通过直招紧缺学科教师和优秀教师等方式全面提高师资力量，解决教师总量不足，优质师资不均衡问题。按照“应助尽助”原则，建立完善从幼儿园到大学的贫困学生全程资助体系，2015 年以来资助学生 6002 人次、资助金额 1532.86 万元。全县 2885 名义务教育阶段教师作为“代理爸爸”“代理妈妈”通过“一对一”或“一对多”形式与 4127 名留守儿童学生建立固定联系制度。目前全县小学、初中辍学率分别为 0 和 0.56%，义务教育巩固率达到 98.3%。

（2）医疗卫生。医疗的投入和建设是体现地方政府是否重视民生最重要的项目之一。为解决医疗卫生资源严重不足的老问题，在新城区投资 8000 多万元新建县医院，搬迁扩建县中医院。以县级医院带动为平台、建立省州医院帮县级，县级医院帮乡村的医联体，形成了省州级医院、县级公立医院、乡村医疗、私立医院全覆盖的医疗服务网络格局。推进新型农村合作医疗制度建设，在黔南州率先实行支付方式改革、筹资方式改革、即时结报、一站式医疗救助等，取消“以药补医”，实行基本药物零差率销售。积极开展农村人口及贫困人口参合，实现农村合作医疗 100% 覆盖，参合率达 99% 以上，对全县建档立卡贫困户，计生二户等人员，实行政府资助参合，确保贫困人口及特殊人员的参合，参合率达 100%。乡级卫生院实施“五室”建设项目，村级卫生室全覆盖，对贫困户、留守儿童、空巢老人开通绿色救治通道。

### 2. 安居与乐业

（1）住房。保障性安居工程和城市房屋拆迁是考量民生的底线。瓮安在保障性住房的安排上，惠及范围从最初的城镇最低收入家庭扩展到中低收入家庭，近四年共建设保障性住房 5962 套，累计发放住房租赁补贴 3466 户 1236.9 余万元。在房屋拆迁中让利于民，按“拆一还一、结构陈新不补差、就近安置”的原则，对失地农民安置方式由原来单一的货币安置，转变为小城镇安置、货币安置、划地安置、社会保障安置等多种方式，由老百姓选择，解决失地农民的长远生计和住房保障。县城累计拆迁 5000 余户 52.48 万平方米，未出现大的拆迁矛盾纠纷。2011 年以来实施城市棚户区改造 22612 户，按照“房不漏雨、墙不漏风、线不漏电、脚不沾泥、人畜不混居”的“五个不”标准改建农村危房 4090 户。在县城西门河边棚户区住了几十年的张大龙老人高兴地说：“拆了烂房子，住进新房子，我们过上了好日子。”

（2）社保。社保是解决长远民生的关键问题。为了解除干部群众医疗、养老等后顾之忧，瓮安建立了“普惠 + 优待”的社会保障体系，以“保障精细化”为重点，确保普惠兜底全覆盖，同时扩大城镇“五大保险”、新农保、新农合和最低生活保障的覆盖面，特别是将工业园区的失地农民纳入城镇职工养老保险。加大分类施保力度，对低保对象中生活仍有困难的老年人、重度残疾人、重病患者等九类对象增发特殊困难补助金。实现“两线合一”，城市低保标准由 2008 年每人每年 2160 元提高到现在每人每年 6840 元，农村低保保障标准由 2008 年的每人每年 460 元提高到现在的每人每年 3876 元，目前全县基本社会保险覆盖率达 99.73%，农村五保供养对象 100% 纳入供养范围，实现了动态管理下的“应保尽保”。

（3）就业。在解决民生的现实问题上，瓮安竭力拓宽群众就业渠道，形成“乐业”大氛围。通过大力开发公益性岗位，在帮助零就业家庭、“4050”（40 岁、50 岁）人员就业基础上，努力创造条件为特殊人群（帮教青年）开创就业岗位。在 2018 年出台《万名返乡农民工创业带富工程实施意见》，在工业园区新建占地 300 亩的“返乡农民工创业园”，每年预算 3000 万元支持返乡农民工创业。以“政府主导、企业主体、社会协同、公众参与”为模式建立“阳光安置基地”，县财政投入100万元改建1个阳光基地，解决戒毒（康复）人员、残疾人、刑释解戒人员等特殊群体民生问题，可集中安置200人就业，同时要求社区戒毒（康复）人员及回归人员较多的乡镇、街道办事处均须建立1个“阳光安置点”。截至目前瓮安已在城区建设社区阳光加工厂1个，在建3个，建设年生产能力达5000万条的编织袋厂作为刑释解教过渡性安置基地，可安置刑释解教人员150～200人。

### （六）全面规范行政行为，建设法治政府

#### 1. 机构改革

（1）设立县级行政审批局。以“相对集中行政许可权制度改革全国试点”为契机，在贵州省率先设立县级行政审批局，推进以“放管服”改革为核心的法治政府建设和服务型政府建设，依法规范政府部门职能权限，清理取消行政许可事项256项，划转15个部门的71项行政许可，规范政府行政审批环节，实现集中受理，集中发证；审批人员从原有的81人精简为10人，审批效率大大提高，更加优质、高效、便捷、规范。

（2）改革乡镇管理体制。作为贵州省唯一整县推进乡镇改革的试点，瓮安抓住机遇对乡镇行政管理体制进行全面改革，明确委托（下放）县级18个部门（单位）7大类202项经济社会管理权限到乡（镇），让乡（镇）的权力壮实起来，进一步提高乡镇的社会管理和公共服务能力，使乡（镇）政府功能更加完善，权责更加对等，行为更加规范，运转更加协调高效。

（3）改革城市综合管理部门。城市综合管理部门涉及的面向多，和公安机关一样，处于与群众面对面执法的第一线。为全面推进城市管理综合行政执法体制改革，瓮安组建城市管理综合行政执法局，将原城市管理局的职责划入城市管理综合行政执法局，承接11个部门193项行政权力事项，强化行政执法效能，进一步提高执法质量和执法效果。

#### 2. 政务服务

（1）“只跑一次”。在全面规范行政行为的基础上，为进一步方便群众，

瓮安在硬件上将政务服务中心、群众工作中心、矛盾纠纷调解中心和人才市场“四合一”于一栋综合服务大楼，倒逼各部门提升服务效率，让群众办事只需进一道门，不跑多趟路。

（2）“一站式”办结。在软件上充分依托贵州省大数据战略，建立行政审批业务处理、管理、监察等 8 大行政审批一体化处理大平台，全县涉及群众、企业的一切事务都可在群众工作中心综合服务大楼内“一站式”办结，彻底消除“条块不畅”“信息孤岛”等壁垒，解决服务群众“最后一公里”，让群众不出大楼就能办好所有的事。2017 年，县政务服务中心受理事项达 62.5 万件，办结率为 100%，群众满意率达 99.8%。

### （七）推进城乡协调发展，决胜脱贫攻坚

瓮安是贵州省的 14 个贫困县之一，2014 年有精准扶贫建档立卡贫困户 17630 户 60485 人，贫困发生率为 14.5%。在推进城乡协调发展中，瓮安以脱贫攻坚为首要任务，坚持城乡统筹，提出“环境立县、工业强县、农业稳县、三产活县”的发展思路，实施“重大项目拉动、城镇经济带动、人力资源推动”三大战略，走绿色生态脱贫攻坚之路。

#### 1. 城乡统筹

（1）工业强县。瓮安依托磷矿资源优势，大力发展以磷化工为主的新型工业，加大实施工业强县项目。把瓮安工业园区争取到国发 2 号文件“加强磷矿资源整合，建设瓮安—福泉磷煤化工产业带”和贵州省委省政府将瓮安县与福泉市打造成年产值 1000 亿元“双中心、哑铃状、双通道”的省级工业园区战略层面，并已启动 60 平方公里园区拓展规划，规划产值 1200 亿元以上，新规划把工业园区分为磷化工工业小区（2 区）、煤电化工工业小区、铝工业小区、江界河港口物流园区、江界河城镇规划区等五大板块。目前瓮安工业园区引进规模以上工业企业 83 家，招商引资在建项目 38 个，总投资 315 亿元。在工业强县中深入推进“百企帮百村”工程，提高贫困户在各类企业的就业比重，实现困难群众县内企业就业 4000 余人。

（2）城镇化。瓮安自2010年以来按照县城“一城三区”60平方公里的《瓮安区域发展系统规划》编制，快速推进城镇化建设。至2017年底，瓮安“一城三区”主干道工程全部贯通，城市建成区面积已达28平方公里、人口达27万人，城镇化率达到35%，县城面积是“6·28事件”前的1倍多。

（3）优化农村基础设施。在农村基础设施的优化建设上，瓮安做到“两个确保”，即“确保户户通水”和“确保组组通路”。按照“贫困户优先、缺水户全覆盖”的原则，瓮安全面实施安全饮水项目，组织党员干部查找水源点468个、修建水池675口、安装各型水管4287.58千米，解决农村32.18万人的缺水问题，做到家家“拧开水龙头清水来”。在通组路建设上，瓮安严格按照“不通则搬、不搬则通”和“五个不能纳入”的基本要求，对全县村民组路况信息展开横到边、纵到底的拉网式排查，推进全县831个30户以上村民组1330.633公里“组组通”公路硬化建设任务。

### 2. 绿色脱贫

（1）生态农业。按照习近平总书记“绿水青山就是金山银山”的指示精神，瓮安在脱贫攻坚中大力实施生态产业化、产业生态化的绿色脱贫之路。目前已建成10万亩茶叶基地、10万亩辣椒基地、15万担烤烟基地、50万头生猪基地。以建中、岚关两个省级现代农业（茶叶）示范园区为引领，集中连片打造“建中—中坪—玉山和猴场—永和—岚关”两个绿色产业带，依托贵山茶业、岚清白茶等茶叶龙头企业，推进欧标茶基地建设。目前，瓮安茶叶年产值达10亿元，受益群众36500人，涉及贫困户698户2443人，带动贫困人口务工10000余人次，户均增收2100元以上。

（2）先富带动。到目前为止投入产业扶贫发展资金1.1亿元，采取“龙头企业+农户”“公司+专业合作社+基地+农户”等模式，通过先富能手带动帮扶的模式，重点发展特色产业，实现农民增收。猴场镇东部的一类贫困村清池村，在村党总支的指导下，吸纳311户（其中建档立卡贫困户262户）农户成立青池村种养殖专业合作社，建立了党总支部和合作社支部协同联动的双支部稻蔬产业基地，发展青池贡米种植3000余亩，无公害蔬菜种植1500余亩，实现人均收入3000元以上，集体经济积累10万元以上。鱼河社区党员卢德付是该社区的养猪专业户，他在社区党总支的领导和支持下，主动向社区里的贫困户免费提供猪种和饲料，传授养殖技术，承担成猪的收购，产销全程帮助贫困户劳动脱贫。目前，通过发展养殖的帮扶，他已成功帮助8家贫困户实现了脱贫，为脱贫攻坚贡献了重要力量。

（3）特色旅游。瓮安结合本土实际，着力打造以“猴场会议会址”为代表的红色旅游景区和“草塘十二塘”为核心的千年古邑旅游景区以及江界河风景名胜区、“乌江天险”巨型摩崖石刻等一大批旅特色游资源，其中已完成投资28.5亿元建成的以猴场会议会址、草塘大戏楼、黔山进士楼、旗山书院、土司署衙等为主的核心景区2013年被列为贵州省100个重点建设旅游景区。成功推出建中茶旅小镇、岚关嘉岚茶谷等农旅一体化基地等乡村旅游示范点12处，带动贫困户就业3200余人。

### （八）打造特色文化品牌，构筑精神高地

#### 1. 瓮水长歌

2012年，瓮安立足猴场镇千年古邑深厚的文化底蕴，打造出集瓮安历史文化、民风民俗、山水名胜为一体的“瓮水长歌”系列文化品牌，宣传瓮安悠久丰厚的历史文化，提振瓮安干部群众的文化自豪感与自信心。特别是以“瓮水长歌乡村行”为抓手，送文化下乡，每年在全县各乡镇巡回演出150多场。群众通过观看表演，更好地了解和掌握党的方针政策，转变思想观念，政治觉悟明显提高，文明素养显著提升，农村社会风气得到净化，全县精神文化建设发生了五大转变：激发了群众参与文化建设的热情，促进了民族民间文化繁荣；拓展了农村演艺市场；探索文化体制改革的途径，实现由单方面向农村“送文化”朝全方位在农村“种文化”的转变，催生了文化自觉；创新了群众教育方式；开创了农村精神文明建设新局面。

#### 2. 瓮安经验

瓮安从大乱到大治、从民心失落到民心重聚，以民生为本强力推进改

革，社会治理取得显著成效，形成了“瓮安经验”。中央党校、各省委党校将“瓮安经验”搬上课堂，使讲课的内容不只是“6·28事件”，还有瓮安的新变化、新形象、新作为，讲瓮安如何从反面教材变成先进典型。同时瓮安还利用被烧过的县委、县政府和公安局旧址，建立“瓮安事件”警示教育基地，通过旧址和图片等对“瓮安事件”进行深入客观的剖析总结，全面介绍瓮安在事件发生后着力开展工作的举措和过程，充分展示瓮安经济社会发展的新面貌。基地建成后，随即成为黔南州党的群众路线教育实践活动教育基地和黔南州作风教育基地，贵州省委班子成员及省内各地、州、县领导班子成员纷纷到瓮安学习。警示教育基地也成为全国各地深入了解“瓮安经验”的窗口。“瓮安经验”让瓮安的广大干部群众能抬起头、硬起腰杆对外坦率地讲瓮安的过去，自信满满地讲瓮安的现在和未来。

## 四、瓮安社会治理取得的重要成效

瓮安在“6·28事件”之后，以“舍我其谁”的改革创新精神深入推进社会治理，经过十年的不断探索实践，取得了重要成就，积累了丰富经验，实现了经济社会大繁荣、大发展的新局面。先后获得了“全国平安建设先进县”“全国法治县创建活动先进单位”“全国先进文化县”“国家卫生县城”“全国造林绿化百佳县”等荣誉称号。瓮安社会治理重要成效的取得，靠的是党中央的坚强领导，离不开贵州省委和黔南州委的大力支持和有力组织，但说到底，瓮安的社会治理是依靠瓮安的广大干部特别是人民群众，同心同德，同甘共苦，努力奋斗的结果。在瓮安的社会治理中，我们不仅看到了瓮安改革攻坚的强大韧劲和扎实有效的工作举措，而且还深深地感受到瓮安各级党组织、各级党政干部和53万瓮安人昂扬向上的精神风貌和强大自信的精神力量。瓮安百姓在十年巨变切身感受中所催生的，发自内心的满意就是对瓮安社会治理成效的最大肯定。总结起来，瓮安社会治理取得的重要成效有如下几个方面。

### （一）基础扎牢，党在基层的组织阵地进一步夯实

在乡村治理中，选好配强乡、村领导班子，精挑细选驻村“第一书记”和包村“第一书记”，增强了基层党组织的凝聚力和向心力，调动了党员的积极性，充分发挥了党员干部和基层组织的战斗堡垒作用。根据课题组问卷调查显示，超过九成干部认为，当前各级党组织在瓮安经济社会发展中有力地发挥了引领示范作用。目前，瓮安的村（居）干部中不仅有县乡机关党员干部、改任非领导职务党员干部、退休党员干部，还有符合条件的农村党员致富带头人、外出务工经商、企业经营管理人员、复转军人、大学生村官党员。以前“在村中选人”的旧模式被打破，选人用人渠道扩宽，驻村“第一书记”和包村“第一书记”中熟悉水利、农业等的专业人才很多。村支部的建设得到了全面强化，也充实和改善了乡镇政权功能。

“双向组织生活会”为基层党组织搭建了交流沟通特别是提升建设的重要平台。通过一起过组织生活的形式，让城镇和机关的党支部听到了乡村党支部的声音，了解到乡村党支部在组织发展、民生发展等方面最急迫的需求，针对性地为乡村提供精准的支持和帮助；乡村党支部也熟悉了相关政策，及时获得最新的信息资讯和有关资源，解决发展中的紧迫问题。“双向组织生活会”创始党组织之一的新场村支部和县财政局的一个党支部结成对子，学习到很多有关财政方面的法规政策。猴场镇派出所支部与草塘社区支部通过“双向组织生活”，派出所支部传授了社会矛盾调处的方式方法及自我保护技巧，同时还为社区引进了两位警务助理。

### （二）干群和谐，党和政府威信提高

通过对干部队伍的严格管理和作风建设的持续深入，瓮安的党群干群关系发生了根本性扭转。“6·28 事件”前，瓮安群众对干部作风的满意率仅为 27.6%，在瓮安县委组织开展作风教育整顿后，满意率上升到 85.6%。在 2011 年的“作风建设年”活动中，国家统计局瓮安调查队两次抽样调查，群众对干部作风满意率分别为 93.46% 和 94.63%。从课题组收回的有效调查

问卷显示，目前95.6%的普通群众对瓮安基层党委和政府的工作表示满意；84.62%的群众认为目前瓮安的干群关系很好，对干部具有信任感；90.36%的干部认为得到了群众的信任。在满分为10分的满意度测评中，按8分（含）以上为非常满意的标准，93.41%的群众对瓮安政府工作效率表示满意，90.11%的群众认为干部的工作责任心强，92.31%认可瓮安政府对紧急情况的处理能力，91.22%的群众对干部的工作态度表示满意。

调研组赴猴场镇进行调研的当天，看到不少群众把种植的太子参拉到镇政府大楼前的广场上晾晒，问群众才得知原来是镇政府让他们拉来晒的，老百姓说“政府的干部跟我们说了，只要有东西要晒，尽管拉过来就是。这个大广场，晒东西硬是安逸哟!”。猴场镇马场坪村81岁的宋远碧老人是孤寡老人，她将自己的存折放在驻村第一书记邱兴吉那里，等需要用钱时就直接打电话请邱兴吉帮忙取出。她说：“你们驻村干部我都熟悉，我相信他们。”今年端午节，猴场镇大金星村村民送给驻村干部胡颖颖几个粽子表示感谢，后来这个事被当地参加“瓮水长歌乡村行”的歌舞队员65岁的邹应兰老人编成了顺口溜传唱：“群众送来粽子粑，干群连心是一家；脱贫工作做到位，百姓齐声把党夸。”

从严治警之后，警民关系也发生了翻天覆地的变化。调研组的调查问卷数据显示，92.31%的群众对流动车管所、流动户政厅、流动警务室等政务警务下乡的服务表示非常满意。近几年逢年过节，群众还杀猪去慰问公安干警。据2012年2月10日《法制日报》载文《瓮安群众自编山歌向民警拜年》说：2月6日农历正月十五，瓮安县玉华乡上百名群众聚集到玉华派出所门口，敲锣打鼓，用自编的歌谣向派出所民警拜年，“每天晚上搞巡逻，村民得太平；社会治安管得好，人民得安乐；工作人员齐努力，为民立功劳；样样问题处理好，村民笑呵呵……”。公安干警在处置警情的时候，群众还会主动站出来帮说话。2015年8月，瓮安县城农贸市场发生火灾，警察到现场维持秩序要求一部分小摊贩把摊子撤开好让消防员通过，有几个商贩不愿意搬还为难警察，站在旁边的群众纷纷严厉批评他们，随后几个商贩自觉惭愧地把摊子赶快搬走了。“干部把群众往上抬，党的威信自然来”，在调研中听到的这句话，深刻地诠释了和谐干群关系下党组织的强大感染力和号召力。

### （三）治安转好，群众安全感大幅提升

“玉山帮”等黑恶势力被扫除之后，瓮安对危害群众利益的违法犯罪活动始终保持长期高压态势，通过打、防、惩、教多策并举，当地社会治安明显好转并持续稳定。瓮安县逐步探索形成的以综合经济发展、基层建设、社会综合管理、福利体系构建、生态保护“五位一体”新机制，整合党委、政府、群团组织、社会团体、志愿者队伍“五种力量”，满足群众在不断追求美好幸福生活过程中生理、物质、精神上的“三个需求”，贯彻做好群众工作“一条红线”的“5531”社会治理模式得到党的群众路线教育实践活动中央第四巡回督导组和贵州省委的充分肯定，并在贵州全省推广。

调研组的调查问卷显示，瓮安的干部和群众都把“社会治安变好”排在当地“过去十年十大变化”的首位，95.57% 的领导干部认为瓮安社会治安和风气有较大程度好转。2017 年全县累计 111 天刑事零发案、363 天“两抢”零发案，为贵州全省最低；人民群众安全感满意度测评分别为 99.26 分、99.36 分，持续位居贵州全省第一方阵。现在的瓮安，晚上县城街头人潮如织，直到凌晨 2 点都可以看到忙得热火朝天的夜市摊和灯火通明的商铺，站在街头问“现在晚上出来安全不啊?”，穿着时髦的靓女对问这个问题表示惊讶之余指着附近的治安岗亭说“安全啊，现在怕哪样哦，到处都是巡逻的警察。”接受调研组访谈的出租车师傅提到，当年因为治安差，黑社会横行，他只能举家外出打工；现在瓮安的治安和社会风气变好了，他和两个儿子都从外地回来了，他自己开出租车，再也没有遇到过以前那种横行勒索的情况。

2009 年至今，瓮安全县未发生一起严重影响社会稳定的群体性事件、治安刑事重大案件。瓮安县公安局先后被评为“全国优秀公安局”“全国公安机关执法示范单位”，连续两届被评为“全省优秀公安局”，户籍制度和窗口服务新模式荣获“全国公安机关改革创新大赛优秀奖”，2017 年瓮安县公

安局经侦大队被公安部评为“全国优秀公安基层单位”。瓮安县人民检察院被最高人民检察院授予“全国先进基层检察院”。接受调研组访谈的个体户肖福涛是星元国际小区业委会主任，经营超市多年，也是位铁杆球迷，他以今年在俄罗斯举办的世界杯为例，他说：“今年世界杯比赛期间，特别是7月15日决赛那天晚上，整个瓮安街头都非常平静，球赛结束了，在西门夜市喝酒撸串看球的人群嘻嘻哈哈就各自散去了，前几届世界杯期间，西门夜市那里可是打架斗殴的主战场，现在社会治安好了，大家的素质也提高了，没得人愿意闹事起纠纷了。”

良好的治安环境为人民群众安居乐业创造了良好的社会环境，也为瓮安的招商引资带去了更多的机会。接受调研组访谈的瓮安农村工作局副处级干部袁愈辉现在是玉山镇深溪村驻村第一书记，在瓮安工作了30多年，他说，“6·28事件”之前他参与出去招商引资，招个上千万的企业都非常难，要跑前跑后搞好各种服务，但都难留得住，2006年底2007年初，好不容易从广西河池引进一家企业，来了不到一年就走了，说瓮安的治安太差，讹人的地方太多了；现在好了，投资者主动找上来，太多了，投资不到1个亿的还进不了工业园区。

### （四）民生改善，群众更具获得感和幸福感

瓮安在2018年的政府工作报告中明确提到“发展最终要落脚到满足人民日益增长的美好生活需要上，坚持促发展与惠民生相结合，增强群众获得感、幸福感、安全感”。课题组问卷调查显示，96.7%的群众对现在的生活状况表示满意和比较满意。纵观五年来瓮安在改善民生方面的做法，也确实印证了这一说法。近五年累计投入民生资金78.94亿元，年均增长15.51%，采取财政、融资、贷款等方式多渠道筹措资金，保障教育、医疗等方面的投入，仅教育基础设施建设县级财政近五年投入达20多亿元。县城区增加校舍面积17.4万平方米，增加学位13500个，新（迁、改、扩）建中小学及幼儿园共96所，实现农村寄宿制学校和村级幼儿园全覆盖，高中三年毛入学率

达到91.3%。在访谈中，一些40岁左右的群众对瓮安教育现状的观感是："现在的娃儿些读书幸福得很哟，学校建得漂漂亮亮的，大栋大栋的房子修来做教室，比我们读书的时候要好得不是一两个档次，现在娃儿些安逸得很。"

2017年，瓮安城镇新增就业6174人，转移农村剩余劳动力9063人，城镇登记失业率3.1%，为历年来最低。在黔南州率先实现城乡（镇）100%通公交车。义务教育均衡发展通过国家验收，高考二本以上上线总数连续七年居黔南州第一。建成9所乡镇卫生院中医馆，实现全县医疗服务体系"五个全面建成"目标，县医院被国家卫计委授予"保障医疗安全示范医院"。13个乡镇（街道）、98个村（社区）农民体育健身工程全部建成。8月27日，瓮安县作为全国群众体育先进单位代表在天津受到了习近平总书记亲切接见，并荣获国家体育总局表彰。

### （五）经济更强，社会实现繁荣大发展

2008～2017年的10年间，瓮安经济建设实现了"大跨越，大提速"。2017年完成地区生产总值129.9亿元，是2008年26.95亿元的4.82倍；城镇、农村居民人均可支配收入分别为28899元、10109元，分别是2008年8950元、3015元的3.23倍、3.35倍。2017年瓮安县全面小康实现程度达98.8%。调

图1　2008～2017年瓮安县内生产总值

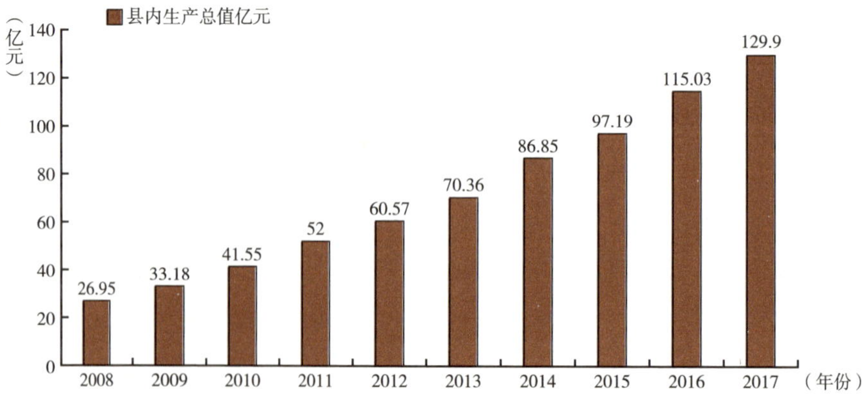

研组的调查问卷数据显示，收入增加和农村扶贫分列群众认为的“过去十年瓮安最大变化”的第二和第四位。

2017 年，瓮安完成地区生产总值 129.9 亿元，增长 13%；固定资产投资 152.19 亿元，增长 21.9%；财政总收入 23.14 亿元，增长 8.38%，一般公共预算收入 13.6 亿元，增长 12.53%；规模工业增加值增速 12.4%；社会消费品零售总额 24.15 亿元，增长 12.7%；城镇、农村居民人均可支配收入分别增长 9.7%、10.4%。经济发展质量和效益明显提高，全县经济社会发展取得显著成绩。

图 2　2008～2017 年瓮安县城镇、农村可支配收入

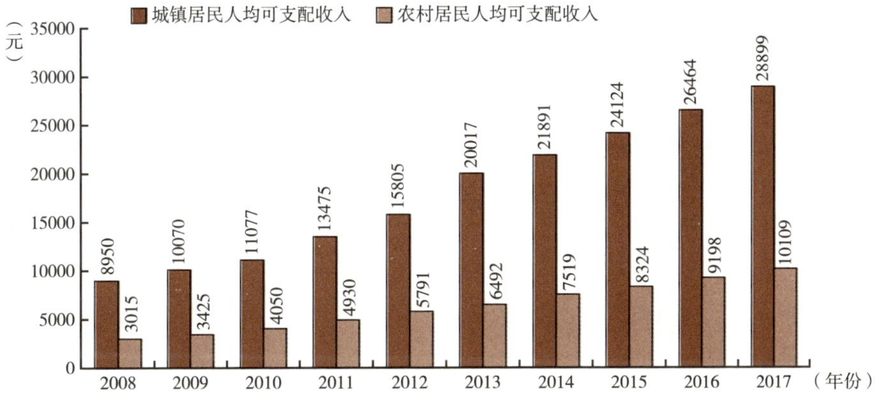


## （六）素质提升，干部群众更自信

瓮安在物质文明取得重要成效的同时，因地制宜不断构筑新的精神文明高地，彻底改观了“6·28 事件”之后一段时间内干部群众的低迷状态，重新提振了瓮安人敢闯敢拼的精气神。退休干部米邵海说：“以前我是政策的执行者，后来我是参与者和获益者，我自豪我是瓮安人，金杯银杯不如老百姓的口碑，金奖银奖不如老百姓的夸奖。”精神文明的构建和提升，加快了人文环境的培育，群众的素质得到普遍提高。出租司机孙师傅说：“以前拉人几句话不和，经常出现乘客和司机骂架的现象，现在这种情况不但没有了，大家都会主动说礼貌用语。”文峰社区民生监督员秦德仙在访谈中说：

“现在大家生活上过得好了，都比较讲究了，讲究吃讲究穿，还讲客气，我们老太太上街过马路，开车师傅都主动停下来让我们走，这换到以前，喇叭早就按得非响，吓人得很。”在精神文明建设上，瓮安乡村“道德讲堂”和“新时代农民（市民）讲习所”以及村民小组会、院坝会充分发挥了作用，实现了家庭和睦、邻里和谐、干群融洽。

## 五、体会与思考

郡县治，则天下安。通过在瓮安的调研，特别是从瓮安社会治理的个体成功看全国社会治理的整体成效，从基层稳定看国家的发展，从社会治理的重视程度看党对人民群众的庄严承诺，让我们对以习近平同志为核心的党中央反复强调“提高保障和改善民生水平，加强和创新社会治理”所具有的政治意义和社会意义有了更加深刻的认识和体会。党的十九大报告指出：“带领人民创造美好生活，是我们党始终不渝的奋斗目标；不断促进社会公平正义，形成有效的社会治理、良好的社会秩序，使人民的获得感、幸福感、安全感更加充实、更有保障、更可持续。”在不断的改革和攻坚克难中，加强和创新社会治理，是习近平新时代中国特色社会主义思想的必然要求和生动实践，是我们党保持宗旨、不忘初心、永远与人民群众血肉相连、荣辱与共的鲜明体现，对我们党带领全国人民同步奔小康，实现中华民族伟大复兴的中国梦具有重大现实意义和深远的历史意义。

体会之一：经济发展和民生保障必须同步推进，改革过程必须认真落实好“创新、协调、绿色、开放、共享”五大发展理念。这是以习近平总书记为核心的党中央对改革开放 40 年来关于发展问题的经验总结与理论提升，集中反映了我们党对中国经济社会发展规律的认识和把握。瓮安从 1978 年改革开放到 2008 年发生“瓮安事件”的 30 年中，经济发展的成效不容忽视，特别是从 1998 年到 2008 年的 10 年间，瓮安从基本工资都发不起甚至最困难时党政机关工作人员工资只能拿香烟来抵的境况到 2008 年时全县 GDP 翻了近一番，财政总收入增长近 3 倍，在解决了基本工资的基础上还补发了欠干部职工的书报费、交通费、洗理费等“三费”以及岗位津贴 1 亿多元。但是在 2008 年以前的改革发展过多强调了经济增长和财政增收，没有完全注重民生保障，欠下了过多的民生之债，从瓮安得出的一条重要教训就是：必须始终把人民群众的利益摆在至高无上的地位，让改革发展成果更多更公平地惠及全体人民，特别是基层普通群众。

体会之二：加强党的基层组织建设是推进基层社会治理取得重要成效的关键法宝。党的基层组织是党在社会基层中的战斗堡垒，是党的领导延伸到基层的重要载体。社会治理必须紧抓基层党组织的建设，突出基层党组织和党员的先锋作用。习近平总书记指出，“社会治理的重心必须落实到城乡、社区”。基层党组织作为与人民群众联系最紧密的组织，是落实党的各项惠民政策的重要力量。基层党组织在工作中身处一线，直面问题和矛盾，能抓住问题产生的根源，能够解决发展中的问题，有效破解政策的一致性和落实执行衔接的问题，改善党群干群关系，补足上级组织和自治组织工作的短板。从瓮安社会治理得出的一个重要经验就是：基层是一切工作的落脚点，推动基层社会治理，就必须完善和强化基层党组织，尽可能把资源、服务、管理放到基层，使基层有职有权有物，更好地为群众提供精准有效的服务和管理。

体会之三：党的作风建设是确保党的干部永葆生机活力和政治本色的重要手段，要常抓不懈，永远在路上。党的作风就是党的形象，关系人心向背，关系党的生死存亡。作风建设的核心问题是保持党同人民群众的血肉联系。调研中，当地群众感受最深刻的就是党员干部的作风转变，当地干部体会最深刻的也是狠抓作风建设之后，干群关系的无比融洽。党的十八大以来，以习近平同志为核心的党中央把加强党的作风建设作为全面从严治党的重要举措之一，锲而不舍落实中央八项规定精神，持之以恒正风肃纪，坚决反对形式主义、官僚主义、享乐主义和奢靡之风，取得了有目共睹的重大成就，凝聚了党心，赢得了民心。党风带动民风，干部作风也影响群众行为。瓮安社会治理取得的重要成效深刻说明：抓好党的作风建设，特别是基层党员干部工作与生活作风的转变，是搞好党群干群关系的基础，也是赢得群众信任和拥护的关键。

体会之四：精准扶贫是有效改善民生，推动社会治理取得重大成就的内生动力。让贫困人口和贫困地区同全国一道进入全面小康社会是我们党的庄严承诺。以习近平同志为核心的党中央发起的脱贫攻坚战是坚持以人民为中心的发展思想的生动实践，是关注和改善民生最直接最有效的重大举措，也是强化社会治理的最有效方式。瓮安在2016年以来统筹整合财政涉农资金2.86亿元，极大地解决了贫困乡镇、村的交通、水利、生产等基础设施落后、贫困人口产业资金投入不足等问题。2014年以来累计减少贫困人口14768户58161人，现剩余贫困人口2018户5064人，贫困发生率降至1.22%。瓮安社会治理能取得成功，充分地验证：只有在消除贫困的基础上，让发展成果惠及全体人民，让贫困人口摆脱穷日子、紧日子，才能推动保障和改善民生，补齐民生短板，也才能够在社会治理上真正取得成效。

体会之五：社会治理要体现党的群众路线要求，一切为了群众，一切依靠群众。群众路线是我们党的生命线和根本工作路线，这一传统必须融入经济社会发展和社会治理的全过程，要在发展和治理过程中，做到群众关心什么、期盼什么，就抓住什么、推进什么，通过改革发展和精准治理给人民群众带来更多实惠。在治理中更要虚心向人民学习，倾听人民呼声，汲取人民智慧，把人民拥护不拥护，赞成不赞成、高兴不高兴、答应不答应作为衡量社会治理工作得失的根本标准。瓮安社会治理的成效，得出的重要结论就是：紧紧抓住人民大众最关心最直接最现实的利益问题，聚焦一线群众关心的事，解决普通百姓想解决的事，既是社会治理的群众路线观，更是社会治理的基本实践要求。

党的十九大报告指出，保障和改善民生要抓住人民最关心最直接最现实的利益问题，既尽力而为，又量力而行。坚持人人尽责、人人享有，坚守底线、突出重点、完善制度、引导预期，不断满足人民日益增长的美好生活需要。目前，瓮安的社会治理实实在在地取得了良好的成效，在此基础上要深入探讨治理效果的长期性和可持续性，针对瓮安近十年间社会治理的举措、成效和可能遇到的问题，有几个方面值得思考。

思考之一：基层党组织党员老龄化现象、党员人档分离现象如何破解。在调研中，调研组发现，目前瓮安的村（居）基层党组织中党员老龄化现象严重，有的村级党支部中超过半数，甚至三分之二是50岁以上的党员。另外，调研组还发现，目前基层党组织的人档分离情况比较突出，很多外出务工的党员与党组织失去联系，无法参加组织生活，也有一部分毕业生在没有找到新的党组织之前，都把党组织关系挂靠在家庭所在的村（居）基层党组织，也不经常参加组织生活。以上这些现象，与新形势下的人员流动加大，农村、小城市等出现人口净流出的情况有关。针对以上现象，如何探索利用瓮安当地网格化的工作模式和脱贫攻坚的契机，吸引在外的中青年回乡就业和生活，从而发展和吸收新的积极力量加入党组织，继续巩固和发展基层党组织，是需要进一步思考和亟待破解的问题。

思考之二：网格化的工作模式如何在将来的工作中继续发挥作用。瓮安当地的网格化工作模式在脱贫攻坚和社会治理过程中发挥了巨大的作用。但是，这种工作模式是建立在将大量县、镇干部下沉到基层网格开展精准扶贫工作的前提下，虽然取得了很突出的成果，但无论是留守干部还是下沉干部都承受了相当大的工作和生活压力。在脱贫攻坚取得阶段性胜利之后，如何继续进行值得思考和探索。玉山镇新庄村驻村干部李建提到，他在工作中经常会遇到群众问“能在村子里待多久?”目前，瓮安已经开始积极探索改进网格化的运作模式，尝试进行驻村干部轮流制，这种新的工作模式的运作效果如何，还需要进一步的观察和考验。

思考之三：如何教育引导群众的认识，提升群众思想水平和精神文明程度。经过近十年的严格管理和培养，瓮安的干部在专业素质、法律意识、公仆心态等方面都得到了很大的提升。但是，在开展脱贫攻坚、纠纷调处等社会治理的工作过程中，群众的思想认识问题仍是很多工作难以有效推动的主要症结，例如，脱贫工作中，不愿脱、不勤劳、不理解、不会干等“四不”

现象和争当“贫困户”的现象仍时有发生。不光是瓮安干部在工作中遇到，当地群众也能感觉到。玉华社区群众李水洋就提到，农村法制教育还需要加强，他在矿山打工的时候经常有群众到矿山闹事，有理无理都要闹。对于诸如此类的问题，应该如何解决，需要更多的智慧。

思考之四：失地农民城镇化之后的有效保障。针对失地农民的养老保险问题，目前瓮安当地推行的是被征地农民参加城镇职工基本养老保险。此办法是根据贵州省 2011 年《关于进一步做好被征地农民就业和社会保障工作的意见》开展实施的。但是，根据贵州省人社厅2018年7号的最新文件精神，此项工作将被叫停。在下一步的工作中，亟待出台新政策和新举措解决新的失地农民在城镇化之后的有效的社会保障问题，以避免潜在的信访和社会矛盾产生。

改革开放与中国县域发展

GAIGEKAIFANG

# 云南腾冲

YUNNAN TENGCHONG

# 内陆“极边”县市如何以大开放促大发展

中国社会科学院世界经济与政治研究所

## 导言

改革开放 40 年来，我国的对外开放大体呈现由沿海向内地再向内陆沿边地区梯次推进的态势。与沿海地区相比，内陆沿边地区特别是西南沿边地区由于地处边关，经济建设投入长期不足，经济文化相对落后；封闭的时间较长，干部群众的思想观念相对保守；相邻的国家或地区经济发展水平低，双方经济合作的水平和层次难以提高，因而对外开放的基础差、困难多、挑战大。云南省保山市下属的腾冲市（原为腾冲县，2015 年 8 月 4 日撤县设市，由云南省直辖，保山市代管）位于云南省西部，市区距省会昆明 600 多公里，境内多崇山峻岭，身为横断山脉组成部分的高黎贡山横贯其中，山区、半山区面积占到 84%，道路既险且长，交通极为不便，古时有石头城，被称为“极边”之城。腾冲市政府所在地历来为边关重镇，直到 20 世纪 80 年代中期，沿海地区的开放正在如火如荼地进行，而当地仍是重兵驻扎之地，从昆明至腾冲县城需经过三道关卡，封闭程度之高无出其右。腾冲相邻缅甸地区经济发展落后，政局动荡不居，与之开展经济合作的条件差、风险高。可以说，要实施开放战略，通过大开放实现大发展，腾冲在内陆沿边县市中基础之差、困难之多、挑战之大都相当突出。在这种极为不利的情况下，腾冲认真贯彻中央对外开放方针，积极发扬敢闯敢干精神，努力挖掘和发挥自身相对优势，以大开放促进大发展。特别是党的“十八大”以来，腾冲深入贯彻中央关于进一步扩大对外开放的决策和云南省委省政府的有关部署，紧紧抓住“一带一路”及孟中印缅经济走廊建设带来的机遇，着力推动对外开放的转型升级，取得了巨大的成绩。经过40年的大开放促进大发展，腾冲全市经济社会面貌发生了翻天覆地的变化，从一个落后封闭的边疆小县蜕变成为全国知名的对外开放口岸城市，成为内陆沿边县市链条上一颗璀璨的明珠。

## 一、对外开放从历史的深处走来

腾冲自古以来就是中国通向南亚国家的交通咽喉和对外开放的重要门户，是“西南陆上丝绸之路”的重要节点和中转站。早在2400多年前，中国先民开辟的南方丝绸之路（蜀身毒道）经腾冲进入缅甸抵达印度、阿富汗等南亚国家。在漫长的历史岁月中，勇敢的商民在这条道上向这些地方输出丝织、金银首饰工艺品、农副产品，同时向国内输入珍禽异兽、山货药材、珠宝玉石。依托这条古道，腾冲得以较早地开发和开放，一度商贾云集、贸易兴盛、经济繁荣，被徐霞客誉为“极边第一城”。

尤其是到19世纪中后期和20世纪早期，通过腾冲口岸的贸易总额一度超过当时全国唯一正式开放的通商口岸广州，被称为“小上海”、“小香港”。1899年，英国在腾冲设立领事馆。1902年，清政府设立腾越海关[①]。1920～1929年，腾冲进出口额占云南外贸总额的30.5%。1930～1939年，腾冲年均进出口关平银达500多万两。这一时期，腾冲涌现出了洪盛祥、春延记、永茂和、茂恒等10多个跨国商号。当时，腾冲在外贸上的区位优势

① 中国人民政治协商会议云南省腾冲市委员会、《腾冲历史上的海关》编纂委员会：《腾冲历史上的海关》，云南民族出版社，2018年版，第84～111页。

受到全球瞩目。国内外商人纷纷以腾冲为据点，开展进出口贸易。

历史上长期的开发开放，使这里形成了独特的商业文化和有利于对外开放的文明。从明朝开国皇帝朱元璋推行“屯卫制度”，明军入驻滇西地区开始，腾冲就是云南唯一以汉文化为主且始终处于主导地位的地方。同时，腾冲也是马帮文化比较发达的地方。未通公路以前，南方丝绸之路主要是靠山地之舟——马帮。这是一条艰辛的道路，一种艰苦的事业，但由此也就孕育了边地民族重信誉和信用的马帮文化。汉文化与马帮文化、边地少数民族文化、异域文化相互融合，形成了以和谐、和顺为核心内涵和以开放、包容为基本特征的地域文化。

近代以来，对外商贸又为腾越大地输入了西方外来文化因子，腾越文化因此添加上了现代商业文明。美国作家埃德加·斯诺在《马帮旅行》中记载了两件极有意思的见闻：一是，一位年轻的中国女子骑马走过城门，向他行西方见面礼节（微笑、俯头、鞠躬、致意）；二是，干崖土司用英语与他交流，并就英美差别发表议论[①]。这一记载反映了腾冲人对现代文明所持的开放态度和腾冲地方风气开化的程度。

腾冲自古有“走夷方”的传统。明朝政府推行海外开禁政策后，腾冲出国形成高潮。1903 年曼德勒至腊戌的铁路开通后，腾冲人走出去的脚步更是遍布了伊洛瓦底江沿岸[②]。贸易口岸开放后，腾冲人求知求学的足迹甚至延伸至海外。清末民初，仅腾冲和顺镇留学日本的就达十余人。这一时期涌现了一大批具有留学背景的知名人士，如“天南一支笔”李日垓，大众哲学家艾思奇，近代名士、中国国民党元老李根源等。腾冲在南亚、东南亚国家有着良好的人脉基础。腾冲移居海外的华侨华人有 35 万人，其中 90% 居住在缅甸和泰国，这使腾冲在南亚、东南亚国家拥有丰富的社会资源和人脉网络。

① 张志芳:《西人腾越记》，云南人民出版社，2008 年版，第 29～40 页。

② 中共腾冲市委宣传部、腾冲市社会科学界联合会:《腾冲史话》，云南人民出版社，2017 年版，第 60～65 页。

历史上，腾冲是边远偏僻的，但不是封闭落后的；是注重文化传承的，但不是保守僵化的；是淳朴厚实的，但同时也是敢开风气、敢为人先的。腾冲人的血管里流淌的是开明开放的血液，只要一有机会，就会走出国门、走向世界，开创一片新的天地。

## 二、40年对外开放的历史回眸

1978年，中央做出实行改革开放的重大决策，由此拉开了全国对外开放的大幕。但因为是边关重镇，直到20世纪80年代中期，腾冲仍属于哨卡林立、春风难度的僻静之地。其后，腾冲与内地之间的关卡逐步撤除，对外开放才有了实质性进展。尽管起步较晚，但开放的大门一旦打开，腾冲人民就在改革开放的大道上一路迅跑，很快跻身到内陆沿边开放县市的前列。回顾腾冲对外开放的全过程，大体可划分为三个历史阶段。

### （一）1981~1991年：恢复和起步阶段

这一阶段主要是以对缅甸的初级商品贸易为主，其中还有相当份额的易货贸易，经历了从放开边民互市点、开展边境小额贸易到成立商贸企业深入缅甸腹地开展商贸活动的过程。1981年，国家批准恢复边境贸易，腾冲立即成立了首家边贸企业——群益商行，开展中缅边境小额贸易业务，成为腾冲重启对外开放的重要标志。1985年，胡耀邦总书记到腾冲视察，下令撤除昆明到腾冲的3道关卡——澜沧江、怒江和腾冲境内关卡[①]，腾冲对内、对外经贸通道恢复畅通。这一年，腾冲新成立了大兴、珠宝、腾越等商行，随之边境贸易迅速扩大。1991年，应缅甸克钦邦政府邀请，腾冲县组织了31辆重卡和5辆小车输送110吨水泥、40多吨电气器材至缅甸，换回了腾冲

① 腾冲县委书记段时中：《向党中央总书记胡耀邦同志汇报提纲》，1985年2月16日，腾冲市档案局（馆）内部资料。

需要的柚木、玉石、牛皮等[①]。这在当时已经是比较大额的商品贸易了。

为了顺应对外贸易迅速发展的形势，腾冲县委提出了“以农业为基础，以工业为依托，以边贸为先导，依靠科技进步，立足本地资源，面向两个市场，实行两个转口，大力发展乡镇企业，搞好横向经济联合，走贸工农结合、种养加产供销一条龙的路子”的经济发展战略[②]。在坚持自负盈亏的前提下，政府用活政策激发边贸活力：一是扩大边境贸易商品范围，推行关税优待。二是指定专门银行进行外币兑换，为外商提供方便。三是出台奖励政策调动边贸职工的积极性。四是举办边贸展销会，展销各种地方工业产品。这些举措极大地促进了对外贸易发展。以边贸展销会为例，1991 年，腾冲首届边贸展销会到会国内外客商 550 人，其中缅甸和中国的港、澳、台商 129 人，现货成交 458 万元，期货成交 1800 万元，使对外贸易一下子跃上了新的台阶[③]。

随着商贸活动的积极开展，腾冲与外方的人员往来也越来越活跃。在官方层面，从 1991 年元月初开始，先后有缅甸的密支那、南坎县政府代表团、南坎县华侨到腾冲参观访问。1991 年 11 月，应克钦邦政府的邀请，腾冲县经济代表团一行 14 人出访密支那。双方就共同关心的修路、通车、贸易等问题签订了备忘录，为促进两地经济繁荣与发展迈出了重要一步。在民间层面，以侨务、对台工作为枢纽，带动对外人员往来。1991 年，腾冲接待侨胞、华侨团回乡观光探亲260人次，台胞107人次[④]。人员的交流交往反过来又促进了双方经济的往来。

---

① 中共腾冲县委副书记、县长许洪森：《充分发挥区位优势 大力发展边境贸易》，1992 年 4 月，腾冲市档案局（馆）内部资料。

② 中共腾冲市委党史地方志工作委员会：《中共腾冲县委、腾冲县人民政府工作报告汇编（1978～2015）》，云南人民出版社，2016 年版，第 35～49 页。

③ 中共腾冲县委副书记、县长许洪森：《充分发挥区位优势 大力发展边境贸易》，1992 年 4 月，腾冲市档案局（馆）内部资料。

④ 中共腾冲市委党史地方志工作委员会：《中共腾冲县委、腾冲县人民政府工作报告汇编（1978～2015）》，云南人民出版社，2016 年版，第 420 页。

根据外贸表现，腾冲对外开放经过起步恢复阶段的能量积蓄期后得到了快速发展。1987～1992年，腾冲年平均进出口增速为93.6%，远高出全国23.7%的平均水平，外贸依存度（进出口总额占国内生产总值的比重）增速明显快于全国整体开放的步伐。1992年，腾冲实现进出口总额1.85亿元，是1981年的545倍。

图1 腾冲对外贸易表现与全国情况对比

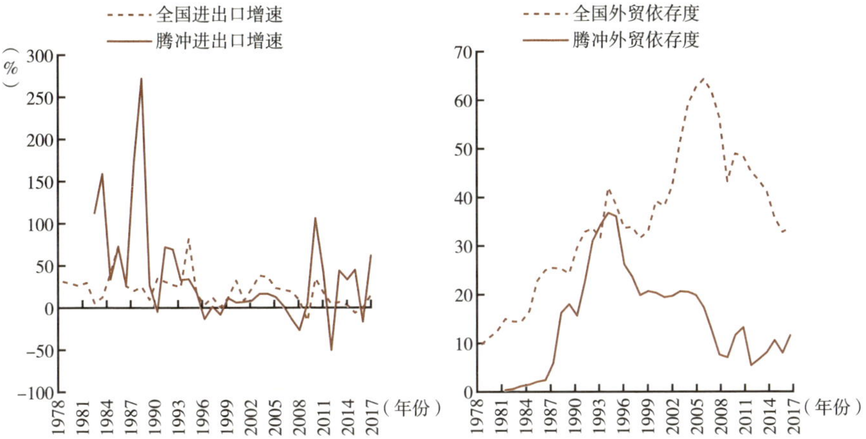


注：进出口和GDP数据来源于国家统计局和云南省腾冲市统计局。

总体上看，腾冲这一时期的对外开放范围有限、层次不高、规模也不够大，还处于初级阶段。即便如此，对外开放通道的恢复对腾冲经济发展的带动作用仍然是巨大的。一方面，边境贸易带来的海关和工商税收充实了地方财政。以玉石进口为例，1985年进口额83万元，直接带动税收35万元，其中海关税收20%，工商税10.4%，手续费7%，交易税7%。另一方面，对外开放带动了全县整体经济实力的提高[①]。1978年腾冲人均GDP仅为265元，到1992年则已突破千元大关，达1037元。

① 腾冲县委书记段时中：《向党中央总书记胡耀邦同志汇报提纲》，1985年2月16日，腾冲市档案局（馆）内部资料。

### （二）1992～2012年：快速发展阶段

1992年邓小平视察南方并发表重要谈话，激起了各地加快改革开放的浪潮。腾冲县委以邓小平“南方谈话”为指引，提出要“进一步解放思想，转变作风，加快改革开放步伐，为使腾冲经济更好更快地上一个新台阶而努力奋斗”[①]。随后，腾冲县委县政府组织干部学习中央和省里有关改革开放的文件精神，由县委县政府主要领导带队到沿海地区学习考察，以此转变观念，解放思想，坚定改革开放的决心和信心。从此，腾冲的对外开放列车驶入了快速道。

第一，贸易主体日益多元，产品结构不断升级，体量快速攀升。

这一时期腾冲贸易的大发展首先得益于经济体制改革的成功推进。一方面，农村经济体制改革后，农村富余劳动力开始向第二、第三产业转移，大量农民进城开店设坊，兴办服务业，部分则从事工商、贩运、建筑、服务等行业，个体私营迅猛发展。另一方面，城镇经济体制改革，如企业用工制度、分配制度和财政、税收、金融体制及社会保障制度改革扎实推进，也极大地促进了企业发展。与之相伴随，对外贸易的主体和产品结构也发生了明显转变——从单纯的边境贸易发展成为集边境贸易、边民互市、一般贸易、境外经济技术合作和工程承包于一体的全面发展的格局。进口商品从单一的玉石、木材逐步发展到矿产品、锯材、水果、农产品等多种商品，出口商品由纺织品、日用百货逐步向建材、机械设备、电子产品、交通运输工具等多种商品扩增。腾冲进出口总额从1991年的1.1亿元增长到2012年的5.6亿元，年均增速为15.1%，在云南省25个边境县市中位于前列[②]。

第二，边境口岸和对外开放通道建设得到加强。

腾冲境内有国家一类口岸——猴桥口岸，还有胆扎、滇滩、自治3条边

① 中共腾冲市委党史地方志工作委员会：《中共腾冲县委、腾冲县人民政府工作报告汇编（1978～2015）》，云南人民出版社，2016年版，第77～87页。

② 根据生产总值进行判断，2016年腾冲生产总值为160亿元，在25个边境县市中排名第2，仅次于景洪市。

境通道，形成了以腾冲为中心，向猴桥、滇滩和自治等边境通道辐射的基本格局。随着武警、海关、动植检、商检等口岸管理机关建立健全，发展边贸的基础条件不断改善。2000 年 4 月，腾冲猴桥口岸被正式批准为国家级一类口岸。2009 年 8 月，缅甸政府对等开通了甘拜地口岸，并由腾冲出资援建了联建楼。猴桥口岸迁建工程于 2010 年正式启动，2013 年口岸联建楼、查验货场建成。同时，腾冲还改善了滇摊、自治和胆扎 3 个省际通道的基础设施。通过改善口岸和通道建设，沿边开放水平不断提高。2010 年和 2011 年，猴桥口岸货运量在云南省 13 个一类口岸中位居第一位。2011 年，猴桥口岸实现出入境人员 20.28 万人次、出入境运输工具 6.08 万辆次、进出口货物 255 万吨、进出口总额 41871 万美元。

第三，实现“引进来”和“走出去”的联动发展。

1992 年邓小平“南方谈话”发表以后，腾冲县委要求“敞开大门，广交朋友，积极引进资金、技术、人才，特别要大胆引进外资，放手发展‘三资企业’”。“三资企业”在腾冲蓬勃发展，对当地工业拉动作用突出[①]。1993 年，腾冲引进“三资企业”2 家，投资规模 600 多万元。1997 年底，腾冲县批准注册的“三资企业”有 17 户，项目总投资 4515 万美元，吸纳县内社会劳动力 2000 多人，实现工业产值（1990 年不变价）9413 万元，占全县工业总产值的 28.8%，实现销售收入 11063 万元，出口创汇 323 万美元。“三资企业”带来了先进的管理经验和生产模式，也带动了当地民营企业的发展。2003 年后，民营企业取代“三资企业”在全县工业生产中占据了主导地位。

发展起来的民营企业迅速成为对外开放的主要力量。在政府着意构建与缅方友好关系的大背景下，这些企业积极开展境外经济合作项目，并逐步将经营区域向缅北地区辐射。1992～2012 年，腾冲企业在缅北开展境外工程承包业务，主要内容有修路、架桥、建电站、建农场，在境外开展工程机

---

① 中共腾冲市委党史地方志工作委员会：《中共腾冲县委、腾冲县人民政府工作报告汇编（1978～2015）》，云南人民出版社，2016 年版，第 447～457 页。

械、建筑材料、日用百货批发销售业务等，给交通闭塞的缅北地区修建了大量的道路和桥梁，为缅甸克钦邦部分地区的基础设施建设打下了良好的基础，带动了缅北山区群众种植、养殖业的发展，促进了山区群众与外界的交往以及中缅边境贸易的增长[①]。

第四，为缅甸人民多办好事实事，搭建心与心相通的桥梁。

开展对缅华文教育。以猴桥小学、水城小学为华文教育基地，接收缅甸学生就学。积极开办侨生班，为华侨学生解决急难之时就学问题。公费外派教师到缅甸北部华文学校支教。帮助培训海外华文教师。腾冲为缅甸培训华文老师数百人次，提高了海外侨校的教学水平。自 2013 年起，缅甸密支那地区放弃使用中国台湾华文教材，全部使用中国内地“九义”教材。

开展境外罂粟替代种植。与腾冲相邻的缅甸克钦邦属于缅北武装冲突相对严重地区，民众生活艰难，罂粟种植泛滥。自 20 世纪 90 年代起，中国政府尽自己的力量，积极帮助周边国家开展禁毒工作[②]。腾冲企业响应国家号召，在缅北开展了罂粟替代种植，种植面积约 40 万亩，种植品种主要有香蕉、水稻、玉米等，通过替代种植有效地带动了当地农业发展和农民就业，遏制了缅北地区的罂粟种植。

深化与缅甸的民间交往。由政府出面邀请腾冲籍华人华侨重点人士回腾冲开展联谊活动，共话家乡发展，增进乡亲乡情；长期向缅北地区赠送药品、蚊帐等物资和开展疾病防控知识培训，为境外边民提供医疗服务和疾病防控；组织两地文艺团队相互交流、访问，参加对方节庆活动；为缅甸举办农业科技培训班，培养农业科技骨干。

与缅甸克钦邦政府密切联系，交往频繁。1992～2012 年，腾冲政府多次接待缅甸副外长、矿业司长、驻昆总领事和克钦邦政府官员及克钦邦第一、二特区官员等缅甸外宾；组团出访缅甸内比都、仰光、曼德勒、密支那

① 郑兴洲：《加强区域合作 促进共同发展》，载熊清华、李正阳等《走向南亚——第二届中国（保山）南亚论坛论文集》，云南人民出版社，2008 年版，第 154～164 页。

② 中华人民共和国国务院新闻办公室：《中国的禁毒》白皮书，2000 年版。

及克钦邦第一、二特区等地[①]。2004 年，腾冲县在密支那设立办事处，常年安排人员在办事处工作。

总体上看，在快速发展阶段，腾冲的对外开放从边境贸易向招商引资、跨境合作转变，对外开放的规模和范围大幅提升；从地方政府间不定期的交流访问发展成制度安排上的交流对话，交流沟通的渠道更加畅通、合作的意愿和能力得到进一步提升；从相对单一的面向缅方开放，转向以缅方为主同时幅射东南亚甚至更多地区的国家开放，对外开放水平迈上了新的台阶。2009 年，国家提出把云南建设成我国面向西南开放的重要桥头堡，2011 年 5 月国务院出台支持云南桥头堡建设的意见，充分肯定了腾冲对外开放取得的成绩，并为腾冲下一步加快对外开放步伐奠定了更加坚实的基础。

### （三）2013 年至今：转型升级阶段

党的“十八大”以来，以习近平同志为核心的党中央提出建设“一带一路”和“孟中印缅经济走廊”等重大对外开放倡议，把云南对外开放提升到国家战略层面。2015 年 1 月，习近平总书记赴云南考察，要求云南在深化改革开放上下功夫，主动服务和融入国家发展战略，努力成为我国面向南亚、东南亚辐射中心[②]。2015 年 9 月，国务院批准腾冲撤县设市。所有这些为腾冲扩大对外开放提供了新的难得的历史机遇。

第一，化危为机，对外贸易转型升级。

2015 年以来，国际经济环境趋于复杂，缅甸对我国出口态度发生转变，对玉石、木材和矿藏等资源出口施加了严格限制。2015 年 7 月，中国 150 多名工人因在缅甸伐木被判处 20 年以上重刑，导致腾冲从缅甸的木材进口

---

① 中共腾冲县委、腾冲县人民政府：《支持腾冲打造中国走向南亚第一县的调研报告》，2015 年 3 月，腾冲市委政研室内部资料。

② 谭晶纯、尹朝平、李绍明：《主动服务和融入国家发展战略 建设面向南亚东南亚辐射中心——专访全国人大代表、省委书记、省人大常委会主任李纪恒》，《云南日报》2015 年 3 月 9 日。

陡转直下，内部木材加工业面临破产危险，经济结构转型升级迫在眉睫[①]。与此同时，腾冲传统资源型行业占比偏高，而高附加值产品和新型产业的占比偏低，自身经济结构也亟待优化。针对复杂多变的经济形势和境外局势，腾冲不断调整、优化进出口贸易结构，极力转变贸易发展方式，大力培植贸易发展新亮点，逐步扭转了以木材进口为支撑的贸易格局，初步形成了以农产品和矿产品进口，工程机械、建筑材料和日用百货出口及边民互市全面发展的贸易新格局。

第二，大力发展外向型园区经济，打造对外开放的重要载体和平台。

根据国家推进“孟中印缅经济走廊”建设和落实“一带一路”倡议的重大部署，发挥云南桥头堡作用“在周边国家建立境外经贸合作区”的要求，腾冲争取缅方支持，积极建设外向型园区经济，创新对外开放新模式。

建设保山市腾冲边合区。2010 年 6 月保山腾冲（猴桥）边合区设立，2012 年 5 月被列为全省五个省级边合区之一，2015 年 12 月实行实体化管理，并将原猴桥边合区和腾冲经济开发区合并共建，更名为保山市腾冲边合区。目前，园区实际共有企业 67 户，其中规模以上企业 17 户，已建成投产 35 户，初步形成了以建材、生物产业、旅游产品加工等产业为支撑的产业集群。2017 年，实现生产总值 27.2 亿元，工业增加值 5.4 亿元；完成固定资产投资 24.05 亿元，公共财政预算总收入 1.4 亿元；招商引资实际到位资金 23 亿元，实际利用外资 100 万美元。边合区还促使了深圳佑荟半导体有限公司、深圳英唐智能控制股份有限公司等高新科技企业入驻腾冲，开展新型工业化项目[②]。

在境外设立经济开发区。缅甸密支那经济开发区项目位于缅甸克钦邦密

---

① 援引自 2015 年 7 月 23 日《缅甸时报》报道——根据《公共财产保护法》第 3 款，153 名中国伐木工被判处终身监禁 (20 年有期徒刑 )，另外两名未成年人根据《儿童法》第 7 款 (b) 被判处 10 年有期徒刑。

② 腾冲市边合区管委会内部汇报材料。

支那城区西北方向，总规划用地面积4751英亩，计划开发年限15年[①]。该项目由保山市腾冲边境经济合作区、云南保山恒益实业集团与缅甸克钦邦政府共同合作开发。项目选址区位优势明显，距离密支那市中心12公里，距离密支那大桥18公里，史迪威公路横穿园区。园区的产业规划紧密结合克钦邦广阔的土地资源、优越的气候条件和良好的市场前景，重点发展农业方面的“种养加”（种植、养殖、加工）产业，农资、新型建材、轻工产品生产，旅游产品加工，综合物流等产业，力求实现两地资源市场的有效对接、发展要素的优势互补，为双方政府和企业的交流合作搭建良好平台。

第三，大力发展旅游业。

腾冲虽然旅游资源丰富而独特，但旅游产业起步较晚，20世纪90年代以前主要以政府接待为主，是“事业型”的旅游；90年代以后，随着改革开放的深入，腾冲旅游业开始由“事业型”向“经济型”转变，但依然面临旅游产业相对较弱、资源优势发挥不充分，经济发展与环境保护难以兼顾的问题[②]。

2013年以来，腾冲充分利用其历史文化积淀深厚、自然人文景观丰富多彩、地理区位优势独特等特点，将边境旅游、跨境旅游纳入发展规划，力主建设国际化旅游城市，成为连接南亚、东南亚的国际旅游枢纽。其具体做法有以下几点：一是加强旅游基础设施、旅游标准化和旅游网络平台建设。如腾冲玛御谷温泉小镇同时引进“悦榕庄、悦椿、悦苑”三大国际品牌，以本地工艺品制造打造小镇文创产业，助力国家乡村振兴战略和乡村脱贫攻坚战；举办国际半程马拉松赛及高黎贡山国际超级越野赛等。二是积极发展大众旅游，开发适合不同消费群体的旅游产品，广泛宣传推介“中国腾冲·天下和顺”的旅游形象，塑造“世界翡翠朝圣地、中国温泉之都、养生度假天堂”三个品牌。三是加大旅游景区景点建设力度，抓住国家重启中缅异地办

① 腾冲市边合区管委会内部汇报材料。

② 中共腾冲市委宣传部、腾冲市社会科学界联合会：《腾冲史话》，云南人民出版社，2017年版，第207～238页。

证的机遇，开通腾冲至密支那旅游线路，做大跨境旅游文章。四是广泛开发地域特征明显、文化内涵深厚、适合大众消费的旅游纪念品，不断增加旅游从业人员收入。五是加大旅游行业整治，规范旅游经营行为，提高旅游从业人员素质，营造良好的旅游软环境。这些举措极大地推动了旅游业的发展，2017 年，腾冲有 5A 级景区 1 个（火山热海景区），4A 级景区 1 个（和顺景区），3A 级景区 2 个（高山乌龙茶景区、杜鹃王珍奇古木博览园），2A 级景区 2 个（云峰山景区、叠水河景区），共接待游客 1414.6 万人次，实现旅游总收入 151.1 亿元；实现文化产业增加值 21.14 亿元左右，占 GDP 比重提高至 11.9%。旅游业的快速发展带动了第三产业的发展，促进了城市建设，为经济发展增添了新的增长点。

图 2　1992～2017 年腾冲旅游收入和人次

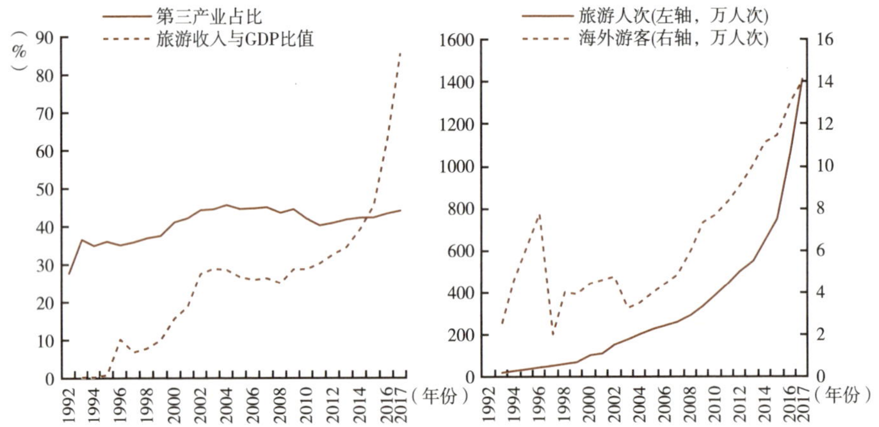


注：数据来源于云南省腾冲市统计局。

第四，大幅提升贸易便利化程度。

2016 年，习近平总书记在二十国集团领导人杭州峰会上提出，“面对当前挑战，我们应该建设开放型世界经济，继续推动贸易和投资自由化便利化”[①]。

① 习近平：《构建创新、活力、联动、包容的世界经济》，《习近平谈治国理政》（第二卷），外文出版社，2017 年版，第 470～475 页。

在这一思想的指引下，腾冲在贸易便利化建设上推出了新举措。一是按照全国海关通关一体化作业模式，全力推进适用“一次申报、分步处置”通关作业流程和企业自报自缴税款、税收征管要素海关审核后置等改革举措。为鲜活易腐产品、农产品提供“通关绿色通道”，优先审核验放，即报即放。为符合条件的企业提供预归类、预审价，原产地预认证等多种支持企业进出口的便捷措施。二是做好“机构改革”工作。海关、检验检疫行政审批事项全面整合，实行一个窗口办理——企业一次注册登记同时取得报关报检资质；进出境旅客随身行李物品通关实现“一次查验”；货物通关实行“一次申报、一次查验、一次放行”。初步测算，关检合并后，整个通关流程节省约 50% 的工作量。三是利用科技严密监管。2017 年，腾冲海关协调引进 H986、PVS450、XT2100 三套科技设备开展“非侵入”方式查验。在猴桥口岸，大型货车和集装箱车辆仅用 2 分钟就可完成全车非侵入式检查，小型车辆和商务车过关检查时间少于 1 分钟，大型旅游团队过关不需要在口岸停留等待行李检查。这大大提高了货物物品通关效率，实现了对高风险旅客的精准查缉，确保了口岸管得住、通得快。

第五，积极推出服务对外开放的金融综合改革措施。

围绕保障金融安全、提高金融服务能力，主要采取了以下措施。一是积极实施人民币跨境结算。努力扩大跨境贸易人民币结算业务（2017 年收付 5.79 亿元，较 2013 年增长 1.18 倍），推动腾冲信用联社成功办理跨境贸易人民币结算业务，非居民账户开户实现便利化，境外机构实现境内银行开户结算，创新发展非银行外币代兑业务，积极推进本外币兑换特许业务，有效缓解了边境地区缅币兑换“难”这一瓶颈问题。二是完善金融组织体系。支持农信社改制、农商行改革，整合各项资源，壮大融资担保公司实力。三是培育发展多层次资本市场。支持符合条件的企业上市和“新三板”挂牌交易，建立上市和“新三板”挂牌后备资源库。对入库企业实行动态管理，重点培育。充分发挥企业发行债券奖励扶持政策的引导作用，鼓励经营稳定、业绩优良、市场信誉好的企业，通过发行项目收益债等债券品种筹集资金。

四是鼓励保险公司延伸保险服务，为客户提供相应境外服务。2013 年以来，推动辖区主要保险公司开展车辆境外保险、境外务工人员保险、出口货物保险等保险服务。2013 年至 2017 年，腾冲市主要保险公司开展境外车辆保险 141 辆，保费收入 49.94 万元；开展境外务工人员保险 2000 人次，保费收入 133.23 万元，赔款 140 万元。五是加强金融基础设施建设的跨境合作。2015 年 12 月，建立首个外籍人员金融消费权益保护工作站，成为继德宏州之后云南省第二个设立外籍人员金融消费权益保护站的州市，为全省边境口岸金融消费权益保护工作提供示范和样本。积极推动跨境反假货币工作站建设，向外籍人员进一步普及了人民币防伪常识，增强了他们自觉抵制假币犯罪活动的意识和觉悟，对净化人民币流通环境发挥了积极作用。

第六，加强基础设施建设。

在公路方面，全长 1208 公里的昆明—腾冲—缅甸密支那—印度雷多的国际大通道，即在原西南古丝绸之路上修建的史迪威公路，目前是云南通往缅甸基础条件最好、建设进展最快的通道。其中，昆明—腾冲 600 公里已建成高速公路，腾冲—密支那 200 公里二级油路已于 2007 年建成通车，密支那—德乃 180 公里可常年通车，德乃—班哨口岸（缅印 173 号界桩）184.8 公里除部分河道无桥梁连接，雨季无法通车外，其余路段能顺利通行。班哨口岸—印度雷多 42 公里已铺筑二级油路，到达印度雷多后，可与南亚国家现有的公路、铁路交通网络连接，深入印度各大城市[①]。

在航空方面，腾冲机场于 2009 年 1 月建成通航，2013 年后吞吐量猛增，2014 年进出港航班 6044 架次，旅客吞吐量 50.96 万人次，货邮吞吐量 820.6 吨。现已开通 12 条国内航线。腾冲航空口岸机场列入《国家口岸发展规划(2011—2015 年)》，预计开通国际航线后，可与缅甸曼德勒、仰光，泰国曼谷，印度加尔各答及孟加拉国吉大港等打造 1 小时航空经济圈。交通设施的

① 腾冲县志编纂委员会：《腾冲县志（1978～2005）》，2015 年，腾冲市委党史地方志工作委员会内部资料。

完善为腾冲面向南亚和东南亚市场的全面开放和全市经济的大发展提供了可能性。

通过上述几个方面的不懈努力，腾冲可以说初步形成了全方位、多领域、深层次的对外开放新格局。

经过 40 年不断地推进对外开放，腾冲不仅对外贸易获得快速增长，而且整个经济社会发展也取得了辉煌成就。2017 年，腾冲边贸进出口总额突破 20 亿元，较 1981 年的 34 万元增长了近 6000 倍。2017 年，腾冲实现国内生产总值 176.82 亿元，约比 1978 年的 1.18 亿元增长 149 倍；农村居民人均可支配收入 10331 元，约是 1978 年农村人均收入 113 元的 90 倍；一般公共财政收入 16.99 亿元，约比 1978 年的 1008 万元增长 168 倍（见图 3）。与此同时，腾冲的社会建设、文化建设、生态文明建设都迈上了新的台阶，先后成功创建成为国家卫生城市、国家园林城市、全国文明城市。

图 3　1978～2017 年腾冲的 GDP、财政收入和进出口规模

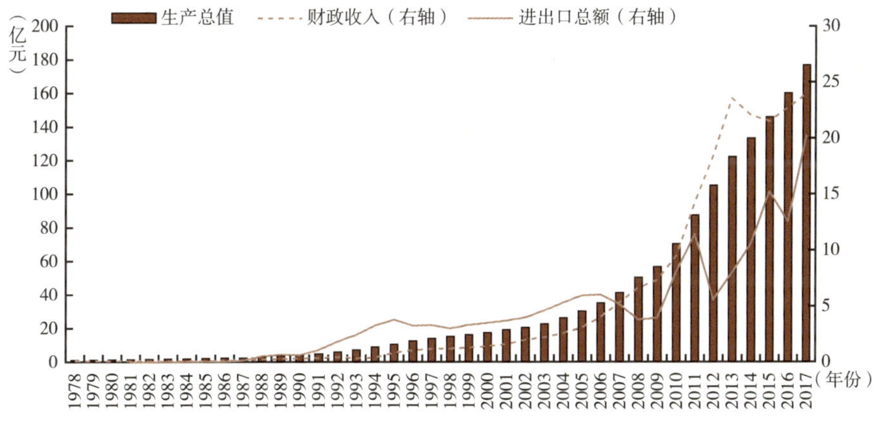


注：数据来源于云南省腾冲市统计局。

## 三、探求腾冲以大开放实现大发展的成功奥秘

腾冲过去 40 年的发展情况表明，对外开放对其经济社会的大发展起到了至关重要的作用。对外开放的不断扩大和升级转型，不仅促进了经济总量

的提高和竞争实力的提升，让人民群众改善了生活、提高了幸福指数，而且带来了社会、文化的大发展大繁荣，促进了边关的安宁、边防的稳固。作为经济发展水平较为落后、交通条件差、发展起步晚的极边县市，同时面临发展程度更为落后的邻国这一现实约束，腾冲之所以能走出一条独具特色的对外开放之路，主要有以下经验。

### （一）继承和弘扬优秀传统文化，形成对外合作与竞争的软实力

文化深刻影响着人们的行为方式和精神特质。习近平总书记明确指出："文化自信是一个国家、一个民族发展中更基本、更深沉、更持久的力量。"[①]在历史发展的长河中，民族自身的自然生态条件和生理素质活动的实践形成了自己独特的文化[②]。文化是一个民族的根和魂。一个民族之所以在历史长河中生息、繁衍，经久而不衰，独立于世界民族之林，主要靠文化。经济全球化浪潮的强大冲击，社会信息化的迅速推进，人们交往范围的日益扩大，极大地推动了各国的对外开放和世界各种文化的传播、交汇与激荡。如何在对外开放与多元文化格局条件下保持民族文化的主导地位，充分发挥利用自身的文化优势，提升自身的对外开放水平，显得尤为迫切。在腾冲调研时，我们体验到腾冲政府和人民对传统文化的重视，尤其是对传统文化中有利于对外开放的成分的传承和弘扬。我们看到，民国时期和顺旅缅侨胞捐建的"在中国乡村文化界堪称第一"的和顺图书馆历经各种劫难至今仍得以完好地保存。我们还在一些古旧民居中看到得到完好保护的南亚风格的大门、英国的铸铁花窗、美国的烤炉、日本的压面机、德国的老式挂钟，所有这一切都体现了腾冲人对文化传统的重视，对各种不同文化文明的尊重和包容，也反映了腾冲市政府和人民就传承和弘扬传统文化所做的不解努力。

① 习近平：《决胜全面建成小康社会 夺取新时代中国特色社会主义伟大胜利——在中国共产党第十九次全国代表大会上的报告》，《人民日报》，2017 年 10 月 28 日，第 001 版。

② 郑永廷、罗姗：《论对外开放和多元文化激荡条件下的民族文化主导——兼谈高校德育的民族文化教育与主导》，《北京大学学报》（哲学社会科学版），2009年第1期，第85～90页。

### （二）扬长避短，善于挖掘和发挥对外开放的比较优势

发展外向型经济，开展对外贸易和投资首先需要明确自身的比较优势。在理论上说，一个国家和地区即便在所有的生产要素方面都落后于其他国家和地区，该国和地区仍然能够从绝对劣势中找到自己的相对优势，仍然能够通过参与国际分工，最大化经济效益。40 年来中国改革开放取得巨大成就的主要原因是准确定位了自己的比较优势，基于丰富的劳动力和生产成本优势，以劳动密集型产业为先导，实现了经济的快速起飞。就腾冲来说，其改革开放之所以取得巨大成功，也正是遵循了这样一条道路。处于偏远位置，交通不畅，矿产储量不够大、开采难度高，经济底子薄，加上相邻的缅甸又是比自己发展还要落后而且政局不稳的国家，这都是腾冲发展面临的短板、劣势和困难。但腾冲也有自己的优势，它是中国通往南亚、东南亚陆路最便捷的通道，它有独特而丰富的旅游资源，它是我国著名的侨乡，它有一支规模庞大的分布在全球 24 个国家和地区的海外华人华侨队伍。相邻国缅甸虽然不发达但自然资源丰富、市场潜力巨大，腾冲正是善于挖掘并较好地利用了这些优势，才成功地实现了追赶战略，在我国沿边县市的对外开放中脱颖而出。

### （三）不断解放思想，推动对外开放事业与时俱进

从人类社会发展史看，思想解放的程度决定着社会发展进步的幅度。习近平总书记在党的十八大以来多次指出，中国坚持改革开放不动摇。改革开放是一项长期的、艰巨的、繁重的事业，必须一代又一代人接力干下去[①]。要坚持改革开放，就必须继续解放思想。不继续解放思想，就很难坚持改革开放不动摇。面对新的矛盾、新的困难、新的风险、新的斗争，都需要继续解放思想，不固执从前的思维定势，不囿于过去的固化经验，准确把握形势变

① 习近平：《改革开放只有进行时没有完成时》——在主持十八届中央政治局第二次集体学习时的讲话，《习近平谈治国理政》，外文出版社，2014 年版，第 67～69 页。

化，深刻理解面临的新的历史特点中蕴藏的机遇和挑战。习近平总书记在党的十八届三中全会上指出，冲破思想观念的障碍、突破利益固化的藩篱，解放思想是首要的[①]。思想不解放，我们就很难看清各种利益固化的症结所在，很难找准突破的方向和着力点，很难拿出创造性的改革举措。腾冲对外开放不断深化的过程，就是思想不断解放的过程；换言之，正是因为腾冲人不断地解放思想，不断地创新突破，才推动了开放的不断深化。比如，积极推动中缅密支那产业园区的开发建设，鼓励和动员市内企业到缅北地区广泛开展农业合作种植业务，特别是在缅北地区开展罂粟替代种植合作农业，这都是解放思想、创新思维的典型案例。

### （四）践行“睦邻、亲邻、富邻”的理念，实现互利共赢

国之交在于民相亲，民相亲在于心相通。推动民心相通的项目建设，可以为各国经济合作夯实社会根基。民心相通建设既承担增进友谊、加深了解的重任，又发挥助推经济合作的功能。当今世界，各国已经形成你中有我、我中有你的利益交融格局。正如习近平总书记所言，“各国要树立命运共同体意识，真正认清‘一荣俱荣、一损俱损’的连带效应”，“在追求本国利益时兼顾别国利益，在寻求自身发展时兼顾别国发展”[②]。只有大力促进地缘相联、人缘相亲、文缘相通、命运与共，让各国民众在实现共同发展的过程中成为好朋友、好伙伴，才能逐步构建责任共担、利益共享、休戚与共的人类命运共同体。40 年改革开放的实践也让我们清晰地认识到，当今世界各国紧密联系、相互依存，只有在开放中求合作，在合作中求共赢，才能和各国人民一起共建和平、安宁、繁荣、开放、美丽的世界。中缅两国山水相连，边民交往互动频繁，胞波情谊深厚。稳定的政治社会环境对于扩大对外开放

---

① 习近平：《关于〈中共中央关于全面深化改革若干重大问题的决定〉的说明》，《习近平谈治国理政》，外文出版社，2014 年版，第 70～89 页。

② 习近平：《共同维护和发展开放型世界经济》，《习近平谈治国理政》，外文出版社，2014 年版，第 335～338 页。

至关重要，构建人民之间交流的纽带，让人民从相识到相知，从相知到信任，从信任到密切合作，建立真诚的互利互信与合作共赢对于稳步推进两国双边经贸合作至关重要。长期以来缅北地区军事冲突不断，人民生活困难，腾冲市政府和企业在扩大对缅经贸合作中始终坚持互利共赢原则，努力践行“睦邻、亲邻、富邻”的周边外交方针政策，对于稳定边境、扩大对外开放发挥了十分重要的作用。比如针对缅北地区农业科技水平落后、生产率低下的情况积极开展农业科技援助，在医疗卫生方面腾冲长期向缅北地区赠送药品、蚊帐等物资和开展疾病防控知识培训，在缅甸从事替代罂粟种植的现代农业开发，等等，这些措施有效地促进了边境地区的社会稳定，赢得了当地人民的信任，为腾冲政府和企业扩大对缅甸经济合作提供了坚实的社会基础。

### （五）将爱国主义教育贯穿对外开放始终，实现宁边固边

爱国主义既是实行对外开放的重要精神动力，又是对外开放顺利进行的重要保证，在对外开放的整个过程中都必须高举爱国主义的旗帜。习近平总书记强调：“弘扬爱国主义精神，必须坚持立足民族又面向世界。中国的命运与世界的命运紧密相关。我们要把弘扬爱国主义精神与扩大对外开放结合进来，尊重各国的历史特点、文化传统，尊重各国人民选择的发展道路，善于从不同文明中寻求智慧、汲取营养，增强中华文明生机活力。”这为我们正确处理好扩大对外开放与弘扬爱国主义精神的关系指明了努力的方向。腾冲市委市政府历来重视在全市开展爱国主义教育。在腾冲调研期间，我们还特地到国殇墓园参观祭拜。国殇墓园系纪念抗日战争中远征军第二十集团军攻克腾冲阵亡将士的陵园，为国家级重点文物保护单位，省级爱国主义教育基地。每年市委市政府都要组织干部群众到此祭拜抗战英烈，开展爱国主义教育活动。在新的时期，腾冲为加强爱国主义教育，还专门开展了国门新村建设。国门新村位于腾冲市猴桥社区黑泥塘自然村，与猴桥口岸联检大楼毗临，是中缅边境上一个独具特色的纯傈僳族村落。腾冲市依托边境民族特色

旅游开发，结合腾冲边合区建设，完善村庄道路等基础设施，将黑泥塘自然村建设成聚民族文化、丝路文化、边境文化为一体的“AAA”级国门新村，全面对外展示中国改革开放成果和中国边境农村新形象。经过国门新村打造，新村的基础设施和人居环境发生巨大变化，群众的幸福指数提升了，对党组织的认同感也提高了，“党的光辉照边疆、边疆人民心向党”，群众由心而发，爱国主义和跟党走的意识显著增强。

### （六）不断加大基础设施投资力度，为扩大对外开放提供必要支撑

基础设施对促进经济增长具有实质性的作用，而且与其他形式的投资相比，这种作用越来越大。基础设施供给能力与经济产出同步增长；随着经济的发展，基础设施结构必须升级，以适应、支持变化中的需求结构。某一地区良好的基础设施条件可以吸引各类资源的流入，减少该地区生产要素的投入成本和交易成本，生产效率和经济效益将会明显提高。改革开放以来，中国之所以能取得如此快速的发展，很重要的一个原因是对基础设施建设的重视，40多年来基础设施无论是在建设数量还是发展质量上，都取得了举世瞩目的成就。就腾冲而言，因为特殊的地理环境，交通落后是长期制约腾冲经济发展和对外开放的主要瓶颈。不解决这一瓶颈，对外开放就无法展开。正是基于这样的认识，腾冲在交通建设方面极具超前意识，而且不惜血本，不仅想方设法完善了境内道路基础设施建设，建成了国内最早最大之一的支线机场，而且举全市之力到缅甸帮助修建腾冲至缅甸密支那的腾密公路缅甸境内段。正是有这样的雄心、毅力和魄力，腾冲到今天才建成了初具规模的立体交通网络，为开展对外经济合作提供了重要的基础设施连通保障。

### （七）高度重视生态文明建设，实现对外开放经济和生态效益的双丰收

建设生态文明是中华民族永续发展的千年大计。一个天蓝、地净、水清的美丽中国，是全国人民的共同期盼。长期以来，我国对外开放实行比

较优势战略，注重劳动力、土地等低级要素优势的发挥。虽然经济获得了巨大发展，闲置要素得以利用，但也为此付出了沉重的代价，造成了巨大的资源浪费。生态文明建设已成为全面建成小康社会的突出短板。习近平总书记强调：环境就是民生，青山就是美丽，蓝天也是幸福。要把生态环境保护放在更加突出位置，像保护眼睛一样保护生态环境，像对待生命一样对待生态环境，在生态环境保护上一定要算大账，不能因小失大、顾此失彼、寅吃卯粮、急功近利。决不能以牺牲环境为代价换取一时一地的经济增长，绝不能走“先污染后治理”的路子[①]。生态环境保护的成败，归根结底取决于经济结构和经济发展方式。在根本上改善生态环境状况，必须改变过多依赖物质资源消耗、规模粗放扩张、高能耗高排放产业的发展模式。这一次我们到腾冲调研，对此深有感触。干净的街道、清新的空气、茂密的森林给我们留下了极为深刻的印象。始终践行绿色发展，把生态文明建设摆在优先位置考虑。腾冲市在招商引资环节，把环境承载能力、可持续发展作为“挑商选资”的标准，以项目质量、环保和能耗为标杆，提高资源和环境准入“门槛”，婉拒了拟到腾冲投资开发高污染行业的数家企业，先后劝退、调整或中止了一批合作项目，赢得了更多知名企业的青睐。腾冲政府强调，在开发前应制订规划，在规划的指导下进行保护性开发，既不搞破坏性开发，也不坚守“纯保护主义”，建立起一个保障旅游产业大发展的资源支撑体系。正是持之以恒地推进生态文明建设，腾冲成功地创建了国家园林县城和 16 个国家级生态乡镇，先后获得“国家园林县城”、“全国最美生态旅游示范县”、“中国最美宜居宜业宜游名县”、“中国最适合居住的城市”等称号，这些为进一步扩大开放奠定了坚实的基础[②]。

---

① 习近平：《在省部级主要领导干部学习贯彻党的十八届五中全会精神专题研讨班上的讲话》，2016 年 1 月 18 日，人民出版社单行本，第 19～20 页。

②《习近平谈治国理政》（第二卷），外文出版社，2017 年版，第 389～397 页。

## 四、对外开放的历史曲线如何美丽地向未来延伸

腾冲经过40年的大开放促大发展，已经站在了新的历史起点上。当前，世界形势正在发生深刻复杂的变化，国际经济格局和中国对外开放战略也正在深度调整之中。特别是随着“一带一路”倡议的深入实施，腾冲在国家对外开放战略中必将承担更加重要的任务，其自身的发展也必将迎来更大的机遇和挑战，为此，腾冲必须加快改革开放步伐，以更大的开放促进更好更稳的发展。

### （一）正确认识新时期腾冲开放、发展面临的困难与挑战

尽管经过40年的快速发展，腾冲经济已初具规模，基本建立起对外开放的基础设施体系，但对外开放的能力仍然较弱，交通设施供应短缺问题仍然存在，加之国际和地区的政经局势动荡不定，腾冲要真正实现以更大开放促进更大发展的目标，特别是要有效承担国家赋予的对外开放责任，仍然有诸多不足。

第一，腾冲目前在云南对外开放中位阶不高，处于第二梯队。猴桥口岸虽与瑞丽口岸同属国家级口岸，但发展差距较大，人流量和贸易额无法与后者相比。从中央政府到省一级政府对腾冲的对外开放重视程度，与腾冲市自身的期望值不符；腾冲本地政府希望“大干快上”，但上级政府的支持力度与之并不匹配。腾冲目前处于“大干快上”的阶段，大力投资基础设施建设，推进多个工业园区建设，以促进加工业、跨境旅游等产业的快速发展，这可能会给地方财政带来较大压力，甚至债务风险，在政策实施效果上也会大打折扣。

第二，腾冲的交通不够畅通、对外开放层次较低、工业基础较弱、本土企业的市场竞争能力不强。腾冲综合交通一体化尚未形成，至今未通铁路，农村公路网不够完善，连接市内各景区景点和周边县区的快捷交通网络体系尚未建成。腾冲机场受雨季主汛期复杂气候影响较大，机场跑道长度不能适应国内外航空公司主力机型的起降标准。腾冲与东南亚和南亚市场互联互通

的程度不高。国际大通道腾密路段虽已于 2007 年建成通车，但路面退化，境外段公路质量不高，弯多路窄，且缅方设置关卡过多，道路通而不畅，严重影响了双方的贸易往来。密支那至曼德勒公路、铁路等级低，密班路全程建设投资大。密支那机场还不是国际机场。虽然孟中印缅国际大通道已成形，但还未完全实现互联互通，对经贸合作的推动还仅限于腾密路辐射的缅北地区，这导致腾冲乃至整个云南与印度以及南亚市场的广泛衔接实质上尚未连通，这与国家“一带一路”和孟中印缅经济走廊建设的需求不相匹配。当前，腾冲市生产性加工业落后，出口商品多数为市外制造，造成全市进出口发展不平衡，外向型产业发展转型升级滞后。虽然腾冲目前正在推进多个园区建设，但这些园区还处于起步阶段，各园区还没有成为大开放带动大发展的产业基地。当地工业基础较弱，本土企业的市场竞争能力较弱，企业走出去存在很多困难。

第三，少数在缅甸的企业的不当经营行为影响了中国企业的声誉。随着中国企业在缅甸投资的增加，中国企业与缅甸民众接触不断增加，由于在经济利益、价值观念、文化理念、生活方式和宗教信仰等方面的差异，中国人和缅甸人在交流过程中存在误解和误判。部分企业主的经营能力和素质有待提高，中国工人对当地的价值观念和风俗习惯也了解不够、尊重不够，与当地社会的融合程度还较低。尤其是极少数企业在经营中过于看重经济效益而忽略了环境和社会效应，导致部分缅甸民众对中国企业产生一些疏离和抵触情绪。企业在海外的不当经营行为不仅不利于企业对外持续性投资，还会损害中国企业在海外的声誉，给未来的投资行为造成阻碍。

第四，缅甸政治风险较高，长期动荡。缅甸正处于政治转型期，缅甸政府军与克钦独立武装时有冲突，境外局势仍处于动荡状况。目前，缅甸政府军与克钦独立军尚未达成最终和平协议，双方冲突还存在很大的可能性，在该地区开发合作项目很难获得缅甸政府的批准。缅北局势的不稳定性，影响我国开展对缅甸的交流与合作，尤其是启动缅北经贸合作区这样的大型项目。此外，腾密公路缅甸甘拜地至密支那地段关卡较多，收费现象较为严重，中方人员物资出入境安全尚存在不确定因素，且办理缅甸通行证较为困难，导致物资运输交通要道通而不畅，腾冲市在境外开展贸易、农业合作、替代项目进展迟缓，整体项目推进困难，影响了腾冲市对缅交流合作的正常开展。

第五，中印互信程度不足，猜忌和疑虑较多。腾冲经缅甸密支那到印度是中国到印度的最短陆路线路，与印度开展对外合作也被认为是腾冲未来发展的机遇，但就目前而言，腾冲对印度合作的潜力未能得到充分发挥。中印关系波折不断，尽管2018年以来中印双边关系总体向好，但印度对“一带一路”充满猜忌和疑虑，政治互信不足依然是中印两国合作的最大制约因素。腾冲经缅甸密支那所到的印度雷多，并不是印度发展的重点地区，未来发展前景并不明朗。

### （二）从国家层面应支持腾冲进一步扩大开放

随着“一带一路”和孟中印缅经济走廊建设的不断推进，腾冲作为中国通向南亚、东南亚的门户和支点的区位优势将更为凸现，在国家对外开放总体格局中将占有特殊而重要的位置，并将迅速跃升为中国对西南开放的前沿高地[①]。在这种情况下，国家应从战略定位、政策扶持等方面给予腾冲一定的支持和帮助。

第一，应提升腾冲在国家对外开放格局中的定位。近年来，随着中国积极构建开放型经济新体制，云南在我国对外开放新格局中的独特地位日益凸显。2009～2011年，国家提出把云南建设成我国面向西南开放的重要桥头堡。2013年，国家提出“一带一路”和孟中印缅经济走廊建设的倡议，把云南对外开放提升到国家战略层面。2015年，习近平总书记要求云南在深化改革开放上下功夫，要成为对外开放的新高地。

腾冲作为“一带一路”和孟中印缅经济走廊建设中的前沿地区，在云南乃至中国的沿边开放总体格局中占有特殊而重要的位置。这就决定了腾冲在

① 《认真学习贯彻习近平总书记考察云南重要讲话精神》，《云南日报》2015年2月8日。

国家总体对外开放格局中必将承担重要的使命和任务。鉴于此，腾冲的基本定位应为：云南对外开放的窗口，对缅甸合作的桥头堡，中国通往南亚、东南亚的重要门户，孟中印缅经济走廊上的重要节点。"一带一路"和孟中印缅走廊建设的推进，必然要求提升腾冲在国家发展和开放大局中的战略地位。

第二，给予腾冲以适当的政策支持。随着"一带一路"、孟中印缅经济走廊、中缅经济走廊建设的不断深入，打通中缅印国际大通道的要求越来越迫切，这就需要积极推动境内外立体交通体系建设。建议支持帮助密支那至班哨二级公路利用中国——东盟专项信贷资金建设，支持启动中缅印国际大通道保山至腾冲（猴桥）铁路、毛家营至猴桥高速公路前期工作，加快推进腾冲机场二期改扩建和航空口岸建设同步实施，争取开通更多国内外直飞航线。这是将腾冲的区位优势转化为经济优势的先决条件，也是腾冲在云南桥头堡建设中能发挥应有作用的决定性因素之一，建议国家在深入评估的基础上，给予腾冲相应的政策支持。

第三，中缅应加强沟通协调。中方宜向缅方继续提供适当援助，应继续加强政府间交流合作，构建多层次政府间沟通交流机制，深化利益融合，促进政治互信，达成合作共识。中缅双方在就经济发展战略和对策进行充分交流的基础上，可以本着求同存异原则，协商制订推进双边合作的规划和措施，在政策和法律上为双边经济融合"开绿灯"，从而为中缅经贸合作的不断深化创造良好的社会环境。

### （三）腾冲自身应进一步加强建设和管理，练好对外开放的内功

"打铁还要自身硬"。在推进"一带一路"和孟中印缅经济走廊建设过程中，腾冲也应提升对外开放的能力，主动融入其中。

第一，将对外开放与经济社会发展更加紧密地结合起来，提高其利用国际国内两种资源、两个市场的能力和水平。腾冲应优化产业布局，在发展对外贸易和促进跨境旅游发展中，要权衡园区建设和跨境旅游的经济、社会效

益。针对当前外向型产业发展不足的实际，进一步加强招商引资工作，重点放在外向型产业上；拓宽商贸发展渠道，着力引进一批商贸流通企业落户腾冲，积极发展运输物流、冷链物流、电子商务等现代物流业；充分发挥贸促会的作用，以滇中产业园区建设，保山义乌小商品城、保山工业纺织园区建设为契机，加大对出口企业的支持和服务力度。

第二，进一步完善对外开放的体制机制。加强促进双边合作的体制机制建设，在对外交流合作上取得新的突破，以推进“政策沟通”和“民心相通”。应建立与缅甸克钦邦定期会晤机制，争取与密支那县缔结为友好城市，巩固和提升对缅友好关系。积极做好中国企业在缅投资项目的协调服务工作，认真组织开展好边境贸易交易会。积极推动民间交往，帮助各类企业特别是民营企业开展对外贸易活动，鼓励和支持贸促会、对缅友好协会等组织。加强与缅方友好交流，营造合作协作、互惠互利的良好氛围，形成相互支撑、市场互补的贸易格局。

第三，进一步加强对外开放的平台建设。用好用足腾冲的区位优势，以边境经济合作区和跨境经贸合作区为载体，通过全面深化与缅甸的交流合作，使腾冲成为国家和云南内引外联的重要战略支点。着力推进腾冲边境经济合作区建设，进一步完善基础设施，从本地资源禀赋和产业基础出发，积极发展火山石材、生物制药、高档保健品、食品制造、仓储物流、出口加工、商贸服务等产业，将边合区发展成面向南亚、东南亚开放的外向型产业加工基地和跨境物流中心。积极创造条件，争取将省级腾冲边境经济合作区升格为国家级边境经济合作区，使边合区获得更大的发展空间。稳步推进密支那经贸合作区和缅甸甘拜地边境特色口岸小镇建设，打造境外开放合作平台，逐步实现境内产业链向缅甸北部地区的延伸。进一步密切与缅甸有关方面的沟通和合作，在扎实做好境外开发区建设前期工作的基础上，争取在园区推介和招商方面取得新突破，带动中缅双边经贸合作迈上新台阶。

第四，强化对外开放参与主体的素质建设，规范企业的经营行为。面对中国少数企业在缅甸投资过程中存在的种种问题，政府要对企业对外投资和海外经营行为进一步加强规范和指导。企业也应建立有效的风险管理体系，提高危机应对能力；充分了解当地法律法规，避免恶性竞争；重视企业社会责任的履行和企业形象的建设，注重当地政府和民众在环保、用工等方面的要求，重视与当地居民、非政府组织等的沟通。进一步加强对赴缅的企业经营人员和务工人员的外事教育，鼓励人们更好地了解缅甸的风俗习惯，促进中缅人民之间的经济和文化交流。

第五，深化腾冲与密支那的农业合作。农业合作是扩大腾冲对外经济合作的重要抓手。应充分发挥腾冲在资金、技术、种植水平方面的优势，利用缅甸密支那土地广阔、气候适宜、劳动力成本低廉等资源禀赋，不断扩大与密支那在农业领域的合作。腾冲可以继续用好对缅罂粟替代种植项目农副产品进出口的鼓励政策，巩固并扩大种植规模，积极发展外向型农业。继续与缅甸合作发展热带水果产业，提高种植质量，积极争取替代种植项下产品返销配额。鼓励有实力的腾冲企业建立境外农业合作基地，如设立中缅农业合作开发试验区。在不断扩大种植面积、稳步提升种植质量的基础上，结合中国食品制造业的竞争优势，利用跨境经贸合作区的开放平台，在缅北地区发展农产品加工工业，延长农业生产的产业链，增加农业生产的附加值，进一步提升境外农业合作的规模和层次。

第六，实现全域旅游与跨境旅游的整合。腾冲应充分利用首批国家全域旅游示范区建设的机遇，加快推动旅游业的转型升级。一是加强全域旅游规划和管理，把腾冲全域作为一个整体来开展旅游规划和建设，将城镇更新改造与城乡统筹发展有机结合起来，加快推进市区的景城融合，打造一批以历史、文化、民俗为依托的精品特色旅游小镇，建设集传统村落保护和新农村建设为一体的美丽宜居乡村，使腾冲旅游业由观光游为主逐步转向休闲度假、运动健康、养生养老等附加值更高的复合型旅游，不断挖掘旅游产业的发展潜力。二是积极探索跨境旅游合作。利用腾冲得天独厚的区位优势，稳步开拓缅甸、印度等旅游市场。以边境旅游异地办证重启为契机，在确保安全的前提下，推出若干条以腾冲为中心、涉及中缅印的跨境旅游线路。在条件成熟时，逐渐整合跨境旅游和全域旅游，构建“腾冲－东南亚南亚旅游圈”，使腾冲成为中国连接南亚、东南亚的国际旅游枢纽。三是加强旅游业服务质量建设。进一步完善交通、住宿、餐饮等旅游业基础设施建设，加强旅游从业人员的业务培训和日常管理，按照国际标准提升旅游服务水平，使旅游者获得更好的服务体验，从而进一步提高腾冲旅游业的美誉度。

我们相信，通过上述几个方面的努力，腾冲在新时期一定会在对外开放的道路上迈出更加坚实的步伐，并通过大开放最终实现大发展的目标。腾冲的明天一定会更加美好！

改革开放

与中国县域发展

GAIGEKAIFANG

# 西藏卡若

XIZANGKARUO

# 走向脱贫可持续之路

中国社会科学院马克思主义研究院

消除贫困、改善民生，逐步实现共同富裕，是社会主义的本质要求，是我们党的重要使命。党的十八大以来，以习近平同志为核心的党中央把脱贫攻坚摆到治国理政的重要位置，脱贫攻坚的力度之大、规模之广、影响之深，前所未有。从 2012 年至 2017 年末，我国农村贫困人口由 9899 万人减少到 3046 万人，累计减贫 6853 万人，贫困发生率从 10.2% 下降到了 3.1%，累计降低 7.1 个百分点。2015 年底，西藏自治区昌都市卡若区共精准识别出建档立卡贫困户 3192 户 13030 人，贫困发生率为 15.3%，贫困人口分布在 15 个乡（镇）157 个贫困村。2017 年 7 月，卡若区实现了 3168 户 12963 人和 157 个贫困村脱贫退出，贫困发生率由 15.3% 降至 0.08%，顺利通过了国务院扶贫开发领导小组评估考核，实现脱贫摘帽，脱贫攻坚事业取得了历史性成就，形成了许多具有示范引领作用的可复制的精准扶贫典型经验。

## 一、卡若区的基本情况与成就

卡若区是西藏自治区昌都市委、市政府所在地，辖 3 镇（昌都镇、卡若镇、俄洛镇）、12 乡（沙贡乡、芒达乡、如意乡、日通乡、柴维乡、约巴乡、嘎玛乡、若巴乡、埃西乡、妥坝乡、拉多乡、面达乡），共有 158 个村委会、9 个居委会、808个自然村，户籍人口152001人，其中农牧民人口85266人。藏族占总人口的94.5%，区内还居住着汉、回、苗、蒙古、洛巴、门巴等21个民族。

### （一）卡若区的地理位置与自然条件

卡若区位于东经96°7～97°9′，北纬30°6′～32°30′，地处西藏东部，横断山脉西北部、青藏高原东南部的边缘地带。地势北高南低，东西呈“W”形。东与江达、贡觉县为邻，南与察雅、八宿县毗连，西与类乌齐县交界，北与青海省玉树州玉树市和囊谦县接壤，总面积1.08万平方公里，最高海拔6100米，最低海拔2900米，平均海拔3500米。

发源于青海省的扎曲河、昂曲河，由西北向东南流至昌都汇合，始称澜沧江。这里常年平均流量达400立方米/秒，总流量达152亿立方米/秒。境内地形复杂多样，沟壑纵横，山高谷深，气候恶劣，人多地少，居住分散，生存条件差。城镇布局和居民生活主要是逐水而居，人们在狭长的沟壑地带地势较为平缓的区域居住生活。

由于地势陡峭、山形走势复杂，在农用地中，耕地10.72万亩，仅占农用地的0.70%；林地834.18万亩，占农用地的54.36%；牧草地688.65万亩，占农用地的44.87%。耕地面积仅为幅员面积的0.7%，而且土地坡度大，地势陡峭，不宜开山耕种。陡峭的地貌地理，也使得地处昂曲河、扎曲河和澜沧江两岸的有限土地坡度极大，导致土壤中的水含量降低，土地浇灌难度极大，水利灌溉工程施工难度大，出现了守着大江大河而又严重缺水的特殊困难。

卡若区面积1.08万平方公里。森林覆盖率为30%，木材蓄积量达3.64亿立方米。拥有植物100多种、野生动物180多种。药虫草、贝母、红景天、黄连、藏红花、大黄、当归、党参、菌灵芝等产量较高。

### （二）卡若区的历史变迁

卡若区历史悠久，境内有新石器时期遗迹“卡若遗址”（位于昌都东南约 12 公里的卡若区卡若村），距今约 4000 年。卡若遗址出土的一件双体兽形罐，通高 19 厘米，形体似雄、雌两兽对卧，其中一体以双勾三角折线纹为主，另一体以双勾菱形纹为主。纹饰采用刻划手法，还施以黑色彩绘等。这是一件内涵深刻，造型绝妙的艺术品。卡若遗址是西藏地区正式发掘的第一处遗址，也是迄今为止西藏自治区境内保存最完整、遗物和遗迹最为丰富的一处新石器时代聚落遗址。1996 年，卡若遗址被列为第四批全国重点文物保护单位。

汉魏时期，以卡若区为中心的广大地区被称为“康”；隋唐时期，隶属东女国，后归依吐蕃。1264 年，忽必烈把昌都一带管辖权封赐给八思巴。在元朝，昌都地区归吐蕃等路宣慰使司都元帅府管辖。明朝设立军民兼治的卫所管理机构，昌都一带属于“朵甘卫指挥使司”管理。1719 年，康熙派大军进藏平乱。从此，清军入藏均以昌都为必经之地，昌都成为西藏“门户”。1908 年 2 月，清朝廷任命赵尔丰为驻藏大臣兼边务大臣。他在昌都积极推行改土归流。1939 年西康省成立，昌都地区属西康省辖地。

13 世纪中叶西藏正式进入封建农奴制社会。法国藏学家亚历山大·达维·尼尔在她的《古老的西藏面对新生的中国》中说，旧西藏，所有农民都是终身负债的农奴，他们身上还有着苛捐杂税和沉重的徭役：“完全失去了一切人的自由，一年更比一年穷”。[①]1950 年，原西藏地方政府噶伦、后来担任过全国人大常委会副委员长的阿沛·阿旺晋美向噶厦发电反映昌都地区情况时说：“因时世混浊，民不堪命，这里有的宗（相当县）内仅有七、八户还有糌粑，其余全以食元根（即蔓菁）为生，乞丐成群，景象凄凉。”[②]已故十世班禅大师于 1988 年 4 月接受《民族团结》记者采访时曾深有感触地说，1959 年民主改革以前，西藏封建农奴社会黑暗、残酷的程度，恐怕比中世

① 参见袁祥、邢宇皓等《西藏政教合一封建农奴制与中世纪西欧农奴制》，《光明日报》2008 年 4 月 15 日。

② 转引自中华人民共和国国务院新闻办公室《西藏发展道路的历史选择》，《人民日报》2015 年 4 月 16 日。

纪欧洲的农奴制度有过之而无不及。

1950 年 10 月 23 日，昌都地区解放；同年底召开昌都地区第一届人民代表会，设立昌都地区人民解放委员会。1951 年西藏和平解放。中央对西藏民主改革采取了“慎重稳进”的方针。中央政府和西藏地方政府签订的《关于和平解放西藏办法的协议》（简称《十七条协议》）规定：“有关西藏的各项改革事宜，中央不加强迫。西藏地方政府应自动进行改革，人民提出改革要求时，得采取与西藏领导人员协商的方法解决之。”[①] 同时，对西藏地区投入大量财力、物力支持。仅 1952 年到 1958 年，中央给予西藏地方的财政补助就高达 3.57 亿元。[②] 1956 年昌都地区划归西藏自治区。1959 年西藏进行民主改革运动，封建农奴制被彻底废除。1959 年成立昌都地区行政公署。1960 年设昌都专区，驻昌都县。1965 年 9 月 1 日，西藏自治区第一届人民代表大会在拉萨胜利召开，宣告西藏自治区正式成立，这是以毛泽东同志为核心的党的第一代中央领导集体做出的英明决策，为西藏经济社会发展进步提供了坚实保障，西藏各族人民从此与全国人民一道走上了社会主义的康庄大道。2014 年 12 月，撤昌都县改设卡若区。从 1965 年到 2015 年，西藏社会生产力得到极大的解放和发展，地区生产总值增长了 68 倍，地方财政收入增长 564 倍，发生了翻天覆地的变化。卡若区也发生了历史性变化，迎来了经济社会发展的黄金时期。

### （三）卡若区的社会文化生活

卡若区所在的昌都，是康巴文化的发祥地，这里的藏族常以“康巴人”、“康巴汉子”自称。“人类在西藏高原已生活了成千上万年。藏族在高原生活的时间也许比地球上任何其他民族都长，因而他们具有充裕的机会获得高

---

① 中共中央文献研究室编《建国以来重要文献选编》第 2 册，北京：中央文献出版社，1992，第 285 页。

② 参见袁祥、邢宇皓等《西藏政教合一封建农奴制与中世纪西欧农奴制》，《光明日报》2008 年 4 月 15 日。

原适应。”[①]昌都人民具有豪放粗犷、热情奔放、坚毅勇敢、忠诚信义的性格。1991 年 4 月，我国著名旅行探险家余纯顺来到西藏，在路上偶遇几位藏族同胞给了他无私的帮助。他后来写道：“在我刚踏上这块神奇的、尚未被大多数人了解的高原时，他们的善良便为我敞开了一扇可以由此窥测这片高原纵深处的窗户……”[②]在博采众长、融合贯通的基础上，昌都逐步形成了以内地汉族文化为主，同时还有满族文化、纳西文化、蒙古文化，以及西藏周边的尼泊尔文化、印度文化、波斯文化等因素的丰富多彩、具有藏族康区特色的文化。[③]历史上，昌都还是茶马古道的必经之地。从 2015 年开始，昌都市每年都举办“三江茶马文化艺术节”。在卡若区调研期间，我们深深地被这里的文化所吸引，由衷感到卡若文化的多姿多彩。

卡若康巴人的传统服饰以裙袍为主。这种裙袍多用自制的氆氇和羊皮缝制而成，冬天穿皮袍。旧时，贵族和富有人家，多穿用虎皮、豹皮、水獭皮制成的皮袍，内着丝绸服装，或以丝绸镶边作为装饰。康巴汉子多带有腰刀、护身盒等，并将用黑色或红色丝线与头发相辫的“英雄穗”盘结于头顶，显得刚武勇猛。康巴女子的服饰更以雍容华贵而著称，其内衣多用丝绸料，外衣讲究用水獭皮缝制，并拼合传统图案予以修饰。康巴女子都有头饰、胸饰、背饰、腰饰和其他饰物，如用九眼石、玛瑙、翡翠、红珊瑚制作的项链、头饰，用绿松石、蜜腊石和纯银制做的各类饰物等。这些饰物往往代代相传，价值少则几十万，多则上百万，是家庭财富的标志。

卡若区传统民居有农牧区之分。牧区一般住帐蓬，这种帐蓬多用牦牛绒线编织而成，并饰以传统图案，美观大方，冬暖夏凉，搬迁便利，深得牧民喜爱。农区的房屋多为土木结构，一般为两层，下面一层放杂物，上面为经堂、厨房、寝室和存放粮食的库房，牧草和粮食则在阳台上晾晒。这种房屋

① John B.West Sukhamay Lahiri 编《高原与人》，梁兵译，北京：民族出版社，1992，第 194 页。

② 余纯顺：《余纯顺孤身徒步走西藏》，上海：上海文艺出版社，1996，第 14 页。

③ 土呷：《昌都历史文化的特点及其成因》，《中国藏学》2006 年第 1 期。

也有高三四层的，其建筑风格相对细致。这里的大部分牧民仍以酥油、茶叶、糌粑、烩菜、牛羊肉为主要食物。

卡若区的藏医药学资源也非常丰富，最有影响的是般龙（日通）藏医。传说公元 749 年前，莲花生祖师和他的弟子来到日通地方的雕鹏岩洞，对当地的植物、矿物、草药等进行了研究，并写成秘诀药书，制成药丸藏于雕鹏岩洞，留给后人用。1705 年，藏医学家丹真松在日通创办藏医学校，修建药厂，自己负责教学、研制藏药等。1755 年，扩建藏医院，并研制珍贵藏药。1927 年，日通地区创办了藏医药学校。1962 年，著名藏医阿旺群增培养了一批藏医药人才，章松是其中之一。1971 年，章松创办西藏昌都日通藏医院。1994 年，在当地相关部门的支持下，章松筹资 1500 多万元修建了日通藏药厂（集体股份制企业），次年又成立日通藏医药研究中心。目前，般龙藏医药已形成集医疗、藏药研制、藏医培训、藏草药种植、藏药科研等为一体的藏医药综合发展体系。

卡若区所在的昌都，传统文化艺术古朴独特。著名的热巴艺术流传于民间，有热巴铃鼓、热巴弦子、热巴杂技等。除热巴杂技外，卓舞(俗称锅庄)也十分普及。每逢喜庆和节日，人们围成圆圈，脚踏舞步，挥臂高歌，热情感人。2006 年昌都锅庄入选国家级非物质文化遗产名录。昌都还是藏族著名史诗《格萨尔王传》产生和流传的主要地区，有许多著名的说唱艺人和艺术大师。昌都的绘画雕塑艺术，流派众多。唐卡绘画艺术中，以昌都“嘎学噶志”画派最为著名。2007 年嘎玛嘎赤画派入选国家级非物质文化遗产名录。2009 年 1 月，昌都卡若区强巴林寺酥油花、卡若区日通乡般龙藏医药、卡若区古木游戏入选西藏自治区级非物质文化遗产名录。

### （四）卡若区改革开放以来的发展成就

改革开放以来，国家对昌都建设发展投入了巨大的人力物力财力。1992 年，国务院拨款 2.7 亿元修复邦达机场跑道和设施。1995 年邦达机场通航，成为昌都通往内地的重要空中桥梁。但是，由于受历史、经济、地理等诸多因素的影响和制约，长期以来昌都城市建设步伐较为缓慢。昌都镇（卡若区前身）城市基础设施建设极为滞后。绝大部分旧城区房子是土坯房，建筑密度高，通风、采光条件差，抗震能力弱，每年因泥石流、坍塌、滑坡等灾害损毁房屋多达20户。道路狭窄泥泞，给排水系统陈旧，经常停水停电。1996年底，昌都地区城乡建设环境保护局组建成立，1997年昌都城市总体规划正式出台，1998年元月昌都城镇建设总体规划启动。但是，受当时各种条件的限制，截至2011年底，市区建成区面积仅为4.6平方公里，80%的旧城区未曾改造。

党的十八大以后，昌都旧城改造力度空前加大。2012年，昌都地委、行署做出了实施新一轮旧城改造的重大决策，计划用3～5年时间，投资近70亿元，实施旧城改造，配套建设道路、桥梁、广场、公园、环卫等市政基础设施。市委市政府带头腾地，便于对老城区进行集约化设计施工，共拆迁居民1300多户，拆迁房屋总面积27万平方米。昌都市还同步实施市政基础设施改造提升工程，极大地改善了市区基础设施条件，大大提高了城市综合承载能力。随着城市改造的进展，城市居民素质也得到不断提升。环卫工人仁青拉珠说："现在大家的卫生意识都提高了，市区比以前更干净了，我们的工作量也变少了。"2015年6月，昌都市被命名为"中国传统建筑文化旅游目的地"，昌都市康巴茶马城街区被命名为"中国民族优秀建筑名街"。[①]近年来，昌都的变化之大，令人惊叹！

可以说，卡若区的经济社会发展，集中展现了改革开放以来特别是党的十八大以来昌都市的历史性变化。党的十八大以来，卡若区理思路、谋发展，调结构、促转型，惠民生、保稳定，主要经济指标实现"五连增"：2016年，该区生产总值完成49.52亿元，是2012年的1.77倍，年均增长15.41%；固定资产投资完成27.9亿元，是2012年的1.52倍，年均增长11.12%；公共财政收入完成1.58亿元，是2012年的2.98倍，年均增长

① 韩俊杰：《昌都旧城改造记》，《人民日报》2018年8月18日。

29.7%；农村居民人均可支配收入9164元，是2012年的1.49倍，年均增长10.56%；城镇居民人均可支配收入27767元，是2012年的1.78倍，年均增长15.52%；累计实施各类建设项目850项，投资规模达到109.61亿元，完成投资105.12亿元；引进千万元以上项目16个，累计到位资金15.234亿元；行政村安全饮水率达到97.6%，道路通达率达到100%。[①]卡若区三大产业比值由2012年的8:40:52优化到2016年的7:41:52，农作物播种面积稳定在9.1万亩，粮食产量稳定在2万吨；2016年末牲畜存栏达到287772头（只、匹），牲畜出栏116556头（只、匹）、综合出栏率38.84%。2017年，地方一般预算收入首次突破2亿元大关，完成20106万元（其中：税收收入14198万元，非税收收入5908万元）。卡若区经济社会发展迈上一个新台阶。

2017年5月中共昌都市委进一步提出：在3至5年内，昌都要努力拿下全国文明城市、国家卫生城市、“全域旅游示范区”城市、生态园林城市、环保模范城市、民族团结进步示范市、双拥模范城市七块“金字招牌”，为昌都的发展提出了新的目标。其中，卡若区是“七城同创”重点区域。随着城市越来越美，公园广场依山傍水，道路、通信等基础设施配套到位，老百姓的生活品质也越来越高，幸福指数节节攀升。

## 二、卡若区脱贫攻坚的主要做法和经验

卡若区是昌都市脱贫攻坚11个县（区）之一。自2015年打响脱贫攻坚战役以来，卡若区坚持以习近平总书记扶贫重要论述为指导，认真贯彻落实党中央、国务院以及西藏自治区党委、昌都市委等一系列脱贫攻坚会议精神，坚持以人民为中心的发展思想，着力壮大集体经济，积极发展特色产业，全面压实脱贫攻坚责任，集合改革、产业、教育、就业、生态文明建设、社会保障、党的建设等有效措施，充分调动社会各界扶贫脱贫的积极

① 陈志强：《卡若区经济社会发展结硕果》，《西藏日报》2017年10月11日。

性，切实营造推进脱贫攻坚斗争的良好氛围，努力打好脱贫攻坚“组合拳”，形成了许多具有示范引领作用的可复制的精准扶贫典型经验。

在脱贫攻坚工作中，卡若区干部群众以实现“两不愁、三保障”为目标，以改善民生为工作出发点和落脚点，真抓实干、奋力拼搏，完成了 3168 户 12963 人和 157 个贫困村脱贫退出，综合贫困发生率降至 0.83%，脱贫攻坚取得历史性重大成果。如今，卡若区发生了翻天覆地的巨变：一幢幢现代楼房依山而建，一排排藏式民居逐水聚集，住在好城乡，享受好空气，出行好交通，体会好幸福。人民群众获得感显著增强。从马背上行走到公路村村通，从单纯农牧产业到集体经济项目不断增多，从牛棚里接生到 100% 被纳入以免费医疗为基础的医疗保障体系以及现代医疗技术变革，从父辈目不识丁到新一代高识字率、懂汉语、融入现代化进程的新式藏民，人民群众真切地感受到生活条件的改变，获得感、幸福感显著增强。在调研中，贫苦户说得最多的，就是生活水平和经济收入都在不断提高，日子一年比一年好，生活越来越有奔头。

脱贫摘帽后，卡若区迅速转入脱贫攻坚巩固阶段，着力在“做大做强产业、补齐基础设施短板、激发群众内生动力”上下功夫，全力实现脱贫攻坚巩固“四个转变”，即建档立卡户从政策脱贫向工资性收入转变，从产业小、散、松模式向规模型、带动力强转变，从注重脱贫速度向提高脱贫质量转变，从“要我脱贫”向“我要脱贫”转变，确保脱贫成果经得起历史、实践和人民的检验。

### （一）坚持脱贫攻坚工作导向，压实责任促脱贫

脱贫攻坚工作需要坚强的组织领导。昌都市成立了以市委、市政府主要领导为组长、副组长，各市（师）级领导为副组长，各县（区）和市（区）直单位主要负责人为成员的市扶贫开发工作领导小组，全面负责对全市脱贫攻坚工作的组织领导。同时，严格落实“地市直管、县抓落实、乡镇专干”的脱贫攻坚工作机制，市、县、乡层层签订脱贫攻坚目标责任书，立下“军

令状”，并将工作落实情况纳入年终考评，作为干部考核任用的重要依据，形成了横向到边、纵向到底、职责清晰、条块结合的扶贫攻坚领导体系和指挥体系。卡若区成立了以区委主要领导为组长的扶贫开发工作领导小组，设立了由区政府主要领导为指挥长、相关分管领导为副指挥长的脱贫攻坚指挥部，下设指挥部办公室，设 12 个专责组，明确各专责组工作职责，集中办公、集中攻坚、细化专责、跟踪效果。实行区委常委包乡镇负总责、其他县级领导干部协助严督促，优秀科级干部及乡镇负责人蹲点抓落实的三级脱贫攻坚责任制。各乡镇也相应成立脱贫攻坚指挥部，分别与辖区内的驻村工作队、寺庙管委会、选派支部书记、村“两委”班子层层签订目标责任书，形成了人人肩上有任务、人人手中有指标、人人主动抓落实的工作格局。为充分调动、发挥县级领导真督实导、解决问题、发现问题的主动性和积极性，以“卡若区脱贫攻坚指挥部任务下达书”的方式，对该区 59 名县级领导定督导任务、定督导时限、定督导效果，着力加大乡镇、村一线脱贫攻坚工作推进落实力度。

脱贫攻坚，抓住精准，做到精准扶贫、精准脱贫，精准到户、精准到人，找对“穷根”，明确靶向是要义。卡若区广大干部牢记使命：“只要还有一家一户乃至一个人没有解决基本生活问题，我们就不能安之若素”，严格贯彻扶贫攻坚的“精准”原则，按照“六看一比”（看牲畜、看耕地，看房屋结构、家具，看劳力，看收入，看健康，比消费），通过落实“两公示一公告”精准识别要求，经多次复核、回头看，最终精准识别出 3192 户 13030 人建档立卡贫困群众，做到不漏一户、不漏一人。按照建档立卡贫困户、贫困村脱贫退出工作流程，严格履行一申请、一评议、两审核、两公示、一公告程序，逐户核查收入和“三有、三不愁、三保障”情况，确保工作程序一步不差。卡若区委组织部社会帮扶组第一时间走村入户，与他们亲切交谈，详细了解其家庭人口及劳力、身体状况、子女入学、住房条件、经济收支以及在生产生活中遇到的困难和问题，并认真记录在册。社会帮扶组副组长旦增同志无论走到哪里手中都拿着一支笔，揣着一个记录本，心中带着问题深入贫困户家中，把群众的家庭生产生活情况、存在困难、个人需求、意见建议等详细记录起来，写了一本扶贫工作的“小百科全书”。

坚持脱贫攻坚工作的精准标准，切实加强各项数据管理。目前，卡若区着力在数据管理上下功夫，全力实现建档立卡贫困户档案资料无纸化模式。一是开展边缘贫困户人口识别工作。为切实做好扶贫开发工作，确保贫困人口持续稳定脱贫，卡若区严格按照识别程序认定，通过参照建档立卡贫困识别标准和程序，确定一批因政策或其他因素没有被纳入建档立卡范围的贫困人口家庭为边缘贫困户，共识别出边缘贫困户 1193 户 5789 人，涉及 15 乡镇 147 个行政村，边缘贫困户人均纯收入按照自治区 16% 的脱贫标准测算且进行分类统计。二是开展精准扶贫数据清洗工作。对于在全国扶贫开发系统中存在的理念脱贫的 10 人、劳动技能逻辑出错及文化程度为空的 137 人、人均纯收入低于国家贫困标准 3311 元的 65 人、义务教育辍学的 302 人、贫困户未参加大病保险的 60 人进行了全部清洗。三是精准扶贫大数据平台开发工作有序推进。精准扶贫大数据平台已确定架构及系统软件开发工作，并与专业系统软件开发部门签订了合作协议，正在试运行当中。随着大数据格局的全面铺开后，能够及时掌握建档立卡户的帮扶成效和数据分析，高效助推卡若区精准脱贫工作。

### （二）强力推进特色产业发展，优化产业布局促脱贫

坚持把发展产业作为拓宽贫困群众收入渠道、增加贫困群众收入的根本之策，全力推进农牧业特色产业发展。昌都市按照“十七个最”，即从最有优势的地方抓起来；把最有特色和竞争力的地方做大；在最强势的地方去优化；到最有空间的地方去扩大；到最有前景的地方做规划；到最易迷茫的地方去指导；到最有需求的地方去满足；到最有潜力的地方去开创；从最短板的地方去弥补；在最有结合的地方做文章；用最有利的机制去保障；到最有影响发展的地方去松绑；在最需要投资的地方去放手；在最欠科技的地方去支持；在最有积极性的地方先扶持；到最封闭的地方去开放；到最有影响力

的地方去宣传，和“优势区域、优势产业、优势资源、优先发展”、“区域集中、规模做大、质量提升、效益提高”的发展思路，围绕全市“五大养殖基地”、“七大种植基地”产业布局，依托区域特色和优势，以市场为导向、以效益为目标、以辐射带动贫困群众增收为根本，依托地域资源禀赋和产业优势，按照因村选业、因户定项目和宜农则农、宜牧则牧、宜工则工、宜商则商、宜游则游的原则，积极培育高原特色农畜产业、三江精品旅游产业以及民族手工业，努力实现“七个全部”，即饮用水、饮料全部本地化自给，肉类全部本地化自给，各类蔬菜全部本地化自给，主要瓜果全部本地化自给，糌粑全部本地化自给，奶油全部本地化自给，蛋类全部本地化自给的目标。

立足自身资源优势禀赋和现有产业格局，提高产业发展效益，确保脱贫攻坚取得实效。卡若区按照“不离乡，不离土，就近有收入”的要求，组织引导 24 个农牧民专业合作社因地制宜发展特色产业，着力发展规模化、现代化、标准化的产业。目前，24 个农牧民专业合作社，拥有固定资产 5814 万元。如，日通乡朵康农牧民专业合作社油菜加工项目，带动农户 86 人，实现人均月增收 1200 元，帮扶建档立卡贫困户 25 户，户均年增收 4500 元；建成高标准奶牛养殖基地等项目，使 1100 户建档立卡贫困户参与飞地产业分红。同时，采取“政府扶持 + 企业投资 + 贫困户入股 + 政府保底”方式，实施了一批以昌都市惠民石材有限公司为代表的砂石厂、石材厂项目，辐射带动 259 户群众（其中建档立卡贫困户 76 户），将资金变股金、股金变分红，贫困户每户年增收 100～4500 元不等。

将做实易地搬迁与特色产业发展结合起来，确保贫困群众正常生产生活。昌都市坚持以促进贫困区域发展和贫困群众脱贫致富为主题，以改善生存环境和发展条件为主线，以特殊贫困区域为主战场，把地方病重灾区和生存条件恶劣、资源匮乏、地质灾害严重等“一方水土养不起一方人”的贫困群众作为易地扶贫搬迁的“重头戏”和“牛鼻子”，遵循扶贫开发区建设“重镇、干线、开阔、开放、搞活、安全”十二字方针和易地扶贫搬迁“六靠”（靠县城、靠乡镇、靠中心村、靠景区、靠产业园区、靠交通要道）、“五方便”（方便安置点选点规划、方便基础设施建设、方便公共服务配套、方便群众发展产业、方便交往交流交融）、“两避让”（避让地质灾害隐患、避让地震断裂带）的原则，严格按照“六个结合”（把易地扶贫搬迁与戍边固疆、新型城镇化、新农村建设、高低海拔实际、防灾减灾和反分裂斗争有机结合起来）和“八到农家”（水、电、路、信、邮政、农家书屋、广播电视、优美环境）及“七新”（规划新、秩序新、特色新、服务新、管理新、生活新、面貌新）要求，进一步完善“两扶持”（产业扶持、转移就业扶持）政策，有效解决搬迁群众发展的后顾之忧。卡若区按照“好房子、好生活、好习惯、好幸福”的“四好”要求，采取“三步走”措施（搬迁前科学规划设计、充分征求群众意见、广泛宣传发动；搬迁中技能培训前置、贫困群众劳务参与、质量全程监督；搬迁后干部协助迁居、乡村干部跟踪服务、产业就业覆盖），强化质量监管，确保易地搬迁群众住上安全适用的住房。目前，卡若区共实施34个易地搬迁安置区，涉及1824户7710人建档立卡贫困群众，现已实现829户3277人建立贫困群众搬迁入住。卡若区还在每个易地搬迁点统筹配套产业项目2～3个，全区因地制宜配套产业项目47项（含飞地分红），涉迁贫困群众通过参与投工投劳、就近就便就业、入股分红等方式实现持续稳定增收，确保搬迁群众“搬得出、稳得住、可发展、能致富”。目前，卡若区以“产业带动”为主，医疗、教育、生态、社会保障等为辅的致富发展格局已初步形成。

### （三）做好生态建设大文章，生态富民促脱贫

昌都市积极落实生态岗位，扎实推进林业生态脱贫工作。首先，开展了建档立卡贫困人口护林员、草原监督员招收工作和退耕还林还草工作。制订了《昌都市退耕还林、退牧还草实施方案》和《昌都市生态脱贫林业管护人员招收方案》，以贫困人口为工作对象，对原有的护林员进行了重新筛选，将家庭富裕、在村（居）“两委”担任职务的人员调整出来，尽量把建档立卡贫困群众吸纳为护林员、监督员、管护员，增加贫困人口收入。该市严格

按照“一人一岗”相关要求，完成176714名建档立卡贫困人口就地转化为生态脱贫岗位管护人员招收工作，落实资金5.3亿多元，实现人均增收3000元。依托各项生态补偿（奖励）政策，扎实有效地推进护林员、自然保护区管护员、草场监督员、水生态管护员等新增生态岗位招收工作。其次，强化产业项目，大力助推农牧民贫困群众增收致富。2017年，全市完成经济林建设38863.5亩。充分利用国家投资、林业产业扶贫资金及国土绿化金融贷款资金，完成园区基础设施主体建设，建立集中统一收购、精深加工林产品、高效营销模式，增加林产品附加值，促进全市林业产业发展。最后，坚持用好政策，积极推进林业改革创新。全市林改工作全面铺开，目前已完成全市林改工作勘界确权小班5629个，确权面积21723.5亩，将林地使用权和林木所有权确权到户，增加了农牧民群众的财产性收入。同时，引导市国有林场参与林下产品精深加工、苗木培育、全市造林绿化、森林旅游等产业开发。

把生态项目建设和扶持困难群众脱贫结合起来，想方设法增加贫困群众的收入。卡若区在主城区及214国道沿线大力实施“七城同创”格桑花绿化美化工程。充分利用15440个生态岗位人员及林业系统3229名管护人员，在各乡（镇）、村委会周围、百姓房前屋后、路边及空地，栽植各类树种136807株。实施了4000亩重点区域生态林建设工程，栽植云杉34万多株，惠及当地群众181户1524人。在如意乡、日通乡、城关镇等周边开展森林围城生态林建设7000多亩。投资2000万元在埃西乡蒙普村大力发展林业生态苗圃建设500亩，带动250户1224人建档立卡贫困户实现增收；投资1050万元在城关镇、埃西乡交界处种植山杏1500亩，惠及当地贫困户186户779人；投资500万元实施沙贡乡温达、果洛，城关镇野堆村、卡若镇左巴村等易地搬迁安置点的绿化美化，人工造林125亩，切实打造好美丽乡村的环境，建设好生态宜居的家园。落实生态岗位19893个，从2018年起生态岗位补助资金由3000元/（人·年）提标至3500元/（人·年）。

### （四）坚持以人民为中心的发展思想，深化改革促脱贫

卡若区是西藏自治区级农村改革试验区，自 2016 年 9 月开展农村改革工作，把土地确权登记颁证工作作为农村改革的首要任务。该区根据自治区、市土地确权办对农村土地确权登记颁证工作的部署，围绕“确实地、赋真权、准登记、颁铁证”目标，坚持尊重历史、负责未来、实事求是、确保质量的原则，精心组织，在入户调查、实测图解、信息公示、签字确认等环节严格把关，稳步推进，规范实施，较好地完成了农村土地（耕地）承包经营权确权登记颁证工作任务。2018 年初，卡若区农村土地（耕地）承包经营权确权登记颁证工作已全部完成外业测绘、公示审核、签字确认、资料归档工作，此次土地确权颁证工作涉及 15 个乡（镇）147 个行政村、12371 户 124622 个地块，土地确权面积 149109.65 亩（其中承包地面积 144273.35 亩、机动地面积 4836.3 亩）。在这些工作的基础上，卡若区注重挖掘地域潜力和内生动力，结合地区优势在种植养殖业、资源开采、民族传统手工艺、旅游等方面深耕脱贫发展之路。甚至通过异地承包、转包、租赁土地实现强强联手，如昌都市标准化奶牛养殖场就以每年每亩 1200 元的价格，租用了卡若区俄洛镇、日通乡土地 1100 亩，用于采用标准化作业种植饲草料，实现双赢，为脱贫攻坚工作奠定了良好基础。

在开展集体林权制度改革之初，昌都市成立了主要领导为组长、分管领导为副组长的市、区、乡（镇）、村“四级”林改工作领导小组，对卡若区林改试点工作进行组织协调和统筹指导，确立了“市统领全局、区直接领导、乡（镇）组织实施、村具体操作”的工作模式，明确工作职责和任务，层层签订目标责任书，层层压实领导责任。自被确立为林改试点区后，卡若区各级林改工作组广泛深入乡（镇）、村开展林权改革政策、制度宣讲，通过发放《政策法规汇编》《林权改革工作问答》等宣传资料，并充分利用各类宣传载体对林改工作进行专题报道、对相关政策进行滚动宣传，让群众了解林改目的和优势，激发农牧民群众育林护林的热情，积极主动参与林改。昌都市还聘请湖南省平江县林业调查规划设计院为林改技术支撑单位，负责林改

业务培训，确保林权改革工作改好改细改实。从卡若区各乡（镇）抽调 1 名工作人员，进行林改相关法律法规、政策措施、程序方法等培训。昌都市结合实际，经多次征求市直各成员单位意见后，分别制订和修订了藏汉双语版“昌都市国有林地承包合同”和“昌都市集体林地承包合同”，进一步保证了林改工作的合法性和规范性，切实保护了广大群众特别是困难群众的合法权益。

2017 年 8 月 8 日，林权类作为不动产进行登记颁证，标志着卡若区集体林权制度改革试点工作圆满完成。2017 年，卡若区完成 4800 多亩生态林建设，退耕还林 7377 亩，建设森林围城项目 1175 亩。截至 2018 年 6 月，昌都市共完成林权制度改革勘界确权面积 30685.6 亩、造林小班 6844 个，其中国有林地 5422 亩、集体林地 25263.6 亩，涉及全市 11 县（区）61 个乡（镇）336 个行政村（居）10539 户群众，其中建档立卡贫困人口 5425 户 31514 人。目前，卡若区等已经顺利完成林地承包合同签订工作。当地还积极鼓励农牧民群众大力发展林下资源和林果业，实现了土地资源利用和富民利民的有机统一，为脱贫攻坚起到了积极的推动作用。

### （五）积极发展集体经济，夯实基础促脱贫

积极发展集体经济，是贫困地区摆脱贫困的重要一步。充分发挥党支部带动作用，引领集体经济发展。卡若区采取“支部 + 基地 + 合作社 + 党员 + 贫困户”的模式，扩大村集体经济，带动贫困户就业增收。卡若镇卡若村党支部利用区位优势，进一步扩大卡若扶贫生态农业体验园规模，解决 29 户 30 人建档立卡贫困户和富余劳动力的就业；俄洛镇加林村党支部发展食用菌养殖基地，带动 11 名建档立卡贫困群众就业，人均年创收 6500 元。如意乡的达若村党支部书记罗布次仁说：“我们附近的砂石资源丰富，村集体就带头办起采砂场、石材加工厂，集资购置了大型装载机、碎石机、搅拌机、翻斗车，还组建了达若村农牧民施工队。”“2012 年，我们又投资 25 万元建了糌粑加工厂，村子里有 150 多名党员群众参与村集体企业，每年为群众增收

60 多万元。村民大多在村里的经济实体里工作，不仅能拿到工资，作为股东到年终还能拿到分红。”这种通过支持龙头企业组建大型企业集团，发展“订单式”、“对接式”、“合同式”农牧业产业等集体化经营模式，在村干部的管理下，实现标准化生产、品牌化经营，可以带动群众脱贫致富。

充分发挥能人带动效应，引领个人学技创收。卡若区以 2017 年村（居）换届为契机，将致富能手选进村“两委”班子，发挥带动效益。日通乡温达村选取 2 名能人进村“两委”班子，积极发展糌粑加工厂和民族手工艺合作社，吸纳建档立卡贫困群众 24 人，其中糌粑加工厂带动 12 人，人均年创收 3600 元；民族手工艺合作社带动 12 人，人均年创收 4350 元。日通乡瓦列村建立巾帼示范点奶牛养殖基地，带动 10 名建档立卡贫困群众就业，人均年创收 8000 多元。目前，昌都市有 381 家农牧民施工队。他们在采砂石、做板材、修路基、修桥、修房、建温室大棚等多领域，不断拓展业务。

先进村（居）带动贫困村脱贫致富。走“一乡一特、一村一品”的特色集体经济发展模式，是卡若区脱贫发展的重要思路。这种理念催生了俄洛镇加林村食用菌种植基地、俄洛村康巴香鸡养殖、仁达村卡垫制作、热巴村油菜种植、曲尼村康巴香猪养殖。日通乡也是以产业项目多而走在脱贫摘帽的前列，如有日通藏药厂、朵康民族手工艺、奶牛养殖场、糌粑加工厂等 9 个产业项目。如意乡达若村党支部在壮大村集体经济，带动本村农牧民增收的同时，采取技术帮扶、物资帮扶的方式带动约日村建档立卡贫困户 18 户，手把手传授石材加工技术、建筑施工技术等致富技能，并发放慰问物资 5 万元；城关镇选取组织建设强、集体经济发展好的先进村干部帮扶经济发展薄弱的 3 个村，采取座谈、政策宣讲、致富经验交流等方式，帮助优化产业结构、分析致富门路、完善各类规章制度，增强帮扶村党支部的战斗力、凝聚力及带领群众脱贫致富能力，努力把产业项目建设与发展创新作为群众长期、持续、稳定收入的重要渠道，切实改善贫困群众增收渠道单一、收入不稳定的现状。

### （六）坚持基层党建和扶贫攻坚深度融合，强化保障促脱贫

减少贫困是世界性的难题。“贫困地区的发展靠什么？千条万条，最根本的只有两条：一是党的领导；二是人民群众的力量。”[①]“村民富不富，关键看支部；村子强不强，要看‘领头羊’。”“一个村子建设得好，关键要有一个好党支部。”卡若区坚持“三融合”推进基层党建和扶贫攻坚深度融合。卡若区着眼“三融合”，拧紧扶贫党建“一股绳”，推动扶贫开发、实现精准扶贫。一是机制融合。卡若区建立党政同责，部门联动的工作机制，推行党建工作和精准扶贫整村推进联系点制度。成立了由区委主要领导任组长的扶贫开发工作领导小组和由区政府主要领导任指挥长的脱贫攻坚指挥部。采取领导抓乡挂村、部门联动包组、干部结对联户的方式，层层建立“责任区”，形成上下联动、各方配合、齐抓共管的工作格局。二是责任融合。卡若区扶贫开发工作领导小组分别与包乡（镇）县级领导、脱贫攻坚指挥部、各乡（镇）党委签订了“脱贫摘帽目标责任书”与干部个人签订“党员干部结对帮扶责任书”，督促各乡（镇）与辖区内各驻村（居）工作队、寺庙管委会、选派支部书记、村（居）“两委”班子签订目标责任书，使基层党建目标任务与精准扶贫目标任务有机融合，实现党的建设和精准扶贫“无缝对接”，坚持做到精准扶贫推进与加强基层党建工作同研究、同部署、同推动、同考核。三是项目融合。卡若区加大项目整合力度，深入调查研究，切实弄清致贫原因，完善贫困户建档立卡资料，建立扶贫对象帮扶工作信息系统平台，做到人有名、户有册、村有薄、乡（镇）有档。围绕培育特色产业、夯实基础设施、改善人居环境、提升素质能力、完善社会服务、加强生态文明建设等，统筹考虑党的建设、扶贫开发等各项工作，抓产业、抓项目、抓服务，实现双促进、双提升。

充分发挥党员干部作用，打造一支特别能战斗的脱贫攻坚干部队伍。2015 年，巴勇曲珍被任命为卡若区约巴乡扶贫专干。约巴乡共有建档立卡

① 习近平：《摆脱贫困》，福州：福建人民出版社，1992，第 13 页。

贫困户 206 户 910 人，每户户档 48 项，每一项少则三四页，多则 20 多页，一式四份，算下来需处理的材料达 19.8 万页，平均每名专干需要处理 6.6 万份材料。为了保证材料准确无误，全乡材料需经过 4～5 次的审核和修改，为此，巴勇曲珍多次走村入户调查复核。贫困户信息复核完后，巴勇曲珍本以为扶贫工作进行了一大半，可以松口气了，却不知建立信息卡才是真正的挑战。巴勇曲珍后来回忆说："在信息卡录入中发现很多村上报信息存在逻辑关系错误，年龄、户主关系、身份证号码等信息一度让我们苦不堪言，我们 3 个专干用了三天两夜时间才把信息卡矫正完成。当上报完信息卡的一瞬间，整个人才松了一口气。"扶贫专干的工作重点就是帮助贫困户脱贫，这也是巴勇曲珍最为关心的问题。拉日村四多是巴勇曲珍的帮扶户。巴勇曲珍第一次入户时发现四多体弱多病，家中两个儿子无正式工作，四多一家的生活状况让她寝食难安。经过一夜的思索，第二天巴勇曲珍把走访所掌握的情况，第一时间向乡领导汇报，并讲述自己对四多一家脱贫致富的初步规划和构想。巴勇曲珍多次到四多家中与他们进行沟通和协商，最终决定让四多的大儿子嘎玛次仁去学习手工艺打造技术，还通过易地搬迁工程，帮助四多建了新房。嘎玛乡乌东村村民次丁长年遭受心脏病、骨质增生等病痛折磨，还无妻儿照料，生活困苦。为了帮助次丁，嘎玛乡党委副书记、乡长嘎松丁达带领村"两委"、驻村工作队多次到次丁家中慰问，还积极联系医生为他做检查、寻找治病良方。次丁拉着嘎松丁达的手不停地说："感谢党、感谢政府。""干部真脱皮，群众真脱贫"，在卡若区确实不是一句空话。

### （七）坚持人民主体地位，依靠人民促脱贫

脱贫攻坚需要充分调动贫困群众自身的创造性和主动性。脱贫攻坚需要充分调动贫困群众自身的创造性和主动性。卡若镇卡若村建档立卡户洛松郎直，出生于 1991 年 5 月，初中文化，2017 年 7 月参加中国共产党。他家中一共 3 口人，劳力仅有洛松郎直一人，家中没有耕地，没有草场，也没有牲畜。收入就是靠洛松郎直在村子里打打零工赚点小钱，生活异常艰难、

清苦。2015年精准扶贫工作开展后，洛松郎直被纳入卡若村的建档立卡户。在党和政府的积极号召下，洛松郎直多次参与了卡若区组织的各项培训，并利用他的绘画天赋，深入学习绘画技能，得到了一些家装绘画的工作机会，收入也渐渐增加，2016年洛松郎直纯收入达到了36641元，家庭人均纯收入也达到了12213元，他的生活条件和住房条件已经发生了翻天覆地的变化：家中的家具换成了高档的家具，家里也买了大电视机，电器家具一应俱全。洛松郎直认为：他所得到的这一切，完全离不开党和政府的关怀和帮助。要想脱贫致富，只有通过自己的努力，同时改变自身想法，才能改变贫困的现状，只有自己亲手做了，才会有收获。他表示，要通过自己的努力去帮助需要帮助的人，让别人也过上越来越好的日子，更好地为党和政府排忧解难。2018年，卡若区计划在15个乡镇评选树立通过自身奋发努力脱贫的典型，深入挖掘和提炼典型事迹，组成宣讲团深入基层宣讲，用身边事例，现身说法，传播精准扶贫、脱贫的正能量，增强农牧民群众致富脱贫奔小康的决心和信心。

卡若区着力在激发群众内生动力上下功夫，努力实现从“要我脱贫”向“我要脱贫”转变。一是扶“志”。扶思想、扶观念、扶信心，帮助贫困群众提高认识、改变观念、树立自立自强的观念，唤起贫困群众自我脱贫的斗志和决心，改变消极畏难和无所作为的精神状态，变被动救济为主动脱贫，实现从“要我脱贫”到“我要脱贫”的转变。卡若区组织37名宣讲员深入15个乡镇167个村（居）委会、53座寺庙，开展宣讲600场次，覆盖群众近4万多人，发放宣传资料近3万本。开展演出宣传7场，通过“网信卡若”微信公众号推送精准扶贫新闻31条，广播播报10条，电视新闻报道32条。二是扶“智”。兑现205名建档立卡大学生卡若区2016～2017学年扶贫口、民政口建档立卡大学生市级免费教育资助金93.1万元；将建档立卡大学生每人2500元补助提高到3000元，为227名建档立卡大学生补发补助资金11.35万元（其中2016～2017学年100人、2017～2018学年127人）；印发了《昌都市卡若区建档立卡贫困家庭子女接受高等教育实施免费教育补助政策实施细则》，建档立卡大学生在校期间，每学年可享受3000元资助金。三是扶“技”。坚持对贫困群众进行致富技能的培训，对贫困户现有劳动力符合条件且有技能培训意愿的，组织免费技能培训，使其学会一技之长，拓宽就业渠道，通过培训实现转移就业。截至2018年6月，举办技能培训3期、培训人数111人，实现就业102人、农牧民就业率达到92%，完成职业指导662人、职业介绍524人，开发就业岗位630个。四是扶“基”。按照任务不减、感情不减、责任不减的目标，用实际行动把党和政府的温暖送到了建档立卡贫困户的心中。截至2018年6月，卡若区共2743名干部帮扶2811户贫困户，走访慰问6128次，帮扶物资折合达86万元，开展政策宣讲5987次，宣讲覆盖人数2万多人。

### （八）充分调动社会积极性、创造性，凝聚力量促脱贫

充分调动社会力量做大事，是社会主义制度的优势。美国学者杰弗里·萨克斯在其著作《贫穷的终结：我们时代的经济可能》中认为：如果一个地方所处的地理位置相对封闭、不易到达，环境上易于遭受疾病和极端天气的侵袭，土壤又贫瘠脆弱，往往容易陷入贫困。因此，拥有蓝天白云的“地理资本”，或许同时也意味着偏远难以到达的“空间贫困陷阱”存在。地理环境可以说是导致西藏某些地方贫困的重要原因。西藏有59万贫困人口，昌都就有近20万，呈现集中连片贫困、少数民族地区和深度贫困等多重特征。卡若区脱贫摘帽的案例充分说明：按照一方有难八方支援的社会主义人道原则，向贫困落后开战，最终能够克服“地理贫困”这种世界难题。

卡若区以与昌都市合作实施高标准奶牛养殖项目为纽带，一是通过高标准奶牛养殖项目的实施、投产、收益，带动500户建档立卡群众获得效益分红，带动俄洛镇、沙贡乡青贮玉米基地和卡若镇左巴村紫花苜蓿饲草料种植基地直供饲草料，带动贫困户群众在奶牛养殖场转移就业增收，预计可带动500户贫困户，户均年增收6000元。二是选育头雁“百带万”。按照“储、选、育、帮、管”能人战略思维，积极指导，成立了由经济能人、科技带头人组

建的养殖、畜产品加工等农民专业合作社24个，组织引导农牧民专业合作社围绕当地主导产业、特色产业，大力推动规模化、现代化、标准化生产，促进农民增收。现拥有固定资产5814万元，带动农户近千户，实现销售收入近14万元，农牧民群众人均增收100～4500元不等，形成了“百社带万户”的良好局面。如，日通乡朵康农牧民专业合作社油菜加工项目总投资400万元（其中：企业自筹315万元，国家投资85万元），带动农户86人，人均增收1200元，帮扶建档立卡贫困户25户，户均增收4500元。三是壮大基地“点带面”。按照“培育龙头、壮大规模、建立基地、提升品质、带动农户”做特做优农畜特色产品思路，投入产业资金3500万元建设或改造升级卡若香鸡、卡若香猪等养殖基地。目前，如意乡卡若香鸡养殖繁育基地已完成升级改造，沙贡乡多伏村卡若香猪养殖链基地正在有序建设中。养殖基地有效推进了全区养殖业趋近标准化、规模化、现代化，提供了各类就业岗位，辐射了周边城镇产业发展及经济发展。

2016年，昌都市分期、分批实施了35个易地扶贫搬迁安置区（重庆原生态康巴文化城、尚嘎花园安置区、卡若镇老水泥厂安置区由昌都市住建局建设），涉迁建档立卡贫困群众1824户7710人（其中：拟搬迁至昌都市区1099户4744人），已搬迁入住459户1917人，在建1365户5793人，做到附属与房建同步，实施了水电路信、村卫生室等配套设施建设，方便了搬迁群众就医、就业、出行等。整合北京、天津、广东、中国铝业等援藏资金1.59亿元，先期打造了北京新村1个、天津新村2个、中铝新村2个。其中，卡若区卡若镇的“卡若－北京新村”，就是北京市投入资金开展精准扶贫而援建的。在这里，可以看到错落有致的房屋，宽敞整洁的街道，村民满意而幸福的笑脸。而发生这些翻天覆地的变化，仅仅用了两年时间。在脱贫攻坚中，卡若区逐步加大与援藏省市企业、驻地部队、国有企业、私营企业、个体工商户等的沟通衔接力度，积极调动他们参与脱贫攻坚的主动性。例如，当地的强巴林寺管委会、华润雪花啤酒有限公司、西藏开投金河流域水电开发有限公司等积极走村入户，以物资慰问的形式开展结对帮扶工作。

总之，中华人民共和国成立以来、改革开放以来，特别是党的十八大以来，西藏经济社会发展的巨大变化，尤其是脱贫攻坚的历史性成就，让西藏人民对我们党，特别是对毛泽东主席、对习近平总书记充满了敬仰感激之情。卡若区脱贫攻坚成效，把党和国家的温暖送到了千家万户。卡若区俄洛镇加林村扶贫工作组进行建档立卡入户时，一位亲历新旧西藏两重天的老人回忆起旧西藏那黑暗、落后的年代，眼中饱含泪水，哽咽着说出他经历的各种苦难，诉说中华人民共和国成立后发生的巨大变化，表达了他对党对祖国的无限感恩之情。西藏自治区党委在全区开展“讲党恩爱核心、讲团结爱祖国、讲贡献爱家园、讲文明爱生活”（即“四讲四爱”）主题教育实践活动，激发了广大农牧民群众摆脱贫困、走向富裕的决心和信心，以及脱贫攻坚的行动勇气。

在调研中，我们看到，农牧民家中都摆放着毛泽东主席和习近平总书记的大幅照片。农牧民都喜欢把国旗高高挂起。在高原晴空下，鲜艳的五星红旗分外醒目。调研组到农牧民家里，都受到一样的热情接待：他们捧出酥油茶，摆上糖果。每见你喝一口酥油茶，就马上再给你加满杯。在调研卡若区五保集中供养服务中心时，那些孤寡老人对着调研组同志大声称赞“共产党好”，说“你们辛苦了”，可以深刻体会到他们那种发自内心的对党的感恩之情。如今，西藏各族人民沐浴着新时代的新希望，正在迎接着更加光辉灿烂的未来。

## 三、关于卡若区巩固脱贫攻坚成果的设想与展望

卡若区虽然取得了脱贫攻坚的巨大成就，走出了从脱贫摘帽到全面建成小康的关键一步。但是，只要群众对幸福生活的憧憬还没有变成现实，卡若区党委政府和广大党员领导干部就要毫不懈怠地团结带领群众一起奋斗，不断满足人民群众日益增长的对美好生活的需要和向往。

如何赶上美好新时代，如何在地广人稀、高寒缺氧、资源贫乏、自然条

件差、贫困程度深、扶贫成本高、脱贫内生动力严重不足的客观背景下，引领藏区人民走向美好生活依旧是一个重大的时代问题。这需要科学规划，精准施策，综合配套、统筹谋划、多方发力，久久为功。要确保政策更加科学精准到位，不断加大社会扶贫力量，打出高效组合拳，补短板，强弱项，努力形成党委领导、政府主导、社会协同、群众积极参与，各方密切合作、内生动力充沛的巩固脱贫成果模式，夯实可持续发展的基础，缔造新时代西藏各族人民的美好新生活。从卡若区情况看，在政策性脱贫摘帽之后，必须通过持续大力投入、借助扶智与扶志实现可持续发展，防止返贫，必须解决工资性资产性收入占比低、中心市场带动作用弱、产业性收入占比少、基础设施与公共服务落后等难题。

### （一）要更加精准地加大投入

2017 年，西藏自治区、昌都市下达卡若区精准扶贫资金共计 23766.3 万元。足额保障脱贫攻坚资金，加快推进精准扶贫、精准脱贫，是该区率先实现脱贫摘帽的重要保证。当前，卡若区农牧民增收渠道较窄、持续增收能力不足、收入单一、差距不断扩大等问题依然突出。实际上，群众脱贫之后走向更加美好的生活，依然需要政府持续投入。尤其是，对居住在自然条件特别恶劣地区的群众，还要加大易地扶贫搬迁的力度。

第一，实现卡若区脱贫之后的可持续发展，必须依靠政府资金的有效投入。落后藏区脱贫的国家的大投入，是西藏脱贫致富的重要条件。脱贫攻坚时间紧、任务重、压力大，采用常规思路和办法、按部就班推进难以完成任务，必须以更大的决心、更明确的思路、更精准的举措、超常规的力度，众志成城实现脱贫攻坚目标。2018～2020 年，是扶贫攻坚的关键时期。我们必须在脱贫攻坚上采用超常规做法，猛力投入，大力推进，精准施策，不能搞成“撒胡椒面儿”。卡若区的“卡若－北京新村”就是集中力量打造的脱贫样板。卡若区地理特殊，农牧民受自然条件的影响大，对洪涝、干旱、暴雪、冰雹等自然灾害基本无法抵御，还是“靠天吃饭”。建设发展成本大，需要政府加大投入、集中投入、持续投入，方见成效。政府要加大异地集中安置力度，出资为农牧民建房，让他们早日过上“四好生活”。

卡若区脱贫，按照区委书记王伟的说法，就是国家做了92%，卡若区干部做了8%。“1元工资，中央给了9毛2，我们自己挣了8分。”2017年卡若区财政年初配套资金1830.9万元，也达到了自治区、市下达卡若区精准扶贫资金的12%。特别是在卡若区这样的深度贫困地方，只有中央和自治区坚持通过发放粮食直补、农资综合直补、良种补贴、农机具购置补贴、能繁母猪、退耕（牧）还林（草）补贴、草补、生态补偿、野生动物肇事补偿资金、农林业保险等政策资金，不断加大对深度贫苦地区强农惠农富农政策资金的投入力度，才能确保农牧民生产性政策补贴不断增加，贫困农牧民的脱贫之路才能更有希望。实现发展生产脱贫一批、易地搬迁脱贫一批、生态补偿脱贫一批、发展教育脱贫一批、社会保障兜底一批等“五个一批”，是一个需要大投入的持久工程。实现扶贫政策保障到位、资金投入到位、产业带动到位、项目安排到位、民生服务到位、社会帮扶到位、援藏支持到位、群众参与到位，也需要党和政府的政策性支撑和倾斜。确保按期保质保量完成卡若区脱贫人口的脱贫攻坚任务，仅仅是摘帽脱贫的第一步。未来，要想解决建档立卡贫困人口，老人、病人、残疾人等特殊贫困群众脱贫问题，依然还有很长的路要走。

卡若区积极响应中央生态文明建设要求，保护好三江之源，建设好国家生态安全屏障，不搞大工业，应该获得更多的生态补偿。近年来，卡若区积极响应西藏自治区开展湿地、自然保护区、水生态补偿试点改革，初见成效。这也需要在湿地、水生态补偿方面获得更多的政策性支持。森林生态效益补偿要量化和制度化。作为国家级自然保护区需要在生态功能区转移支付方面获得更多实惠，建立健全生态综合补偿机制落实制度，足额公开透明兑现森林生态效益补偿和草原生态保护补助奖励。通过林补、草补政策，深化林权制度改革等推进生态建设与保护，在支持农牧区群众大力发展绿色农业、苗木产业、生态旅游业方面，给予群众植树造林、退耕还林和后续建设工程以生态补偿，吸纳更多建档立卡的贫困人员就地转化为护林员、草原监督员、自然保护区管护员、环境保护监督员，切实增加农牧民的收入。配套好相应的生活设施、防灾设施和生态保护设施，解决农牧民生产生活困难问题，做好天然草原围栏工程、退牧还草工程，试点推行草原灌溉，配套灌溉设施，开展草原鼠虫害治理，提高农牧民抵御自然灾害的能力等，都需要持续投入。

第二，现有的资金投入要用到刀刃上，要注重投入和产出比例的优化。扶贫资金是我们党带领人民奔向小康、改变当地贫困落后的重要物质保障。对于集中连片贫困地区的农牧民来说，这些都是改善生活条件，提升生活质量，优化居住环境，甚至是保障生命健康的救命钱。所以，扶贫资金虽然有限，却极其重要。当然，就扶贫资金的供给与需求而言，永远不会实现平衡，如何把有限的扶贫资金用在刀刃上，高效精准科学安排，是新时代扶贫攻坚工作的新要求，是对掌握扶贫资金的领导干部综合能力的新考验。要把有限的扶贫资金花在该花的地方，就必须有对扶贫事业的通盘考量。要做好统筹安排，形成适合本地特点的短、中、长期的规划，从思想、行动、监管、评估、考核等方面确保责任落实。必须做到扶贫资金的高效使用，规划成熟后再投钱实施，绝不能出现先做危房改造，钱也投进去了，没几天又实施异地搬迁；村村通路修了一半，又搞整村异地搬迁等情况。要避免朝令夕改，绝不能把有限的扶贫资金浪费在来来回回的“折腾”上。坚决杜绝工作中的拍脑袋、乱指挥和瞎指挥，坚决反对和制止脱贫攻坚中各种形式主义、官僚主义，坚决反对弄虚作假、搞“数字”脱贫等。

第三，发挥政府资金的杠杆作用，撬动更多民间资金投入。借用脱贫攻坚战略这个池子蓄水，通过以政府资金为支点撬动多渠道引水工程，确保扶贫脱贫这个口子始终能有效开闸放水。财政资金、扶持基金、卫生扶贫救助基金、教育救助扶贫基金等，所有政府的资金都可以通过市场导向，撬动社会资金的介入。卡若区可以在产业布局、招商引资、教育、生态建设、绿色开发、交通等基础设施建设中，充分发挥财政资金“四两拨千斤”的引导带动作用，撬动金融资本、民间资本和社会资本支持实体经济发展。实践证明，通过集体经济发展平台融资也是一种有效形式。如沙贡乡石材厂那样，以合资的形式引入内地资本。甚至可以通过涉农信贷、涉扶贫信贷担保资本金投入，建立风险补偿机制，参考内地县市在脱贫实践中建立的新型政银担风险分担机制，通过政、银、担三方风险共担，激发多元资本介入扶贫项目和集中连片贫困区的产业项目投入。

第四，必须攻克制约卡若区发展的基础设施建设短板。加强水、电、路、信、网等基础设施的建设力度，是卡若区脱贫攻坚的关键环节。基础设施建设作为脱贫巩固提升的突破口，需要更多的国家资金投入，做好省道、电站、水利枢纽工程建设，积极实施村村通有线电视、电话、互联网工程，推进电信网、广电网、互联网三网融合，力争早日实现乡（镇）道路通畅率100%，并尽快形成稳定的电力供应体系。2004 年，西藏没有铁路的历史才彻底结束，而铁路在藏区要像血管一样延伸的梦想还很遥远。正如《天路》歌曲中吟唱：盼望铁路修到我家乡，一条条巨龙翻山越岭，为雪域高原送来安康，那是一条神奇的天路，把人间的温暖送到边疆，从此山不再高路不再漫长。王伟书记担忧地跟课题组说："卡若区离市区最远的乡镇 188 公里，一个孕妇生产，路上要耽搁 5 个小时，还要遭遇颠簸劳累，如何解决这些困境？交通是头等大事。"中共中央、国务院印发的《中国农村扶贫开发纲要》指出："到 2015 年，提高贫困地区县城通二级及以上高等级公路比例，除西藏外，西部地区 80% 的建制村通沥青（水泥）路，稳步提高贫困地区农村客运班车通达率。"为什么要"除西藏外"，因为西藏确实在短期内无法实现 80% 的建制村通沥青（水泥）路。"晴天尘土飞扬，雨天泥泞满地，牲畜满村跑，垃圾满天飞，下山一走滑三滑、上山一爬喘三喘"的村路情况，在卡若区依然存在。卡若区目前仍有建制村公路属于季节性通车，乡村主电网全覆盖也尚未实现，需要巩固提升的农村安全饮水工程也有不少。同时，卡若区距拉萨、成都、西宁、昆明等中心城市均在 1000 公里以上，要想搞基建工程，建筑材料基本从区外调运，其运输成本、建设成本均远远高于周边特别是内地县市。

实施贫困村提升工程，完善基础设施，打通脱贫攻坚政策落实“最后一公里”。要做好异地搬迁点各项配套基础设施和产业发展工作，真正让贫困群众搬得出、稳得住、能致富。深度贫困地区要改善经济发展方式，交通建设项目要尽量做到向进村入户倾斜，水利工程项目要向贫困村和小型农业生产倾斜，生态保护项目要提高贫困人口参与度和受益水平。着眼未来，扎实推进卡若区“水电路信网、科教文卫保”等提升工程，农网改造升级、危房改造等工作，都是绕不过去的基础性工作。要加大基础设施投资力度，保证农牧区与外界的联系畅通，降低市场交易成本，改变道路的季节性特征，确保农牧产品鲜活交易，让农牧民更加便捷地融入市场经济之中。

第五，落后藏区急需多元技术性支持援助。实践证明，卡若区水电应用和开发急需更多的技术援建。“两山夹一沟”的地形地势特点，制约着卡若区的发展，守着“三大江”的丰富水资源，却无法实现农牧业的有效灌溉。首先，是浇灌设施建设的成本巨大；其次，是独特的地形坡度，造成浇灌效果差；最后，地势高一些的区域水资源提取技术不够。在梯度化抽水蓄水工程上，需要更多的技术支撑和援建。本地实施开发与配套建设的技术能力有限，三江大地的沟壑纵横，决定两级输电塔之间的落差近 1000 米。高海拔、强紫外线、材料运输无路可走、施工的季节性等地理特征严重制约卡若区的水电开发。丰富的水电资源大多处在地形陡峭的地方，地理切割明显，自然条件也很差。在这里修公路、铁路、水电站，往往都要创世界的公路史、铁路史、电力施工史上诸多难度之最。昌都辖区内的三江流域水能资源蕴藏量达 4000 万千瓦以上，但因处于三江断裂带，经常有地震发生，制约了水电资源的开发，一些想来卡若区建设资源矿产开发开放的企业，也大多受阻于供电不足这个瓶颈限制。广泛散居的卡若区农牧民，直到 2014 年 11 月，“全球最具有挑战性的输变电工程”——川藏电力天路建成，才真正结束用松明子和酥油灯照明的历史。在现有的水电资源开发基础上，多建几个国家“西电东送”能源接续基地，为扶贫筹资、提供岗位，这不仅能解决本地农牧民用电，也可以解决经济发展缺电难题，还能余电外输，支撑本地经济实现可持续发展、绿色发展。

### （二）要因地制宜落实政策和出台具有操作性的配套政策

全面落实扶贫政策，关键在于因地制宜，精准施策。比如，卡若区修路基本属于山体作业，建设同样等级、同样距离的公路，这里的成本要远远高于内地。因此，在修路问题上一定要实事求是。正如王伟书记指出："在高原区开展基础设施建设，要量力而行，不能急躁，不能拍脑袋；要遵循实际，给 100 公里的钱，在昌都也许只能修 20 公里。那就应该按高标准修 20 公里，不能硬性地去修 100 公里的低质量公路。那样的路，也许第二年就报废了。"相关部门来验收，不能以沿海平原地带的标准来验收。据资料显示，2014 年的 1500 公里的藏区输电线路的施工，"光为了运送物资架索道就架了 1100 公里，900 条索道"，这些投入是内地建设几乎不需要的。这说明，我们的政策标准应该因地制宜地制定，不能搞成"一刀切"。

精准施策，贵在精准摸清家底。这需要驻村干部发挥应有的作用。驻村干部好似一粒种子，组织上把驻村干部"种"在贫困区，就是要他在此生根发芽，认知群众、联系群众、宣传群众、影响群众、组织群众，以一树之力，带动造福一片森林。驻村干部一定要起到上传下达的桥梁作用：一方面要把国家扶贫政策精神吃透，做到有主见，有尺度、有底线，确保不跑偏、不离题；另一方面，要多沟通，摸底细，清家底，建好档，抓典型，办实事。不搞政绩工程，不搞面子工程，不符合实际不搞，不能惠及民生不搞，只为民生需要，只做民需之功。要树立浪费扶贫资金就是犯罪，不作为、乱作为、肆意妄为也是犯罪的底线。通过脱贫攻坚事业这面旗帜，更好地树立党的光辉形象，体现政府公信力，营造积极向上勤劳奉献的良好社会风气。

精准施策，贵在标准化作业。不管是林权改革，还是修路造桥，都需要系统化、标准化的配套政策。卡若区的林权改革中面临的林权抵押困境会造成改革与脱贫的梗阻。林权所有人把林权抵押给银行，一旦无法按期还款，基于生态保护的基本要求，银行不能通过砍伐林权所有人的这片林场来变现，林权所有人更不愿意独自承担这样的风险，这就需要探索相应的配套担保政策。对于卡若区牧民这样分散在深山区的广大牧民来说，是按照村村通要求，先修路，还是采用整村异地安置；是安置一部分贫困户，还是整村搬迁；采用什么标准对整村搬迁进行补偿，都需要相应的配套政策安排，以确保扶贫攻坚产生更多的正向效益和凝聚力，避免出现“一样的人、两样的标准”等情况。

### （三）要高度重视教育在扶贫攻坚中的重要作用

教育和文化是脱贫攻坚的最持久力量。治贫先治愚，扶贫先扶志。扶志就是扶思想、扶观念、扶信心，帮助贫困群众树立起摆脱困境的斗志和勇气。努力通过教育激发扶贫攻坚内生动力。推进教育文化扶贫，对卡若区来说十分重要。卡若区虽然交通滞后、资源贫瘠，但人心不能贫瘠，思想不能荒芜，广大干部群众脱贫攻坚、致富奔小康的斗志不能泯灭。

第一，要坚持人民主体地位，不断发挥贫困群众脱贫致富的主体作用，让贫困群众在党和政府的帮扶下，更多地通过自己的辛勤劳动实现脱贫目标。习近平总书记指出：“一个健康向上的民族，就应该鼓励劳动、鼓励就业、鼓励靠自己的努力养活家庭，服务社会，贡献国家。要改进工作方式方法，改变简单给钱、给物、给牛羊的做法，多采用生产奖补、劳务补助、以工代赈等机制，不大包大揽，不包办代替，教育和引导广大群众用自己的辛勤劳动实现脱贫致富。”[①] 扶贫脱贫工作中，百姓“靠着墙根晒太阳，等着别人送小康”的情况当然不可取，“干部干，群众看”、“干部着急，群众不急”的麻木更可怕。目前，卡若区仍有部分贫困群众缺乏主动性，过度依赖于外力的帮扶，“等靠要”思想根深蒂固。脱贫攻坚要改进工作方式方法，积极引导广大群众树立强烈的改变贫困现状的意识，用自己的辛勤劳动和汗水实

① 习近平：《在深度贫困地区脱贫攻坚座谈会上的讲话》，《人民日报》2017 年 9 月 1 日。

现脱贫致富。要推进农村集体产权制度改革，着力宣传致富能人，努力增强农牧民的竞争意识，合作意识，把“不等不靠不要”的思想扎根于牧民心中。要努力消除非建档立卡户对脱贫扶贫政策理解的误区，通过“勤劳致富模范评选”等形式，着力营造“勤劳致富光荣、好吃懒做可耻”的良好氛围。

第二，要改进生活方式和提升乡风文明，摒弃宗教的消极影响。脱贫攻坚应当充分考虑宗教信仰与本土文化的影响，反对扶贫脱贫忽视文化建设的倾向。在卡若区乃至整个西藏，让几十万贫困人口脱贫，需要考虑文化与宗教因素。由于历史文化等原因，西藏很多百姓都信奉佛教，相信来生转世说。在旧西藏，政教合一的统治阶级完全垄断了教育和受教育的权利，要想获得教育，唯一的途径就是进寺院“读经”。即便如此，农奴的子弟成为僧侣也只是从领主的农奴变成了寺院的农奴，只有那些贵族子弟才有可能将读经作为晋身的阶梯。在政教合一的体制里，僧侣在噶厦政府（旧西藏地方政府）里占了很大比例，行使着生杀予夺的权力，享受着实际的经济利益，普通百姓没有丝毫的希望。[①]这种消极影响很深远。要不断革除社会旧弊和陈规陋习，努力改进藏民的生活方式，饮食习惯，减少柴火取暖做饭行为，增强生态保护意识，抛弃落后宗教迷信。大力宣传普及农牧民遭遇权益侵害时要依靠法律，走法律程序；有病要积极就医，不能靠信教、搞法事治病，婚丧嫁娶不讲排场、不搞攀比，形成乡村文明新风尚。要通过宣传教育克服宗教偏重来世等消极影响。目前，西藏部分农牧民对牦牛等牲畜的“惜杀惜售”观念，使得牦牛养殖的经济价值难以实现。在调研中，课题组发现有的牧民家里养殖 70 头牦牛，依然是贫困户，很大原因是对牦牛的“惜杀惜售”。如果有高僧大德告诉牧民，需要放生一头牦牛来减灾免灾，他会毫不犹豫地去做。但是，要售卖牦牛，作为增收的重要经济渠道，阻力就很大。这就要引导群众转变“惜杀惜售”的陈旧观念，提高农牧民的商品意识、交换意识，

① 参见袁祥、邢宇皓等《西藏政教合一封建农奴制与中世纪西欧农奴制》，《光明日报》2008 年 4 月 15 日。

加大牲畜出栏力度，确保牲畜年出栏率，发挥牲畜养殖的经济价值，推动扶贫脱贫事业。

第三，要强化职业技能培训。调动贫困群众的积极性、主动性、创造性，大力培育贫困农牧民发展生产和务工经商的基本技能，激发贫困地区和贫困群众脱贫致富的内在活力，提高贫困地区和贫困群众的自我发展能力，是脱贫群众走向更加美好生活的必然选择。要通过动员宣传和职业技术教育，鼓励农牧区群众自觉参与各种技能培训和能力提升活动，实现转移就业增收。近年来，卡若区开展了丰富的技能培训，如钢筋工、砌筑工、油漆工、木工、水电工、挖掘机工、装载机工等工种，唐卡绘画，服装加工，藏东特色家具、木工、雕刻、绘画等技能培训。要让贫困牧民就近就便、不离乡不离土就业，拓宽贫困人口就业渠道，增加贫困人口收入。未来，还需要进一步掌握牧民的培训意愿，建立培训意愿“大数据”，以及企业用工情况“大数据”，据此组织开展更多有针对性的实用技术培训活动。

第四，教育发展，关键在师资。国家应该重点推进针对少数民族地区的免费师范生制度、优秀退休教师支援西部的返聘制度，努力提升农牧区人民群众的整体文化素质。国家教育经费要继续向贫困地区倾斜、向落后牧区的基础教育倾斜、向牧民的职业教育倾斜，帮助贫困地区改善办学条件。对建档立卡的家庭经济困难学生，要实施普通高中免除学杂费、中等职业教育免除学杂费、教育补助金制度，提高具有民族特色的中等职业教育国家助学金资助标准。国家可以开展针对落后牧区的定向的免费师范生教育，让师范生更多服务家乡教育，防止出现教育不到位导致贫困代际传递等情况。要教育广大家长切实遵守教育法律法规，积极支持子女入学接受教育。

### （四）要在严格管理的前提下更加关心爱护广大干部

在2017年扶贫工作会议上，习近平总书记指出：深度贫困地区脱贫攻坚，尤其要加强工作第一线的组织领导。打攻坚战的关键是人，这些年我们在贫困村选派第一书记、驻村工作队，有的还增加了大学生村干部。深度贫困是坚中之坚，打这样的仗，就要派最能打仗的人，各地要在这个问题上下大功夫。

方针路线确定以后，干部是决定性因素。在脱贫工作中，“给钱给物，不如选一个好支部”。要把中央的特殊关爱、大力支持和本地广大干部积极作为结合起来。在脱贫攻坚工作中，要教育引导干部切实改进工作作风，大力弘扬“特别能吃苦、特别能战斗、特别能忍耐、特别能团结、特别能奉献”的“老西藏精神”，把服务群众、造福百姓作为自己最大的责任，把党的群众路线落到实处。要进一步加强援藏干部工作，既严格管理又关心爱护，对表现优秀、实绩突出的及时选拔到重要岗位上来。对于西藏的广大党员干部来说，一定要做到既要坚定政治立场、守土有责，又要落实精准扶贫工作，还要团结与带领信教群众为经济社会发展做贡献。

广大干部要坚定理想信念，站稳政治立场。2017 年 8 月卡若区全体党员干部签订不信仰宗教承诺书。特别是村里的党员，都要求其在承诺书上签字。卡若村的“共产党员不信仰宗教承诺书”要求：“绝不把自己混同于普通群众，信仰宗教；绝不对非法宗教势力扩张、裹挟群众不闻不问；绝不为非法传教提供支持；绝不利用职务便利和影响，支持非法宗教场所建设；绝不私自参加具有宗教组织或个人组织开展的学习考察、参观访问、休闲娱乐、交友联谊等各类活动；绝不接受非法宗教组织或个人的资助、慰问、奖励。”全体党员均保证做到不信仰宗教，不参与任何宗教活动，绝不在任何场所宣扬和传播宗教，并教育管好家属及身边人。承诺若违反以上条款，甘愿接受组织处理。这些做法值得提倡。

要努力做好藏区干部、援藏干部、扶贫干部的爱护、保护、服务等工作，不断增加干部队伍的价值感、获得感与幸福感。要保证广大干部健康快乐工作，更好地激发其干事创业热情，确保按制度轮休等权利，打通晋升通道。投身藏区建设的干部往往是“有老不能孝，有子不能养，有家不能回”。援藏干部常常是上不能尽孝，下不能育子，三代家庭，四处居住，每年都有殉职牺牲的干部。援藏干部和长期在藏区工作的干部肝大、心脏大、脾大、寿命短。对于那些长期扎根基层的干部，要在选拔任用上多一些倾斜和照顾。目前，藏区干部的执行力较强，创新意识相对不足。要增加藏区干部赴内地学习交流挂职的机会，提高广大干部的积极性、创造性，特别是锐意改革的意识和能力。

### （五）要更加注重发挥社会力量的积极性、主动性、创造性

社会各界广泛参与脱贫攻坚，是弘扬中华民族扶贫济困、互助友爱、守望相助的优良传统，有利于加强民族团结，弘扬中华一家亲的国风。在卡若区日通乡，调研组了解到，民营企业可谓是百花齐放，以日通藏药厂为民营龙头企业，温达村的鼎雄惠民糌粑加工厂、安康奶牛养殖合作社、新颖民族手工艺合作社、温室大棚蔬菜种植地，布托村的朵康民族手工艺合作社，瓦列村宗嘎秀然奶牛养殖场7家企业在脱贫攻坚战中大显身手，这些企业不仅对有劳力的建档立卡户进行扶持，还提供了力所能及的帮助。值得一提的是，温达村新颖民族手工艺合作社还为残疾人提供了就业岗位，对扶贫的支持力度不可谓不大。因此，动员更多民营企业、社会组织和公民个人参与脱贫攻坚工作，还是很有必要的。

社会扶贫，可以缓解政策扶贫资金不足，到位迟缓的问题，有利于措施灵活调整，及时救助，能直接精准到贫困村、贫困户，真正帮到点上、扶到根上。要积极引导企业增强脱贫攻坚的责任意识，积极履行帮扶群众脱贫致富奔小康的社会责任，鼓励企业采取多种方式，推进集体经济发展和牧民增收。要鼓励社会组织和个人通过多种方式参与扶贫开发。要积极倡导扶贫志愿者行动，构建扶贫志愿者服务网络，建设网络众筹捐助平台，开发“结对认亲”APP。要鼓励工会、共青团、妇联、科协、侨联等群众组织以及海外华人华侨参与扶贫。要通过“结对认亲”、“爱心众凑”等多种方式开展捐资援藏、赠书捐衣。

### （六）要高度重视和解决边缘贫困人口问题

如何对待那些处于绝对贫困人口之外但接近贫困线的边缘贫困人口，是事关全面建成小康战略大局、维护公平正义与社会和谐的新难题，必须高度重视。在现实中，因为某一户的收入刚好超过贫困线，即便是多收入了1元，也不能被纳入建档立卡的贫苦户范围内的情况，是存在的。如果忽视甚至排斥这部分“边缘贫困”人口，既会影响脱贫成效的巩固，也会造成村民之间因微小的差距而遭遇两种不同的待遇，引发“等靠要”思想和“养懒汉”的新矛盾，进而影响社会和谐稳定发展。从长远看，必然会影响到共同富裕目标的实现。以易地搬迁集中安置为例，如果只是把建档立卡的贫困人口从深山里迁居出来，让部分边缘贫困人口继续留在不宜居住的大山里，而政府也不可能再因为这几户人家去投入高额资金修路，这势必造成新的社会矛盾。事实上，在脱贫攻坚的后续工作中，忽视边缘贫困人口的生存境遇，势必影响边缘贫困人口对政府脱贫政策的公正性的怀疑，甚至反感。在与建档立卡的贫困户邻居的比较中，建档立卡的贫困户获得政府全额或高比例免费建房支持，自己作为整村搬迁的边缘贫困户，却要支付全额或绝大部分建房费用，心理肯定会感到不平衡，更容易增强他们的失落感，而非获得感与幸福感。对此，我们要有政策准备。

卡若区在推进脱贫攻坚中已经意识到这个问题，并开始着手解决这个问题。而这些问题一定是集中连片贫困区要面临的新难题。卡若区的做法是：将边缘贫困户识别工作作为重要工作来抓，成立卡若区边缘贫困户识别工作领导小组，以卡若区区委常委、副区长舒晓煜为组长。15个乡镇书记、乡（镇）长为第一责任人，乡镇扶贫专干、驻村工作队、村两委班子为成员共同发力，严格按照自治区贫困人口人均可支配收入年均递增16%的速度测算。对边缘贫困户进行有力、有序、有效识别。通过“一比六看”的方式来确定边缘贫困户对象，借助民主评议和村乡两级公示，确定出各乡镇边缘贫困户名单。同时提出八种不纳入的参考条件。[①]目前，卡若区 15 个乡镇 147 个行政村共识别出边缘贫困户 1058 户 5160 人，其中劳力 2543 人，单亲家庭人口 212 户 817 人。识别之后怎么办？由于没有实质上的政策保障，现在大多只是作为摸底调查统计。对部分边缘贫困人口予以政策、资金、项目等倾斜还没有相应的规定。而且由于没有和工商、人社、交管等部门形成上下协力，没有建立信息核查联动机制，精准识别体系不健全，这使不符合条件的人员有可能混入其中。另外，还有个别贫困群众存在收入瞒报、漏报、谎报现象。

课题组建议：对边缘贫困户，要根据家庭收入与国家贫困线的差额、是否有劳动能力、残疾程度、重大疾病发生率等要素，科学确立综合帮扶标准，实施边缘贫困户的“梯度”帮扶计划。既确保边缘贫困人口不至于掉入贫困，也让他们感受到政府的关爱与温暖，更好地维护公平正义。我们必须杜绝这种不公平状况，即有部分贫困群体的家庭人均收入与低保标准仅几元之差，但享受到的待遇却是有很大区别的。我们更不能让边缘贫困人口感觉到在经济上受排斥、在社会保障制度上受排斥、在社会地位上乃至社会关系上都受到排斥，从而加剧边缘贫困人口的自我隔离和社会反感。另外，对于那些可能因病致贫、因病返贫的边缘人群，特别是因重病、重残造成的“支出型贫困”、“相对性贫困”群体，也需要出台特殊政策去关照、帮助他们。

① 这八种不纳入的情况是：①目前已在建档立卡中的不予以重新纳入；②非常住人口户籍虽在本辖区内，但外出 1 年以上的农户不予纳入；③在城镇拥有购买的商业、住宅等商品楼房或有多处房产，识别时存在上述情况，不予纳入；④有轿车、门面房、高档家用电器以及富裕户坚决不予纳入；⑤有大中型农业机械、农产品加工机械、工程机械、运输工具等不予纳入；⑥家庭成员中有现任村两委干部不予纳入；⑦家庭成员中有财政供养人员，包括在国家机关、事业单位、国有企业工作的及大学生村干部等人员，不予纳入边缘贫困户；⑧家庭成员中有在工商、税务部门注册私营企业、个体工商户、专业合作社等从事经营活动的，也要从严掌握，认真甄别，若情况属实，坚决不予以纳入。

改革开放

与中国县域发展

GAIGEKAIFANG

# 西藏米林

XIZANGMILIN

# 西南边疆地区稳藏固边、富民兴边的启示

中国社会科学院中国边疆研究所

## 一、基本情况与成就

米林县地处我国西南边疆，位于西藏自治区东南部、雅鲁藏布江中下游，念青唐古拉山脉与喜马拉雅山脉之间，地势西高东低，平均海拔3700米。米林县成立于1959年，全县面积9471.11平方千米，总人口2.3万（2017年底数据），下辖3镇、5乡（其中一个民族乡，即南伊珞巴民族乡）、67个村（居），汉、藏、珞巴、门巴、侗、彝、回、土家、羌等9个民族生活在这片美丽的土地上。

米林县西部与朗县相连，西北部与工布江达县相邻，北部毗邻林芝市巴宜区，东南部与墨脱县接壤，而南部与印度非法控制的地区相接，中印实际控制线长180公里。因此，米林县自成立起就处在维护国家领土主权完整的“国防前线”。民主改革废除了政教合一的封建农奴制度，广大农奴翻身得解放，建立了人民当家作主的人民民主政权，使米林县各族人民的政治生活发生历史巨变。但由于自然环境、周边形势的影响，特别是受边界问题影响，该县经济社会发展一直相对缓慢。

改革开放40年来，特别是党的十八大以来，米林县各族干部群众拼搏进取，奋发图强，边防更加稳固，经济保持较快增长，基础设施建设明显加快，人民生活水平显著提高，生态文明建设取得明显成效。

### （一）中华民族大团结，党、政、军、警、民同心协力，共同固边、稳藏，国防更加稳固

米林县境内生活着汉、藏、珞巴、门巴、侗、彝、回、土家、羌等9个民族的同胞，各族群众长期和睦相处，近代以来共同反抗侵略、保卫家园，逐步形成了“中华民族是一家”的意识。该县南部与印度控制的非法的“麦克马洪线”以南地区相接。所谓的“麦克马洪线”就是英国殖民者的侵略扩张给中印两国遗留下的历史问题，印度在1947年向北推进、占领了非法的“麦克马洪线”以南地区，还引发了1962年中印边界战争，梅楚卡地区战斗、林卡尔战斗、依米来果战斗都发生在米林县所属及附近地区。米林各族人民拥护中央方针、政策，坚决保卫神圣领土，1962年前后踊跃支前，与驻地部队官兵结成鱼水深情，形成“拥军优属、拥政爱民”的优良传统，20世纪80年代以来该县多次获得“全国双拥模范县”的荣誉称号。

改革开放以来，随着中印关系不断改善，中印两国就边境实际控制线地区军事领域建立信任措施达成协议，就解决边界问题签订政治指导原则的协定，近30年来中印边境地区（含实际控制线两侧地带）总体上维护着和平安宁局面，西藏稳定、发展的外部环境有所改善。但是，中印边界尚未划定，西方反华势力和某些大国仍然企图利用“西藏牌”遏制中国发展，“藏独”分子图谋从境外向西藏自治区及邻省藏区渗透，因此西藏边境地区，特别是中印实控线地区反蚕食、反分裂斗争的形势依然严峻。

面对复杂的形势，米林县各族干部群众同心同德，党、政、军、警、民团结一心，形成日益强大的合力，在实践中探索出军地警民联动、爱民固边的新路子，形成了“边境村队是堡垒、家家是哨所、人人是哨兵”的良好局面。2018年6月，我们到该县南伊珞巴民族乡调研，该乡是靠近印度控制区的“边境乡”，辖南伊、才召、琼林三个行政村，共有130户557人，珞巴族占全乡人口的72%。南伊乡各族群众与当地部队亲如一家，军、警、民形成了联动机制，有力地维护领土完整、社会稳定，同时为当地发展旅游业、促进各族群众增收致富创造了良好条件。其中，南伊边防派出所成立于

2012年3月，全所干警成立之后就深入南伊、才召、琼林三个村进行走访，通过“一村一册、一户一档”的方式，详细记录辖区内每户群众的基本情况，还在才召村结对帮扶6户贫困户，切实解决部分群众的急事、难事，赢得了广大群众的信任、支持。南伊边防派出所干警与当地党政部门、驻军官兵一起，团结各族群众，共同守护国土、建设家园，有力地促进了当地边境稳固、边疆稳定。

### （二）边关党旗红，党建工作、干部队伍建设扎实有效，奠定了米林稳定发展的政治基础

改革开放以来，米林县贯彻中央精神、落实西藏自治区部署，进一步加强党建工作、干部队伍建设，对于促进米林政治稳定、经济发展、社会进步发挥了重要作用。

在党的建设方面，米林县各级党委主要在以下四个方面着力。

1. 突出思想建设，深化从严治党。这一工作在近年来尤其突出，该县各级党委深入开展“两学一做”常态化、制度化学习教育活动，组织新旧西藏对比、“感党恩、听党话、跟党走”等学习教育活动4326场次，举办党员领导干部党性培训班310多场，教育、引导广大党员不忘初心，牢记党的历史使命，引导党员、群众坚决维护国家领土主权、坚决同“藏独”分裂势力斗争，在大是大非问题上不当“两面派”，不做“两面人”，使全县党员干部更加自觉地在思想上、政治上、行动上同党中央保持一致。

2. 建强组织，筑牢服务大局战斗堡垒。一是不断扩大党的组织覆盖面。为切实加强党的领导，根据工作需要，在县直机关部门设立党组22个，在驻村工作队、脱贫攻坚指挥部、虫草采集点、珠海市挂职培训班建立临时党支部28个，在农牧民合作组织、农牧民协会新建党小组23个、建立非公企业党小组3个，对573名党员实行动态管理，进一步扩大党组织覆盖面。二是不断扩大党的工作覆盖面。进一步深化干部驻村驻寺、在职机关党员进社区报到服务、选派党建指导员、构建县乡村三级便民服务网络等工作，深入

推广无职党员“认岗认责”“1+12”支部联创联建、“五型”机关党组织创建活动，确保了党的工作有效覆盖。三是大力整顿“后进”党组织。坚持以问题为导向，以10%的比例末位倒排7个后进村党支部，5%的比例末位倒排2个后进机关党组织。由各党（工）委书记“挂帅”主抓，包村干部、驻村工作队、第一书记、大学生村官全面参与，采取“一支部一方案”、“一问题一对策”和“不转化、不脱钩”的办法，集中开展整顿工作，确保所有“后进”党组织都实现转化升级，得到提升。

3. 深化制度建设，并结合本地实际，创新“五型”党组织建设，即建设学习型、服务型、创新型、引领型、战斗型党组织，进一步激发基层党组织活力。其中，该县建立起以党员干部为主体的巡逻队、护村队等43个，使基层党组织成为守护神圣国土、维护社会稳定的坚强战斗堡垒。

4. 聚焦基层，精准施策，夯实党的执政根基。一是固化基层党建经费投入。初步建立了以县财政投入为主、党费投入为辅、援藏资金投入为补充的投入机制，确保了全县基层党建经费来源稳定。到2018年，县机关、中小学校、农牧区等领域基层党建工作经费已纳入县财政预算，每个乡镇党建经费都达到20万元以上、每个村（居）达到5.5万元以上，机关党支部按照每人每年200元标准核拨党员活动经费。二是大力实施村级组织活动场所标准化建设。按照西藏自治区党委“四性”“三化”“八个阵地”“管用、够用、实用、合用”要求，整合新农村建设、小康示范村建设、服务性建设等项目资金，村级组织活动场所进行新建、改扩建。三是培树典型强化示范引领，把分层分类选树培育示范性和带动性强、可复制的基层党建先进典型摆在突出位置，不断强化先进典型的示范引领作用。到2018，该县已建成20多个基层党建示范点，通过以点带面、点面结合、示范推动，初步构建了具有米林特色的基层党建工作走廊。

40年来，米林各级党委、政府始终重视干部队伍建设，采取了多项行之有效的措施，包括：改善结构，重点选好配强乡镇班子；大力培养、选拔少数民族干部，加强后备干部队伍建设；加强教育培训，提高干部人才队伍整体素质；加强制度建设，管好激活现有干部队伍等。其中，在干部培训方面，该县投入资金 160 余万元，建成林芝市首个县级党校，开展公务员的出任、任职、知识更新和专业技能培训，还鼓励公务员在职学历教育。在少数民族干部培养方面，珞巴族是中国人口最少的民族之一，该县一直积极培养、任用珞巴族干部，他们在村、乡、县里得到培养、锻炼，部分珞巴族干部还参与林芝市、西藏自治区乃国家管理的各项工作。比如达波儿就是一位珞巴族干部，他是在党的培养下从基层成长起来的党员干部，现在担任南伊乡才召村的党支部书记、村委会主任，又当选党的十九大代表、西藏自治区党委候补委员。[①] 在后备干部队伍建设方面，该县一直坚持年轻干部基层锻炼制度，每年将大中专毕业生全部分配到乡（镇）一线，让年轻干部积累经验；对于大学生“村官”，该县采取“集中培训 + 乡镇锻炼”的办法，定期或不定期地举办座谈会、大学生“村官”论坛和基层组织建设现场经验交流会，采取乡(镇）党委书记、乡(镇）长、优秀村干部与全县 26 名大学生“村官”结成帮教对子的方式，指导大学生“村官”开展工作。

米林县采取多项举措，加强党的建设、干部队伍建设，取得显著成效。一方面，全县党员人数持续增长，基层党组织基础不断夯实。统计数据表明，1978 年，米林县共有基层党组织 45 个，包括党（工）委 6 个、党组 1 个、党支部 38 个；党员总数 369 名，其中汉族党员 80 名，少数民族党员 289 名，妇女党员 83 名。到 2017 年底，全县共有基层党组织 189 个，包括党(工）委 11 个、党组 28 个、党总支 5 个、党支部 145 个；党员总数 3743 名，其中汉族党员 587 名、少数民族党员 3156 名、妇女党员 1282 名。另一方面，党建工作有力地引领、带动了各项工作的开展。比如，近年来，该县实施党建、扶贫双推进工程，结合“党员干部进村入户、结对认亲交朋友”活动，充分调动基层党组织、支部带头人、驻村工作队等各方帮扶力量，帮助贫困

---

① 麦正伟:《才召村人共同的“家长”——记十九大代表、米林县南伊珞巴民族乡才召村党支部书记达波儿》,《西藏日报》2017 年 10 月 7 日。

户建立档案、找出发展思路，有力地推动了脱贫攻坚工作。2017年底，米林县统计的贫困人口有819户2537人，到2018年6月已有772户2413名贫困人口越过贫困线，贫困发生率降至0.68%，达到了脱贫摘帽的基本条件。

米林县结合实际，创新性做好党建工作，充分发挥党员干部的先锋模范作用，真正把党的基层组织建成维护稳定、反分裂、反蚕食的坚强战斗堡垒。作为地处中印实际控制线一侧的“边境县”，党建工作在边境一线有特殊意义和重要影响。我们在该县里龙乡朗贡村调研时就有深刻感受。朗贡村靠近非法的“麦克马洪线”，这里的干部群众一直有爱国守边的优良传统，全村现有58人，党员就有24名，其中女党员10名，党员干部在守护神圣国土上充分发挥了模范带头作用。在我们调研时，村长仁增达瓦多次表示，党和政府对于边民非常关心，他妈妈是老党员、村卫生室医生，她和其他村民对于村里的变化非常欣喜：2010年村里通了沙石路，2011年实施农村人居环境建设和环境综合整治，建设农家书屋、太阳能公共照明，村庄道路得到改善；2017年，“边境小康村”建设开始实施，将来“水、电、路、讯、网、教、科、文、卫、保”等方面都会有更大的改善。他们表示，2017年10月习近平总书记给隆子县玉麦乡卓嘎、央宗姐妹回信，强调“有国才能有家，没有国境的安宁，就没有万家的平安。祖国疆域上的一草一木，我们都要看好守好”，他们和村里、乡里的其他边民都深受鼓舞，他们会努力做“神圣国土的守护者、幸福家园的建设者”。

### （三）基础设施明显改善，县域综合实力明显增强，为民生改善夯实了物质基础

改革开放以来，米林县经济保持平稳较快增长，经济总量持续增长。据统计，2017年米林实现县域生产总值（GDP）14.89亿元，按可比价格计算，是1978年该县生产总值的321倍。2017年，全县一般公共预算收入1.23亿元，比1978年增长了7倍；一般公共预算总财力9.21亿元，比1978年增长了24.9倍。在经济增长的同时，该县农牧民收入明显增加，农牧民人均可

支配收入在 1978 年为 193.28 元，2017 年达到 15822 元，如果按照现价计算（未扣除价格因素），是 1978 年的 81.86 倍。

**表 1　米林县主要年份经济数据统计表（1978～2017）**

| 年份 | 全县总人口 | GDP（单位：亿元） | 农牧民人均可支配收入（单位：元/人） |
|---|---|---|---|
| 1978 | 12620 | 0.0463 | 193.28 |
| 1979 | 12817 | 0.0412 | 187.24 |
| 1980 | 13468 | 0.0419 | 205.25 |
| 1981 | 13041 | 0.0476 | 223.35 |
| 1982 | 13341 | 0.054 | 243.43 |
| 1983 | 13274 | 0.0595 | 415.32 |
| 1984 | 13525 | 0.0708 | 438.54 |
| 1985 | 13781 | 0.0682 | 567.87 |
| 1986 | 14035 | 0.0713 | 537.02 |
| 1987 | 14051 | 0.0736 | 572.04 |
| 1988 | 14049 | 0.0743 | 621.25 |
| 1989 | 14145 | 0.0934 | 679.87 |
| 1990 | 14487 | 0.0923 | 686.48 |
| 1991 | 14557 | 无 | 925.73 |
| 1992 | 14974 | 无 | 1107.88 |
| 1993 | 15042 | 无 | 1162.33 |
| 1994 | 15662 | 0.5430 | 1216 |
| 1995 | 16273 | 0.6131 | 1229.83 |
| 1996 | 17886 | 0.6307 | 1550.02 |
| 1997 | 17994 | 0.7038 | 1621.04 |
| 1998 | 18015 | 0.8390 | 1696.51 |
| 1999 | 18039 | 1.0234 | 2222.11 |
| 2000 | 18078 | 1.1140 | 2373.55 |
| 2001 | 18259 | 1.2747 | 2496.84 |
| 2002 | 18229 | 1.5168 | 2632.19 |

续表

| 年份 | 全县总人口 | GDP（单位：亿元） | 农牧民人均可支配收入（单位：元/人） |
|---|---|---|---|
| 2003 | 118536 | 1.81 | 3008.5 |
| 2004 | 18125 | 2.2082 | 3484.35 |
| 2005 | 18089 | 2.7772 | 3960.5 |
| 2006 | 18673 | 3.307 | 3752 |
| 2007 | 1910 | 3.7062 | 4513.02 |
| 2008 | 19745 | 4.5182 | 5239.67 |
| 2009 | 20524 | 5.3421 | 5809.39 |
| 2010 | 21210 | 5.8809 | 6465.41 |
| 2011 | 21707 | 6.9 | 7442.98 |
| 2012 | 22048 | 8.42 | 8746.99 |
| 2013 | 22500 | 9.08 | 10078 |
| 2014 | 22749 | 10.08 | 11195 |
| 2015 | 22628 | 11.49 | 12537 |
| 2016 | 23016 | 12.82 | 14230.16 |
| 2017 | 23122 | 14.89 | 15822 |

注：1. 本表根据米林县统计局 2018 年 6 月提供的数据制成。2. 米林县有关部门尚未提供 1991～1993 年的 GDP 数值，这些年份的相关数据暂缺。

40 年来，米林县数据的对比反映出经济发展势头良好，基础设施建设成绩显著，为民生改善提供了坚实的物质基础，让各族群众实实在在地享受到了改革开放的成果。在基础设施建设方面，电力、交通等方面的变化让米林县各族人民感受深刻。米林县在 1976 年建设第一座水电站，2008 年达到 7 座，全县电力实现自给。“户户通”工程，不仅实现了乡乡通电、村村通电（2018 年），而且电信、移动、联通全覆盖。目前 67 个村（居）实现了电力、公路、通信、网络 100% 全覆盖。对于交通方式的发展、变化，退休老干部次旺多吉回忆说：“1978 年 10 月我从部队转业到米林工作，当时林邛公路还是土路，乡镇、村里公路都没有，从乡镇到县里（城）开会要走两三天才能到。”40 年来，党和政府对米林交通给予人力、物力、财力和技术方面的特殊支持：2006 年建成林芝米林机场，距该县县城 17 公里；公路通到了乡镇、村庄，拉林铁路（川藏铁路拉林段）正在修建，设有米林站，铁路开通后米林人民出行就是“铁公机”俱全，可以充分享受到现代化的交通体系带来的便利。派镇及所辖村庄位于雅鲁藏布江畔，滚滚江水把索松、吞白等村庄与派镇相隔于两岸，“80 后”德吉旺姆记得她在 1995 年前后到派镇小学上学时要先步行到江边，再坐船渡江，最早是木船，后来有了机动船，2007 年派镇大桥建成；她女儿现在 10 岁，也在派镇小学读书，上学时不再需要步行、坐船，她开车送孩子直接到学校。因此，2018 年 6 月在米林调研期间，各族干部群众异口同声，用“日新月异”来说明当地基础设施的变化，并对未来的美好生活充满信心和期待。

### （四）因地制宜，创新观念，大力发展藏医药、旅游等特色产业，促进农牧民增收，为县域经济可持续发展增强活力

“米林”在藏语里的意思是“药洲”，境内有丰富的藏药材资源，而且旅游资源丰富，南伊沟、雅鲁藏布大峡谷、南迦巴瓦峰等地吸引着国内外游客。改革开放以来，米林县委、县政府根据本地实际，以促进农牧民增收为出发点和落脚点，大力发展特色产业，逐步形成以藏猪、藏鸡、养羊、奶牛为主的四大养殖区，建立了以优质水果、核桃为主的两大产业带，建成了以无公害蔬菜、玉米、藏药材种植为主的三大种植业基地。2008 年，该县已培育出以农副产品加工、销售为主的 3 家龙头企业，藏猪、藏鸡等养殖专业村达到 18 个，特色农牧业带动农牧民增收 2000 多万元。[①]

近年来，随着机场、公路的开通，该县交通运输条件更为便利，依托本地优美的环境、丰富的资源，制定“旅游兴县、实干立县、产业融合、富民

① 《辉煌成就鼓舞人心　美好蓝图催人奋进——米林县民主改革 50 年来经济社会全面发展纪实》，《西藏日报》2009 年 4 月 17 日。

强县”的发展战略，按照“一带三区一基地”[①]的产业布局，大力推进旅游、藏医药、现代农业和商贸物流四大产业体系建设，为农牧民增收致富、县域经济可持续发展增加了活力。在藏医药产业方面，该县充分依托藏医药文化和品牌，利用丰富的藏药材资源，引进一批具有影响力的中医药和保健品企业，打造以藏药饮片及保健品研发、生产、销售为主体，以文化传承、药膳、疗养、体验、观光为补充的藏医药文化和产业园区。到 2018 年 6 月，深圳、北京的几家公司投资 4 亿多元，在南伊乡建设了藏医药博物馆，集药洲文化、藏药材、藏医院于一体的文化产业园区已动工建设。这使古老的藏医药焕发出生机，也给农牧民带来了新的学习、就业、增收机会。我们在该县调研时，派镇麦朗村村民普布扎西的二儿子格桑朗杰就在“南伊乡医学院”——藏医药博物馆附设的职业培训学校学习藏医，上学不用交学费，学费和生活费都由学校承担，普布扎西对于儿子的学习非常满意，对孩子未来就业、生活充满信心。

在旅游业方面，米林县依托丰富的旅游资源，大力发展旅游业。据统计，2005 年接待游客 9370 人次，2017 年增长至 864870 人次；2005 年旅游收入为 72.1 万元，当年该县县域生产总值（GDP）为 27772 万元，仅仅占 0.26%。到 2017 年，该县旅游收入为 7.82 亿元，占当年该县县域生产总值（GDP）14.89 亿元的 52.52%。2005～2017 年的数据表明，21 世纪初，旅游业逐步成为该县的支柱产业。当前，该县正着力打造全域旅游，以建设具有“浓郁西藏风情、高原药洲特色”的休闲度假胜地和游客进藏“最佳适应地和旅游目的地”为目标，加大旅游基础设施配套建设，全面提升旅游服务和质量。该县不仅推进南伊沟景区、希尔顿工布庄园、县城民俗特色改造及绿化工程等重点项目的建设，而且调动广大群众参与旅游业的积极性，通过政府引导、贷款扶持，提升家庭旅馆的软硬件设施，着力打造“民宿经济”。

① 一带三区一基地：一带是指沿江旅游观光农业经济带；三区是指空港商贸物流小镇、西藏之窗民俗园、南伊药洲特色小镇；一基地是指藏香猪养殖基地。

各族群众通过参与旅游服务，收入明显增加，有力地促进了精准扶贫工作。2018 年，我们在米林县调研时注意到，南伊乡、派镇等乡镇环境优美，旅游业发展迅速，当地农牧民从旅游业发展中得到了实惠，形成各族群众广泛参与、共享收益奔小康的“米林全域旅游模式”。

**表 2　米林县旅游业数据统计表(2005～2017)**

| 年份 | 接待人次 | 旅游收入（万元） |
|---|---|---|
| 2005 | 9370 | 72.1 |
| 2006 | 18825 | 117.47 |
| 2007 | 20800 | 130.4 |
| 2008 | 32010 | 963.3 |
| 2009 | 130000 | 2800 |
| 2010 | 203707 | 4226.5 |
| 2011 | 330026 | 6542.4 |
| 2012 | 454221 | 9985.1 |
| 2013 | 461454 | 10959 |
| 2014 | 531245 | 13196 |
| 2015 | 640000 | 56000 |
| 2016 | 752134 | 68132.71 |
| 2017 | 864870 | 78237.05 |
| 合计 | 4448662（约 444.87 万） | 251362.03（约 25.14 亿） |

注：本表根据米林县旅发委 2018 年 6 月提供的数据制成。

一方面，群众踊跃参与，比如派镇索松村坐落在雅鲁藏布江边，由索松、吞白两个自然村组成，全村 114 户 413 人（2017 年底有贫困户 20 户），旅游收入是当地群众的重要收入来源，村民参与旅游业的积极性很高，全村现有家庭旅馆 28 家，床位 1000 余张，有观景房、普通标间等，乡村旅游业发展势头良好、潜力巨大。该村村民德吉旺姆利用江边闲置的吞白村旧村落，2017 年带领村民集体入股，开办了“藏家乐”——公尊德姆农庄，从外地聘请业务经理、厨师，服务人员则全部招聘本村村民，还专门给一个贫困户安排保安岗位。2018年3月，这个农庄在桃花节期间试营业，游客爆满，给当地群众带来很好的经济收入，还有助于贫困户及早脱贫。

另一方面，南伊沟、雅鲁藏布大峡谷两个景区拿出门票收入的10%，分给当地村民，使他们间接地分享了旅游业的收益。2018年在南伊乡调研时，我们注意到该乡15户珞巴族群众建成家庭旅馆，发展珞巴家庭旅社，参与旅游商业饮食服务业的群众逐渐增多，2016年时仅旅游商品饮食业及家庭手工业就为该乡群众创收154.576万余元，原来用于狩猎的长刀、弓箭以及珞巴服饰和竹编都成为旅游热门纪念品。才召村干部达瓦告诉我们，南伊乡才召、琼林、南伊村三个村的村民都积极参与旅游服务，南伊沟景区从每一张门票的收入中拿出2元钱，分给南伊乡三个村的村民，每户每年大概能分到8000元。他还表示，琼林和南伊村靠近南伊沟，旅游收入比较多，发展快，希望及早开发才召的旅游资源，把美丽的风景变为经济资源，像其他两个村子一样吃上“旅游饭”。

### （五）重视发展文教、卫生等社会事业，基本公共服务水平稳步提高，民生改善成效显著

改革开放以来，米林县在文化教育、医疗卫生等方面采取了一系列有效、有力的措施，使基本公共服务不断完善，各族人民生活水平得到显著提高。

40年来，米林县实施“科教兴县”、“人才兴县”战略，文化教育事业蓬勃发展。在文化方面，该县建成县文化活动艺术中心、图书馆、社区文化广场、青少年活动中心、农牧区文化站（室）等一大批文化惠民工程，农牧区文化生活不断丰富；加强对珞巴民俗文化的挖掘保护，举办珞巴民俗暨藏医药文化节，加大对珞巴文化的搜集整理力度，珞巴服饰被列入全国第二批非物质文化遗产名录。

在教育方面，米林县在2000年基本扫除青壮年文盲，2004年基本普及九年义务教育；2015年，实施义务教育均衡发展，乡村小学特别是偏远地方

学校的办公条件、教育设施得到很大改善，师资力量也有所加强。到2018年，该县已经建立起涵盖基础教育、幼儿教育、职业教育的教育体系，现有义务教育阶段学校10所，包括1所县初级中学、1所县中心小学、8所乡镇中心小学，小学、中学入学巩固率都达到100%。此外，全县学前教育自改革开放以来实现了从无到有、发展速度从慢到快的转变，1981年米林县幼儿园成立，教职工3人，入园儿童20人；截至2018年6月，全县有双语幼儿园11所，其中县级幼儿园1所、乡镇幼儿园8所、村级幼儿园2所，学前三年毛入园率为61.67%。

对于教育事业的发展，2018年6月我们在米林县调研了中学、小学、幼儿园，教师们与我们交流时都谈到了他们感受到的变化。退休老教师次仁朗杰是改革开放以来教育发展的见证者，1980年他毕业于拉萨师范学校，分配派区（今派镇）小学任教，学校“条件特别差，在墙上涂点黑漆当黑板”，“物资短缺，两个小孩一个课本，学生自己带糌粑，由学校的炊事员收上来，给孩子们做饭”。1983年，他调到县中心小学，“条件稍微比下面好，但桌子都是有裂缝的”，后来学校教学楼、住宿楼、食堂新修了很多；学生有“三包”政策后，教学条件好了很多，教学质量也有了明显提高。在羌纳乡小学，2014年参加工作的一位教师说，刚来的时候学校老师特别少，当时只有教学楼，其他楼都没有，教师们都住在板房里；2015年实施教育均衡发展以后，学校变化巨大，食堂、宿舍、教工之家等都有了，教师增加到23位(包括5个本科、14个大专)，而且国家给学生“三包”补贴、营养餐补助等多项优惠政策。

米林县的医疗卫生事业在改革开放以来同样得到快速发展，2008年时该县有1所县人民医院，8个乡镇都有卫生院，基本实现了小病不出乡、大病不出县，14802名农牧民享受新型农村合作医疗，地方病得到了有效防治，人均寿命达到了70岁。近10年来，卫生事业有了新发展：一是解放军101医院对米林县开展医疗对口帮扶，福建、广东的医院派医疗队到米林县进行援助，他们不仅投资建设县人民医院的门诊楼、住院楼等，捐助了全自动生化分析仪器、腹腔镜耗材等医疗设备和药品，而且为当地医院培养人才，如该县没有麻醉医生，经过援藏帮扶，培养的专业技术人才回到米林，发挥了很大作用。二是 2017 年起实行农牧民住院费用全免政策，该县成为全国实行基本医疗费用全免的为数不多的县之一。为有效解决农牧民群众“看病难、看病贵”的问题，该县取消了药品加成。2017 年起，在米林县卫生服务中心就诊的本县户籍农牧民实行住院费用全免政策（新型农牧区医疗制度报销 85%，政府承担 15%）。这一措施减轻了农牧民看病的负担，为农牧民群众看病就医彻底解除了后顾之忧，真正实现了让老百姓“看得起病，看得好病”。

### （六）综合施策，创新社会治理，社会保持总体稳定，县域治理能力显著提升

改革开放以来，如何在商品化、信息化、全球化的背景下，实现长治久安、实现区域治理体系和治理能力现代化，成为包括米林县在内的边疆地区的新课题。米林县根据中央精神、西藏自治区部署，在加强和创新社会治理、维护社会稳定方面采取多项举措，主要包括：①以开展“创先争优强基础惠民生活动”为有力抓手，结合万名转业军人扎根乡镇计划、大学生村官第一书记、大规模培训村干部、干部与群众结对认亲，创新乡村治理体系。②依法管理宗教事务，加强和创新寺庙管理体系，促进了宗教和睦、佛事和顺、寺庙和谐。③以便民服务、维稳处突为首要职能，推行城镇网格化管理，不断扩大网格化管理覆盖面，使其拓展到社区、村民组、居民区，延伸到寺庙，形成群防群治的工作格局。④确定“先进双联户”创建评选机制，实现社会管理重心下移。这些措施有效地维护了社会稳定，为推进县域治理体系与治理能力的现代化打下了坚实基础。这里仅对“创先争优强基础惠民生活动”、创新寺庙管理加以介绍。

米林县的“创先争优强基础惠民生活动”是按照西藏自治区的部署，2011 年开始实施，七年来先后派出 434 个工作队，1166 名干部分批进驻到

67个村（居）。他们深入基层、联系群众，入村以后首先开展村情调研工作，结合各个村（居）的实际情况，因地制宜，采取多项措施。比如林芝市政府办驻南伊乡琼林村工作队为提升村班子履职能力，以上好“四堂课”（理论课、业务课、法制课、廉政课）为抓手，着力提高新“两委”班子成员的工作素质和履职能力。米林县委组织部、羌纳乡政府派驻羌纳乡结果村工作队根据村情实际和群众意愿，建立了羌纳乡“结果村丁旺林下资源保护与开发经济专业合作社”，并完善合作社章程6章61条，确定了合作社业务范围为藏药材及野生菌类的种植、销售和加工等。据统计，仅2017年上半年，米林县各级驻村（居）工作队共慰问五保户、贫困户和困难群众2390多人次，发放价值25.8万元的慰问金（品）；走访慰问“三老”人员120人次，发放价值8.4万元的慰问金（品）；帮助驻点村（居）解决民生方面的突出问题75件，为群众办实事好事105件，投入资金26.1万余元，帮助9位村民解决就业、再就业。这些工作在建强基层党组织、宣传党的路线方针、维护稳定、改善民生等方面都取得明显成效。

在创新寺庙管理方面，2012年起西藏把全部寺庙作为基本的社会组织来管理，把广大僧尼作为公民和朋友来服务。在米林县境内，羌纳寺、扎西绕登寺都是历史悠久的藏传佛教寺庙。该县坚持宗教信仰自由、依法管理宗教事务的原则，在“导”上下功夫，积极引导藏传佛教与社会主义社会相适应，同时围绕管理、服务、教育三项职能，突出加强和创新寺庙管理，全面落实利寺惠僧政策措施，包括：在各宗教活动场所维修和新建寺庙基础设施，持续扩大僧尼社会保障体系覆盖面，把符合条件的两名僧尼纳入“低保”户、两名僧尼纳入“五保”户；每年7月组织僧尼进行免费体检，并对健康检验结果持续跟进，确保僧尼疾病发现及时、掌握及时、治疗及时。在羌纳寺调研时，我们注意到该寺现有僧人3名、学徒1名，该寺管委会在寺庙深入开展以弘扬历代高僧大德“爱国爱教、遵规守法、弃恶扬善、崇尚和谐、祈求和平”为主题的法制宣传教育活动，同时把僧人当成知心朋友，及时了解他们的困难并给予帮助，每月不间断地对僧人家庭进行家访。2016年前后，羌纳寺管委会筹集资金修建了两座大棚温室（寺管会、寺庙各一座），解决了寺管会及僧人吃菜问题；协调资金20万元恢复了羌纳寺传统的羌姆文化，使宗教活动更好地服务于社会主义新农村建设。这些工作有利于发挥宗教服务社会的积极作用，同时引导藏传佛教与社会主义社会相适应。

## 二、典型经验与特色做法

改革开放40年是米林县国防日益稳固、社会局势持续稳定的40年，是米林经济社会快速发展、各族群众生活水平显著提高的40年。回顾米林县40年来的稳定、发展及其措施、成效，既有值得总结的经验，又有值得关注的特色。

### （一）米林县各族干部群众坚定不移地贯彻中央精神，坚定不移地贯彻落实党的治藏方略；感党恩，勇于进取，奋发图强，以热血、生命守卫神圣国土，以智慧、汗水建设美丽家园；以安全、稳定保障发展，以发展促进安全、稳定，把固边、稳藏与县域经济社会发展有机结合起来

米林县处于西藏自治区东南部，而西藏具有重要的战略地位，西藏工作关系党和国家工作大局。党中央历来高度重视西藏工作，在实践过程中形成党的治藏方略，包括六个方面[①]：①必须坚持中国共产党领导，坚持社会主义制度，坚持民族区域自治制度；②必须坚持治国必治边、治边先稳藏的战略思想，坚持依法治藏、富民兴藏、长期建藏、凝聚人心、夯实基础的重要原则；③必须牢牢把握西藏社会的主要矛盾和特殊矛盾，把改善民生、凝聚人心作为经济社会发展的出发点和落脚点，坚持对达赖集团斗争的方针政策不动摇；④必须全面正确贯彻党的民族政策和宗教政策，加强民族团结，不断增进各族群众对伟大祖国、中华民族、中华文化、中国共产党、中国特色社

① 新华社电《习近平在中央第六次西藏工作座谈会上强调，依法治藏富民兴藏长期建藏，加快西藏全面建成小康社会步伐》，《西藏日报》2015年8月26日。

会主义的认同；⑤必须把中央关心、全国支援同西藏各族干部群众艰苦奋斗紧密结合起来，在统筹国内国际两个大局中做好西藏工作；⑥必须加强各级党组织和干部人才队伍建设，巩固党在西藏的执政基础。党的治藏方略总结60多年西藏治理的经验，具有高度的政治性、全局性、战略性，为新时期西藏治理确立了根本遵循。

1959年建县以来，特别是改革开放40年来，米林县稳定、发展工作都取得显著成绩，这是党中央英明决策、亲切关怀下取得的，是全国人民特别是福建、广东人民的无私援助、强力支持的结果，又是全县干部群众认真贯彻落实中央有关边疆工作、民族工作、西藏工作的精神，坚定地贯彻落实党的治藏方略取得的成果。40年来，该县坚持中国共产党领导，坚持社会主义制度，坚持民族区域自治制度；坚持治国必治边、治边先稳藏的战略思想，坚持依法治藏、富民兴藏、长期建藏、凝聚人心、夯实基础的重要原则；贯彻党的民族政策和宗教政策，加强民族团结；各级党委坚定不移抓好党建工作、干部队伍建设，巩固党在米林的执政基础，为米林稳定、发展夯实政治基础；各族干部群众热爱中国共产党，感党恩，勇于进取，奋发图强，以热血、生命守卫神圣国土，以智慧、汗水建设幸福家园。

在贯彻落实中央精神的过程中，米林县较好地处理了安全、稳定与发展的关系。米林县处于中印实际控制区的“边境前沿地带”，时时面对边界问题以及边防巩固、边境地区经济社会发展和民生改善等多项事务，这些与保障国家安全、维护国家主权与领土完整紧密联系，与维护包括西藏边境地区在内的整个西南边疆的稳定相关联。新中国成立以来的历史事实已经表明，由于边境地区地理位置、战略地位的特殊性，安全、稳定与发展的关系较为复杂，特别是当边界问题尚未完全划定时边境贸易很难全面展开，境外分裂势力的“藏独”活动仍影响着境内的社会稳定。因此，没有稳定的社会环境，一切都无从谈起，边防稳固、国土安全、社会稳定是米林加快经济社会发展的重要基础，而加快经济发展只能在一定程度上促进边境地区的稳定。在贯彻中央精神、西藏自治区部署时，米林县历届县委、县政府较好地理顺了国土安全、社会稳定与加快经济发展的关系，注重以稳定保障发展，以发展促进稳定，把固边、强边、稳藏与县域经济社会发展有机结合起来，而各族干部群众坚决反分裂、反蚕食，坚决维护祖国统一、确保国家安全，维护中华民族的核心利益，同时以智慧和辛勤劳动建设自己的美丽家园。

### （二）实事求是，与时俱进，因地制宜，结合本县实际，创造性地贯彻落实中央精神，执行中央政策、方针和西藏自治区的部署

40 年来，米林县干部群众坚决拥护中央决策，认真贯彻执行中央方针、政策和西藏自治区的部署，又坚持实事求是、与时俱进的原则，注重结合本地、本部门的实际，以经济建设为中心，一心一意谋发展、聚精会神搞建设，创造性地落实各项政策、方针。这在产业结构完善、“兴边富民”行动工作中都有充分反映。

在产业结构调整、完善方面，近年来米林县制定“旅游兴县、实干立县、产业融合、富民强县”的发展战略，同时注重大力推动产业融合发展。按照“一产围绕旅游调结构、二产围绕旅游出产品、三产围绕旅游强服务”的绿色经济发展模式，坚持“三产带一产、一产促三产、接二联三”的产业产城融合发展理念不动摇，提高供给质量。一是加快推进旅游产业纵深发展。始终把旅游业作为支柱性产业，以建设林芝市国际生态旅游区和全域旅游示范区为目标，深入推进“旅游+”发展模式，着力打造吃、住、行、厕、游、购、娱一条龙优质服务链。二是打造沿江农业观光带。通过沿雅江高原现代旅游观光农业经济带、沿雅江景观赏花带和高原水果采摘带的实施，推动实现农田变风光、作物变商品、农家变民宿、农耕变体验、农村变景区，促进了农村经济融合发展。三是打造南伊药洲小镇、航空商贸小镇、高原现代农业小镇。立足米林深厚的藏医药文化、资源禀赋和“铁公机”立体化交通优势，打造集药膳、疗养、体验、观光为一体的南伊药洲特色小镇；与华发集团合作开发以藏东南地区新鲜土特产交易为主、内地高端名优产品进入西藏为补充的产品集散为主的航空商贸小镇；由米林县扶贫开发创业投资公司与

喜路集团等企业共同投资 8.44 亿元在江心岛打造西藏喜路雅江高原现代农业及民俗文化示范园，引进第三代农业工厂技术，浓缩西藏各地区建筑特色、民俗文化和历史沿革，以打造国家农业可持续发展试验示范区和展示西藏民俗风情为核心的综合性示范园区。四是大力支持非公经济发展。坚持深化“放管服”改革，进一步转变政府职能，推进部门权力、责任清单“两单融合”，实现权责一致。积极推进财税金融改革，增强市场活力。全面落实支持非公经济发展政策措施，大力推进“大众创业、万众创新”，鼓励和支持更多社会主体创新创业。每年财政拿出 100 万非公经济扶持发展资金，支持企业创业发展。五是加大对外开放力度，优化招商引资环境，招大引强、厚积薄发，加快招商引资项目落地进程，增强辐射带动能力。到 2018 年，雏鹰集团、仁和集团、华发集团、登喜路集团、美光源科技、银丰科技、圣核集团、盛世农业、灵芝生物、雅江生态等 29 家企业已落户米林，总投资 52 亿元，实际到位资金 28 亿。

“兴边富民”行动是促进我国边境地区发展的重要举措，根据 1999 年中央民族工作会议部署，2000 年起在我国 136 个陆地边境县（旗、市、市辖区）和新疆生产建设兵团 58 个边境团场实施。就西藏地方而言，这一行动持续开展了近 20 年，仅 2000 年至 2012 年国家民委和西藏自治区本级财政就调度安排自治区少数民族发展资金——包括兴边富民行动和人口较少民族发展资金——11.37 亿元，开展边境地区和区内人口较少民族地区基础设施、教科文卫、生产发展、实用技术培训等项目 1665 个，建设兴边富民行动安居工程 2.9 万多户，解决了边境地区和人口较少民族群众的住房问题，安排资金整治边境地区村容村貌人居环境，建设特色村寨，扶持特色产业发展。这些项目极大地改善了边境地区、人口较少民族地区农牧民行路难、饮水难、上学难、照明难、就医难等现实问题，群众生产生活条件得到极大改善。[①]

① 张琪：《民富边稳国安泰——我区少数民族发展资金“兴边富民行动”工作综述》，《西藏日报》2013 年 8 月 14 日。

米林在2004年被国家民委确定为“全国兴边富民行动重点县”，该县结合本地实际，2011年前先后制定《米林县兴边富民行动10年总体规划》和《兴边富民行动十五规划》、《兴边富民行动十一五规划》，把兴边富民行动与县域经济发展相结合，与贯彻落实《民族区域自治法》和党的各项民族政策结合起来。仅仅2000～2010年，国家民委就为米林县投入兴边富民行动专项扶持资金3381.6万元，实施兴边富民行动项目58个，着力解决农牧区通电、通水等问题，改善了农牧民群众的生产、生活条件，增强了发展后劲。其中，南伊珞巴民族乡得到兴边富民资金和国家扶持资金400多万元，实施各类项目14个，涉及安居工程建设、基础设施建设、特色产业扶持、珞巴族民俗文化保护、扶贫开发等方面，这些项目的实施，使该乡从全县最为贫穷的乡迅速发展为全县经济社会各方面发展较为先进的乡。[①]

### （三）加强民族团结，深入开展民族团结教育，各民族和睦相处，中华民族共同体意识日益深入人心

维护祖国统一、加强民族团结是西藏工作的着眼点和着力点[②]。2015年9月8日，西藏各族各界干部群众热烈庆祝西藏自治区成立50周年，俞正声同志向西藏自治区赠送了习近平总书记题词“加强民族团结　建设美丽西藏”贺匾，突出了“民族团结”在西藏工作中的重要性。

米林县坚定不移贯彻党的民族政策，贯彻落实习近平总书记“加强民族团结、建设美丽西藏”重要指示精神，把加强民族团结作为一项战略性、基础性、长远性的工作，始终关注、常抓不懈，并根据西藏自治区、林芝市的部署，紧紧围绕各个重大节日深入开展宣传教育，推进民族团结进步创建活动，大张旗鼓表彰民族团结先进典型。这些增进了各族群众对伟大祖国、中

① 《西藏：“兴边”新发展“富民”新家园——米林县兴边富民行动情况》，国家民委网站，2011年10月27日发布，http://www.seac.gov.cn/art/2011/10/27/art_5165_139494.html。

② 新华社电《习近平在中央第六次西藏工作座谈会上强调，依法治藏富民兴藏长期建藏，加快西藏全面建成小康社会步伐》，《西藏日报》2015年8月26日。

华民族、中华文化、中国共产党、中国特色社会主义的认同，使各族群众中华民族共同体意识日益增强。

在米林县，各民族和睦相处、团结互助、共同建设美丽家园的意识已经深入人心，有很多感人的先进典范，丹娘乡康布热村党支部书记曲珍带领群众脱贫致富就是其中之一。

1985 年前后，曲珍作为村党支部书记，带领全村人从日照时间只有半天的深山沟搬到了雅鲁藏布江畔的康布热村，刚搬迁时是一个没有地、没有优势、没有基础设施的“三无村”。她和党员干部组织群众采松茸、种核桃、发展藏香猪养殖合作社，使康布热村从“三无村”变成了远近闻名的小康示范村。不仅如此，曲珍是珞巴族，她嫁给一位藏族汉子，夫妻俩相亲相爱、和和美美，把三个女儿培养成了名牌大学学生，并教育上小学的小儿子要好好学习、团结同学。在他们的带动下，这个村里已有好几户珞巴族和藏族结合的“民族团结家庭”。她对于民族团结、共同发展有深刻的感受，年幼时就听人说“不要像珞巴人一样吃饭，不要像珞巴人一样喝酒，更不要像珞巴人一样烤火”，这深深刺痛着曲珍。她很小就加入共青团，1982 年作为少数民族代表，到北京参加共青团团员代表大会，受到邓小平同志接见。1999 年，曲珍到北京参加中央民族工作会议暨国务院第三次全国民族团结进步表彰大会，作为先进个人受到江泽民同志接见。2014 年，她作为国务院第六次全国民族团结进步表彰大会先进个人，受到习近平同志接见。回想起这些经历，曲珍总是激动和自豪：“当我看见习近平总书记的时候，心跳得特别快。总书记走到我面前，和我亲切握手，微笑着说：‘你好！’作为一个在旧西藏被人看不起的珞巴人，在新社会能受到总书记的接见，我感到非常骄傲、自豪。在中国共产党的领导下，藏、汉、门巴、珞巴等各民族实现了真正的平等，这样真的特别好！”[①]

① 潘璐、麦正伟：《“桃花源”里的“女当家”——米林县康布热村党支部书记曲珍带领群众脱贫致富的故事》，《西藏日报》2017 年 10 月 20 日。

### （四）富民兴藏，改善民生，凝聚人心，让各族群众更好地共享改革发展成果

改革开放以来，米林县经济快速发展，社会事业蒸蒸日上，各族群众生活水平明显提高，特别是在经济发展、文化、教育、医疗卫生等方面得到了实惠，比如引导广大群众参与旅游业，增收致富，形成各族群众广泛参与、共享收益奔小康的“米林全域旅游模式”；2017 年起实行农牧民群众住院费用全免政策，有效解决农牧民群众“看病难、看病贵”的问题。与此同时，米林县贯彻落实习近平总书记“确保各族群众如期实现全面小康”[①] 的指示精神，把“改善民生、凝聚人心作为经济社会发展的出发点和落脚点”，[②] 把增进各族群众福祉作为兴藏的基本出发点和落脚点，紧紧围绕民族团结和民生改善推动经济发展、促进社会全面进步，下大力气做好精准扶贫工作，让各族群众更好地共享改革发展成果。

为提高脱贫攻坚成效，米林县坚持“五个结合”：一是坚持脱贫攻坚与党建引领相结合。实行书记“一把手”负责制，坚持以党建促脱贫。充分发挥各级党组织和党员在脱贫攻坚工作中的战斗堡垒作用和先锋模范作用，采取“村支部 + 合作社 + 贫困户”、“党员 + 能人 + 基地”等模式，发展村集体经济，带动贫困户增收。整合强基惠民为民办实事经费 332.5 万元，各级派驻单位投入资金 198.56 万元，党建专项经费投入 40.3 万元，实施党建扶贫项目 28 个，有力地推动了脱贫攻坚进程。二是坚持脱贫攻坚与易地开发相结合，投资 1.14 亿元，在市、县、乡（镇）重要地段、主要位置开发 10 个易地扶贫项目。三是坚持脱贫攻坚与边境小康村建设相结合。坚持规划先行，按照“两清一建一拆一改一补”[③] 的要求，把推进边境小康村建设与非边

① 内蒙古自治区中国特色社会主义理论体系研究中心：《全面小康：一个民族都不能少》，《内蒙古日报》2017 年 6 月 12 日。

② 新华社电《习近平在中央第六次西藏工作座谈会上强调，依法治藏富民兴藏长期建藏，加快西藏全面建成小康社会步伐》，《西藏日报》2015 年 8 月 26 日。

③ 两清一建一拆一改一补：两清一建就是清理淤泥、清理垃圾，建立长效管理机制；一拆就是拆除乱搭乱建；一改就是棘刺围栏改网围栏；一补就是补助以电（气）代薪。

境村建设结合起来，着力解决 43 个边境村和 23 个非边境村发展不平衡的问题。四是坚持脱贫攻坚与社会帮扶相结合。机关干部实行“211”[①]对口脱贫帮扶模式开展帮扶，筹措结对帮扶资金 69.3 万元，实现了帮扶全覆盖。同时，各驻村工作队帮助村（居）、群众厘清发展思路，找准发展路子，积极引导群众参与劳务输出。五是坚持脱贫攻坚与提升“十项工程”相结合，投资 2432.21 万元实施了 6 个水利项目，使该县偏远贫困地区农牧民用上了安全饮水；县财政安排 350 万元，解决了边境一线朗贡村通电问题；在乡（镇）设有 8 所中心小学，投资 2050 万元，完成了全县 8 个乡（镇）幼儿园、完小建设。

### （五）对口援藏为米林经济发展注入新活力，成为米林政治经济社会发展的“加速器”，使米林各族人民的生活水平明显提高，分享了全国改革开放和现代化建设的成果

西藏和平解放以后，中央关心西藏，全国支援西藏地方发展，在财政、物资、项目、人才等方面持续不断地支持西藏建设与发展。1994 年，中央第三次西藏工作座谈会确立了“分片负责、对口支援、定期轮换”的援藏方式，福建省对口援助米林县，米林由此进入了经济社会高速发展时期。到 2008 年，福建省已选派 5 批 23 名援藏干部，从资金、人才、技术、体制等方面进行全方位援助；投入资金 1.9 亿多元，援建了 187 个项目，涉及经济、文化、政治等各个领域；建成厦门社区文化广场、白鹭广场、白鹭文化艺术中心、农牧业科技服务中心等项目，使县城规模扩大了 3 倍。建设 8 个小集镇，形成了“县城—中心镇——般镇”的城镇体系；把 70% 的资金投向农牧区，极大地改善了基础设施，增强了发展后劲；8 次组团参加厦门“9·8”经贸洽谈会，签订近 10 亿元的投资协议；组织干部 300 多人次到内地学习

① “211”：四套班子主要领导每人包 2 户，其他县级领导、正科级领导每人包 1 户，副科级干部和多名党员干部包 1 户。

和挂职，极大地开阔了干部视野。[①]

2016年，广东省负责对口支援西藏林芝市全部1区6县3场，珠海市援藏工作组围绕“旅游兴县、农牧富县、藏药强县”的发展思路，坚持“输血”和“造血”并举，实现珠海援助米林的体制机制创新，珠海援藏工作组强化“造血”，做实产业援藏，做大做强生态旅游业、特色农牧业和藏医药业，依托现有资源，充分挖掘潜力，提高产业的整体竞争力，积极搭建平台，引进先进地区的经营理念和经营模式，实现资源和市场的有效对接，全力打造旅游、藏医药、现代农业和商贸物流四大产业体系，提升米林经济发展的核心竞争力。自珠海援藏工作组进驻以来，各企业在米林的注册资本已达到13.7亿，产业包括医药、旅游、商贸、物流以及现代农业等方面。通过人才援助、项目援助和资金援助，米林县在经济、文化教育、医疗卫生、城镇建设等方面将取得巨大成效，进一步增强经济社会发展综合实力。

### （六）重视生态文明建设，保护绿水青山，米林生态环境保持良好

中国共产党和中国政府高度重视生态文明建设，中国共产党第十八次全国代表大会以来，以习近平同志为核心的党中央，视建设生态文明为中华民族永续发展的根本大计，将生态文明建设与经济、政治、文化与社会建设一起纳入中国特色社会主义事业“五位一体”总体布局。中国大力树立和践行绿水青山就是金山银山的理念，像对待生命一样对待生态环境，坚持走文明发展之路，努力建设美丽中国。青藏高原被誉为“世界屋脊”“地球第三极”“亚洲水塔”，是珍稀野生动物的天然栖息地和高原物种基因库，是中国乃至亚洲重要的生态安全屏障，是中国生态文明建设的重点地区之一。[②]

米林县地处青藏高原东南部，长期以来十分注重对生态环境的保护，引

---

① 《辉煌成就鼓舞人心　美好蓝图催人奋进——米林县民主改革50年来经济社会全面发展纪实》，《西藏日报》2009年4月17日。

② 中华人民共和国国务院新闻办公室：《青藏高原生态文明建设状况》（2018年7月），《西藏日报》2018年7月19日。

导公众自觉参与生态环境保护和建设，深入持久地开展植树造林、森林保护，坚定不移地推进天然林保护、生态保护等生态工程，注重生态保护、建设工作与经济发展、社会进步、人民生活水平的提高同步推进。2008 年，该县启动国家级生态文明县建设，十年来开展了一系列工作，包括：一是在综合考虑生态环境资源、生态环境敏感性、环境承载力、生态服务功能等诸多因素的基础上，编制了《米林县生态文明建设规划》、《米林生态县建设规划》、《米林县生态乡镇建设规划》、《米林县生态功能区划》，通过合理划分重点保护区、控制保护区、优化保护区，优化调整产业布局，实现了资源综合利用。二是建立农村生活垃圾收集处理模式，开展农村环境星级评定，规范城乡生活垃圾收运模式，全面建立了城乡环境综合治理长效机制。三是 2017 年 4 月全面推行河长制，成立了以县委书记李牧之为组长，四大班子主要领导担任常务副组长，县委常委担任副组长，相关领导任成员的河长制工作领导小组。到2018年6月，各级河长共巡河330次，下达整改通知6次，都已及时整改完毕。县水利局联合环保局、国土局积极开展河道执法和排污调查，对非法采砂企业进行停业整顿，将原有 49 家采砂企业整合为 14 家。责令两家非法排污企业进行整顿，建立污水处理系统，循环利用，实现企业零排污目标。四是加大环保宣传力度，环保意识深入人心。2018 年 6 月我们在米林县南伊乡、派镇调研，当地农牧民都向我们强调他们能吃上“旅游饭”，就是因为自己家乡环境优美，“绿水青山就是金山银山”，因此他们都会更加自觉地保护环境。

## 三、建议与展望

改革开放 40 年来，米林县经济社会发展取得显著成就，一个社会安定、欣欣向荣的社会主义新米林使祖国西南边疆更加稳固、秀美！与此同时，我们调研时还注意到，当前米林的稳定、发展仍面临一些困难和挑战。

一是境外“藏独”分子和西方反华势力的破坏、渗透、干扰长期存在，加之中印边界尚未划定，实现米林社会局势的持续稳定、长期稳定、全面稳定将是一定时期内的“硬任务”。

二是米林县基础设施建设基础薄、“欠账多”，经济总量小，财政运转主要依靠上级财政转移支付；特色产业规模小，产业结构仍需要进一步调整、完善。

三是人才短缺，各部门、各领域都急需熟悉县情、业务素质较高的各类人才。2018 年 6 月，我们在米林县调研时，无论党政机关，抑或医院、学校，还是村（居）、企业，都不同程度地表示急需高素质的人才，这从不同角度提出如何吸引人才、留住人才的问题。比如米林县一些乡村学校缺少音乐、美术等学科的教师；医疗卫生人才也非常短缺，特别是缺少儿科、妇产科的医生。

我们调研组认为，上述困难和挑战都是米林县维护稳定、加快发展过程中的现实问题，有的问题甚至是今后一定时期难以回避、必须解决的难题，要想解决这些问题、难题，需要在中央关怀下，多方共同努力。

第一，党的十九大报告指出要“更加自觉地维护我国主权、安全、发展利益，坚决反对一切分裂祖国、破坏民族团结和社会和谐稳定的行为”，做出了“加快边疆发展，确保边疆巩固、边境安全”的部署。[①] 这为新时代边疆治理指明了方向，为米林各项工作提供了政策支持和制度保障。今后一定时期内，仍需要中央继续加大支持力度，内地对口援助的兄弟省市要继续给予大力支持，重点加大基础设施建设和扶贫工作力度，增强米林县和其他边疆地区发展的活力、能力；优先支持教育、文化、医疗卫生等基础设施建设项目，切实提高米林县和其他边疆地区社会保障能力与基本公共服务水平。

第二，米林各族干部群众贯彻落实中央精神，学习、贯彻党的治藏方略，加强民族团结，党、政、军、警、民合力固边、强边、兴边，积极推进

---

① 习近平：《决胜全面建成小康社会，夺取新时代中国特色社会主义伟大胜利——在中国共产党第十九次全国代表大会上的报告（2017 年 10 月 18 日）》，北京：人民出版社，2017，第 15～33 页。

经济发展，着力保障改善民生；深入开展反分裂斗争，努力实现持续稳定、长期稳定、全面稳定，确保2020年全面建成小康社会，逐步实现县域治理体系与能力的现代化。

第三，“引进来”与“走出去”相结合，逐步建设一支熟悉县情、业务精湛的高素质人才队伍。党的十九大对新时代推进中国特色社会主义伟大事业和党的建设新的伟大工程做出了全面部署，确定“从全面建成小康社会到基本实现现代化，再到全面建成社会主义现代化强国，是新时代中国特色社会主义发展的战略安排”。2017年到2020年是“全面建成小康社会决胜阶段”；2020年到2035年，我国在全面建成小康社会的基础上，再奋斗十五年，基本实现社会主义现代化；2035年到21世纪中叶，“在基本实现现代化的基础上，再奋斗十五年，把我国建成富强民主文明和谐美丽的社会主义现代化强国”。2035年前，我国“城乡区域发展差距和居民生活水平差距显著缩小，基本公共服务均等化基本实现，全体人民共同富裕迈出坚实步伐”，21世纪中叶我国“全体人民共同富裕基本实现，我国人民将享有更加幸福安康的生活”。[①]这就要求米林县与全国其他2000多个县一道全面建成小康社会，并在基本实现现代化、全面建成社会主义现代化强国中做出应有贡献，为此米林县应当在保持社会稳定的前提下加快经济社会发展，无论稳定还是发展，都要有大批德才兼备的人才做好各项工作。因此，米林县既要想方设法培养、引进人才，又要千方百计留住人才；既要从内地——将来可能包括国外——引进一定数量的人才，又要主动让本地人才“走出去”，提高本土人才的整体水平。

第四，我国学术界加强当代边疆重大现实问题的研究，推出更多创新性、前瞻性的研究成果，总结米林县和其他边疆地区稳定发展的经验，促成稳定与发展的良性互动，从而维护祖国统一、边疆稳固，加快我国边疆地区经济社会发展。

① 习近平：《决胜全面建成小康社会，夺取新时代中国特色社会主义伟大胜利——在中国共产党第十九次全国代表大会上的报告（2017年10月18日）》，北京：人民出版社，2017，第27～33页。

改革开放

与中国县域发展

GAIGEKAIFANG

# 陕西富平

# 绿色发展之路

中国社会科学院工业经济研究所

在陕西关中平原与陕北高原衔接地带，有一座具有 2400 余年悠久历史的古老县城——富平，其名取“富庶太平”之意，被誉为“关中名邑”。富平不仅具有深厚的历史文化底蕴，还有优秀的红色革命传统。富平是陕甘宁边区照金革命根据地的组成部分，在陕甘宁革命老区具有重要地位，是老一辈无产阶级革命家习仲勋出生并从事革命工作的地方。作为典型的西部地区，虽然富平总体经济发展水平还不充分，但改革开放 40 年，总体社会经济发展取得了巨大的成就，尤其是党的十八大以来，富平县在乡村振兴、工业发展和改善生态人居环境中始终践行“绿水青山就是金山银山”的绿色发展理念，努力摸索脱贫攻坚与绿色发展的协调之路，在西部县域地区的发展中颇具有典型意义。

## 一、富平概况

### （一）基本情况

富平古称“频阳”，隶属于陕西省渭南市，位于陕西省中部，关中平原和陕北高原的过渡地带。富平县辖 2 个街道（城关街道、东华街道）和 14 个镇（淡村镇、张桥镇、刘集镇、留古镇、流曲镇、曹村镇、宫里镇、到贤镇、美原镇、薛镇、老庙镇、庄里镇、齐村镇、梅家坪镇），其中，淡村镇为省级重点镇，庄里镇为全省镇级小城市综合改革试验区试点，薛镇为市级重点镇。全县共 268 个行政村、1360 个自然村，2107 个村民小组，总面积 1242 平方公里，其中，县城建成区面积 20.5 平方公里。

富平是“全国粮食生产先进县”，全国著名的“墨玉之乡”“石刻之乡”“陶艺之乡”“奶山羊之乡”“柿子之乡”“柿饼之乡”“早中熟苹果之乡”“琼锅糖之乡”。富平是国家生态保护与建设示范区、现代农业示范区、镇级小城市综合改革试验区及山水林田湖生态修复试点等国家和陕西省改革试点区。

2017 年，富平实现生产总值 144.48 亿元，同比增长 8.3%，人均地区生产总值 19190 元。2017 年全县户籍人口数为 80.07 万人，是陕西第一人口大县；全年平均常住人口 75.29 万人，常住人口城镇化率为 40.5%。人口以汉族为主，另有回族、满族、蒙古族、藏族、壮族、土家族、侗族、朝鲜族等 21 个少数民族。2017 年，城镇居民人均可支配收入 29765 元，同比增长 8.4%，农村居民人均可支配收入 10020 元，同比增长 9.3%；城乡居民收入比为 2.97。近年来，按照“园区化承载、集群化发展、大项目支撑、大集团引领”的发展思路，规划建设了富平高新技术产业开发区、（庄里镇）陕西省镇级小城市综合改革试验区、富平现代农业示范基地等三大发展平台。国家能源集团、中航工业、中国建材、中冶集团、中农集团、延长石油等一大批央企、省企、名企入驻建设，初步形成了装备制造、能源化工、新型建材、农副产品加工、特色轻工五大产业集群。

富平历史悠久，人杰地灵。富平置县已有 2400 多年历史，西周时属京畿之地，曾五次设县，两次设郡，三次设州。自古人才荟萃，文臣名将辈出。近代有著名爱国将领、杰出的民主主义革命家胡景翼将军。当代有老一辈无产阶级革命家习仲勋。

富平文物遗存众多，文化底蕴深厚。富平是全国唐陵最多的县份之一。境内生态自然风光别具一格，石刻、老鼓、阿宫腔、陶艺等传统文化品牌声名远扬，其中阿宫腔和老庙老鼓被列入国家级和省级非物质文化遗产保护名录，还有全国唯一的老斩城、黄帝荆山铸鼎文化遗址备受全国关注。

富平气候宜人，自然资源丰富。富平位于陕西省中北部，是关中平原和陕北高原的过渡地带，属暖温带大陆性半干旱、半湿润季风气候，年平均气温为13.4℃，素有“九峪肥田”之称。富平生态人居环境良好，建有温泉河湿地公园、石川河生态公园、怀德公园等五大公园。境内有季节性河流4条（石川河、温泉河、赵氏河、顺阳河，均属黄河流域渭河水系），水库10座，年平均降水量为511.3毫米，全县浅表性水资源总量1.2亿立方米。全县耕地面积110万亩。养殖、野生动植物品种多样。富平柿饼、流曲琼锅糖、富平甜瓜、富平墨玉、富平羊奶粉、富平九眼莲是国家地理标志保护产品。

富平区位优势明显，交通发达。富平地处关天经济区东翼，属大西安经济圈规划范围，是陕西东大门建设的五个副中心城市之一；距西安、咸阳、渭南均半小时车程。境内包茂、京昆2条高速，咸铜、西延、西韩、梅七4条铁路穿境而过；富（平）阎（良）连接线贯通县域南北，随着西延高铁、西韩城际铁路相继开工建设，富平将加速融入西安大都市圈。

### （二）改革开放40年经济社会发展成就

改革开放40年，富平县发展历程大致可以划分为三个阶段：起步发展阶段（1978～1992年）、改革发展阶段（1993～2012年）和科学发展阶段（2013年至今）。

在1978～1992年起步发展阶段，富平经济社会发展的主要任务是恢复和发展生产，集中精力解决群众温饱问题，经过长达15年的发展，富平的GDP和人均GDP增长了3倍，1992年分别达到6.77亿元和955.6元/人。1993～2012年改革发展阶段主要是适应我国建立和完善社会主义市场经济体制需要，富平一方面抓国有企业改革，另一方面大力促进民营经济发展，经济取得了长足的进步。2000年之后，我国大力实施西部大开发战略，富平趁势而上，发展速度明显加快。到2012年，富平的GDP和人均GDP分别达到94亿元和12593元/人，分别是1992年的13.9倍和13.2倍。2013

年至今的科学发展阶段，富平贯彻落实创新、协调、绿色、开放、共享的新发展理念，积极推进供给侧结构性改革和经济转型升级，显著提升农业现代化、新型工业化和现代服务业水平，着力推进新型城镇化建设，大力实施精准扶贫和铁腕治霾，经济、社会、民生、环境等获得全方位进步发展。

### 1. 经济持续快速增长，综合实力上了一个大台阶

改革开放之初的1978年，富平GDP仅为2.1亿元，人均GDP只有350元/人，2017年GDP和人均GDP分别上升至144.48亿元和19190元/人，GDP和人均GDP分别增长67.8倍和53.8倍。按不变价格计算，1990～2017年GDP年均增长10.6%。这些指标都高于全国的总体水平。

近年来，一批重大产业项目和基础设施项目相继建成，发展的实力和后劲显著增强。“十二五”时期，固定资产投资累计完成534亿元，是“十一五”时期的4.5倍。2017年富平县启动“双十工程”，其中“十大民生工程”总投资68.5亿元，年度计划投资41亿元；“十大重点工程”总投资128.2亿元，年度计划投资38.9亿元；其他重点建设项目5个，总投资17.2亿元，年度计划投资12.9亿元；重点前期项目10个，估算总投资143.5亿元。2018年，富平计划投资61.87亿元建设“双十工程”，涉及建设、教育、文化、市政、扶贫、避灾、搬迁等项目。

图1　改革开放四十年富平GDP和人均GDP增长

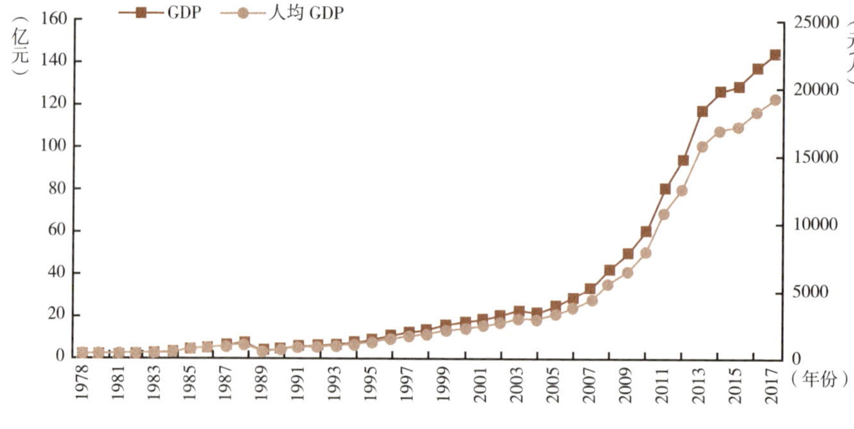

### 2. 产业结构持续优化，工业化水平显著提升

改革开放以来，富平产业结构持续优化，1990 年以来，这种趋势更加明显。表 1 显示，富平三次产业结构经历了“一三二”到“三二一”，再到“二三一”的变化，第二产业成为主导产业。伴随着产业结构的优化，富平工业化水平不断提高，工业化率（工业占 GDP 的比重）从 2005 年的 21.7%，上升到 2013 年的 46.2%（目前为止的最高点），后来缓慢下降到 2017 年的 36.1%。随着未来大型工业企业的投资富平，富平工业化率仍有望恢复上升态势。

**表 1　富平三次产业结构的变化**

（单位：%）

| 年份 | 第一产业 | 第二产业 | 第三产业 |
|---|---|---|---|
| 1990 | 47.3 | 20.9 | 31.9 |
| 1995 | 34.1 | 31.3 | 34.5 |
| 2000 | 27.3 | 32.8 | 39.9 |
| 2005 | 30.7 | 25.7 | 43.6 |
| 2010 | 28.1 | 32.6 | 39.4 |
| 2011 | 25.8 | 40.2 | 34.0 |
| 2012 | 24.5 | 41.9 | 33.6 |
| 2013 | 20.9 | 48.9 | 30.2 |
| 2014 | 20.8 | 47.8 | 31.4 |
| 2015 | 20.8 | 45.1 | 34.1 |
| 2016 | 20.7 | 42.8 | 36.5 |
| 2017 | 20.1 | 40.2 | 39.7 |

当前，富平三次产业呈现协调发展态势。从产业结构看，2017 年，第一产业完成 29.03 亿元，同比增长 4.6%；第二产业完成 58.11 亿元，同比增长 8.8%，其中工业实现增加值 52.16 亿元，增长 2.97%；第三产业完成 57.34 亿元，同比增长 9.8%；三次产业比重为 20.1∶40.2∶39.7。2017 年，

全县发展各类农业园区38个、规模养殖场区460个，栽植苹果26万亩、柿子20万亩、瓜菜10万亩，奶山羊存栏58万只；有涉农龙头企业58家，各类农民专业合作社697个、家庭农场613个；“陕富”获中国驰名商标。近年来，国家能源集团、中航工业、中国建材、中冶集团、中农集团、延长石油等一大批央企、省企、名企入驻建设，初步形成了装备制造、能源化工、新型建材、农副产品加工、特色轻工五大产业集群。服务业和商贸旅游活力明显增强，服务业成为发展新引擎。2017年，培育限额以上商贸流通企业10家，发展电商4250户，电子商务交易额实现15.5亿元。启动全域旅游发展规划编制，爱国主义教育基地等4个景区列入全国红色旅游经典景区名录，八路军120师抗日誓师纪念地等4个旅游项目启动实施，游客服务中心主体竣工，中华郡二期建成运营。2017年全年接待游客575万人次，综合收入43.8亿元，分别增长21.8%和20.3%。

### 3. 城镇化水平显著提高，“四城联创”稳步推进

改革开放以来，富平坚持统筹城乡一体化发展，城乡面貌发生了新变化。中心城区环线基本闭合，建成区面积由10平方公里扩展到20平方公里；城市管理趋于规范，城市品位日益提升；“气化富平”覆盖城区园区，330KV输变电工程即将投运，城乡基础和面貌明显改善。截至2017年，富平城镇化率已提升至40.5%，这几乎是2014年的两倍。

近年来，富平按照“融入西安、富阎同城、城乡一体、产城融合”的发展战略和“做大县城、做好集镇、做美社区”的工作思路，强力推进城镇化建设，着力打造“清水大绿、生态宜居”新富平，全县城镇化步伐明显加快。一是拓框架。新建荆山大道、环城南路、怀德大街、环城西路等主干街路28条，硬化背街小巷70余条，城市道路总里程60公里，城市环线实现闭合，初步形成了“五纵六横”的城市道路框架。二是提品位。实施了“两河一路”提升改造，目前温泉河湿地公园、石川河景观公园已建成开放，成为县城两道亮丽的风景；高标准实施了频阳大街提升改造，成为全县市政道路“标杆”性工程。三是强推进。庄里、淡村、薛镇、美原等重点镇建设

对标中心城区，一手抓改造工程，一手抓城区管理，不断提高小城镇现代化水平。

目前，富平已成功创建为“省级卫生县城”“省级园林城市”，连续两年荣获陕西省县城建设先进县，正在向创建国家卫生城市、国家园林城市、国家环境保护模范城市和创建全国文明城市（“四城联创”）迈进。2016年11月，富平县委、县政府出台了《关于开展四城联创工作的实施意见》，这是一项雄心勃勃的计划，这项工作的推进将显著提升富平的知名度、美誉度，显著促进“三个富平”建设。

### 4. 民生福祉持续改善，脱贫攻坚取得重大进展

改革开放以来，富平坚持不懈地改善民生福祉。扎实开展义务教育发展基本均衡县创建，精心组织实施城区“1136”校建工程（即1所职中、1所初中、3所小学、6所幼儿园）和60所农村薄弱学校提升改造，富闽友谊幼儿园、迤山幼儿园建成招生，莲湖学校、县幼儿园等36所学校改造竣工，实验幼儿园、蓝光中学跻身省级示范学校，城区“大班额”问题有效化解，城乡办学条件大幅改善。妇女儿童医院门诊楼主体完工，县医院妇产楼、传染楼及268个标准化村级卫生室建成投用，全国基层中医药示范县创建成功，医疗卫生服务体系不断完善。“十二五”时期，共建保障房15822套，惠及群众47460人；转移农村劳动人口17.5万，年均新增城镇就业4000多人。富平老年公寓、王寮敬老院、社会救助站建成投用，老年服务中心开工建设，社会保障能力进一步提升。积极发展文化事业，39集电视连续剧《岁岁年年柿柿红》在富平拍摄完成，2018年7月在中央一套黄金时段连续播出。东方歌舞团、宁夏秦腔剧院、陕西广播交响乐团等知名剧团演出不断，群众文化生活丰富多彩。

近年来，举全县之力推进精准扶贫、精准脱贫，全面实施“两个全覆盖”（贫困户入园入社全覆盖、贫困户结对帮扶全覆盖），扶心扶志作用凸显，典型经验全市推广。“十二五”时期，全县累计脱贫10.46万人，北部山区群众彻底告别土窑洞、危旧房。扎实推进“三变”改革（资源变资产、资金

变股金、农民变股东），积极发展村级集体经济，探索“支部+”“合作社+”及贫困户持股分红等模式，12202名贫困群众获得股金收益。全力加快七个移民搬迁安置点建设，多层全部达到入住条件，高层实现主体完工，2017年773户2838人领到新居钥匙，全县退出贫困村23个、贫困户3438户11807人，基本达到贫困县摘帽条件。2018年，富平将如期实现脱贫“摘帽”。

### 5. 生态文明建设取得新进展，美丽乡村建设取得阶段性成果

近年来，富平在习近平生态文明思想指引下，坚决打好污染防治攻坚战，实行最严格的生态环境保护制度，扎实推进山水林田湖草系统治理，铁腕推进“治污降霾·保卫蓝天”行动，大规模开展植树造林，下决心抓好生态修复，让富平大地天更蓝、山更绿、水更清、环境更优美。

当前重点是“治污降霾·保卫蓝天”，主要做法有以下几个。一是坚持铁腕治霾，坚持问题导向，集中时间力量解决影响县城区大气环境质量的突出短板问题，铁腕治霾“1+10”成员单位按照“1+10”方案要求，扎实开展各项攻坚行动，强化“减煤、控车、抑尘、治源、禁燃、增绿”举措，全面做好“1+10”行动的收尾工作，并巩固提升治理成果、实现常态化监管。二是坚持科学治霾，深刻认识和把握规律，精准施策、标本兼治，推进煤炭高效清洁利用，加大散煤治理力度，加快煤改电、煤改气、煤改热步伐，提高清洁能源消费比重，继续排查整治和关停“散乱污”企业，着力整治工地和道路扬尘。三是坚持协同治霾，强化联防联控联治，凝聚工作合力，构建全县各镇办、部门联动一体的应急响应体系，建立健全监管、监督、问责机制，全力推进全县大气质量好转。

富平县将美丽乡村建设作为实施乡村振兴战略的切入点，强力推进美丽乡村建设。截至目前，富平已创建国家级美丽乡村1个，省级美丽宜居示范村1个，省级标准化美丽乡村2个，省级水库移民美丽乡村1个，市级生态镇3个，市级生态乡村39个。建成美丽乡村核心区115个，清洁乡村254个，美丽宜居乡村24个。

### 6. 改革创新取得新成效，开放发展取得新突破

近年来，积极推进“放管服”，深化行政审批制度改革，取消行政许可事项 11 项，分别下放庄里、淡村县级管理权限 3621 项、158 项；在全省率先推行工商营业执照、食品经营许可证等证照联办，新增企业和个体工商户 4863 家，市场活力充分释放。积极推进投融资创新，农产品订单质押贷款模式普遍推行。富平发展投资集团组建运行，与国开行、农发行、陕西金控、西安银行等金融机构合作不断深化，先后设立扶贫、农业、中小企业发展基金，争取和落实各类融资贷款 20.5 亿元。

早在 1993 年，富平县就与福建省福州市闽侯县结为经济合作友好县；1997 年，富平县与江苏省镇江市句容市结为友好县市；2005 年，富平县与浙江省绍兴县结为友好县。另外，富平企业大力开拓国际市场，如 2005 年陕西压延设备厂即与世界 8 个国家的 18 个国际著名公司有着广泛的技术合作，包括日本、德国、意大利、瑞士、比利时、奥地利等国家的著名跨国公司如三菱重工、日立、新日铁、西马克·德马克等。近年来，富平加强与央企、省企对接，“十二五”时期共招引项目 139 个，其中央企 7 个、省企 9 个，到位资金 236 亿元，开放合作呈现良好势头。2017 年，富平加强与福建闽侯、江苏丹阳等地对口协作，互派交流干部 37 人次，组织招商考察活动 20 余批次，苏陕合作富丹产业园签约入驻企业 4 户，对外交流合作不断深化。

富平隶属于渭南市，但紧邻西安的阎良区。陕西省“十三五”规划纲要提出，以富（平）阎（良）为中心的渭河北岸区域增长板块是大西安和关中平原城市群新增长极。2017 年 2 月 25 日，西安、渭南两市政府签署了《建设富阎产业合作园区框架协议》，2018 年 4 月 4 日，富阎产业合作园区正式成立，标志着富平开放发展和“富阎一体化”迈入新的历史阶段。

## （三）谱写新时代“三个富平”建设新篇章

由于地处西部地区，目前富平经济总量偏小，经济发展程度相对较低。2017 年，富平人均 GDP、城镇居民人均可支配收入和农村居民人均可支配

收入分别为19190元、29765元和10020元，三个指标依次仅为全国平均水平的32.17%、81.78%和74.60%。农业大县、工业弱县、财政穷县依然是富平最基本的县情，因此，加快发展、奋力追赶就成为"十三五"乃至更长时期的一项主要任务。

富平"十三五"规划提出了以习近平新时代中国特色社会主义思想为指导，以"四个全面"战略布局为统领，以"五大发展理念"为指引，以增进人民福祉为出发点，坚持稳中求进、好中求快总基调，着力推动新型工业化、富阎一体化、城乡一体化，不断做大工业、做强农业、做活以文化旅游为主导的现代服务业，统筹推进扶贫开发、生态保护、改善民生、社会治理，不断提升"五位一体"建设的层次和水平，全面加快"三个富平"（富裕富平、和谐富平、美丽富平）建设，确保与全省、全国同步迈入小康社会。

围绕谋划今后五年发展，富平确立了"补齐四个短板、坚守四条底线"的战略举措，即补齐新型工业化短板、补齐新型城镇化短板、补齐扶贫脱贫短板、补齐生态建设短板，坚守发展底线、坚守民生底线、坚守稳定底线、坚守作风底线。未来富平发展的战略定位是：西部先进装备制造业基地，全国红色文化旅游目的地，国家现代农业示范区，西渭融合发展先行区。适应我国经济社会高质量发展新阶段和陕西省委提出的实施培育新动能、构筑新高地、激发新活力、共建新生活、彰显新形象"五新"战略，富平将与全国一道，在追赶跨越中实现高质量发展、绿色发展。

## 二、乡村绿色振兴

### （一）富平农业发展基本历程

改革开放以前，富平县分管农业农村发展的机构是县农林局。改革开放以后，1984年末，富平县将县农林局改名为县农业局，使其成为县农业农村发展的直管机构。在直管机构落实中央一号文件等指导政策的影响下，富平县农业农村发展迅速，具体表现为以下几点。①在种植业方面，富平县主要种植小麦、玉米等粮食作物，棉花、油菜等经济作物。在农业科技技术、耕种方式等一系列因素调整的影响下，农作物产量快速增长。如小麦单产由1989年的216.3公斤提高到2005年的293公斤。农药、化肥等使用量虽然不断增长，但使用更科学，如高毒农药逐渐被高效低毒农药代替。②在养殖业方面，主要有牛、羊、猪、鸡等26个品种。1990年，全县牛存栏约为4.94万头（奶牛487头），羊16.48万只，生猪10.12万头，家禽116万只；肉、蛋、奶产量分别为5678吨、4861吨和26662吨。2005年，全县牛存栏3.7万头（奶牛7897头），羊20.3万只，生猪12.6万头，家禽197万只；肉、蛋、奶产量分别为1.5万吨、1.6万吨和5.8万吨；畜牧业产值2.86亿元，占农林牧渔业总产值的25%。③在果业方面，富平县苹果栽植历史悠久，早在1958年就开始栽种。另外，规模比较大的还有酥梨和柿子种植。1980年，全县集体果园面积为500公顷；2005年，全县苹果栽植面积稳定在1万公顷左右，年产量11.7万吨。1992年到2005年，全县酥梨种植发展到2000公顷，年产量5万吨。截至2005年底，全县柿子栽植面积6822公顷，年产鲜柿21500吨，加工柿饼2700吨，年产值8400多万元。

“十五”时期，富平县进一步调整农业结构，农业发展取得了很大进步，第一产业生产总值由2005年的7.75亿元增长到2010年的16.96亿元。“十一五”时期，农民人均纯收入4329元，较“十五”时期净增2407元；规模养殖不断壮大，奶山羊、奶牛存栏量分别达到31.8万只和1.8万头；农业产业化程度不断提高，累计发展市级以上农业产业化重点龙头企业23家，其中省级8家。形成一批具有竞争优势的特色产品和品牌，柿饼、羊奶粉、苹果等特色农产品出口海外，被授予“中国柿乡”“中国奶山羊基地”“国家级粮食大县”“全国中早熟苹果之乡”等称号；实施美化、绿化、亮化工程，成功创建省级卫生城市；重新修编县城总体规划，庄里镇被定为全国示范小城镇，淡村、美原、流曲被列为关中百镇；农业综合开发、四大灌区改造、农村人饮、高标准示范田等农业基础设施项目相继实施，有效灌溉面积达到68.23万亩，解决了27.38万人的安全饮水问题。

“十二五”时期，现代农业快速发展，五年新建园区35个，富平羊乳、富平柿饼等实现品牌化、标准化生产，“一镇一园”“一镇多园”格局基本形成。特别是十八大以来，深入推进现代农业示范区改革试点，中哈人民苹果友谊园、齐村高产高效粮食基地基本建成，发展农业园区35个、规模养殖场260个，特色农业优势彰显；发展农民专业合作社628个、家庭农场545个，新型农业经营体系初步形成；红星乳业成功上市，永辉柿饼加工、食品产业园建设加速推进，农业产业化水平大幅提升。总体看来，随着中央一号文件主要内容的不断变化，改革开放40周年以来，富平县农业发展进行了一系列相应的调整。

十八大以来，富平县在农业、农村发展中的主要亮点是践行绿色发展理念和实施乡村振兴战略。富平县在践行绿色发展理念方面的亮点主要包括美丽乡村建设、农村垃圾处理、农村卫生改厕和造林绿化工作等。

### （二）美丽乡村建设基本成就

2014年12月启动美丽乡村建设工作以来，富平县按照“规划引领、基础先行、全域整治、建管并重”的思路，遵循“集中发展村庄核心区，优先打造启动区”的建设原则，着力改善摊大饼式建设现象，引导村民向村庄核心区聚集或搬入城区镇区居住。4年来，累计投资近4亿元，完成了110个村“美丽乡村·文明家园”创建任务；115个美丽乡村的启动区实现了净化、硬化、绿化、亮化、美化、文化；打造了5条美丽乡村示范路；发展特色农业园区35个；创建39个绿色生态乡村、6个旅游村庄、4个省级标准化乡村、1个国家级美丽宜居乡村。2016年，美丽乡村建设全面铺开，农村环境卫生综合整治深入开展，80%的村庄达到卫生乡村标准，建成美丽乡村34个。截至2018年5月，富平县创建国家级美丽乡村1个，省级美丽宜居示范村1个，省级标准化美丽乡村2个，省级水库移民美丽乡村1个，市级生态镇3个，市级生态乡村39个。建成美丽乡村核心区115个，清洁乡村254个，美丽宜居乡村24个。

### 1. 农村垃圾处理有序推进

农村垃圾处理包括生产垃圾处理和生活垃圾处理两方面内容。

在生产垃圾处理方面，富平县的做法包括：做好农作物秸秆禁烧工作，提高秸秆综合利用率，并营造绿色、生态、安全健康的人居环境；通过秸秆还田、秸秆饲料化利用和秸秆基料化利用来综合利用秸秆；麦茬控制在15公分以内，公路沿线两侧、高压输电线路两侧、易燃易爆场所100米内以及田边、路边、渠边两侧和绿化带内，严禁堆放和焚烧秸秆，对不能有效利用的秸秆，在收获播种完成后彻底清理。

在生活垃圾处理方面，富平县的做法包括：构建“分类收集、定点投放、分类清运、回收利用、生物堆肥”的农村生活垃圾处理体系。在垃圾分类环节，根据农民群众的接受程度和农村实际，以户为单元，将农村生产、生活垃圾分为三大类进行处理，即可堆肥垃圾（主要是指厨余垃圾）、不可堆肥垃圾和有害垃圾。在垃圾收集分拣环节，按照“二次五分法”的原则进行分类，采用农户一次分类（可堆肥垃圾、不可堆肥垃圾、有害垃圾）+村保洁员（分拣不可堆肥垃圾）二次分类模式。在垃圾处理环节，可堆肥垃圾集中到堆肥房或农户自行堆肥发酵后还田，不可堆肥垃圾经过分拣后由保洁员自行处理。在生物堆肥环节，对于分拣出的可堆肥垃圾，各村在就近建设的太阳能阳光堆肥房进行堆肥，每村阳光堆肥房建设资金为10万～15万元，所有行政村采取“一村一建”的模式建设阳光堆肥房。

### 2. 农村卫生改厕进展迅速

富平县农村无害化户厕提升改造三年计划主要涉及16个镇（街道）。2017年底，全县农户总户数为17.9万户，已完成农村无害化卫生户厕改造3万户，覆盖率为16.76%。2018年，县委办、政府办印发了《富平县农村人居环境整治三年行动实施意见》（富办字〔2018〕42号），指出了富平县农村卫生改厕的目标：2018年农村无害化厕所达到45%，2019年农村无害化厕所达到65%，2020年农村无害化厕所达到85%。2018～2020年，农村无害化卫生厕所改造任务每年至少为：2018年5.07万座，2019年3.56万座，

2020 年 3.56 万座。

近期，富平县美丽乡村建设如火如荼开展，卫生厕所改造强势推进，形成全民共建的热潮。一是围绕一个中心。围绕富平县改善农村人居环境三年行动实施意见这一中心，制定富平县农村改厕三年行动方案和二环内改厕行动方案，分步组织实施。二是划分三类层次。根据县域地理位置，将全县划分为城镇开发边界、一般区域行政村和 25 度以上行政村，根据不同地理位置和生活习惯进行改厕。2018 年建设的 70 个美丽乡村，将化粪池全部纳入招标范畴。三是采取五种形式。城镇开发边界内改厕采用双瓮漏斗式、三格化粪池、完整下水道水冲式；一般区域行政村采用双瓮漏斗式、三格化粪池式和粪尿分集式；25 度以上行政村采用双瓮漏斗式、粪尿分集式和双坑交替式；引导农村新建住房配套建设无害化卫生厕所，在村庄公共区域配套公共厕所。目前，各村正在积极开挖建设化粪池，二环内改厕已完成 1800 余套，2018 年美丽乡村已完成 180 套，建成公厕 10 个。

### 3. 造林绿化工作超额完成

2015 年，富平县共完成造林绿化面积 4.6 万亩，占任务 4.6 万亩的 100%，其中人工造林 2.6 万亩，封山育林 2 万亩。绿化道路 180 公里，义务植树 110 万株，育苗 0.28 万亩。2016 年，富平县共完成造林绿化面积 6.63 万亩，占任务 5.5 万亩的 120%，其中人工造林 4.53 万亩，封山育林 2.1 万亩。绿化道路 600 公里，义务植树 110 万株，育苗 0.28 万亩。2017 年，富平县累计完成造林绿化 7.5 万亩，其中柿子建园 3.7 万亩，荒山造林完成 1.6 万亩，其他绿化 2.2 万亩，绿化渠路 350 公里。绿化生态村镇 32 个，义务植树 110 万株，完成新育苗 0.29 万亩。2018 年，全县林地面积 46.93 万亩，活立木蓄积 52.1 万立方米，森林覆盖率 9.07%，建有柿子地基 20 万亩。目前已累计完成造林绿化 18.7 万亩，其中柿子栽植 12.5 万亩，荒山及重点区域绿化 6.2 万亩，绿化生态示范村 86 个，渠路绿化 480 公里。其中，亮点工程包括：东华街道页坡村 200 亩标准化柿子建园；曹村千亩柿子基地建设；庄里镇友谊路宽幅微地形绿化；仁曹路 12 公里绿化；金栗山旅游路 7 公里绿化；团结村、田村等巷道绿化；温泉河绿化 300 余亩，石川河及南塬北坡绿化 800 余亩。

### （三）实施乡村振兴战略的基本情况

2017 年 10 月 18 日，习近平总书记在十九大报告中首次提出“乡村振兴”战略，明确了“产业兴旺、生态宜居、乡风文明、治理有效、生活富裕”的总要求。此后，12 月 20 日，中央工作会议全文发布，新增了“清除阻碍要素下乡各种障碍”这一具体表述。12 月 29 日，中央农村工作会议更是给出了乡村振兴“三步走”的时间表，提出到 2020 年，乡村振兴要取得重要进展，制度框架和政策体系要基本形成；到 2035 年，乡村振兴要取得决定性进展，农业农村现代化要基本实现；到 2050 年，乡村要全面振兴，农业强、农村美、农民富要全面实现。富平县实施乡村振兴战略的做法主要包括：促进三次产业融合发展、农村“三变”改革、“党建 +”模式和推行驻村规划师制度。

#### 1. 三次产业融合发展释放乡村新动能

2018 年，富平县聚焦产业发展，推动特色加工业、现代农业、休闲旅游业“三大产业”齐头并进，不断激发出乡村振兴新动能。

优质特色加工业有两张名片——柿饼和羊乳。在柿饼方面，富平是“中国柿乡”，富平尖柿、富平柿饼已经跻身国家地理标志保护产品行列，柿子树种植面积突破 20 万亩（约 1.3 万公顷）。2017 年，集柿子收购、加工、销售为一体的永辉现代农业公司在富平建成投产，使富平柿饼的口味、包装品质更上一层楼。据计算，2017 年全县柿饼的总产值超过 8 亿元。在羊乳方面，2018 年，富平县全力打造 300 亿元级奶山羊全产业链，立下“陕西羊奶看富平”的目标，大力建设“国际羊乳之都”。在金牛乳业、红星乳业等 6 个龙头企业的带动下，富平现已建成现代奶山羊产业园区 3 个、规模养殖场及家庭农场 156 个，奶山羊存栏量达 55 万只，全年奶山羊养殖和加工总产值已超过 20 亿元。近年来，富平县委、县政府把奶山羊产业作为一项主导产业来抓，把精准扶贫和推进羊乳产业发展结合起来，鼓励红星、美羚等一批优秀的羊乳制品生产加工企业进行一、二、三产业融合，推进全产业链生产。实行精准扶贫、乡村振兴和奶山羊产业发展相结合，在实践中摸索出了四项产业扶贫模式，带动了一大批农户发家致富。据统计，截至目前，全县奶山羊存栏 37.7 万只，规模养殖场 180 个，奶山羊机械化挤奶站 168 个。建成 5 万只以上养殖大镇 2 个，3 万只奶山羊养殖大镇 6 个，省级奶山羊良种繁育示范村 20 个。发展 10 只以上适度规模养殖户近万户，其中 50 只以上 1130 户。创建省级标准示范场 1 个，即陕西嘉润生态农业有限公司；市级标准化示范场 3 个，即富平县华燕畜牧有限公司、富平县青禾奶山羊养殖专业合作社、富平县隆兴家庭农场。全县现有红星、金牛、圣唐、美可高特、样样祥、秦源 6 家乳品加工企业，年加工羊乳制品 2.9 万吨，羊奶市场需求量大。

现代农业有两个“致富果”——樱桃和甜瓜。在樱桃方面，有代表性的是淡村镇中合村。2017 年 10 月，中合村以“三变”改革为抓手，争取 135 万元扶持资金，以“党支部 + 村集体经济合作社 + 农户”的方式，建起了 22 座温室樱桃大棚。预计 2018 年中合村樱桃收入近 70 万元，村民人均年纯收入将超过 1.12 万元。在甜瓜方面，有代表性的是张桥镇。每年 4 月中下旬，张桥甜瓜的订单量每天都超过两万。张桥甜瓜如此之“火”，原因不仅是种植规模大、品质好、销售路子广，更重要的是这里有一群“懂农业、爱农村、爱农民”的职业农民。富平县最早的职业农民、高级农艺师赵可合就是代表之一。2006 年，赵可合成立了全县首家甜瓜专业合作社，带领群众利用新技术种植温室甜瓜。目前，富平的职业农民已过千人。

休闲旅游有中华郡和石川河两个代表性项目。自 2016 年 7 月 31 日试运营以来，集精品住宿、温泉体验、特色餐饮、景观农业、主题文化展示和中华文化研究于一体的中华郡，逐渐成为富平县及周边城市居民的休闲旅游目的地。2017 年，中华郡接待游客量超过 150 万人次，为正在建设的“富阎新区”创造了 1000 多个就业和创业岗位。在石川河方面，随着投资 5.6 亿元的石川河城区段综合治理项目的完工，一个集健身、游乐、观赏于一体的综合性生态公园在富平建成投用。如今在这个综合性生态公园里，白天可见绿树环绕，夜晚可观音乐喷泉。

### 2. 农村“三变”改革激发农村新活力

2018 年渭南市确定“三变”改革“千村试点”村 158 个，实际开展“三变”改革的村 593 个。目前已完成“三变”项目对接 81 个，17 个村进行了分红，分红金额达 1345.21 万元。“三变”改革成效显著，亮点纷呈。

富平县确定了 18 个村，其中，资源性资产村是庄里试验区三河村，到贤镇西仁村，张桥镇原李村，老庙镇老庙村，留古镇惠高村，淡村镇都村，薛镇赵老峪南村，流曲镇大岗村，曹村镇大渠村，宫里镇大樊村；经营性资产村是城关街道办南韩村，东华街道办怀阳村，齐村镇董南村；集体资产“空壳村”是刘集镇街北村，美原镇团结村，梅家坪镇车家村，薛镇安党村、赵老峪北村。2017 年富平县农村集体产权制度改革试点村 3 个、千村试点百村示范“三变”试点村 16 个（其中齐村镇董南村同时为产改村），共计 18 个，成立村集体经济组织 18 个（其中贫困村 12 个），2017 年产改及“三变”工作做得好的镇（街道）有庄里实验区、宫里镇、齐村镇。

富平县宫里镇大樊村模式。“三变”试点村宫里镇大樊村农村集体产权制度改革由第三方机构“陕西飞鸿企业管理咨询公司”介入，进行清产核资、成员界定、折股量化、股权设置，成立村集体经济组织。各项工作开展顺利，该村模式有可复制、可借鉴之做法。该村现正在申请省级产改试点村。以“支部 + 股份经济合作社 + 贫困户”的模式，流转土地 1450 亩，栽植金银花 1100 亩，带动村民走共同富裕之路。

城中（郊）村模式。庄里镇庄北村为城中村，积极开展农村集体产权制度改革工作。该村学习西安市高陵区的成功经验，结合本村实际完成产权制度改革工作，成立了富平县庄里实验区庄北村股份经济合作社，发展壮大村集体经济。庄北村模式的缺点是集体资产评估、财务审计等均无评估报告和审计报告。

### 3.“党建 +”模式营造绿色制度生态

2018 年以来，富平县留古镇从严从实抓好基层党建工作，齐抓共管落实基层党建责任，积极推广“党建+”模式，不断丰富“党建+培训”“党建+服务”“党建+环境”“党建+产业”“党建+治理”等内涵，推动乡村振兴战略和全镇经济社会发展。

“党建+培训”。2018年，针对村“两委”换届后，留古镇党委积极在村级党支部推行“主题党日”活动，科学制订学习计划，普遍形成一堂党课一人主讲、多人点评、现场交流的生动局面，切实提高村“两委”成员履职尽责能力。

“党建+服务”。村党支部建立起“村不漏组、组不漏户、户不漏人”的便民服务体系，还探索实行了“党员划片定岗联户”党建模式，每名党员包保5至10户农户，给无职党员设岗定责，通过设置“文明宣传岗”“带富致富岗”“矛盾纠纷调解岗”等岗位，有效地强化党员的责任意识。

“党建+环境”。汝林村以脱贫引领，大力改善村容村貌，经过整治，旧貌换新颜。1200多米长的污水沟装上了排污管道，两侧建成了绿化带，道路扩宽硬化；添置了寓意深刻的宣传画；村里新建了广场和百姓大舞台。

“党建+产业”。惠高村党支部书记白栓牛采取“党支部+合作社+致富户+贫困户”模式，通过流转土地，建立了瑞合奶山羊养殖专业合作社，带动群众发展奶山羊产业。对于有劳动能力且有就业意愿的贫困户，优先安排进入养殖场就业。对于有发展意愿、无劳动能力的贫困户，每户投放2只奶山羊，贫困户自购2只，交于养殖场托管，不需参与经营管理，只领取托管分红，每户每年可增收2000元，实现了贫困群众脱贫增收，走出了一条畜牧产业精准扶贫的新路子。

“党建+治理”。留古镇充分发挥党员干部、能人志士、本地乡贤的作用，在各村成立了“一约四会”，规定了红白事的标准，这套规定刹住了红白事铺张浪费歪风，被村民广泛点赞，有效推进移风易俗乡村治理的新模式。

#### 4. 推行驻村规划师制度改善农村人居环境

近年来，富平县围绕美丽乡村建设，坚持一次规划、分期实施，分类编制村庄规划，在全省率先推行了驻村规划师制度，现场指导美丽乡村建设，有力促进了农村人居环境改善。截至目前，全县268个行政村已编制村庄规划150个，村庄核心区将于2018年8月底全面建成，计划到2020年底实现所有村庄规划编制全覆盖，力争核心区建设全面完成。

依据《富平县乡村建设规划导则》，驻村规划师认真走访、实地交流，结合村庄建设资金，制定村庄建设实施建议书，明确村庄建设次序和建设重点。同时为村民讲解规划，引导村民学习规划、尊重规划、共同建设，指导村庄规划实施。驻村规划师既当设计师又当施工者，监督指导按照规划不打折扣进行建设，并实行签字背书制度，规划师对每项规划工程签字验收后，拨付财政奖补资金，确保既定蓝图落实到位。强化驻村规划师管理。采取多级管理体制，成立县驻村规划师工作领导小组，负责村镇规划和驻村规划师日常管理，并建立驻村工作台账，每人每周现场指导不少于一次；同步建立微信平台，及时分享好的做法经验，共同解决实际难点问题。同时以驻村规划师为纽带，为农村产业兴旺、乡村治理等出谋划策，为乡村振兴战略实施提供了智力支撑。

将全县268个行政村分为城镇开发边界内行政村（53个）、一般区域内行政村（198个）、25度坡以上行政村（17个）、旅游村庄（6个）四类村庄，分类编制村庄规划。县城区、庄里试验区开发边界内的行政村，主要编制建设方案；一般区域内的行政村，编制完整的村庄规划建设方案、一般区域内的行政村形成完整的村庄规划成果；25度坡以上的行政村，编制村庄建设指导图；具备乡村旅游条件的行政村，形成特色村庄规划。截至2017年底，共完成村庄规划数量为171个，计划2018年完成剩余的46个村庄规划，实现县域村庄规划全覆盖。

## 三、工业绿色发展

### （一）富平工业发展基本历程

富平工业过去比较落后，民国时期仅有一家硫化碱厂，1949年全县工业总产值186.5万元。1950年后，一批县属工业企业迅速发展起来。20世纪60年代后，先后建成一批省、地、县属工业企业。20世纪80年代末，县委、县政府提出“工业兴县”的发展思路，深化工业改革，扩大对外开放，引进先进技术，调整产业结构，县属国有企业改革取得重大突破。

20世纪90年代，富平工业企业在党的十四大精神、十四届三中全会精神、十五大精神指导下，积极转换经营机制，建立现代企业制度。全县工业生产坚持面向市场，注重效益，扩大规模，加快产业结构和产品结构调整，充分发挥建材、食品、机械、化工等支柱工业优势，按照“大厂大批量、小厂高效益”的调整战略，对国有企业实施全方位技术改造，形成了县水泥厂、乳品厂、富丰绿色食品有限公司、造纸厂、玻璃器皿厂、联合收割机厂、童车厂、制药厂、印刷厂、乔山琉璃建材工艺厂等产值过千万、利税过百万的骨干企业。1998年底，全县工业总产值突破10亿元大关，规模以上企业利税上千万。同时，以建材工业为主体，以农副产品加工和工艺品制造为两翼，加快了乡镇工业企业的发展。1998～1999年，富平县坚持以“三个有利于”为标准，深入开展“三改一加强”，不断加快企业体制改革步伐。其间对县长富厂、大理石厂、公路建材厂等县级企业依法实施破产，县印刷厂破产后职工出资重组，水泥制品厂改制为股份合作公司，立新水泥厂、包装箱厂、黄板纸厂实行财产租赁。截至2000年底，国有工业企业总数为24户，其中参与企业改制18户；集体工业企业总数19户，参与企业改制6户。县水泥厂、玻璃器皿厂、印刷厂等13户改制企业，负债率从改制前的99.8%下降为77%，盘活存量资产2600多万元。

2000年后，富平县抓住国家实施西部大开发和陕西加快“一线两带”建设的历史机遇，把工业作为实现富平经济跨越式发展的突破口，提出实施工业强县和项目带动战略。坚持以市场为导向，以改革创新和科技进步为动力，加大招商引资力度，稳固发展建材、食品、农机、轻工业等主导产业；以民营工业为着力点，依托当地资源，发展涉农工业。先后引进广西兴宝钢厂30万吨连铸连轧生产线、龙钢集团60万吨轧钢生产线、中鲁果蔬汁年产

2.5 万吨果蔬汁生产线、鸿天科技 10 万吨绿色饲料生产线和浙江光宇水泥集团日产 5000 吨干法水泥生产线等项目。到 2005 年，全县工业布局初步形成“三带”（富耀路沿线新型建材、机械、冶金工业带，富老路沿线食品、轻工业带，北部沿山百里建材工业带）、“四区”（梅家坪焦化工业区，庄里－齐村新型建材、机械冶金工业区，县城食品、轻工、高新技术产业区，老庙－美原花炮产业区）的新格局。县域工业企业实现总产值 32 亿元，工业经济占全县 GDP 的比重上升到 32.19%。与此同时，根据国家对“十五小”企业关、停、并、转的产业政策，制定了《关于加快企业改革与发展的实施意见》，将县域经济发展的着力点放在优化产业结构上。仅 2000 年当年，全面依法整顿关停取缔全县小造纸厂 30 多家、小水泥厂 100 多户、石灰窑 200 余户，工业结构明显优化，工业发展的质量进一步提高。

“十一五”时期，富平坚持实施工业强县和项目带动两大战略，优势产业市场竞争力明显增强。其间，新增规模以上工业企业 38 家，总数达到 53 家。装备制造、煤化工、食品深加工等生产能力快速增长，建材加工集中区、花炮产业集中区、石刻工艺园初具规模。以开放促开发，以合作谋发展，招商引资工作取得显著成效，“十一五”期间，共引进招商引资项目 126 个，投资亿元以上的龙钢 110 万吨钢材生产线、陕富和实丰各 200 万吨水泥生产线、陶瓷建材集中区等影响全县经济和社会发展的重大项目相继建成投产。投资发展环境进一步改善，先后被评为“浙商（省外）投资最具潜力城市”和“浙商重点推荐投资城市”。

“十二五”期间，富平坚持调结构、转方式，新型工业化破题加力，启动建设新兴产业示范园，并晋级为省级高新区，迈入框架拉大、基础提升、功能完善新阶段，神华热电联产、陕汽配套园、闽商食品园、西飞铝型材等开工建设或签约落地，成为引领工业发展的新高地；庄里工业园区基础逐年完善，传统产业焕发新活力。

2016 年，全县上下聚集“追赶超越、决胜小康”目标，强力推进工业转型升级，抓规模以上工业企业选培育工作。全年新增富平县韦加植保无人机科技有限公司、陕西省喷得绿生物科技有限公司、富平县惠泽制衣有限公司、陕西富平晟琦面业有限公司、富平县鑫宏电子制造有限公司5家规模以上工业企业，新增工业产值3亿元，为全县工业经济发展做出了重要贡献。

2017年，签订招商引资合同42个，成功引进启迪清洁能源、永辉集团两个总部经济，星美新能源电动汽车产业园等15个项目开工建设，到位资金75.6亿元。全县规模以上工业实现总产值230.75亿元，同比增长11.18%。全县规模以上工业实现销售产值220.58亿元，同比增长14.5%。在习近平新时代中国特色社会主义思想指引下，富平工业发展迎来了春天，富平新型工业化道路正阔步向前。

### （二）近年来富平工业绿色发展主要做法

工业兴则县域兴，工业强则县域强。近年来，富平县坚持把发展新型工业化作为重中之重，以园区为平台，以项目为抓手，践行绿色发展，着力推进工业转型升级、打造工业经济“升级版”。

#### 1. 培育发展新兴产业

近年来，富平发挥区位优势、交通优势、人文优势和环境优势，积极争取全国尤其西安高新产业的转移和扩张，重点发展新能源产业链、新材料产业链、生物医药产业链、电子信息技术产业链，不断提高新兴产业在县域经济中的占比。2015年，富平设立新兴产业发展引导基金，县财政投入2000万元，争取市财政4000万元，推动富平工业跨越式发展。2017年，富平设立1000万元项目策划专项资金，策划储备项目131个，总投资841亿元，其中包括部分工业企业项目。

目前，已有富平县韦加植保无人机科技有限公司、北新建材（陕西）有限公司、星美银河新能源汽车有限公司、陕西前海智能新能源有限公司等企业入驻富平。其中，富平县韦加植保无人机科技有限公司主要产品为植保无人机，北新建材（陕西）有限公司主要产品为绿色环保建材石膏板，这两家企业均已建成投产，生产运营正常。另有星美银河新能源汽车有限公司、陕西前海智能新能源有限公司等企业正在建设中。

富平县韦加植保无人机科技有限公司，是北京韦加无人机科技股份有限公司的全资子公司。主要研发、生产、维修 JF01 系列植保无人机，年产量可达 3000 架，年产值可达 2 亿以上。韦加植保无人机产品通过了 2000 架次无障碍工作测试，并通过质量管理体系 ISO9001 认证。可执行各类作物的农药与叶面肥喷洒作业，具有精准作业、高效环保、操作简单等特点。

北新建材（陕西）有限公司由北新建材自筹自建，总投资 2.55 亿元，其中一期投资 1.25 亿元，建设年产 3000 万平方米纸面石膏板生产线、年产 5000 吨轻钢龙骨生产线。建成后年销售收入 2.3 亿，年上缴税收 3000 万元。北新建材（陕西）有限公司项目建设每年可消化当地电厂的脱硫石膏 27 万吨，减少环境污染和资源浪费，是富平发展循环经济和实现资源综合利用的标志性项目。

### 2. 推进绿色工业园区建设

鉴于目前富平高新区和庄里工业园区还是以传统产业生产为主，为践行绿色发展，推进工业园区提质升级、绿色发展，近年来采取的主要措施主要有以下几点。

强化产业导向，严格源头控制。编制《富平县工业产业导向目录》，强化产业导向作用，明确鼓励发展、允许发展、限制发展，以及禁止、淘汰发展的产业和项目。在招商引资工作中，对“两高一资”、污染严重、国家明令禁止的项目一律不予审批，2017 年否决污染严重项目 1 个。将污染物总量控制纳入项目管理，坚决按照“增产不增污”和“增产减污”的原则进行项目审批把关。与此同时，对环境污染小、资源消耗低的项目开辟绿色审批通道，2017 年共受理各类审批项目 74 个。

推进传统产业绿色化改造，发展循环经济。以新能源、装备制造、化工、建材和食品加工为重点进行循环经济技术改造，加大节能减排力度，培育和催生一批循环经济重点企业和示范项目，推动园区按循环经济、低碳经济模式运行。对于园区内积极发展的低碳产业、低碳产品的企业，分别从土地出让、资金匹配等方面给予优惠扶持。

坚决淘汰落后产能，严厉打击“地条钢”。把产业结构调整作为污染减排的重要举措，关闭秦王水泥、科星水泥和富平水泥厂等企业。严格贯彻执行国家和省市化解钢铁过剩产能、防止“地条钢”死灰复燃有关规定，建立健全常态监管工作机制。按照《富平县淘汰落后钢铁产能打击取缔“地条钢”生产销售的实施意见》、《富平县涉钢企业监管核查办法》和《富平县关于建立防止“地条钢”死灰复燃长效机制的通知》等文件要求，明确部门分工，密切配合，形成工作合力，做到排查到位、打击取缔到位、监督落实到位，严防“地条钢”死灰复燃和违规新建产能生产。

开展工业污染源全面达标排放整治工作，开展VOCs（挥发性有机物）专项执法检查工作。制定印发了《富平县工业污染源全面达标排放计划实施方案（2017—2020年）的通知》（富环发〔2017〕62号），对钢铁、火电等8个行业开展了全面排查，及时向市环保局上报“富平县工业污染源排放情况排查评估汇总表”，每月按时上报8个行业执法检查、违法案件查处情况汇总表，并将检查情况录入陕西省工业污染源达标排放管理系统。开展了VOCs专项执法检查工作，兴宝钢厂电炉已被拆除，陕西步实金属结构工程有限公司已按照要求进行了整改并通过验收。

推进节能减排，狠抓园区治污。进一步加强节能减排工作，倒逼企业做好节能管理和技术改造，推动高耗能企业向环境友好型企业转型发展。始终把生态承载力作为产业发展的“绿色闸门”，在严格准入的同时推行清洁生产，加快建材、化工等传统产业改造升级，促进绿色低碳循环发展。兴宝钢厂、实丰水泥等企业除尘脱硫脱硝全部完成，累计投资5292.5万元。完成庄里工业园区7家陶瓷企业提标改造，减少二氧化硫排放量500.13吨、氮氧化物2696.28吨、烟粉尘1337吨。落实“铁腕治霾·保卫蓝天”行动，强化重点企业监管，持续改善大气质量。2017年重点督促7家陶瓷企业、3家水泥企业以及陕焦、富化和龙钢富平分公司13家企业安装在线监控设施，已实现省市并网，实时监测污染物排放情况，确保污染物达标排放。全面推进园区工业废水和生活污水处理，6家企业工业废水深度治理项目全部通过渭南市环保部门验收，已建成县城污水处理厂、第二污水处理厂、庄里镇污水处理厂和城南污水处理厂，确保污水100%处理，并可以达标排放。

### 3. 完善工业绿色发展机制

牢固树立生态优先、绿色发展的理念，始终把生态环保工作作为一项重大政治任务、重大民生工程来抓，促进全县经济社会和环境保护协调发展。

严格落实环境保护主体责任，严格落实环境保护“党政同责”和“一岗双责”，着力细化全县“网格化”监管体系，夯实各部门“管行业必须管环保”的工作职责，健全环保执法联动机制，努力形成齐抓共管的环保监管格局。

严格履行区域环保主体责任。严格执行国家和省市环保政策，按照关中地区产业准入目录及产业淘汰目录，建立健全规划环评和项目环评联动审批机制，切实把好项目环保准入关。始终坚持对各类环境违法行为“零容忍”。

健全环保考核机制，将环保目标纳入工业园区、镇（街道）和相关部门年度绩效考核，对未完成环保目标任务的单位实行“一票否决”，确保各单位环保责任全面落实。

扎实推进“治污降霾·保卫蓝天”行动。制定印发《富平县“治污降霾·保卫蓝天”五年行动方案》，及时成立了以县政府主要领导为组长的改善城市环境空气质量领导小组，积极夯实各级主体责任，层层落实目标任务，定期召开联席会议，严格考核奖惩问责，形成大气污染防治合力，倒逼工业结构调整和绿色发展。

## （三）发展绿色高效智慧能源的案例——神华富平热电联产项目

根据《富平县国民经济和社会发展第十三个五年规划纲要（2016—2020年）》，富平规划建设4台35万千瓦超临界空冷热电机组，其中，一期（“十三五”时期）建设2台35万千瓦超临界空冷热电机组，年供热能力760兆瓦。

2014年12月26日，神华富平热电联产项目获国家发改委核准（核准批复文号：发改能源〔2014〕2855号）。项目将建设2台35万千瓦超临界空冷热电机组，同步建设高效除尘、高效脱硫、高效脱硝、高效去除PM 2.5的先进环保设施等，年供热能力760兆瓦。项目总投资人民币28.8亿元，动态总投资约人民币32.35亿元，其中资本金约占20%，由神华集团全资子公司神华神东电力有限责任公司出资；其余所需资金以银行贷款方式解决。工程建设年限为2015～2017年。2015年8月6日，正式浇注主厂房第一方混凝土。两台机组已于2017年底建成。2018年7月22日10时18分，神华富平热电2×35万千瓦新建工程1号机组顺利通过168小时满负荷试运，标志着该项目正式投产发电。伴随着1号机组顺利并网发电，2号机组各项准备工作也已全部完成，于7月23日点火启动，计划于8月20日左右通过168小时满负荷试运。

该项目建设以来，秉承“智能智慧、绿色共享、价值创造”的理念，实现了“四塔合一”、“多水合一”、噪音控制等11项创新应用。其中将脱硫塔、湿式除尘塔、低位排烟塔集中竖向叠加布置在间接空冷塔内的“四塔合一”技术，属国内首创，具有减少烟气阻力、降低厂用电、节约占地等特点。建设过程中，认真落实公司“基建生产一体化”的管理要求，始终坚持“三高”标准（高标准开工、高水平建设、高质量投产）和“三精”原则（精细设计、精致施工、精益管理），精心策划、科学组织，建立完善的管理标准体系和满足基建、生产时期的信息化系统，工程的质量、安全、投资等得到了有效控制，实现了基建生产的无缝衔接。1号机组在168小时满负荷试运期间，主辅设备运行稳定，自动、仪表、保护投入率均为100%，汽水品质合格率100%，脱硫、脱硝、除尘等环保设施同步投运，各项排放指标远优于设计值，远优于燃气机组排放标准，真正实现了“超低排放”目标，达到了煤炭的清洁高效利用。

由于项目建设采用最先进的热电联产技术，且同步建设烟气脱硫、脱硝等环保设施，使得烟尘、$SO_2$、$NO_X$ 等主要污染物实现了超低排放，废水实现零排放，灰渣固体物实现综合利用。同时，以两台 35 万千瓦热电联产机组为主能源，项目进一步耦合光伏、地热等新能源，实现“电、汽、冷、热、水”综合能源服务（“五位一体”）。

“五位一体”的富平热电联产项目充分利用大数据等信息技术，建设全寿命周期内安全、高效，节能、环保的“智能智慧、绿色共享、价值创造”的美丽电站。具有绿色、高效、智慧特征。

绿色：通过清洁煤电与新能源的高效耦合，供给侧实现集中供电、供热、供汽、制冷等，达到终端用能零碳排放。

高效：通过各类能源的梯级利用，充分挖掘用户的需求，一次能源转化效率达到 70% 以上。

智慧：借助能源互联网技术，通过能源流、信息流和价值流三流合一，实现能源的智慧供给。

富平“五位一体”热电联产项目的建设和运营，对于富平乃至周边地区工业转型升级和经济社会绿色发展具有显著的促进作用，具体如下。

第一，为富平提供可靠能源动力，带动县域经济发展，全面提升区域整体形象，促进富平招商引资。

第二，满足富平、阎良两地集中供热，项目替代周边 60 多台散烧小锅炉，推进改善当地生态环境，是陕西省“治污降霾 · 保卫蓝天”行动的具体落地，为建设美丽新富平做出积极贡献。

第三，成为精准扶贫革命老区建设的重要举措，为当地劳动就业提供机会，促进富平产业结构升级。

第四，响应电力体制改革新要求，打造综合能源一站式服务，提升园区能源供应核心竞争力，推动富平产业升级的快速发展。

第五，开创富平综合能源供应模式，为其他区域转型提供煤炭清洁转化、高效利用、智慧供给的示范。

## 四、生态基础设施

生态基础设施是服务于环境、社会与经济可持续发展的自然系统，是城市及其居民能长期持续地获得自然服务的自然基础和框架，在促进社会经济发展、保障人居环境质量方面发挥着重要的作用。在实体层面，生态基础设施是一个相互联系的生态空间网络，由具有内部连接性的自然区域、人工环境和附带的工程设施组成，包括水系、农田、绿地、湿地、公园、森林、植被等，这些要素组成一个相互联系、有机统一的网络系统。这一系统具有自然生态的功能和价值，为人类和动物提供自然保护、户外休闲和绿色生活的场所。

随着经济快速发展和城镇人口的增长，以及沥青、混凝土等不透水建筑和地面的增加，富平县城镇绿地和湿地的生态基础设施面积大幅减少，生境破碎化严重，城市的热岛效应、灰霾效应、雨洪雨污效应及水体富营养化等生态环境问题加剧。一度存在达标企业擅自停运污染治理设施、建设项目违反“环评”和“三同时”制度，以及污染和破坏水源保护区、私自向县域内“三河两库”偷排污染物等违法行为，城市生态基础设施受损严重，自我调节能力和生态系统服务水平大大降低。

党的十八大以来，富平县委、县政府在充分调查研究的基础上，根据县情实际，以建设“富裕富平、和谐富平、美丽富平”为目标，提出了生态立县的发展战略，将生态基础设施建设作为提升城市生态系统健康水平和维护城市人居环境的重要措施，大力推进交通沿线、河流两岸、城镇村庄和旅游景区周围等区域绿化，努力实现全县城市森林化、城镇园林化、村庄林荫化、荒山荒坡荒沟等全面绿化，全力打造绿色文明、生态宜居的新富平。《富平县国民经济和社会发展第十三个五年规划纲要》将生态环境明显改观确定为发展的主要目标之一，明确到2020年，绿色低碳循环发展成为主基调，北部山区生态治理取得明显成效，单位生产总值能耗和主要污染物排放总量明显下降，林木覆盖率达到40%以上，美丽乡村建设实现全覆盖，基本实现频阳大地园林化。

为了使受损的生态基础设施恢复到正常状态，保障其结构的完整性和功能的完善性，富平县采取人工调节和干预措施对受损的生态基础设施进行修复，促进城市生态系统的自我修复，恢复生态系统原有的保持水土、调节小气候、净化环境、维护生物多样性的生态功能。具体的修复内容包括城市水体治理、山体修复、湿地修复、绿地系统完善。

### （一）全面开展湿地和河流生态系统保护和恢复

富平县境内有石川河、温泉河、顺阳河和赵氏河四条河流，均属季节性河流。石川河是渭河北岸的一条支流，源于北山，横贯县境，经铜川、耀县，在岔口进入富平县，至黄村出县后在临渔县内入渭，在富平县湾渡纳入赵氏河，且在河谷左缘平行发育温泉河。石川河流经富平县内 36.4 公里，河谷开阔平坦，是全县流域面积最大的河流，自汉至清朝有悠久的农业耕种和引灌历史。新中国成立后，石川河两岸引水工程有了新的发展。从 1955 年至 1980 年，先后将原有渠道废弃，改建、新建干、支渠 245.4 公里，总引流量每秒 110.2 立方米。设施面积 22 万亩，较前扩大灌溉面积近 7 倍。1973 年治理石川河，固岸保田，疏通河道，加固堤岸，修堰打坝，拦洪淤地，投资 210 万元，投工 102 万工日，修整河提 25 公里，控制了洪水。1984 年为防止赵老峪、大水峪山洪为害，县政府组织军民整修了顺阳河排水工程，使洪水归渠，变害为利。

由于上游蓄水，石川河已经成为季节河，仅汛期有洪水下泄，近十年洪水最大流量 520 立方米 / 秒。自 1995 年以后，由于沿河工业企业的增加，石川河的污染日益加重，水体自净能力明显减弱，主要污染源有未实现达标排放的陕西省焦化厂、日晨造纸厂、奥荣纸业公司及洗煤厂等，COD、SS、BOD、pH 等值都严重超标。

为了恢复生态环境、保障防洪安全，富平县对石川河及其支流温泉河生态系统进行了改造恢复。2011 年，为统筹城乡发展和构筑县域发展新优势，富平县提出了“大水大绿、生态宜居”要求，省级环保模范城市验收指标基本达标。2014 年，富平县正式启动石川河与温泉河城区段综合治理工程，石川河流域主要建设河道景观、百花溪谷广场、四季健康城等项目。温泉河治理项目已完成 11 个休闲广场、5 公里园区路及明月湖、河中小岛和园区绿化、亮化工程等建设。富平县城形成了“两河环绕、绿廊相拥”的城市生态景观，对富平县促进湿地资源保护与合理开发具有重要意义。石川河国家级湿地公园项目经国家林业局批复启动实施，石川河城区段综合治理工程。总投资 5.1 亿元，总长 2.2 公里，占地面积 1480 亩，其中景观绿化 630 亩，滨河景观水面 450 亩，设计蓄水量 51 万立方米，市政工程及配套设施 400 亩，包括河道整治、滨河公园、滨河道路、频阳大街绿化广场 4 项工程。目前，滨河南路、北路及频阳大道绿化广场工程完工，河道治理工程基本建成，蓄水成湖，滨河公园景观绿化已接近尾声，石川河湿地公园功能逐渐恢复，成为富平一条靓丽的风景线。

富平县委、县政府在陕西省和渭南市有关部门的大力支持下，紧紧依托石川河的自然资源和文化底蕴，本着“保护优先、科学修复、合理利用、持续发展”的原则，将石川河湿地公园建设纳入富平县经济社会发展“十二五”规划，将其作为重要的生态文明工程来抓，在加快基础设施建设的同时，通过石川河湿地公园建设，推进湿地保护恢复工作和生态文明建设。石川河整治避免了对生态系统的过度扰动，河流没有被“裁弯取直”，湿地和历史沉积下来的景观结构得到恢复与保护。城市与其自然环境中的山水林田湖有机联系，形成较为完整的生态体系。

2016 年启动石川河国家级湿地公园建设。富平县石川河治理工程是陕西省实施渭河流域综合治理的重要组成部分，也是国家林业局批复的国家级湿地公园建设试点工程。工程以湿地模式建设，旨在恢复石川河原始生态，实现人与自然和谐相融。石川河国家湿地公园是以河流湿地为主体、以沼泽和库塘湿地为点缀的综合性湿地公园，规划总面积 1740 公顷，其中湿地面积 883.7 公顷，湿地率为 50.8%。石川河国家湿地公园建设功在当代，利在千秋。按照规划开展河道防护林及水生植物恢复工作，完成造林 0.1 万亩，开展护林等基础设施建设。在石川河两岸 300 米范围内，完成柿子、苹果等经果林带栽植 7700 亩，南塬北坡绿化完成 10 公里，栽植侧柏、大叶女贞、刺槐等 1 万余株，陡坡打空栽植迎春花、紫穗槐 1 多平方米。

石川河山水林田湖生态保护修复项目，县城段完成河堤土方工程 3 公里、修筑河堤 7.1 公里、修建拦水坝 5 座，形成水面 410 亩。近期淡村至庄里段 10.3 公里已全面开工建设。

为确保湿地公园建设顺利推进，富平县委、县政府多次召开专题会议，研究相关工作，要求各有关镇、部门树立“一盘棋”的思想，立足本职，发挥职能，通力合作，加强配合，严格按照国家湿地公园建设的要求和标准，抓好各项工作的落实。作为这项工程的主抓部门，富平县林业局先后多次邀请省市有关专家、领导对石川河的湿地植被、野生动植物资源、水质及生态环境等进行了详细、全面的实地考察，并进行了充分论证。在此基础上，县林业局聘请陕西省林业调查规划院编制完成了《陕西富平石川河国家湿地公园总体规划》，报国家林业局审定。

富平县采取多项措施加强对石川河生态的保护。一是对境内土法石灰窑、建筑石料用灰岩矿等矿产资源开发企业进行集中整治和关闭取缔，有效解决了涉窑地区的环境污染问题。二是定期对多家排污企业和河道非法采石采砂场进行联合执法检查，杜绝对环境的人为破坏和河道污染。三是在水源保护地区和水库周围设立水源地界桩，设置醒目的宣传牌，提醒人们自觉保护水源地安全。

### （二）开展北部矿山地质环境保护治理和小流域综合治理

富平县北部沿山东西长近 38 公里，涉及 9 个镇 3 个管区 65 个村，总面积 54.75 万亩，其中耕地面积 15.24 万亩，林地面积 6.02 万亩，经济林面积 16 万亩。这里石材资源富集，以前生机盎然，一片翠绿。改革开放以后，随着经济快速发展，这一带相继建起一批石灰窑、采石场、碎石场，促进农村经济发展的同时也给沿山生态环境造成严重污染和破坏，使这一带生态功能严重退化，群众栽植的经济林果单位产量和果品质量逐年下降。

石灰窑和采石对北部山区山体、植被和地形地貌景观的破坏一度较为严重。石灰石和采石场露天开采清除了山体表层灌木植被，对山体剥离、开采取石，造成山体破损、植被资源破坏，形成的裸露开采面、废石渣很难恢复治理，对自然地形地貌破坏严重。此外，矿产资源开发利用过程中产生的大量废石（土）渣沿沟谷、斜坡随意堆放，对地形地貌景观与土地资源造成了严重破坏。

20 世纪八九十年代，富平县开展了北部山区小流域综合治理。北部山区总流域面积 40.4 平方公里（其中县内 31.2 平方公里），被沟壑切割形成 130 多个小流域。从 1975 年开始，以大水峪为重点，制订了较详细的小流域山水林田路综合治理规划。白庙乡的中沟、赵老峪的铁炉西沟、雷村乡的蟠桃峪、底店乡黑水峪等，经过治理都取得了良好效果。1984 年，县上提出了“一年包到户，三年打基础，五年见成效，十年变面貌”的治理目标；制定了“户包开发治理小流域的十条规定”，确立了谁承包、谁治理、谁管护、谁受益的原则，一次承包到户，划界立桩，造册存档；县上发给土地证，使用权长期不变，子女可以继承。当年有 5500 户承包小流域面积达到 10.5 万亩。1980 年和 1985 年，大水峪流域和赵老峪中游流域分别列入省上重点治理。

富平县 1999 年开始实施退耕还林工程，将陡坡耕地、交通沿线及生态脆弱地区作为退耕还林的重点地区，遏制了水土流失，在恢复自然植被、改善生态环境方面取得了显著成绩。全县退耕还林涉及 18 个乡镇，主要集中在北部沿山一带，退耕还林 11.5 万亩。

富平县关停、转产沿山所有污染企业，整治北部沿山一带和石川河等流域的采石企业，取缔违法采石，修复山区生态。一是加大沿山迎坡面、荒山荒坡及水泥、白灰等企业占地的植被恢复力度，投资 3 亿元，增加营造刺槐、侧柏等生态公益林 6 万亩，修复已遭破坏的生态面貌。二是加大干杂果林带恢复及改造力度，打造东西绵延百里的干杂果林带，投资6200万元，采取经济型立体林业策略，新建干杂果基地5万亩，改造低产低效田3万亩，通过发展经济林，进一步增加农民收入。三是积极开展人口聚集地的绿化美化工作，投资9600万元，大力营造环村林带、骨干道路宽幅林带、环厂林带，开展沿山所有村庄的村道、闲置地及庭院绿化，完成村庄防护景观林建设及65个绿色家园生态村建设，使绿化面积达1.2万亩。富平县已关停石灰窑和开采石企业500多家，重点针对清理整顿后腾出的石灰窑区采取宜林则林、宜草则草的办法，栽植经济林1100亩，种植经济树种6000多株，种植苜蓿500多亩。针对开山采石区采取挖坑填土、覆膜防漏等办法栽植乔木树种，已完成宫里镇凤凰山300亩采石区绿化任务。采石场被关停整顿后，加大了植被恢复力度，加强荒山治理，增加柿子、核桃、花椒种植面积。

以沿山植被恢复为重点，全力推进生态林业建设。2015年，继续开展沿山采石区、关停白灰窑迹地、侵蚀沟坡绿化，共计完成造林绿化4.6万亩，其中人工造林2.6万亩，封山育林2万亩。在沿山植被恢复中，坚持统一苗木规格、统一技术标准、统一施工时间，做到了随起苗、随运输、随栽植，真正把质量管理延伸到了规划设计、整地挖穴、苗木起运、施工栽植等各个工序、各个环节，确保了植树造林的速度和质量。特别是沿山采石区及石灰窑迹地绿化，完全采取招投标的方式，确定实施单位，针对造林地块土层薄、干旱缺水的立地条件，采取了换土、垒树盘、二级抽水灌溉、施肥、绝生根粉、覆膜等技术措施，栽大苗、灌足水、覆好膜，完成高标准生态恢复1500亩，苗木成活率达到95%以上。其做法在市委、市政府观摩活动中受到了好评。

2012年，富平县针对北部山区平均海拔高、群众生产生活条件尤其是居住条件极差这一现状，启动了北部山区扶贫搬迁项目，计划用2～3年时间，对山区1105户3995名贫困群众进行整体搬迁。2014年，富平县又把北部扶贫搬迁项目列入十大民生工程之一，重点推进，尤其是将土窑洞住户和“三无户”搬迁安置作为扶贫搬迁工作的重点，提出利用半年时间将土窑洞住户和“三无户”全部搬出、迁入新居的目标。土窑洞住户和“三无户”搬迁如期完成。

在工程资金筹集中，富平县由县财政牵头，整合民政局灾后重建、经发局易地扶贫搬迁、农发办扶贫移民搬迁、住建局危房改造资金和财政局一事一议资金累计 1742 万元。整合资金全部划拨到县财政北部山区扶贫减灾搬迁资金专户，统一监管和使用。各部门按照上级业务部门的政策标准和“渠道不乱、用途不变、各尽其力、各记其功”的资金使用原则，做好档案的建立完善和补助资金批复工作。搬迁中，建房补助每户每人 6800 元，庄基平整补助每户 1000 元，剩余资金用于新村公共基础设施建设。

富平县对北部矿山地质环境保护治理工作正在扎实推进。一是在前期调查摸底的基础上，已完成《富平县矿山地质环境详查报告》和《富平县矿山地质环境保护与治理规划》编制工作。二是积极联系技术单位对历史遗留矿山地质环境恢复治理进行项目研究，并向上级部门申请专项资金。三是矿山地质环境保护与治理规划目前已修改完善，即将成稿，后报政府发布。四是联系西安交通大学开元土地勘测规划研究院，编制矿山地质环境示范点方案；联系安徽金联矿业科技有限公司做好示范点选址工作，加快方案编制工作。

### （三）重视水资源管理和合理使用

富平县位于渭北旱塬东部，渭河平原和陕北高原的过渡地带，属于典型的半干旱大陆性气候，降水偏少且分布不均匀。全县水资源利用总量约为 1.2 亿 $m^3$，人均拥有水资源量为 170$m^3$，分别占全省和全国的 1/6 和 1/12，亩均 97$m^3$，水资源严重短缺，是典型的资源性贫水县。水的供需矛盾一直是县域经济社会发展的主要制约因素。地下水成为富平县生活、生产用水的主要来源，在统管以前，由于用水部门各自为政，盲目开采，地下水采补失调，工矿企业集中的石川河阶地地区出现了下降漏斗。水位大幅度下降，有引起水源枯竭的危险。水的浪费和污染也很严重，加剧了水资源短缺的情况。

富平县较早认识到，必须加强水资源的统一规划、统一调配、统一管理，在合理利用地表水和地下水、节约用水、防治水质污染上下功夫，才能解决水的供求矛盾。为促进经济和社会可持续发展，依法规范约束水需求，提高广大干群节水、惜水意识，提高水的重复利用率，几届县委、县政府都把水资源工作列入重要议事日程，作为大事来抓，努力探索水资源管理和合理使用的方式。富平县从20世纪80年代初期开始就对水资源实行统一管理，1985年9月成立了水资源管理委员会，制定颁发了《富平县水资源管理暂行办法》。县人大常委会2000年制定了《富平县节约用水管理暂行办法》，是当时全国县级颁布的第一个地方性节水法规。该办法明确了节约用水的管理机构、职责以及节约用水管理、奖惩等办法，以此进一步提高全社会节水意识，在利用经济杠杆节水的同时，把节水纳入法制化轨道。

进入21世纪以来，富平县城镇建设快速发展，城镇人口快速增加，污水排放量连年递增，县城和主要镇水污染问题日益突出，水资源紧缺的矛盾日益加剧，污水处理回用被提上日程。城镇生活污水含有大量固体悬浮物、有机物、含氮化合物、碳酸盐、钾钠、重金属离子、菌类生物群及微生物群等。如果不做处理直接排放到天然水体中，极易引发水体富营养化及毒性化，进而在长期积累的情况下发生生态环境恶化的事件。

环境保护部自“十一五”以来就开展了全国主要污染物总量控制工作，污水处理设施已成为生活源和工业源等点源排放形式的主要控制手段。城市污水处理厂作为污水处理的重要设施受到富平的关注。然而我国早期建设的污水处理厂缺乏脱氮除磷的设施，导致出水水质氮磷超标，氮、磷元素的大量存在，严重破坏了水体，水体富营养化日趋严重，导致环境压力进一步增大。2012年督促富平中鲁果蔬汁有限公司等企业建设污水、废水处理系统并进行改扩建，安装在线监控设备，实现废水达标排放。企业工业污水处理设施的建设一方面加强了工业污水的收集处理，杜绝了可能产生的环境问题；另一方面很好地缓冲了高浓度工业污水可能对后续污水处理系统的冲击，是污水处理系统的重要前置。

缓解水资源的供需矛盾有外流域调水、开源节流、污水处理回用等措施。富平县认识到，再生水回用既开辟了一个水质和水量稳定的新水源，又可降低废水排放造成的环境负荷，对缓解水资源紧缺和改善水环境具有重要的意义。富平县城南污水处理厂及配套管网于2017年建设，2018年3月完成建设任务开始进水调试运行。富平县城南污水处理厂采用较为先进的污水处理工艺，出水水质达到国家一级A类标准，设计规模为3万$m^3$/日，一期日处理规模达到1.5万$m^3$/日，配套管网9.9公里，由上海市政工程设计研究总院（集团）有限公司负责设计。建设地点位于富平县石川河北路与环城东路交汇处西南角，服务范围北起车站大街，南至环城南路，东起环城东路，西至环城西路以及东北片区工业区，服务面积约16.47平方公里。《城镇污水处理厂污染物排放标准》规定，城镇污水处理厂出水排入国家和省确定的重点流域及湖泊、水库等封闭、半封闭水域时，执行一级A类标准。城南污水处理厂的中水达标后可以作为景观用水排入石川河，极大地改善了周围水体环境，对治理水污染、保护当地流域水质和生态平衡具有重要作用。

为满足污水集中收集，富平县建设了大约70公里管径在500～1500厘米的排水管网，旧管多为钢筋混凝土管和铸铁管，新修的多为球墨铸铁管，部分管网实现了雨污分流。排水管网以保护区域生态环境为目标，完善区域内城乡排水设施建设，保持区域内人和自然的和谐发展。规划期内城镇污水处理率达到95%以上，乡村污水处理率达到70%以上。从再生水回用的用途看，未来几年富平再生水应用的两个新的目标市场是工业用水和景观生态用水，实现这个目标，管网设施建设是推广利用再生水的必要条件。因此，必须对再生水利用设施以及管网等配套设施进行长远规划和超前布局，市政道路建设应当充分预留再生水管线路，避免后期再生水管网铺设产生费用大、审批难等问题，防止管网配套不足成为富平县再生水推广的一大瓶颈。

富平现有排水管网以雨污合流制管网为主，直接导致污水处理设施处理的污水有一部分是雨水，设施进水污染物浓度偏低，污水处理设施的整体处理效率偏低，这一问题在雨季尤其突出。今后应加快推进雨污合流制的改造，减少雨水进入污水收集管网。通过提升污水的实际收集率，提升污水处理设施的进水浓度和实际的污水处理负荷，避免污水处理设施设计能力的浪费，提高污水处理效率。

### （四）实施富平县山水林田湖生态保护修复项目

山水林田湖生态保护修复要求将生态学贯穿在基础设施工程规划、设计和实施的各个阶段，基本内容是尊重生态系统，主要方法是采取不同的生态工程技术来降低工程建设过程中对自然环境所带来的胁迫和干扰，也就是“生态化”的人工基础设施。它强调在规划范围内，以提供适宜的自然生态服务为基础，用生态手段和弹性的方式保护自然环境，维持和修复人工干预带来的生态破坏，同时解决城市蔓延所带来的诸多问题。

富平县黄土高原山水林田湖草生态保护修复建设工程，是原国土部、财政部、环保部三部委落实生态文明战略的试点项目。项目以石川河流域生态保护修复为重点，拟通过水资源保护与综合利用、农田生态功能提升、水土流失综合治理与区域生态修复、废弃矿山综合整治及农村面源污染综合整治五大类项目建设，全面实现石川河流域及周边生态环境保护与修复。

富平县在试点过程中强化项目管理，规范工程建设，积极探索资金整合与使用。制定了《富平县山水林田湖生态保护修复项目实施方案》，计划用三年时间（2017～2019年），投资10.11亿元，分年实施、逐段推进，全面完成石川河富平段36.4公里流域生态治理，实现石川河流域及周边生态环境保护与修复。试点工作走在了陕西省试点市县前列，2017年度全省山水林田湖项目检查考核中位列第一位，受到省财政厅等三部门的通报表彰。

2017年是富平县山水林田湖生态保护修复工程的开局之年，当年批复投资4.78亿元，采取分段推进的项目管理方式，重点实施石川河综合治理与温泉河综合治理两大工程。石川河富阎连接段2.5公里全面完工，溢流堰、堤顶路与亲水平台、防护林带与岸坡绿化全面建成，5个溢流堰完成蓄水，实现了石川河下游河道自然形态恢复等治理目标。城南污水理厂建成投产，日处理污水 1.5 万吨，出水水质达到一级 A 类排放标准，经过人工湿地及植物吸附等净化后，可作为石川河补充水源。温泉河综合治理工程建成完成 3 座拦水坝及亲水平台等配套设施，河堤路全面贯通，累计栽植苗木 2.7 万棵。2018 年度计划投资 4.08 亿元，实现石川河流域富平段剩余河段生态保护治理目标。截至目前，第一批项目计划 3.46 亿元已经下达，2018 年度项目勘测设计招标完成，省级补助资金 2 亿元落实到位，石川河庄里城区段治理工程全面启动，其余各段施工招标正在进行。

治理河道，恢复自然生态，是富平山水林田湖生态保护修复工程的重要内容。河流水系是维系生命的血脉，是大地生态景观的主要基础。在河道治理方面，富平县重视污染源的治理，控制污染源头，对部分企业进行强制整改，同时对河道进行改造并建设堤坝。城市扩展过程中，保护区域山水格局和大地景观的连续性与完整性，是维护城市生态安全的必要手段。富平县具有独特的自然景观格局，应该保护和提升“两河环绕、绿廊相拥”的生态景观，努力打造山水名城的生态品牌，恢复水的自然形态，恢复和补偿人工工程带来的生态破坏，使其形成一条连续的、具有富平人文底蕴的靓丽风景线。

## 五、体会与思考

党的十八大以来，在构建“美丽中国”和实现中华民族永续发展的时代条件下，习近平总书记从社会主义现代化建设全局的战略高度，提出推动形成绿色发展方式和生活方式，为人民群众创造良好生产生活环境，从多重视角和不同层面对绿色发展问题提出了一系列新论断。这些论断建立在时代发展高度、现实问题需要和为子孙后代负责的基础上，系统地体现了绿色发展的视野理念，重申了人和自然和谐相处的生存之道，深刻反映了重新调整人和自然关系的迫切要求，指明了超越资本主义工业文明、迈向更高级生态文明的发展道路。

第一，只有走生产发展、生活富裕、生态良好的文明发展道路，才能应对资源约束趋紧、环境污染严重、生态系统退化的严峻形势。

改革开放 40 年，富平县在取得经济发展成就的同时，也面临着生态环境的巨大压力。资源与环境的约束已成为制约经济社会进一步发展的“瓶颈”和影响人们分享全面小康社会幸福成果的“短板”。

随着经济社会发展和人均收入提高，富平人民与全国人民一样期盼享有清新的空气、洁净的水源、健康的食品以及良好的生态环境。人民群众对于生活环境的质量有了更高的要求和更多的期待，说明绿色发展的终极价值是为人们提供优良的生态环境，绿色发展的主体指向是“人”，即人民利益才是绿色发展的出发点和落脚点，绿色发展成果应人人共享，惠及最广大的人民群众。

改革开放之初，我国经济水平落后，在经济建设过程中没有处理好经济发展与环境保护的关系，结果牺牲了生态环境，用“绿水青山”换取“金山银山”。随着经济发展与环境保护的矛盾日益突出，传统粗放型增长模式难以为继，富平县深刻认识到只有牢固树立和践行“绿水青山就是金山银山”理念，形成人与自然和谐发展现代化建设新格局，走生产发展、生活富裕、生态良好的文明发展道路，才能应对资源约束趋紧、环境污染严重、生态系统退化的严峻形势。

随着中国经济进入新常态，经济增速放缓，各种矛盾与风险倒逼经济转型，生态文明建设成为破解转型困局的突破口。如果找不到一条符合国情的转型发展之路，就难以化解转型困境，陷入难以破局的路径依赖。

党的十八大报告首次提出将生态文明建设与经济建设、政治建设、文化建设、社会建设一起纳入中国特色社会主义事业总体布局。在习近平总书记领导下，党的十八大五中全会将绿色发展作为决定发展成效乃至成败的五大发展理念之一。党的十八届五中全会公报提出：“坚持绿色发展，必须坚持节约资源和保护环境的基本国策，坚持可持续发展，坚定走生产发展、生活富裕、生态良好的文明发展道路，加快建设资源节约型、环境友好型社会，形成人与自然和谐发展现代化建设新格局，推进美丽中国建设，为全球生态安全作出新贡献。”

第二，践行绿色发展理念，推进生态文明建设，既要解决思想认识问题，又要建立约束和激励健全的制度体系。

党的十八届五中全会将绿色与创新、协调、开放、共享一起，正式上升为党的新发展理念，对于推动形成绿色生产方式和绿色生活方式，推进人与自然和谐共生的现代化新格局，走出一条经济发展和生态文明水平提高相辅相成、相得益彰的路子指明了方向。

只有思想认识到位，才能够做到行动自觉。长期以来，人们在认识上总是将经济发展与生态环境保护对立起来，认为经济发展不可避免地要破坏环境。富平县按照坚持绿色发展的理念，通过思想认识转变和制度改革推动发展方式转变，较好解决了经济发展与生态环境保护的矛盾。

绿色发展理念，就是要求人们在追求经济、政治、文化和社会发展的过程中，自觉遵循自然规律，在发展方式上嵌入生态文明建设的要求，实现人与自然和谐共生的发展。习近平指出：“绿色发展，就其要义来讲，是要解决好人与自然和谐共生问题。”[①]

习近平总书记将生态环境看作生产力的一部分，认为“保护环境就是保护生产力，改善环境就是发展生产力”。[②]富平县按照习近平总书记的这一论述，将经济与社会的发展和资源环境的约束同时考虑并通盘谋划。富平的做法表明，践行绿色发展理念，不仅是发展方式和发展制度的创新，更是思想认识观念的一场深刻变革，需要党委、政府、企业和社会各方面共同确立起追求人与自然和谐相处的绿色发展观。富平的实践表明，践行绿色发展理念的关键在于思想认识观念转变，只有思想认识观念转变才能推动发展方式和制度创新。我们衡量绿色发展理念是否在全社会扎根，就是要看是否将绿色发展要求自觉体现在经济发展和社会生活的各方面，是否体现在产业发

① 《习近平谈治国理政》第 2 卷，北京：外文出版社，2017，第 207 页。

② 《习近平谈治国理政》第 2 卷，北京：外文出版社，2017，第 209 页。

展、城市建设、生态系统、日常生活等多个方面。为此，应该进一步宣传倡导绿色发展理念，通过长期不懈的努力，使绿色发展成为全社会的共同价值理念。

富平的实践再次说明，发展绝不等同于单纯的经济增长，不能片面追求GDP的增长。中共中央、国务院发布的《关于加快推进生态文明建设的意见》明确指出：在环境保护与发展中，把保护放在优先位置，在发展中保护、在保护中发展。发展是要在经济增长的基础上促进社会全面进步，真正提高人民群众的生活质量。“绿水青山就是金山银山”的环境价值理念，反映了习近平总书记对加强环境保护、走绿色发展道路的坚定信心。

思想认识问题解决之后，还要建立健全促进绿色发展的约束和激励制度体系。富平的实践表明，我国生态环境保护中存在的突出问题，多与体制不完善、机制不健全、法治不完备有关。只有构建法律和制度保障，监督和惩罚做到有法可依，增强制度执行力，把各项制度落到实处，在环境保护中建立硬约束，才能实现生态文明建设的长效化、规范化。例如，富平县十分注重健全环保考核机制，将环保目标纳入工业园区、镇（街道）和相关部门年度绩效考核，对未完成环保目标任务的单位实行“一票否决”，确保各单位环保责任全面落实。

习近平总书记强调：“保护生态环境必须依靠制度、依靠法治。只有实行最严格的制度、最严密的法治，才能为生态文明建设提供可靠保障”，[①]“尽快把生态文明制度的‘四梁八柱’建立起来，把生态文明建设纳入制度化、法治化轨道”。[②]因此，十八届三中全会提出加快建立系统完整的生态文明制度体系，十八届四中全会要求用严格的法律制度保护生态环境，十九大报告提出建立健全绿色低碳循环发展的经济体系。富平县按照上述要求，坚定不移地推进绿色发展，把绿色发展理念根植于心、践之于行，推动绿色、循

① 《习近平在中共中央政治局第六次集体学习时强调：坚持节约资源和保护环境基本国策努力走向社会主义生态文明新时代》，《人民日报》，2013年5月25日，第1版。

② 《习近平谈治国理政》第2卷，北京：外文出版社，2017，第435页。

环、低碳发展，强化重点企业污染监管，打造天蓝水绿、宜居宜业的良好环境。在招商引资方面，富平坚持招大引强选优，努力吸引产业链长、科技含量高、税收贡献大、带动就业强的好项目、大项目签约落户。同时，以壮士断腕的勇气，淘汰落后产能，治理生态环境，依法取缔一批石灰窑、关闭整合一批采石场，从源头上扭转了生态环境恶化趋势。可以说，富平县正在以前所未有的力度，构建起最严格的绿色发展制度体系。

第三，推进绿色发展，关键在于走“绿水青山就是金山银山的”的新型工业化道路，建设现代化经济体系，促进经济增长方式和资源利用方式的根本性转变。

富平县作为一个经济欠发达的西部县，必须走工业化道路以促进经济发展、实现脱贫致富。但是富平不能走以高度消耗资源环境为依托的传统工业化道路，而应该走“绿水青山就是金山银山”思路指导下的新型工业化道路。富平县坚持调整产业结构，退出破坏生态的采矿、石灰石开采和加工等产业，发展生态产业和绿色经济，探索绿水青山转化为金山银山的方式和路径。富平县坚持把发展新型工业化作为重中之重，以园区为平台，以项目为抓手，践行绿色发展，着力推进工业转型升级、打造工业经济“升级版”。

推进新型工业化，关键是选择符合绿色发展理念的项目，富平县十分重视工业项目的选择，不符合发展绿色发展理念的工业项目，即使是有很好的经济效益，也坚决地拒之门外。富平县的“十三五”期间的重大项目，都是坚持绿色发展理念的方向。

第四，生态文明建设的基础是生态系统本身的建设，生态系统建设必须尊重人和自然生态系统相互依存、相互影响的自然规律。

良好的生态环境，健康的生态系统，是生态文明建设的基础。基于生态文明建设的重要性，党的十八大将生态文明建设放在突出地位，提出了建设美丽中国的要求。习近平总书记将建设美丽中国提升为建设有中国特色社会主义事业的一个重要目标。他指出：“走向生态文明新时代，建设美丽中国，是实现中华民族伟大复兴的中国梦的重要内容。”[①]党的十九大报告更是明确提出：“我们要建设的现代化是人与自然和谐共生的现代化，既要创造物质财富和精神财富以满足人民日益增长的美好生活需要，也要提供更多优质生态产品以满足人民日益增长的优美生态环境需要。”这些论述，深化了生态文明建设的认识，丰富了中国特色社会主义共同理想的具体内容。

生态系统有其自身的自然规律，违背了生态系统自然规律，生态文明建设就是一句空话。习近平总书记指出生态文明建设要遵循自然规律，强调要尊重自然、顺应自然、保护自然。他曾经对人和自然生态系统相互依存、相互影响的自然规律有过一个生动的描述。他指出：“山水林田湖是一个生命共同体，人的命脉在田，田的命脉在水，水的命脉在山，山的命脉在土，土的命脉在树。用途管制和生态修复必须遵循自然规律，如果种树的只管种树、治水的只管治水、护田的单纯护田，很容易顾此失彼，最终造成生态的系统性破坏。”[②]这一论述在富平县石川河治理中得到了很好的体现。石川河生态生态各部分之间存在密切的有机联系，人与自然生态系统之间、生态系统各个子系统之间是相互依存、相互影响的关系，石川河治理由于遵循了生态建设和修复工作必须进行整体规划、系统修复、综合治理的思路，取得了预期效果。

富平绿色发展实践坚持尊重自然、顺应自然、保护自然原则，努力提高生态基础设施体系建设的科学性和系统性，采取工程措施与生物措施相结合，山水田林路综合治理，有效遏制了水土流失发展，形成了生态文明建设的具体实践措施。富平县在生态基础设施建设中，强调注重生态平衡的作用、生态网络格局的优化和调控，以及生态功能和生态效益的发挥。富平县重视生态基础设施建设的连通性，统筹绿地系统、水文系统、景观系统、大

① 《习近平谈治国理政》，北京：外文出版社，2014，第 211 页。

② 习近平：《关于〈中共中央关于全面深化改革若干重大问题的决定〉的说明》，载《中国共产党第十八届中央委员会第三次全体会议文件汇编》，北京：人民出版社，2013，第 111 页。

气系统等生态基础设施规划建设，生态基础设施与道路、桥梁、建筑等设施之间的衔接较好，并以此为依据开展生态基础设施与传统基础设施的复合规划。生态基础设施建设项目重在实现生态功能和生态效益，已建成的生态基础设施应该适时进行生态环境评估和生态建设的受益分析，以进一步改进和完善现有相关生态基础设施，提高其生态功能和生态效益。

富平的实践表明，良好的生态系统需要自身有一定的自我修复空间。正如习近平总书记所指出："要按照人口资源环境相均衡、经济社会生态效益相统一的原则，整体谋划国土空间开发，科学布局生产空间、生活空间、生态空间，给自然留下更多修复空间。"[①] 关于国土资源开发，他强调："要坚定不移加快实施主体功能区战略，严格按照优化开发、重点开发、限制开发、禁止开发的主体功能定位，划定并严守生态红线，构建科学合理的城镇化推进格局、农业发展格局、生态安全格局，保障国家和区域生态安全，提高生态服务功能。"[②] 划定生态红线，给自然界留下修复空间，是在根本上遵循自然界自身的规律，是生态文明建设的重要措施。

第五，生态基础设施是人类与自然和谐发展的基础性条件，是一项至关重要的公共性投资，应该遵循科学规划领先、适度建设在后的原则。

规划是生态基础设施建设的先导。生态基础设施建设应科学制定生态基础设施建设的规划，明确生态基础设施的战略地位和功能目标，并将其纳入城市总体规划和土地利用总体规划，确保现存的生态用地免受经济发展的侵蚀，最终实现经济发展和生态保护的和谐统一。富平县坚持以科学规划为指导，以城乡统筹发展为前提，统筹区域内绿地、湿地、河流的生态改造和修复，加大对环境污染的治理力度，建设符合当地发展规律及生存需求的生态基础设施，着力营造"天蓝、地绿、水碧、山青"的宜居环境，让居民"望得见山，看得见水，留得住乡愁记忆"。

① 《习近平谈治国理政》，北京：外文出版社，2014，第 209 页。
② 《习近平谈治国理政》，北京：外文出版社，2014，第 209 页。

富平县在城镇发展中秉承科学规划领先、适度建设在后的原则，建立科学的规划决策体制，依托县城现有山水脉络等独特的自然生态条件，使城镇建设与自然完美融合，勾勒出“山水富平”的美丽画卷。在保护自然生态的基础上，融入现代化元素，使节水与节地、自然景色与人文景观、污水处理与景观用水相结合，形成生活、生产、生态空间的有机渗透、融合，促进生活空间的宜居适度、生产空间的集约高效、生态空间的和谐美好，构建具有富平县特色的生态基础设施网络，探索出逐步解决城镇生态建设滞后问题和提升城镇生态文明建设水平的方式。

改革开放

与中国县域发展

GAIGEKAIFANG

GANSU DUNHUANG

# 甘肃敦煌

# 以文化旅游带动经济社会全面发展

中国社会科学院文学研究所

敦煌作为丝绸之路上的枢纽城市，具有位势极高的历史文化价值和文化战略意义。在改革开放和“一带一路”倡议的大背景下，敦煌文化正在释放其巨大的内在潜能。对于敦煌来说，如何抓住宝贵的发展机遇，利用丰富的历史文化资源，发挥特色产业优势，促进经济社会的全面发展，是一个巨大的挑战。带着这些问题，我们于2018年6月、7月赴敦煌，深入敦煌研究院、敦煌市各部门、月牙泉镇、七里镇、莫高镇、文旅集团、太阳集团、晨光旅行社和敦煌画院等机构、乡镇和企业进行调研，考察文化旅游单位18家，邀请地方各级代表座谈12场，入户访谈16家，在广泛调查基础上，形成关于敦煌文化旅游可持续发展模式的调研报告。

敦煌经验，为文化资源型地区的发展问题提供了鲜活的案例。从改革开放40年的历史实践来看，敦煌逐渐明确内涵式绿色可持续发展道路，依托文化旅游资源优势，通过结构性改革，推动以文化旅游为支点的产业结构转型；同时，以特色产业带动经济快速腾飞，以体制创新推动社会全面进步，以民生建设提升人民幸福指数，在经济、政治、文化、社会和生态文明建设各方面取得了同步发展的良好成效。敦煌的发展模式，可以归结为几个方面：第一，面对生态保护与经济发展之间的矛盾，贯彻绿色发展理念，以文化旅游为首位产业，带动产业的转型升级；第二，注重文化资源的可持续利用，培育文化经济新业态，打造敦煌的优质品牌；第三，挖掘敦煌的人文底蕴，文化保护与文化建设双管齐下，提升城市文化的魅力，营造田园乡村的美好图景；第四，培育文化软实力，打开国际交往通道，以人文互通理念融入丝绸之路经济带的合作共建。以下从历史、现状和前景等角度，针对敦煌的文化旅游及其带动经济社会全面发展的情况做一考察。

## 一、敦煌市基本情况与文化旅游的历史演变

### （一）敦煌概况

#### 1. 地理位置、自然条件与历史文化名城

敦煌为隶属于甘肃省酒泉市的县级市，它位于河西走廊最西端，地处甘、青、新三省（区）交界处，总面积 3.12 万平方公里，现辖 9 个镇。截至 2017 年末，常住总人口 19.03 万人，城镇化率 62.21%，高于该年 58.52%的全国城镇化率和 44.69%的甘肃省城镇化率。

敦煌所处的地理位置及其自然环境条件在很大程度上决定了该市各产业和社会发展的某些特点。敦煌地势南北高、中间低，自西南向东北倾斜，平均海拔 1139 米。南面为祁连山，北面是马鬃山与天山余脉，西面的沙漠与塔克拉玛干相连，山地、戈壁、沙漠占据了总面积的 86.8%。由于敦煌降水量少而蒸发量大（40 年平均降水量 42.8 毫米，年蒸发量 2396.6 毫米），农业生产完全依赖灌溉。境内唯一可供灌溉的河流党河是绿洲的命脉，敦煌的绿洲面积为 1400 平方公里，仅占土地总面积的 4.49%，全市的耕作区集中于党河冲积扇上。昼夜温差大、日照时间长、太阳辐射强烈、空气干燥、无霜期长，这样的气候条件有利于棉花、玉米等喜温作物以及瓜类、林果的生长。但同时，干旱、霜冻、干热风等气象灾害往往对农业收成产生不利影响。敦煌的气候条件相当适宜发展新能源产业。全年 3357.9 小时的日照时数和 6882.57 兆焦耳 / 平方米的太阳辐射总量成为发展太阳能产业的良好基础；丰富的风能资源则提供了另一个潜力巨大的新兴产业发展领域。

扼河西走廊最西端的敦煌在中西交通史上扮演着重要角色。一方面，它是中原王朝向西进发和西部诸民族东进关陇的必经之地，占据重要的战略位置；另一方面，作为古代丝绸之路上的西陲重镇，敦煌又是东西方经济、文化交流的枢纽。不过，在全球交通方式已发生彻底变革的今天，敦煌所处的地理位置则在一定程度上成为限制其发展的劣势。具体表现为：深处内陆，且为山地、戈壁、荒漠包围，拓展空间有限，消费市场内生动力不足；远离中心城市，距离酒泉约 400 公里，距离兰州约 1100 多公里；周边各县均人口稀少且经济社会发展水平不高，因而缺乏周边区域的有力支持；对外交通联系不便，铁路、公路网络密度低，机场缺乏与国内外主要枢纽机场的航线衔接。

尽管地理位置及自然环境对敦煌的发展形成一定程度的限制，但敦煌在拥有历史文化资源方面具备得天独厚的优势。敦煌以开放、包容的姿态对东西文明以及各民族文化兼收并蓄，逐渐形成了独特的地域文化。尤为宝贵的是，在特定历史条件下和地理环境中，大量文化瑰宝得以以物质形式留存至今。

两千余年的悠久历史，曾经作为中西交通枢纽的重要地理位置，处于中原王朝与游牧民族政权中间地带的战略地位，拥有保存至今的石窟艺术宝库与学术价值极高的遗书文献，这一切为敦煌赢得了世界级的知名度、文化影响力和品牌价值。1986 年，敦煌被列入国务院公布的第二批“国家历史文化名城”。对于地处内陆、发展空间有限、自然条件限制重重、生态环境脆弱的敦煌来说，充分发掘和利用其历史文化资源，以文化旅游为龙头带动其他产业发展和社会全面进步，成为其走向复兴与强盛的必由之路。

### 2. 敦煌改革开放 40 年来的历史巨变

改革开放为敦煌发展提供了新的契机。1979 年 1 月，敦煌被国家定为第一批对外开放的旅游城市，旅游业正式起步，敦煌的发展也进入崭新阶段。1980 年全年接待游客 22609 人次，此后游客数量与旅游收入基本上保持逐年增长态势，到 2017 年，全年接待国内外游客 900.45 万人次，实现旅游总收入 91.33 亿元。敦煌越来越明确地将文化旅游立市兴市确立为自己的发展道路。

敦煌经济的总体发展走势，可从表 1 若干主要经济指标的变化中得到反映。

表 1　1950 年、1980 年、2017 年敦煌主要经济指标情况

<table>
<tr><th rowspan="2">年份</th><th rowspan="2">国民经济数据</th><th colspan="5">全社会固定资产（万元）</th></tr>
<tr><th>生产总值（万元）</th><th>第一产业增加值（万元）</th><th>第二产业增加值（万元）</th><th>第三产业增加值（万元）</th><th>人均生产总值（万元）</th></tr>
<tr><td>1950</td><td>229</td><td>195</td><td>5</td><td>29</td><td>60</td><td>3.37</td></tr>
<tr><td>1980</td><td>4713</td><td>2411</td><td>976</td><td>1326</td><td>491</td><td>636</td></tr>
<tr><td>2017</td><td>1009261</td><td>155906</td><td>191927</td><td>661428</td><td>53147</td><td>934425</td></tr>
</table>

<table>
<tr><th rowspan="2">年份</th><th rowspan="2">社会消费品零售总额（万元）</th><th colspan="2">人民生活数据</th><th colspan="2">财政数据</th></tr>
<tr><th>城镇居民人均可支配收入（元）</th><th>农村居民人均纯收入（元）</th><th>财政收入（万元）</th><th>财政支出（万元）</th></tr>
<tr><td>1950</td><td>62</td><td>—</td><td>—</td><td>27</td><td>14</td></tr>
<tr><td>1980</td><td>3029</td><td>788</td><td>324</td><td>298</td><td>1168</td></tr>
<tr><td>2017</td><td>460907</td><td>31332</td><td>16583</td><td>135660</td><td>229117</td></tr>
</table>

注：数据来源于《敦煌市志》《敦煌市统计年鉴》。

如表 1 所示，相较于中华人民共和国成立后的前 30 年，改革开放 40 年来经济发展速度可谓突飞猛进。在主要指标不断成倍增长和经济总量持续跨越的同时，产业体系的优化也在加速进行：在绿色、循环、低碳的新型工业发展方向指导下，光伏光热发电、新型材料应用等一大批战略性新兴产业快速崛起；依照“为城而农、为文而农、为游而农”的思路，种植结构不断优化，产业化农业得以发展，2015 年敦煌被国家农业部批准为第三批

国家现代农业示范区；文化旅游产业则实现了从规模速度到品质效益的跨越升级。

40 年来，敦煌的基础设施、生态环境、民主法治、社会事业、城乡一体化等各项建设事业的发展成就引人瞩目。交通设施建设迅速，机场扩建完成，瓜敦高速以及通往青海、新疆的高等级公路已建成通车。广电宽带网络全面覆盖城乡，2013 年敦煌获批为第二批国家智慧城市试点，2014 年又获批为全国 80 个信息惠民试点城市之一，智慧旅游、电子商务、智慧文化等项目纷纷启动，公共服务水平不断提升。敦煌的发展将保障改善民生作为出发点和落脚点，目前民生支出占公共财政的 70%，促进了就业创业服务能力、公共卫生服务能力、教育均衡发展水平、社会保障水平等全面提升。科技进步对经济增长贡献率提高到 56%；西北师范大学敦煌学院于 2014 年创办，标志着敦煌文化教育基地高等院校建设工作进入新阶段；城市公共文化综合服务中心和 30 个乡村文化体育活动场所建成投用，每万人口拥有“三馆一站”面积达 1500 平方米。

### （二）敦煌文化旅游发展的几个阶段

改革开放 40 年来，敦煌文化旅游事业的发展主要经历了四个阶段。

第一阶段，从 1979 年到 20 世纪 80 年代中期，是敦煌旅游业的起步时期。1979 年 1 月，敦煌被国家确定为第一批对外开放旅游城市，当时全县只有县招待所和敦煌旅社两家接待单位，床位 200 多张。1980 年，敦煌共计接待游客 22609 人次；到 1985 年，年接待量上升到 92037 人次。

第二阶段，从 80 年代中期到 2003 年左右，敦煌旅游业经历了大发展。三年之内，游客数量从 1985 年的 9 万多人次猛增到 1988 年的 30 多万人次，1991 年突破 40 万人次，1996 年突破 50 万人次，此后几年一直保持在年接待游客量 50 万～60 万人次的水平。1998 年，第三产业增加值（40306 万元）首次超过第一产业（35332 万元），成为对国民经济贡献最大的产业；自 1999 年之后，历年来第三产业增加值均超过第一、二产业增加值总和，敦煌以旅游业为支柱的发展模式得以确立。在这一时期，进行了通往各主要景点道路的建设或改造。1987 年敦煌至阳关公路改造完成，1998 年敦煌至玉门关公路建成通车，2000 年玉门关至雅丹国家地质公园公路修通，为开发敦煌西线旅游创造了条件。

第三阶段，从 2004 年到 2010 年左右，敦煌文化旅游产业扩大升级。2004 年，游客接待量又一次经历迅猛增长，比上一年突增 30 多万人次。特别是随着经济发展与人民生活水平的提高，国内游客旅游消费需求高涨，不仅出行次数增多、时日延长，而且旅游消费大大增加。2006 年，敦煌旅游总收入达到 7 亿多元，比 2005 年的 3.9 亿元近乎翻了一番。为适应新的形势，敦煌一方面扩大旅游接待规模，除兴建新的宾馆、饭店和旅社外，农家客栈、农家园也在月牙泉镇、莫高镇和阳关镇等景区周边地区大量出现；另一方面，开始探索旅游产业转型升级之道，从传统的以门票经济和接待服务为主的发展方式，向全面提升“吃住行游购娱”各要素品质的方向过渡。

第四阶段，从 2010 年至今，全产业发展和内涵丰富化的文化旅游发展模式得以确立。从 2012 年开始，敦煌的游客接待量以每年百万余人次的规模跃升，旅游总收入也以每年增加 10 亿多元的数目增长。2017 年，全市旅游接待人数和旅游收入分别达到 900 万人次、92.8 亿元，旅游业增加值占 GDP 的 20%。直接旅游从业人数 2.6 万人，占全市人口的 13%，城市人口的 32.5%。同时，旅游产业链条不断拉长，“旅游 +”综合效益逐步凸显。文化旅游的产业融合发展进步显著，引进《敦煌盛典》《又见敦煌》《丝路花雨》等文化演艺项目驻地演出，策划举办国际性节会活动，引进文化企业和项目，培育文博体验、乡村休闲、户外运动、沙疗养生等新兴业态，研发丝绸制品、艺术图书、临摹绘画等特色产品，旅游产品的结构更为丰富。2017 年，门票收入仅占旅游总收入的 23%，吃住行等六要素中游客在“购”和“娱”方面的消费比重逐渐提高，游客在敦煌的平均游玩时间从 1.5 天上升到 2.1 天。

### （三）敦煌文化资源和自然资源的保护开发利用

#### 1. 敦煌发展文化旅游的资源优势

敦煌独一无二、不可复制的历史积淀与文化资源是发展文化旅游的基础。历史上四大文明体系在此汇流，不同族群的文化在此融合，富有传奇色彩的历史与兼容并蓄的文化品质赋予了敦煌较高的国际知名度和文化影响力，使“敦煌”这一地名本身便具备了巨大的品牌价值。

无形资源依托有形的文化遗产，其价值才能得以最大限度地体现。敦煌的历史文化遗迹具有数量多、品级高的特点，境内分布着莫高窟、玉门关遗址、悬泉置遗址三处世界文化遗产，是中国拥有世界文化遗产最多的县级市。在 2015 年公布的 210 处文物保护单位中，包括全国重点文物保护单位 4 处（莫高窟、玉门关遗址、悬泉置遗址、敦煌汉长城）、省级文物保护单位 9 处。

莫高窟是敦煌最核心的文化资源。莫高窟始凿于前秦建元二年（公元 366 年），此后连续不断营建达 1000 年之久，迄今在 1700 多米的断崖上保存了 735 个洞窟、45000 平方米壁画、2000 多身彩塑，以及藏经洞出土 50000 多件文献和艺术品。1961 年，莫高窟被国务院批准公布为第一批全国重点文物保护单位，1987 年被联合国教科文组织列入《世界遗产名录》。莫高窟的艺术魅力和历史地位是吸引中外游客来到敦煌的最重要因素。

敦煌境内分布着大量历史悠久的城址和驿站遗址，最著名的当属玉门关、阳关遗址。汉唐时期，出两关意味着“去国离家”，开启一段与中原生活截然不同的戍边生涯或异域之旅。1988 年，国务院公布玉门关遗址为第三批全国重点文物保护单位；2014 年，该遗址作为“丝绸之路：起始段——天山廊道的路网”项目中的遗产点被正式列入《世界遗产名录》。

2014 年，作为同一项目遗产点被列入《世界遗产名录》的还有悬泉置遗址。汉帝国在丝绸之路上设立一系列驿置机关，担负传递信息、接待官员、迎送使者的任务，而悬泉置是中国历史上有文献记载并第一次为考古发掘所证实的驿置遗址。特别是在此出土简牍 35000 多枚，其中有字者 23000

多枚，具有珍贵文献价值。2001 年，国务院公布悬泉置遗址为第五批全国重点文物保护单位。目前悬泉置遗址的旅游开发方案正在设计规划中。

敦煌不仅拥有珍贵的文化遗产，也富有独特的自然景观。鸣沙山 – 月牙泉以“山泉共处，沙水共生”的独特景象著称于世；已建成国家地质公园的雅丹地貌规模庞大、气势雄伟，堪称大漠中的地质博物馆。

#### 2. 资源保护与开发利用的矛盾

丰富而独特的人文与自然景观赋予敦煌得天独厚的旅游资源，使其成为众多中外游客向往的旅游目的地。改革开放以来，经济发展与人民生活水平的提高促进了旅游需求的日益旺盛，再加上敦煌旅游设施的逐渐完备与市场开发宣传力度的加大，敦煌的游客接待数量与旅游收入基本保持逐年增加的态势，2011 年以来，游客数量更是以每年增加 100 万多人次的速度猛增。随着旅游业的爆发式增长，文化、自然资源的保护与开发利用之间的矛盾凸显出来，并日趋尖锐。

文化资源保护与旅游开发之间的矛盾，最突出地反映在莫高窟。历史遗址、文物的一个基本特点在于不可复制、不可再生，一旦遭到破坏，其价值的减损无法逆转。莫高窟的石窟形态决定了其游客承载力的有限。一方面，洞窟空间普遍狭小，在有壁画和彩塑的 492 个洞窟内，只有 123 个具有开放参观条件；另一方面，窟内壁画与彩塑由颜料、泥土、麦草、木材制成，十分脆弱，又历经千百年来自然和人为因素影响，大多存在不同程度的多种病害，外界人为扰动以及温度、湿度、二氧化碳浓度等洞窟微环境的改变，都会加剧病害蔓延，威胁到壁画与彩塑的长期保存。根据敦煌研究院与美国盖蒂保护研究所 2001～2013 年进行的游客承载量研究项目的评估，确定莫高窟合理的动态游客承载量为 3000 人左右。2014 年游客中心建成开放后，莫高窟游客承载量提高一倍，达到单日 6000 人左右。尽管如此，这一数目还是与旺季时的实际游客数量之间存在巨大差距。莫高窟 1979 年开始对外开放时，年接待量为 2 万人次，而目前单日最高接待记录已达到此数字。2017 年莫高窟接待了 169.84 万人次的游客，其中 80.48 万游客集中于 7 月、8 月参观游览，这两个月的日均接待量达到近 1.3 万人次，超过莫高窟合理承载量一倍有余。周期性严重超载问题对莫高窟造成日益加重的压力，在作为景区和文化遗产的双重身份之间寻找平衡则是其面临的巨大挑战。

自然资源与开发利用之间的矛盾，主要体现在水资源的容量与需求之上。敦煌地处内陆干旱地区，降水量少、蒸发量大，水资源匮乏。随着人口增长和旅游接待人数的逐年猛增，水资源供需矛盾渐趋突出。党河灌溉区绿洲水资源开发利用率高达 128%，地表水利用率越来越高，造成下游河道来水逐渐减少以至断流；地下水补给来源不足和开采量的逐年增加，导致近二十余年来地下水位持续下降了 10.77 米，目前仍以每年 24 厘米的速度下降。由此引起生态环境的连锁反应：周边植被退化，土地沙漠化和荒漠化加剧，库木塔格沙漠每年向绿洲及天然植被区推进 3～4 米，增加沙化土地面积 2 万亩；湿地萎缩明显，与 20 世纪 70 年代中期相比，河道、湖泊面积减少一半以上，沼泽面积减少约 2/3。水资源匮乏与生态环境脆弱对于敦煌发展来说是需要突破的瓶颈限制。

无论之于文化还是自然资源，如何达到保护与开发利用并举，实现旅游事业的可持续发展及经济社会的全面和谐进步，都是敦煌未来亟待研究解决的重大课题。

## 二、多方合力推动下的文化旅游发展

敦煌旅游业作为先行先试的破冰产业，始终处在改革开放的最前沿。1979 年，敦煌被国务院列入第一批对外开放城市，成为甘肃省和西部的窗口。此后各时期的改革举措，不仅有效地解决了旅游业的发展问题，还撬动了其他领域的改革，成为社会经济发展的引擎。回顾 40 年来的轨迹，敦煌持续推动以文化旅游为中心的产业转型升级，这一从传统农业县到现代文化旅游城市的转型之路，是西部地区在改革开放大潮中抓住契机不断发展的重要样本。

### （一）转变发展思路，优化产业结构

贯穿敦煌改革发展的核心思路，是以旅游业为焦点的产业变革。产业结构的调整，是一个渐进的过程。至 1998 年，中央经济工作会议明确提出将旅游业确定为国民经济新的增长点，让旅游业的定位真正从外交事业转变为经济产业。就敦煌来说，因其特殊的发展路径，对旅游作为经济产业的定位相对较早，如 1987 年县委提出“建设旅游城、瓜果乡、粮食高产、民主、文明、富裕的新敦煌”的指导思想，明确了“四业（工业、农业、商业、旅游业）并举，突出旅游”的经济发展战略。这一发展战略强调旅游业的经济拉动作用，但旅游产业的产业链界定、产值统计口径尚不清楚。

随着文化旅游产业的兴起，敦煌旅游业迎来了井喷式的发展。2011 年，敦煌市在深化市情认识、科学研判外部形势的基础上，提出“一抓四融合”思路，即坚持发展抓项目不动摇，推进旅游与文化产业、生态与现代农业、资源与新型工业、主城与两翼城镇融合。在区域定位上，提出“宜游宜业宜居的国际旅游名城”、“飞天艺术之都”、“风光能源基地”、“葡萄瓜果之乡”和“次区域中心城市”等说法。特别是把文化旅游产业作为首位产业，寻求产业发展的新增长点。首位产业的提法，重在转变思路，以文化旅游带动全新的产业布局。通过创新旅游文化融合机制，健全旅游文化服务体系，促进现代农业、新型工业的转型，将旅游作为整合生产力和生产要素的核心要件，整体重组和带动三大产业的发展。到 2017 年，文化旅游产业为核心的第三产业已经占全市 GDP 的 60% 以上。

这一创新的文化旅游发展理念，在新修订的《敦煌国际文化旅游名城建设发展规划纲要》中做了更为系统的表述，即保护第一、有限容量、内容为王、田园城市四个原则。目标是全面有效保护敦煌自然历史文化遗产、树立传统文化现代复兴的典范、打造国际一流的旅游目的地、建成中西方文化合作交流的战略平台，探索经济欠发达但文化资源富集地区可持续发展的有效途径。这些表述侧重旅游作为综合性产业、社会事业的属性，与十八大以来

国家有关旅游业的诸多提法相吻合，如“旅游业作为幸福产业之首”（国办发〔2016〕85 号文）。敦煌的产业发展之路，遵循市场规律，延长产业链，融合多项经济文化活动，使得许多无形的、原本不被认为是旅游资源的要素成为文化旅游的新业态。

敦煌市产业创新的探索之路，有几个特点。首先，规划先行，多规合一。围绕《敦煌国际文化旅游名城建设发展规划纲要》，敦煌市编制了“多规合一”总体规划、敦煌大景区建设规划、敦煌全域旅游示范区发展规划等 30 多项规划，建立了旅游发展与城乡发展、产业聚集、生态保护、水资源利用、历史文化名城等多规衔接、相互融合的规划体系。

其次，推动全域旅游，形成旅游 + 农业、交通、教育等新兴业态。在互联网、大数据和人工智能的推动下，地理的边界开始模糊，敦煌的文化旅游圈不断重构和扩大。敦煌市与华为签署了智慧旅游战略协议，如今正在向丝绸之路沿线旅游城市和景区输出智慧旅游建设运营模式，达成合作关系。

再次，在产业规划和产业体系方面，使敦煌的诸多文化名片落到实处，把政策优势转化为产业优势，融合为一个有持久发展潜力的平台。在“一带一路”倡议提出之后，作为丝绸之路经济带上的重要节点，敦煌进入对外开放的新阶段。2016 年落地敦煌的“丝绸之路（敦煌）国际文化博览会”，凸显了敦煌的重要地位。敦煌的文化旅游业发展规划，需要兼顾地方经济社会的发展和国家战略平台的长远目标，这也是在未来的产业探索中亟待应对的挑战。

### （二）发挥国有企业优势，推进资源整合和产业升级

与东部沿海地区的发展模式有所不同，敦煌融合省、市多层级政府力量，形成了以政府为主导、多元主体发展的格局。政府的主导性作用，除了体现在政策规划上，近年来发挥作用的方式是通过调整经济体制结构，做大做强国有企业，保证产业发展的社会效益和民生导向。成立于 2016 年的敦煌文旅集团，是体现这一思路的典范。

首先，文旅集团是敦煌市深化体制改革、应对旅游产业升级发展态势、用活政府和市场两种资源的一个重要举措。敦煌文旅集团的主营业务，覆盖全域旅游的全产业链，共有 17 个业务体系。通过整合原有三大融资平台，盘活市属景区经营性项目，参与文化旅游项目经营开发，建立了集团化、市场化运营旅游资源的新模式。与此相对应，市委、市政府的角色转为规划和监管，组建成立了敦煌大景区管委会，统筹旅游产业发展，实行统一规划、统一开发、科学管理，推动旅游资源由多头管理、粗放开发向统筹整合、集约开发转变。文旅集团在资源整合、规划建设、投资运营等方面的探索，不仅发挥了市场化运作的活力，同时主动担负起国有企业的政治责任。在国企改革进入深水区、旅游业进入转型升级的特殊时期，为敦煌国际旅游文化名城、敦煌经济社会的全面发展保驾护航。

其次，市政府将文化旅游产业的思路，聚焦定位于文化内核，通过对外吸引投资、对内深挖文化潜力，重新整合旅游资源，走出了一条与单一的消费升级不同的文化旅游发展之路。敦煌文旅集团，作为敦煌文化的弘扬者、服务者，把敦煌文化产业化视为企业的使命。经过一段时间的探索，文旅公司形成了独特的开发思路，即挖掘景区的核心吸引力，建构“吃住行游购娱”的产业链。在文创产品研发上，文旅集团改变了以往工艺品零敲碎打的局面，着重产品体系建设和品牌形象塑造，效果显著，获得一系列大奖。同时，通过智慧旅游，实现敦煌文化旅游资源的智慧化、大数据化，把敦煌这一古老文明的数据信息，采集存贮、加工创新、活化应用，孵化出更多的产业、业态和产品。这样，敦煌文化通过智慧化形成产业化，古老文明借由科技方式再次绽放光芒。在区域发展上，敦煌文旅集团立足于敦煌，同时着眼于周边地区构建大敦煌文化旅游圈，在开发和规划上逐步覆盖到瓜州、肃北和阿克塞。敦煌掌握着河西的优质旅游资源和主要游客资源，在互联网和大数据的支撑下，敦煌文旅集团建立了成功的融资、开发模式，将经营扩展到河西走廊沿线，开发酒店托管、家庭公寓，代卖 160 多个景区门票，为丝路沿线的旅游发展做出了先行探索。

再次，搭建平台，扶持中小企业。敦煌智慧旅游公司与华为合作，依托华为云计算技术构建了飞天云数据中心，敦煌搭建了智慧敦煌统一基础平台，包括数据共享平台、视频共享平台、地理信息平台、大数据分析平台，能够统一承载智慧旅游、智慧家庭、智慧交通、政务服务等智慧应用，助力智慧敦煌的管理信息化、服务智能化、体验个性化。通过生态圈进一步推动产业规划，让智慧城市成为一个能够自我造血、自我演进的有机体。在这个生态圈的基础上，盘活了租车、酒店、土特产销售等市场，带动了本地第一、第二产业的增收。在景区经营上，文旅集团负责规划，构造核心景区吸引力，打造行业的营销和质量标准。其景区内的各个产业，则是吸引社会资本进入，不和周边企业竞争。以悬泉置的开发为例，文旅集团吸引世行投资进行规划开发，以汉简和邮驿文化为核心再现悬泉置的历史文化，这是单一的旅游开发主体所无法承担的，开发之后衍生性的旅游产品则是让利于民。文旅集团在北京、西安等地设立会展推广办公室，将会展和赛事吸引到敦煌落地，中小企业可以随之跟进。这样形成了一个集结地方所有要素的大文化概念，为旅游发展注入了内在灵魂。

### （三）深化体制改革，构建多元主体发展格局

多元主体的发展格局，是敦煌于改革之初因应旅游业发展瓶颈而提出的策略。1984 年 7 月，全国第三次旅游工作会议上确定了旅游业要“国家、地方、部门、集体、个人”五个一起上的政策。由于敦煌地方政府资金紧缺，除了国家、省级政府的扶持资金外，敦煌的旅游业一直是政府 - 企业、集体 - 个人、外地 - 本地等多元市场主体互补、多层次发展的格局。这一发展方略，激发了各领域人士参与敦煌文化旅游发展的实干精神，特别是民营企业和个体从业者充满活力，至今仍是推动敦煌文化旅游创新发展的重要力量。

#### 1. 骆驼户

月牙泉镇靠近鸣沙山风景区，地理位置得天独厚。最早发展起来的是骆

驼户，供游客在景区内游览、拍摄。随着个体骆驼户越来越多，也产生了分配不均的矛盾。从1986年开始由村里组织排号，机会均等，慢慢形成了有序的发展。一个骆驼号年收入可达8万元左右，经营骆驼占到农民年收入的50%以上，是骆驼户主要的收入来源。目前，政府进一步规范化管理，将经营骆驼号的权力收归政府，政府统一组织培训和人员管理。另外，由于月牙泉景区与城区融合发展，主要任务是耕地保护和水源地保护等，不搞大规模开发和规划。在征地拆迁的补偿安置中，骆驼号也是重要的补偿手段之一，以帮助失地农民再就业。

2. 特色林果和蔬菜

敦煌市政府提倡“为游而农”，大力发展以旅游为主导的特色林果和蔬菜产业。近年来，依托电商网络为特色林果打造了完整的销售链、质量监督体系。葡萄产业正是依托文化旅游产业成功转型的“为游而农”的典型。在阳关、七里镇秦家湾等葡萄基地，葡萄收入每年可占到农民当年收入的一半。作为定西等移民村的重要产业，养殖业、设施瓜菜、特色林果等为近年来完成国家的精准扶贫任务打下了良好的产业基础。2015年精准扶贫工作开展以来，敦煌市按照“户均一亩高效田、户均输转一个劳动力、户均增养十只羊”的“1110”发展目标，因户施策、分类指导，为贫困户落实葡萄、大枣、设施蔬菜等高效田2821亩，贫困户户均达到3.5亩，完成贫困人口劳务输转859人，实现劳务收入609万元。

3. 农家客栈和宾馆

敦煌市较早开始试点农家客栈，近年来国家不断出台鼓励民宿的政策，农家客栈随之大幅度增加。政府在工商管理上放低门槛，同时在安全、消防上则加强监管，不准拉客抢客，保证有序竞争。近几年游客增长迅速，敦煌市相应加大基础设施建设，现在接待总床位达到4万张左右。目前，在册农家客栈有303家，总床位接近1万张，加上宾馆床位、露营基地帐篷，每年旺季的住宿可达到4.5万人左右的接待能力。各宾馆和农家客栈之间，在接待业务上分流互补，并依托网络，形成了网上预订、销售和售后服务机制。

### 4. 旅行社

敦煌市最早的旅行从业者多为本地人员，在摸索中逐步壮大规模，如太阳国旅、北方旅行社等。随着旅游市场的逐步扩大，晨光旅行社将旅游服务的规范和创新推到了一个新的高度。目前晨光旅行社共有员工 400 多人，外地人占到一半以上，人员年龄结构较年轻，对新媒体的应用、服务理念的更新充满热情。晨光旅游推出了西北环线、甘青环线、联动敦煌 – 阿克塞等线路，在张掖、西宁、西安等地设置驻点办事处，以公众号、微信、搜索引擎等深度介绍西北的人文、自然风光。配合敦煌市政府的对外宣传力度，晨光旅游淡化淡旺季的区别，代之以夏秋和冬春旅游，倡导各季有各季的风景，结合户外运动（如雅丹露营看星空）、演艺活动等开发新的服务项目，延长游客在敦煌的驻留时间。这些活跃在第一线的旅行社和营销人员的实干精神和服务理念，为游客带来了美好的游览体验。

### 5. 户外运动

户外运动是近年来热度渐高的旅游项目。目前敦煌的主要户外项目是徒步、特色马拉松、沙漠露营等。敦煌人探索户外运动相对较早，这与敦煌特定的地理条件有关。其中，敦煌飞天通用航空公司的经营理念具有先行意义。早在 2006 年，飞天通用航空申请到通用航空的执照，成立了敦煌飞天国际航空俱乐部。现在的主营业务为直升机、滑翔机。它不仅可以缩短城区到景点的旅行时间，同时可以从空中俯瞰沙漠地貌，提升敦煌的旅游品质。另外，飞天通用航空公司还开发了飞行培训、沙地越野等经营项目。

### 6. 民用航空

敦煌旅游发展的主要瓶颈是交通。太阳旅游集团即是敦煌旅游交通的见证者之一。公司成立于 1987 年，早期投资了市区到阳关、玉门关景区的道路。2014 年前后，两条景区道路由政府收回，纳入智慧旅游的整体交通规划，太阳旅游集团转而筹建敦煌航空公司。此前，航空对旅游、就业的带动效应已经显现，但西北地区航线短缺。敦煌市政府为了解决航线问题，积极打通敦煌到各地旅游节点城市的直飞航线，每年对这些航线的补贴费用达到 9000 多万元。虽然开通了敦煌至北京、重庆、成都、南京、上海、郑州、香港等 21 条航线，但淡旺季的区分仍很明显，无法保证淡季航线的运营。太阳旅游集团的敦煌航空公司即是应此需求而生，目前正在开辟省内敦煌至兰州、张掖、酒泉等航线。

### 7. 研学机构

研学游因其特具的文化内涵和深度，越来越受到有识者的推崇。它既是一种文化旅游产业的形态，也关系到地方文化复兴的大业。敦煌画院、敦煌孔子学堂等机构便是致力于此的佼佼者。敦煌画院成立于 1993 年，以学习、传承和弘扬敦煌艺术为立院之本，依托敦煌研究院美术研究所和有志于敦煌艺术的画家群体等创办。现有研究人员、美术师和特聘画家等 22 人，工作室 10 间，总面积 3000 多平方米。敦煌画院有计划地进行对敦煌壁画、魏晋墓画像砖的临摹，和对敦煌写经、汉简书法的学习，积极开展国内外书画艺术的交流和敦煌艺术的对外传播。敦煌画院所开展的体验式研学活动，知识性和趣味性兼备，堪称文化与旅游深度融合的典范。

### 8. 演艺公司

在全域旅游的思路指导下，敦煌的演艺市场得到蓬勃发展。游客们惊叹在西北边陲能够欣赏到有文化底蕴的高水准演出。目前，敦煌市现有两家大型文化演艺公司，即又见敦煌文化旅游发展有限公司、欢乐盛典文化旅游发展有限公司，分别经营情景融入式演出《又见敦煌》、大型情景舞剧《丝路花雨》和大型沙漠实景演出《敦煌盛典》。《又见敦煌》室内情境体验演出项目，由甘肃四库文化旅游投资有限公司开发建设，是表现敦煌近千年文化、匹配人类敦煌的文化精品项目。作为敦煌的一张特色名片，欢乐盛典公司主创的大型沙漠实景演出《敦煌盛典》被敦煌市政府评为“向外地游客重点推介的旅游文化项目”。欢乐盛典公司还与甘肃省歌舞剧院及敦煌国际文化发展有限公司三方合作，共同推出大型情景舞剧《丝路花雨》，实现了敦煌人民让飞天回家的梦。

## 三、以文化旅游为契机的社会全面发展

敦煌市积极抢抓“一带一路”机遇，借助举办丝绸之路（敦煌）国际文化博览会的有利时机，紧抓文化旅游项目建设，配套完善产业结构，积极优化资源配置，不断开拓文化旅游市场，敦煌文化产业欣欣向荣。近十年来，以文化旅游产业的大发展为契机，敦煌市在城乡建设、党建工程、文化事业和社会福利事业等方面取得全面突破，成功地打造了敦煌模式，为建设国际文化旅游名城和决胜全面建成小康社会提供了有力保障。

### （一）敦煌的城市建设

围绕国际文化旅游名城建设，敦煌以满足人民群众精神文化需求为出发点和落脚点，以项目建设为抓手，以改革创新为动力，坚持立足资源优势，完善城市基础设施，提升城市风貌，打造智慧城市，以文化旅游产业带动更美更富敦煌建设。

#### 1. 基础设施建设和城市风貌

敦煌市坚持以特色提升城市品质和宜居环境，按照“把城市作为景点建，把单体建筑作为景观建”的工作思路，以汉唐风格、敦煌特色为主调，打造独特的城市风格，同时构建“绿带”环城、“绿道”满城的绿色格局。2006年，敦煌市启动实施城市立面改造、城市夜景灯光、风情城、党河风情线等城市十大景观工程，用敦煌元素包装城市，凸显汉唐风貌。作为园林城市景观地标的党河风情线，始建于2007年，历时6年，将水利防洪工程与景观、生态、节水相结合，引水入河，蓄水造景，清浑分治，实现水资源循环再利用，形成了美丽的滨水景观带。2009年1月，敦煌市被命名为“甘肃园林城市”。2013年12月，敦煌市荣膺“国家园林城市”称号。迄今为止，敦煌市绿化覆盖率达到41.86%，绿地率37.87%。

近些年，敦煌把城市道路和广场建设改造作为完善城市服务功能、打造名城形象的重要措施，新建敦月路、党河西路、阳关东路、月影广场、市政

广场、沙州乐园等主要道路和巷道。敦煌市的道路广场建设，注重历史文化元素的嵌入。例如，在鸣山路人行道改造中，精心选择敦煌石窟壁画中隋代、唐代的莲花砖及藻井图案 96 种，选用从春秋战国到清代的古币 422 种，在鸣山路东西两侧分别铺装了莲花街和古币街；在阳关路上以三危岩画、画像砖、铺地花砖等为内容铺装了敦煌文物街，以敦煌名胜和相关古诗铺装了敦煌名胜街。城市中心街区洋溢着厚重而大气的传统文化气息。

### 2. 智慧城市的打造

敦煌以智慧旅游为突破口，探索敦煌线上发展新模式，引领社会治理体制变革。2013 年 8 月 5 日，敦煌市获批为第二批国家智慧城市试点。2014 年获批为全国信息惠民试点城市。

目前在建的智慧敦煌重点项目，包括飞天云计算中心、智慧城市监控中心、市民呼叫中心、智慧旅游、智慧家庭、智慧安防和智慧交通。敦煌市投资 5000 多万元建成飞天云计算中心，现已支撑起社管、交通、安防、旅游、家庭等领域的智慧项目建设。实施网络升级改造，实现城乡广电、电信光纤网络全覆盖，为智慧城市建设奠定基础。建成监控指挥中心，整合交通、城管、运管、安监等部门的指挥监控智能和应用系统，实行集中办公、信息共享、全市联动的应急流程和工作协同。在经济产业方面，启动实施智慧旅游、电子商务、智慧文化等建设项目，促进经济产业转型升级；在政务管理方面，启动实施智慧安防、智慧交通、智慧生态、智慧政务等建设项目，优化城市管理水平；在民生服务方面，启动实施教育、医疗、食品安全、家庭等领域的智慧化建设项目，使公共服务水平进一步提升。

敦煌智慧旅游建设，致力于打通敦煌文化旅游线上推广渠道，利用云计算、大数据、互联网、电子商务为支撑，形成营销、管理、服务三大模块，搭建敦煌文化旅游全球传播营销平台，探索敦煌国际文化旅游名城线上线下一体化（OTO）发展模式，辐射丝绸之路，输出智慧旅游建设运营标准体系。其总体框架是："一个中心，一个基础，四大平台，八大业态"。"一个中心"即以智慧旅游云计算为中心。"一个基础"即以移动、互联和物联为基础的传输层。“四大平台”即旅游智慧管理平台、智慧旅游营销平台、智慧旅游电子商务平台、智慧旅游公共服务平台等应用层。“八大业态”即涉及旅游局、游客、乡村、景区、酒店、政府、饭店、旅行社、旅游汽车公司等的用户层。通过以上建设，实现旅游者享受便捷智能的旅游服务、旅游企业数字化运营、旅游政务管理智能运行的智慧旅游格局，打造全国智慧旅游示范城市。

### （二）城乡一体化的进程

随着“旅游立市”格局的确立和文化旅游产业的飞速发展，敦煌城乡一体化进程明显加速。2014 年，以“多规合一”试点城市为契机，敦煌市提出了具有典范意义的“三为而农”发展思路，敦煌市城乡一体化发展进入了一个新的阶段。

#### 1.“三为而农”的方针

2013 年，敦煌市以农民收入倍增为核心，根据“做精第一产业”和“一抓四融合”的总体要求，按照“为城而农、为文而农、为游而农”的思路，聚力打造六大典型示范园区。六个示范区包括：葡萄产业化示范园区、非耕地现代农业特色林果园区、现代农业节水高效示范园区、现代农业设施瓜果示范园区、万亩红枣示范园区和现代农业设施养殖示范园区。这六个示范园区不仅是敦煌市发展经济与生态效益并举的现代农业体系的体现，更是“三为而农”发展方针指导下出现的重要成果。

“三为农业”的方针是敦煌市在加快完善城乡经济社会一体化体制机制的过程中提出的，其直接目的在于促进城乡生产要素的双向流动，将农村、农业、农民发展与城市建设和文化产业发展融为一体。其具体内容是，针对不同圈层的农村地区，采取“坚持为文而农，城郊农村融入城区；坚持为游而农，近郊农村转型发展；坚持为城而农，远郊农村育好产业”的城乡一体化发展策略，促进农业现代化发展需要的资金、技术、人才，以及现代服务体系向乡村地区的输入，激活农村活力，实现城乡社会共同发展。在“三为”

发展方向的引领下，敦煌市加快现代农业发展进程，扎实推进敦煌水资源合理利用与生态保护综合规划项目，创建以融合度、标准化、节水型为特色的国家现代农业示范区，初步形成了“一区两带三园”的发展格局。立足敦煌独特的绿洲经济和生态环境，通过城乡空间融合、产业一体、功能协调和文化融合，实现“城中有村、村中有城”，打造精致小巧的田园城市。

### 2. 农家旅游的发展

“三为农业”的发展思路，为敦煌各乡镇积极推进“农业+”战略起到了极大的鼓励和引导作用。敦煌市指导各镇依托农业生产要素和农业资源发展特色化经营，精心谋划并开工建设了莫高小镇、丝路小镇、凤凰小镇、江南小镇等一批集行、坐、品、观、游等多种功能，第一、二、三产业深度融合发展的特色小镇、特色街区建设项目。引导各镇不断创新农业发展思路，把农业与文化、旅游、生态结合起来，充分利用资源优势、区位优势和产业基础，落实休闲庄园、农家乐、采摘园、农家客栈建设等。倡导、调动各镇主动顺应并积极推动“农业+”发展战略，引进建设莫高印象示范性农家客栈、郭家堡镇红枣主题公园等一批深入挖掘农耕文化、乡土文化的“农业+”项目，指导完成了莫高镇、郭家堡镇等一批农村田园综合体建设，加快推进第一、二、三产业融合和创意农业发展。

2014年，依照“三为”方针，突出田园特点，敦煌市建设了阳关镇、月牙泉镇重点小城镇和祁家桥等3个社区化管理示范村，改造农村危旧房450户，建成环境优美村15个，七里镇、莫高镇被列入全国重点镇，敦煌市也被确定为省级“美丽乡村”试点县市。近两年来，敦煌市坚持农业与其他产业交叉融合，按照“三为而农”的现代农业发展方向，顺应“城在园中、村在林中、房在景中、人在画中”的田园化发展路径，建成了龙勒村历史文化旅游村、秦家湾村休闲度假村、月牙泉村生态旅游村等一批特色村庄，发展农家客栈219家、农家乐175家，新增葡萄观光采摘园27家。莫高镇苏家堡林场以“又见敦煌”项目开发为牵引，把农户纳入开发项目之中。月牙泉镇月牙泉村依托“千年敦煌”项目，打造了体现敦煌历史风貌的民俗风情小镇。

### （三）党建工程的活力

敦煌文化旅游产业的飞速发展，城乡一体化过程的快速推进，同敦煌市创新党建模式的努力密不可分。敦煌市积极落实中共甘肃省委提出的“先锋引领”行动，从2012年5月开始，率先在全省提出并实施“飞天先锋”工程。具体内容是开展“1+5”系列争创活动，落实“五个一”的工作措施。“1+5”即基层党组织争创“富民强市先锋号”，各领域党员争当“富民先锋、创业先锋、服务先锋、和谐先锋、育才先锋”。“五个一”即设立一个飞天先锋光荣榜、办好一个飞天先锋大讲堂、打造一条飞天先锋党建示范长廊、培育一批飞天先锋富民基地、构建一套飞天先锋支撑体系。“飞天先锋”工程是敦煌市委加强和改进党建工作的典范举措，在党建事业上形成良性竞争和有效奖惩体制，对城市大党建和农村基层党建网格化管理，实现基层党建、群防群治等工作入网进格，并坚持以网格为单位，持续加强党员理想信念和党性教育，增强党组织的凝聚力和号召力。农村广泛开展了共产党员先锋户等评选活动；社区党组织大力开展文明礼仪进社区、“365”满意服务社区创建等活动；机关事业单位党组织加大先锋示范岗、满意窗口创建力度；非公企业和社会组织不断提高“两个覆盖”水平，目前党组织覆盖率分别达到56.61%和75.14%。实践证明，“飞天先锋”工程突出示范带动，抓住先锋引领，能够不断激发基层党建的内在生机与活力。

敦煌市还实施了“固本培元”强基工程、“头雁素质”提升工程、“党建标杆”示范工程和“聚力文博”保障工程。这些党建工程充分发挥了各级党组织的先锋带头作用，为敦煌市各项工作的顺利开展发挥了巨大作用。例如，“聚力文博”保障工程，紧盯举办丝绸之路（敦煌）国际文化博览会这一中心任务，充分发挥基层党组织核心引领和服务保障作用，分领域组建党员服务队和攻坚队126支，创新设立党员固定活动服务点22个，抽调400多名优秀党员干部组成文博会筹备工作“主力军”，发动3600多名志愿者分赴文博会一线示范引领、彰显作为，全力确保了第二届文博会成功举办。

### （四）文化事业的推进

随着敦煌经济社会的飞速发展，繁荣文化事业成了敦煌市发展纵深旅游的必然。非物质文化遗产资源的挖掘保护和开发推广，能有效延长游客在敦煌的停留时间。乡村文化的建设，能够全面提升敦煌地区民众的文化建设热情，为大区域旅游培植更广泛的群众基础。近十年来，敦煌地区城乡文化建设呈现喜人态势，主要体现在公共文化服务设施建设、群众文化生活样态的多样化等方面。

#### 1. 公共文化服务设施建设

近年来，敦煌在公共文化服务设施建设方面取得了飞速发展。敦煌博物馆建成于 2011 年，由中国建筑设计院崔恺主持设计，灵感来源于敦煌长城烽燧，充分体现了西部地域特色、敦煌文化特色与丝路风情，在设计上将古代文明与现代科技手段融为一体。新馆建成并对外开放以来，接待来自不同国家的中外游客 100 多万人次。

敦煌市公共文化综合服务中心，是目前敦煌市最大的公共文化服务设施。占地 30 亩，建筑面积 19748 平方米，总投资 1.6 亿元，2017 年投入使用。中心包括文化馆、图书馆、档案馆、规划馆、常设标准展厅以及相应的配套设施等。2018 年 5 月底，图书馆进馆人次累计突破 30 万人次，被评定为“国家一级图书馆”。除此之外，全市已建成乡镇综合文化站 9 个、社区综合文化服务中心 6 个、行政村综合文化服务中心 56 个、农家书屋 63 个，全部实现免费开放。依托文博会落地敦煌的契机，敦煌市先后建成了国际会展中心、敦煌大剧院等标志性建筑。

#### 2. 群众文化生活的多样化

敦煌的群众文化生活十分丰富。敦煌市已连续举办四届春节社火巡演、系列民俗文化展、传统戏剧公演等春节文化活动；连续举办七届曲子戏大奖赛活动和端午节龙舟大赛活动；连续举办两届甘肃省《丝路记忆》非物质文化遗产展演活动。这些活动，活跃了城乡群众的文化生活，展示了全市人民健康向上、开拓进取的精神面貌。

敦煌曲子戏是敦煌唯一的国家级非遗保护项目，又称“敦煌小曲戏”，是在眉户戏基础上吸收敦煌地方文化特色的小曲戏。曲子戏的演出，属于民间自发性的娱乐活动，又称“自乐班”。自乐班由艺人、乐器、剧本、戏台、衣帽等几部分构成。自乐班成员分工相对明确，有班主、班委、乐队、演唱及道具的专门管理人员。从道具服装上看，生、旦、净、丑相对齐全。2018年3月，敦煌市公布实施《敦煌市不可移动文物保护利用总体规划》，加大非物质文化遗产保护力度，进行为期50天的全市曲子戏艺术人才培训班，并计划于10月份赴全省各市州进行敦煌曲子戏交流巡演。目前正在积极推动敦煌曲子戏、敦煌民歌进农家院、宾馆活动。

### （五）社会福利事业的创新

党的十八大以来，敦煌市把老龄事业纳入国民经济和社会发展总体规划，统筹部署，在全力加快经济发展的同时，把养老服务业作为增进民生福祉、促进社会和谐的重要内容。创新社会养老服务方式，实行居家养老服务、社区日间照料、社会集中供养等，老年社会保障体系日趋完善，生活照料、医疗护理、紧急救援等养老服务内容延伸拓展，老年医疗卫生服务水平明显提高，老年人生活品质大幅改善。

居家养老服务，体现了敦煌市在社会福利事业方面的创新思路。敦煌市依托电信网络，由电信公司牵头成立了甘肃省首家县级城市居家养老服务机构——敦煌市城市居家养老服务中心。该中心搭建居家养老信息服务平台，开通“12349”居家养老服务热线，并加盟兰州万城家政服务公司联合敦煌本地家政服务企业，组建了居家养老服务队伍。现拥有加盟家政企业9家，管理工作人员及各类家政服务人员110多人，服务范围辐射全市8个城市社区。可以为老年人提供生活照料、家庭日常保洁、心理慰藉、法律咨询、家政便民、日常陪护、政策咨询、医疗保健咨询等84项周到、便捷、高效、体贴的专业化服务。截至目前，已享受到居家养老服务补助的老人共计1307户2610人，累计服务15492人次，累计补贴服务费320.5万元、补助信息费60.45万元，已开展的服务项目共有84项。2017年5月被全国老龄工作委员会授予“全国敬老文明号”。

敦煌市积极开展城市社区老年人日间照料中心和农村互助老人幸福院建设项目，全市共建成城乡老年人日间照料中心（互助老人幸福院）32所、社会福利院1所、中心敬老院1所、五保家园1所、民办养老机构1所，共计36所。村（社区）老年协会覆盖率达100%，协会与农村互助老人幸福院协同发展，优势互补，作用明显。全社会老龄意识明显增强，尊老敬老爱老助老和参与支持老龄事业的氛围更加浓厚。

## 四、对策建议与前景展望

敦煌以文化旅游为工作重心，实现产业转型和社会全面进步，打造独特的发展模式，创造了戈壁滩上的奇迹。如何适应新时代要求进一步转型升级，在诸多问题上值得深入研讨。以下结合本次调研，从文化与旅游的深度融合、平台优势的充分落实、新兴文化业态的培育和乡村旅游的品牌化等方面，谈一些粗略的看法。

### （一）文化与旅游的深度融合

文化旅游产业的深度融合，意味着敦煌文化资源融入多样化的产业业态，使“抽象”的文化资源转化为直接的经济效益。在此整体格局中，仍有可思考的空间。

首先，明确“总体设计”“化整为零”的双轨道路。谈“融合”要有整体思维，做大格局，着眼总体来设计与布局；同时，融合式发展要真正落地，变文化资源优势为产业优势，还得在转换过程中强调“化整为零”，对准具体的表达层面。无论是文旅产业新业态，还是文化创意产品，都应拿出有文化内涵、有市场口碑的文化产品。换句话说，区域融合、产业融合、城乡融合，走的是大文化大品牌的搭台路线；但真正能“唱戏”的角儿，还是得来自人民、回应市场，需要创造出有温度、有深度的文化精品。

其次，从打“政策牌”走向打“市场牌”，从“大品牌”走向“小品牌”。文化与旅游的融合点，说到底还是敦煌文化这张王牌。总体政策的导向、宣传与落实，离不开政策牌、大品牌的积极作用。在顶层设计到位的情况下，重点应更多放在探讨如何从政策支持走向市场，如何依托“敦煌文化”大品牌，设计出人民喜闻乐见、市场鼓掌欢迎的小品牌，这样才能形成良性循环的产业生态。

### （二）平台优势的充分落实

敦煌市在抢抓历史机遇、争创平台优势、谋求更高发展位势等方面取得了丰硕成果。敦煌精心打造的“一会四区”五大战略平台，蕴藏着不可限量的发展潜力和前景。但如何充分落实平台优势与平台效应，值得深入考量。

首先，应找准“丝绸之路（敦煌）国际文化博览会”作为国家级文化战略平台的定位和功能。敦煌文博会的设立，旨在以文化为纽带，联结丝绸之路沿线国家形成互利共赢的利益共同体，扩大中国与亚欧国家经贸文化合作。在理念层面，文博会的人文内核，应得到更充分的关注，在此认识的基础上建构具有文化战略意义的交流合作模式。在实践层面，需借鉴博鳌亚洲论坛、东盟博览会、深圳文博会、乌镇互联网大会的经验，积极探索文博会的合作机制，邀请国际机构和国家级机构参与策划，注重相关城市之间的协作，引入专业团队和市场化运作，打造文博会的文化形象和品牌。

其次，需厘清敦煌现有国家级发展战略平台的发展定位与职能，做到“各自出击”“统筹协作”。敦煌抢抓历史机遇，获批了四大国家文化发展战略平台，分别是国家级文化产业示范园区、国家级旅游综合改革试验区、国家级文化生态保护试验区以及国家级生态文明建设示范区。平台抢建，既是机遇，又是挑战。就目前而言，不仅这几个战略平台之间的定位与职能不清，而且各平台与政府部门之间的关系亟待厘清。既要减消职能重叠，又要规划职能的协作与互补。战略平台的建设应当明确职能，充分把握和消化国家政策，通过平台申请相应资源与支持；同时，平台之间要厘清定位，互补互促，发挥最大效力。

### （三）新兴文化业态的进一步培育

敦煌在文化旅游产业业态方面，形成了多层次、多梯度的产业基本格局。除了传统业态的改造升级之外，随着多媒体兴起，借势“互联网+”，促进文化旅游产业供给侧结构性改革，培植了大量新兴文化业态。在新兴业态的格局初步形成的前提下，需要在内涵方面做深一层的挖掘。

新兴文化业态的培育，应“勤做减法”，促进“跨界融合”。传统业态受技术、政策及文化诸方面的限制，往往形成地域局限。文化产业新兴业态，首先要突破传统产业惯性的束缚，去除业态边界，打破行业壁垒，消解同质化思路，提供差异化的营销服务。目前，敦煌旅游产业的发展，已逐步从传统的门票收入和接待服务向“吃住行游购娱”转型。这既为新业态的孵化提供了土壤，又对之提出了更高的要求。

新兴文化业态的培育，应坚持科技引领。敦煌环境容量有限，文化遗产主要在于隐形遗存，高科技必然成为敦煌历史文化保护传承和创新发展的核心手段。近年来，敦煌研究院对莫高窟的保护和传播，已经充分体现了科技引导所带来的优势。目前，产业思考的方向应是将科技引领贯彻到整个文化旅游产业中，促进“在地文化产业”向“在线文化产业”转变。同时，使“智慧敦煌”“数字敦煌”等新文化体系与新技术平台，积极反哺地方社会的创新与发展。可以预见的是，在目前《又见敦煌》《丝路花雨》《敦煌盛典》等大型演艺、文创产品的线上线下产销等新业态初具规模的前提下，科技文创、VR 体验、APP 推广营销等新兴业态在未来大有可为。

新兴文化业态的培育，应注重智力支持。新兴业态的培育，根本上离不开敦煌文化的特质。敦煌文化的学术性与思想性，对其保护、传承及转化都提出了相当高的要求。文化产业业态的创新发展，离不开人才培养或智力支持。就目前来看，引进人才是主要手段，但从长远考虑，需要建立自身的人才培养体系。敦煌学院在绘画、舞蹈和旅游等专业上，形成了以敦煌文化为导向的特色人才培养体系，具备了进一步发展的基础。此后应巩固特色专业，合理加大合作办学力度，充分论证区域优势与劣势，找准自身定位与特色，打好敦煌文化的智力支持这张牌。

### （四）乡村旅游的品牌化

基于分众化、田园化和品牌化等长期发展规划，敦煌乡村建设明确了为文化旅游产业服务的定位，乡村旅游初见雏形。各乡镇利用自身区位优势，积极与文化旅游产业接轨，走“三为而农”路线，发展出了不同风格的旅游模式。在乡村振兴战略的背景下，敦煌乡村旅游也面临着产业的转型升级和创新发展。

乡村旅游的发展，离不开乡村振兴战略的指导。自十九大提出乡村振兴战略以来，城乡融合发展、农村基本经营制度完善、农业供给侧结构性改革、人与自然和谐共生、农耕文明的传承发展与创新、乡村治理体系创新、精准脱贫攻坚等多个方面，已经成为乡村旅游发展的核心着力点。目前，敦煌乡村旅游主要依托原有产业格局，主打特色接待，如农家园、农家客栈等，在提升整个乡村社会的全面发展方面则相对薄弱。如何打造落实符合政策着力点的产业平台，争取更大限度的政策及资源支持，应是乡村旅游产业进一步发展的重要依托。

乡村旅游应走“小品牌”路线，抓好特色农业品牌。就敦煌目前的乡村旅游项目建设来说，特色小镇建设与田园综合体建设持续推进，农家园（客栈）初具规模，观光农业品牌显示积极效应。在此基础上，更加深入地挖掘乡村旅游的历史、民俗及人文资源，积极找准乡村旅游在敦煌大品牌建设中的定位，建设一批具有拉动效应的小品牌、特色农业品牌。农家客栈有待进一步规范化与个性化建设，尤其是艺术家驻村模式等新业态值得深入探索。

乡村旅游应是人文旅游，其品牌化需从人文精神的提炼与提升之中寻找灵感。就发展态势来说，乡村旅游既是大众旅游、特色旅游，更应属于人文旅游的范畴。人文精神不仅意味着人性化的产业营销及定制化服务，也意味着社会风尚的整体提升。从乡村振兴的国家战略着眼，乡村旅游的品牌化不仅承担了产业功能，也承担了文化事业功能，对打造美丽乡村、缩减城乡差距、满足人民群众的文化需求具有不可替代的作用。

改革开放与中国县域发展

GAIGEKAIFANG

# 甘肃民勤

GANSUMINQIN

# 治沙治贫实践与可持续发展探索

中国社会科学院日本研究所

甘肃省民勤县，地理坐标在北纬38°04′07″至39°27′38″、东经101°49′38″至104°11′55″，东、西、北三面被腾格里和巴丹吉林两大沙漠包围。全县土地面积的沙漠和荒漠化率高达90%，可谓“十地九沙”，大陆性沙漠气候特征明显。长期以来，民勤人民与风沙和干旱不懈抗争，改写了“沙进人退”的历史。目前，全县400多公里风沙线上的60多个风沙口全部得到有效治理，流沙前进速度从每年3～4米降至1米，沙尘天气大幅减少。森林覆盖率从20世纪50年代的约3%上升到近18%，地下水位有所回升。[①]

在中国沙漠化地区，聚集了约1/3的贫困县和贫困人口，成为脱贫攻坚的难点和重点。对这类地区来说，治沙是治贫的一个重要前提。甘肃民勤一方面优先治理生态，大力防沙治沙，一方面积极发展沙产业和绿色经济。全县直接或间接从事沙产业的群众占人口总数的1/3以上，沙产业总产值超过3亿元。[②]甘肃民勤努力探索治沙与治贫脱贫之路，谋求生态与经济“双效益”。

① 中共民勤县委：《民勤县防沙治沙情况汇报》，2018年5月。

② 中共武威市委宣传部：《武威市推进绿色发展资料汇编》，2018年5月，第53页。

## 一、改革开放以来防沙治沙与生态变化

甘肃民勤曾经是石羊河水系下游的一块冲积平原形成的绿洲。有研究表明，民勤的荒漠化已有 2000 多年的历史，数百年来成为我国重点沙害地区之一。改革开放 40 年来，在党和政府的领导下，民勤人民齐心协力，努力探索防沙治沙及生态综合治理的有效路径，取得了阶段性成效。

### （一）地理环境及生态演变

甘肃民勤位于河西走廊东北部、石羊河流域下游，南依凉州，西南接金昌市，东、西、北三面与内蒙古自治区接壤。总面积约 1.6 万平方公里，最低海拔 1298 米，最高海拔 1936 米，平均海拔 1400 米。民勤地处沙漠前沿，东临腾格里沙漠，北边与西边紧邻巴丹吉林沙漠，形如楔子插入两大沙漠之间，属于典型的干旱荒漠化地区，年均降雨量仅 113 毫米，而年均蒸发量达 2644 毫米。

从人与自然之间相互作用的角度来看，民勤的生态退化始于西汉以后，随着人类活动加剧，荒漠化开始出现，生态逐步退化。西汉末期至民国年间，大批内地人迁入河西，大大加快了河西走廊地区的农业开发和生产发展，石羊河水流量减少，下游出现连片荒漠化。伴随大举开发，民勤生态环境不断恶化，气候干旱、土地荒漠化、盐碱化形成恶性循环。

20 世纪 50 年代以来，随着全球生态问题日益显现，人们对自然的认知发生了变化。根据联合国的定义，荒漠化是指包括气候变异和人类活动在内的各种因素造成的干旱、半干旱和半湿润地区的土地退化。土地荒漠化已成为全球关注的热点问题，它是自然因素与人为因素共同作用下的土地退化过程。面对民勤的荒漠化问题，国家开始投入大量人力、物力，采取营造护田网、防沙治沙、在沙漠边缘建造灌木固沙林、在绿洲内营造防护林带及农田林网等措施，使石羊河流域局部地段的生态有所改善。①

---

① 常兆丰、赵明：《民勤荒漠生态研究》，兰州：甘肃科学技术出版社，2006，第 9～12 页。

然而，在全球气候变暖、干旱加剧和人为活动频繁的多重负荷下，民勤的土地荒漠化程度依然十分严重。1993 年 5 月 5 日，民勤发生特大沙尘暴，给当地生产和居民生活造成了巨大经济损失。2010 年 4 月 24 日，民勤再次出现史上最强沙尘暴天气。同时，用水矛盾突出，民勤出现大量移居他乡的“生态难民”。

### （二）防沙治沙情况及措施

中华人民共和国成立后，党和国家十分关注民勤的状况，民勤自身也积极探索防沙治沙技术和生态治理模式，以改善生存环境。

#### 1. 政府关怀民勤的生态发展

1950 年春，民勤召开全县防风治沙大会。首任县长陈云樵带领全县人民治沙兴水、发展教育，动员群众开展大规模植树造林运动，涌现出了薛万祥、杨可畅等劳动模范。同时，为解决缺水性的沙漠化演变问题，政府大力兴修水利工程。1957 年 12 月，跃进总干渠开工；1958 年 10 月，亚洲最大的沙漠水库——红崖山水库建设拉开序幕。

1968 年以后，由于石羊河流域下游水量减少，民勤开始大量开采地下水，导致地下水位急剧下降，草场退化，植物大规模枯萎和死亡，流沙以每年 3～4 米的速度向绿洲逼近。1980 年以来，国家“三北”防护林体系投入建设，当地政府坚持“因地制宜、因害设防、先易后难、密切配合群众利益”的方针，采取“乔木、灌木、草”、“带、网、片”及“造、封、育”相结合的措施，形成护田林网、防风固沙林带、流动沙丘固沙林、丘间低地防沙林、天然灌木丛带等，民勤防护林体系随之逐渐形成。通过“建网”“镇边”“护面”的立体式结合，起到了防风固沙、保持水土、保护水系的作用。[①]虽然政府每年投入巨大的人力、物力，但民勤的沙漠化和盐碱化势头仍未得到根本性遏止。

---

① 民勤县志编纂委员会编《民勤县志》，兰州：兰州大学出版社，1994，第 251～252 页。

2001 年，时任国务院总理温家宝在阅读了由新华社记者采写的《河西走廊石羊河流域生态环境恶化》一文后，提出“石羊河流域生态综合治理应提上议程”，“决不能让民勤成为第二个罗布泊”[①]。2007 年 10 月 1 日，温家宝总理亲赴民勤视察，随后开始了拯救民勤绿洲的行动。同年 12 月，国家批复实施《石羊河流域重点治理规划》，明确了石羊河流域综合治理思路。2011 年 6 月，国家批复实施《石羊河流域防沙治沙和生态恢复工程》，民勤防沙治沙及生态恢复开始取得显著进展。

### 2. 成立防沙治沙专业性机构和部门

1959 年，中国科学院时任副院长竺可桢宣布，甘肃省民勤县治沙综合试验站（以下简称“试验站”）成立，我国的治沙科研工作由此开始。1980 年，试验站更名为甘肃省治沙研究所（以下简称“治沙研究所”），现隶属于甘肃省林业厅，是甘肃省重点科研院所。该研究所位于县城西南沙井子一带，为原中国科学院治沙队在西北及内蒙古六省（区）设立的六个治沙综合试验站之一。

课题组通过实地调研了解到，50 多年来，治沙研究所根据甘肃省沙漠与沙漠化防治的需要，主要开展了以下工作：河西走廊沙漠与戈壁综合科学考察，进行有关风沙运动与风沙地貌发育过程、典型荒漠植物的生理生态学特征及其对干旱与风蚀沙埋的适应机制、沙尘暴时空分布规律等的研究；探索荒漠地区植物分布情况，选取优良荒漠植物引种并驯化；创建我国首套近地面沙尘暴观测系统；集成和研发土地荒漠化和盐渍化防治技术，建立适宜不同区域特点的荒漠化治理模式，为我国西部生态安全和社会经济的可持续发展提供理论和技术支撑。[②]

自试验站成立以来，研究和推广的治沙方法主要有：在流动沙丘上插挡

---

① 武威通志编委会编纂《武威通志》（民勤卷），兰州：甘肃人民出版社，2007，第 54～55 页。

②《甘肃省治沙研究所单位简介》，http://www.gsdcri.com/?list-18.html，最后访问日期：2018 年 7 月 1 日。

风墙，在绿洲边缘的沙荒地上封沙育草，在风沙沿线营造防护林带，在农田边缘上埋沙丘，铺设黏土沙障，在河岸渠边营造护岸渠林防风带，在村庄周围植树等。经过艰苦的努力，建成了林、灌、草相结合的有效绿洲防护体系。20 世纪 50 年代到 80 年代，民勤没有发生过大的沙丘迁移及沙埋庄园事件。[①]

1974 年，试验站内建成中国第一个具有西北荒漠特色的沙生植物园。植物园以沙旱生植物引种驯化和栽培选育为核心任务，以植物研究、保育和开发为主要方向，为沙区植被恢复与重建、植物资源保护与利用提供物质基础和技术支持。建园至今，共引种、栽培沙旱生植物 640 余种，其中珍稀濒危植物26种。与此同时，科研人员先后承担国家及省部级科研项目40余项，筛选出梭梭、花棒、毛条、沙冬青等优良固沙植物十余种；解决了沙葱、甘草、麻黄等药用植物的家化栽培技术，以及樟子松、沙冬青等濒危植物的繁殖和造林技术；从国外成功引进四翅滨藜和绵毛优若藜，并在干旱荒漠区繁育成功。园内现有柽柳、锦鸡儿、枣树、沙拐枣、麻黄等五个植物专属区，设有珍稀濒危植物、药用植物、经济植物、松柏植物、观赏植物、沙生植物、乔木植物等八个综合区和一个荒漠植物标本园；建有科技成果展览室、动植物标本展览室、荒漠植物标本与种子研究室。先后与英国、美国、荷兰等十多个国家的 20 多个植物园以及国内多个植物园和大专院校、科研院所建有交流合作关系。目前，民勤沙生植物园已成为集科研、植物迁地保存、植物资源开发为一体的综合基地，也是学术交流、科普宣传、教学实习和生态旅游的场所。

另外，经甘肃省政府批准，1982 年民勤成立连古城沙生植物自然保护区，2002 年经国务院批准升格为国家级自然保护区。该保护区因汉代连城、古城遗址而得名，区内分布的天然绵刺、毛条、胡杨等植被已形成较为稳

---

① 王涛：《甘肃省沙漠化防治及对策》，载张天理主编《2006 甘肃科技发展报告》，兰州：甘肃人民出版社，2006，第 225 页。

定的群落，具有较高价值。目前，连古城沙生植物保护区累计完成封育围栏1198公里、人工造林4.04万亩、人工模拟飞播造林4.2万亩，完成三北、退耕还林、工程封沙育林草2.3万亩，完成林业有害生物防治6.6万亩，为民勤地区防风治沙工作及生态恢复做出了贡献。

经过多方努力和长年探索，民勤治沙主要采取了三种措施：一是植物措施，依靠造林治沙；二是机械沙障措施，以柴草沙障或黏土沙障压沙；三是间接措施，如采取农业节水，牧业轮牧、限牧等。其中，植物措施是过去几十年间应用范围最广的方法之一。[①]而"双眉式"草方格沙障法、黏土沙障法、棉花秆行列高立式沙障、木板栅栏式高立式沙障、葵花秆高立式沙障、尼龙网格沙障等，因适于当地生态恢复，被称为"民勤治沙模式"，为我国沙漠治理开创了新路，受到国内外关注。[②]

### 3. 面向未来制定防沙治沙长期规划

近年来，民勤认真贯彻习近平总书记系列重要讲话精神，特别是"八个着力"重要指示精神，统筹推进"五位一体"总体布局，协调推进"四个全面"战略布局，牢固树立"绿水青山就是金山银山"的理念，坚持走生态优先、绿色发展之路，大规模开展压沙造林行动，着力推进生态文明建设。到目前为止，民勤人工造林保存面积达229.86万亩，在408公里的风沙线上建成长达300多公里的防护林带。全国第五次荒漠化和沙化检测数据显示，截至2014年，民勤荒漠化和沙化土地面积较2009年分别减少6.26万亩和6.76万亩。

据治沙研究所实地检测，目前民勤绿洲外围尚有100万亩流沙对绿洲及道路、水库等设施带来不同程度危害，给人民生活造成严重影响，亟须治理的沙地面积约有24.91万亩，并且全县外围压沙造林区域中有21.6万亩人工灌木林处于退化枯萎状态。十九大以后，民勤计划将沙化土地划分为封禁保护区、预防保护区、治理利用区，分别采取封禁保护、封山育林（草）、压

① 常兆丰、赵明：《民勤荒漠生态研究》，兰州：甘肃科学技术出版社，2006，第151页。

② 民勤县志编纂委员会编《民勤县志》，兰州：兰州大学出版社，1994，第223页。

沙造林等措施进行治理，计划用十年时间，采取“低密度造林 + 人工种草”模式来治理八个重点风沙区，共计 24.91 万亩，更新改造退化人工林 21.6 万亩，建设沙化土地封禁保护区两个，预计总投资额达 6.18 亿元。[①]新时期的防沙治沙工作将助力民勤的可持续发展。

### （三）生态综合治理与系统构建案例：石羊河国家湿地公园

对全球生态系统而言，湿地具有极其重要的作用，作为自然界最富生物多样性的生态景观之一，它可以有效调节地下水、促进地蓄水、抗旱、抵抗洪峰、净化污水、调节区域气候、维护区域生态平衡。另外，湿地还是水生动物、两栖动物、鸟类和其他野生生物的重要栖息地，因此被誉为“地球之肾”、“生命的摇篮”和“物种的基因库”。湿地的保存状态是衡量当地生态的重要指标之一。2012 年 12 月，经国家林业局批准，民勤开始筹建国家湿地公园。2017 年底，石羊河国家湿地公园顺利通过验收，正式成为“国家级湿地公园”。[②]

石羊河国家湿地公园建于民勤县城以南 30 公里处，属河西走廊石羊河流域下游地区，石羊河流入民勤境内后首先经过该区域，南起洪水河桥、北至红崖山水库北缘，南北长 31 公里，东西宽 0.6～3.5 公里，总面积达 6176.2 公顷。石羊河国家湿地公园不仅地处民勤盆地的核心区域，也是中亚—澳大利亚和东亚—澳大利亚两条鸟类迁徙线路的交汇地，甚至保存着当地较为完整的植被群落和野生动物群落，具有重要的生态区位意义。湿地公园被规划建设为四个功能区，分别为湿地保育区、恢复重建区、宣教展示区、合理利用区，也是民勤县内唯一一个由河流湿地、沼泽湿地、人工湿地形成的复合湿地生态系统。

保护和恢复湿地，是民勤实施生态立县战略和推进石羊河流域综合治理

---

① 数据源自民勤县防风治沙纪念馆中的展板介绍。

② 《甘肃石羊河国家湿地公园顺利通过国家林业局专家评审》，民勤政府网，http://www.minqin.gansu.gov.cn/Item/37551.aspx，最后访问日期：2018 年 7 月 1 日。

工作的重要组成部分。政府专门成立甘肃民勤石羊河国家湿地公园管理局，累计改造湿地巡护道路54公里，设置机械围栏51.5公里、防火瞭望塔1座、界碑20个、界桩150个；营造以胡杨、红柳为主的生态植物护岸带254.6亩，以垂柳、毛柳为主的生态植物护堤林带3.6公里；在湿地公园外围缓冲区营造外围生物隔离带2000亩、胡杨林7000亩；依托红崖山水库加高扩建项目建设，在红崖山水库南部库尾防护堤处恢复库塘及沼泽湿地4107亩。

在政府引导下，石羊河国家湿地公园以景观生态学的理论为指导，充分利用现有的自然地势和良好的植被景观，在强调空间复合属性的同时，将民勤历史、人文特色融入其中，使景观转化为地域文化的传播者。据调查，在同等典型荒漠湿地生态系统中，石羊河国家湿地公园的植物种类较为多样，内有植物38科、123属、197种，甚至分布有国家珍稀濒危植物三种，如水芒草是甘肃省新记录的属种。①

另据初步统计，湿地公园中的鸟类已达16目、35科、119种，累计发现国家一级保护鸟类黑鹳、白尾海雕两种，二级保护鸟类白琵鹭、灰鹤、蓑羽鹤三种。近些年，石羊河国家湿地公园还发现许多新物种，如斑头、秋沙鸭、猎隼、红隼和崖沙燕等，成为民勤观鸟的新记录。②湿地公园对动植物的保护与吸引，展现出荒漠之地的生态改善使生命释放了勃勃生机。另外，受生态区位制约，该区域的动植物较为脆弱，表现出易退化、易消失的特点。

为进一步加强对石羊河湿地及其流域的保护和永续利用，统筹经济社会发展与生态文明建设，2018年5月，民勤出台了《甘肃民勤石羊河大景区总体规划》。新规划在原有湿地公园范围的基础上扩大至石羊河流域、周边

① 马述宏等：《甘肃民勤石羊河国家湿地公园植物多样性调查分析》，《甘肃林业科技》2017年第2期，第9～17页。

② 张杰等：《石羊河下游荒漠区3种鸟类新记录——猎隼、红隼、崖沙燕》，《甘肃林业科技》2014年第3期，第38～40页；马述宏等：《民勤石羊河国家湿地公园动植物调查初步分析》，《甘肃科技》2017年第9期，第143～145页。

沙景地带，将红崖山水库、长城遗址、葡萄园酒庄、古村落等人文景观融入自然景观之中，使人与自然有机融合。这一规划反映出民勤在新时期深入推进生态文明建设的新特点，在武威市乃至甘肃省具有一定的典型性。[①]

总之，民勤在防沙治沙方面取得了一些成就，生态环境逐步改善。武威市气象信息专报显示，2017 年，曾经是我国沙尘暴策源地之一的石羊河流域下游一带，大气降尘量减至近 13 年来的最低值，大风沙尘天气日数显著减少，没有出现区域性八级以上的大风和沙尘暴，并且未出现酸雨天气，大气环境质量总体良好。民勤生态变迁及防沙治沙的历程表明，生态系统的修复与重建是一个长期性课题，生态问题的根本解决，需要改变以往片面追求经济增长数量的做法，建立符合生态规律的生产和生活方式，保护自然环境，合理开发利用自然资源，将生态保护与经济发展有机结合。

## 二、治沙过程中的产业发展与治贫成效

民勤的发展史是与风沙抗争的历史，也是在保护与治理生态中求得生存与发展的历史。面对特殊县情，民勤把生态作为一切工作的底线，重点推进“坚守生态底线、发展绿色经济、建设美丽家园、增进人民福祉”等工作，全力打造生态美、产业优、百姓富的美丽民勤。

### （一）改革开放以来的经济发展基本情况

历史上的民勤，是水草丰美的环湖绿洲，自汉代开始发展农业，经过千余年的筑坝引水、开渠垦荒，形成了相当规模的灌溉农业区。民勤日照时间长、阳光辐射强、昼夜温差大，适宜农作物尤其瓜果类作物的生长，曾被誉为“沙漠绿洲”“金色粮仓”。但是，随着水泊生态向旱生、沙生转变，加上

① 《〈甘肃民勤石羊河大景区总体规划〉成果公示》，民勤政府网，http://www.minqin.gansu.gov.cn/Item/37551.aspx，最后访问日期：2018 年 7 月 8 日。

石羊河上游垦区拦蓄引水以及超量提取地下水，民勤的荒漠化进程加速，干旱缺水状况日益严重，植被干枯、草场退化，民勤成为典型的生态贫困区。

改革开放以来，在与风沙抗争的同时，民勤也积极探索生存发展之路。1980 年，遵照国务院关于在全国进行农业自然资源调查和农业区划的要求，民勤对县内自然资源和经济社会发展状况进行全面调查，编写了《民勤县综合农业区划报告》，以多样化和优质化的需求为方向，因地制宜，调整生产结构，促进经济发展。尤其是近年来，民勤坚持走生态优先、绿色发展之路，大力防沙治沙，生态环境持续改善，经济社会发展取得长足进步。2017 年，全县实现地区生产总值 75.19 亿元，占整个武威市的 17.1%，较改革开放之初增长 200 余倍，进入 21 世纪后增势尤为明显（见表 1）。2017 年，民勤全部工业增加值 13.24 亿元，全社会固定资产投资 60.06 亿元，一般公共财政预算收入 3.54 亿元，社会消费品零售总额 28.04 亿元，城镇居民人均可支配收入达 2.2 万元，农村居民人均可支配收入也达到了 1.2 万元。[①]

**表 1　改革开放以来民勤县地区生产总值的变化**

（单位：万元）

| 年份 | 地区生产总值 | 年份 | 地区生产总值 | 年份 | 地区生产总值 |
|---|---|---|---|---|---|
| 1978 | 3057 | 1986 | 8819 | 1994 | 35000 |
| 1979 | 3593 | 1987 | 11173 | 1995 | 38500 |
| 1980 | 3887 | 1988 | 14339 | 1996 | 42800 |
| 1981 | 4393 | 1989 | 11671 | 1997 | 48200 |
| 1982 | 4964 | 1990 | 18127 | 1998 | 67400 |
| 1983 | 5609 | 1991 | 22207 | 1999 | 72569 |
| 1984 | 6338 | 1992 | 22514 | 2000 | 84863 |
| 1985 | 8783 | 1993 | 23978 | 2001 | 98961 |

① 民勤县统计局：《2017 年民勤县国民经济和社会发展统计公报》，2018 年 5 月 24 日。

续表

| 年份 | 地区生产总值 | 年份 | 地区生产总值 | 年份 | 地区生产总值 |
|---|---|---|---|---|---|
| 2002 | 117689 | 2008 | 249021 | 2014 | 644100 |
| 2003 | 138328 | 2009 | 277141 | 2015 | 695600 |
| 2004 | 158362 | 2010 | 328532 | 2016 | 777500 |
| 2005 | 181841 | 2011 | 392800 | 2017 | 751900 |
| 2006 | 209834 | 2012 | 517900 | | |
| 2007 | 228761 | 2013 | 590000 | | |

资料来源：1978～2005 年的数据参见《利用民勤县 GDP 时间序列分析所建模型对民勤县未来 10 年的生产总值进行预测》，2006～2017 年的数据参见历年《民勤县国民经济和社会发展统计公报》。

民勤把转方式、调结构作为推动跨越发展的重中之重，大力发展特色优势产业，推动三次产业转型升级和协调发展。首先，对农业内部结构进行大调整，着力培育以日光温室为重点的瓜菜产业、以暖棚养殖为重点的现代畜牧业以及以酿造葡萄、红枣、枸杞为重点的特色林果业和高效节水大田，促进节水增收。2017 年，民勤实现农业增加值 27.43 亿元，比上一年增长 6.18%，在甘肃省 86 个区县中排名第六。[①] 其次，民勤提出全域旅游发展理念，挖掘文化、湿地、沙漠、河流、农业、风光等旅游资源，着力打造“沙海绿洲 · 绿洲碧海”特色旅游品牌。2017 年，民勤共接待国内旅游者 41.78 万人次，同比增长 28.6%，实现旅游综合收入 2.44 亿元，同比增长 43.53%。[②] 民勤的三次产业结构从 2006 年的 52.3 : 15 : 32.7 转变为 2017 年的 35.4 : 26.0 : 38.6[③]，呈现相互促进、互为支撑的优化态势。

① 民勤县统计局：《2017 年民勤县国民经济和社会发展统计公报》，2018 年 5 月 24 日。

② 民勤县政府：《民勤县全域旅游发展情况汇报》，2018 年 3 月。

③ 民勤县统计局：《2017 年民勤县国民经济和社会发展统计公报》，2018 年 5 月 24 日。

### （二）以生态治理为基础的治贫脱贫之路

由于深处沙漠腹地，自然条件恶劣，基础设施薄弱，民勤成为甘肃省重点贫困地区之一。1983 年，国家在“三西”扶贫计划中将民勤列为甘肃省“两西”农业建设县。1986 年，民勤湖区被列为甘肃省重点扶贫开发区。1994 年，甘肃省制定“四七”扶贫攻坚计划，民勤被列为“河西三县一区”之一。1983～2001 年，国家累计投入资金 7000 多万元，以生态治理为基础，为民勤建成水利设施、人畜饮水、治沙造林等骨干扶贫项目，极大地改善了当地群众的生产生活条件。

但是，由于引进并种植经济作物带来的可观收入引发新一轮开荒热，对水资源的大量消耗导致民勤生态环境日益恶化，加之民勤第二、第三产业发展缓慢，农民收入依靠种植业，抵御市场风险的能力脆弱，返贫现象大面积发生，人口外流趋势加剧。截至 2001 年底，民勤先后有 12602 户（58530 人）返贫，返贫率在 80% 以上。[①] 沙漠前沿的绿洲阵地一步步丧失，加快湖区扶贫开发和生态综合治理刻不容缓。全县坚持保护性扶贫战略，生态优先，以节水引水为根本，以解困脱贫为目标，开发与扶贫共同发展。到 2010 年，民勤农民人均纯收入从 2001 年的 997 元增至 1749 元，累计脱贫 5.3 万人。[②]

2011 年，民勤被甘肃省认定为全省 17 个插花型贫困县之一，沿边沿沙的南湖乡为贫困乡镇，38 个村为贫困村，共有贫困人口 6.65 万人，贫困发生率达 28%。民勤将脱贫攻坚作为“一号工程”，持续推进精细、精确、精微的“绣花式”扶贫，坚持走生态扶贫、产业扶贫、兴畜致富、基础建设、整村推进、科技扶贫等发展之路，扶贫脱贫事业进入“快车道”。2011 年，民勤贫困人口人均可支配收入 1958 元，之后逐年增加，2012 年 2359 元，2013 年 3255 元，2014 年 4441 元，2015 年达 6679.99 元，全县 1.78 万贫困

---

① 武威通志编委会编纂《武威通志》（民勤卷），兰州：甘肃人民出版社，2007。

②《民勤扶贫开发使湖区 5 万多人脱贫》《民勤县扶贫攻坚有序进行》，民勤政府网，http://www.minqin.gansu.gov.cn/Item/36585.aspx，http://www.minqin.gansu.gov.cn/Item/41194.aspx，最后访问日期：2018 年 7 月 5 日。

人口、38 个贫困村全部达到脱贫标准，在武威市率先实现整体脱贫目标。[①]

此后，民勤继续认真贯彻中央、省市精准扶贫精准脱贫会议精神，推进精准扶贫精准脱贫工作。截至 2017 年底，民勤全县贫困人口降为 182 户（615 人），贫困发生率降为 0.26%，在省级扶贫脱贫验收中的评级为“好”。[②]

### （三）沙产业和生态型产业发展

民勤是生态脆弱地区，将节约资源、保护环境和发展经济结合起来，培育富民产业，成为民勤打响脱贫攻坚战的重要抓手。特别是“十二五”以来，民勤按照“生态建设产业化、产业发展生态化”的思路，强力推进“设施农牧业 + 特色林果业”生产模式，使沙区开发从被动的防沙固沙向主动治沙用沙转变，创造生态、经济、社会三大效益。

#### 1. 治沙的同时，大力发展沙产业

民勤是一个典型的沙区农业县。充分利用光热资源丰富的条件，大力发展集生态保护与经济发展于一体的沙产业，是民勤有效控制和逆转土地荒漠化趋势、加强生态环境综合治理的战略抉择。

民勤县政府高度重视沙产业发展，专门成立了沙产业办公室，负责指导、管理全县沙产业发展工作，具体措施包括：制定出台《民勤县沙漠承包治理管理办法》《民勤县沙区及治沙生态林承包治理经营的实施意见》等指导性文件，鼓励企事业单位、农户积极参与防沙治沙；采取招商引资、项目支撑、政府投资多轮驱动的办法，建设节水灌溉、经济林栽培、苗木培育、高效养殖、沙生经济植物栽培利用、太阳能高效转化、沼气生产利用、现代农业信息和现代农业生产管理技术等试验示范基地；大力推广“企业 + 专业合作组织 + 基地 + 农户”的运作模式，促进沙产业合作化经营、规模化发展；坚持扩大规模与提质增效并重，不断提高沙产业发展全方位的技术咨询

① 历年《民勤国民经济与社会发展统计公报》。

② 中共民勤县委：《民勤县防沙治沙情况汇报》，2018 年 5 月。

服务。[①]这些举措让民勤百姓在治沙中得到实惠，让治沙过程成为富民产业。2017 年，全县农村居民人均可支配收入中沙产业、工程压沙占比达 36%，[②]形成治沙与产业发展、农民增收良性互动。

### 2. 促进生态经济复合发展，打造现代农业产业园

为了使生态治理由纯生态型向生态经济复合型转变，民勤将生态经济与节水增收相结合，着力推进标准化生产、精细化管理、产业化经营，以设施农业为主的现代农业得到长足发展。到 2017 年，全县累计建成以日光温室、设施暖棚为主的设施农牧业 13.87 万亩、户均 2.48 亩，发展葡萄、红枣、枸杞等特色林果业 49.7 万亩、人均 2.15 亩，示范推广肉苁蓉、甘草、锁阳等沙生中药材 11.14 万亩，培育各类农民林业专业合作经济组织 67 个，建成林业产业加工企业 12 家，年生产能力达 9 万吨以上，形成具有地方特色的林果品牌。[③]

民勤积极培育新型经营主体，扶持引进龙头产业，先后打造了民勤陶中现代农业示范园区、民勤县巴腾循环农业示范园区、中天肉羊繁育基地等一批现代设施农牧业示范点。以民勤陶中现代农业示范园区为例，该园区按照“节水高效、科技集成、管理标准、可学可推”的理念，建成集日光温室新技术集成试验示范、特色果品反季节设施栽培、大田生物节水技术试验示范、酿造葡萄标准化生产示范为一体的综合型现代农业示范园区。这些示范园带动了全县设施农牧业、特色林果业的发展。截至 2017 年末，全县累计发展日光温室 2.42 万座、养殖暖棚 9.1 万亩，日光温室和养殖暖棚棚均纯收入分别达到 2.43 万元、2.2 万元，单方水效益达 75 元，是小麦单方水效益的 39 倍，是玉米单方水效益的 29 倍。[④]2017 年，民勤实现种植业增加值

---

① 《民勤大力发展沙产业》，《武威日报》2017 年 6 月 10 日。

② 中共民勤县委：《民勤县防沙治沙情况汇报》，2018 年 5 月。

③ 《民勤：聚焦“五个着力”助推沙产业双赢》，民勤党建网，http://www.mqdj.minqin.gov.cn/Item/67220.aspx，最后访问日期：2018 年 7 月 3 日。

④ 中共民勤县委：《民勤县防沙治沙情况汇报》，2018 年 5 月。

18.11 亿元，增长 5.07%；畜牧业增加值 6.53 亿元，增长 5.94%。[①]

表 2　2017 年民勤县主要农畜产品的产量

（单位：吨，%）

| 产品名称 | 产量 | 同比增长率 | 产品名称 | 产量 | 同比增长率 |
|---|---|---|---|---|---|
| 粮食 | 159400 | 26.13 | 肉类总产量 | 23567 | 19.64 |
| 小麦 | 44413 | 37.14 | 猪肉 | 5498 | 13.86 |
| 玉米 | 113278 | 22.57 | 牛肉 | 1955 | –2.26 |
| 葵花籽 | 58837 | –16.95 | 羊肉 | 13563 | 31.05 |
| 蔬菜 | 475902 | 13.62 | 禽肉 | 1294 | 10.92 |
| 瓜类 | 310676 | 31.12 | 禽蛋 | 4499 | 66.02 |
| 水果 | 91651 | 15.18 | 牛奶 | 1422 | 95.32 |
| 药材 | 20778 | –9.80 | | | |

资料来源：民勤县统计局：《2017 年民勤县国民经济和社会发展统计公报》，2018 年 5 月 24 日。

民勤县政府还积极采取措施构建现代农业产业体系、生产体系和经营体系，促进“生产＋加工＋销售”的产业融合发展。苏武镇羊路村打造苏武现代农业产业园，整合农村土地资源和项目资金，与香港家农蔬果批发专门店有限公司签订种植协议，将 2000 亩蔬菜基地用于种植专供香港的特色蔬菜。另外，西渠镇食珍村的“互联网＋绿色甜瓜”示范基地，推行减量化绿色生产，将电子商务与订单农业有机结合，线上线下推介销售特色产品，以拓宽销售渠道，增加农民收入。

### 3. 发展文化生态旅游业，培育红旗谷等生态旅游村

民勤以生态旅游、历史文化展示、乡村休闲度假、绿色能源观光为重点，挖掘和开发旅游资源，着力打造石羊河国家湿地公园、红崖山水库、青土湖等生态旅游区，瑞安堡等文化旅游区，美丽乡村建设示范点等观光农业区和风光电新能源项目等工业旅游区，培育了红旗谷生态旅游村等景点，初

① 民勤县统计局：《2017 年民勤县国民经济和社会发展统计公报》，2018 年 5 月 24 日。

步构建乡村旅游新格局。

在实施“乡村振兴战略”的决策部署下，民勤将发展乡村旅游作为全县旅游业的重要特色，通过有序引导和政策支持，2017 年全县乡村旅游共接待游客 10.5 万人次，实现旅游收入 4200 万元，呈现良好的发展势头。作为乡村旅游样板工程的重兴镇红旗谷生态旅游村，重点依托区域内沙漠、绿洲、湿地、水库四大自然景观，坚持“修旧如旧、古朴典雅”的理念，重点围绕“鱼”的特色，认真做足“吃”的文章，合力建设集“风貌展示、休闲度假、果蔬采摘、综合服务”为一体，一、二、三产业融合发展的特色旅游村，自 2017 年 9 月开业以来已接待游客 4.65 万人次，实现收入 56.3 万元。[①]

综上可见，特殊的地理区位与生态县情，决定了保护生态与发展经济是民勤需要着力解决的问题。面对这种形势，民勤既不能以牺牲环境为代价追求经济一时的高增长，也不能不顾经济发展追求所谓的“纯生态”，而是寻求两者的最佳结合点——生态产业化和产业生态化。以畜牧业为例，民勤农民自古就有养殖传统，但过去那种以牺牲生态环境为代价的粗放式饲养模式，破坏了生态环境。实施农区禁牧以后，民勤制定发布了一系列管理办法，把发展草畜产业作为重点特色产业，相继出台了一些扶持政策。全县很多农户走上了发展暖棚养殖的道路，为退牧还草项目的顺利实施提供了条件，同时以禁牧不禁养、增畜又增收为目标，推动生态治理和促进农民增收有机结合，畜禽饲养量逐步增加，规模化饲养比例逐年提升。

习近平总书记说：“要正确处理经济发展与生态环境保护的关系，牢固树立保护生态环境就是保护生产力、改善生态环境就是发展生产力的理念。”[②] 民勤这些年的发展证明，产业生态化是生态产业化的基础，生态产业化是巩固、扩大和转化产业生态化成果的保证。生态环境改善与产业经济发展紧密结合是可行的发展之道。

---

① 民勤县旅游局：《民勤县乡村旅游发展情况汇报》，2018 年 5 月。

②《习近平关于全面深化改革论述摘编》，北京：中央文献出版社，2014。

## 三、治沙治贫取得阶段性成效的因素分析

改革开放40年来，民勤防沙治沙经历了从“沙进人退”到“人进沙退”的转变，在防沙治沙的过程中，实行生态改善与民生改善相结合。2015年全县贫困人口、贫困村全部达到脱贫标准，全面小康的总体实现程度达78.3%，[①] 民勤在治沙治贫方面取得了阶段性成效。

### （一）牢记中央嘱托，“确保民勤不成为第二个罗布泊”

随着中国对生态环境问题的日益重视，民勤比以往更加受到中央的关注。因此，当地特别重视此项工作，一定要实施好石羊河流域综合治理和防沙治沙及生态恢复项目，确保民勤不成为第二个罗布泊。

而在更早之前，国务院时任总理温家宝曾就拯救民勤先后批示十多次，并亲临民勤察看防沙治沙情况，研究生态保护、沙漠治理的根本大计。2007年，《石羊河流域重点治理规划》正式获批实施，阻击风沙、抢救民勤、挽救石羊河的战役正式打响。2009年10月，温家宝在甘肃调研时指出“要拯救两个地方：一是民勤，二是敦煌。它们都被沙漠包围着，决不能让它们成为第二个罗布泊和第二个楼兰”[②]。2011年12月，国家发改委、水利部批复《石羊河流域重点治理调整实施方案》，进一步加快石羊河流域治理步伐。

党的十八大以来，国家批复实施“防沙治沙和生态恢复工程”，严格划定沙区植被保护“红线”。武威市据此调度石羊河上游向下游民勤逐年加大生态补水，促进民勤生态改善。[③]“监测数据显示，2017年石羊河蔡旗断面

① 马顺龙：《民勤县实现整体脱贫目标》，《甘肃日报》2016年2月3日。

② 《〈石羊河流域重点治理规划〉及〈石羊河流域重点治理规划调整实施方案〉要点》，甘肃省水利厅网站，http://www.gssl.gov.cn/syhglj/lygl/gcjsgl/201707/t20170717_78600.html，最后访问日期：2018年7月15日。

③ 《甘肃民勤：扶贫治沙　绿色永续发展》，央视网，http://tv.cctv.com/2016/08/07/VIDEF2N4PsRwMuTY4iRexWFA160807.shtml，最后访问日期：2018年7月13日。

过站总径流 3.94 多亿立方米，是 1972 年以来过水量最多的年份。”[①]2017 年累计下泄生态水量 2.18 亿立方米，20 世纪 50 年代末干涸消失的青土湖形成人工季节性水面 26.6 平方公里，形成旱区湿地 106 平方公里。

### （二）政府主导下多方合作，探索治沙与治贫共赢模式

改革开放 40 年，也是民勤探索加强生态建设的 40 年，民勤的防沙治沙工作始终坚持政府主导，实行国家扶持与发动群众相结合。依托三北防护林、退耕还林、国家级公益林等重点项目，通过中央预算和地方配套的资金倾斜，实现了对石羊河流域防沙治沙及生态恢复项目的重点突破。

#### 1. 政府以项目形式对防沙治沙进行增量资源投入，政府投资、企业承包、群众获益脱贫确保了生态脆弱带的逐步恢复

国家和甘肃省政府通过项目形式，向民勤提供非常规的增量资源，有效调动和配置人财物。另外，依托草原生态奖补政策和退牧还草工程，在贫困片区全面落实草原禁牧、草畜平衡措施，向农牧民发放牧草良种补贴和牧民生产资料综合补贴，引导贫困群众种草养畜。这些政策性项目调动了群众防沙治沙的积极性，政府还鼓励当地群众参与沙化土地治理工程建设和后期抚育管护工作，为民勤生态脆弱带整体脱贫提供政策保障。

民勤注重落实“谁开发，谁治理，谁受益”和允许继承、转让等政策，激励民营企业参与防沙治沙、发展沙产业。鉴于沙区群众收入低，民勤要求民营企业参与防沙治沙必须与群众脱贫致富相结合，采取“公司＋农户”“基地＋农户”等形式，吸收当地剩余劳动力，将富有治沙经验的劳动人口转化为生态工人，引导他们直接参与植树种草、沙漠旅游服务等，使群众从治沙中获得收益。

---

①《民勤治沙之变》，鄂尔多斯智库网，http://www.ordoszk.gov.cn/fzzz/jyjl/stwmjsykcxfz/201810/t20181009_2275904.html，最后访问日期：2018 年 7 月 15 日。

### 2. 推进民间志愿者组织的建设，将“爱故乡”作为防沙治沙的切入点，积极帮扶当地有为青年的创新性项目

马俊河组建的“拯救民勤——志愿者绿洲行动”项目，以“志愿者活动 + 精准扶贫 + 电子商务 + 产业生态化”模式，利用互联网技术扩展防沙治沙公益活动。自 2006 年成立以来，该组织已从全国各地招募近万名志愿者，参与建立三个生态基地，种植 2.5 万多亩梭梭及其他林木。该项目由此获得 2015 年第二届中国青年志愿者服务项目大赛银奖，2017 年入选第四届中国青年志愿者服务项目大赛最佳志愿者项目。

### （三）创新意识与理念，注重调整种植业结构

改革开放以来，民勤农业种植面积整体呈现先增长后降低的态势。2006 年总播种面积为 102.2 万亩，比 1978 年增加了 30 多万亩，所增部分主要是开垦荒地，对土地的过度开发利用恶化了当地环境。为防止沙漠化面积进一步扩大，从 2007 年开始，随着石羊河流域综合治理项目的推进，政府实施退耕退牧、还林还草，2015 年配水耕种面积压缩至 62.53 万亩。

据统计，民勤共关闭机井 3018 眼，压减配水面积 44.18 万亩。严格限制地下水超采，缓解了水资源与土地之间的矛盾，保护了脆弱的生态环境。在缩减耕地面积的同时，民勤还提高水资源使用效率和调整种植结构，高效节水灌溉面积增加至 54.2 万亩，占配水面积的 86.6%；相对耗水的粮食种植面积所占比例不断下降，从 1978 年的 84.5% 降至 2015 年的 28.1%，节水型经济作物面积持续增多，所占比例提高至 71.9%。[①]

① 《坚守绿洲生命线——民勤县实行最严格水资源管理制度纪实》，民勤政府网，http://www.minqin.gansu.gov.cn/Item/66671.aspx，最后访问日期：2018 年 7 月 12 日。

### 1. 发展特色林果业，不仅提高了干旱地区的土地价值和经济效益，也能保护生态环境，使有限的水资源得以高效利用，实现经济效益与生态效益“双赢”

林果的根系发达，十分适宜滴灌技术，还能涵养水分，起到固沙防风作用。民勤特色林果业的用水量明显低于农作物，红枣、葡萄、枸杞等通过滴灌技术栽培后，用水量可节约 50%。这些特色林果业的经济效益达到普通农作物的 10～15 倍，总产值超过 9.2 亿元。

### 2. 蔬菜大棚和集约化蔬菜种植是发展现代农业和实现节水增收的重要模式，对落实生态安全战略、增加农民收入、推动农村经济社会持续发展具有重要意义

民勤实施一系列措施加快蔬菜大棚建设，结合民勤扶持村集体经济发展试点项目，采取“公司 + 村委会 + 农户”模式。民勤通过统一“产—供—销”模式，以股份制经营充分发挥资源整合效应，减轻企业资金压力，又将产出产值的大头留在当地，从而达到发展农村集体经济、解决农民就近就业和带动农户致富的目的。课题组对苏武现代农业产业园项目进行了实地考察，产业园利用蔬菜生产、储藏、销售等方面优势，通过创新经营模式，用高效节水和绿色生产技术生产蔬菜，获得良好经济效益。

此外，民勤还依托特色优势产业，大力推广“储藏加工 + 运输销售”营销模式以及“企业 + 农户”、“协会 + 农户”和“基地 + 农户”的生产经营模式，培育壮大农业龙头企业和加工营销组织，鼓励和引导具有市场开拓能力的农产品加工企业到贫困片区建立原料基地，为贫困农户提供系列化服务，将全县划分为四大片区，打造戈壁农业产业基地，重点发展适宜种植的番茄、西葫芦、小乳瓜、人参果、西瓜、甜瓜、黄瓜等作物。[①]

① 马顺龙：《民勤湖区：扶贫开发走出新路子》，《甘肃日报》2014 年 11 月 30 日。

### （四）科学治沙并“用沙”，发展特色优势农业

“沙产业”是著名科学家钱学森于1984年提出的概念。大力发展集生态保护与经济发展于一体的沙产业，有利于节约用水和充分利用沙区资源优势，是民勤防沙治沙、发展经济的重要途径之一。民勤高度重视沙产业发展，制定出台了一系列指导性文件，鼓励单位、农户积极参与防沙治沙、发展沙产业，实现增收。

#### 1. 为抵御风沙、保护农田，沙区群众在风沙沿线压沙、种梭梭，再尝试在梭梭根部接种肉苁蓉，探索既治沙又增收的致富之路

肉苁蓉寄生在梭梭根部，梭梭林管护不好，肉苁蓉就无法生长，这促使生态林承包者首先要做好梭梭林管护工作。管护好林带，不仅会有生态效益，接种的肉苁蓉也能带来较好的经济效益。2017年，全县采挖肉苁蓉4万亩，收获鲜苁蓉2000吨，实现经济效益8000多万元。①

#### 2. 沙漠观光旅游业成为近年来的新兴产业，充分利用独特的沙漠旅游资源与文化资源，以沙漠生态、沙漠文化为主题开通沙漠绿洲旅游线路

沙漠绿洲可以发挥天然优势，开发骆驼游、大漠日出、沙漠狩猎、沙漠民俗风情等旅游项目，不仅可实现地区配套设施和服务升级，还可将民勤丰富的文化资源转变为巨大的发展优势。近两年，民勤旅游收入明显增加。以苏武、重兴、西渠等沿沙区域为重点，在发展戈壁农业的同时，建成一批农家客栈、休闲农庄、农家特色街区等，重点培育石羊河国家湿地公园、野马泉沙漠水乡旅游村、红旗谷生态旅游村、摘星小镇、沙漠戈壁农业示范园、苏武小镇、沙漠雕塑艺术主题公园等，寓防沙治沙于观光旅游产业之中。

---

①《民勤大力发展沙产业》，http://www.ww.gansu.gov.cn/jrww/xqxw/135702.htm，最后访问日期：2018年7月12日。

### （五）作为“中国肉羊之乡”，力促相关产业链和技术提升

发展肉羊产业是民勤农牧民致富的主要途径之一。过去民勤养殖业管理粗放，羊只品种落后，养羊业效益低下。2008 年，农业部将民勤列为全国肉羊优势区域县区，2011 年甘肃省将民勤作为重点扶持养羊大县之一，出台了一系列扶持政策。

为使民勤湖区贫困群众尽快脱贫、实现收入倍增目标，民勤制定了《关于加大湖区种植业结构调整力度支撑肉羊产业发展的指导意见》，提出种草养羊“三大主推模式”。一是“棉草羊 242”模式。在西渠镇、东湖镇、红沙梁乡等水质条件较差的村社，实施“棉花 + 饲草 + 肉羊”经营模式，即每户 2 亩棉花、4 亩饲草、20 只基础母羊。二是“瓜草羊 332”模式。在收成乡、西渠镇等水质条件相对较好的村社，实施“瓜菜 + 饲草 + 肉羊”经营模式，即每户 3 亩瓜菜、3 亩饲草、20 只基础母羊。三是“药草羊 563”模式。在沿边沿沙村社，实施“肉苁蓉 + 饲草 + 肉羊”经营模式，即每户 5 亩肉苁蓉、6 亩饲草、30 只基础母羊。[①]

课题组考察的大滩中信牧业通过成立养殖专业合作社，实行“专业合作社 + 基地 + 农户 + 公司销售”的模式，寻求合作共赢之路。民勤以勤锋滩养羊工程技术中心等种羊繁育基地为龙头，以现有的养殖小区为依托，按照每个乡镇扶持建成数个 500 只以上的羊养殖企业或养羊小区，引进和培育一批经营规模大、科技含量高的养殖企业，促进养羊产业向规模化、标准化、科技化转变。大力优化肉羊品种，加快肉羊改良步伐，基础母羊以寒蒙二元杂交羊和小尾寒羊为主，公羊以杜泊为主。[②]2013 年民勤被誉为“中国肉羊之乡”。

到 2020 年，民勤将逐步实现湖区肉羊品种优良化。民勤将通过引导农户大力调整种植业结构，发展种草养羊产业，形成“户户种草、家家养羊，

---

① 马顺龙：《民勤湖区：扶贫开发走出新路子》，《甘肃日报》2014 年 11 月 30 日。

② 马顺龙：《民勤湖区：扶贫开发走出新路子》，《甘肃日报》2014 年 11 月 30 日。

一家一户小群体、整村整社大规模”的格局。

### （六）在严重缺水条件下，实施严格的水资源管理制度

20 世纪 70 年代，民勤地下水开采量约 2.6 亿吨；1996 年全县配套机井 8350 眼，地下水开采量约 6.6 亿吨，超采近 3.2 亿吨；21 世纪初，最多时共有机井近万眼。大规模开采地下水，导致地下水位持续下降，成为民勤生态环境演变的主要动因。

《石羊河流域重点治理规划》实施以来，民勤依法对石羊河流域的用水量进行统一调度和定额管理，也意识到石羊河流域的治理还需要节水。民勤出台了《水权交易管理办法》《水权水市场建设实施方案》等，在区域内实施严格的地下水开采管理，严守水权总量不突破，推行水权实名制管理制度，形成县、乡、村、户四级水权分配体系。

#### 1. 采取严格的用水分配办法和人均耕地面积配水控制办法

依据各乡镇和村社确定的耕种人口，按人均 2.5 亩核定农田灌溉配水面积，全县平均每亩农田配水 410 吨。在此基础上，进一步制定了生态用水分配措施，配水定额为每亩 160 吨，其他特色林果业配水定额为每亩 250 吨。

#### 2. 谋求建立与水资源相适应的种植结构，提高用水效益，通过科技手段积极探索节水增收途径

将培育设施农牧业和特色林果业置于农业首位，优先保障水权配置。扩大甜高粱、紫花苜蓿种植规模，大力压减小麦等高耗水、低效益作物的种植面积，实现县内高耗水洋葱、制种玉米的零种植。在全面推广沟畦灌、膜上灌等常规灌溉节水模式的基础上，以垄膜沟灌、垄作沟灌、膜下滴灌三大农田节水技术为重点，推广喷灌、滴灌、管灌等高效节水技术。

#### 3. 有序推进农业终端水价，充分发挥水价调节作用，促进各行业节约用水和全县产业结构调整

民勤进行水权水价改革，出台了水权、水价改革实施意见。在严格水权、定额管理的同时，以价格杠杆撬动高效节水技术的推广，推行农作物差

别水价和累进加价制度，对采用滴灌、微灌等高效节水灌溉技术的用水户在水价上给予优惠，以政策引导节水技术推广。[①]通过这些努力，民勤用水总量明显减少。

## 四、未来生态与经济的可持续发展问题与建议

民勤位于生态环境脆弱地带，处于北部和西部的巴丹吉林沙漠借助西北风的威力不断向东移动，呈现与腾格里沙漠合拢的趋势。因此，在思考社会民生与经济产业发展政策的同时，我们必须尊重自然规律，科学合理地对民勤未来发展面临的课题展开分析。

### （一）尊重自然规律，实现防沙治沙科学化、合理化发展

首先，精准把握民勤面临的沙漠化威胁，科学研判民勤防沙治沙在维护河西走廊生态以及防治西北沙漠化进程中的地位和作用。民勤的防沙治沙不仅受到党和国家领导人的高度重视，同时一些问题也引起学术界的讨论和思考。在多数研究者和当地干部、群众看来，民勤三面被沙漠包围，像楔子一样阻挡着两大沙漠的合拢，成为中国西北地区对抗荒漠化的“桥头堡”。民勤的生态保护工作和绿洲的存亡不仅仅是一个县、一个市的问题，更是关乎国家发展、民族生存和兴盛的长远大计问题。[②]在调研过程中，民勤干部和群众也认为，一旦民勤绿洲消失，两大沙漠合拢，河西走廊被拦腰截断，中国向西的交通要道被阻断，这将会带来严重生态灾难和政治隐患。为此，国家和甘肃省市各级部门需要重视民勤的防沙治沙工作，加大政策和资金支持力度。

有学者虽然认同，“民勤绿洲由于石羊河流域水土资源开发不合理，造成严重的生态环境退化，应尽快实施石羊河流域的综合治理，如不采取有效

---

① 马顺龙:《民勤推广高效节水灌溉面积 34 万亩》,《甘肃日报》2013 年 10 月 15 日。

② 孙涛等:《民勤绿洲生态环境现状及恢复对策》,《中国农学通报》2010 年第 7 期，第 245 页。

的补救措施，民勤绿洲正在面临消亡的危险”，但同时认为“民勤绿洲的存亡与两大沙漠合并之间并没有明显的因果关系，即使民勤绿洲消失，也不会直接带来两大沙漠的合并”。[①]对此，需要组织力量综合分析，拿出权威观点，精准定位民勤防沙治沙工作的作用，统一思想认识。

其次，争取中央协调，共同推动跨区域防沙治沙合作，打造生命安全共同体。不管是巴丹吉林沙漠还是腾格里沙漠，都横跨内蒙古和甘肃两个地区，腾格里沙漠还有部分地区属于宁夏中卫。对于这种跨地区的沙漠治理，仅仅依靠民勤一县之力难以实现，而且不论是巴丹吉林沙漠还是腾格里沙漠，都主要分布于内蒙古阿拉善盟境内。如今，阿拉善盟也在打“组合拳”，阻止三大沙漠“握手”。[②]

为此，民勤可与阿拉善盟开展县级交流与合作，结合各地经验探讨更为有效的治沙技术。在省级方面，需要加强双方在荒漠化治理领域的人才流动和技术支持，实施共同的防沙治沙规划，遏止各大沙漠合拢的势头，构筑“生态安全共同体”。生态治理是系统工程，任何一个环节出现纰漏，都有可能造成整个治理工程的失败。在实施防沙治沙过程中，地方需要加强各县市乃至省级政府间的沟通和协调，强化各技术领域及科技部门间的合作，依靠科学技术，守住西北风沙线。

最后，正确认识生态保护与经济发展的关系，努力实践绿色发展理念，实现人与自然的和谐共存。经济的快速发展，往往会带来环境污染的加剧和生态的恶化。正确认识和处理经济发展与生态保护的关系，对于处于生态脆弱地带的民勤而言尤为重要。2017 年，民勤正式宣布退出省级“插花型”贫困县，[③]意味着民勤脱贫攻坚战取得初步胜利。但在探索经济发展与生态保

① 孙雪涛：《关于民勤绿洲衰退与两大沙漠合并的一点认识》，《水利水电科技进展》2003 年第 5 期，第 25 页。

②《阿拉善以“组合拳”阻止三大沙漠“握手”》，新浪网，http://nmg.sina.com.cn/county/dynamic/2016-12-28/detailz-ifxyxusa5668738.shtml，最后访问日期：2018 年 7 月 14 日。

③《关于民勤县脱贫退出的公告》，民勤政府网，http://www.minqin.gansu.gov.cn/Item/70807.aspx，最后访问日期：2018 年 7 月 15 日。

护方面，民勤还面临许多挑战。一方面，为了防沙治沙、涵养水源，民勤政府采取“关井压田”、退耕还林还草、减少耕地总量及人均耕地面积等措施，这会减少部分农户的收入，给民勤经济社会发展带来一定影响。

另一方面，在地方官员政绩考核仍依据一些数量经济指标的背景下，如何处理好经济发展与推进生态环境保护的关系，是考验民勤政府的一大课题。此外，在防沙治沙方面，民勤更多地运用生物固沙模式，大规模栽种耐旱植物以达到固沙挡风的效果，而大量固沙植物的栽种会耗费大量水资源，在水资源难以充分保障的条件下，有可能导致与农地争水的结果。民勤需要将农地、林田、沙、湖、草当作一个系统进行治理，在统筹经济发展与生态保护的基础上，避免短、平、快或一刀切式的生态保护行动，坚持生态优先、民生为重的治理方式，实现民勤生态环境与民生水平同步改善与提升。

### （二）聚力经济产业与社会民生发展，巩固扶贫成果

经过改革开放 40 年的发展，民勤在防沙治沙用沙方面积累了丰富的经验，逐步形成人与自然、经济发展与生态保护的良性互动，为全国打好防沙治沙攻坚战、推动绿色生态发展树立了典范。在新形势下，全面审视民勤防沙治沙与治贫脱贫所取得的成果，仍有需要进一步探讨之处。

第一，加强节水技术的运用，积极发展高效节水农业和产业，打造水资源循环利用示范区。在广大的西北干旱、半干旱地区，水资源短缺成为制约当地生态环境改善和经济社会发展的主要因素。甘肃民勤作为中国极度缺水地区之一，水资源短缺成为当地生态恶化和经济落后的一个重要原因，节约用水和实现水资源的循环利用显得尤为重要。尽管民勤在节水方面做出了诸多努力，但仍存改进的空间。一方面，在日常生活中，积极推广节水技术，可以采用行政补贴的方式要求新建楼房安装节水马桶、水龙头、智能水表等节水设施，推动农村地区集中居住，优化农村地区的供排水设施。另一方面，继续促进需水量较大的农牧业转型升级，努力发展高效节水的农作物和畜牧产品；进一步增强节水环保意识，让节约用水、保护生态的理念植

入人心。

第二，继续大力推广电子商务，实现“互联网+产业”发展模式，积极推动民勤产品走出去。民勤地处石羊河流域下游，光照充足，昼夜温差大，自然隔离条件好，病虫威胁小，为生产无公害和天然绿色食品提供了条件。由于交通不便，加之农牧业信息闭塞、经营规模小且分散、服务体系滞后等原因，民勤优质的农林瓜果及畜牧产品难以在全国大范围推广，制约了当地经济社会发展。因而，民勤有必要深挖自身特色，充分利用优势，积极拥抱互联网，实现“互联网+现代农业”“互联网+现代养殖业”等新业态的快速发展。为此，一要积极利用信息通信技术与互联网平台，让农牧产品“走出民勤”，让市场信息“进入民勤”，实现产销对接。二要有品牌意识，打造民勤优质农牧产品品牌。民勤在2008年被甘肃省认定为全省养羊强县，在2013年7月被中国食品工业协会誉为“中国肉羊之乡”。然而，在北京等喜食羊肉的城市和地区，市场上几乎见不到民勤羊肉。三要利用现代科技实现农牧产品的深加工，最大限度地挖掘其经济价值。

第三，完善交通运输网络，打造绿色高效的物流运输体系，实现互联互通。民勤深处西北内陆、河西走廊东北部，交通基础设施建设落后，缺乏机场和火车站，甚至连G569北仙高速民勤段都尚未通车。深居内陆且落后的交通，严重制约了民勤社会民生及经济产业的发展，也加大了民勤脱贫致富的难度。因此，民勤需要完善交通运输网络，积极推动北仙高速民勤段的通车，并拓宽民武公路，将其改造成双向四车道的国家一级公路，增大汽车通过量。同时，引入社会资本，加强与快递公司合作，打造民勤绿色无公害蔬菜及羊肉的冷链运输体系。由于新鲜蔬菜及羊肉对于运送时效要求较高，远离东部消费市场中心的民勤，要想以最快的速度将新鲜农产品及羊肉送到消费者的餐桌，安全快速的冷链运输体系就显得尤为重要。如果民勤有关部门能制定相应的冷链运输发展规划，积极引入社会资本，加强与诸如京东、顺丰等在冷链运输方面具有丰富经验的企业的合作，将有利于实现产销对接和推动民勤产品走向全国。

第四，加强对外宣传，升级改造文化旅游产业，将民勤打造成特色休闲的旅游目的地。甘肃作为中国丝路文化、敦煌文化、黄河文化、伏羲文化等多民族、多文化共生的地带，其悠久的历史和多元的文化成为中国西部独特而神秘的风景。民勤是中国“沙井文化”的发源地，也是甘肃全省文化之乡和西北教育名县。但是，闭塞的交通加上低调内敛的性格，使得民勤乃至甘肃都不擅于向外界宣传自身悠久的历史文化和灿烂的古城遗址，从而使这些文化和遗址处于“养在深闺人未识”的状态。为此，民勤需不断升级文化旅游产业，在主打休闲游和农家乐的基础上，加大对古城遗址的保护性开发，让很多埋在戈壁沙漠中的古城遗址成为游客欣赏和认识民勤历史文化的重要窗口。同时，组建跨部门多领域的旅游推广团队，利用网络、电视、自媒体以及户外赛事的机会向全国乃至全世界推销民勤。

### （三）坚定不移深化改革，确保防沙治沙与脱贫攻坚顺利推进

生态环境的保护是一项永久性工程，离不开资金、技术投入，也需要政府提供各方面的制度保障。回顾改革开放 40 年来民勤在防沙治沙方面所取得的成就，让我们意识到只有继续坚定不移地深化改革，才能实现防沙治沙与扶贫攻坚战的顺利推进。

第一，深化行政管理体制改革，打破政府主导、群众被动参与的防沙治沙模式，积极吸收和引入市场资金及公益性资源，打造多主体、多层次的防沙治沙网络。1950 年，民勤首次举办群众性植树造林活动。2008 年，民勤召开中华人民共和国成立以来第二次生态治理誓师大会。在历次防沙治沙保卫战中，民勤延续了政府动员、群众参与的方式。在社会力量薄弱、政府垄断大量资源的时期，这种方式有利于更好地推进沙漠化治理。在改革开放几十年后的今天，这种做法不管是在动员力度还是在影响力度上，都滞后于社会发展。以支付宝的蚂蚁森林为例，2016 年 8 月，蚂蚁金服宣布对旗下支付宝平台用户全面上线“碳账户”，依靠用户减少的碳排放量在支付宝里养一颗虚拟树，待树长成后就会被公益组织、环保企业等合作方买走并在某地

种一棵实体的树。截至目前，通过该活动，支付宝的蚂蚁森林已经在阿拉善左旗种下 100 万棵梭梭树。因此，要想实现生态保护与经济发展“双效益”，民勤依靠原有的组织动员体系已难以跟上风沙线迁移的速度，需要进一步深化行政管理体制改革，引入民间公益组织及社会力量，共同投入到防沙治沙的攻坚战中。

第二，强化监管机制，确保防沙治沙项目经费使用的公开透明。要将每一分生态保护资金都用在刀刃上，切实推动民勤防沙治沙工作的顺利开展，必须强化资金监管，规范运作流程，全面确保环保资金的使用和管理在阳光下进行。首先，加强涉及生态保护资金各部门间的合作，科学构建“政府主抓、部门牵头、多方协作”的工作程序。其次，完善事前、事中、事后监管体系，加大对环保资金的核发、使用和管理情况的全时段监管，尤其要加强对重点部门及重点项目的全程监管，安排跟踪监督检查。最后，加大对涉及环保资金的组织和个人的培训力度，提升其业务素质和综合能力，使其牢牢把握好资金的使用范围和规则。

第三，深化人才制度改革，实施积极的“引进来”且“留得住”的人才保障政策，切实“扶志”“引智”，巩固防沙治沙与治贫脱贫成果。民勤位于生态脆弱区，其环境治理和经济社会发展离不开技术投入和人才的大量使用。然而民勤生态环境恶劣，经济基础薄弱，在吸引人才方面存在天然劣势。在这种情况下，民勤有必要深化人才制度改革，创造性地引入人才。首先，加大财政扶持力度，设立人才保障基金，建立房、车、学校、医院等一条龙的人才服务保障体系。其次，积极发挥乡情校谊的纽带作用，吸引从民勤走出去的人才回来建设家乡。最后，积极与省内及全国各大高校、研究机构建立合作关系，以生态保护为平台建立人才共享机制。比如，可设立相关领域人才库，邀请有关高校和科研机构在民勤设立科研基地，每年派驻相关研究人员来民勤指导防沙治沙及社会民生事业的发展。

改革开放
与中国县域发展
GAIGEKAIFANG

# 青海互助

QINGHAI HUZHU

# 四策并举，打赢民族地区精准脱贫攻坚战

中国社会科学院国际合作局

为深入学习贯彻习近平总书记关于在全党大兴调查研究之风的重要指示精神，根据中宣部统一部署，我院组织实施“改革开放40年百县（市、区）调查”特大项目。国际合作局承担了赴青海省互助土族自治县调研的任务。

互助县是我国唯一的土族自治县，是青海省确定的贫困县，也是国家六盘山集中连片特困区之一。2016年8月，习近平总书记来到互助视察易地扶贫搬迁情况。总书记对当地干部说：“一定要把易地移民搬迁工程建设好，保质保量让村民们搬入新居。大家生活安顿下来后，各项脱贫措施要跟上，把生产搞上去。”

在互助调研中，我们看到全县各族干部群众牢记习近平总书记的谆谆嘱托，在坚持以人民为中心的发展思想指引下，凝心聚力，求真务实，走出了一条以产业发展为带动、生态扶贫为助力、易地搬迁为突破、民生保障为依托，“四策并举”的脱贫特色之路，将在2018年摘掉贫困县帽子，实现互助各族群众共同摆脱贫困。

课题组于2018年5～6月，分四批赴互助，深入五十镇班彦村、威远镇小庄村、塘川镇高羌村、东合乡朱家台村、丹麻镇东丹麻村、松多乡松多村、巴扎乡甘冲沟村、加定镇浪士当村等8个村实地调研，入户访谈40户，邀请县、乡、村各级代表座谈12场、200余人次，发放调查问卷350份。

在调研中，我们切身体会到深入实际、深入基层是了解国情的根本途径，目睹了实施精准扶贫取得的重大成就，深深感受到党领导下的脱贫攻坚正在推动民族地区发展实现新的历史性跨越，这使我们对如期实现全面建成小康社会战略目标更加充满信心。现将相关情况报告如下。

## 一、互助的历史变迁

互助土族自治县是青海省海东市下辖县，位于青海省东部、海东市北部，北倚祁连山脉达坂山，与海北州门源回族自治县相接，东北与甘肃省天祝藏族自治县和永登县毗邻，东南与海东市乐都区接壤，南以湟水为界，与平安区相望，西靠西宁市大通县，西南与省会西宁市城东区、城北区相接。县境南北宽约 64 公里，东西长 86 公里，总面积 3423.9 平方公里。

从互助县境内发现的大量历史文物及考古资料证明，早在 5000 年前，互助地区就已经有先民在这块土地上劳动、生息。土族是我国人口较少民族之一，目前全国土族人口不足 30 万人。关于土族的民族起源，学术界有各种观点，总的来看土族是以蒙元时期的蒙古人为主体，融合汉、藏等民族成分而形成的一个新生民族。“土族”是新中国成立后，根据土族人民意愿，经过各方面协商确定的族称。土族文化兼具游牧与农耕文化，多样性和包容性特点明显。现在土族人多信仰藏传佛教，兼信道教、萨满教。土族有自己的语言，但没有文字。

互助地区古为羌地，从西汉至清代，历属临羌、西都、鄯城、西宁等县，民国 19 年（1930）从西宁县分出互助，正式设县。“互助”的称谓由来有以下说法：1929 年时任国民党青海省政府主席孙连仲要求西宁县等各地方官员拿出“分县及其称谓”计划方案，由于该地的多民族在相互日常交流中时常出现语言沟通障碍等困难和问题，于是当地的一些儒士乡绅从孔子《论语 · 述而篇》的“互乡难以言”这句话中得到启示，挑出“互乡”两字作为县名，意思是与“互乡”这个少数民族居住地方的人很难交流。在互助县未正式定名前，一部分乡士文人已经称其为“互乡县”，并上报给当时的省政府。在最后确定县名时，孙连仲将“互乡县”改为“互助县”，取此地居住的各民族之间要“互助友爱”之寓意。

1949 年设互助县，属省直辖。1953 年改设互助土族自治区，1955 年改为互助土族自治县，1960 年划归西宁市，1962 年复归省直辖，1978 年划归海东地区。互助土族自治县现辖 8 个镇（威远镇、丹麻镇、高寨镇、南门峡镇、加定镇、五十镇、五峰镇、塘川镇）、9 个乡（红崖子沟乡、哈拉直沟乡、东山乡、东和乡、东沟乡、林川乡、台子乡、西山乡、蔡家堡乡）、2 个民族乡（松多藏族乡、巴扎藏族乡）。

新中国成立前，互助地区经济结构比较单一，以农业为主，封建地主、军阀和寺院占有大量土地，各族贫苦农民深受剥削，同时还存在大量小农经济和落后的手工业生产，社会经济发展十分落后，社会生产关系还处于封建水平。解放前，互助地区长期在马氏军阀的统治下，土族备受军阀的压迫，土族人不许穿本民族衣饰，不准说土语，民族冲突事件时有发生。

新中国成立后，互助各民族在政治上获得了平等，各民族的风俗习惯和宗教信仰得到充分的尊重和保护。同时，为促进社会经济发展，国家在该地区实行了各种社会经济的改造、改革政策。1951～1952 年互助县开展了轰轰烈烈的土地改革，土地、农具、牲畜等生产资料被分配给广大贫雇农，对地主、富农和寺院加在农民身上的债务予以取消，消灭了封建土地所有制，解放了生产力。土地改革之后，在全国进行社会主义经济改造的背景下，互助开始了社会主义农业、手工业和私营工商业的改造。在党的民族政策引导下，在国家的大力帮扶下，社会主义改造之后的互助从根本上消除了落后的生产关系，结束了社会经济长期封闭、停滞的局面，生产力得到解放，经济得到较快发展。县里建起了造纸厂、玻璃厂、编织厂、地毯厂，将原来小规模的青稞酒作坊联合起来建立了酒厂。20 世纪 60～70 年代，在人民公社化、“大跃进”、“文化大革命”等运动中，互助的生产和经济遭受严重损失，农村集体和社员收入减少。

随着党的十一届三中全会的召开，互助拉开了改革的序幕。1978～1984年，互助的农业区逐步推行以家庭联产承包经营为主要形式的责任制，初步明确土地使用的责、权、利，极大地调动了农民的生产积极性，农村经济发生了质的变化。1983 年 5 月，互助县人民公社体制改革结束，21 个公社全部改为乡镇人民政府，生产队全部改为村民委员会或农业生产合作社。互助关停并转了一批落后的小型企业，兴办了一批有产品销路的乡镇企业，同时鼓励发展集体、个体商业，城乡商品市场日趋活跃。20 世纪 90 年代初，互助在稳定完善家庭联产承包责任制、土地承包责任制延长 30 年不变的前提下，签订了新一轮土地承包合同；在国家“深化流通体制改革，大力发展多种经营和乡镇企业”政策的指导下，互助个体私营经济全面放开，各类服务业店铺发展迅速。在改革的基础上，互助县委、县政府成立招商局，大力引进资金、技术和人才，促进县域经济发展。在世纪之交，党中央做出实施西部大开发的战略决策，制定了一系列优惠政策，加快民族地区的发展，给互助发展带来了新的历史机遇。互助各族群众利用这一机遇，促进资源优势向产业优势、经济优势的转化，经济发展进一步加快。

总的看来，互助经济社会发展起点低、底子薄。新中国成立前，互助生产力水平低下，生产关系落后，各族群众在经济、文化上受到统治阶级的压迫，生活十分困苦。新中国的成立，给土族这一新生民族带来了生机。特别是改革开放 40 年来，互助经济社会发展有了质的飞越。同时，也要看到，互助在脱贫攻坚、实现乡村振兴中，仍面临着艰巨任务，突出表现在经济基础相对薄弱、对国家财政依赖性较大、现代经济体系发育缓慢、贫困地区群众自我发展能力有限、农民增收困难等。深入了解互助的现实状况，探究互助的发展经验及问题，对思考研究民族地区脱贫攻坚、实现乡村振兴具有重要启发意义。

## 二、互助的生产生活状况

互助土族自治县海拔在2200～3000米，高山、丘陵地区占全县总面积的85%以上。地形地貌分为：北中部高山区，其海拔为3300米，面积为2178.3平方公里，占全县总面积的63%；脑山滩地区，属海拔为3000米左右的中高山及山间盆地，面积为250平方公里，占全县总面积的7.3%；浅山丘陵区（中山及高丘陵），海拔多在2200～2700米，面积约785平方公里，占全县总面积的22.7%；川水河谷地，属县境南部川地，面积约243.7平方公里，占全县总面积的7%。全县人口40.15万人，其中城镇人口9.62万人，乡村人口30.53万人，人口城镇化率为23.96%，远低于全国水平。全县共有土族、藏族、回族、蒙古族等28个少数民族，人口共计11.21万人，占总人口的27.91%；人口最多的少数民族是土族，有7.47万人，占全县人口的18.61%。全县耕地面积110万亩，可利用草场253万亩，人均耕地约40亩，远高于国家平均水平，具有“地广人稀”的特点。互助属大陆寒温带气候，夏季凉爽，冬季寒冷，降水少，蒸发量大，属于干燥少雨地区。互助的地理、气候以及人文方面的特点、条件，都对其生产生活方式产生着重要影响。

### （一）生产方式

#### 1. 主要粮食作物

2017年互助主要粮食作物播种面积及产量情况为：马铃薯播种30万亩，产量11.4万吨；小麦播种16.5万亩，产量3.6万吨；豆类（蚕豆、豌豆）播种8.5万亩，产量2.1万吨；青稞播种1.5万亩，产量0.33万吨；玉米播种1万亩，产量0.41万吨；2017年全县粮食产量达到17.84万吨。马铃薯是互助种植面积和产量最大的粮食作物，由于气候和土质条件，互助出产的马铃薯淀粉率高、品质好，被大量用来加工粉条和其他淀粉制品；马铃薯种植是互助优势特色产业之一，马铃薯及相关产品收入占全县农业收入的近

20%；互助有 8 万亩的马铃薯育种基地，培育出了“下寨 65”“青薯 2 号”“青薯 9 号”等全国优质薯种。在接受问卷调查的农户中，有 55.8% 的农户种植马铃薯。

### 2. 药材、油菜种植

由于互助地处高原山地，日照强烈，昼夜温差大，较适宜当归、黄芪、大黄等中药材的种植，药材种植成本较低，市场售价高。2017 年全县药材种植面积达 4.6 万亩，主要种植当归和黄芪。但由于市场供求关系变动，有的年份，药材价格波动较大，使种植药材的农户遭受损失。2017 年互助的油菜种植规模为 37 万亩，油菜籽产量 12.3 万吨。互助油菜籽通过了国家农产品地理标志认证，菜籽粒呈黑褐色，籽粒大，饱满均匀，无虫蛀，耐贮藏，商品性好，且为双低油菜，含油量高，维生素 E 及微量元素含量较高。互助的油菜花每年 7～8 月盛开，大片油菜花开放时景色十分优美。在接受问卷调查的农户中，有 15.9% 的农户种植药材，57.1% 的农户种植油菜。

### 3. 蔬菜种植

互助邻近西宁市和海东市，已经成为两市重要的蔬菜供应地。2017 年互助蔬菜种植面积达到 8.5 万亩，蔬菜产量达到 15.7 万吨。塘川镇总寨标准化蔬菜生产基地占地 3860 亩，有蔬菜温室大棚 730 栋，大部分采用了节水滴灌技术；2017 年各类蔬菜产量达到 9000 吨，实现效益 580 万元。塘川镇高羌村将蔬菜种植作为本村支柱产业，全村 394 户、1499 人，建成蔬菜大棚 304 栋，占地 430 亩，经营农户 124 户，另外种植露天蔬菜约 300 亩，并且注册了具有地域特色的“青塘川”蔬菜品牌。

### 4. 牲畜养殖

2017 年互助各类畜禽存栏量达到 125.7 万头（只），其中猪、牛、羊、鸡分别为 33.1 万头、6.7 万头、36.7 万只、38.8 万只；肉、奶、蛋产量分别达到 42456 吨、11910 吨、4085 吨，农牧业总产值达 33.1 亿元。互助是青海省生猪养殖大县，生猪饲养量占海东地区生猪饲养量的 40% 以上，占全省的近 30%。八眉猪是互助特有的家养牲畜品种，八眉猪种质资源独特，是在青海高原特定环境下，经过长期自然和人工选择而形成的地方猪种，具有适应性强、产仔多、肉质好等特性，是国家农产品地理标志保护产品。此外，葱花土鸡、白牦牛等品种也是互助畜禽养殖的特色品种，被列入国家农产品地理标志保护产品名录。

### 5. 本地打工

互助本地劳动力大部分在本县打工或者前往紧邻的西宁市、海东市打工。外出打工人员在农忙时回家务农，在农闲时外出打工，属于季节性外出打工，男女都外出打工，打工者多为小学或初中文化。调查问卷显示，51.5% 的家庭有人外出务工，但具体到各个村差距较大，有的村子几乎家家有劳动力外出务工，如东和乡台子村；而资源丰富和产业发展较好的村外出打工的人很少，如加定镇浪士当村、威远镇小庄村。互助大部分打工者主要从事建筑业、制造业、餐饮和服务业相关的工作。以威远镇为例，该镇城镇人口占绝大部分，镇上的劳动力 90% 就在本镇工作或打工，外出工作的大多是高技术、高素质劳动力，如大学毕业生、技术人员、管理人员等；本地打工者从事的行业对技术要求不高，人均每年打工收入 2万～3 万元。互助农户的收入来源情况见图 1。

图 1　互助农户收入来源情况

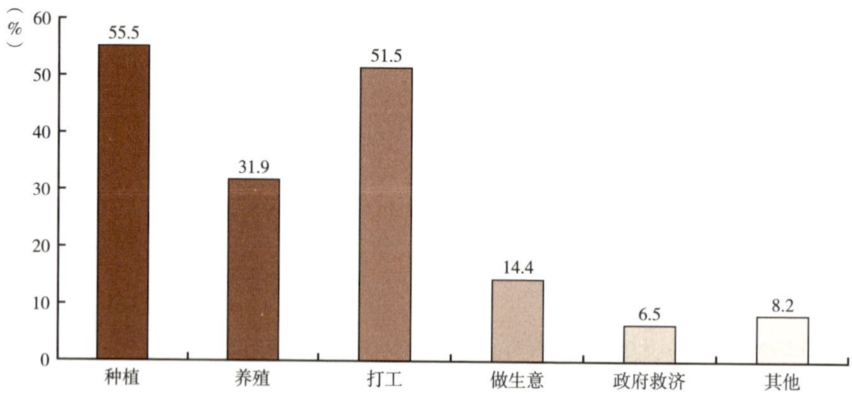


资料来源：根据课题组发放问卷统计所得。

### 6. 劳动力输出

互助本地二、三产业规模较小，吸纳农村劳动力能力有限。互助有向西北其他省份劳务输出的传统，每年都有一批劳动力前往新疆、甘肃等地区从事棉花、枸杞采摘。例如东河乡朱家台村每年都有很多劳动力前往甘肃采摘枸杞，或前往青海其他地区挖虫草，一般采摘期为一个月左右，每个劳动力可收入 1万～2 万元。此外，近年来互助也有劳务公司开始组织劳动力海外输出，已有少批量的人员前往日本务工。

### 7. 手工刺绣

土族盘绣是土族特有的民族工艺产品。互助在 20 世纪 90 年代出现了盘绣产业，但是规模不大，水平不高。近几年来互助文化和旅游产业发展迅速，推动了手工盘绣的产业化。互助的七彩情土族民俗文化公司，招收本地劳动力从事盘绣、刺绣工艺品生产，还形成了“协会 + 基地 + 农户”的经营模式，将针线等材料发给农户，农户利用闲暇时间制作土族盘绣工艺品，公司再收购。一件不太复杂的土族盘绣工艺品制作时间约为 3 天，公司以 150～200 元 / 件的价格收购。公司还开办培训班，培养了一批盘绣艺人，并向年轻人教授盘绣手艺。

### 8. 青稞酒酿造

早在 400 多年前，互助民间就有以青稞为原料用土法酿酒的历史。这种土法生产的青稞酒叫酩馏酒，随着酿酒工艺逐步完善，形成了“天佑德”“义永合”“世义德”“文玉合”“义合永”等八大青稞酒作坊，其中以“天佑德”酿酒作坊最为著名。1956 年，县政府以“天佑德”为主整合八大作坊，组建了互助县酒厂，后经多次更名改制，成为现在的青海互助青稞酒股份有限公司。该公司是集青稞酒研发、生产、销售为一体的上市白酒企业，总资产 30 亿元，员工 2200 余人，是全国最大的青稞酒生产企业。公司每年投入资金 1 亿多元收购青稞 4 万吨左右，为互助提供了上千个工作岗位。2011 年至 2017 年，公司累计缴纳各项税金约 30 亿元。

#### 9. 文化旅游项目

互助有若干具代表性的旅游企业，如纳顿文化旅游开发有限公司、西部土族民俗文化有限公司等。这些企业投资开发了一批文化和旅游产业项目，吸纳了农村剩余劳动力，传承、开发了青稞酩馏酒工艺、土族花儿民歌、土族婚礼以及土族饮食等民俗传统项目。有条件的乡镇纷纷开办农家乐、民宿、特色饭店、风情园等。如威远镇小庄村、加定镇浪士当村兴办培训接待、特色民俗旅游，五十镇班彦村尝试打造红色旅游和民俗旅游线路。

综合来看，互助仍属以种植、养殖为主的农业县，全县经济主要靠农牧业，其特色农产品主要有马铃薯、油菜、药材、八眉猪等。通过发展现代化农业，这些特色农产品的生产、加工和销售状况有了较大提升。同时，受高原气候、干旱、多山地等因素制约，互助农业发展水平仍有待进一步提高。除了务农，外出打工是互助劳动人口的一项重要收入来源。目前，互助也在积极利用自然和民族文化资源，开拓民俗产品、特色旅游等新项目。互助的新兴产业还处于起步发展阶段，仍需要各方力量的扶持与帮助。

### （二）生活方式

#### 1. 饮食

互助人的饮食以面食为主，食用各种馍馍，如焜锅馍、花卷、油饼、馓子等，此外，用白面、青稞面、绿豆面加工制作的面条、汤面等品种也较多。土族食用猪、牛、羊肉，菜肴方面基本上与汉族相同。当地人喜欢饮酒，土族人家历史上几乎都能酿造“酩馏酒”（一种低度青稞酒）。近年来酿酒的人越来越少，当地政府注意保护酿酒工艺的传承，并且进一步开发手工制酒工艺，形成新的特色产品。互助县的统计数据显示，农牧民对粮食和植物油的消费量在减少，对肉、禽、蛋、奶的需求在增加。此外，对烟酒、饮料、水果、糕点的消费也在快速增长，饮食结构方面的城乡差距正在逐步缩小。但从调查问卷统计结果来看，一半多的家庭每年食物消费不足 1 万元（见图 2），显示当地群众的饮食消费水平仍较低。

图 2　互助农户年食物消费支出统计

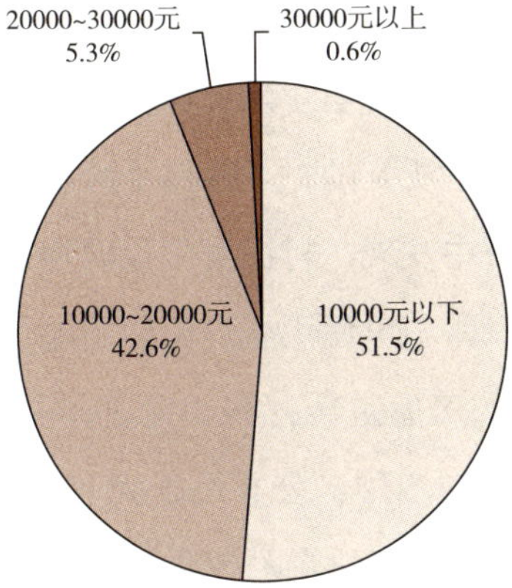


资料来源：根据课题组发放问卷统计所得。

### 2. 穿衣

土族男子传统民族服装有红缨帽、毡帽，衣服是穿小领斜襟的长衫，袖口镶有黑边，胸前镶有一块四寸方块的彩色图案，冬天外套黑色或紫色坎肩。土族妇女佩戴较为复杂的头饰，土语称为“扭达儿”，多用红黄绿三色。土族妇女一般穿绣花小领斜襟长衫，两袖由七种颜色的布圈做成，鲜艳夺目。50 岁以上的土族群众日常穿民族服饰较多，而大多数中青年人平时穿衣与汉族无异，仅在重要节庆日或家庭仪式场合穿着民族服装。问卷调查显示，互助农村家庭每年用于购买衣服的费用低于 1000 元的约占 56.4%，1000～2000 元的约占 29.5%，2000 元以上的约占 14.1%（见图 3）。

图 3　互助农户年穿衣消费支出统计

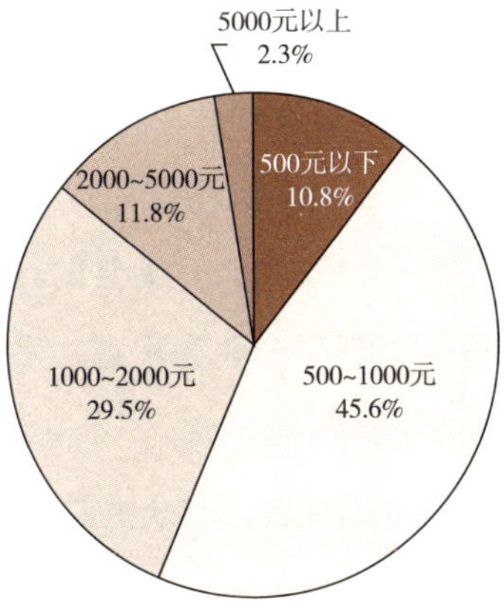


资料来源：根据课题组发放问卷统计所得。

### 3. 居住

互助城镇近年来房地产开发迅速，2017 年 10 月以来的新建住宅面积达到了15.1万平方米，县城楼房均价在3600元左右。农村每户家庭的房屋面积在90~110平方米（不包含院子的面积），开办农家乐的家庭房屋面积可达200~300平方米。根据课题组的实地考察，所有的村子都有专人打扫村庄道路、清理垃圾，课题组所到的村子道路干净整洁，几乎没有私搭乱建的现象。课题组在入户调查中发现，村民家中近两年普遍都装修过，添置了新家具、家电，绝大部分家庭不再使用土炕而使用电炕，更加卫生、环保、安全。在农村，绝大部分的房屋是砖瓦房，尤其是易地搬迁村由政府统一规划、设计和建设，房屋安全实用、公共设施配套齐全、新村民族特色突出。以五十镇班彦村为例，易地搬迁之前村民住在山上的土坯房，条件极差，搬迁后每户院落0.4亩，住房面积80平方米（1厅3卧1厨），自来水入户、标准化配电、接通了天然气、配套卫生厕所及排水和污水处理设施。调查问卷显示，互助农村家庭的厕所主要是旱厕，卫生条件较差，但是像班彦村这样的易地搬迁的村庄，每户都修建了水厕。

### 4. 出行

互助共有通往省外的道路6条（全部为高速公路），县道16条，乡道70条。早在2005年全县就实现了所有行政村通公路，现在所有村庄的主干道路也都实现了硬化。从调查问卷来看，人们去较远地方的交通方式以乘坐长途公交车为主。根据互助县的统计数据，居民家庭拥有汽车的比例为11.2%。曹家堡机场作为青海最大的民用机场位于互助县境内，但在体制上属于海东市直辖，互助县的红涯子沟工业园区是曹家堡临空综合经济区的一部分，以新型产业为重点，发展新能源、新材料、精细化工等产业。

### 5. 交易

在互助乡村，群众主要通过本村的小商店、小超市购买各类生活用品。互助的山区、牧区很少有集市，群众也没有赶集的习惯。调查问卷显示，当地农民的各类农产品出售主要依靠商贩上门收购以及各类合作社统一收购；收购价较低，农民获利较少，但是比较方便，不用出门就能把手中的农产品卖掉。如塘川镇高羌村的王浑英一家种植蔬菜大棚，调研时正赶上商贩上门收购其种植的苦菊，一斤收购价为0.5元，这些苦菊转手到超市、餐厅后价格往往会翻好几倍。

#### 6. 医疗

互助有县级公立医院2所，乡镇卫生院所21所，医务人员705名。目前，全县城乡居民全部参加了医保，在本县就医的城乡居民医保报销比例达77%，贫困户和民政救助对象医疗费用报销比例高达90%。甘冲沟村村民柳夏的母亲患有心肺病，定期到乡卫生所看病，医疗费用可报销90%。根据现有的条件，互助县群众在省级医院、县级医院和乡镇卫生所的报销比例分别为60%、70%、90%；如果遇到疑难杂症或者大病，需要到省级医院甚至到其他大城市的医院治疗，医疗费负担则较重。

#### 7. 教育

互助有完全小学60所，初级中学10所，九年一贯制学校8所，完全中学2所，高级中学2所，职业技术学校1所，特殊教育学校1所。九年义务教育全免费，如果学生住校可享受伙食费、住宿费全免，不住校则可享受免费的学校午餐。幼儿园和初中之后的教育需要群众自己负担，幼儿园每学期交费2000～3000元，高中阶段每学期交费1000元，这对很多家庭来说是一笔不小的开销。根据互助县统计数据，受教育程度为初中及初中以下的人口占全县人口的87%，受过高中教育的人口占8.3%，受过大学教育的人口占4.7%，文盲率为12.6%。人口总体受教育程度偏低。

综合来看，改革开放以来互助人的生活水平整体提升，体现在饮食、住房、出行、医疗、教育等各个方面。互助群众住房和出行条件改善明显，但衣、食支出总体较低。医疗保障和受教育程度不断提高，但医疗、教育方面的支出对普通群众来说仍有压力，家中有病人或在校大学生仍可能成为致贫返贫的重要原因，还需要得到必要的扶持。

### （三）精神文化生活

#### 1. 看电视和上网

调查问卷显示，互助群众的娱乐方式主要是看电视，当地人喜欢本县电视台和广播电视台播出的具有地方和民族特色的节目。互助县在2013年就实现了广播电视“村村通”，互助县广播电视局被中宣部、文化部授予全国广播电视“村村通”工作先进集体荣誉称号。互助县广播电视台在国家专项资金的支持下，把知名影片翻译成土语放映，2015年6月首部土语版电影《可可西里》在互助县上映，为土族同胞观看优秀国产电影开辟了新的途径。手机上网已经成为互助群众相互联系、获取信息的主要方式。根据互助县统计数据，该县的手机持有率达到了86.6%，除了高龄老人和儿童，几乎人人都有手机；调查问卷显示，互助群众每月的手机话费多在50～100元/人。互助县通信、宽带建设有了一定发展，但是在一些海拔较高的山区，手机信号和网络信号还较弱。

### 2. 文娱活动

无论是少数民族还是汉族，互助群众日常生活中都喜爱歌舞，土族的安召舞、花儿民歌为当地群众所喜闻乐见。丹麻镇每年都会组织千人安召舞，场面壮观，成为本镇的文化品牌，吸引了大量游客前来。花儿民歌在传统曲调的基础上，加入了宣传党的政策以及扶贫故事的内容，受到群众欢迎。此外，互助土族群众喜爱“轮子秋”。每年正月农忙过后，土族青年们将大板车改装成融秋千、转盘为一体的吊车，人们在上面飞旋起舞，轮子秋已于2008年列入第二批国家级非物质文化遗产名录。在互助土族故土园景区，每天都有轮子秋表演。

互助几乎所有的村都建设了阅览室、图书室供村民看书读报。村民购买图书、杂志、报纸方面少有开支。互助县、乡镇、村都会组织各种文化项目，村民也会自发组织进行群众性娱乐活动。调查问卷显示，每村每月至少会有一两次文化活动。

### 3. 宗教信仰

互助是多种宗教并存地区，包括藏传佛教、汉传佛教、伊斯兰教、道教、天主教、萨满教等。全县信教人口约占总人口的2/3，其中佛教信徒约占70%，伊斯兰教信徒约占20%。根据统计，全县有各类宗教活动场所30

处，其中佛教寺院 14 座、伊斯兰教清真寺 14 座，另外还有一座道观和一座天主教教堂。比较重要的藏传佛教寺院有佑宁寺、却藏寺、白马寺等，伊斯兰教清真寺主要分布在高寨、双树和西山三个回族聚居地区。调查问卷显示，信教群众参加宗教活动并不频繁，近 60% 的人一年仅参加宗教活动一两次（见表 1）。松多村村民鄯塞洛是虔诚的佛教徒，因劳动负担重较少去寺庙，但家里设有佛堂，院子里音响设备循环播放佛经、佛乐。

**表 1　互助农户参加宗教活动的频率**

| 参加宗教活动的频率 | 每周至少一次 | 每月 1 ~ 2 次 | 每年 1 ~ 2 次 |
| --- | --- | --- | --- |
| 比例 | 10% | 31.4% | 58.6% |

资料来源：根据课题组发放问卷统计所得。

综合来看，除了广播、电视、报纸等传统媒体，随着通信和网络技术的发展，互助群众手机、互联网使用已经普及，互助人获取信息和娱乐的方式及渠道越来越多样化。作为少数民族地区，互助的民族特色歌舞面临着保护和发展问题，有关部门正在努力通过将其融入当地特色旅游文化项目等方式，达到传承发展目的。在 2012 年之前，互助有的村庄受到邪教侵袭，有关部门及时通过丰富群众精神文化生活的方式，很快祛除了邪教的侵扰。互助的实践证明，高度重视农民的精神文化生活，以群众喜闻乐见的形式承载传播正能量，就能以正压邪，让积极健康的思想意识成为农民精神家园的主流，促进社会和谐发展。

### （四）村风民俗

#### 1. 节日

土族的很多重要节日习俗都与汉族相同，土族群众也把春节看作最隆重的节日，过年习俗和汉族几乎一样，要置办年货、打扫房屋、购置新衣服、杀猪宰羊，此外，还做馍馍、酿造青稞酒。土族过正月十五、二月二、清明节、端午节、中秋节等节日。土族特有的节日是鸡蛋会。每年农历三月三、三月十八、四月八，互助县的百姓会举行传统庙会，赶庙会的人会带许多熟鸡蛋，人们会相互敲击鸡蛋，被敲破者将鸡蛋送给赢家，因此称作鸡蛋会。鸡蛋会迄今已有四百年历史。

### 2. 婚嫁

土族有完整的婚礼仪式，婚礼从早上持续到深夜，亲友们在婚礼上载歌载舞，体现出土族历史、宗教、习俗及民族性格等多方面特色。2006 年，互助土族婚礼被列入国家级非物质文化遗产保护名录。互助农村地区结婚纳彩礼、陪送嫁妆的现象仍较为普遍。调查显示，结婚时男方家庭向女方家庭纳彩礼 10 万～20 万元不等，女方家庭的嫁妆约有 5 万元左右，有的农村家庭结婚前购置或建设新房。彩礼、嫁妆等普遍成为农村家庭一项沉重负担。当前互助县政府正在开展移风易俗活动，宣传和鼓励减少甚至取消彩礼、嫁妆。各村都在积极成立红白事委员会，提倡简办新办。

### 3. 乐于相助

土族有乐于助人的风尚，村里一家有事情，全体村民都会关照相助，如遇红白喜事、农事活动、家里盖新房等，全村都会出力帮忙。在五十镇班彦村，课题组拜访吕有福时，他和其他几人正在帮邻居盖房子，都是无偿帮忙。

### 4. 爱护自然

互助民族文化中有爱护自然的观念。根据当地习俗，寺院内外及周边一定范围内的树木绝对禁止砍伐和破坏；互助民间规定 6～9 月禁止砍伐一切林木；村规民约中规定，遇山林着火知情不报、不积极救火者，在自家院外乱扔垃圾、堆放杂物者都要处以罚款。

### 5. 民族和睦

互助民族分布有着“大杂居、小聚居”的特点。土、藏、回、汉等各民族之间虽然生活方式、民俗习惯不同，但关系融洽，各民族群众牢固树立了“少数民族离不开汉族，汉族离不开少数民族，少数民族之间也相互离不开”的思想观念，各民族之间的社会交往日益频繁。互助人对民族之间通婚认可度高，民族之间通婚现象比较常见，汉族、土族、藏族、蒙古族之间通婚较多。例如，小庄村妇联主任雷有玉是汉族，她丈夫是土族；松多村村主任马生是汉族，其爱人是藏族。这些民族融合家庭都很和睦。

综合来看，互助各族群众民风淳厚、情感淳朴，民族较多但相处融洽。社会团结互助的风尚与和谐稳定的局面，为推进扶贫开发提供了良好的外部环境和条件。互助群众中还存有一些陈规积弊，需要各级组织发挥作用，道理讲清楚，工作做细致，让群众实现认识上提高、行为上转变，形成健康进步的新风尚。

## 三、互助特色脱贫之路

自 1979 年全国第七次民政工作会议召开以来，互助就始终把扶贫工作列为全县发展的一项重要任务。党的十八大以来，互助砥砺践行以人民为中心的发展思想，把精准扶贫、精准脱贫作为头等大事和第一民生工程，认真贯彻落实习近平总书记“五级书记抓扶贫、党政同责促攻坚”的要求，以产业发展为带动、生态扶贫为助力、易地搬迁为突破、民生保障为依托，“四策并举”，脱贫攻坚取得显著成效，走出了一条互助脱贫特色之路。2015 年底，全县共精准识别建档立卡贫困村 118 个，贫困户 13796 户，贫困人口 48523 人。2016 年完成 28 个贫困村退出，3031 户 10421 人脱贫；2017 年完成 43 个贫困村退出，5663 户 19730 人脱贫。2018 年，全县计划脱贫 3922 户 13784 人，实现全县整体脱贫摘帽。互助贫困户致贫原因见图 4 所示。

### （一）以产业发展为带动

习近平总书记强调：“要脱贫也要致富，产业扶贫至关重要，产业要适应发展需要，因地制宜、创新完善。”从互助脱贫实践看，产业扶贫发挥着基础性带动作用。

图 4　互助贫困户致贫原因

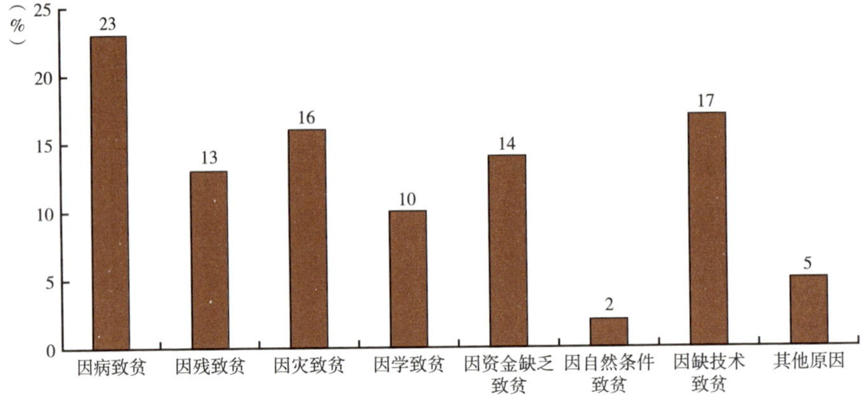


资料来源：互助扶贫局。

大力推进现代农业发展。以农业示范区引领特色种植产业。互助是青海省农业大县，是国家级现代农业示范区，已建成六个现代农业特色产业园。以园区为支撑，互助加快农业产业结构调整，构建“特色繁种、特色养殖业、特色果蔬品”三位一体的农牧业发展模式，油菜、马铃薯、蚕豆、果蔬四大特色种植门类优势不断强化，2017 年特色农作物的种植面积已占总种植面积的 89% 以上。加快发展中药材种植。借助得天独厚的高原冷凉气候等自然禀赋优势，互助加快发展中药材种植产业。2017 年全县中药材种植面积 4.6 万亩，2018 年种植面积翻倍。东沟乡昝扎村村民李永鹏 2017 年种植 2 亩当归，收入 8000 元，2018 年种植了 10 亩，按照 2017 年价格，预计收入 4 万元。推广全膜覆盖栽培技术，加大农业机械化推广力度。2017 年互助实现全膜覆盖栽培 28 万亩，完成机耕 88.5 万亩、机播 60 万亩、机收 28.5 万亩，补贴各类农机具 950 台，农业生产综合机械化水平达 59%。打造循环农业发展模式。将蔬菜种植、禽畜养殖、沼气利用、有机肥生产各环节有机结合，探索构建“玉米种植—玉米青贮—牛羊养殖—有机肥积攒”“养殖—沼气—蔬菜（药材、马铃薯）”循环农业模式，不断提高资源的有效利用率。互助农户种植、养殖年收入情况见图 5、图 6。

图 5　互助农户种植年收入

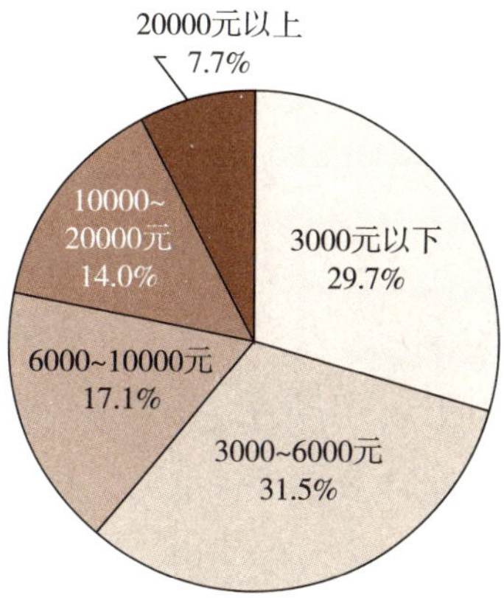


资料来源：根据课题组发放问卷统计所得。

图 6　互助农户养殖年收入

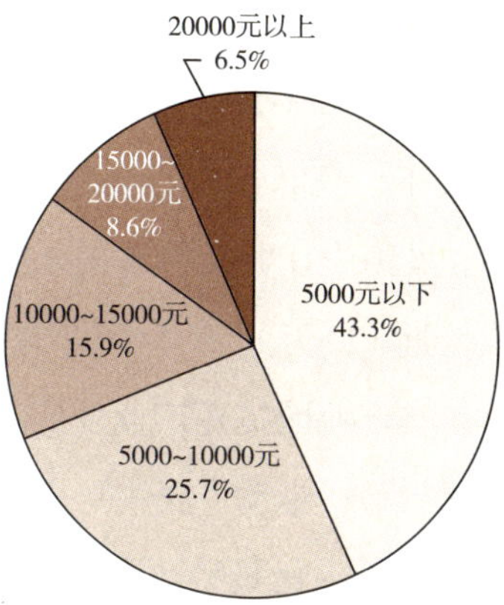


资料来源：根据课题组发放问卷统计所得。

大力推进民族文化产业发展。以 5A 景区互助土族故土园为龙头，带动特色民俗旅游。集土族文化、历史、语言、民俗、艺术、宗教及青稞酒文化为一体，互助创建全国唯一落户在人口较少民族地区的 5A 级旅游景区，景区辐射带动周边特色民俗旅游。威远镇小庄村凭借地处土族故土园景区核心区的优势，深耕安召舞、土族盘绣等土族民俗文化资源，推动全体村民发展“农家乐”休闲娱乐接待产业，2017 年全村接待游客突破 20 万人次，实现旅游收入 835 万元，占全村总收入的 80% 以上。盘绣工艺产业发展迅速。“土族盘绣”是土族拥有的国家级非物质文化遗产项目，发挥此优势，互助将发展土族盘绣作为农村妇女为家庭创收增收的重要途径之一，实施“土族盘绣”产业扶贫项目，成立产业发展基地，确定盘绣产业户 1100 户，盘绣户年人均增收近 5000 元。

大力发展高原特色乡村旅游。油菜是互助种植面积最大的农作物，每年 7、8 月，万亩油菜花海吸引着全国各地的游客。互助充分利用大规模油菜花海和高原夏季凉爽气候，全力推进 118 个贫困村高原美丽乡村建设项目，改善贫困村生产生活条件，努力实现高原美丽乡村建设项目全覆盖；扶持重点贫困村发展农业观光、文化体验等特色乡村旅游项目，把乡村旅游作为促进产业结构调整、增加农民收入、繁荣农村文化、建设美丽乡村的重要抓手。目前，互助已实施9个乡村旅游项目，扶持100个乡村旅游接待点提档升级，惠及贫困户535户、2046人。以花卉和田园风光为主题的“油嘴湾花海农庄”是麻吉村乃至东和乡实施乡村振兴战略的重要载体，截至2017年底，花海农庄共接待省内外游客达6万余人次，实现景区门票、农家乐餐饮收入近120万元，直接和间接带动贫困户60余户，人均增收1万余元。

扶贫产业园搭建产业发展平台。按照“建园区、引龙头、扶产业、扩基地、增效益、带动（农牧）户”的思路，以“互助”产品“走出去”为目的，筛选出县域内最具特色的优质产品60类200个品种，对接淘宝、天猫、京东商城、乐村淘等电商平台，全面展示和推介地方特色产品，促进互助特色产业对接和名特优产品流通，解决农牧业产业结构单一、资源配置不合理、产业链条不完整、整合效益不明显等问题；引进油菜、马铃薯、中药材等加工企业，建立产业扶贫基地、八眉猪养殖基地、白牦牛养殖基地和葱花土鸡养殖基地，带动建立以贫困户为主的10个养殖村，涵盖贫困农户6500户。五十镇班彦村就是八眉猪养殖基地之一，村第一书记袁光平介绍说：“养殖基地采取‘公司＋农户’的模式，农户分散养殖，公司按不低于市场价的标准统一收购，并以优惠价提供仔猪，给予技术、防疫、平价饲料等方面的支持。”贫困户吕志伟家养的23头八眉猪刚刚卖了20头，收入1万多元。

金融扶持为产业发展注入动能。联合金融机构为全县建档立卡贫困户建立金融服务档案，对有致富意愿、资金需求和具备还款能力的建档立卡贫困户进行信用评级，颁发贫困户特殊信用证，对有贷款需求的持证贫困户发放“530”贷款（5万元3年0利率0担保），支持贫困户发展生产、创业致富。截至目前，全县累计为4724户贫困户发放了“530”贷款，发放贷款额突破1亿元，切实帮助贫困户解决发展困境。松多乡松多村村民孙生原来在外地打工，精准扶贫后，他申请“530”贷款在村中开办了水果店和电焊铺，收入增加，日子越来越好。

### （二）以生态扶贫为助力

绿水青山就是金山银山。习近平总书记2016年考察青海时说：“青海最大的价值在生态、最大的责任在生态、最大的潜力也在生态。”青海被誉为“中华水塔”，是黄河、长江、澜沧江“三江之源”，所辖青海湖、祁连山湿地、森林和草原是控制西部荒漠化向东蔓延的天然屏障和生态功能区，生态地位十分重要。互助北倚祁连山，是祁连山生态保护区和“三北”防护林体系的重要组成部分，2014年以来，互助贯彻《青海省主体功能区规划》文件要求，近九成面积被列入限制开发区和禁止开发区，停喊“工业化”口号，关停造纸厂、水泥厂、采矿场。互助将生态建设和保护与扶贫开发有机结合起来，通过加大生态补偿力度、吸纳贫困户参与造林绿化脱贫增收等推动贫困地区扶贫开发与生态保护相协调、脱贫致富与可持续发展相促进，使贫困人口从生态保护与修复中得到更多实惠，实现脱贫攻坚与生态保护的“双赢”。

健全生态补偿机制。实施草原生态保护补助奖励。2017年，互助为18个乡镇、287个村、81084户农牧户发放补助资金633.67万元，通过补助机制政策提高农牧户保护草原的积极性。落实耕地保护补偿制度。建立以绿色生态为导向的农业生态治理补贴制度，对土壤严重污染区、生态严重退化地区实施耕地轮作休耕的农民给予资金补助。推广义务植树补贴机制。发动群众自发植树，每人每年至少植树5棵，出台“先栽后补”政策，群众承包的土地如果有造林地段，可先栽树，验收合格后，给予资金补助。

吸纳贫困户参与造林绿化。造林绿化“一分栽九分管”，互助县在强化森林资源管理队伍的同时，选聘建档立卡贫困人口为生态护林员，使无法外出、无业可扶、无力脱贫的贫困人口获得了就业和脱贫机会，特别是为因地理条件受限、交通不便、自身无增收技能、贫困程度深的贫困人口提供了就业岗位，取得“一人护林，全家脱贫”的效果。目前互助共有生态护林员1011名，年发放管护费用810.72万元，人均年补助14400元；有国家重点公益林生态护林员467名，年发放管护费用380.36万元，人均年补助8155

元。巴扎乡甘冲沟村贫困户王永利和85岁的老母亲一起生活，2016年他被聘为生态护林员，年收入15000元，实现脱贫。他说："成了工作人员，每天都要巡山清理垃圾，检查防火，对这片林子有感情了。"

推广绿色防控农药减量植保模式。2017年互助减少化学农药用量15吨以上，绿色无公害面积达20万亩以上，社会、生态、经济效益更加明显。在设施栽培中通过控制温湿度遏制病菌的生长和浸染，利用太阳能进行高温闷棚防治多种土传病害及线虫，利用害虫趋黄的习性采用黄板、黄盆、黄色诱杀粘纸、粘条诱杀，利用蚜虫对银灰色的忌避习性铺银灰色膜或挂条息避蚜虫迁飞传毒，利用防虫网实施全封闭覆盖切断害虫的潜入途径控制虫害。其中，黄蓝板和防虫灯防控效果达80%以上。调研时，走在互助的田野中，随处可见大片的油菜田和随风摇摆的黄色诱杀板，形成一道独特的风景。

### （三）以易地搬迁为突破

根据党中央"五个一批"精准脱贫工程中对于居住在"一方水土养不起一方人"地区的贫困人口实施易地搬迁的部署，互助加大项目、资金整合力度，强化政策支持力度，创新项目实施和组织方式，推进易地搬迁、产业培育。2016年以来，互助投入财政补助资金17837.5万元，完成16个村、1540户的易地搬迁，其中贫困户652户、2344人。

易地搬迁挪"穷窝"。2016年8月，习近平总书记考察互助，提出"移民搬迁是脱贫攻坚的一种有效方式，要充分征求农民群众意见，让他们参与新村规划""一定要把易地移民搬迁工程建设好，保质保量让村民们搬入新居"。互助认真落实习近平总书记的要求，实行"一个项目、一名领导、一套班子、一笔资金、一个机制、一抓到底"的"六个一"工作机制，为易地搬迁全过程保驾护航；项目建设做到"五个做主"，即：建房户型选择群众做主，施工企业选择群众做主，建筑材料选择群众做主，工程质量监督群众做主，后续产业发展选择群众做主。制定"易地扶贫搬迁约谈制度"，每月召开一次约谈会，及时掌握、发现、解决易地搬迁工作中出现的问题。在充分吸收群众合理意见，赢得群众认可的基础上，易地搬迁村统一建设搬迁新居，完成了柏油主巷道、自来水入户、标准化配电、天然气入户、排水管网及污水处理、绿化亮化及卫生厕所等基础设施建设。

新村建设促发展。按照习近平总书记“新村建设要同发展生产和促进就业结合起来，把生产搞上去，实现可持续发展”的指示，互助将易地扶贫搬迁与城镇建设、高原美丽乡村建设、生态环境保护、农村危房改造等工程结合，以有利于就业和脱贫为导向，根据资源条件和环境承载能力，科学选择易地搬迁新址，以城区、产业园、旅游服务区附近为主，优先安排易地搬迁用地，特事特批流转用地；重视安置后的就业和产业扶持，因地因村因人开展特色种植养殖、民俗产品、商铺经营、乡村旅游等产业配套扶持，使贫困村实现了从异地搬迁走向可持续发展的历史性转变。

新旧生活两重天。五十镇班彦村是互助易地搬迁项目示范点，是互助探索贫困边远山区易地扶贫搬迁有效模式的缩影。搬迁前班彦村是吃水难、上学难、就医难、交通难、种地难的偏远贫困山村，祖祖辈辈靠天吃饭，群众生活异常艰苦。搬迁后村民走出了大山，住进了新房，喝上了干净安全的自来水，走在了崭新的硬化路上，群众的生活环境发生了质的变化。再加上搬迁后通过八眉猪养殖、特色种植、资产收益、生态补偿、光伏扶贫、转移就业等多项脱贫途径，贫困群众收入逐步增加。2017 年，班彦村如期脱贫，生产生活条件改善了，收入增加了，贫困群众精神面貌焕然一新。班彦村年近八旬的土族老人吕有荣说：“以前出门到处都是土，吃水要到很远的地方，娃因为路远上不了学，村里车上不去，人出不去，看病也没办法，现在的生活和以前的生活比，一个天上一个地下。没想到我一大把年纪还能住上新房。党的恩情永远不能忘，总书记的关怀永远不能忘。”

### （四）以民生保障为支撑

“社会保障兜底一批”是打赢脱贫攻坚战的重要支撑。习近平总书记指出，对残疾人、孤寡老人、长期患病者等“无业可扶、无力脱贫”的贫困人口需要加大帮扶力度，通过完善社会保障来实现脱贫。互助在精准识别的基础上，全面核查低保兜底人员，落实低保兜底政策，努力实现深度贫困人口“两不愁、三保障”的目标要求。

建设多层次社会保险体系。互助为4.8万贫困人口建立健康扶贫台账，分类管理、动态跟踪，针对不同群体制定城乡低保、城乡居民基本养老保险、新农合医疗保险、大病医疗保险、政府购买养老服务补助、残疾人两项补贴、高龄补贴、特困供养、临时救助、商业补充保险等30余项保险补助制度，实现基本养老保险、基本医疗保险、工伤保险、失业保险全覆盖。2017年互助共落实社会保险资金5.4亿元，发放城乡低保金、优抚补助等各类救助资金1.7亿元。

筑牢城乡居民医疗保障网。互助实现城乡居民医疗参保率100%，与11个省市实现易地居住登记备案人员住院医疗费用直接结算，为贫困户开设结算绿色通道，贫困户持身份证可免押金直接住院，治疗后出院一次性结算。建设基层医疗服务体系。全县294个行政村均配有乡村医生和保健员，卫生室标准化建设率达95%。全面推进家庭医生签约服务。建立以县级医院专科医师为指导、乡镇卫生院全科医师为主、乡村医生参与的70支家庭医生签约服务团队。以全方位的医疗保障网切实缓解群众“因病返贫、因病致贫”问题。调查问卷显示，医疗保险和养老保险是多种扶贫措施中农牧民认为最满意的两种扶贫措施（见图7）。

义务教育和技能培训协同发展。试点推行十五年义务免费教育。试点将幼儿园和高中纳入到义务教育范围，2017年全县小学辍学率低于0.5%，初中辍学率低于1.2%，努力阻断贫困的代际传递。积极落实惠民教育政策。全面排查建档立卡贫困家庭学生，建立完善全县建档立卡家庭贫困学生动态数据库，制定落实学前一年教育免费资助、两免一补、高中贫困生补助、大学生补助、职业学校学生补助等11项教育补助政策，2017年下拨各项教育惠民资金3902.12万元，受惠学生8.8万余人。培训机构实施“雨露计划”。

图 7 互助农户对扶贫措施的满意度

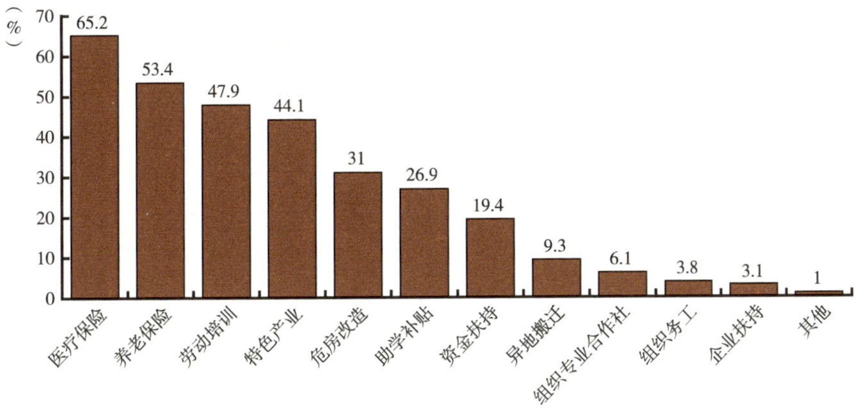


资料来源：根据课题组发放问卷统计所得。

积极开展劳动力转移、技能培训，转移农村富余劳动力 20 余万人次，实现拥有富余劳动力的贫困户至少有 1 人转移就业和自主创业脱贫。

## 四、脱贫攻坚贵在精准

习近平总书记指出："离开了人民，我们将一无所有、一事无成；背离了人民的利益，我们这些公仆就会被历史所淘汰。"以精准扶贫推动扶贫攻坚，正是贯彻总书记以人民为中心发展思想的集中体现。

### （一）精准缘于为民情怀

党的十八大以来，习近平总书记每个新年后的第一次考察都是赴贫困地区。从天寒地冻的太行山区，到荒凉偏僻的陇西高原；从巍峨险峭的大山深处，到透风漏雨的棚户陋室，总书记深入到最贫困、最落后的地区，察真情、看真贫。2013 年，正是缘于真挚的为民情怀，在深刻总结以往扶贫经验的基础上，总书记提出"精准扶贫"，扶贫脱贫由此打开新局面，工作成效焕然一新。

从互助的情况看，各级党组织和党员干部牢记总书记"不让一个兄弟民族掉队，不让一个贫困地区掉队，也不让一个贫困群众掉队”的嘱托，秉承为民、爱民的初心，全力投入脱贫攻坚战。党员干部的担当和奉献，得到了人民群众的认可和赞许。在东丹麻村调研时，村里的贫困户吴生秀夫妇（均已 70 多岁）向课题组表达了对第一书记和村干部的深厚感情。当课题组问到他们对村干部和第一书记的看法时，两位老人都哭了，说第一书记比自己的儿子还要好。

### （二）精准依托制度创新

改革开放之初，以家庭联产承包责任制为核心的体制改革极大促进了农业的产出增长和农民收入提高，贫困人口大幅减少。1986 年起，我国进入以贫困县为锁定对象的大规模开发式扶贫阶段。21 世纪以来，以县为瞄准对象的扶贫机制成效衰减，扶贫瞄准目标由县调整下移至村，但以村为单位的“漫灌式”扶贫机制成效也日趋减弱。精准扶贫正是在新形势下着眼完善提升以往扶贫工作体制机制而推出的重大制度创新。精准扶贫坚持问题导向，着力解决“扶持谁”“谁来扶”“怎么扶”，精准识别扶贫对象，深入分析致贫原因，因户施策、因人施策，实现了扶贫由粗放向“逐一对焦”的转变。

按照中央“六个精准”要求，互助制定了“两评议一比对，两公示一公告”精准识别动态管理制度。逐级评议审定识别贫困户，精准建档立卡，精准动态管理。严格贯彻中央关于加强对脱贫攻坚组织领导的要求，积极构建“大扶贫”格局，设立了全县精准脱贫攻坚指挥部，19 个乡镇和 118 个贫困村成立了精准脱贫服务中心和精准脱贫工作室，逐级签订脱贫攻坚责任书、廉洁扶贫责任书；建立了“1+8+10”脱贫攻坚政策体系，出台了《互助县精准扶贫攻坚实施方案》和 10 个行业部门扶贫专项方案，制定了易地扶贫搬迁项目管理制度、扶贫专项资金使用和项目管理等 10 个管理制度和办法；扎实推进结对共建，建立“单位对单位、支部对支部、个人对个人”帮扶机制，19 个省直单位、7 个市直单位、64 个县直单位与 118 个贫困村建立了结对帮扶关系，省、市、县 8600 多名干部结对认亲 13722 户建档立卡贫困户，向每个贫困村派驻帮扶工作队，“第一书记”由结对单位选派，形成“一线有干部，后方有靠山”的工作机制。松多乡乡长藏仁尚说：“精准扶贫之前，基层干部需要多次向上级部门申请项目和资金，开展工作很难；但现在不同了，制度机制好，操作性强，干部的工作积极性很高，能为老百姓做更多的事情，也获得了老百姓的支持，成就感和获得感很强。”

2015 年以来，互助整合财政、扶贫等农牧资金的投入逐年翻倍递增，仅 2017 年互助整合中央、省级、县级涉农资金 13.49 亿元，互助在精准识别基础上，立足每村的资源禀赋、每户的致贫原因，实施“一村一策”“一户一法”产业扶持，坚持“宜农则农、宜牧则牧、宜林则林、宜商则商、宜游则游”原则，扶持每个村发展村级集体产业，配发集体产业发展资金（贫困村 50 万元，非贫困村 40 万元）；为每一个具备劳动能力的贫困户选择适宜发展的产业，发放人均 5400 元的产业发展资金，确保除低保兜底户外，每个贫困户至少有 1 项产业。松多乡松多村沙当增老人一家 7 口，母亲年迈、儿子残疾，利用产业发展资金购买 54 只幼崽羊，第二年产下 30 多只小羊，现有羊 90 只，养殖规模翻了近一倍，正从摆脱贫困迈向致富。互助专项扶贫资金投入情况见图 8。

图 8　互助专项扶贫资金投入情况

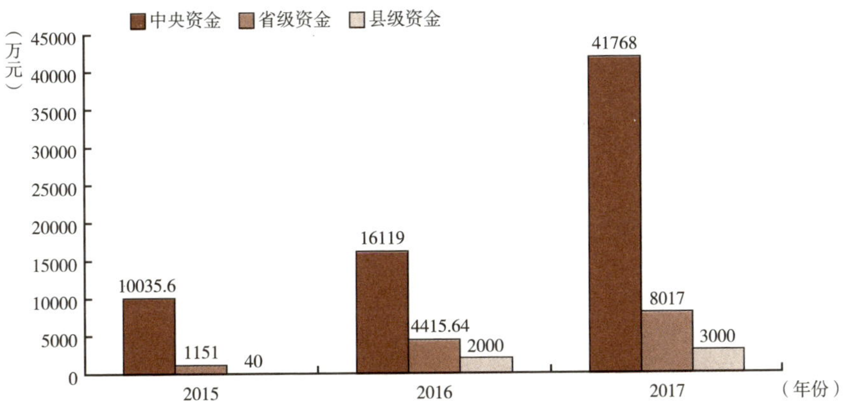


资料来源：互助扶贫局。

### （三）精准成于队伍过硬

“火车跑得快，全在车头带”。精准扶贫是一块试金石，检验着干部队伍的信念与情怀，磨砺着干部队伍的决心和意志，考验着干部队伍的智慧与能力。精准扶贫成就的取得，离不开党领导下干部队伍的过硬素质、担当精神、为民情怀。

互助县将扶贫攻坚与人才队伍建设相结合，坚持精准培养、精准管理、精准识别、精准使用的原则，尽锐出战，选派最能干的干部，组建扶贫工作队，扎根贫困村。创新制定“333”工作举措：“三项”培训措施提升服务能力，“三项”服务保障激发工作动力，“三项”作风建设树立良好形象。为帮助扶贫工作队快速提升驻村工作能力，互助探索推行以“践行好一份承诺书、晾晒好一份月绩单、讲授好一堂月课、记录好一本工作日志、落实好一项决策机制”的扶贫干部“五个一”管理办法，严格干部队伍工作纪律、强化工作作风、增强使命责任感。互助的贫困村多数分布在山区最艰苦的地方，扶贫工作千头万绪，需要干部扑下身子抓落实，需要真情投入、真心干事、真诚服务。调研中，村里的群众普遍反映驻村干部视野开阔、能力强，一心一意为贫困群众办实事、解难事，和群众打成一片，带领贫困群众强村致富，是群众眼中的过硬干部。

### （四）精准激活内生动力

精准扶贫带来的显著成效，让互助人认识到美好生活的梦想能够实现，激发了互助人摆脱贫困的动力和勇气，在脱贫攻坚中更加主动、自觉地担当主体角色。在互助，因病致贫、因灾致贫的贫困户占全部贫困户的比例高达52%。但是，互助人对摆脱贫困有充足信心，根据调查问卷统计结果，贫困户对脱贫致富的信心指数高达96%（见图9）。他们表示，感谢总书记，感谢党中央，有了党的领导，心里有依靠，生活有奔头，只要自己辛勤劳动，致富是早晚的事。

图 9　互助农户脱贫致富的信心指数

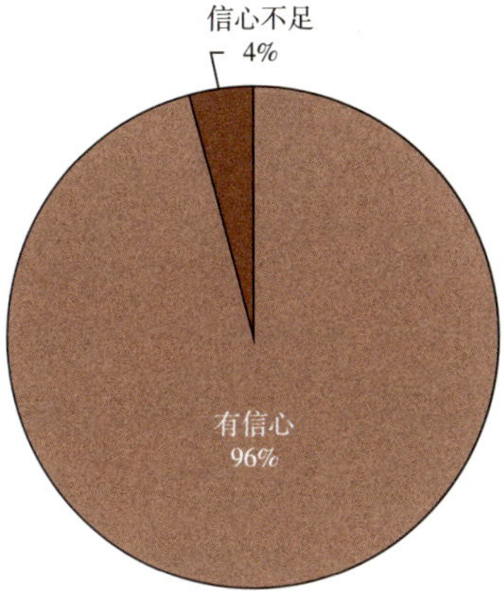


资料来源：根据课题组发放问卷统计所得。

## 五、体会与建议

通过此次调研，我们深刻体会到精准扶贫与脱贫攻坚，依靠的是党的坚强领导，彰显了社会主义制度的优越性；也深刻认识到打赢精准脱贫攻坚战对中国发展和全球减贫所具有的重大意义。

### （一）体会

#### 1. 党的领导是打赢脱贫攻坚战的根本保障

党中央从全局和政治高度重视脱贫攻坚，习近平总书记率先垂范，带动全党、全社会众志成城、坚决打赢脱贫攻坚战。各级党委发挥总揽全局、协调各方的领导核心作用，省、市、县、乡、村五级书记抓扶贫。攻坚期内保持贫困县党政正职稳定，不脱贫不脱钩、不摘帽不调离。高度重视扶贫开发与基层组织建设的有机结合，把选派扶贫工作队、向贫困村选派第一书记作为加强基层扶贫工作的有效组织措施，做到每个贫困村都有驻村工作队、每个贫困户都有帮扶责任人，强化了基层党组织推进精准扶贫、精准脱贫、解决突出贫困问题的能力。党的强大组织力、动员力、执行力，为打赢全面建成小康社会背景下的脱贫攻坚战奠定了坚实基础，提供了有力保障。

互助县委高度重视并充分发挥各级党组织和党员在脱贫攻坚战中的战斗堡垒作用，提出“一个党员一面旗帜，一个支部一个堡垒”的口号。各村设立党员形象栏，对所有党员的工作情况进行展示，增强党员荣誉感和责任感。动员每名党员发挥先锋模范作用。给无职党员设岗定责，明确具体工作任务，如监督卫生环境整治、带动致富、技术帮扶等。把基层党建工作深入到群众中去，提出“群众像党员，党员更党员”的目标，拉近党群距离，增进党群、干群“鱼水情”。正是在党的坚强领导下，互助的脱贫攻坚扎实推进，各族群众的日子越过越红火。问卷调查显示，高达76%的受访群众认为互助的党员干部在脱贫攻坚中充分发挥了模范带头作用。

#### 2. 脱贫攻坚充分彰显中国特色社会主义制度优越性

实现共同富裕，是社会主义制度的本质要求。改革开放40年来，中国贫困人口减少7.9亿人，对全球减贫贡献率超过70%。党的十八大以来，以习近平同志为核心的党中央把脱贫攻坚摆到治国理政突出位置。2013年，习近平总书记在十八届二中全会上指出：“贫穷不是社会主义。如果贫困地区长期贫困，面貌长期得不到改变，群众生活长期得不到明显提高，那就没有体现我国社会主义制度的优越性，那也不是社会主义。”2015年11月，习近平同志在中央扶贫开发工作会议上强调：“坚决打赢脱贫攻坚战，确保到2020年所有贫困地区和贫困人口一道迈入全面小康社会。”脱贫攻坚成功推进，证明了中国特色社会主义制度符合中国国情，符合最广大人民群众的根本利益。

习近平总书记曾指出：“我们最大的优势是我国社会主义制度能够集中力量办大事。这是我们成就事业的重要法宝。”从互助的脱贫攻坚实践看，这种制度优势得到了充分体现。互助累计获得与贫困村结对的省直、市直单位、县直单位帮扶资金1.57亿元，用于支持发展特色养殖、基础设施改造等475个项目；全国妇联联合卫生部实施贫困母亲“两癌”救助项目，市直单位、县直单位为互助的88名患病农村贫困妇女发放了救助金；全国妇女基金会设点实施“妈妈制造”项目，推动盘绣产业发展；互助和江苏省无锡市新吴区建立对口帮扶，涉及新吴区对口支援6个方面21个帮扶项目，援助项目资金6563万元，包括产业合作、劳务协作、人才支援、助医助学等；民营企业凯峰农业在互助投资2亿元，建设安装光伏板，使每个贫困户每年增收2500元；青稞酒公司、金圆水泥等20家企业通过吸纳贫困户就业、爱心捐助等方式，帮扶31个贫困村400多名贫困人口；腾讯网投资援建“母亲水窖”人畜饮水改造工程项目等。在互助脱贫攻坚中充分彰显的中国特色社会主义制度优越性，让参加调研的同志更加坚定了对中国特色社会主义的制度自信、道路自信。

### 3. 民族地区扶贫脱贫是实现中华民族伟大复兴征程中的重要攻坚战

中华民族多元一体，实现中华民族伟大复兴是各族人民共同的中国梦。党的十九大报告明确提出：铸牢中华民族共同体意识，加强各民族交往交流交融，促进各民族像石榴籽一样紧紧抱在一起，共同团结奋斗、共同繁荣发展。在实现中华民族伟大复兴的征程中，民族地区脱贫是必须打赢的攻坚战。

互助生活着土族、藏族、回族、蒙古族等28个少数民族。互助认真贯彻执行党和国家的民族政策，以改善“民生”为重点，把民族团结进步的要求真正落实到为少数民族群众排忧解难上来，体现到实现和维护少数民族群众切身利益上来，扎实做好少数民族的民生保障、民利维护、民权落实，增强了民族团结，维护了社会稳定，促进了民族地区经济社会健康发展。互助的扶贫开发、脱贫攻坚充分践行了党的民族政策和各民族共同繁荣发展理念，凝聚了人心，凝聚了力量，形成了各族群众“感党恩、念党恩”，全心全意跟党走上脱贫致富路的好局面，树立了各族群众和谐相处、团结奋斗的好典型。

### 4. 脱贫攻坚具有重要世界意义

消灭贫困是全人类的共同理想。在2000年召开的联合国千年首脑会议上，各国领导人通过新千年发展目标，其中将减贫置于各项目标之首。

作为国际减贫事业的积极倡导者和有力推动者，2013 年中国创造性地提出精准扶贫，以每年脱贫 1300 万人以上的非凡成就，书写了人类反贫困历史上“最伟大的故事”。2018 年 7 月 19 日，中国社会科学院作为主办方之一在塞内加尔举办了以扶贫思想与中非发展合作为主题的国际研讨会，来自中国与非洲各国政府部门、研究机构、企业等各界人士近 200 人参加。与会代表高度评价中国扶贫开发取得的伟大成就，认为中国扶贫攻坚为世界树立了榜样，尤其值得非洲国家学习。塞内加尔总理迪奥纳在致辞中高度赞扬习近平主席提出的精准扶贫方略，指出其对于非洲减贫行动有重要启示意义。与会的贝宁大学孔子学院院长奥格斯丁 · 赛格布（Agustin Segbo）表示，自己曾在中国生活工作 12 年，一直十分关注中国的扶贫开发。他说：“中国的脱贫成就举世瞩目，为广大发展中国家提供了重要借鉴，中国的经验增添了我们摆脱贫困的信心。”

在致力于消除自身贫困的同时，中国积极展开南南合作，始终支持和帮助广大发展中国家特别是最不发达国家消除贫困。中国社会科学院作为国家高端智库，将围绕扶贫减贫继续积极开展对外交流，特别是要用好互助扶贫脱贫这样的典型案例，讲好扶贫减贫的中国故事、中国方案，与发展中国家共享经验，共促发展。

### （二）若干建议

在看到脱贫攻坚取得重大成就的同时，着眼于巩固扶贫成果，着眼于实现乡村振兴和可持续发展，我们建议在如下方面还应予以高度重视，深入推进工作。

#### 1. 着力在市场和产业发展中更好发挥政府作用

随着扶贫和脱贫攻坚不断推进，工作效果日趋显现。昔日的贫困地区，正呈现出市场活跃、产业兴旺的可喜势头，广大农民在市场和产业中的参与度空前提高。从互助看，这样的景象在历史上是不曾有过的。同时，也应当注意到，随着农民在市场和产业中参与度的显著提升，市场和产业发展中的自发变动对其带来的影响也在加深。在互助，农民种植产出的产品主要提供到市场中销售，市场上价格的波动曾使农民遭受严重损失；市场供销渠道的单一、不成熟致使农民在产品出售中常常以过低的价格售出，从辛勤劳动的成果中未能得到应有的回报。再比如，扶贫脱贫中借助政府的资金支持，农家乐、民俗游等文化旅游产业的新项目快速涌现，在有的村镇已趋于饱和；一些外部资金进入，农家乐开在村民的屋宅中，但收益主要被外来的投资方获取了。在市场和新产业的快速发展中，不可避免会出现新的情况和问题，重要的是政府能及时跟踪，对那些凭市场自身和在产业发展中难以自动纠正的问题，能拿出有效的应对之策。例如，政府可以积极推动各类农村农业合作社建设，以此为依托，帮助农民更及时获取市场信息动态，打开更多进入市场的门路，增强他们在市场上的议价权，更好地应对市场波动和风险，维护自身利益。在产业扶贫中，政府要发挥好顶层设计、产业开发引导作用，避免某些领域的项目一哄而上、过度集中。对外来资本进入产业扶贫项目，应当有效规制，确保项目充分发挥带动贫困家庭致富的效应。

### 2. 着力提升人力资源整体水平

人是生产力中的决定性因素。人力资源薄弱，既是贫困的结果，又是贫困的病因，也是能不能巩固扶贫成果，真正走上富裕之路的关键所在。要打破贫困生成的怪圈，特别是在完成脱贫摘帽之后，若想在新起点、新阶段，实现有效发展，就必须把提升人力资源的整体水平放在突出重要的位置上，常抓不懈，久久为功，为发展提供持续动力。从互助的情况看，在脱贫攻坚中，九年义务教育总体上已落实到位。但是，全县的统计数据显示，文盲率仍高达 12.6%，完成高中教育的人口比例仅占全县人口的 8.7%，完成九年义务教育与完成高中教育的人口占比存在断崖式的落差。人口受教育程度和劳动技能水平低，仍然是互助人力资源整体面貌的基本特征。这种状态直接制约着互助人在劳动力市场上获得工作机会和劳动报酬的水平，直接制约着互助发展高质量产业的机会和能力，直接制约着互助发展的后劲和潜力。打破这种制约，必须立足长远、立足根本，教育先行、培训先行，着力提升人力资源的整体水平。要秉持“百年大计，教育为本”的理念，加快实现从幼儿园到高中的“十五年制”免费义务教育；重点打造一批名师、名校、名园，不断提升教育质量。要“秉持人才是第一资源”的理念，不断加强职业教育培训，鼓励各行各业从业者积极参加培训；创新培训机制，支持农民专业合作社、专业技术协会、龙头企业等主体承担培训；积极联系省内外高等院校、科研院所、企业等单位专业技术人员到互助县有关单位挂职、兼职、担任顾问等，汇聚多方力量，打开多方门路，培育和引进更多的现代产业人才。

### 3. 着力加大科技智力扶贫力度

近年来，国家安排巨额资金投入，为扶贫提供了强有力的物质资源保障。在脱贫攻坚取得决定性胜利后，乡村振兴事业将步入新阶段、新征程。在保障资金投入的同时，在资金投入报酬率递减规律的约束下，要更加重视科技智力因素在乡村经济社会发展中至关重要的作用。从互助目前的产业结构看，农业仍然是主导产业，这符合互助的资源禀赋。但也应当看到，传统农业总体而言属于劳动生产率相对较低的部门。因此，作为农业大县，互助应当继续坚持并不断强化走现代农业之路的方略定位，着力提升农业生产经营的科技含量和附加值。在其特色手工业、制造业、文化旅游业等其他产业发展中，也要注重通过引进科技智力资源，提升产品和服务的质量和层次。此外，应积极引入生态友好、科技智力密集型的新型产业和业态，争取在某些新型领域能弯道超车，实现后发优势。与此相适应，应进一步加大科技智力扶贫力度，为贫困地区脱贫之后持续发展、更高水平发展，开掘潜力、培育后劲。可让企业与农民建立利益联结机制，推广企业的新产品、新技术在本地优势产业中的运用。可加大科技特派员派遣力度，聘请省内外、国内外相关领域专家，打造一支水准高、在经济社会发展中起推进器作用的科技队伍。

### 4. 着力强化扶贫脱贫与绿色发展有机结合

党的十八大以来，以习近平同志为核心的党中央以强烈的历史担当和责任担当，把生态文明建设纳入“五位一体”总体布局和“四个全面”战略布局，从理念创新、顶层设计、体制机制、实施落地等各个方面，推动我国生态文明建设取得历史性成就。民族贫困地区多数处于生态环境脆弱区，生态扶贫在其脱贫攻坚中占有突出重要的位置。要通过扶持绿色产业发展，建立和完善生态修复、生态环境保护机制和采取生态移民等多种方式，将土地经营可持续性、社会长期稳定发展和生态环境持续改善相结合，实现绿水青山与金山银山的有机统一。互助地处生态功能区，更要以生态环保为准绳，以绿色发展理念为先导，把发展绿色经济作为调整产业结构、转变经济发展方式的突破口，走出一条生态、循环、低碳、高效的绿色发展之路。

改革开放与中国县域发展

GAIGEKAIFANG

# 青海化隆

QINGHAI HUALONG

# “拉”出幸福人生

中国社会科学院世界宗教研究所

2016年3月10日，习近平总书记在参加第十二届全国人大四次会议青海代表团的审议时，特地询问青海省的“拉面经济”情况，并对之表示肯定。

在改革开放40年的时候，我们对拉面经济的典型、青海省海东市化隆县的拉面经济进行了调研。我们试图为以下问题寻找答案：伟大的改革开放激发西部地区、高原地区、民族地区、欠发达地区人民探索、开辟出了什么样的致富之路、发展之路？

经过深入调研，我们发现，拉面经济是改革开放时代化隆人民闯出的一条因地制宜的致富之路、发展之路；是改革开放时代一部中国特色社会主义、人民创造历史、社会主义市场经济、共产党为人民服务宗旨的动人史诗。

化隆回族自治县位于青海省东部、青藏高原东部、黄土高原西部，黄河在境内流程168公里；总面积2740平方公里，平均海拔3100米；辖17个乡镇、2个管委会、362个行政村；人口30.05万人，以回族为主，还有汉、藏、撒拉、土等15个民族；农村人口占总人口的73%，少数民族人口占总人口的83.6%；耕地总面积54.95万亩，人均耕地不足2亩，可利用牧场287万亩；总体上，山多地少，干旱、冰雹、季节性洪水等自然灾害较多；属国家和六盘山集中连片特困地区扶贫开发工作重点县。

40年改革开放让化隆经济社会发生了天翻地覆的变化。1978～2017年全县农民人均纯收入从51.5元增长至8992元，增长了173.6倍；工业总产值从853万元增长至46.8亿元，增长了547.7倍；农业总产值从4974万元增长至6.6亿元，增长了12.3倍。

课题组看到了：城镇成群的高楼、乡下众多的两层私人小楼房；城镇社区功能齐全，有方便群众的政务中心；为城镇老年人、城乡留守儿童服务的食堂、活动场所；城镇、乡村设施良好的医院、卫生院；教学条件良好的小学、中学，生气勃勃的课堂；装备先进的公安局、派出所；青葱的山坡、清澈的黄河水。尽管同发达地区的差距还比较大，但是，当我们对比40年前遗留下来的废弃土筑民居、大量从各方面表现40年前化隆的照片、老年人对当年化隆的描述，我们就对化隆的巨变感到震惊。

更为可喜的是，无论是在化隆境内的化隆人，还是在全国各地开拉面店的化隆人；无论是群众还是干部，都精神焕发，对未来充满了信心。这里民风淳朴，社会和谐，民族团结，宗教和睦。

目前，全县共有231个“拉面村”的10万余人（约占全县总人口的1/3，占全县劳动力的60%左右）在全国271个大中型城市开办拉面店15807家，占全国拉面店总量的20%。其中，拉面店千家以上的地方有上海（1811家）、广州（1569家）、天津（1258家）、杭州（1155家）、苏州（1141家）。拉面业年总收入近6亿元（拉面收入占农民人均纯收入的54%）。在全县累计脱贫的13万人口中，9万人是通过拉面脱贫的。县政府在全国各地开办的“青海省海东市化隆县驻××市拉面经济服务办事处”46个。

2016年12月，化隆牛肉拉面商标在国家工商总局注册；2005年，化隆县被劳动部确定为全国首批劳务输出示范县；2007年，“化隆牛肉拉面”被中国就业促进会推荐为全国劳务品牌展示交流大会优秀劳务品牌；2009年，化隆县被国家人力资源和社会保障部评为全国劳务输出示范县；2010年，上海世博会上“化隆牛肉拉面”被评为“服务世博名特菜点”，同年在中国（宁夏）国际贸易洽谈会暨中阿经贸论坛回族传统名小吃评比中，获得金奖；2016年，化隆县被国家发改委、财政部等10部委确定为全国返乡创业试点县，化隆县群科镇被国家住房和城乡建设部、国家发展改革委、财政部 3 部委确定为特色小镇（拉面小镇）。

## 一、改革开放与化隆拉面

### （一）贫穷与迷误

贫穷曾经使化隆人受苦，致富的迷途也曾经让化隆人遭殃。

#### 1. 贫穷

40 年前，化隆县的产业完全是农业、牧业，由于人多地少、气候干旱、高寒地区面积大，靠天吃饭的农牧业经济发展受到严重制约。而在当时的环境下，广大农牧民只能固守本土、固守传统产业、固守既有的经济体制。这就使得贫穷状况难以根本改变。本报告前言中已经有当时的一些经济统计数据，这里，再引用我们实地调研中得到的一些资料来说明当时的状况。

在化隆县德恒隆等乡镇，课题组看到几处尚存的 20 世纪六七十年代的村民老房子。低矮的土墙，灰暗、狭小的居室，人畜共居的结构，恶劣的卫生条件，让我们难以想象当时人是怎么居住的。

群科镇日兰村村民罗加（现年 54 岁）和德恒隆乡德一村村委会原主任马生光（现年 67 岁）回忆，20 世纪 70 年代，每年分配的粮食，只能维持全家人几个月的口粮，且主要以青稞、少量豆类的杂粮为主。村内不通电，照明为菜籽油等油料物制成的油灯，“穷得穿不起裤子”。德恒隆乡牙曲滩村的马毛它海日老人回忆：“那时候，一年到头全家人趴在地里，靠天吃饭，一年下来，收入很低，每个月电费都交不起，一到收电费时就发愁。”

#### 2. 迷误

改革开放后，农民可以脱离土地的束缚，自由地寻找致富的门路了。但是，由于各种条件的制约，一时难以找到合适的门路。于是，在贫穷的逼迫下，部分化隆人走上了不正当致富的门路。他们或者到可可西里偷猎藏羚羊，或者到青海西部等地挖沙金，严重破坏生态环境和国家矿产资源。当这些邪路被法律断绝了之后，在20世纪80年代，他们居然开始造枪贩枪！当然，造枪之路很快就被断绝了。一位化隆老汉说，“化隆造”是造孽，“丢尽了先人的脸”。犯罪给家庭带来深重的痛苦。我们访问了多位当年作为民警参加缉枪的化隆人，他们说，每次带走因为法盲而造枪犯罪的人的时候，家里都是老人、孩子撕心裂肺的哭声。我们课题组成员同一对唯一的儿子因造枪被判刑20年至今还在监狱的老年夫妇合影的时候，心情无比沉重。

违法求富导致的，不仅仅是经济的失败，更是精神的痛楚。

### （二）改革与出路

固守不能脱贫；违法不但不能脱贫，还导致家破人亡、妻离子散的悲剧。那么，出路何在？最终，伟大的改革开放让化隆人走上了一条靠劳动脱贫致富的光荣之路。改革开放激发的，是正当的创业致富激情；改革开放带给人们的，是正当的经济活动自由。

#### 1. 化隆与拉面

化隆人同拉面有先天的缘分。在调研中我们得知，他们祖祖辈辈酷爱面食、会做面条。精制的面条，配以高原牦牛的肉和汤，风味独特，喝一口，沁人心脾。“一清、二白、三红、四绿”是化隆牛肉拉面的特点。一清是汤清；二白是面白筋，三红是辣油红润；四绿是香菜、蒜苗鲜绿。品种共有大宽、二宽、荞麦楞、二柱、韭叶、二细、毛细（又称一窝丝）等十多个。“化隆牛肉拉面”食之味美可口，清而不腻。如此好的拉面，化隆人爱吃，其他人难道就不爱吃？于是，一些精明的化隆人决定：卖拉面！

#### 2. 拉面经济帷幕的拉开

化隆人卖出去的第一碗拉面，是在西藏拉萨。因为化隆处在黄土高原向青藏高原的过渡地带，化隆的饮食与西藏有许多相近之处。在改革开放政策的指引下，1984年春天，家住化隆县加合乡上卧力尕村的农民韩录，成为第一个走出大山打天下的人，他单枪匹马闯拉萨，在帐篷里开了化隆人的第一家拉面店——“兰州牛肉面”。由于经营得当，他很快成为远近闻名的“万元户”，受到政府表彰。韩录为化隆农民走出大山寻找生计趟出了一条路，成为村里人学习的榜样。在西藏小试牛刀后，韩录决定到经济发达、市场巨大的东部试试。他把目光锁定在当时改革开放最前沿的经济特区厦门市。1988年，韩录与妻子一起，在厦门火车站附近租了一间小房子，开起了化隆人在沿海的第一家“清真牛肉拉面店”。他的拉面店干净卫生，而且价格便宜，每天门庭若市，很快打开了局面，当年他的纯收入达到了5万元。

于是，韩录动员家乡的亲朋好友前来厦门开“拉面店”，在他的带动、帮助下，第一批5家化隆拉面店在厦门立住了脚跟。

韩录的成功，犹如一颗重磅炸弹，震惊了正在苦寻脱贫致富门路的化隆人。于是，化隆人响应风从，纷纷打起背包，乘着改革开放的春风，踏上征程，走出大山，到祖国的大江南北、长城内外开面馆，演绎出一曲化隆人“进京津，下江南”的拉面创业大剧！

### （三）奋斗与致富

改革开放激发了化隆人创业的激情、奋斗的勇气与毅力。三四十年前，中国的大地上，不但有东部地区温州人到全国去修皮鞋、弹棉花的故事，也有西部地区化隆人到全国去做拉面的故事。他们都是艰苦创业的先驱、带头致富的能手。

#### 1. 创业的艰辛

化隆人经营拉面业全国闻名，被称“化隆灶”。“化隆灶”的成名是一部艰苦奋斗与脱贫致富的史诗。

课题组在化隆城乡，以及全国各地开拉面店的城市，采访一个个“拉面人”，听他们讲述了艰苦的奋斗故事，多少次被感动得热泪盈眶。

群科镇先口一村村民冶有成，59岁，小学文化。在他家宽敞整洁的客厅里，他给我们讲述了早期惊心动魄的“创业史”。冶有成先是在青藏线的工地上开拉面店。后来，带着七拼八凑的资金到了人地生疏的广东佛山，找店面、雇人、开业，历尽艰辛。有很长一段时间他就住在店里的储物间，在地上铺上纸板当床铺，早上起来，腰酸背痛。南方的天气又闷又热，蚊虫又多，让他这样习惯干旱气候的西北汉子受尽了折磨。但是，他坚韧不拔，把拉面业越做越大。

扎巴镇扎一村村民马阿里，文盲，50 来岁。在他耗资近百万元新建的房屋里，我们听他讲他的拉面故事。20 世纪 90 年代，马阿里从上海面馆的小工做起，苦学拉面技术。后来，他带着几千元，坐火车去举目无亲的山东开拉面店。在泰安下车后，他住最便宜的小旅馆，啃最便宜的馒头，沿街找合适的门面房。没有找到，又去一个小镇，发现有间临街房子很适合，就找到房东，租下了房子。然后开始逐一办理各种证件，开张卖面。刚开始资金短缺，开店的钱大部分是借的，店面也小。但是他坚持了下来，生意越做越顺手。

### 2. 拉面人、拉面村、拉面乡

像冶有成和马阿里这样在外闯荡、以开拉面店为业的化隆人，被称为“拉面人”。30 多年来，从最早外出创业的第一代拉面人（化隆人亲切地称为“面一”），到第二代拉面人（“面二”），到最近的一代拉面人（“面三”），共有三代拉面人分布在全国各地。有的拉面人是全家出动，老人负责照顾孩子，孩子则在当地读书。民族有回族、撒拉族、汉族和藏族等。在化隆，拉面人成为“能人”“富人”的代名词。

拉面经济的模式，一开始多是独立的家庭经济，即一家人经营一个面馆，既节省了成本，又解决了自家人的就业问题。如果规模扩大，忙不过来，一般就是再从化隆老家请一到两个老乡过来帮忙，通常是请夫妻二人一起过来。经过几年的锻炼学习，自己的家人或聘请的乡亲，学会了拉面技术和经营模式以后，就会独立开店。新店就会重复过去的故事，这就是拉面经济的“亲帮亲，邻帮邻”模式。“亲帮亲，邻帮邻”，或携家带口，或托亲靠友，以这样的模式滚动发展，必然的结果是整村整村的乡亲们都外出从事拉面经济，形成所谓的“拉面村”。昂思多镇的沙吾昂村，有 90% 的村民外出开拉面店。据统计，目前化隆的“拉面村”多达 231 个。

拉面村多了，就形成了“拉面乡”。经过30多年的发展，拉面经济的扩大，化隆县的许多乡（镇）都成了拉面乡（镇）。化隆县德恒隆乡，有资金的就自己在外经营拉面店，没资金的就到拉面店打工。全乡劳动力输出达65%，目前德恒隆籍人在全国经营的拉面店有685家，德恒隆乡也成了拉面大乡。甘都镇，在外开拉面店的已经达到1800户，从业人员7008人，实现餐饮收入6280万元。拉面人在家乡盖楼房的有740多户，在外地购房的有900多户。群科镇，输出人员中从事餐饮业的有9760人次，在全国各大城市经营拉面店2210家。谢家滩乡，在全国多个大中城市开办的拉面店有300多家，从业人员1600多人，带动了本乡6个拉面村的经济快速发展。石大仓乡，共有6个“拉面村”的404户的1224人从事拉面相关行业，他们在全国各大中型城市开办拉面店达301家。初麻乡，共有429户1411人在全国各地经营拉面店，转移剩余劳动力3281人。

拉面村、拉面乡（镇）的涌现成就了化隆这个闻名全国的“拉面县”。

### 3.“拉”出幸福人生，“拉”活一个贫困县①

化隆的拉面产业，让拉面人“拉”出了幸福的人生。在各地拉面店工作的厨师，目前月收入在5000元左右，其他服务员月收入为3000～3500元。而老板的收入就更高了，从年收入10万至数百万元不等。拉面产业让许多面朝黄土背朝天的化隆农民，第一次有了工资性收入，生活条件发生了天翻地覆的变化。

我们采访的群科镇先口一村的拉面人冶有成，目前，大儿子在广东佛山开了两家拉面店，二儿子在广东番禺开了一家拉面店。现在，冶家的店正在化隆县服务中心指导下进行拉面产业的提档升级。他说，村里大多数人都靠开面馆发家致富了：80多户盖了楼房，40多户翻修旧房盖了大平房，30多户买了汽车。他感慨道：“现在我们富了，全是因为改革开放给我们提供了

① 陈习新：《“拉面经济”——化隆县穆斯林群众脱贫致富奔小康的新模式》，人民网理论频道，http://theory.people.com.cn/n1/2016/0802/c401815-28604200.html，最后访问日期：2018年7月29日。

发家致富的机会。真心感谢改革开放，感谢党和国家！”同样，扎巴镇扎一村的拉面店老板马阿里也富了。他在泰安的拉面店经营状况非常好，现在共开两家店，每家店的年收入各有10多万元。我们看到他最近刚买的一辆30多万元的SUV车停在院子里。车是他自己从泰安开回来的。如今，女儿、女婿也在外省开面馆，收入也不错。两个孙子在泰安上学。全家过上了小康生活。我们还了解到：昂思多镇沙吾昂村村民马牙黑牙，在广东中山市小榄镇经营拉面店，已积累资金30多万元。阿什努乡阿一村村民马贵福，1989年，怀揣着仅有的5000元人民币赶赴厦门，开始了拉面创业旅程。现在，他的店已成为厦门市民心中的诚信老店。他还在首都机场、上海虹桥机场、成都双流机场入驻了化隆清真餐厅，并与海东市都市绿洲生态开发有限公司合作投资了8000多万元，在群科新区建成了集旅游、休闲、度假、餐饮和农业观光为一体的黄河绿洲生态开发有限公司。甘都镇东一村村民韩成龙，在广州开了两家拉面店，月纯收入5万～6万元。早在2011年就购买了一辆30多万元的轿车，现在除了在家盖新房，还在西宁买了140多平方米的大房子。

甘都镇，拉面人拥有小轿车共960多辆。石大仓乡，拉面人拥有小轿车148辆。群科镇，拉面人拥有车辆的家庭达20%。沙连堡乡，有80余户拉面人到群科镇、巴燕镇、西宁、格尔木、平安等城镇购买楼房居住。初麻乡，80%以上的拉面人在外地购置房屋、汽车。甘都镇东一村村民，大部分在北、上、广、深、东北等地区经营拉面店，每户年利润为20万～30万元，经济收入稳定。

化隆拉面经济创造的脱贫致富奇迹，引起了人民日报、中央电视台、新华社等新闻单位和其他媒体的广泛关注，化隆因拉面经济而名扬四海。

### （四）服务与管理

在革命战争时代、计划经济时代，共产党为人民服务的宗旨都充分体现出来了。那么，在改革开放、市场经济时代的拉面经济发展过程中，还能体现出来吗？改革开放在经济领域的重要成果——社会主义市场经济的确立，使化隆拉面经济获得了自由、灵活、高效的运行环境。拉面店的选点、经营、发展，都体现出市场是资源配置的决定性因素。但是，市场并非万能，在拉面经济发展过程中，政府是否发挥了必要作用？

我们的调研对这两个问题都做了肯定的回答。

前文已经提到，化隆县在全国46个城市各设立了“青海省海东市化隆县驻××市拉面经济服务办事处”，其中，个别办事处服务2～3个城市。在全国形形色色的办事处中，从名字到内容，都是一个新鲜、独特的事物。在对苏州、厦门、沈阳、大连、长春等城市拉面办事处的采访中，我们了解到，办事处既在提供信息、联系化隆和当地政府、及时解决拉面人孩子上学问题及各种矛盾纠纷等方面为拉面人服务，又同当地政府协作，管理当地的化隆拉面人经营活动，确保其合法经营。所以，它是一个集服务与管理职能为一体的机构，体现了“为人民服务”和“更好发挥政府作用”的精神。下面，我们分别介绍服务与管理方面的总体情况。

### 1. 服务

拉面经济有一个特点，就是不给化隆财政添一分钱，因为拉面人不向县里交税。作为国家级贫困县，化隆县政府财政收入本来就很少，公务员的收入都不高。那么，对于拉面经济，还要服务吗？历届县委、县政府的回答是：不但要服务，还要全力服务，因为，共产党、人民政府的宗旨就是为人民服务。它们坚持以“小财政”服务“大民生”。

这里介绍一些事实。

拉面人创业无资金时，政府就联系商业银行，协助他们贷款。政府鼓励银行实行额度放宽、手续简便、利率优惠的政策，采取一次核定、随用随贷、余额控制、周转使用的管理办法，简化贷款手续，减免评估费用，推行小额信用贷款等信贷模式。政府积极引导和发动全县行政事业单位干部、职工为拉面人提供担保，先后发放拉面经济贴息贷款共3亿元、授权额度达1.2亿元的拉面信用卡800余张，有效解决了广大贫困群众进行拉面创业资金困难的问题。

化隆县政府一直从服务、引导的角度推动“拉面经济”转型升级（见本报告后面部分）。

为跟上互联网经济的发展，政府引导化隆拉面产业走“互联网＋”道路。县委、县政府以群科拉面小镇为基地，打造全国配送拉面食材的中央大厨房。目前，化隆县已启动规划建设扶贫拉面产业园区，计划打造青海最大的“互联网＋”拉面电商中心和服务基地，助力化隆拉面经济转型升级。

化隆县政府创立“带薪在岗实训＋创业”模式，使拉面产业与精准扶贫联动。拉面“带薪在岗实训＋创业”的对象对接工作正在开展，以帮助更多的建档立卡户[①]发展拉面经济。

化隆县政府一直在做拉面业的宣传推介工作，在重要城市及海外开展“化隆拉面经济”推介活动，制作化隆拉面宣传册及电视专题片，展示化隆拉面的文化内涵、绿色优势，还积极争取与全省旅游及文化推介大型活动结合，建立平面、立体等多渠道的广告宣传体系，扩大品牌宣传覆盖范围，塑造化隆集体拉面新形象。

为缓解拉面人家中留守老人和留守儿童问题，解除拉面人的后顾之忧，政府也想了各种办法。如巴燕城市社区专门成立城南社区老年服务中心，采取社会化运作，规范经营，为留守的老年人服务。对于留守儿童，县教育局投资50万元，在巴燕中学、县第二小学、牙什尕中心学校等建立了9个“留守儿童之家”，设置心理咨询室，使留守儿童感受到了家的温暖，弥补了亲情缺失，帮助留守儿童树立乐观向上的生活态度。2015年6月县妇联还下发了《关于在全县招募“爱心爸妈”的通知》，向全社会有爱心的集体和个人发出倡议，为留守儿童招募“爱心爸妈”。目前，已招募到“爱心爸妈”100余名，他们纷纷为“留守儿童”捐款捐物，并当起了“义务家长”，不定期

---

① 建档立卡是青海省扶贫办为了进行精准扶贫开展的前期准备工作，主要是为了摸清贫困人口的情况。建档立卡户有公示，也可到当地扶贫办查找。就是将贫困户信息进行建档立卡，即制作一个档案，里面包含贫困户的各类信息。贫困户要通过村里的大众评选选出来。

地看望“留守儿童”并与他们谈心。

县公检法联合成立“拉面经济服务小组”，到全国各地为拉面人提供法律服务。为方便在外地的拉面人办理身份证，公安人员曾经带着电脑和资料，在全国提供流动办证服务。

#### 2. 管理

对拉面经济的管理分为两部分。

一是教育管理。在化隆县本地，政府坚持对包括拉面人在内的全县人民进行法治教育、民族团结教育、宗教和谐教育。我们从公检法部门了解到，司法局组建法制宣传教育培训工作组，抽调律师、公证员、基础法律服务工作者每年在甘都镇、群科镇、扎巴镇、巴燕镇开展针对外出务工人员的法治教育培训工作。我们从宣传、统战、民宗部门了解到，民族团结教育是常抓的活动，形式多样，很接地气。比如，人们经常可以看到这样的场景：化隆县传统民间娱乐活动射箭的比赛场地，藏族村民同汉族村民比赛，回族村民当裁判。这就有效地增强了去外地的拉面人的中华民族意识。党的十九大后，海东市委书记鸟成云亲自带队赴全国拉面店开展了“十九大精神进拉面店”的宣传、学习、教育活动，效果很好。

二是组织管理。比如，政府引导拉面人成立了 20 多个临时党支部、30 多个农民工协会以及 63 个拉面经济经纪人组织。它们在处理转让拉面店、调解矛盾纠纷等方面，发挥了很好的作用。拉面办事处、公检法部门经常同拉面店所在的有关部门一起解决拉面人之间、拉面人同当地人之间的一些矛盾。

### （五）变革与创新

改革开放的精神实质就是解放思想、变革创新。一部化隆拉面经济史，也是变革、创新史。

#### 1. 产品变革

化隆拉面人爱学习、善借鉴。他们到别人的餐饮企业取经，已经形成习惯，旨在更新产品口味和种类，迎合市场需求。上海一家化隆牛肉店老板马成玉告诉课题组，他曾经到汉族同胞开的不同面店“偷师学艺”。化隆拉面人根据所在地客户的需求，主动改变口味、创新产品，更好地服务于当地人的需求。全国各地人的口味不同，那么，怎么在既保持拉面的风味不变的同时又满足不同地方消费者的不同口味。这就需要变革。化隆人在拉面大宽、二宽、荞麦楞、二柱、韭叶、二细、三细、毛细等种类基础上，还依据当地人的口味适当调整配料和味道，并且适当推出主打产品。例如，在厦门的店里，拉面的汤里会加上当归，拉面店都会主打“拌面”，且口味偏淡；在爱吃辣椒的四川、湖南等地，会增加辣味。在全国不同地方，面汤的口味都因地制宜地有差别。很多拉面店还推出了盖饭、饺子等产品。

### 2. 产业变革

通过多年在外开拉面店，化隆县广大拉面人的思想观念发生了巨大转变，尤其受过一些改革开放前沿地区先进理念洗礼的“面二代”“面三代”，他们不再满足于零散的小本经营。创新变革、跟上时代是他们心中的发展大计。为推动拉面产业提档升级，政府和企业都在致力于打造产业链条，通力合作，力争将化隆拉面经济提升到一个新的水平。

县政府方面，一是积极推进品牌经营策略。2016 年 12 月在国家工商总局注册了“化隆牛肉拉面”品牌，在全国大中城市拉面店开展了化隆牛肉拉面“四统一”（统一装饰风格、统一店员服饰、统一品牌简介、统一店名牌匾）示范户推广和“五好经营户”（守法经营好、环境卫生好、优质服务好、文明经营好、诚实守信好）争创活动，提高市场竞争力和知名度，走品牌化、连锁式发展道路。截至 2017 年，“四统一”示范户达 2100 家，“五好经营户”达 1910 家。2018 年 4 月，化隆县委书记刘建昱一行赴阿里巴巴集团公司，与蚂蚁金服集团旗下的口碑网信息技术有限公司就“拉面经济”与智能 POS 机落地相关事宜进行了商洽，在杭州、苏州、上海等地拉面办事处的大力推广下，首批近千台智能 POS 机已经进店。课题组通过苏州办事处唐文福主任了解到，价值 3000 余元的设备，经营户个人只需负担 999 元，县政府补贴 1000 元，其余由阿里巴巴公司支持，这套设备不仅可以提高拉面店点餐效率，节省人力成本，还能够自动统计每天营业额，蚂蚁金服会根据营业额的多少为经营户提供不同额度的优惠贷款。二是正计划做大做强拉面服务中心，让服务中心成为拉面投资人开展业务合作、信息交流、网络宣传、品牌推广、劳务对接和后勤服务的平台，引导拉面产业实施标准化经营和专业化改造，提升产业层次和经营水平。规划到“十三五”末，将化隆拉面打造为全国知名的餐饮品牌，全国经营店数量累计 2 万家以上，80% 以上的拉面店实现标准化和连锁化经营。

企业方面，东部市场经济发展很快，站立潮头的往往是有战略眼光的新一代拉面人，他们有品牌自觉和产业链意识，勇于为拉面经济的提档升级开辟新路。课题组采访了代表性人物马青云。马青云创办了海东市伊达餐饮管理投资有限公司、化隆拉面服务中心、中国拉面网、拉面商城，开办拉面商学院，他把现代大商业、大企业理念注入拉面业，并具有国际眼光。马青云创立“伊麦佳品牌联盟”发展新模式，基于中国拉面网强大的产业链，精心打造现代快餐业核心品牌，树立个性化的品牌形象。他通过中国拉面网的网站等网络渠道，进行产品宣传和线上交易；通过生产基地和在全国各地的配送中心，向各地连锁店统一配送主辅料及各种物品；在店面选址、技术、食材、管理上给予技术支持，以降低经营风险，获得更多收益。马青云的目标是，推动拉面经济实现再次腾飞。另一位有现代经营意识的拉面企业家是马福龙。他开创上海紬碧迩餐饮管理有限公司，目前该公司已经与国内多家知名企业合作。他不断加强复合调味品、方便即食型调味品和功能型调味品的技术创新，不断推出新品牌、新产品、新包装。目前他已经推出了 1 家“紬碧迩”品牌示范店，并联合上海的同行，计划推出至少 10 家品牌示范店，致力于打造“互联网 + 旗舰体验店 + 加盟店 + 电商”的餐饮服务新生态。

课题组了解到，大多数个体经营者也开始逐渐具有品牌意识，他们一般手里都有几十万元的资金，正在就打造产业链条寻求合作，为拉面经济的提档升级努力着。目前，参与拉面技师培训，畜禽产品及两椒、菜籽油生产加工及其配送的联动效应已凸显，产生了良好的扩散和回流效应。厦门的马少军从拉面店起家，现在转行做牛羊肉批发生意，在泉州和厦门开拓市场，目前已经形成了牛羊肉配送的产业链，每天有十几万元的营业额，每年的纯利润有 100 多万元。未来他将致力于打造自己的精品牛羊肉品牌，着力构建家乡牛羊产地—运输—屠宰—营销一体的产业链条。

### 3. 思想变革

思想观念的变革最为深刻。拉面人在发达地区的经历使他们以及他们在外地上学的子女的思想发生了深刻变革；经历思想变革的他们又影响了化隆县其他人。变革主要体现在：对外面世界的向往，对通过教育改变命运的渴望。调研中我们发现，第一代拉面人想的是生存、致富。第二代拉面人想的是培育子女，在马青云上大学时，他父亲对他说："给你的这点学费，是我端了几千碗拉面才挣来的。你一定要好好学习，做有文化的人。"第三代拉面人想的是拉面业的升级换代、现代化的经营模式。

为了解化隆青少年思想观念的变革情况，我们向化隆县一所中学的初中三年级和高中二年级共 108 名学生（其中男生 39 人，女生 69 人）和拉面人子女 20 人发放了问卷。问卷回收率为 100%。

**表 1　受访学生的民族构成**

（单位：人，%）

| 民族 | 频数 | 百分比 | 有效百分比 | 累计百分比 |
|---|---|---|---|---|
| 回族 | 34 | 31.5 | 31.5 | 31.5 |
| 藏族 | 12 | 11.1 | 11.1 | 42.6 |
| 撒拉族 | 5 | 4.6 | 4.6 | 47.2 |
| 汉族 | 56 | 51.9 | 51.9 | 99.1 |
| 土族 | 1 | 0.9 | 0.9 | 100.0 |
| 合计 | 108 | 100.0 | 100.0 | |

对于"大学毕业后想从事什么职业"的回答，100% 的学生不想再从事拉面经济，而是选择了教师、医生、警察等职业。对于"想定居在什么地方"的回答，只有 10% 的学生选择了留在本县工作

对于未来的理想定居地，有 48.1% 的学生选择本县外本省其他地方，有 41.7% 的选择外省，有 10.2% 的选择本县（见图 1）。

对于"未来拟报考大学意向"的回答，有 79.6% 的学生想报考一本和 985 高校（见图 2），拉面人子女的这一比例则为 85%。其中在想报考 985 高校的 24 人中，7 人为拉面人的子女，也比平均数高出 7 个百分点。

图 1　受访学生未来理想定居地

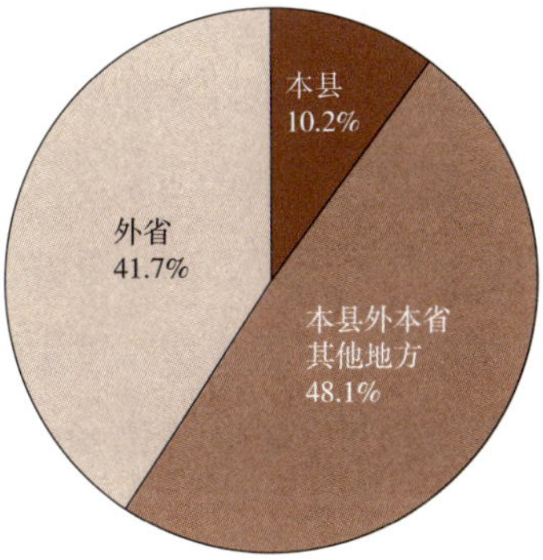


图 2　受访学生立志考取大学的层次分布

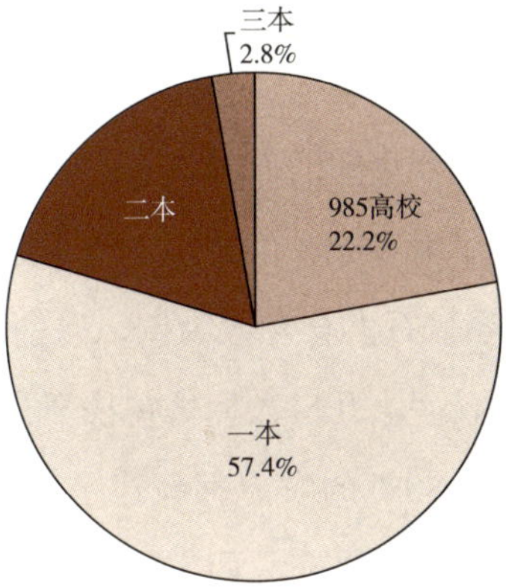


对于"父母亲这一代的优点与不足"的回答，优点中出现频次比较高的词语是"奋斗"（30 次）、"朴素"（34 次）、"吃苦"（32 次）、"勤劳"（24 次），缺点中出现频次比较高的是"古板或保守"（37 次）、"教育、文化或知识欠缺"（23 次）。

从上述数据可知，第一、二代拉面人在解决脱贫致富问题的同时，着力培养他们的下一代。而他们的子女开阔了视野，向往到他乡发展，吸取父辈教育水平低、文化知识欠缺的教训，从小立志努力学习考个好大学，通过教育改变命运。

### （六）故乡与他乡

改革开放让中华大地上涌动着数千年未有的人口流动潮流，本地与外地、故乡与他乡、局部与全国的关系，都发生了空前变化。化隆拉面经济为我们了解、理解这种巨变提供了一个积极的样板。化隆拉面人根在故乡，身在他乡；既服务故乡，又贡献他乡；既愿意落叶归根，又愿意四海创业。拉面业造就的拉面人同故乡与他乡的关系，既体现了故乡的亲切，又体现了祖国大家庭的温暖；既反映了自强进取精神，又表现了团结友爱精神。

#### 1. 拉面人与故乡

故乡是他们的坚强后盾。前面介绍的化隆县各级政府对拉面经济的大力支持，是来自故乡的力量。故乡还源源不断地提供劳动力。让故乡的亲人过得更好，让故乡的房子盖得更好，让故乡的面貌变得更好，则是在外的拉面人奋斗的不竭动力。我们在各个城市采访化隆拉面人时，就深深地感受到了他们同故乡之间的血肉联系。拉面人源源不断地把挣到的钱送回家乡，大大地改善了家乡亲人的生活：吃得更好，穿得更好，住得更好，用得更好。以“拉面乡”石大仓乡人为例。以前，他们的住房是土房、盖板房、平房，最穷困时，一家几口人拥挤在狭窄、黑暗、潮湿的土房里。现在，该乡6个拉面村中，80%的农户都新建了房屋，以花槽松木大房为主，其中部分农户在化隆县城、平安、西宁等地购买了商品房。

更加重要的是，拉面人致富后不遗余力地支持家乡建设，主要表现在以下几个方面。一是返乡助学。扎巴镇拉让滩村人韩东，是化隆拉面经济的创始人之一，也是致富不忘家乡的典型。从1992年开始在外创业，通过不懈努力和苦心经营，他在深圳的中发源餐饮连锁店有10余家，年营业额1000多万元。他不忘家乡父老，投身社会公益事业，捐资助学。他帮扶初建的村阳光小学，连续两年为全校300多名学生提供生活补助，包括学生校服、学习用具、教学设备、冬季取暖等费用。截至2017年，捐款物资360余万元。在他的帮扶下，适龄儿童入学率达到100%。2006年，韩东联系冶四夫、马沙力哈等3人合伙投资90万元，并申请县政府、县教育局投资10万元，修建了一所新学校，解决了扎让、要洞、阳坡、拉让滩、挖龙沟 5 个村学生上学难的问题。二是返乡投资。韩光在群科镇开办了食材配送中心，将山区的种养殖户、原料生产加工厂、当地特色农畜产品与上海、广东等地的拉面店、超市对接。他说：“在家乡办企业，不仅可以顾家，还可以带动乡亲们就业，一举多赢……家乡还有很多人依然贫困，能回到家乡尽一些力也是另一种人生价值的实现。”

### 2. 拉面人与他乡

拉面人在他乡的服务、生产和消费，促进了当地经济的发展。首先，拉面作为现代城市的快餐食品，为所在地的居民提供生活上的便利。其次，就生产环节而言，拉面店购买原材料和生产资料，在生产和运输环节等方面为当地的市场经济注入了活力，做出了贡献。再次，拉面人的消费直接拉动了当地的地区生产总值，最明显的就是汽车消费。据课题组在东部几个城市的调研，拉面人的小汽车拥有量很高，有的一家有多辆，价位一般都在 30 万元左右。据统计，2007 年“拉面经济”创造的收入达 3.2 亿元，但返回化隆的资金仅 1.26 亿元。换句话说，流回收入只占总收入的 39%。由此观之，化隆县拉面经济的发展在某种意义上也是西部支持东部发展的生动表现。

他乡人帮助化隆拉面人致富。拉面人在他乡发展，他乡人为拉面人服务。课题组看到了一张化隆县政府给拉面人开具的创业介绍信照片。介绍信大意是，化隆县目前还很贫困，希望各地给创业的拉面人以可能的帮助与照顾。从调研的情况来看，各地都给予拉面人可能的关心与帮助。拉面店都享受当地的免税支持和办理证件的便利。据苏州的拉面人王永华介绍，他创业初期遇到了很多困难，当地政府和化隆办事处等有关部门专门成立了少数民族服务站，为他免去了工商管理费、卫生许可证费、健康证办理费、餐具检测费和各种税收等。

各地尽力满足拉面人带来的子女就近入学的需求，争取让他们享受到公立学校的免费教育。有的地方让少数民族拉面店子女可以免试优先入学，并免去借读费和保险费。厦门的韩海录一家培养了两个大学生，都是先在厦门接受高质量的中学教育，再回青海高考。大儿子考入青海大学土木工程系，女儿考入天津师范大学（青海省唯一的指标）。韩进财的女儿也刚从南京审计大学毕业，二儿子 2018 年小学毕业，成绩很好，顺利考入厦门外国语学校。现在，更多的拉面人子女在他乡接受教育。2000 年拉面人子女随父母在外地就读的只有 186 人，2018 年则有 1021 人，其中小学随读的人数为 685 人。这说明拉面人希望孩子从小就接受他乡的先进教育，开阔视野，为将来改变自己和家乡的命运打下基础。他乡为拉面人子女提供的教育，深刻地改变了他们的思想观念、生活态度。据课题组在各地的访谈，所有拉面人都不希望自己的孩子再从事拉面经济，而希望他们通过教育改变命运。

### （七）拉面与做人

有人把市场经济中发生的一些坑蒙拐骗、拜金主义、极端利己主义现象归咎于改革开放。我们认为，这是错误的。改革开放过程中发生过某些地方、某些部门教育、管理、监督不到位的问题，的确影响了社会的道德环境。但是，这不是主流。化隆拉面人在全国各地的总体道德表现说明，改革开放同道德风尚相向而行。

化隆人生来朴实向善。在大江南北、五湖四海，在激烈的市场竞争中，他们的品格依旧像金子一样闪光。

#### 1. 诚信经营

化隆拉面人坚信“诚信走天下”，将诚信作为立业之本，坚持信誉至上。他们非常重视产品和服务的质量，他们对于牛肉、面、材料的使用非常考究。据在厦门开店的韩海录介绍，他使用大企业放心品牌的元宝大豆油，牛肉是正规渠道采购，蔬菜和调料也是挑最好的。虽然成本更高，但他认为产品质量第一，这也是他能够在厦门坚持开店 26 年的原因。课题组还发现，拉面店的卫生条件都很好。按照民族习俗，还债不能拖延，借债不还者如同盗贼。根据上海阿米迩餐厅的老板马龙介绍，2010 年前后他在上海开了 3 家店，向化隆县农村信用联社贷款 50 万元，一年为期，但他的经营很有成效，提前还清了所有借款。2014 年，他又向县农村信用联社贷款 300 万元，政府十分支持并补贴利息，他才开了这家国际化的阿米迩餐厅。

### 2. 友爱助人

化隆拉面人充满爱心。在上海开店的马春虎兄弟帮助有精神障碍的贵州汉族小伙郑信龙华的事迹感人至深。2006 年盛夏，马春虎在公交车上发现一位流浪智障男孩郑信龙华，于是就把他安顿在自己店里打工，与店员住在一起。之后的 11 年间，马春虎把郑信龙华当成自家弟弟一样照顾。他不仅教会郑信龙华拉面技能，还教会他一口流利的青海话。郑信龙华为人诚实、能干，隔壁的店老板私下给马春虎 5 万元钱，要把这个小伙子挖过去，马春虎一口回绝。最后马春虎通过派出所找到小伙子的家人，还把郑信龙华的 14 万元工资也如数转交其家人，并且承诺为他开拉面店提供一切帮助。在苏州，藏族小伙却洋和弟弟拉龙，在回族老板的帮助下开了一家化隆拉面店。店里收留了汉族孤儿许国旗，这个店由此成为一个由藏族、回族和汉族构成的民族大家庭。在他们的帮助下，许国旗逐渐学会了跑堂和拉面技能，工资也从刚开始的每月 900 元涨到 3000 元。藏族兄弟力争让许国旗开一家真正属于自己的拉面店，让他彻底脱贫致富。这些普通的拉面人，以实际行动书写了民族团结、友爱互助的动人故事。

### 3. 知恩图报

化隆拉面人吃水不忘挖井人，知恩图报，回馈社会。马吾买日，是在海口市开店的拉面人，从 2015 年开始，持续向社会奉献爱心。2016 年秋，马吾买日向一名身患急性脑膜炎、无钱诊治的 12 岁孩子捐献 5000 元。据不完全统计，2015 年海口市“双创”[①]活动开展以来，马吾买日利用传统节假日以及夏季炎热时节，为环卫工人、“双创”志愿者、交通警察、困难群众无偿提供拉面 4000 余碗（份）、饺子 3000 余碗（份）、月饼 1000 余只、绿豆汤 5000 余份、手套 1000 多双、毛巾 1000 多条。马吾买日的善举，得到了

---

① “双创”活动，指创建全国文明城市和创建国家卫生城市。

海口市政府和群众的交口称赞，先后被中央电视台、海南省电视台、海口市电视台等媒体广泛宣传和报道。他因此获赠海南省餐饮服务管理协会“爱心驿站”牌匾，获得2016年度“海口市‘双创’工作先进个人”称号，在海口市2016年度“四最”（最美志愿者、最美志愿服务社区、最佳志愿服务项目、最佳志愿服务组织）志愿服务先进典型评选活动中，荣获“海口市最美志愿者”称号。

4. 拾金不昧

拉面店是顾客容易遗忘东西的地方。化隆拉面人拾金不昧的事情经常发生。在海南开店的拉面人马牙古拜的故事最为典型。马牙古拜家境贫寒，因生意失败和家人重病，背上20多万元债务。然而，这位极度缺钱的人，却多次上演拾金不昧的故事。2014年3月14日，北京游客王先生用餐后，将装有6万多元现金、一台平板电脑以及房产资料的背包遗落店里。马牙古拜发现后，告诉女儿：“这是客人不小心掉的包。里面的钱和东西，我们不能动！”他将背包谨慎保管，等待失主认领。3个多小时后，王先生才想起背包，多处寻找，毫无结果。最后，绝望的他来到马牙古拜的拉面店。马牙古拜将背包归还失主，现金和物品均如数奉还。王先生被马牙古拜诚实守信、拾金不昧的义举深深感动。正是因为这类拾金不昧的事情，马牙古拜荣获海南省道德模范、“感动海南”年度人物、“最美青海人”、“全国道德模范提名奖”等称号，其家庭被评为海南省“最美家庭”。

5. 奉献社会

化隆拉面人在致富后，非常注重奉献社会，尤其是在危难时刻的义举更显珍贵。2015年8月12日，位于天津滨海新区的天津港危险品仓库发生重大爆炸事故，化隆人马成义在事故发生地附近正经营得如火如荼的“高原拉面店”也遭受了损失。事故发生后，远在青海化隆的马成义没有将如何挽回店面损失放在第一位，而是想着怎样利用仅有的条件为受灾群众做点什么。全家人经过商量，决定在哥哥马军成负责经营的店里开工，为受灾群众免费送餐。当天，三百多份爱心拉面和蛋炒饭就被送到受灾群众和救援人员手中。

他们不分白天黑夜，连续奋战 10 多天，源源不断地为受灾群众和志愿救援队伍免费供应着香喷喷的牛肉拉面，大约有 10 万余人吃到了爱心拉面。马成义因此被人们称为“中国好人”“最美青海人”。2015 年 12 月 20 日，深圳市光明新区附近发生山体泥石流滑坡，造成 33 栋建筑物，大量简易房及小商铺或被掩埋或受损，大量群众无家可归。化隆拉面人第一时间投入救灾。拉面经营户杨毛沙、杨永福、马双尔布等人放下正常营业的拉面店，亲自下厨，赶制拉面快餐，自驾私家车往返于饭馆和灾民安置点，为受难群众及救援官兵送去了一份份温暖的拉面快餐和热腾腾的水饺。据不完全统计，他们最终送去“爱心拉面”近 2 万份，冬至饺子 2600 多碗，矿泉水 1500 多箱。5000 多名施救官兵和上万名（次）受灾群众得到了化隆在深圳的拉面人的救助。

## 二、分析与思考

### （一）化隆拉面经济的理论意义

#### 1. 化隆拉面经济，是改革开放的成果

正是因为改革开放去掉了束缚生产力发展的种种桎梏，化隆拉面人才能离开家乡，在全国自由地闯荡，自由地开拓，自由地发展；正是因为改革开放激发了人民群众脱贫致富的激情，他们才能在艰苦的条件下坚毅地奋斗；正是因为改革开放确保了人民对合法劳动成果的信心、对未来的信心，化隆人才愿意、敢于创造与积累更多的财富，积极培养更加有创造力的后代。

#### 2. 化隆拉面经济，是人民创造历史的成果

人民创造历史，主要通过人民创造生产力、创造文化而体现出来。化隆人民既创造了群体脱贫致富的经济奇迹，在西部地区、高原地区、民族地区、经济欠发达地区探索、开辟出了一条成功的致富之路、发展之路，又为其他地区人民提供了饮食业服务，与此同时，还创造了自强进取、艰苦奋斗、变革创新、崇德守法的拉面人精神，为社会主义社会精神文明增添了宝贵的财富。

#### 3. 化隆拉面经济，是中国特色社会主义的成果

中国特色社会主义从道路、理论、制度、文化四个方面，为改革开放提供动力、指引方向。本报告显示，作为改革开放成果的化隆拉面经济，是社会主义社会人民主人翁地位与主人翁精神、社会主义社会执政党为人民服务宗旨、社会主义全国大家庭团结友爱精神、社会主义市场经济机制的产物。

### （二）化隆拉面经济面临的问题与建议

化隆拉面经济成就辉煌，但也面临诸多挑战。化隆人必须迎难而上，应对挑战，解决问题。下面尝试根据现存问题提出一些建议。

#### 1. 品牌知名度不够高，应加强品牌建设

虽然，“化隆牛肉拉面”的品牌于 2004 年注册成功，化隆县宣传部门近年来也做了大量的工作，在中央电视台、《人民日报》、互联网等媒体大量宣传，甚至筹资拍摄《拉面王子》电影，但事实是，“化隆拉面”仍未形成足够的品牌效应，不少化隆拉面人还是坚持用“兰州拉面”或者“西北拉面”的牌子。化隆拉面经济打造自有品牌已时不我待，应从多种途径加强品牌建设。

#### 2. 面临巨大同业竞争压力，应紧跟市场，保持行业竞争力

目前，化隆拉面面临同行业的强大竞争压力。定位相近的兰州拉面、美国加州牛肉面、马兰拉面、味千拉面等拉面品牌，严重威胁着化隆拉面的市场认知度和占有率。各地特色的河南烩面、老北京炸酱面、山西刀削面、四川担担面、武汉热干面、杭州片儿川、昆山奥灶面、镇江锅盖面、吉林延吉冷面、西贝莜面、重庆小面、biangbiang 面、油泼面等传统面食，冲击了化隆拉面的市场。化隆拉面人应紧跟餐饮消费需求变化，在就餐环境、餐饮品种、交易方式、产品配送方式等方面，做相应的改革，满足市场需求，向现代企业转型，保持行业竞争力。

#### 3. 人才不足，管理模式老旧，应坚持个体经营与规模经营同步发展，建立现代企业制度

化隆拉面除了少数品牌店外，多数都是营业面积小，雇工少、日营业额

小、人才缺乏、管理模式比较老旧的个体经济或家庭经济，缺乏现代企业建制和行业标杆企业，抗击市场压力、扩张的能力都较为薄弱。在坚持个体经济与规模经济同步发展的同时，应培养专业技能人才和管理人才，突破家庭企业的传统模式。只有更多拉面企业向中、大型和连锁企业发展，建立现代企业制度，才能进一步规范管理，降低经营成本。

#### 4. 产业链不完整，应完善和扩大产业链，扩大投资范围，解决就业和劳动力转移问题

化隆拉面业处于链条式产业的末端，内部也未形成完整的产业链条。因此应运用政府资源，如贷款、扶贫资金、产业政策引导等，培育拉面产业链，带动化隆经济全面发展。同时，政府应为拉面盈余资金投资其他行业开辟绿色通道，解决就业和劳动力转移难题。各级各地政府还要努力解决像拉面店这样的小企业贷款难的问题，成立拉面基金，或在贷款方面有积极举措。同时，希望全国各大城市对拉面人孩子上学问题给予帮助。

### （三）展望

#### 1. 化隆人的前途

在习近平新时代中国特色社会主义思想的指引下，在中华民族伟大复兴的历史进程中，化隆人和全国人一样，都会更多地从事非农牧产业，更多地走入城市，更多地接受高等教育，更多地走向全国与全球。化隆人将在各行各业、全国乃至全球崭露头角。由于西宁、平安两个较大城市对化隆人的吸引，也由于到外省就业的化隆人越来越多，化隆本地的常住人口将越来越少。化隆的生态环境将越来越好，适合本地的种植业、养殖业、旅游业将越来越发达。

#### 2. 拉面经济的前途

只要有人吃饭，就有人爱吃牛肉拉面。只要化隆拉面业提高质量、降低成本、增加文化含量、适应新的消费需求，就将长期保有市场。只要拉面业向更大的餐饮业发展，它就能够获得更加坚韧的生存力量。

改革开放

与中国县域发展

GAIGEKAIFANG

NINGXIA YANCHI

# 宁夏盐池

# 金融扶贫的做法与启示

中国社会科学院亚太与全球战略研究院

党的十八大以来，盐池县严格按照党中央做出打赢脱贫攻坚战的重大决策部署，在扶贫过程中充分发挥主导作用，瞄准贫困群众发展产业资金短缺的薄弱环节，以此为扶贫工作的突破口，创新开展互助资金、评级授信、四信平台建设等多种金融扶贫小额信贷工作，创新推行“扶贫保”，破解了建档立卡贫困户贷款困难、因病因灾返贫等“十大难题”，形成了独具特色的“盐池模式”。盐池县积极探索创新产业扶贫机制，创新产融结合，把产业扶贫作为打赢脱贫攻坚战的根本之策，解决了群众可持续发展的问题。盐池县坚持脱贫是底线、富民是关键，注重精神扶贫，围绕扶贫先扶志、治穷先治愚、脱贫先脱旧，进一步激发脱贫内生动力，既要让群众“富口袋”，也要“富脑袋”，真正让群众有尊严地脱贫致富。盐池县充分发挥党委的主导作用，为脱贫提供坚强组织保证，积极探索创新党建模式，推进基层党建与精准扶贫、精准脱贫深度融合、互促共进，切实推动党的政治优势、组织优势、密切联系群众优势转化为脱贫攻坚的发展优势。盐池县在扶贫创新的过程中充分体现了各级党组织、党员的精神担当、责任担当，充分发挥了政府“有形之手”的引导作用，释放市场“无形之手”的活力，调动盐池人民“勤劳之手”的积极性，使得盐池人民享受到了党和政府的惠民政策，逐步解决了温饱问题。

## 一、盐池扶贫工作简介

盐池县是国家级贫困县，是新中国成立前宁夏地区唯一历经长征、抗战、解放战争时期的革命老区，是陕甘宁边区的重要组成部分（“宁”就专指盐池县）。该县位于宁夏回族自治区东部，地处毛乌素沙漠南缘，年降水量 280 毫米左右，蒸发量却高达 2100 毫米以上，水资源极度匮乏，自然环境非常恶劣，贫困人口占比大，贫困程度深。

改革开放 40 年来，盐池县走过了一条艰难的扶贫开发之路，根据不同时期国家确定的脱贫标准，先后组织实施了吊庄移民、扶贫扬黄灌溉工程移民、易地扶贫搬迁移民、生态移民、金融扶贫等工程。特别是党的十八大以来，盐池县按照中央统一部署和要求，创造性地实施了金融扶贫，走出了一条“依托金融创新推动产业发展、依靠产业发展带动贫困群众增收”的特色脱贫之路，推进扶贫开发由“输血式”向“造血式”转变，使贫困地区面貌和贫困群众的生产生活发生了翻天覆地的变化。2015 年 2 月 13 日下午，习近平总书记在中国延安干部学院主持召开陕甘宁革命老区脱贫致富座谈会。会上，总书记肯定了盐池县的经验并强调指出：推动陕甘宁革命老区发展，必须结合自然条件和资源分布，科学谋划、合理规划。

截至调研组完成调研之时，盐池的特色脱贫之路让全县贫困村减少了 74 个，贫困人口减少了 10792 户、32078 人，贫困人口发生率由 2011 年的 48.5% 下降到 2017 年的 0.66%，贫困群众人均可支配收入达 8116 元，2016 年全面小康实现程度达 90.06%。地区生产总值由 2011 年的 37 亿元增加到 2017 年的 85.53 亿元，翻了一番多，年均增长 13%，人均 GDP 达到 6 万元；城乡居民人均可支配收入分别从 2011 年的 14470 元和 4075 元增长到 2017 年的 24677 元和 9548 元。规模以上工业增加值从 2011 年的 9.4 亿元增加到 2017 年的 40 亿元，工业总产值突破百亿元大关，对经济增长贡献率达 80%；社会固定资产投资由 2011 年的 48 亿元增加到 2017 年的 187.5 亿元，年均增长 30% 以上；地方一般公共预算收入从 2011 年的 3.5 亿元增长到2016年的7.72亿元，增长了两倍多。

2015年，盐池县金融扶贫工作受到国务院通报表扬，全国金融扶贫培训班连续两年在盐池召开，金融扶贫精准统计被国务院扶贫办确定为国家标准，金融扶贫“盐池模式”向全国全面推广。2016年，中央全面深化改革领导小组对盐池县“扶贫保”经验给予充分肯定，向全国推荐交流；公立医院改革受到国务院通报表扬，第一批创建的全国健康促进县获得优秀等次。

## 二、金融扶贫：盐池扶贫亮点

盐池县落实中央扶贫要求，结合地区实际走出的“依托金融创新推动产业发展、依靠产业发展带动贫困群众增收”的特色脱贫之路，经过实践检验证明是有用、有效、可复制的经验和模式，既是其扶贫工作的最大亮点，也是值得推广的“盐池模式”。

### （一）创造性地解决了扶贫本钱来源问题

贫困地区搞扶贫，哪里能搞到扶贫本钱？在全国扶贫工作普遍面临贷款难、贷款贵困局的情况下，如何破解这个难题？盐池在这方面趟出了一条新路。

作为国家级贫困县，盐池的贫困程度深、贫困面积大，贫困群众对发展产业的意愿很高，但是缺少发展本钱，到银行贷款也受自身条件限制，无人担保、无物抵押。2006年互助资金项目在盐池县试点以来，盐池县积极开展互助资金信贷，暂时满足了群众小额资金的需求。但随着盐池县以滩羊为主导的特色优势产业的不断发展壮大，群众扩大再生产发展资金需求不断增大，扶贫小额信贷远远满足不了群众的发展需求。盐池在解决了贫困群众贷款难、贷款不方便等问题后，发现贫困群众还存在贷款贵的问题，这对产业发展的初级阶段来说极为不利。为了减轻贫困群众发展负担，提升群众发展产业的积极性，需要降低贷款成本，解决贷款贵的难题。

### 1. 完善诚信体系，创新担保模式

（1）“互助资金”结合“千村信贷”撬动了数倍发展资金。2006 年，国务院在全国 14 个省（区、市）的 140 个行政村开展了村级互助资金试点，宁夏是其中一个试点地区，但这个民有、民用、民管、民享、周转使用的生产发展资金，没有任何可以借鉴的经验。如何搭上国家金融扶贫快车，让互助金发挥作用，从而带动盐池县脱贫致富，着实是一个考验。盐池县将扶贫“双到资金”注入贫困村互助社，解决了贫困群众贷款无人担保、无物抵押的难题，破解了因不讲诚信而导致的金融部门“难贷款”、农民“贷款难”的困局。2012 年盐池农村信用联社（以下简称“农信社”）与贫困村互助社（以下简称“互助社”）捆绑推出“千村信贷”，对获得互助资金借款后仍不能满足发展需求的社员，由互助社推荐，农信社给予 1～10 倍的贷款，重点支持贫困户发展盐池滩羊等特色产业，在金融扶贫上形成了独具特色的“盐池模式”：从互助资金打造诚信平台，从创新千村信贷发挥四两拨千斤作用，从资金捆绑把扶贫资金变为发展资金，从评级授信解决贷款难、贷款贵问题，从政府投入引入社会资本。

#### 案例　“互助资金”创新金融扶贫模式

互助社是以村为基本单元，村民自愿入股，政府配套资金，村民依靠诚信在互助社贷款，贷款额度 1000 元～10000 元不等，贷款利率是 7‰～8‰，而盐池地区在政府的补贴下，贷款利率能降至 6.5‰。2006 年互助资金项目试点以来，盐池县严格实行“2242”的管理运行模式（将利息的 20% 滚入本金、20% 作为公益金、40% 作为运行成本、20% 作为风险准备金）。

（2）全面构建社会信用体系，打造诚信社会。诚信是推进金融扶贫健康发展的基础，盐池县把改善农村金融环境、提高群众诚信意识作为金融扶贫的基础性工程来抓，全力打造诚信环境。

一是创新“631”评级授信系统。建立建档立卡贫困户评级授信系统，改变原有银行评级授信标准，将建档立卡贫困户的诚信度占比提高到60%（家庭收入占比为30%，基本情况占比为10%）。根据评级结果确定授信额度，发放“金扶卡”，A级可贷10万元以上、B级5万元~10万元、C级2万元~5万元、D级2万元，从根本上解决贫困群众无人担保、无物抵押的难题。

**案例　享受财政全额贴息少支付利息近千元**

盐池县通过建立免担保、免抵押的“631”评级授信模式，建档立卡户3年期5万元以下扶贫小额信贷提高到2018年的10万元，全部执行基准利率，对5万元以内贷款全部贴息、财政贴息等扶贫小额信贷政策，有效减轻了贫困群众贷款贵的问题。盐池县王乐井乡村民鲁有胜算了一笔账：以贷款10万元为标准，2017年5万元享受基准利率和财政贴息，另外5万元按年基准利率4.35上浮40%计算，共支付利息3054元；2018年5万元享受财政全额贴息，另外5万元享受基准利率，全年仅支付利息2175元，利息比上年少了近千元。

二是建立四级信用平台。在建档立卡户免担保、免抵押的“631”评级授信成功做法的基础上，又建立了乡、村、组、户四级信用评定系统，将60%诚信度细化为10%的精神文明建设和50%的诚信度，家庭收入和基本情况的占比不变（分别为30%、10%），即“1531”模式。据此将全县所有农户的信用情况分为A、A+、AA、AAA四个信用等级，实行政、银、社、民四位一体共同评定、共同认可、共同应用，信用等级越高，享受贷款优惠越多。

### 案例　鲁有胜搞养殖更有信心了

盐池县王乐井乡村民鲁有胜 2016 年贷款 5 万元，购买了 60 只滩羊。2018 年，他听说政府对建档立卡户免担保、免抵押贷款提高到 10 万元，非常高兴，立即归还了原来的贷款，又贷了 10 万元，扩大了养殖规模，滩羊饲养量达到了 150 只。他自信地说，现在政府对滩羊的支持力度这么大，滩羊连续两年价格都在涨，我们更有信心和底气，一定要铆足劲搞养殖。

通过建立建档立卡贫困户评级授信机制，提高诚信度占比，群众金融意识和诚信意识逐步养成，群众的信用道德得以培育，特别是广大的金融扶贫户积极按时还贷，用自己的行为践行诚信承诺，共同缔造诚实守信的社会风尚。“守信才能发展、失信寸步难行”已成为广大群众的共识。盐池县群众形成了“名利双收”的诚信观，并传递一个理念：信用 = 财富。诚信也为盐池县带来“农民脱贫、产业发展、银行获利”的多赢效应。2016 年盐池县仅 1.44 亿元互助资金就撬动信贷资金 3.36 亿元，受益群众 6.7 万人，贫困户受益面达 60%。这些用于发展滩羊养殖等特色产业贷款的增收比为 1∶1.5；盐池县滩羊饲养量从禁牧前的 86 万只增长到 300 万只，滩羊养殖收入占农民纯收入的 60%；优质的信贷环境吸引宁夏商业银行、中国建设银行等金融机构纷纷抢滩盐池。

### 案例　农民贷款拿“信用”换钱

家住盐池县青山乡古峰庄村的村民罗刚由于替自己的贷款联保户汪某偿还了3万元贷款，盐池农行感其诚信，将罗刚的贷款额度从5万元提高到30万元。2009年以来，通过两轮三户联保，罗刚先后贷款34万元，圈里的滩羊从200多只扩大到1200只，六年赚了几十万元。2014年11月24日是罗刚等三户联保第二轮贷款还贷的最后期限，联保户汪某因家庭变故无力偿还3万元贷款，11月22日罗刚替汪某还了贷款，维护自己和汪某比金子还珍贵的诚信。“这样的客户，今后需要多少（贷款），咱们就放贷支持多少！”盐池农行决定给罗刚发放30万元贷款。“30万元能买400只羊，一年出栏三茬，就能赚六七万元，比替人还的3万元贷款多，不吃亏”，憨厚的罗刚这样算账。

（3）切实降低企业、农户融资成本。盐池县从全县信用体系建设着手，专门由一名分管副县长总体协调，县文明办、扶贫办、财政局、人行和各家金融机构共同参与、共同评定、共同认可、共同应用，建立了乡、村、组、户四级信用评定系统，对所有农户一次性授信，切实解决了金融机构之间贷款授信程序多、手续多、标准不一的问题，也简化了贷款手续、方便了群众、提高了效率。

### 案例　“富农卡”促进群众增收

盐池县与金融机构进行协商，有针对性地为群众量身定做“富农贷”金融产品。对获得A、B、C、D评级的贫困户，信用社专门打造了“富农卡”金融信贷产品，实行“一次核定、随用随贷、余额控制、周转使用、利率优惠”政策，即贫困户用时随时支取，利息按季清还；不用时随时归还，不产生利息。2012年4月，村民张国定在农信社通过“千村信贷”贷款8万元，当时签订两年期限，2012年年底他把羊卖了凑了8万元，但是贷款没有到期，不能偿还，只好把8万元存入银行，获得银行活期存款利息91元，但给银行支出贷款利息2263元，自从使用“富农卡”，仅此一个季度就节省2172元。该项政策的实施，真正解决了诚实守信的贫困户贷款贵的问题。

### 2. 扩大贫困户评级授信覆盖面

（1）打破“60周岁以后不能贷款”的硬框框。盐池县有很大一部分六七十岁的养羊好手群众，将贫困户贷款年龄上限放宽到70周岁，以及将有劳动能力且发展意愿非常强烈的60～70周岁建档立卡贫困户纳入评级授信范围，这种做法降低了评级授信门槛，有效解决了贫困户贷款难的问题。

### 案例 60岁老人贷款不再是梦

冯记沟乡马儿庄村民牛信，在2016年已65岁，是冯一记沟乡马儿庄村马儿庄自然村村民，因妻子常年患病2013年被评为建档立卡贫困户。8年前因给亲戚担保贷款因对方到期未还贷款，57岁的老牛被列入黑名单，妻子整天嘟囔：不让你给担保，手一长，狗嚎怨自己！老牛也闷闷不乐，一想起来就骂亲戚：把我耍了，可惜我老牛大半辈子的名誉了。老牛不是个傻人，他脑子比较活，2014年他看到养牛能赚钱，向亲朋好友借了2万元买了2头架子牛搞起了养殖。“我老牛要是养不好牛不让人笑话”，牛信养牛可不是吹的，他还真有两下子，把牛养的膘肥体壮，第二年2头牛净赚5000元。“要是资金宽裕的话，我还能多养头牛”，“黑名单加上你已经60多岁人了，想贷款做梦吧”。盐池县推出的60～70周岁贫困户扶贫小额信贷政策还真的把老牛的梦给圆了，经过行政村、乡政府、扶贫办的推荐，老牛顺利地申请到了5万元的贷款，他高兴地说：“共产党的政策实在是太好了！对咱穷人真是没啥说的，我老牛不脱贫就对不起共产党的这个好政策!”

（2）将非恶意“黑名单”建档立卡贫困户纳入评级授信范围。针对由于种种原因被银行列入“黑名单”的部分群众受到银行刚性政策的限制而无法贷款的情况，盐池县专门成立工作组，反复与银行进行对接协商，共同对这部分群众进行摸底调查，在充分了解情况的前提下进行评级授信，将“黑名单”贫困户问题分步解决，对没有还清贷款的“黑名单”贫困户，通过政策扶持、发展产业，偿还贷款后，进行二次授信。

将 60～70 周岁身体健康和非恶意“黑名单”建档立卡贫困户纳入评级授信范围，破解了依靠诚信贷款、免担保免抵押贷款和 60～70 周岁及非恶意“黑名单”贫困户无法贷款的难题。将有劳动能力且发展意愿非常强烈的 60～70 周岁和非恶意“黑名单”建档立卡贫困户纳入评级授信范围，这种做法降低了评级授信门槛，有效解决了贫困户贷款难的问题。目前，盐池全县共为 60～70 周岁以上贫困户贷款 6004 万元，释放“黑名单”贫困户 968 户，放贷金额达 7373 万元。2014 年以来，全县农业贷款从 21 亿元增加到 35 亿元，扶贫小额信贷余额从 1.6 亿元增加到 8 亿元，贷款的建档立卡贫困户户均贷款由 3.6 万元增加到 9.2 万元。

### （二）创造性地解决了扶贫成效的巩固和可持续问题

在现行标准下解决脱贫问题难，但是在脱贫之后巩固扶贫成果、实现可持续发展更难。这也是扶贫工作面临的普遍难题。盐池创造性地贯彻落实中央要求，通过金融和产业、科技的融合，走出了一条值得借鉴的好路子。

#### 1. 坚持政府引导，夯实产业发展基础

（1）以产业扶贫为核心，实现农业增产、农民增收的目标。盐池县围绕打赢脱贫攻坚战的总体安排部署，坚持“一特三高”现代农业发展路子。以结构调整为动力，大力扶持特色优势产业，扎实推进滩羊、牧草、小杂粮、黄花、中药材“1+4+X”特色产业提质增效。盐池县委、县政府坚持问题导

向原则，每年年初召集相关部门、企业、协会以及种养殖户代表深入研究分析产业发展中存在的问题和短板，有针对性地研究出台《盐池县滩羊（牧草、黄花、小杂粮、中药材）产业发展实施方案》等相关政策文件。整合捆绑各级财政、各类项目、金融贷款等扶贫资金 12 亿元以上，其中协调各金融机构支持特色产业信贷资金 10 亿元以上，各级财政产业扶贫专项资金 1 亿元左右，强农惠农转移性补贴资金 1 亿元左右。按照“普惠＋特惠”的原则，对全县所有农户实行县级主导产业政策全覆盖，对建档立卡贫困户实行所有产业政策全覆盖，推动以滩羊为主导，以牧草、小杂粮、黄花、中药材为支柱，适合家庭经营的小品种为补充的“1+4+X”特色优势产业做大做强。

（2）强化科技支撑，助推产业转型升级。强化农业科技服务体系建设，突出示范引领，强化科技支撑，加大优新技术推广应用，巩固提升产业扶贫示范村 8 个、龙头企业 7 家、合作社 40 家，致富带头人 320 个，通过企业、专业村、合作社以及致富带头人示范引领、专家服务团现场指导、益农信息服务平台等多种方式，从完善利益联结、技术指导培训、信息互联互通等方面推进龙头企业、专家教授和种植农户互动交流的多元化、多形式农业推广服务体系，全面提升农业技术推广服务能力。加大农业科技帮扶力度，积极协调组织区、市、县农业技术人员，采取集中培训、现场指导、入户讲解、电话咨询等办法，每年通过入户指导、技术培训等有效解决群众种养殖发展中实际困难等 3000 余（场）次，加大对滩羊标准化养殖技术、羔羊早期断奶技术、饲草料科学调制技术、黄花标准化栽培技术、荞麦大垄双行种植技术、甘草及苦豆子种子包衣技术、药剂拌种技术等实用技术的培训，切实为全县 74 个贫困村发展产业提供技术支撑。

（3）突出龙头带动，完善利益联结机制。创新建立“企业＋基地＋农户”的龙头带动型、“合作社＋协会＋农户”的协会拉动型、“支部＋党员＋农户”的支部推动型等多种产业扶贫模式，积极培育扶持产业联合体和新型经营主体，上联市场企业、下联基地农户，将千家万户连接起来，进行技术统一指导、病虫害统防统治、生产资料统一供应、产品统一销售，提升特色优势产业发展的组织化、产业化程度，增强抵御市场风险的能力。

2017 年 7 月盐池滩羊产业发展集团有限公司（以下简称“集团公司”）成立，县、乡、村“三级”产业协会建立，以集团公司为引领，集团公司与全县 103 家县、乡、村协会及鑫海等关联企业建立产业联合体，形成利益联结机制，采取“企业＋协会＋农户”的模式，实行统一品种、统一技术、统一收购、统一品牌、统一饲料、统一销售“标准化养殖”六统一标准，建立提高组织化程度，牢牢掌控滩羊肉价格话语权，为盐池县滩羊肉打入高端市场奠定了坚实基础。集团公司成立以来，和农户签订订单收购合同，以稳定的价格收购滩羊，确保了养殖户的利益。

### 2.“1+4+X”解决扶贫手段单一的问题

（1）做强滩羊产业。盐池县坚持把滩羊作为全县特色农业头号富民产业，从滩羊产业发展标准化生产、质量追溯、品牌宣传、市场营销四个体系等关键环节进行扶持，培育扶持鑫海等龙头企业 18 家，发展滩羊养殖合作社等新型经营主体近 500 家，建设滩羊养殖棚圈 3.3 万座，滩羊规模养殖基地 326 个，滩羊养殖主体呈现“企业＋协会＋规模养殖园区（场）＋养殖户”的组成结构，辐射带动农户 1.98 万户，规模化养殖比例达 60%。建成畜产品定点屠宰批发市场 2 个，城乡活羊交易市场 7 个，滩羊肉销售以区内为主（占 70%）、区外为辅（占 30%），“盐池滩羊肉”品牌价值达到 68 亿元。2017 年，全县滩羊饲养量 311.2 万只，出栏 180 万只，实现产值 10.2 亿元。

（2）做大黄花产业。盐池县始终把黄花菜作为带动群众脱贫致富、加快种植结构调整的特色优势产业来抓，先后出台了黄花种植、晒场建设、托盘购置、生产加工、市场开拓等方面扶贫政策，制定了全区唯一的《露地黄花菜生产技术规程》《黄花菜制干技术规程》等生产标准规范，并指导农户实行全程绿色标准化种植，着力打造有机、富硒、高端特色农产品。在全区率先成立了宁夏黄花菜研究院，培育扶持黄花菜新型经营主体 33 家，注册黄花菜商标 10 个，累计种植黄花菜达 8.1 万亩，年产黄花鲜菜 1.8 万吨，实现产值 1.5 亿元。种植户户均纯收入 2 万余元，效益十分可观。

（3）做优小杂粮产业。依托“中国荞麦之乡”品牌优势，盐池县加大对小杂粮规范化种植、社会化服务以及产品加工营销等环节扶持力度，着力打造盐池无公害、绿色小杂粮品牌。近年来，在南部绿色小杂粮产业带，种植以荞麦为主的绿色小杂粮 40.6 万亩，培育扶持了对了、山野香、山逗子等小杂粮加工企业 10 余家，年加工生产各类杂粮达到 1.2 万吨，远销北京、上海、天津等地，部分产品出口日本、韩国等东南亚国家和中国香港地区。

（4）做实牧草产业。盐池县高度重视草畜平衡发展，全县年种植一年生优质牧草 10 万亩以上，制作青（黄）贮、野草打储、柠条包膜青（黄）贮等 15 万吨，对新建“三贮一化”池以及制作玉米、小杂粮等农作物秸秆青黄贮和饲草料加工配送合作社（专业户）贷款利息等给予补助，从整体上解决禁牧封育后饲草料短缺问题，确保畜牧业稳步发展和禁牧工作的顺利开展。2017 年全县农民人均可支配收入 9548 元(其中 50%以上来自特色产业)，建档立卡贫困户人均可支配收入 8145 元。

（5）因户因人施策。盐池县在做好“1+4”主导产业、支柱产业的同时，积极推动发展“一村一品”“一户一业”，鼓励群众结合当地实际，根据自身情况实行多元化经营，做到宜种则种、宜养则养、宜林则林，逐步形成贫困群众增收致富新的增长点。通过集中扶持、合作经营等方式，大力发展“光伏 +”扶贫、生态补偿脱贫等新模式、新业态，逐步构建起多点发力、多业增收的“1+4+X”特色产业扶贫新格局，不断拓宽群众增收渠道，有效解决兜底户稳定增收问题。2017 年全年实现农业总产值 15.4 亿元，同比增长 10%；特色产业产值 12.3 亿元，同比增长 7.5%；农业增加值 7.2 亿元，同比增长 7.4%。

### 案例

该县惠安堡镇大坝村党支部设立黄花种植功能党小组 3 个，抱团种植、抱团销售，引导群众种植黄花 5700 多亩，亩均产值 8000 多元。青山乡猫头梁村依托绿林生态旅游农业综合开发有限公司，采取“党支部＋公司＋农户”模式，以土地流转、经营分红、劳动力就地就业等方式，实现30余户贫困户户均年增收5000元。

### 3. 加大金融扶持，破解产业融资难题

盐池坚持走“依靠金融推动产业发展，依靠产业促进农民增收”的路子，认真贯彻落实《关于创新财政支农方式加快发展农业特色优势产业的意见》（宁政发〔2016〕27号）精神，积极协调金融机构对从事优质粮食、滩羊、黄花、牧草等特色优势产业的新型经营主体给予贷款担保、风险补偿、贷款贴息，切实解决农户、新型经营主体产业发展资金短缺的难题。2017年推荐602户贷款3.78亿元，兑现贴息资金586.8万元，其中农业企业按同期同档贷款基准利率60%贴息55.2万元，合作社、家庭农场及专业大户按同期同档贷款基准利率70%贴息531.6万元。

（1）积极推进盐池滩羊产业金融支农服务创新试点。开展龙头企业＋农户滩羊综合性金融服务“滩羊银行”模式，以大水坑、花马池两个乡镇参加滩羊收益保险的贫困养殖户为重点，引导龙头企业与养殖农户签订存管协议，由贫困户分散养殖滩羊，龙头企业按月付给养殖户利息，为养殖户承贷承还，订单收购，形成紧密利益联结机制，构建“龙头企业＋农户”综合性金融服务体系，助推农户、企业、产业的协调发展。

例如，盐池县通过集团公司以基准利率、优惠政策向国家政策性银行批量贷款，再由集团公司把贷款分贷各企业，解决龙头企业融资难题，支持企业用于市场开拓、品牌打造、扩大养殖等滩羊产业全体系建设。引导龙头企业将贫困村作为种养基地，实行订单养殖、订单收购，构建了“养加销”产业链利益共享、风险共担的联结机制，真正实现了“资金跟着穷人走、穷人跟着能人走、能人跟着产业走、产业跟着市场走”的目标，既保证了企业有稳定优质的原料来源，又实现了滩羊优质优价不愁销路。

### 案例 “滩羊银行”

盐池滩羊产业发展集团有限公司的下属龙头企业溯源滩羊公司创新开展“滩羊银行”模式，与养殖农户签订滩羊存管协议和委托贷款协议，通过专家认定，将农户养的纯正盐池滩羊视为“货币”存入溯源滩羊公司这个“银行”，由溯源滩羊公司支付农户“滩羊利息”。“滩羊银行”付息方式分为贫困户和非贫困户两种，贫困户的一只羊每月付息3.2元，非贫困户的一只羊每月付息2.6元。一只羊的存款价为当期市场价的80%，比如当前一只成年滩羊价格为800元，则存款价为640元，按年利率5厘计算，贫困户每只羊每月可得利息3.2元。存管的目的就是要求农户按照规定对滩羊进行绿色、标准化饲养，滩羊出栏时由龙头企业以高于市场价优先收购。在邻近的大水坑镇，“滩羊银行”已为65户合作农户支付利息75487元。“滩羊银行”还能贷款，其对接资金服务不分贫困户与非贫困户，100只羊可贷6.4万元，随时可贷，随时可还。贷款到期后农户按市场价把羊卖给溯源滩羊公司，公司还会把利息全部返还，实际上是无息借款。

（2）创新推出产业扶贫保险。创新探索推出了滩羊基础母羊养殖保险、滩羊肉价格指数保险、荞麦产量保险、黄花种植收益险等10种特色产业保险，采取政府补助保费，农户根据自身产业发展需要选择险种，为群众发展产业、增收致富保驾护航，更培养了群众保险意识。2017年完成滩羊基础母羊养殖保险5731户45.37万只承保金额1432.36万元，滩羊肉价格指数险3911户、10.08万只承保金额399.01万元，荞麦产量保险9205户、26.72万亩承保金额342万元，黄花种植保险108户、690.3亩承保金额4.1万元，马铃薯收益保险2315户、2.38万亩承保金额65.6万元，玉米收益保险1681户、3.2万亩承保金额85.4万元，能繁母猪养殖保险85户、1364只承保金额8.1万元。

#### 4. 打造产业链，解决农户过于分散问题

盐池县虽有中国滩羊之乡、甘草之乡和荞麦之乡之称，但由于农户过于分散且单个农户不具备参与现代市场经济所必需的资信保障和行为能力，导致该县农村产业体系一直无法形成规模效应、集聚效应和空间溢出效应，无法充分发挥滩羊、甘草和荞麦等特色优势产业的品牌效应、带动效应，严重制约着该县产业脱贫政策的实施。

（1）以盐池滩羊产业发展集团和县、乡、村三级滩羊协会为平台。按照“产业 + 金融 + 集团”“企业 + 贫困户 + 基地”“企业 + 贫困户 + 合作社”的模式，在将贫困户纳入产业链、供应链和价值链的同时，对滩羊产业链关键环节实行购销价格、市场开拓、品牌宣传、营销策略、生产标准和饲料使用的“六统一”，逐步提高主导产业的规模效应、带动作用。

案例

盐池县素有中国滩羊之乡之称，针对滩羊优质不能优价的问题，该县从标准体系、价格制定、品牌打造、市场开拓、饲草料使用等关键环节实行统一标准，并按照“产业 + 金融 + 集团”的模式，先后成立了滩羊产业集团公司和县、乡、村三级滩羊协会，实行“县统乡、乡统村、村统组、组统户”统一出口的滩羊养殖营销模式，成立盐池滩羊肉展示交易中心，积极推进滩羊产业链融合发展，牢牢掌握滩羊肉价格话语权，滩羊作为该县脱贫攻坚主导产业逐步走上了规模化、标准化、集约化和高端化的发展道路。

（2）以黄花菜、优质牧草、小杂粮和中药材为支柱。以市场为导向，逐步形成支柱产业产销一体化、种养平衡一体化和贸工农一体化，逐步提高支柱产业的集聚效应、辐射效应，筑牢稳定脱贫致富根基。此外，盐池还鼓励贫困户在自愿基础上进行土地流转或确权确股不确地，培育农民专业合作

社、种养殖大户等新型农业经营主体，把贫困户纳入新型农业经济体系，产融结合，实现产业脱贫的可持续性。

### （三）创造性地破解扶贫工作中的返贫难点问题

因病、因灾、因市场波动而造成的致贫、返贫，是扶贫工作中面临的最大难点。对此，盐池县立足现实，先行一步、多措并举、统筹实施，走出了一条通过金融保障解决返贫难题的新路子。

#### 1. 量身定做“扶贫保”产品

扶贫保险作为金融扶贫的重要组成部分，对防范和化解脱贫攻坚过程中的风险具有不可替代的作用。盐池县建档立卡贫困人口中，因病因灾致贫率高达38.6%，是脱贫攻坚路上的最大“拦路虎”。为此，盐池县与驻地保险机构合作探索推行“2+X”菜单式扶贫保模式（“2”就是指建档立卡贫困户大病医疗补充保险和家庭综合意外伤害保险，“X”就是指特色农业保、羊肉价格保、金融信贷保等系列扶贫保险），构建了盐池县贫困群众风险保障体系，增强了建档立卡贫困户脱贫攻坚内生动力，让每一名贫困群众在小康路上不掉队。

（1）实施综合医疗保，着力破解贫困群众因病因灾致贫问题。针对因病因灾致贫比重大的问题，专门设立大病医疗补充保险和家庭综合意外伤害保险两个基本险种，为贫困户构筑健康“防火墙”，防止出现“辛苦脱贫奔小康，一场病痛全泡汤”的情况。其中，大病医疗补充保险保费收取标准为90元/人，不设起付线，年度最高报销额度为20万元；家庭综合意外伤害保险每户保险费100元，保险责任为每户9.9万元。通过与健康扶贫相结合，形成了“四报销四救助”体系（基本医保报销、大病医疗保险报销、大病补充医疗保险报销、家庭综合意外伤害保险报销，民政医疗救助、卫生发展基金救助、财政医疗救助、慈善基金救助），构筑了因病、因意外伤害致贫8道保障网，对在县内住院治疗的建档立卡贫困人口，通过城乡居民基本医疗保险政策倾斜、医疗优惠减免和救助等措施，将其年内住院个人合规医疗费用支出控制在10%以下或当年住院自付费用累计不超过5000元，有效解决了贫困群众的后顾之忧。

**案例**

盐池县冯记沟乡贫困户杜连雄，因患直肠癌和脑瘤先后两次住院治疗花费33.43万元，巨额医疗费使原本贫困的家庭陷入了困境。幸运的是，政府为他购买了扶贫保险，通过农村基本医保、大病医疗保险、大病医疗补充保险、民政医疗救助等方式，先后为他报销达33万元，个人仅承担了4300元。杜连雄逢人便说“政府政策太好了，没有保险就没有我了”。

（2）实施养殖业扶贫保，着力破解受市场波动、疫病疫情影响大的问题。虽然“盐池滩羊”是国字号品牌，但受市场价格波动以及建档立卡贫困户缺技术、不会管理、不会经营等因素的影响，养殖户养殖效益一度较为低迷，严重挫伤了建档立卡贫困户养羊的信心。为此，盐池县为养殖户量身定做了滩羊保险系列产品，开发了滩羊肉价格指数保险，降低了市场价格波动所造成的养殖收益损失；通过基础母羊、种公羊养殖保险，减少疫病疫情造成的羊只死亡损失，有效调动了群众养殖的积极性。其中，滩羊肉价格指数保险2016年每只羊保费30元，保险合同约定滩羊肉每斤20元（滩羊肉成本价为每斤17元），主要承担因市场价格下跌而导致的滩羊肉销售收入低于每斤20元时，保险机构按照保险合同约定负责赔偿（随着滩羊肉市场价格的调整，2017年每只羊保费提高到39.6元，保险合同约定滩羊肉每斤22元）。

**案例**

盐池县花马池镇李记沟贫困户刘德饲养的30只滩羊受市场羊肉价格波动影响，连续两个季度羊肉价格都低于合同约定价（合同约定价20元/斤）。两个季度平均价格在17.06元/斤、16.84元/斤，当年刘德参保了滩羊肉价格指数保险，人保财险公司分别赔付了793元、853元，滩羊价格保险真正为养殖户兜住了风险。

案例

该县暴记春村养殖户杨科养殖滩羊80只，在滩羊肉价格最低时，滩羊肉价格指数保险确保了他的羊肉能卖到20元/斤。2016年养羊收入达3万元，老杨对发展滩羊养殖信心更足了，目前存栏达到150只。老杨说："我养了20多年羊，最怕的就是羊肉价格大起大落。现在有了滩羊肉价格指数保险，就什么都不怕了。"

基础母羊、种公羊养殖保险每只羊保费36元，保险金额每只羊600元。主要承担因自然灾害、意外事故、疫病而造成的牲畜死亡所来的损失，保险公司负责赔偿。

案例

盐池县高沙窝镇二步坑村民霍礼军本人残疾，生活能基本自理，但农活重活不能干，一家人的生活全部压在妻子的肩上，30只羊就是他家的全部家当。2017年7月31日，由于他家的羊感染了羊肠毒血症，致使20只羊死亡，经查勘，18只羊属于保险责任，人保财险公司仅用了3个工作日就完成了结案，将9720元赔款汇入霍礼军"一卡通"账户。人保财险公司的工作人员至今都无法忘记霍礼军那绝望无助的眼神、那种天塌下来的神情、当听到人保财险公司工作人员确定死亡羊只属于保险责任，可以得到理赔，霍礼军眼睛瞬间亮了，眼泪一下子就涌了出来，不停地说"这可是救命钱呐"！

通过扶贫保险的实施，实现了滩羊养殖零风险，建档立卡贫困户增加了养殖信心，也敢大胆贷款购羊养羊，真正实现产融保结合脱贫致富的目标。2016年9月，盐池滩羊肉走上了G20杭州峰会和2017年金砖五国国宴餐桌，其品牌价值达68亿元，滩羊产业实现了贫困村全覆盖，辐射带动80%以上的贫困户，户均养羊30只以上，已成为贫困群众脱贫致富的主导产业，对贫困群众增收贡献率达80%以上。

（3）实施种植业扶贫保，着力破解受自然灾害损失大的问题。针对种植业受干旱、冰雹、霜冻等自然灾害影响的问题，盐池县积极探索保险与特色产业发展相结合的模式，根据贫困群众农业生产实际需要，推出了黄花种植、玉米收入、马铃薯收入和荞麦产量等保险，将传统种植业保险的“保灾害”延伸到保“价格下跌和产量降低”的综合责任，建档立卡贫困户的粮食生产效益牢牢被兜住。

**案例**

近年来，盐池县利用独特的地理和气候优势引导群众大力发展黄花菜种植，黄花菜成为带动当地贫困户增收的“致富菜”。过去受连阴雨的影响，建档立卡贫困户采摘、晾晒出了些问题，贫困户吃了亏，种植积极性受到了打击，种植信心受到了挫伤。2016年，盐池县积极探索开发了黄花种植保险：每亩收费60元，主要承担因自然灾害及晾晒期间连阴雨造成的黄花菜损失，保险金额为每亩1000元。2017年7月27日，盐池县惠安堡镇惠苑村王昭辉等31户黄花菜种植户，因为连阴雨造成285亩采摘晾晒的黄花菜部分霉变，直接了影响其收入，人保财险在接到村干部的报案后，会同农牧专家到现场查勘定损。经过专家现场鉴定，根据条款规定，人保财险给这31户受灾农户赔付共计51300元，农户“致富菜”也有了保险的呵护。目前，盐池县黄花种植面积累计达到6.1万亩，亩均产值1万元左右，辐射带动了全县3950户农民种植黄花，预计2017年年底黄花种植面积达到10万亩，黄花已成为当地群众脱贫增收的主导产业。

荞麦是盐池县种植规模最大、分布最广的传统农作物，涉及家家户户的稳定增收。为此，盐池县专门设立了荞麦产量保险，每亩保费12.8元，保险责任为每亩128斤。主要承担因灾害损失造成荞麦产量减少，导致各品种的实际产量低于保险合同约定的前三年平均产量时，保险公司按照合同约定负责赔偿。

案例

2016年9月24日，盐池县大水坑镇新建村村民李玉山等80户种植的荞麦遭受冰雹。眼看到手的丰收毁于一旦，农户个个一筹莫展，唉声叹气，“老天不可怜人呐”。人保财险在接到报案后，会同农牧专家赶赴现场，经过农牧专家细致测产，该村实际亩产100.3斤/亩。人保财险公司按照合同约定予以理赔，共赔偿88640元（亩均差额27.7斤，市场价2元/斤），并将赔款分别汇入每个村民的“一卡通”账户。李玉山说：“没想到政府鼓励买保险在关键时刻发挥如此大的作用，如果没有保险，自己一年辛苦，顷刻间就会化为泡影。”靠天吃饭的产业确实需要保险的兜底。

（4）实施金融信贷保，着力破解贫困群众贷款风险大的问题。从政府引导互助资金社员参保开始，盐池县逐步探索扶贫小额信贷家庭综合意外伤害险、金融信贷大额险、互助资金信贷险，实现信贷保购买全覆盖，确保了建档立卡贫困户如期贷上款，也让金融机构吃上了定心丸。

案例

高沙窝镇大疙瘩村贫困户任生金好不容易贷上款，然而祸从天降，2017年3月6日202省道发生交通事故，他导致当场身故，中国人寿保险公司按照“信贷险”“家庭综合意外伤害保险”“村级互助社成员保险”的理赔规则，分别赔付5万元、4.5万元、1万元保险金，总计赔付10.5万元保险金。花马池镇居民杨彪于2015年5月22日投保中国人寿保险公司金融信贷保险，投保金额280万元，保费7000元。家庭人员5人，原本有一个幸福美满的家庭，谁知天有不测风云，2015年12月7日杨彪因意外摔倒头部着地陷入昏迷，家人送往医院抢救无效身故。杨彪是家庭的顶梁柱，妻子没有工作，大儿子上初中，还有一对双胞胎儿女还不足4岁，意外的发生对于他们来说犹如一道晴天霹雳。面对亲人的突然离世和银行巨额的债务，这个家庭顿时陷入了无限悲恸和生活的绝境。中国人寿保险公司接到盐池县麻黄山信用社报案后，第一时间进行现场勘察及理赔资料收集，公司经理高度重视，上下协调，及时进行了理赔。当把280万元理赔款送到家属手中时，家属热泪盈眶，用哽咽的声音说道：“感谢中国人寿保险公司，在这个危难的时候，给我们送来了温暖。如果没有这笔赔款，真不知道一个女人带着3个孩子身背巨额债务如何生活下去。”家属给中国人寿保险公司送来了锦旗，表达了深深的谢意。这笔赔款也是宁夏保险业36年发展历史上最大一笔中国人寿保险赔款。

### 2. 建立健全机制，确保扶贫保险健康发展

为了确保扶贫保险健康发展，盐池县委、县政府积极作为、正确引导，保险公司勇于担当、积极跟进，贫困群众改变观念、积极参与，形成了合理的资金投入机制、有效的风险防范机制和高效的投保服务机制，确保了扶贫保险顺利推进。

（1）建立资金投入引导机制。为了顺利推广实施“扶贫保”，提高贫困户参保的积极性，考虑到建档立卡贫困户经济承担实际，盐池县加大财政投入力度，建档立卡贫困户保费由政府买单。2016年，全县所有建档立卡贫困户全部投保了家庭综合意外伤害保险、大病医疗补充保险和特色农业保险等，共计投入保费1415万元，受理保险赔付案件6027件、2163万元。2017年，盐池县进一步提标扩面，实现了全县所有农户扶贫保全覆盖，全年所有建档立卡贫困户扶贫保费投入1773万元，受理保险赔付案件4769件、1275万元。

（2）建立风险分散补偿机制。盐池县坚持“保本、微利、风险共担”的原则，积极探索建立政府、保险双方风险补偿合作机制，科学设置投保额和赔付额。但在实际过程中，参与盐池县“扶贫保”的两家保险公司之一人保财险公司2016年保费收入仅702万元，理赔了1253万元，亏损达500余万元。为了进一步降低保险机构的承保风险，调动保险公司的积极性，增强风险防控能力，2017年盐池县特别设立了1000万元“扶贫保”风险分散补偿金，建立盈亏互补机制，即保险公司在一个保险周期内亏损的情况下，亏损部分由风险分散补偿金承担60%，保险公司承担40%，在盈利的情况下，盈利部分60%返回风险补偿金，周转使用的互补机制。在确保建档立卡户脱贫路上不掉队的同时，保证了保险公司的投保积极性和理赔及时性。

（3）建立高效投保服务机制。盐池县每年出台扶贫保险实施方案，把扶贫保险作为脱贫攻坚的一项主要措施，明确各级各部门工作职责，加大县、乡、村各级干部培训力度，提高干部认识和服务意识。在承保服务方面，保险公司在每个村聘请专兼职协保员，专门成立了扶贫保工作组，通过印发宣传册、召开座谈会、宣传典型案例、利用现代网络媒体等方式，对每个村、每个组都进行了专场培训。在理赔服务方面，对“2+X”扶贫保险中的大病医疗保险实行一站式服务，因病致贫和未脱贫建档立卡贫困户人员住院兜底由自治区“一站式”结算系统直接核算；自治区“一站式”结算系统以外的所有建档立卡贫困户在县内住院治疗费用由县内各医疗机构进行“一站式”

结算；在县外住院治疗费用由县人力资源和社会保障服务中心进行“一站式”结算，方便办理投保、赔付业务。全面优化理赔程序，简易案件 5 个工作日必须结案。案件结束后，次月按照发案件数 5% 进行回访，倾听农户的心声，了解他们的需求，改进自己的工作。为了保证滩羊肉价格及时准确发布，将过去由农调队单一的测定方式调整为由物价主管部门发改局牵头，农牧局、扶贫办、滩羊养殖协会配合指导，每季度发布一次滩羊肉价格，以便更好地为农户做好理赔服务。

### （四）创造性地让贫困群众有尊严地脱贫致富

贫困群众“穷”首先“穷”在思想、意识和志气上，缺乏敢富、能富、善富的精气神和心气劲。盐池县在实践中认识到，脱贫是底线、富民是关键，因此在扶贫工作中坚持扶贫先扶志、治穷先治愚、脱贫先脱旧的思路，不断激发群众的内生脱贫动力，通过“富脑袋”，实现“富口袋”，达到了让群众有尊严地脱贫致富的效果。

#### 1. 立足扶贫先扶志，激发脱贫内生动力

（1）解决部分贫困群众存在精气神不足、“等靠要”思想等问题。坚持党建带扶贫，深化基层党建强龙工程，探索建立以村级党组织为核心，种养基地、合作社等为支撑的“一核多元”扶贫组织体系，把支部建到金融链、产业链上，使村党组织真正成为带领群众脱贫致富奔小康的主心骨。坚持“要富口袋先富脑袋”的思路，组织开展“三先开路话脱贫”主题巡回宣讲活动，让致富典型登台宣讲，用身边人讲身边事，用身边事教育感化身边人，采取党员“1+1”、干部帮扶等模式，由以往的给钱给物变为解心结、树观念、开思路、增信心，以良好党风促政风带民风。

（2）解决贫困群众人穷志短的问题。按照“特惠 + 普惠”的原则，出台特色产业菜单式扶持政策，对所有农户实行县级主导产业政策“全覆盖”，对贫困户实行所有产业政策“全覆盖”，推动以滩羊为主导，以黄花菜、牧草、小杂粮、中药材为辅助，适合家庭经营小品种为补充的“1+4+X”特色

优势产业做大做强，早干早支持、多干多支持，最大限度地激发贫困户由“要我富”向“我要富”转变。

(3) 解决贫困群众缺乏诚信的问题。将诚信建设与金融扶贫有机结合，探索建立了乡、村、组、户四级信用体系，将全县所有农户的信用情况由低到高分为四个信用等级，实行贷款额度、利率优惠、享受政策与信用等级挂钩，解决贫困群众贷款难的问题。全县共评出信用乡镇 8 个、信用村 92 个、信用组 525 个、信用户 4.2 万户，均达到 90% 以上；利用评定的诚信体系，对 60～70 周岁有发展能力的 2255 户建档立卡贫困户进行二次授信，累计为其发放贷款 5683 万元。这不仅解决了群众发展资金难题，也增强了群众的诚信意识、发展意识，极大地激发了群众脱贫内生动力。

### 2. 立足治穷先治愚，筑牢脱贫富民根基

脱贫致富要先治“愚”，才能从根本上拔掉“穷根”。盐池县坚持思想引导、基础教育、技能培训、职业教育四措并举，形成了群众同心同向、同频共振的良好局面。

(1) 大力实施“示范带动”工程。结合精神文明创建活动，常态化开展新乡贤村贤、“最美盐池人”、“诚实守信模范”等先进典型评选活动，表彰奖励各类道德模范 82 名，5 名道德典型入选“中国好人榜”“全国好警嫂”，进一步激励引导贫困群众解放思想、转变观念，向先进典型看齐，让群众在耳濡目染中提升文明素养，从思想深处想脱贫、盼脱贫。

(2) 大力实施“育人塑魂”工程。扎实开展教育扶贫工程，按照《宁夏教育精准扶贫“十三五”行动方案》要求，严格落实从学前至大学、就业的 16 项教育精准扶贫政策，近两年累计资助贫困生 8.2 万人次，义务教育阶段基本实现“零辍学”，“两后生”全部享受县内免费职业教育，让贫困家庭的孩子上好学、能就业，从“根子上”斩断穷根。

(3) 大力实施“育人塑才”工程。整合“雨露计划”、企业用工培训等各类资源，将全县有劳动能力的贫困群众全部纳入职业技能培训，针对不同年龄阶段和文化层次，开展订单、定岗、定向、菜单式培训。近两年先后举

办中式烹饪、驾驶、刺绣等各类培训班102期，培训贫困群众1.2万人次。目前通过培训实现稳定就业1525人，其中建档立卡户465人，真正让贫困群众都有拿得出手、立得住脚的一技之长。

### 3. 立足脱贫先脱旧，架起乡村振兴支点

盐池县正视“弱鸟”现实，树立“先飞”意识，全力推进农村现代化建设。

（1）文化惠民强根基。致力以文化人，深入推进公共文化服务体系建设，新建县文化馆、图书馆等基础设施，对全县102个行政村文化站进行改造提升，实现县、乡、村三级公共文化服务网络全覆盖。进一步放大盐池元素，常态化开展盐州大集·民俗嘉年华、滩羊美食文化节等特色节会，创新“互送共享”文化惠民模式，打造广场文艺演出、农民文艺会演等六大文化惠民品牌，年均送戏下乡70余场次、举办广场文化活动60余场次。创作歌曲、小品、演讲、快板等文艺节目，开展脱贫攻坚文艺宣传活动，大力宣传党和政府的脱贫富民政策，树立自强自立的观念，鼓励贫困群众依靠自己的双手勤劳致富，培养贫困群众自强意识。

（2）移风易俗树新风。针对部分乡村婚丧嫁娶大操大办、人情礼金居高不下等旧习惯、旧陋习，大力践行社会主义核心价值观，出台《关于推动移风易俗 树立文明乡风 助力脱贫攻坚指导意见》，充分发挥“文明公约”“乡规民约”等作用，成立禁赌禁毒会、红白理事会，引导群众简办婚丧嫁娶事宜，全面提升农村精神文明建设水平。建立高沙窝镇民风教育基地、拍摄移风易俗主题微电影、出版《盐池乡贤文化系列集》等，在全县营造崇尚文明新风、破除陈规陋习的良好氛围。

（3）改善环境立样板。深入开展“蓝天碧水·绿色城乡”环保专项整治行动，推进农村环卫保洁专业化、常态化，全面提升乡村振兴的生态环境。坚持“大卫生、大健康”理念，大力实施健康扶贫工程，所有行政村标准化卫生室实现“全覆盖”，建立了“四报销四救助”体系，为贫困群众建起健康脱贫“防火墙”。合理定位各村庄主题特色，编制了《盐池县镇村体系规划（2012～2020年）》，大力实施基础设施改造提升工程，做到村庄布局、

村落规划、民居功能设计与产业发展相配套，农村承载能力、服务能力和发展能力不断提升。

### （五）创造性地发挥党对扶贫攻坚的领导作用

盐池县坚持把全面决战贫困、同步建成小康作为全县各级组织和广大党员干部的共同使命，积极探索创新党建模式，推进基层党建与精准扶贫、精准脱贫深度融合、互促共进，切实推动党的政治优势、组织优势、密切联系群众优势转化为脱贫攻坚的发展优势，集全县之智、举全县之力坚决打赢脱贫攻坚战。

#### 1. 凝聚思想自觉和行动自觉

始终坚持扶贫与扶志、扶智相结合，扎实推进“两学一做”学习教育常态化制度化，深入开展“三先开路”专题教育，提振党员干部打赢脱贫攻坚战的“精气神”，激发贫困群众脱贫致富的“原动力”。

（1）提高党员干部的政治站位。各级党委（党组）中心理论组坚持把习近平总书记系列讲话精神，特别是扶贫开发理论作为学习研讨的必修课，坚持以上率下、凝聚思想共识。在各支部推行“5+X”主题党日和“三会一课”融合机制，在全县党员干部中深入开展“振奋精神、实干兴宁”大讨论活动，教育引导广大党员干部不忘初心、牢记使命、对党忠诚，积极投身脱贫攻坚战。2014 年以来，各级党组织围绕“三严三实”“六查六看六树”“四个合格”等专题，组织开展学习研讨 3300 余场次、讲党课 3500 余次，推动习近平总书记系列重要讲话精神、党的十九大精神和自治区第十二次党代会精神入脑入心见行动，成为广大党员干部抓党建促脱贫攻坚的指明灯和行动指南。

（2）转变贫困群众的思想观念。深入开展“育人塑魂”工程、“诚信盐池”建设，采取党员“1+1”结对帮扶、县直机关干部和驻村第一书记入户宣讲、文艺演出宣传引导等多种形式，让脱贫攻坚政策家喻户晓，引导贫困群众改变被动、依赖、观望心理。大张旗鼓地对致富带头人、脱贫示范户进行表彰奖励、走访慰问，深入开展“三先开路话脱贫”主题巡回宣讲活动，组织

61 名脱贫致富典型深入各行政村讲述从贫困到脱贫的心路历程，激励贫困群众学典型、找差距、引共鸣、树信心，迸发内生动力、提振脱贫信心。

（3）推动社会风气向上向好。深入开展“推动移风易俗，树立文明新风”活动，依托 102 个村级综合文化服务中心，经常性开展文艺下乡、农民文艺会演，宣传脱贫攻坚政策、弘扬优良社会新风，活跃群众文化生活。各村党支部引领制定村规民约，设立红白理事会，成立禁赌禁毒会，规范群众日常行为，摒弃陈规陋习。各级党组织常态化开展新乡贤村贤、“最美盐池人”、致富带头人、“诚实守信模范”等先进典型评选活动，表彰奖励各类道德模范 82 名，6 名道德典型入选“中国好人榜”“全国好警嫂”“全国向上向善好青年”，有效激发了贫困群众勤劳致富、求美求变的生活激情。

### 2. 筑牢组织基础和服务基础

盐池县始终把建强基层组织、增强服务能力作为打赢脱贫攻坚战的重中之重，坚持问题导向，解难题补短板，抓基层实基础，持续提升基层党组织的组织力。

（1）抓班子带队伍。精准对标脱贫攻坚和产业发展需求选干部、配班子。结合乡镇换届，选拔 12 名优秀大学生村干部、乡镇优秀事业干部、优秀村党组织书记进入乡镇班子。目前乡镇班子中有乡村工作经历的干部占 74.3%，大学及以上学历的占 87.8%。深入开展“双带双培”活动，选拔 44 名“三型”村党组织书记、137 名农村致富带头人进入村“两委”班子，先后调整不胜任村党组织书记 8 人、其他班子成员 17 人，连续举办四届村干部大专函授班，有 338 名村干部取得了大专学历，着力建强脱贫攻坚“一线指挥部”。

（2）抓两头带中间。扎实开展星级基层党组织创建活动，将扶贫工作纳入村党组织星级考评，被命名为“三星”“四星”“五星”的村党组织，分别给予 0.5 万元、1 万元、2 万元资金奖励。目前，102 个村党支部有 91 个创建为星级党组织。大力实施创建基层服务型党组织“五百工程”，按照“一支部一特色”，打造村级党建示范点 18 个；采取领导干部联村抓、挂职干部驻村抓、乡镇干部包村抓等措施，整顿转化相对后进党组织 33 个，树立典型样板、补齐后进短板，抓两头带中间，推进基层党组织晋位升级，逐步消除脱贫攻坚、实现同步小康的障碍。

（3）抓投入强服务。健全以县财政投入为主的多元化党建经费投入保障机制，先后新建改建维修村级活动场所 86 个，大力推进电子商务、医疗卫生、金融服务进农村，基层阵地服务党员群众的功能不断完善。积极引导各村党支部立足资源禀赋，结合实际，积极探索产业带动型、金融造血型、资本运作型、土地增值型、服务增收型等发展路子，采取村企合作模式，为 74 个贫困村建设光伏电站，每个贫困村村集体经济收入年增收 22 万元，持续 20 年。2017 年年底，全县 102 个村经营性收入全部达到 5 万元以上，基层组织服务脱贫攻坚的能力显著增强。

### 3. 汇集人才优势和资源优势

盐池县立足贫困村缺人员、缺资源、缺经费等实际，坚持重心下移、力量下沉，用好外力，激发内力，形成合力。

（1）选派骨干驻村扶贫。区、市、县联动抽调 222 名优秀干部组成 74 个工作队，按照“党群部门到软村、政法部门到乱村、经济部门到穷村、涉农部门到专业村”的思路驻村帮扶，做到建档立卡贫困村全覆盖。制定驻村第一书记和驻村工作队考核办法及调整召回、激励保障、部门支持等“1+6”管理制度，建立县委组织部、扶贫办、派出单位、乡镇、村“五位一体”联动管理机制和“一述职两测评四联考”考核机制，积极引导第一书记和驻村工作队加强党建实基础、紧盯民需办实事、立足发展解难题，成为精准扶贫、精准脱贫和实施乡村振兴战略的重要力量。

（2）上下联动结对攻坚。盐池县先后选派 37 名县直机关年轻干部到乡镇挂职党委副书记或乡镇长助理，专职助力脱贫攻坚。结合民情大走访、机关干部“下基层”等活动，组织 3100 多名各级机关党员干部与 11203 户建档立卡户结成包联对子，帮思路、帮政策、帮项目、帮技术、帮资金，推动了人才、技术和资金向基层倾斜，为全县脱贫攻坚提供了强大的人力、物力保障。2014 年以来，区、市、县各帮扶单位共落实帮扶资金 4139 万元、协调项目资金 3.1 亿元，为群众办实事 1105 件。

（3）建立健全多元投入机制。2014 年以来，县财政共捆绑整合各类资金 72.9 亿元，协调闽宁协作帮扶资金 2844 万元、中航油帮扶资金 1850 万元，扎实推进产业扶贫、基础设施提升、旅游扶贫、健康扶贫、兜底保障扶贫，并通过设立担保基金等方式，撬动担保贷款、贷款贴息、产业保险等各类扶贫资金 8.06 亿元，充分发挥了四两拨千斤作用。持续加大基层党建工作经费保障力度，先后争取中央财政专项资金和中组部补交党费 2180 万元，扶持发展村集体经济，县财政每年为每个行政村划拨 8 万元办公经费，将村“两委”正职年任职补贴按全县上年度农民人均可支配收入的 3 倍发放。2017 年，县财政拿出 268.2 万元，对全县村组干部及村监会成员进行绩效考核奖励，确保村级组织有钱办事、有人干事。

### 4. 增强造血功能和内生动力

盐池县各级党组织坚持把产业发展作为党建引领脱贫攻坚的重要内容，按照支部引路、党员带动、政策扶持的工作思路，积极引导广大党员群众兴办产业给力扶贫、发展产业稳定脱贫，增强扶贫实效，让贫困群众脱真贫、真脱贫、能致富。

（1）党组织引领产业发展。坚持把党组织建在产业链、扶贫链上，注重发挥党组织在产业发展中的引领服务作用。先后在农业龙头企业设立党组织 5 个，设立特色种养殖功能党小组 132 个，健全完善以党组织为核心，以龙头公司、产业基地、合作组织、专业协会等为支撑的“党支部 +N+ 农户”精准扶贫组织体系，不断扩大党组织的服务效应，推动以滩羊为主导，以黄花菜、牧草、中药材、小杂粮为辅助，适合家庭经营小品种为补充的“1+4+X”特色优势产业做大做强，特色产业为贫困群众增收的贡献率达 80% 以上。

（2）致富能人带动产业发展。采取在本乡本村现有能人中培育扶持一批、从外出创业成功人员中召回一批、依托特色产业引进一批的措施，培育致富带头人 269 人。将农村致富带头人纳入支持农民工返乡创业的各项优惠扶持激励政策体系，先后争取区市党（团）员创业致富资金 380 万元、农村妇女小额信贷资金 5700 余万元，设立规模为 200 万元的“红色基金”，支持党员领办、协办种养基地（园区）412 个、家庭农场 41 家、专业合作组织 273 家，结合农村党员承诺践诺活动，引导致富能人党员争做致富带富帮富先锋，带动贫困户发展特色增收产业。

（3）政策扶持助推产业发展。针对贫困户发展产业贷款贵、贷款难等难题，结合新民风建设，探索建立了乡村组户四级信用体系，采取“1531”评级授信模式，实行贷款额度、利率优惠与信用等级挂钩，免担保免抵押，使“穷可贷、富可贷，不守信用不可贷”成为全县共识。依托贫困村互助资金项目，创新开展了千村信贷、小额信贷、融资担保、贴息支持、风险补偿、2+X“扶贫保”等金融扶贫新模式，在 8 个乡镇设立金融便民服务网点 14 个、金融便民服务终端 193 个，充分发挥村党组织和金融（保险）机构“双向联动”、村党组织书记和金融信贷员（政保服务专员）“双向沟通”效应，采取党员“X+1”担保、干部结对帮扶等助贷扶贫模式，使贫困群众发展产业资金需求实现了“应贷尽贷”。截至目前，全县建档立卡贫困户户均贷款达 8.8 万元，累计为新型经营主体、小微企业贷款 11.9 亿元，走出了一条“依托金融创新推动产业发展、依靠产业发展带动贫困群众增收”的新路子。

## 三、盐池金融扶贫经验的启示

贫有百样、困有千种，但只要创新、担当、实干，路将会有万条。因此，解决贫困问题必须依靠强有力的改革创新、有担当的使命责任、有作为的政策措施来实现。盐池的金融扶贫经验，在以上三方面得到了集中体现，也给我们带来了诸多启示。

### （一）落实中央扶贫要求，关键在于咬牙真干、科学会干

盐池县党委和县政府坚持问题导向，统揽经济社会发展全局，充分发挥政治优势和政府引导作用，调动各方面参与的积极性，精准施策，全力打好脱贫攻坚战。

一是建立脱贫攻坚责任体系。坚持在健全完善脱贫责任体系、政策体系、工作体系、监督检查上下功夫，在精准施策上出实招，在精准落地上见实效。

二是建立精准扶贫政策体系。解决好“扶持谁、谁来扶、怎么扶、如何退”的问题，对各级各部门精准扶贫责任进行细化量化，切实做到扶持对象、项目安排、资金使用、措施到户、因村派人、脱贫成效的精准。

三是建立聚力攻坚工作体系。充分发动全社会共同参与脱贫攻坚，构建党政主导、部门协作、社会参与的大扶贫格局，实现贫困村、贫困户帮扶责任人全覆盖。

四是建立脱贫监督问责体系。坚持以精准考核和严格问责倒逼脱贫责任全面有效落实，严格落实财政扶贫资金专款专用，防止“跑冒滴漏”，实现项目管理规范化、资金管理公开化、项目验收透明化。

### （二）落实中央扶贫要求，关键在敢于无私担当、大胆创新

盐池县党委、县政府在金融扶贫过程中充分发挥主导作用，瞄准贫困群众发展产业资金短缺的薄弱环节，以此为扶贫工作的突破口，创新金融扶贫，培育脱贫攻坚新格局。

一是把金融扶贫作为脱贫攻坚的主要抓手，在“评级授信、扶贫小额信贷”等成功经验的基础上，大胆探索实践、大胆创新突破。逐步落实“互助资金＋金融信贷”的金融扶贫贷款捆绑放大机制，加大评星授级、免抵押免担保贷款、财政资金全额贴息等金融扶贫政策宣传力度，采取诚信支撑、产融结合、风险防控、保险跟进、改革创新“五大举措”，破解了贫困户贷款难、贷款贵等难题。

二是将金融活水引入贫困群众的主导产业。调动贫困群众创业增收的积极性，解决了制约金融脱贫的深层次问题，增强了自我发展能力，为脱贫攻坚注入了强劲动力，走出了一条“依托金融创新推动产业发展、依靠产业发展带动贫困群众增收”的富民之路。

### （三）落实中央扶贫要求，关键在于立足实际、因地制宜

一是在脱贫攻坚过程中，不好高骛远、不吊胃口。在脱贫攻坚过程中始终能够做到尊重发展规律，不随意提高脱贫目标，不随意降低扶贫标准，对干部不做招商引资硬性要求，不搞数字扶贫、虚假扶贫，不搞花拳绣腿，确保脱贫过程必须扎实、脱贫结果必须真实。首先实现中央“两不愁、三保障”（到 2020 年稳定实现农村贫困人口不愁吃、不愁穿，义务教育、基本医疗和住房安全有保障）的全国性脱贫攻坚目标。

二是坚持因地制宜，把培育特色产业作为脱贫攻坚的根本之策，实现群众可持续稳定增收。在脱贫攻坚过程中始终把培育特色产业作为脱贫攻坚的根本之策，按照本地区特色优势产业发展方向，坚持“普惠＋特惠”的原则，出台特色产业扶持政策，把当地贫困人口能够受益的产业作为发展重点，做到宜种则种、宜养则养、宜林则林，不断夯实脱贫攻坚产业基础。在做好发展主导产业的同时，坚持因户因人施策，充分发挥乡镇多种经营的主动性，结合当地实际，积极推动发展“一村一品、一户一业”，使之成为贫困群众增收致富新的增长点。通过采取集中扶持、合作经营等方式，构建多点发力、多业增收的产业扶贫格局，不断拓宽群众增收渠道，筑牢稳定脱贫致富根基。

三是积极发动和统筹利用各种力量和各种资源参与扶贫开发工作。将政府的“有形之手”、市场的“无形之手”以及人民群众的“勤劳之手”的共同作用形成有效合力，通过金融、财政和教育培训等手段，积极培育市场新主体，让人民群众的“勤劳之手”可以参与市场竞争并获得积极回报；通过利用市场化的手段，帮助农户与市场有效对接，实现经济效益与社会效益的

融合一致。

### （四）落实中央扶贫要求，关键在于精准识别、突出重点

严格按照国家评定标准识别贫困对象，开展了横向到边、纵向到底的全面摸底排查，做到不漏一户不落一人。

一是严格程序保精准。针对识别标准不统一的问题，盐池县严格按照“两不愁、三保障”标准，结合实际，全面推行“五看十步法”，通过民主评议、综合分析等进行倒排序，精准识别贫困对象，一把尺子量到底，有效杜绝贫困对象“失真”。

二是阳光操作保精准。严格落实“四会议三公示”程序，严把宣传动员、群众评议和公开公示三个关键环节，采取召开村民小组会、村民代表大会、村“两委”班子会等形式由群众评判，全程阳光操作，确保了建档立卡贫困户识别的科学民主和公平公正。同时，多次开展“回头看”，及时查漏补缺，做到动态管理、有进有出、逐年更新，实现扶贫对象精细化管理，提高了群众知晓率、识别精准率和数据信息录入准确率。

三是严明纪律保精准。坚持把责任压到干部身上，严肃工作纪律，按照“谁识别谁负责、谁填报谁负责、谁包抓谁负责”的要求，采取“五审核十联签”方法，靠实责任，严把关口，解决建档立卡贫困户评定过程中受家族势力干扰、搞平均主义、偏亲厚友等因素造成的错评、漏评情况。

### （五）落实中央扶贫要求，关键在于扶贫与“扶志”“扶智”相结合

扶贫脱贫，不是把饭喂到嘴边，而是通过政策的外力来引导和帮扶。精准扶贫政策让政府的一头热变成群众想要富，激发了贫困群众的内力。盐池坚持精神脱贫与物质脱贫并重，走教育引导提升素质的脱贫路子，引导群众把精力集中到脱贫致富上来，切实提振贫困群众脱贫致富的“精气神”，形成了脱贫致富奔小康的合力。

一是立足扶贫先扶志，破除精神贫困。扶贫终究是扶“人”，关键在扶

“心”。只要有志气，再贫困的家庭也能扶起来，懒汉是怎么扶也扶不起来的。因此，扶贫的关键是要把贫困户主动脱贫的志气“扶”起来，把“内因”激活起来，帮助群众树立想富、敢富、能富的心气劲，鼓励贫困群众依靠自己的双手苦干实干、勤劳致富。只有这样，脱贫的腰杆才会硬起来，脱贫的办法才会多起来。

二是立足治穷先治愚，提高致富能力。通过加强教育、引导，让贫困户有摆脱贫困的迫切愿望；通过职业教育、农技推广、拓展信息渠道入手，让农民开阔眼界、拥有技能，在生产中充满底气、拥有信心。信心足了，群众才会各尽其能，摆脱“等、靠、要”的思想。不断强化劳动力转移中的长期培训，建立职业教育与企业定向合作机制，实施“菜单式”培训，逐步形成了基础教育、职业教育、技能培训、教育引导“四位一体”教育格局，实现有条件的贫困户每人掌握1～2门实用技术，贫困群众的综合素质不断提高。

三是立足脱贫先脱旧，树立文明新风。深入开展“三破三立”大讨论、“移风易俗、弘扬新风”等活动，树立新思路、新作风。突出正向激励，坚持早干早支持、多干多支持、大干大支持，重奖农村致富带头人，对率先脱贫的典型户予以表彰奖励，激励贫困群众大干快富、光荣脱贫。

### （六）落实中央扶贫要求，关键在于抓好基层党建、加强队伍建设

一是把夯实农村基层党组织作为脱贫攻坚的基础工程。脱贫攻坚靠的是坚强有力的农村基层党组织。“帮钱帮物，不如帮建一个好支部。”盐池县委和县政府牢固树立“围绕扶贫抓党建、抓好党建促脱贫”理念，选优配强支部班子，抓基层实基础，持续提升基层党组织的组织力，把基层党组织建设成为带领群众脱贫致富的坚强战斗堡垒。

二是健全完善以党组织为核心，以产业基地、合作组织等为支撑的“一核多元”精准扶贫组织体系。把党支部、党小组建在扶贫链上、产业链上，促进金融链、产业链和支部链深度融合、互融互促，根据脱贫攻坚和产业发

展的需求精准选干部、配班子。

三是配强脱贫攻坚“领头雁”。根据“选得准、下得去、融得进、干得好”的选人用人要求，注重从技术带头人、协会负责人、脱贫领路人中选拔村“两委”班子成员，将村“两委”班子打造成一支“不走的扶贫工作队”。大力实施“党员大轮训”计划，分类型举办农村党员示范培训班，教育引导广大党员干部在脱贫攻坚中当先锋、做贡献，形成了党员带群众、先富带后富、携手奔小康的生动局面。

图书在版编目(CIP)数据

改革开放与中国县域发展 / 《改革开放与中国县域发展》编写组编. --北京：社会科学文献出版社，2018. 12

（庆祝改革开放40周年“百城百县百企”调研丛书）

ISBN 978-7-5201-3826-0

Ⅰ. ①改… Ⅱ. ①改… Ⅲ. ①改革开放-关系-县级经济-区域经济发展-研究-中国 Ⅳ. ①D619②F127

中国版本图书馆CIP数据核字（2018）第255346号

·庆祝改革开放 40 周年“百城百县百企”调研丛书·

改革开放与中国县域发展

编　　者 / 《改革开放与中国县域发展》编写组

出 版 人 / 谢寿光

项目统筹 / 杨桂凤

责任编辑 / 杨桂凤　谢蕊芬　张小菲　胡庆英　杨　阳
佟英磊　赵　娜　隋嘉滨　任晓霞　胡　亮

出　　版 / 社会科学文献出版社·社会学出版中心（010）59367159
地址：北京市北三环中路甲29号院华龙大厦　邮编：100029
网址：www.ssap.com.cn

发　　行 / 市场营销中心（010）59367081　59367083

印　　装 / 三河市东方印刷有限公司

规　　格 / 开　本：787mm×1092mm 1/16
印　张：121.5　字　数：1800千字

版　　次 / 2018年12月第1版　2018年12月第1次印刷

书　　号 / ISBN 978-7-5201-3826-0

定　　价 / 498.00元